國家"雙一流"建設學科"南京大學中國語言文學"資助項目

江蘇省2011協同創新中心"中國文學與東亞文明"資助項目

・全唐五代詩研究叢書・

新出唐五代墓誌人名索引

馬聰　編著

鳳凰出版社

大唐故朝議郎行絳州龍門縣令上護軍亢府君夫人

夫人諱婉順字嚴正其先後魏穆帝吐羅穆皇后之苗裔 長安

外姪孫特進上柱國汝陽郡王璡撰

羅為姓婉居河南令望屬馬夫人孝德自大底儀式序

明八歲丁母憂擗地踊天風雲為之慘色一紀鍾

獸是為乾謂禍福去元昆父推慕哀年

聞之者慨歎故知宗廟之閒不施敬於人而人自敬每小大年

事未舉撫膺切心形骸之閒方圓育象發生春首小大

人而人自良譬若之兄棺槨亦列以陪養均七子躬

中之資邊合祔之禮婁及妯娌宗廟諸軍事靈州諸軍事

配享度誠如在終身不忘而能克諧六親養均七子躬

之衣隋開府儀同三司使持節靈州諸軍事靈州刺史

夫人之高祖也皇朝散大都尉驃騎大將軍右宗衞率之祖也高

皇金明公主羅福延夫人之曾祖也

夫人之曾祖也

圖書在版編目（CIP）數據

新出唐五代墓誌人名索引 / 馬聰編. -- 南京：鳳
凰出版社，2024. 12. -- ISBN 978-7-5506-4416-8

Ⅰ. Z89：K877.45

中國國家版本館CIP數據核字第2025JW0118號

書　　　　名	新出唐五代墓誌人名索引	
編　　　者	馬　聰	
責 任 編 輯	李相東	
裝 幀 設 計	陳貴子	
責 任 監 製	程明嬌	
出 版 發 行	鳳凰出版社(原江蘇古籍出版社)	
	發行部電話025-83223462	
出版社地址	江蘇省南京市中央路165號,郵編:210009	
照　　　排	南京新洲印刷有限公司	
印　　　刷	江蘇鳳凰數碼印務有限公司	
	江蘇省南京市栖霞區堯新大道399號,郵編:210038	
開　　　本	718毫米×1005毫米　1/16	
印　　　張	41.25	
字　　　數	927千字	
版　　　次	2024年12月第1版	
印　　　次	2024年12月第1次印刷	
標 準 書 號	ISBN 978-7-5506-4416-8	
定　　　價	260.00圓	

(本書凡印裝錯誤可向承印廠調換,電話:025-57718474)

目　録

前　言

　　墓誌即誌墓之物、誌墓之文，最基本的作用爲標記誌主身份、記録卒葬時地，以供生人識認。其初始或僅爲一磚一瓦，後爲圭首小碑立於墓中，又變爲方形而平放於棺槨之前。作爲誌墓之文，其體式也隨時代風氣而變，總的趨勢是愈演愈繁，成爲一種高度程式化的應用之文，雖略有變化而愈趨於固定。作爲中國古代喪葬文化的重要組成部分，“納銘墓中”的傳統綿歷千年而不輟，因而墓誌的存世數量也就特別巨大，這其中又以唐代墓誌爲最多。在這一時期，無論是王公貴族、文官武將，還是婦孺老幼、僧尼道冠，幾乎“葬必有銘”。這些墓誌爲我們瞭解唐代的歷史文化提供了獨特視角與諸多細節，具有極高的研究價值。

　　宋代金石學興起，學者很早便注意搜羅與整理前代石刻，也時常據以考證經史、討論文章，然其所論多是地上石刻，論及墓誌也多是根據前代總集、別集録存傳世者，蓋因墓誌埋於地下，在當時不易得見。這種情形直至清代都未有大的改觀。20 世紀初，因盜墓活動猖獗，洛陽邙山一帶出土了大量墓誌，當時學者如羅振玉等四處訪求，輯録成書，而酷愛金石的有識之士如于右任、張鈁、李根源等也大力購藏。因時局動蕩不安，這些墓誌的保存、傳布多賴私人藏家。在中華人民共和國成立以後，隨着基礎建設以及文物考古事業的飛速發展，又陸續有大量新誌不斷問世①，且因時代進步，墓誌的整理與刊布更加方便，對於學者而言更爲易得，因而引起廣泛關注，研究熱潮日益高漲。

　　新材料在帶來新機遇的同時，也給學者帶來了不小的挑戰。墓誌的出土、收藏、刊布皆較爲分散，如何全面系統地掌握新出墓誌的整體情況，成爲學者不得不面對的一個問題。大體而言，新出土唐五代墓誌的數量當在 15000 方以上，想要在這些數量龐大、分散各處的墓誌中快速、準確地查找某人、某誌，殊非易事。當然，這其中難易程度又有所不同。20 世紀以前刊布的唐代墓誌有 5000 多方，拓片較爲集中地收録在少數幾種彙編中，更有周紹良、趙超兩位先生主編的《唐代墓誌彙編》《唐代墓誌彙編續集》（以下簡稱《彙編》《續集》）彙纂這些墓誌的録文，且附録人

---

　　① 　關於唐五代墓誌的出土、刊布情況，學者多有論述，可參閱以下幾篇文章：劉琴麗《近七十年來中古墓誌的整理與研究》，《理論與史學》第二輯，中國社會科學出版社，2016 年；吴炯炯《新世紀以來唐代墓誌的收藏與刊布》，《圖書與情報》2017 年第 2 期；氣賀澤保規《近年中國唐代墓誌的整理研究史概述——〈新編唐代墓誌所在總合目録〉前言》，《隋唐遼宋金元史論叢》第八輯，上海古籍出版社，2018 年；仇鹿鳴《十餘年來中古墓誌整理與刊布情況述評》，《唐宋歷史評論》第四輯，社會科學文獻出版社，2018 年。

名索引。因此,就這部分墓誌而言,無論是查找人物,還是大量閱讀,都有着較爲便利的條件。但在周、趙二書出版以後的 20 多年間,又有數以千計的唐代墓誌問世,其數量接近此前出土墓誌的兩倍,且分散在數百種圖書、刊物之中,相當數量的墓誌僅有拓片而無錄文,想要充分利用這些材料,其難度可想而知①。

學者在面對龐大體量的墓誌時,其核心需求有二:一是尋人,即是否有某人墓誌或墓誌中是否涉及某人;二是尋誌,即墓誌載於何處。因此,墓誌整理成果的理想形式當是清晰拓片、精確錄文與人名索引兼備且彙於一編,但此等工作耗時費力,需多方合作纔能完成。退而求其次,則應如《彙編》及《續集》那樣具備錄文與索引,且在每方墓誌之後標明拓片所在②。然新出墓誌既夥,搜羅整理又十分不易,錄文彙編的工作勢難快速跟進,在尚無新的唐代墓誌彙編可資利用的情形之下,學者不得不另覓他途。一些彙集新出墓誌的目錄類工具書部分滿足了學者的迫切需求,這其中日本學者的工作最爲引人注目。早在 1997 年,氣賀澤保規先生就編纂出版了《唐代墓誌所在總合目録》(以下簡稱《總合目録》)一書,收錄唐代墓誌 5000 餘方,每一條目之後標明墓誌載於何書。墓誌之物質實體多爲石刻,移動不便,因而日常多以拓片的形式流通。一方墓誌通常會製作多張拓片,繼而被不同藏家收藏,各自彙編刊印,遂常有重複。此書編纂之初衷,即爲梳理各種資料刊載墓誌的重複關係,故書名特標出"所在"二字。此後在 2004、2009、2017 年先後增訂出版,除增加新出材料以外,又增附誌主姓名索引,方便檢索。此書最新版收錄唐代墓誌達 12000 餘件(包含不少傳世文獻中的墓誌以及近 500 件墓誌蓋),是過去 20 年間查考唐代墓誌最爲實用、便捷的工具書。五代十國時期的墓誌數量不多,日本學者高橋繼男在本世紀初曾編纂《中國五代時期墓誌‧墓碑綜合目録稿》,碑誌兼收,在當時而言,所收亦較爲全備。

隨着時代進步,網絡信息技術逐漸被引入學術研究中來,各類專題文獻數據庫不斷湧現,石刻類資源庫亦順時而生,使得墓誌的獲取與檢索更爲方便快捷。在這方面,中國學者以及各公共學術機構的成績更爲突出。中國國家圖書館收藏宏富,有各類石刻拓片 20 餘萬件,以此爲基礎建成"碑帖菁華"資源庫③,其中收錄唐五代石刻 5500 餘件,大部分爲墓誌,但多數出土時間較早,且已被《北京圖書館藏歷代石刻拓本匯編》收錄。浙江大學圖書館設有"古籍碑帖研究與保護中心",收藏歷代墓誌拓片頗多。該中心建有"中國歷代墓誌數據庫"(以下簡稱"浙大墓誌庫"),專門收錄歷代墓誌,且特別留意新出墓誌拓片的收錄,其中唐五代墓誌合計有

---

① 五代墓誌已刊者有 400 餘方,彙編之作有:周阿根著《五代墓誌彙考》,黃山書社,2012年;章紅梅校注、毛遠明審定《五代石刻校注》,鳳凰出版社,2017年;仇鹿鳴、夏婧輯校《五代十國墓誌彙編》,上海古籍出版社,2022年。《五代石刻校注》文圖對照,無索引。《五代十國墓誌彙編》僅有錄文,墓誌之後標注出處,末附人名索引。

② 《彙編》中尚多無明確出處,僅言"某處或某人藏拓",《續集》已大大改善。

③ "碑帖菁華"資源庫收在中國國家圖書館官方網站。

9000 餘件，多數有高清拓片，亦有不少墓誌有釋文，且常常附注墓誌所在信息。2019 年，中華書局推出"唐代墓誌銘數據庫"①，收録隋唐五代時期的石刻 12500 餘件，儘管其中並非全爲新出墓誌，但所收仍堪稱廣博。除此之外，此數據庫最大的特點與價值在圖文對照以及全文檢索，既省去學者翻檢之勞，又可檢索人名、職官、地理、語詞等多種信息，功用最大。2022 年 8 月，中華書局又推出仇鹿鳴先生主編的"唐五代墓誌專目"（以下簡稱"專目"）數據庫②，收録隋唐五代墓誌 12300 餘方，可與"唐代墓誌銘數據庫"配套使用，在"專目"中檢索到某人某誌之後即可跳轉至後一數據庫，閲讀全文，對照拓片③。如其名稱所示，"專目"爲墓誌目録索引數據庫，可以將其視爲《總合目録》的數字化版本。當然，"專目"做了大量的增補工作：一是增加《總合目録》未收的墓誌；二是提取標注大量相關信息，在每方墓誌之下標明卒葬時地、出土收藏地以及撰、書、刻者，與墓誌相關的傳世史料、研究論著等内容；三是考證人物之間的親屬關係，並予以關聯揭示。相較於《總合目録》，"專目"收誌更多，檢索更便捷，信息更豐富，是目前檢索唐五代墓誌最爲完備的工具。

　　上述幾種數據庫大都檢索便捷，檢索方式多樣，而且信息容量大，又便於修正擴充，相較於檢索方式單一、出版周期較長、不便更新的紙本而言，具有無可比擬的優勢。然而若回歸到"尋人"這一核心需求上來，無論是紙本的《總合目録》，還是電子化的數據庫，都僅能實現誌主姓名的檢索，對於墓誌中載録的大量與誌主相關的人物姓名，則多付闕如。墓誌之性質近於史傳，文字多記誌主名諱、家世、仕宦以及婚姻子嗣等信息，其中涉及人物頗多，往往可以互相關聯。某一人物或許並無其本人墓誌出土，但在其他墓誌中有記載，也可以提供一些信息，倘若僅録誌主姓名，則勢必會遺漏。我們可以"大曆十才子"之一的夏侯審來舉例説明。夏侯審在大曆、貞元之際頗有詩名，但傳世文獻中與其有關的史料十分有限，因而其家世生平不甚清晰。雖然其本人墓誌尚未發現，但其妻李氏、子夏侯敏、女夏侯玫、婿崔貞道等均有墓誌出土④，提供了頗多信息。《夏侯敏墓誌》言其"祖封，皇任相州臨河縣主簿。父審，皇任尚書庫部郎中"。《夏侯玫墓誌》亦載其"曾祖逸，沁州司馬，贈給事中。祖封，相州臨河縣主簿，贈吏部尚書。考審，尚書庫部郎中，贈司空"，更言其爲"河中節度、相國、司空公玫之姊"。夏侯玫所撰《李氏墓誌》，自稱"男""孤子"。諸誌合觀，可知夏侯審即晚唐宰相夏侯玫之父。再查閲傳世文獻，《舊唐書·夏侯玫傳》以

---

① "唐代墓誌銘數據庫"收在"籍合網"中的"中華石刻數據庫"下。
② "唐五代墓誌專目"數據庫收在"籍合網"中的"歷代石刻總目數據庫"下。
③ 兩個數據庫均爲獨立編製，因而未能完全對應。
④ 《夏侯審妻李氏墓誌》載趙君平、趙文成編《河洛墓刻拾零》，北京圖書館出版社，2007年，第 584 頁。《夏侯敏墓誌》載郭宏濤、周劍曙編著《偃師碑誌選粹》，中州古籍出版社，2014 年，第 203 頁。《夏侯玫墓誌》載趙文成、趙君平編《秦晉豫新出墓誌蒐佚續編》，國家圖書館出版社，2015 年，第 1258 頁。《崔貞道墓誌》載《秦晉豫新出墓誌蒐佚續編》，第 1076 頁。

及《新唐書·宰相世系表》①，實已提及二人之父子關係，只不過將其名誤作"審封"，幸賴新出墓誌方得糾正，而其家世生平亦可據以重新考訂②。《總合目録》雖已收録李氏、崔貞道、夏侯玫三人墓誌，却仍然沿襲兩《唐書》之誤，將李氏墓誌題名誤作《夏侯審封妻李氏墓誌》，即因其僅録誌主之名，而對於誌中人物全然忽略。

唐五代墓誌載録人名信息十分豐富，若僅録誌主之名則難以充分發揮其價值，有鑒於此，儘管已經有《總合目録》以及"專目"這兩種檢索工具可資利用，我們仍然決定編纂、出版這部《新出唐五代墓誌人名索引》（以下簡稱《索引》）。此書彙集近20餘年來新出唐五代墓誌，編爲目録，揭示每一方墓誌之所在，並將墓誌中涉及的唐五代人物全部摘出，編爲人名索引。之所以僅收録近20餘年來新出墓誌，是因爲如上文所論，20世紀以前出土的唐代墓誌大多已被《彙編》及《續集》收録，檢索起來較爲便利，因此《索引》主要彙集二書出版之後刊布的墓誌。

《索引》並非《總合目録》的"國産化"，也不是"專目"的"紙本化"，從書名即可看出，與前者重在"墓誌目録"不同，本書更注重"人名"。要實現這一目標，需要全面搜羅、細緻通讀新出墓誌，還需要進行大量的考證、繫聯，工作量十分巨大。就收誌的完備性來看，《索引》收録唐五代墓誌9300餘方（其中五代墓誌450餘方），所收資料的刊發年限截至2022年，除一些常規的圖書、刊物外，還特別收録僅見於"碑帖菁華""浙大墓誌庫"以及"唐代墓誌銘數據庫"的墓誌600餘方。儘管總量不及《總合目録》與"專目"，但若就近20餘年來的新出墓誌而言，本書收誌數量要較二者更多③。就墓誌目録的編次而言，《索引》將9300餘方墓誌以時間爲序，以帝王年號統領，連續統一編號。儘管在形式上並無新意，但墓誌題名力求準確規範，文獻出處儘量羅列，且特別注重對拓片的收録④。

除此之外，《索引》更加着力於墓誌内容如字形、時間、人物、真僞等各方面的識讀、考證的準確性。研讀新出墓誌的第一重障礙是識文斷句。儘管唐五代墓誌多爲楷書，但時人好用異體俗字，加以石刻有時也會漫漶不清或局部損毀，因此十分考驗"眼力"。例如咸通三年之《長孫儇墓誌》，誌言其名🔲，不甚清晰，各書或將其題作《長孫保墓誌》⑤，或作《長孫倪墓誌》⑥，又或作《長孫仿墓誌》⑦，《總合目録》録

① 劉昫等撰《舊唐書》卷一七七，中華書局，1975年，第4603頁。歐陽修、宋祁撰《新唐書》卷七五下，中華書局，1975年，第3415頁。
② 詳細考訂可見黃清發《夏侯審、夏侯玫家世事迹新考》，《文學遺産》2018年第3期。
③ 大致而言，《總合目録》1997年版收唐誌5482方，2017年版收誌12042方（皆不含誌蓋數），20年間增收6560方。"專目"收誌12300餘方，除去周、趙二書合計5100餘方墓誌，所收新誌約7200方。
④ 有些墓誌彙編僅有録文而無拓片，本書儘量搜求補足。
⑤ 趙君平、趙文成編《秦晉豫新出墓誌蒐佚》，第1037頁。
⑥ 齊運通編《洛陽新獲七朝墓誌》，中華書局，2012年，第366頁。
⑦ 胡戟、榮新江主編《大唐西市博物館藏墓誌》，北京大學出版社，2012年，第958頁。

作《長孫倪（仿？）及妻田氏墓誌》，"專目"亦録作"長孫保"。一誌而有三題，即因拓片不清。按其名實爲"儇"字，唐人碑誌多寫作"■"，《長孫儇墓誌》中其字右下略殘，但仍可看出其大致輪廓。《説文解字》云："儇，慧也。"《廣韻》云："儇，智也，疾也，利也，慧也。"是其有"智慧"義，與其字"智周"相合，作"保""倪""仿"均與其字不相應。又誌言其"夫人北平君田氏，右金吾將軍之次女也，諱■"，誌主妻諱，《大唐西市博物館藏墓誌》釋文闕而未録。按此即"盛"字，右上字畫不清，以致驟視之不易辨認。白居易撰有《田盛可金吾將軍勾當左街事制》，内云"敕：右金吾衛將軍田盛"，與長孫儇妻父姓氏、職官俱合，此文約撰於長慶初，時間亦相當，應即其人①。唐人常有父子、父女同名同字者，此亦其例。又如天寶六載之《盧首賓墓誌》，誌言其"祖行嘉王府諮議詳正學士"，《全唐文補遺》《新中國出土墓誌》皆斷作"祖行，嘉王府諮議、詳正學士"②。檢核兩《唐書》，封"嘉王"者僅代宗之子李運，時代顯然不合。誌言盧首賓曾祖名"彦卿"，《新唐書·宰相世系表》有載，言其有子五人，"行嘉"在其中③。盧彦卿又有子名"大道"，字"行方"④，知其子以"行"爲行輩字。因此，"行嘉"乃人名，"嘉"應屬上。由此二例可見墓誌識讀之不易，稍有不慎即生謬誤。

　　墓誌一般會言明卒葬日期，但有時又會語焉不詳，例如晚唐《李公綽墓誌》，此誌《龍門區系石刻文萃》定爲廣明元年，《秦晉豫新出墓誌蒐佚》《大唐西市博物館藏墓誌》定爲廣明二年⑤，《總合目録》、"專目"從之，當是據誌中"廣明中"一語推算，然此顯爲後來追叙之語，不可據之以定。按誌中叙李公綽之子李裴老"從事於江夏路公幕"，"江夏"即鄂州，查《唐刺史考全編》，廣明前後據鄂州之路姓者僅路審中一人，而其任職時間爲中和四年三月至光啓二年十二月⑥。又誌云李公綽"喬居鄔城縣"，"會天兵敗寇，東下鄔城，隨邑居人避地於許州龍興寺西禪院之别宇"。據史書所載，中和三年，黄巢自長安撤離，轉戰河南。中和四年四月，退保鄔城，五月即北上⑦。故李公綽避地龍興寺當在中和四年初，其卒年亦即在此年，而非廣明中。

　　《索引》在編製過程中遇到最多的問題是對誌中人物姓名的考證。唐初墓誌往往僅録誌主三代官諱，後漸及妻、子，再而後載録人物略廣。至晚唐五代，則高曾子

　　①　謝思煒校注《白居易文集校注》卷一六，中華書局，2011年，第853頁。

　　②　吴鋼主編《全唐文補遺（千唐誌齋新藏專輯）》，三秦出版社，2006年，第209頁。中國文物研究所、千唐誌齋博物館編《新中國出土墓誌·河南叁　千唐誌齋壹》，文物出版社，2008年，下册，第119頁。

　　③　歐陽修、宋祁撰《新唐書》卷七三上，第2885、2886頁。

　　④　此據《盧大道墓誌》，載張乃翥輯《龍門區系石刻文萃》，國家圖書館出版社，2011年，第82頁。

　　⑤　張乃翥輯《龍門區系石刻文萃》，第366頁。趙君平、趙文成編《秦晉豫新出墓誌蒐佚》，第1082頁。胡戟、榮新江主編《大唐西市博物館藏墓誌》，第1020頁。

　　⑥　郁賢皓著《唐刺史考全編》，安徽大學出版社，2000年，第2391頁。

　　⑦　劉昫等撰《舊唐書》卷一九下，第718頁。

孫、前後妻妾、新婦子婿，無不録之，甚或有一誌包含數十人者，叢脞不堪。叙及親戚友朋、知己賓僚、聞人達士，又好以官、爵、諡、號、郡望、行第代稱而不言其名。凡此之類，皆須一一查考。現略舉數例説明。

《西安交通大學博物館藏品集錦》收録有《唐故瓜州司馬清水縣開國公并夫人隴西太君李氏墓誌銘》①，簡題作《李懷肅墓誌》。誌文未言明誌主姓氏，但其妻爲李氏，而唐人一般同姓不婚，故誌主不應亦爲李氏。書中所附之誌蓋，或非此誌原有，或是刻畫有誤，不可信從。按誌文言其爲"東平郡人"，以東平爲郡望者，吕氏爲多，其人或姓"吕"。銘文言其爲"周師茂族，漢后高門"。周師者，吕望也；漢后者，漢高祖皇后吕雉也。既以誌主爲吕望、吕后之遐胤，則其自當爲吕氏。又誌言懷肅"曾祖真，周持節、驃騎大將軍、開府儀同三司，巴、渠、通、趙四州刺史，贈司空，房子縣開國公。祖武，隋左衛府、右親衛二車騎將軍，襲房子縣公"。吕武之墓誌已出土②，言其父吕真爲"使持節、驃騎大將軍、開府儀同三司、房子縣開國公，洮陽、博陵等防諸軍事，巴、渠、通、兆四州刺史，贈少司空"，而吕武本人開皇十年爲"左衛左親衛驃騎府内車騎將軍"，與本文誌主曾祖、祖父之名諱、官爵十分吻合，亦可斷定誌主爲吕氏無疑。

撰於長安四年之《大周朝議郎行婺州金山縣尉上柱國趙郡李君故夫人趙氏墓誌》③，誌中文字未言及其夫，僅誌題中"婺州金山縣尉"一處任官信息，不知其名。誌言其子名"諒"，在《索引》中檢索"李諒"，查得葬於開元六年之《李行墓誌》④與此誌關係較密。誌言李行爲趙郡人，以明法擢第，解褐授房州上庸縣尉，累遷曹州成武、婺州金華、括州松陽縣尉。趙氏之夫爲婺州金山尉，而李行所任爲婺州金華尉，似有不合。然據《新唐書·地理志》，婺州屬縣金華"垂拱四年曰金山，神龍元年復故名"⑤，則金山、金華乃是一地二名。趙氏葬於長安四年，其時縣名"金山"，至李行卒時已復名"金華"，並無不合。《趙氏墓誌》誌題中其夫結銜無"故"字，是其卒時夫應仍在世，而《李行墓誌》言其妻天水趙氏"華萼先凋"，亦相合。又據誌文，趙氏卒於"洛陽北部鄉之私第"，殯於"洛陽清風鄉之原"，而李行卒、葬之地與之全同。綜合任官、葬地、子嗣等信息，可以確定趙氏之夫即李行。

又如開元十二年之《陳聿墓誌》⑥，誌言陳聿"曾祖朝散大夫、絳州龍門縣令，祖宣威將軍、臨潁縣開國男，父滑州韋城縣令"，三代皆未載名諱，《彙編》及《續集》均無此人。檢得同撰於開元十二年之《陳素墓誌》，誌主終官"宣威將軍、行右衛龍亭

① 李家駿主編《西安交通大學博物館藏品集錦·碑石書法卷》，陝西人民美術出版社，2013年，第72頁。
② 羅新、葉煒著《新出魏晉南北朝墓誌疏證》，中華書局，2005年，第422頁。
③ 毛陽光、余扶危主編《洛陽流散唐代墓誌彙編》，國家圖書館出版社，2013年，第124頁。
④ 趙君平、趙文成編《河洛墓刻拾零》，第226頁。
⑤ 歐陽修、宋祁撰《新唐書》卷四一，第1063頁。
⑥ 趙君平、趙文成編《秦晉豫新出墓誌蒐佚》，第503頁。

府左果毅都尉、臨潁縣開國男”，其父“魯師，唐朝歷職授朝散大夫、絳州龍門縣令”，其子“朝議郎、行滑州韋城縣令遂忠”，三人官爵與陳聿曾、祖、父同，當即其人。陳聿在開元十二年十一月二十六日葬於“洛陽城東北原金塘鄉”，而陳素也在同一日遷葬於“洛陽城東北金塘鄉之原”，落葬時地全同，亦可以爲證。陳聿卒年僅二十一歲，當是其父陳遂忠爲其辦理喪事時，將其祖陳素一同遷葬。此外，《陳素墓誌》言其“曾祖周朝歷松陽、漢川二郡守，賜爵許昌子……祖善政，隋朝涿郡丞，皇朝幽州總管府長史、上柱國、安樂郡開國公”，其曾祖又失諱。經查考，陳善政在《陳晏墓誌》①中有載，晏“高祖緒，周驃騎大將軍，松陽、漢川二郡守，許昌子。曾祖善政，隋涿郡、皇幽州總管府長史，上柱國、安樂郡公。祖師，皇朝散大夫、絳州龍門令、臨潁縣開國男。父絢之，皇殿中進馬、宣威將軍、左衛龍亭府果毅、襲臨潁縣男”，官爵全同，據此可知陳素之曾祖名“緒”。《陳晏墓誌》之“祖師”“父絢之”，與他誌不同，然陳素即字“絢之”，則陳晏誌所載乃其祖、父之字而非名。三誌可互相補充參照。

　　墓誌的真偽問題也需要略作討論。儘管唐五代墓誌的偽作數量極少，不像古書那樣“一分真偽，便去其半”，但對於非科學考古發掘的墓誌，仍應保持高度的警惕。商賈作偽手法或是取傳世文獻中的墓誌鐫刻上石，或是據真石以翻刻，又或在翻刻基礎上再行挖改，亦有剪接拼湊者。近年來較爲常見且隱晦不易辨別的手法是在墓誌真品上添加改換名人撰、書者，這種作法對於作偽者來說比較簡便，且因墓誌內容不偽，常常可以蒙混過關。其中手法拙劣者尚有矛盾處可供學者辨識，而高明者幾無罅隙。例如收錄在《龍門區系石刻文萃》一書中的《賈勵言墓誌》②，署“河南伊闕縣尉李華撰文并書”，李華其人有盛名於當時，若果爲其撰、書之墓誌，自然具有極高的價值。此誌撰於天寶十載前後，其時李華確爲伊闕縣尉，與史實相符。但在收藏於洛陽師範學院的原石上，並無撰書者，則此一題署顯然是商賈偽造添加。若無原石比勘，此誌之真偽實不易辨別。《索引》收錄偽誌十餘方，其中既有確知其爲偽刻者，多是綜合參考專家學者的意見。亦有出於鄙意考證判定者，不敢信其必然，故仍以“疑偽”名之。

　　由以上數例即可看出墓誌研讀之難點所在，而攻克解決這些難點也正是編製《索引》一書的價值所在。儘管編者努力從事，但限於學力，本書恐難免收羅不全、識字不確、考證不精、編次不當、體例不純之弊，此則仍祈讀者諒察。若此書可爲學者查考唐五代墓誌提供些許便利，不至勞而寡功，則亦編者之幸！

---

① 　《陳晏墓誌》載“浙大墓誌庫”。
② 　張乃翥輯《龍門區系石刻文萃》，第511頁。

凡　例

一、本書彙輯新出土之唐五代墓誌材料，分爲墓誌目録與人名索引兩部分。

二、所收墓誌主要録自各類石刻文獻彙編、文物資料、期刊、集刊等公開出版物以及數種石刻數據庫，少量録自内部印刷物。各類資料刊發年限截至 2022 年底，凡《唐代墓誌彙編》《唐代墓誌彙編續集》已録者不再收入。少量墓誌（特別是五代墓誌）非近年新出，既已經學者録出，本書亦收，但不再列其原始出處，僅標明所據之書，以示不敢掠美。

三、墓誌目録依次爲唐代墓誌、五代墓誌、葬年不詳墓誌以及疑僞墓誌，統一連續編號。唐、五代及疑僞墓誌皆以誌主下葬時間爲序，無葬年者依卒年。葬、卒年皆缺，歸入"葬年不詳"類。下葬時間相同的墓誌，依墓誌題名音序（漢語拼音次序）排列。墓誌中偶或附刻相關文字，其中之年月日期不作爲排序依據。

四、目録中墓誌題名采用"某某（誌主名）墓誌"的形式，誌主爲男性稱"某某墓誌"，女性則稱"某某妻（母、女）某某墓誌"，夫婦合葬者（以墓誌原題爲據）則稱"某某及妻某某墓誌"。僅有姓氏而無名、字者，男性稱"某君"，女性稱"某氏"。若誌主爲佛教徒，則統冠以"釋"字，不分僧尼。

五、墓誌題名之後標明葬年，格式爲"年號＋年＋月"。葬年之後爲墓誌出處，録自各類石刻文獻彙編、文物資料類圖書以及石刻數據庫者皆采用省稱，其全部出版信息參閲書前《書目省稱表》。"省稱"之後的數字爲此方墓誌在該書中的序號或頁碼。録自期刊、集刊者，則以"作者＋刊物全稱＋刊期"的形式標出。若有多個出處，則以各種資料出版時間爲序先後排列。

六、人名索引主要收録墓誌中出現的唐、五代人物。唐以前人，若爲追述世系且明確可信者亦酌情收録，典故、傳説及標榜不實者不收。"某帝某年"等表時間概念者，本書不收。"某王傅""某王友"等官稱中之諸王，本書亦録出。墓誌叙及某人，常以官、爵、謚、號、郡望、行第相稱而諱言其名，此類亦儘量查考録入。

七、索引以"人名＋編號"的形式按人物姓名音序排列，同音字按筆畫排列，筆畫少者在前。若人名爲多音字，則儘量依據古人命名用字習慣或名與字之對應關係考定其音讀，無法確定者則采用多個讀音中音序靠前者。

八、索引以人物姓名爲主條目，若墓誌中叙及誌主字、號、小名等則附注於後，除著名人物或常以字行者外，一般不再另立條目。皇帝、諸王、后妃、公主等人物亦以姓名爲主條目。皇帝廟號重出互見，混於"唐"姓之中，不單獨排列。異人而同姓名者，分立條目。若無法判定是否爲一人，則亦分立。人名有殘缺，則以"□"代替。姓氏不明者，歸入"闕姓"類，置於索引最後。姓名不全者，儘量標明其官職或所屬關係。

　　九、人名之後或有多個編號,表明此人出現在多方墓誌之中,若其中有此人墓誌,則於相應編號之後標注"﹡",以便快速查找。

　　十、本書一般采用通行繁體字,但人名用字有其特殊性及時代性,故偶亦依原誌録入。

書目省稱表

省稱	全稱	編著者	出版社	出版年份
A				
安豐(頁)①	文化安豐	賈振林	大象出版社	2011
安陽(序)	安陽墓誌選編	安陽市文物考古研究所、安陽博物館	科學出版社	2015
安陽古碑(頁)	安陽縣古碑刻集萃	鄧葉君、李長生、孫景鳳	内部印刷	2004
B				
白帝城(頁)	白帝城歷代碑刻選	李江	天津古籍出版社	2011
白銀(序)	白銀金石校釋	吳景山	甘肅文化出版社	2016
百品(序)	洛陽新獲墓誌百品	齊運通	國家圖書館出版社	2020
百種(頁)	新出唐墓誌百種	趙文成、趙君平	西泠印社出版社	2010
保定(序)	保定出土墓誌選注	侯璐	河北美術出版社	2003
碑林(卷/補＋頁)	西安碑林全集	高峽	廣東經濟出版社、海天出版社	1999
碑林彙(序)	西安碑林博物館新藏墓誌彙編	趙力光	綫裝書局	2007
碑林續(序)	西安碑林博物館新藏墓誌續編	趙力光	陝西師範大學出版總社	2014
北窗(頁)	施蟄存北窗唐誌選萃	潘思源	上海古籍出版社	2014
北大(序)	北京大學圖書館藏歷代墓誌拓片目錄	北京大學圖書館金石組·胡海帆、湯燕、陶誠	上海古籍出版社	2013
北京精粹(頁)	北京文物精粹大系·石刻卷	《北京文物精粹大系》編委會、北京市文物局	北京出版社	2004
北京壹(序)	新中國出土墓誌·北京壹	中國文物研究所、北京石刻藝術博物館	文物出版社	2003
北侖(頁)	北侖歷代碑刻選注	北侖區地方志(年鑑)編纂委員會	寧波出版社	2019
北圖(冊＋頁)	北京圖書館藏中國歷代石刻拓本匯編(隋唐五代十國)	北京圖書館金石組	中州古籍出版社	1989

① 按：由於各書編排體例不同，或以編號排序，或僅有頁碼，又或一書有多冊而各自編排，本書亦難以劃一，因此各仍其舊。省稱之後括號內"頁"字表明墓誌在該書某頁，"序"字表明墓誌在該書的序號，"冊/輯/卷＋頁"則指此書具體某冊、輯、卷之某頁。

(續表)

省稱	全稱	編著者	出版社	出版年份
北文（序）	北京市文物研究所藏墓誌拓片	北京市文物研究所	北京燕山出版社	2003
補編（頁）	全唐文補編	陳尚君	中華書局	2005
補八（頁）	全唐文補遺（第八輯）	吳鋼	三秦出版社	2005
補二（頁）	全唐文補遺（第二輯）	吳鋼	三秦出版社	1999
補九（頁）	全唐文補遺（第九輯）	吳鋼	三秦出版社	2007
補六（頁）	全唐文補遺（第六輯）	吳鋼	三秦出版社	1999
補七（頁）	全唐文補遺（第七輯）	吳鋼	三秦出版社	2000
補千（頁）	全唐文補遺（千唐誌齋新藏專輯）	吳鋼	三秦出版社	2006
補三（頁）	全唐文補遺（第三輯）	吳鋼	三秦出版社	1996
補四（頁）	全唐文補遺（第四輯）	吳鋼	三秦出版社	1997
補五（頁）	全唐文補遺（第五輯）	吳鋼	三秦出版社	1998
補一（頁）	全唐文補遺（第一輯）	吳鋼	三秦出版社	1994
C				
滄州（序）	滄州出土墓誌	滄州市文物局	科學出版社	2007
藏石（序）	洛陽市文物考古研究院藏石集粹·墓誌篇	洛陽市文物考古研究院	中州古籍出版社	2020
昌平（頁）	石語昌平：北京昌平石刻輯録	邢軍	研究出版社	2020
長碑（頁）	長安碑刻	吳敏霞	陝西人民出版社	2014
長沙（頁）	長沙碑刻校注	長沙市文化旅游廣電局	岳麓書社	2020
長新（頁）	長安新出墓誌	西安市長安博物館	文物出版社	2011
長治（頁）	長治金石萃編	常福江、郭生弦	山西春秋電子音像出版社	2006
朝陽（頁）	北京市朝陽區圖書館館藏石刻拓片匯編	北京市朝陽區圖書館	中國書店	2018
朝陽墓（頁）	朝陽隋唐墓葬發現與研究	遼寧省文物考古研究所、日本奈良文化財研究所	科學出版社	2012
成都（序）	成都出土歷代墓銘券文圖録綜釋	劉雨茂、榮遠大	文物出版社	2012
重慶（序）	新中國出土墓誌·重慶	中國文物研究所、重慶市博物館	文物出版社	2002
處州（頁）	處州金石·下册	吳志華、吳志標	浙江古籍出版社	2017
慈碑（頁）	慈溪碑誌	勵祖浩	寧波出版社	2020
慈溪（頁）	慈溪碑碣墓誌彙編（唐至明代卷）	慈溪市文物管理委員會辦公室、寧波市江北區文物管理所	浙江古籍出版社	2017

(續表)

省稱	全稱	編著者	出版社	出版年份
磁縣(頁)	磁縣雙廟墓群考古發掘報告	南水北調中綫幹綫工程建設管理局、河北省南水北調工程建設委員會辦公室、河北省文物局	文物出版社	2017
崔氏(頁)	隋唐崔氏家族墓誌疏證	張應橋	上海交通大學出版社	2022
D				
大荔(頁)	大荔碑刻	魏叔剛、党斌、陳曉琴	陝西人民出版社	2013
大全長治(頁)	三晉石刻大全·長治市長治縣卷	劉澤民、賈圪堆	三晉出版社	2012
大全長子(頁)	三晉石刻大全·長治市長子縣卷	李玉明、申修福	三晉出版社	2013
大全城區(頁)	三晉石刻大全·晉城市城區卷	劉澤民、楊曉波、李永紅	三晉出版社	2012
大全方山(頁)	三晉石刻大全·呂梁市方山縣卷	李玉明、武有平	三晉出版社	2015
大全汾西(頁)	三晉石刻大全·臨汾市汾西縣卷	李玉明、王玉富	三晉出版社	2019
大全汾陽(頁)	三晉石刻大全·呂梁市汾陽市卷	李玉明、武登雲	三晉出版社	2017
大全浮山(頁)	三晉石刻大全·臨汾市浮山縣卷	劉澤民、李玉明、張金科、姚錦玉、邢愛勤	三晉出版社	2012
大全高平(頁)	三晉石刻大全·晉城市高平市卷	劉澤民、李玉明、常書銘	三晉出版社	2011
大全古縣(頁)	三晉石刻大全·臨汾市古縣卷	劉澤民、曹廷元	三晉出版社	2012
大全洪洞(頁)	三晉石刻大全·臨汾市洪洞縣卷	劉澤民、李玉明、汪學文	三晉出版社	2009
大全壺關(頁)	三晉石刻大全·長治市壺關縣卷	李玉明、王雅安、張平和	三晉出版社	2014
大全稷山(頁)	三晉石刻大全·運城市稷山縣卷	李玉明、趙武琪	三晉出版社	2021
大全尖草坪(頁)	三晉石刻大全·太原市尖草坪區卷	劉澤民、苗元隆	三晉出版社	2012
大全絳縣(頁)	三晉石刻大全·運城市絳縣卷	李玉明、王雅安、柴廣勝	三晉出版社	2014
大全黎城(頁)	三晉石刻大全·長治市黎城縣卷	劉澤民、李玉明、王蘇陵	三晉出版社	2012
大全臨猗(頁)	三晉石刻大全·運城市臨猗縣卷	李玉明、文紅武	三晉出版社	2016
大全柳林(頁)	三晉石刻大全·呂梁市柳林縣卷	李玉明、高繼平	三晉出版社	2013

（續表）

省稱	全稱	編著者	出版社	出版年份
大全婁煩（頁）	三晉石刻大全·太原市婁煩縣卷	李玉明、梁俊傑	三晉出版社	2016
大全南郊（頁）	三晉石刻大全·大同市南郊區卷	李玉明、王雅安、許德合	三晉出版社	2014
大全平順（頁）	三晉石刻大全·長治市平順縣卷	劉澤民、申樹森	三晉出版社	2013
大全平遥（頁）	三晉石刻大全·晉中市平遥縣卷	李玉明、姚晉峰、閆振貴	三晉出版社	2021
大全曲沃（頁）	三晉石刻大全·臨汾市曲沃縣卷	雷濤、孫永和	三晉出版社	2011
大全芮城（頁）	三晉石刻大全·運城市芮城縣卷	李玉明、李燕妮	三晉出版社	2018
大全朔城（頁）	三晉石刻大全·朔州市朔城區卷	李玉明、杜啓貴	三晉出版社	2017
大全太谷（頁）	三晉石刻大全·晉中市太谷縣卷	李玉明、劉偉	三晉出版社	2019
大全屯留（頁）	三晉石刻大全·長治市屯留縣卷	劉澤民、馮貴興、徐松林	三晉出版社	2012
大全文水（頁）	三晉石刻大全·吕梁市文水縣卷	李玉明、王海生	三晉出版社	2020
大全武鄉（頁）	三晉石刻大全·長治市武鄉縣卷	李玉明、李樹生	三晉出版社	2013
大全襄汾（頁）	三晉石刻大全·臨汾市襄汾縣卷	李玉明、高建録	三晉出版社	2016
大全襄垣（頁）	三晉石刻大全·長治市襄垣縣卷	李玉明、趙栓慶	三晉出版社	2015
大全孝義（頁）	三晉石刻大全·吕梁市孝義市卷	劉澤民、杜紅濤	三晉出版社	2012
大全新絳（頁）	三晉石刻大全·運城市新絳縣卷	李玉明、王國傑	三晉出版社	2015
大全鹽湖（頁）	三晉石刻大全·運城市鹽湖區卷	劉澤民、李玉明	三晉出版社	2010
大全堯都（頁）	三晉石刻大全·臨汾市堯都區卷	王天然、薛清紅	三晉出版社	2011
大全翼城（頁）	三晉石刻大全·臨汾市翼城縣卷	李玉明、李建黨	三晉出版社	2020
大全迎澤（頁）	三晉石刻大全·太原市迎澤區卷	李玉明、王雅安、劉文華	三晉出版社	2014
大全應縣（頁）	三晉石刻大全·朔州市應縣卷	李玉明、馬良	三晉出版社	2021
大全永濟（頁）	三晉石刻大全·運城市永濟市卷	李玉明、董榕	三晉出版社	2022

省稱	全稱	編著者	出版社	出版年份
大全榆次(頁)	三晉石刻大全·晉中市榆次區卷	劉澤民、李玉明、王琳玉	三晉出版社	2012
大全澤州(頁)	三晉石刻大全·晉城市澤州縣卷	劉澤民、李玉明、王麗	三晉出版社	2012
大全左權(頁)	三晉石刻大全·晉中市左權縣卷	劉澤民、李玉明、王兵	三晉出版社	2010
大同(頁)	大同新出唐遼金元誌石新解	殷憲	三晉出版社	2012
党項(頁)	党項西夏碑石整理研究	杜建録	上海古籍出版社	2015
敦煌(頁)	敦煌碑銘讚輯釋(增訂本)	鄭炳林、鄭怡楠	上海古籍出版社	2019
F				
房山(頁)	房山墓誌	陳亞洲	内部印刷	2006
分類(序)	山東石刻分類全集·歷代墓誌	《山東石刻分類全集》編輯委員會	青島出版社、山東文化音像出版社	2013
汾陽(頁)	汾陽市博物館藏墓誌選編	王仲璋	三晉出版社	2010
奉化(頁)	奉化現存碑刻知見録	王瑋、陳黎明	現代出版社	2016
鳳栖(頁)	長安鳳栖原韋氏家族墓地墓誌輯考	戴應新	三秦出版社	2021
扶溝(頁)	扶溝石刻	郝萬章	中國廣播電視出版社	2012
富平(頁)	富平碑刻	劉蘭芳、劉秉陽	三秦出版社	2013
G				
高平(頁)	高平金石志	《高平金石志》編纂委員會	中華書局	2004
高陽原(序)	長安高陽原新出土隋唐墓誌	李明、劉呆運、李舉綱	文物出版社	2016
鞏義(頁)	鞏義芝田晉唐墓葬	鄭州市文物考古研究所	科學出版社	2003
古玩(頁)	古玩·文物·遺産:為了未來保護過去	文社	北京燕山出版社	2009
故城(頁)	故城碑刻	中共故城縣委宣傳部、故城縣文學藝術界聯合會	中國文史出版社	2022
故宮(序)	故宮博物院藏歷代墓誌彙編	郭玉海、方斌	紫禁城出版社	2010
固原(頁)	固原歷代碑刻選編	寧夏固原博物館	寧夏人民出版社	2010
廣東(頁)	廣東金石圖志	伍慶禄、陳鴻鈞	綫裝書局	2015
廣東碑(頁)	廣東碑刻銘文集·第三卷	伍慶禄、陳鴻鈞	廣東高等教育出版社	2019
廣澤(頁)	廣澤清流:匈奴故都統萬城文物輯録	石小龍等	文物出版社	2019
廣州(頁)	廣州碑刻集	冼劍民、陳鴻鈞	廣東高等教育出版社	2006

（續表）

省稱	全稱	編著者	出版社	出版年份
廣宗（頁）	廣宗金石	陳國平	内部印刷	2020
國博（頁）	中國國家博物館館藏文物研究叢書·墓誌卷	中國國家博物館	上海古籍出版社	2017
國圖	中國國家圖書館·碑帖菁華			
H				
海寧（頁）	海寧歷代碑記	海寧市檔案局（館）、海寧市史志辦公室	浙江古籍出版社	2016
邯鄲（序）	邯鄲地區隋唐五代碑刻校録	任乃宏	中國文聯出版社	2014
邯鄲碑（頁）	邯鄲碑刻	吳光田、李强	天津人民出版社	2002
漢風（頁）	漢風唐韻：五代南漢歷史與文化	廣州市文物考古研究院、南漢二陵博物館	文物出版社	2020
漢唐（頁）	陝西漢唐石刻博物館	秦航	文物出版社	2021
合水（頁）	合水金石記	賈延廉、胡慶紅、寇正勤	三秦出版社	2019
河北石刻（頁）	河北新發現石刻題記與隋唐史研究	孫繼民	河北人民出版社	2006
河北壹（序）	新中國出土墓誌·河北壹	中國文物研究所、河北省文物研究所	文物出版社	2004
河東（序）	河東出土墓誌録	李百勤	山西人民出版社	1994
河間（頁）	河間金石遺録	田國福	河北教育出版社	2008
河洛（序）	河洛墓刻拾零	趙君平、趙文成	北京圖書館出版社	2007
河南貳（序）	新中國出土墓誌·河南貳	中國文物研究所、河南省文物考古研究所	文物出版社	2002
河南叁（序）	新中國出土墓誌·河南叁 千唐誌齋壹	中國文物研究所、千唐誌齋博物館	文物出版社	2008
河南壹（序）	新中國出土墓誌·河南壹	中國文物研究所、河南文物研究所	文物出版社	1994
菏澤（頁）	菏澤市古石刻調查與研究	孫明	科學出版社	2015
衡水（頁）	衡水出土墓誌	衡水市文物局	河北美術出版社	2010
洪洞（頁）	洪洞金石録	李國富、王汝雕、張寶年	山西古籍出版社	2008
户縣（頁）	户縣碑刻	劉兆鶴、吳敏霞	三秦出版社	2005
華山（頁）	華山碑石	張江濤	三秦出版社	1995
淮安（頁）	淮安楚州金石録	淮安市楚州區歷史文化研究會、淮安市楚州區文化局	内部印刷	2007
淮安石刻（頁）	淮安石刻·碑刻卷	淮安市博物館	江蘇鳳凰文藝出版社	2019
匯編北大（册＋頁）	隋唐五代墓誌匯編·北京大學卷	孫蘭風、胡海帆	天津古籍出版社	1992

省稱	全稱	編著者	出版社	出版年份
匯編北京（册＋頁）	隋唐五代墓誌匯編·北京卷附遼寧卷	張寧、傅洋、趙超、吳樹平、徐秉琨	天津古籍出版社	1991
匯編河北（頁）	隋唐五代墓誌匯編·河北卷	河北省文物研究所墓誌編輯組、孟繁峰、劉超英	天津古籍出版社	1991
匯編河南（頁）	隋唐五代墓誌匯編·河南卷	郝本性	天津古籍出版社	1991
匯編江蘇（頁）	隋唐五代墓誌匯編·江蘇山東卷	王思禮、印志華、徐良玉、賴非、蕭夢龍	天津古籍出版社	1991
匯編洛陽（册＋頁）	隋唐五代墓誌匯編·洛陽卷	洛陽古代藝術館、陳長安	天津古籍出版社	1991
匯編山西（頁）	隋唐五代墓誌匯編·山西卷	張希舜	天津古籍出版社	1991
匯編陝西（册＋頁）	隋唐五代墓誌匯編·陝西卷	王仁波、吳鋼	天津古籍出版社	1991
匯編新疆（頁）	隋唐五代墓誌匯編·新疆卷	穆舜英、王炳華	天津古籍出版社	1991
彙考（序）	五代墓誌彙考	周阿根	黃山書社	2012
J				
集萃（序）	西安新獲墓誌集萃	西安市文物稽查隊	文物出版社	2016
集釋（序）	新見隋唐墓誌集釋	王連龍	遼海出版社	2017
輯錄（頁）	河北金石輯錄	石永士、王素芳、裴淑蘭	河北人民出版社	1993
輯繩（頁）	洛陽出土歷代墓誌輯繩	洛陽市文物工作隊	中國社會科學出版社	1991
濟南（頁）	濟南歷代墓誌銘	韓明祥	黃河出版社	2002
濟寧（頁）	濟寧歷代墓誌銘	李恒法、解華英	齊魯書社	2011
尖草坪（頁）	尖草坪區碑碣	苗元隆	三晉出版社	2013
江寧（頁）	江寧歷代碑刻精選	江寧區政協教衛文體和文史委	江蘇鳳凰美術出版社	2016
江蘇貳（序）	新中國出土墓誌·江蘇貳	故宮博物院、南京市博物館	文物出版社	2014
江蘇壹（序）	新中國出土墓誌·江蘇壹	中國文物研究所、常熟博物館	文物出版社	2006
江西（序）	江西出土墓誌選編	陳柏泉	江西教育出版社	1991
交大（頁）	西安交通大學博物館藏品集錦·碑石書法卷	李家駿	陝西人民美術出版社	2013
焦山（頁）	焦山碑林典藏精品圖錄	鎮江焦山碑刻博物館	文物出版社	2014
介休（頁）	介休碑傳集	溫旭霞、侯清柏、許中	三晉出版社	2018
金陵（頁）	金陵碑刻精華	楊新華	西泠印社出版社	2019
金石（頁）	金石拓本題跋集萃	李亞平	河北美術出版社	2012
金鄉（頁）	唐金鄉縣主墓	西安市文物保護考古所·王自力、孫福喜	文物出版社	2002

（續表）

省稱	全稱	編著者	出版社	出版年份
晉城（頁）	晉城文物通覽·碑刻卷	劉金鋒	山西經濟出版社	2011
晉陽（頁）	晉陽古刻選·隋唐五代墓誌	太原市三晉文化研究會、《晉陽古刻選》編輯委員會	文物出版社	2013
晉中（頁）	晉中碑刻選粹	張晉平	山西古籍出版社	2001
涇川（序）	涇川金石校釋	李全中、吳景山	甘肅文化出版社	2016
精粹（頁）	漢魏唐刻石精粹·墓誌	胡廣躍、孫峻、李偉	三秦出版社	2013
菁華（序）	1996—2012北京大學圖書館新藏金石拓本菁華	北京大學圖書館金石組·胡海帆、湯燕	北京大學出版社	2012
菁華續（序）	1996—2017北京大學圖書館新藏金石拓本菁華續編	北京大學圖書館金石組·胡海帆、湯燕	北京大學出版社	2018
景州（頁）	景州金石	鄧文華	中國文史出版社	2004
K				
崆峒（頁）	崆峒金石	政協甘肅省平涼市崆峒區委員會	甘肅人民美術出版社	2014
昆山（序）	昆山碑刻輯存	姚偉宏	上海書店出版社	2014
L				
萊山（頁）	萊山館藏歷代碑刻拓片精選：慶祝萊山區建區二十周年	煙臺市萊山區博物館	山東友誼出版社	2014
蘭州（頁）	蘭州碑林藏甘肅古代碑刻拓片菁華	李龍文	甘肅人民美術出版社	2010
李訓（頁）	日本國朝臣備書丹褚思光撰文鴻臚寺丞李訓墓誌考	閆焰	文物出版社	2019
涼州（頁）	涼州金石録	鄭炳林、魏迎春、馬振穎	甘肅文化出版社	2022
遼博（序）	遼寧省博物館藏碑誌精粹	遼寧省博物館	文物出版社、日本中教出版株式會社	2000
遼寧（頁）	遼寧碑誌	王晶辰、王菊耳	遼寧人民出版社	2002
臨城（頁）	河北臨城館藏墓誌	王信忠	花山文藝出版社	2017
臨汾（頁）	臨汾西趙：隋唐金元明清墓葬	山西省考古研究所、臨汾市文物旅游局	科學出版社	2017
臨汾碑（頁）	臨汾歷代碑文選	王汝雕、牛文山	延邊大學出版社	2005
臨潼（頁）	臨潼碑石	趙康民、李小萍	三秦出版社	2006
靈石（頁）	靈石碑刻全集	景茂禮、劉秋根	河北大學出版社	2014
流散（序）	洛陽流散唐代墓誌彙編	毛陽光、余扶危	國家圖書館出版社	2013
流散續（序）	洛陽流散唐代墓誌彙編續集	毛陽光	國家圖書館出版社	2018
隆堯（序）	隆堯碑誌輯要	戴建兵	天津人民美術出版社	2016
龍門（頁）	龍門區系石刻文萃	張乃翥	國家圖書館出版社	2011

省稱	全稱	編著者	出版社	出版年份
洛新(序)	洛陽新獲墓誌	洛陽市第二文物工作隊·李獻奇、郭引强	文物出版社	1996
洛新續(序)	洛陽新獲墓誌續編	洛陽市第二文物工作隊·喬棟、李獻奇、史家珍	科學出版社	2008
M				
馬騰空(頁)	西安馬騰空村北漢唐墓葬群考古發掘報告	西安文理學院、西安市文物保護考古研究院	科學出版社	2021
滿城(頁)	滿城縣歷代碑(石)刻輯錄	范福生	河北教育出版社	2011
邙洛(序)	邙洛碑誌三百種	趙君平	中華書局	2004
孟府(頁)	孟府孟廟碑文楹聯集萃	邵澤水	中國社會出版社	2011
孟州(頁)	孟州文物	梁永照	内部印刷	2004
民族(序)	絲綢之路沿綫民族人士墓誌輯釋	史家珍	上海交通大學出版社	2021
明大(頁)	明大寄託新收中國北朝·唐代墓誌石刻資料集	氣賀澤保規	明治大學東洋石刻文物研究所	2010
銘刻(頁)	新見秦漢魏唐銘刻精選	許雄志、崔學順	河南美術出版社	2010
墨影(序)	文字墨影:中國文字博物館館藏墓誌拓片選釋	黃德寬、劉紀獻	中州古籍出版社	2022
N				
南京(序)	南京歷代碑刻集成	南京市文化廣電新聞出版局	上海書畫出版社	2011
寧波(頁)	寧波歷代碑碣墓誌彙編	章國慶	上海古籍出版社	2012
寧夏(頁)	寧夏歷代碑刻集	銀川美術館	寧夏人民出版社	2007
牛氏(頁)	中古隴西牛氏碑刻集錄	牛建東	三晉出版社	2018
P				
蓬萊(頁)	蓬萊金石錄	張永强	黃河出版社	2007
濮陽(頁)	濮陽碑刻墓誌	王義印	中州古籍出版社	2003
Q				
七朝(序)	洛陽新獲七朝墓誌	齊運通	中華書局	2012
七誌(序)	鴛鴦七誌齋藏石	西安碑林博物館·趙力光	三秦出版社	1995
千秋(頁)	字裏千秋:新出中古墓誌賞讀	楊勇	江西美術出版社	2018
千唐(序)	千唐誌齋碑銘全集	陳振濂、陳花容	朝華出版社	2022
千唐誌(序)	千唐誌齋藏誌	河南省文物研究所、河南省洛陽地區文管處	文物出版社	1984
錢寬(頁)	晚唐錢寬夫婦墓	浙江省文物考古研究所等	文物出版社	2012
羌族(序)	羌族石刻文獻集成	曾曉梅、吳明冉	巴蜀書社	2017
沁陽(序)	沁陽市博物館藏墓誌	張紅軍	科學出版社	2018

(續表)

省稱	全稱	編著者	出版社	出版年份
沁陽博(頁)	沁陽市博物館館藏文物精粹	沁陽市博物館、張紅軍	文物出版社	2020
沁州(頁)	沁州碑銘集	梁曉光	内部印刷	2003
慶陽(序)	慶陽金石碑銘菁華	張智全、吳景山	甘肅文化出版社	2013
曲阜(輯＋頁)	曲阜儒家碑刻文獻輯録	楊朝明	齊魯書社	2015—2019
衢州(頁)	衢州墓誌碑刻集録	衢州市博物館	浙江人民美術出版社	2006
R				
日下大興(頁)	新日下訪碑録·大興卷 通州卷 順義卷	北京石刻藝術博物館	北京燕山出版社	2016
日下石景山(頁)	新日下訪碑録·石景山卷 門頭溝卷	北京石刻藝術博物館	北京燕山出版社	2015
S				
撒馬爾干(頁)	從撒馬爾干到長安:粟特人在中國的文化遺迹	榮新江、張志清	北京圖書館出版社	2004
散存(頁)	河南散存散見及新獲漢唐碑誌整理研究	陳朝雲	科學出版社	2019
僧尼(序)	隋唐僧尼碑誌塔銘集録	介永強	上海古籍出版社	2022
山東(序)	山東石刻藝術精萃·歷代墓誌卷	山東省石刻藝術博物館	浙江文藝出版社	1996
山西碑碣(頁)	山西碑碣	山西省考古研究所	山西人民出版社	1997
山陽(頁)	山陽石刻藝術	郭建設、索全星	河南美術出版社	2004
陝碑(序)	陝西碑石精華	余華青、張廷皓	三秦出版社	2006
陝博(序)	風引薤歌:陝西歷史博物館藏墓誌萃編	陝西歷史博物館	陝西師範大學出版總社	2017
陝萃(頁)	陝西碑刻文獻萃編·唐五代卷	吳敏霞等	中華書局	2022
陝貳(序)	新中國出土墓誌·陝西貳	中國文物研究所、陝西省古籍整理辦公室	文物出版社	2003
陝目(册＋頁)	陝西碑刻總目提要初編	吳敏霞等	科學出版社	2018
陝叁(序)	新中國出土墓誌·陝西叁	故宮博物院、陝西省古籍整理辦公室	文物出版社	2015
陝肆(序)	新中國出土墓誌·陝西肆	故宮博物院、陝西省考古研究院	文物出版社	2021
陝唐(序)	陝西新見唐朝墓誌	劉文、杜鎮	三秦出版社	2022
陝新(序)	陝西省考古研究院新入藏墓誌	陝西省考古研究院	上海古籍出版社	2019
陝壹(序)	新中國出土墓誌·陝西壹	中國文物研究所、陝西省古籍整理辦公室	文物出版社	2000
上海(序)	新中國出土墓誌·上海天津	中國文化遺產研究院、上海博物館、天津文化遺產保護中心	文物出版社	2009

省稱	全稱	編著者	出版社	出版年份
上海墓（頁）	上海唐宋元墓	上海博物館、何繼英	科學出版社	2014
上郡（頁）	上郡膚施初考	陳政和	陝西人民出版社	2010
少民（頁）	洛陽出土少數民族墓誌彙編	李永強、余扶危	河南美術出版社	2011
紹興（頁）	紹興摩崖碑版集成	紹興縣文物保護管理所	中華書局	2009
施碑（頁）	施蟄存北窗碑帖選萃	潘思源	上海古籍出版社	2012
詩人（頁）	唐代詩人墓誌彙編·出土文獻卷	胡可先、楊瓊	上海古籍出版社	2021
石景山（頁）	北京市石景山區歷代碑誌選	中共石景山區委宣傳部等	同心出版社	2003
石語（頁）	石語墨影：廣西古代石刻選萃	林京海等	廣西科學技術出版社	2014
釋録（頁）	洛陽新出土墓誌釋録	楊作龍等	北京圖書館出版社	2004
絲綢（頁）	洛陽出土絲綢之路文物	李永強	河南美術出版社	2011
絲路（頁）	絲綢之路視域中的洛陽石刻	張乃翥、張成渝	上海古籍出版社	2018
四川（頁）	四川文物志	四川省文物管理局	巴蜀書社	2005
四川碑刻（序）	四川歷代碑刻	高文、高成剛	四川大學出版社	1990
蒐三（序）	秦晉豫新出墓誌蒐佚三編	張永華、趙文成、趙君平	國家圖書館出版社	2020
蒐續（序）	秦晉豫新出墓誌蒐佚續編	趙文成、趙君平	國家圖書館出版社	2015
蒐佚（序）	秦晉豫新出墓誌蒐佚	趙君平、趙文成	國家圖書館出版社	2012
蘇博（序）	蘇州博物館藏歷代碑誌	蘇州博物館	文物出版社	2012
隋朝（序）	陝西新見隋朝墓誌	劉文	三秦出版社	2018
隋代（序）	隋代墓誌銘彙考	王其禕、周曉薇	綫裝書局	2007
T				
唐品（序）	唐誌六十四品	《唐誌六十四品》編委會	嶺南美術出版社	2019
唐誌（序）	唐代墓誌	袁道俊	上海人民美術出版社	2003
通州（頁）	記憶——石刻篇之一	北京市通州區博物館、北京市通州區文物管理所	北京出版社	2010
銅川（頁）	銅川碑刻	陝西省古籍整理辦公室	三秦出版社	2019
吐彙（頁）	吐魯番出土墓誌彙考	張銘心	廣西師範大學出版社	2020
吐文（頁）	吐魯番文物精粹	李蕭	上海辭書出版社	2006
W				
琬琰（序）	琬琰流芳：河南博物院藏碑誌集粹	譚淑琴	中州古籍出版社	2015
渭城（頁）	渭城文物志	張德臣	三秦出版社	2007
衛輝（序）	衛輝歷代碑刻	安喜萍	中州古籍出版社	2013

(續表)

省稱	全稱	編著者	出版社	出版年份
吳越(頁)	吳越勝覽：唐宋之間的東南樂國	黎毓馨	中國書店	2011
吳中(頁)	吳中博物館圖錄	蘇州市吳中區博物館	江蘇鳳凰文藝出版社	2020
五代(序)	五代石刻校注	章紅梅	鳳凰出版社	2017
五代彙(頁)	五代十國墓誌彙編	仇鹿鳴、夏婧	上海古籍出版社	2022
武昌(頁)	武昌隋唐墓	湖北省文物考古研究所、湖北省博物館、北京大學考古文博學院	上海古籍出版社	2021
武威(頁)	武威金石録	王其英	蘭州大學出版社	2001
武威志(頁)	武威金石志	王其英	天津古籍出版社	2020
X				
西北(册＋頁)	中國西北地區歷代石刻匯編	趙平	天津古籍出版社	2000
西南(序)	西南大學新藏墓誌集釋	毛遠明	鳳凰出版社	2018
西南匯(序)	西南大學新藏石刻拓本匯釋	毛遠明、李海峰	中華書局	2019
西市(序)	大唐西市博物館藏墓誌	胡戟、榮新江	北京大學出版社	2012
西夏(序)	党項與西夏碑刻題記	杜建録、鄧文韜	三秦出版社	2022
廈大(頁)	廈門大學館藏文物珍品	廈門大學	廈門大學出版社	2011
廈門(頁)	廈門墓誌銘彙粹	何丙仲、吳鶴立	廈門大學出版社	2011
廈門精粹(頁)	廈門歷史文物精粹	靳維柏	廈門大學出版社	2016
咸陽(序)	咸陽碑刻	李慧、曹發展	三秦出版社	2003
獻縣(序)	獻縣墓誌銘鈎沉	獻縣文化廣電新聞出版局	内部印刷	2014
響堂(頁)	響堂山石窟碑刻題記總録	張林堂	外文出版社	2007
新安(序)	新安文史叢編·書畫卷	中國人民政治協商會議新安縣委員會文史委員會	河南人民出版社	2015
新城(頁)	唐新城長公主墓發掘報告	陝西省考古研究所、陝西歷史博物館、禮泉縣昭陵博物館	科學出版社	2004
新獲(序)	洛陽新獲墓誌二〇一五	齊運通、楊建鋒	中華書局	2017
杏園(頁)	偃師杏園唐墓	中國社會科學院考古研究所	科學出版社	2001
徐國衛(序)	北京大學圖書館藏徐國衛捐贈石刻拓本選編	胡海帆、湯燕	上海人民出版社	2007
宣化(序)	宣化出土古代墓誌録	劉海文	遠方出版社	2002
薛氏(頁)	河東望族　萬榮薛氏	謝振中	三晉出版社	2013
Y				
嚴州(頁)	嚴州金石	葉欣	天津古籍出版社	2012
偃師(頁)	偃師碑誌選粹	郭宏濤、周劍曙	中州古籍出版社	2014
兗州(頁)	兗州歷代碑刻録考	樊英民	齊魯書社	2013

(續表)

省稱	全稱	編著者	出版社	出版年份
揚博(頁)	揚州博物館藏唐宋元墓誌選輯	揚州博物館	廣陵書社	2018
揚州(頁)	隋唐五代揚州地區石刻文獻集成	李文才	鳳凰出版社	2021
姚江(頁)	姚江碑碣	葉樹望	浙江古籍出版社	2011
鄞城(頁)	鄞城碑石	霍玉辰、王福生	中國文史出版社	2011
鄞州(頁)	碑銘擷英：鄞州碑碣精品集	馬兆祥	人民美術出版社	2003
鄞州碑(頁)	鄞州碑刻選錄	寧波市鄞州區人民政府地方志編研室、寧波市鄞州區文物保護管理中心	浙江古籍出版社	2021
永濟(頁)	永濟歷代碑誌精選	永濟市政協	三晉出版社	2020
永年(頁)	永年碑石志	郭須善	河北美術出版社	2021
永宣(頁)	永宣金石：古代碑帖拓本選粹	張永強	西泠印社出版社	2018
甬城(頁)	甬城現存歷代碑碣志	章國慶、裘燕萍	寧波出版社	2009
榆林(頁)	榆林碑石	康蘭英	三秦出版社	2003
餘姚(頁)	有虞故物：會稽餘姚虞氏漢唐出土文獻匯釋	商略、孫勤忠	上海古籍出版社	2016
玉林(頁)	玉林石刻調查與研究	李義凡	廣西人民出版社	2016
蔚縣(序)	蔚縣碑銘輯錄	鄧慶平等	廣西師範大學出版社	2009
鴛鴦(頁)	洛陽出土鴛鴦誌輯錄	郭茂育、趙水森	國家圖書館出版社	2012
元氏(頁)	陝西唐代元氏家族墓誌錄	陝西省考古研究院	文物出版社	2021
越秀(頁)	越秀碑刻	高旭紅	廣東人民出版社	2017
越窰(頁)	越窰瓷墓誌	厲祖浩	上海古籍出版社	2013
運河(頁)	邯鄲運河碑刻	王興、李亞	河北美術出版社	2012
Z				
昭陵(頁)	昭陵碑石	張沛	三秦出版社	1993
浙大	浙大墓誌庫			
貞石(頁)	貞石：南京栖霞地區歷代碑刻集成	南京市栖霞區地方志編纂委員會辦公室	江蘇人民出版社	2021
珍稀(序)	珍稀墓誌百品	胡戟	陝西師範大學出版總社	2016
鄭州(頁)	鄭州金石志·隋唐五代編	鄭州市地方史志辦公室	中國水利水電出版社	2021
中華	籍合網中華石刻數據庫之"唐代墓誌銘數據庫"			
諸暨(頁)	諸暨摩崖碑刻集成	阮建根、酈勇	西泠印社出版社	2017
磚刻(序)	中國古代磚刻銘文集	胡海帆、湯燕	文物出版社	2008
磚誌(序)	吐魯番出土磚誌集注	侯燦、吳美琳	巴蜀書社	2003

墓誌目録

唐

武德

0001 李操墓誌［618 武德元年十一月　碑林續 16］

0002 李制墓誌［618 武德元年十一月　補五 96、長碑 354、陳尊祥《碑林集刊》3］

0003 莫麗芳墓誌［619 武德元年十二月　西市 28］

0004 顔宏墓誌［619 武德二年二月　西市 29］

0005 蔡澤墓誌［619 武德二年八月　補六 232、朝陽墓 196］

0006 董相墓誌［619 武德二年　大全孝義 9］

0007 張權墓誌［621 武德四年十月　西市 30］

0008 張氏墓誌［621 武德四年閏十月　集萃 9、西南匯 54］

0009 獨孤羅妻賀若突厥墓誌［621 武德四年十一月　陝肆 51］

0010 寶幹墓誌［621 武德四年十一月　蒐續 183、西南 48］

0011 秦君妻王思墓誌［622 武德五年六月　新獲 61、蒐三 138］

0012 和敏墓磚［622 武德五年七月　大荔 6］

0013 韋惠墓誌［622 武德五年十一月　碑林續 17、蒐續 184］

0014 韋匡伯墓誌［623 武德五年十一月　鳳栖 184、陝肆 52］

0015 錢强墓誌［623 武德五年十二月　蒐續 185］

0016 鄭譯墓誌［623 武德五年十二月　隋朝 51、菁華續 151、百品 22］

0017 盧道助墓誌［623 武德六年二月　輯繩 69、補七 240、藏石 24］

0018 韋惲墓誌［623 武德六年二月　陝唐 1］

0019 李駿墓誌［624 武德六年十二月　浙大］

0020 邸君妻嚴氏墓誌［624 武德七年五月　邙洛 49、補八 254、洛新續 21］

0021 李仲粲墓誌［624 武德七年五月　菁華續 152］

0022 郭敬墓誌［624 武德七年七月　匯編陝西 1-6、補三 308、碑林 73-1858、西北 1-153、陝貳 13］

0023 萬進墓誌［625 武德七年十二月　北大 01037、浙大］

0024 蘇永安墓誌［625 武德八年二月　匯編陝西 1-7、補三 308、碑林 73-1864、西北 1-154、陝貳 14、陝萃 288］

0025 刀妙璉墓誌［625 武德八年五月　浙大］

0026 宇文述墓誌［625 武德八年十月　蒐續 186、珍稀附 3、菁華續 153］

0027 左廣墓誌［625 武德八年十月　百品 23］

0028 韋廣妃墓誌［625 武德八年十月　古玩 172］

0029 趙君銘記［625 武德八年十一月　蔣若是《考古學報》1959.2、補編 1818］

0030 穆孝愙墓誌［625 武德八年十一月　高陽原 14］

0031 □敬客墓誌［625 武德八年十一月　北大 01038、國圖］

0032 裴眺墓誌［626 武德八年十一月　西南 49］

0033 竇肅墓誌［626 武德九年八月　陝唐 2］

0034 封嗣道墓誌［627 武德十年三月　景州 100、河北壹 50、衡水 40］

0035 梁明達墓誌［619 永隆二年十一月　榆林 21、補八 252、隋代 505、陝叁 11］

0036 □恭墓誌［628 永隆十一年二月　榆林 22、補八 255、陝叁 12］

0037 朱益墓誌［619 五鳳二年十月　邯鄲碑 40］

0038 劉開妻孟淑容墓誌［619 開明元年五月　補七 238、邙洛 48、洛新續 20］

0039 郭静墓誌［620 天興四年六月　大全朔城 13］

貞觀

0040 張静藏墓誌［627 貞觀元年正月　西南 50］

0041 王裕墓誌［627 貞觀元年二月　珍稀 16、新獲 62、西南匯 55、蒐三 140］

0042 乞扶惠墓誌［627 貞觀元年八月　衛輝 41、散存 216］

0043 劉君妻盧渠夷墓誌［627 貞觀元年八月　高陽原 15］

0044 竇曒墓誌［627 貞觀元年十月　陝肆 53］

0045 張德墓誌［627 貞觀元年十月　浙大］

0046 鹿裕墓誌［628 貞觀元年十二月　蒐三 141］

0047 隋煬帝墓誌［貞觀元年　揚州 5］

0048 李建成墓誌［628 貞觀二年正月　集釋 12、蒐續 187、集萃 10、珍稀附 4、永宣 208、
菁華續 154、西南匯 56］

0049 秦愛墓誌［628 貞觀二年正月　濟南 22、分類 66］

0050 李敳墓誌［628 貞觀二年正月　西市 31］

0051 李藥王墓誌［628 貞觀二年正月　西市 32、民族 91］

0052 陸立素墓誌［628 貞觀二年十一月　陝唐 3］

0053 潘伽墓誌［628 貞觀二年十一月　補千 1、河南叁 9、千唐 35］

0054 達奚晃墓誌［629 貞觀三年三月　浙大］

0055 皮氏墓誌［629 貞觀三年三月　浙大］

0056 戎進墓誌［630 貞觀四年三月　周偉洲《西域研究》2018.3］

0057 韋津墓誌［630 貞觀四年五月　鳳栖 139、陝肆 54］

0058 馬伯仁墓誌［630 貞觀四年八月　碑林彙 16］

0059 郭摩墓誌［630 貞觀四年十一月　西南匯 57］

0060 張濟墓誌［630 貞觀四年十一月　蒐三 142］

0061 韋孝謇墓誌［631 貞觀四年十一月　蒐續 188］

0062 李安（遂安王）妃陸小娘墓誌［631 貞觀四年十二月　冉萬里《考古與文物》

0100 宮惠墓誌 [636 貞觀十年十一月　流散 1、新獲 65、蒐三 146]

0101 柳則墓誌 [636 貞觀十年十一月　蒐續 193、新獲 64]

0102 長孫義莊妻竇胡娘墓誌 [637 貞觀十一年六月　寧琰《文博》2017.5]

0103 達奚毅墓誌 [637 貞觀十一年十月　浙大]

0104 房榮墓誌 [637 貞觀十一年十月　陝肆 60]

0105 崔仲方墓誌 [637 貞觀十一年十一月　河北省文物研究所《考古》2001.2、補八 257]

0106 蕭玄徹墓誌 [638 貞觀十一年十二月　長新 36、長碑 21]

0107 段儼妻獨孤氏墓誌 [638 貞觀十二年二月　補編 2155、渭城 233]

0108 橋岳珍墓誌 [638 貞觀十二年四月　補千 1、千唐 51]

0109 戴胄妻苑氏墓誌 [638 貞觀十二年五月　西北大學文化遺産學院《考古》2021.10]

0110 李同仁墓誌 [638 貞觀十二年十一月　邙洛 54]

0111 田君墓誌 [639 貞觀十二年十二月　大全汾陽 11]

0112 李茂妻王洪墓誌 [639 貞觀十三年二月　長新 40、長碑 23]

0113 張文緒墓誌 [639 貞觀十三年四月　碑林續 20]

0114 楊孝謇墓誌 [639 貞觀十三年八月　補千 2、千唐 52]

0115 姜世遠墓誌 [639 貞觀十三年十月　隋朝 53]

0116 寇弘妻盧姟墓誌 [639 貞觀十三年十月　陝唐 6]

0117 鄧通及妻任氏墓誌 [640 貞觀十四年正月　長新 42、長碑 25]

0118 李寧墓誌 [640 貞觀十四年正月　浙大]

0119 李禎墓誌 [640 貞觀十四年正月　拜根興《社會科學戰綫》2021.12、浙大]

0120 韋長詮墓誌 [640 貞觀十四年正月　珍稀 19、菁華續 158、西南 53、百品 25]

0121 辛慈墓誌 [640 貞觀十四年正月　隋朝 54]

0122 于盧呵墓誌 [640 貞觀十四年正月　蒐續 194、新獲 66]

0123 鄭乾意墓誌 [640 貞觀十四年正月　楊軍凱《文博》2014.4]

0124 陰弘道墓誌 [640 貞觀十四年二月　高陽原 16、詩人 33、涼州 538]

0125 柴君妻長孫大明墓誌 [640 貞觀十四年三月　百品 26]

0126 李軌妻長孫念兒墓誌 [640 貞觀十四年五月　蒐佚 102]

0127 王宣墓誌 [640 貞觀十四年十月　碑林彙 20]

0128 王贇墓誌 [640 貞觀十四年十月　珍稀 20、新獲 67、菁華續 159、西南匯 59、蒐三 147]

0129 李範墓誌 [640 貞觀十四年十月　陝新 17、民族 95]

0130 陸士季墓誌 [640 貞觀十四年閏十月　西市 33]

0131 竇孝鼎墓誌 [640 貞觀十四年十一月　陝肆 61]

0132 郭毅墓誌 [640 貞觀十四年十一月　新獲 68、蒐三 148]

0133 楊君妻鄭氏墓誌 [640 貞觀十四年十一月　補千 3、河南叁 10、千唐 54]

0134 元脣墓誌 [640 貞觀十四年十一月　蒐續 195、西南 54]

0135 康業相墓誌 [641 貞觀十四年十一月　吐文 146、吐彙 187]

0136 柳德□墓誌 [貞觀十四年十一月　百品 27]

0137 魏元凱墓誌［641 貞觀十四年十二月　浙大］

0138 王浄言墓誌［641 貞觀十四年十二月　百品 28］

0139 李寂墓誌［641 貞觀十四年十二月卒　陝新 18、民族 94］

0140 丘師墓誌［641 貞觀十五年二月　蒐佚 103、七朝 68、菁華 96、千秋 81］

0141 若干志定墓誌［641 貞觀十五年四月　碑林續 21］

0142 崔忠墓誌［641 貞觀十五年七月　補千 4、河南叁 11、千唐 56］

0143 劉遠墓誌［641 貞觀十五年十月　蒐續 196］

0144 王師忠墓誌［641 貞觀十五年十月　邙洛 55、百種 6］

0145 杜大督妻劉氏墓誌［641 貞觀十五年十月　北大 01125］

0146 甘世達妻沈氏墓誌［642 貞觀十五年十二月　陝唐 7］

0147 李英墓誌［貞觀十五年　施碑 197］

0148 獨孤開遠墓誌［642 貞觀十六年三月　北圖 11-105、匯編陝西 1-12、補三 325、碑林 73-1935、西北 1-178、補編 1820、陝貳 20］

0149 張謙祐妻嚴氏墓表［642 貞觀十六年四月　匯編新疆 144、補七 500、磚誌 216、吐彙 194］

0150 李安(遂安郡王)墓誌［642 貞觀十六年五月　補七 244］

0151 鄭孝昂墓誌［642 貞觀十六年六月　蒐續 197、新獲 69］

0152 劉照璧墓誌［642 貞觀十六年七月　碑林續 22］

0153 李方元妻梁氏墓誌［642 貞觀十六年十二月　匯編陝西 1-13、補三 327、碑林 73-1958、陝貳 21］

0154 辛有道墓誌［643 貞觀十六年十二月　百品 29］

0155 鄧弘業墓誌［643 貞觀十七年正月　北大 01134、浙大］

0156 盧紹墓誌［643 貞觀十七年二月　陝唐 8］

0157 史善應墓誌［643 貞觀十七年二月　集釋 16］

0158 秦養祖妻陶氏墓誌［643 貞觀十七年四月　長新 44、長碑 361］

0159 李毗墓誌［643 貞觀十七年四月　高陽原 17］

0160 李義方墓誌［643 貞觀十七年五月　蒐佚 104、七朝 69、菁華續 160］

0161 杜愻墓誌［643 貞觀十七年九月　蒐續 198、西南 55］

0162 蔡須達墓誌［643 貞觀十七年九月　補六 238、朝陽墓 199］

0163 程峻墓誌［643 貞觀十七年十月　補編 2416］

0164 強寶質墓誌［643 貞觀十七年十月　王智傑《中國書法》2016.4］

0165 丘英起墓誌［643 貞觀十七年十月　蒐佚 105、七朝 70、千秋 86］

0166 賀婁子幹妻源伯儀墓誌［643 貞觀十七年十月　隋朝 55］

0167 李祐墓誌［643 貞觀十七年十月　鄭炳林《敦煌學輯刊》2007.2］

0168 李元昌墓誌［643 貞觀十七年十月　長新 46、長碑 26］

0169 楊君妻乙弗氏墓誌［643 貞觀十七年十月　蒐續 199］

0170 賀蘭氏墓誌［643 貞觀十七年十月　高陽原 18］

0171 韋楷墓誌［643 貞觀十七年十月　陝新 19、鳳栖 266］

0172 晁大明墓誌［643 貞觀十七年十月　武威 28、武威志 372、涼州 18］

0173 李吉妻張摩子墓誌［644 貞觀十七年十二月　陝肆 62］

0174 眭君厚墓誌［貞觀十七年　補七 246、臨城 17］

0175 王怜墓誌［貞觀十七年　陝肆 63］

0176 韋慶嗣墓誌［644 貞觀十八年正月　長新 48、長碑 27］

0177 楊居士塔銘［644 貞觀十八年二月　北圖 11-120、匯編北京 1-36、補七 223、補編 1917、僧尼 27］

0178 李君妻梁氏墓誌［644 貞觀十八年三月　河洛 57］

0179 王建墓誌［644 貞觀十八年三月　北大 01147］

0180 陸彥衡墓誌［644 貞觀十八年五月　蒐三 149］

0181 朱模墓誌［644 貞觀十八年九月　補千 5、河南叁 12、千唐 61］

0182 衡琳墓誌［644 貞觀十八年十月　長新 50、長碑 363］

0183 孟買墓誌［644 貞觀十八年十一月　蒐續 200］

0184 王約墓誌［645 貞觀十九年二月　蒐佚 106、七朝 71、西市 34］

0185 李伽墓誌［645 貞觀十九年二月　北大 01155、浙大］

0186 張君寬墓誌［645 貞觀十九年三月　匯編洛陽 2-84、補五 100］

0187 張寵則墓誌［645 貞觀十九年四月　千秋 90］

0188 釋大雲塔銘［645 貞觀十九年六月　北圖 11-130、匯編北京 1-38］

0189 張毅墓誌［645 貞觀十九年九月　補千 5、河南叁 13、千唐 64］

0190 □業墓誌［645 貞觀十九年十一月　匯編洛陽 2-91、補五 101］

0191 謝統師墓誌［645 貞觀十九年十一月　碑林續 23］

0192 郭嗣本墓誌［646 貞觀二十年正月　陝肆 64］

0193 徐仁墓誌［646 貞觀二十年正月　浙大］

0194 姚文墓誌［646 貞觀二十年二月　西市 35］

0195 氾文墓誌［646 貞觀二十年閏三月　長新 52、長碑 28］

0196 成伯憙墓誌［646 貞觀二十年五月　磚誌 224、吐彙 197］

0197 解沙門墓誌［646 貞觀二十年五月　陝唐 9］

0198 宋徹墓誌［646 貞觀二十年七月　流散 2、蒐續 201、唐品 56］

0199 裴懷潛墓誌［646 貞觀二十年八月卒　補七 248］

0200 謝文墓誌［646 貞觀二十年九月　蒐佚 107］

0201 董收墓誌［646 貞觀二十年十月　蒐佚 108、七朝 72］

0202 蕭汾墓誌［646 貞觀二十年十月　補八 259、河洛 58、洛新續 25、百種 8］

0203 袁異度墓誌［646 貞觀二十年十月　百品 30］

0204 辛儉墓誌［646 貞觀二十年十一月　蒐續 203、新獲 70］

0205 殷秦州墓誌［646 貞觀二十年十一月　蒐續 202］

0206 魏基墓誌［646 貞觀二十年十一月　流散續 1、百品 31］

0207 段孝敬墓誌［646 貞觀二十年十一月　陝肆 65］

0208 馮恕墓誌［646 貞觀二十年十一月　碑林續 26、蒐續 205、菁華續 161］

0209 胡演墓誌［646 貞觀二十年十一月　西市 36］

0210 韋懷德墓誌［646 貞觀二十年十一月　西市 37］

0211 元虔盖墓誌［646 貞觀二十年十一月　補七 248、陝肆 66］

0212 張素墓誌［646 貞觀二十年十一月　碑林續 24］

0213 張毅墓誌［646 貞觀二十年十一月　碑林續 25、蒐續 204、西南 56］

0214 閻休墓誌［647 貞觀二十年十一月　河洛 59、龍門 441］

0215 薛萬述墓誌［647 貞觀二十年十二月　陝唐 10］

0216 獨孤述墓誌［貞觀二十年　陝唐 11］

0217 李福（趙王）内人張氏墓誌［647 貞觀二十一年正月　長新 54、長碑 29］

0218 權萬春墓誌［647 貞觀二十一年二月　長新 56、長碑 30、陝萃 318］

0219 畢君妻譚氏墓誌［647 貞觀二十一年三月　渭城 234、陝肆 67］

0220 賈德墓誌［647 貞觀二十一年四月　河洛 60、西市 38］

0221 崔大義妻李氏墓誌［647 貞觀二十一年七月　墨影 20］

0222 胡質妻馬弟男墓誌［647 貞觀二十一年九月　新獲 71、蒐三 150］

0223 范義欣墓記［648 貞觀二十一年十二月　北大 01196］

0224 王治墓誌［貞觀二十一年　碑林彙 22］

0225 鄧相及妻□澄墓誌［648 貞觀二十二年正月　蒐續 206］

0226 仵德信墓誌［648 貞觀二十二年正月　陝唐 12］

0227 翟伯墓誌［648 貞觀二十二年二月　鄭旭東《石河子大學學報》2021.5］

0228 蕭鏐墓誌［648 貞觀二十二年二月　新獲 72、流散續 2、蒐三 151］

0229 侯仁愷墓誌［648 貞觀二十二年三月　蒐佚 109、流散 3］

0230 崔登墓誌［648 貞觀二十二年十月　補千 6、河南參 14、千唐 78］

0231 吴遊墓誌［648 貞觀二十二年十一月　山西省考古研究院《草原文物》2022.1］

0232 李百藥墓誌［648 貞觀二十二年十一月　李浩《文學遺産》2015.6、詩人 34］

0233 韋弘諒墓誌［649 貞觀二十二年十二月　高陽原 19］

0234 李氏墓誌［貞觀二十二年　浙大］

0235 程君墓誌［649 貞觀二十三年二月　陝新 20］

0236 寇弘墓誌［649 貞觀二十三年二月　陝唐 13］

0237 王仲卿墓誌［649 貞觀二十三年二月　蒐續 207］

0238 王弘敏墓誌［649 貞觀二十三年三月　蒐佚 110、西市 39］

0239 彭君妻楊氏墓誌［649 貞觀二十三年六月　匯編洛陽 2-140、補五 101］

0240 □僧及妻董氏墓誌［649 貞觀二十三年七月　補千 6、千唐 86］

0241 秦文義墓誌［649 貞觀二十三年七月　陝新 21］

0242 吴君妻田英墓誌［649 貞觀二十三年七月　西南 57、蒐三 152］

0243 樊方墓誌［649 貞觀二十三年九月　咸陽 17、補九 428］

0244 賀拔亮墓誌［649 貞觀二十三年十月　西市 40、民族 100］

0245 王客卿墓誌［649 貞觀二十三年十月　西市 41］

0246 楊琮妻何德尼墓誌［649 貞觀二十三年十月　陝萃 332］

0247 爨君墓誌［649 貞觀二十三年十月　西市 42］

0248 盧赤松墓誌［649 貞觀二十三年十月　邙洛 56、百種 10］

0249 路通墓誌［649 貞觀二十三年十月　流散續 3、西南匯 60、蒐三 153］

0250 裴龍虔墓誌［649 貞觀二十三年十月　陝肆 68］

0251 張鳳墓誌［649 貞觀二十三年十一月　大全曲沃 5］

0252 尚登寶墓誌［649 貞觀二十三年十一月卒　補七 249］

0253 孟恭墓誌［650 貞觀二十三年十二月　補八 260、河洛 62、洛新續 26、百種 12］

0254 吳朗墓誌［650 貞觀二十三年十二月　北圖 11-203、匯編洛陽 2-151、補三 349、補編 1824］

0255 皇甫無易墓誌［650 貞觀二十三年十二月　陝唐 14］

0256 薛述墓誌［650 貞觀二十三年十二月　陝肆 69］

0257 唐晏墓誌［650 貞觀二十三年十二月　蒐佚 111、七朝 73、西市 43］

義和

0258 趙善慶墓磚［618 義和五年　吐彙 144］

延壽

0259 宋仏住墓誌［627 延壽四年十月　吐彙 158］

0260 張謙祐墓表［630 延壽七年十月　磚誌 174、吐彙 161］

0261 康浮圖墓表［630 延壽七年十二月　吐彙 161］

0262 張伯玉墓表［632 延壽九年五月　磚誌 180、吐彙 165］

0263 宋仏住妻張氏墓表［632 延壽九年五月　吐彙 167］

0264 張君墓表［632 延壽九年五月　吐文 115］

0265 殘墓表［632 延壽九年　磚誌 184］

0266 張顯祐妻墓表［636 延壽十三年三月　匯編新疆 129、補七 499、磚誌 193、吐彙 175］

0267 張師兒及妻王氏墓表［637 延壽十四年五月　匯編新疆 104、西北 1-147、補七 496、磚誌 153、吐彙 144］

0268 白圿奴墓表［637 延壽十四年　吐文 112］

0269 醫人墓表［640 延壽十七年　磚誌 202］

0270 令狐法奴妻趙氏墓記［高昌　磚誌 205、吐彙 183］

0271 令狐氏墓記［高昌　磚誌 206、吐彙 183］

0272 首□墓記［高昌　磚誌 210］

0273 宋仁墓記［高昌　磚誌 209］

0274 唐神護墓記［高昌　磚誌 222］

0275 張救子墓表［高昌　磚誌 204］

0276 張曙子墓表［高昌　磚誌 203、吐彙 182］

0277 張賢壽墓記［高昌　磚誌 208、吐彙 184］

0278 趙陳妻墓磚［高昌　磚誌 207、吐彙 184］

永徽

0279 賈達墓誌［650 永徽元年正月　蒐佚 112、唐品 31］

0280 崔幹墓誌［650 永徽元年二月　堀井裕之《唐史論叢》19］

0281 朱子玉妻楊氏墓誌［650 永徽元年四月　新獲 73、流散續 4、蒐三 154］

0282 沈叔安妻陳净玲墓誌［650 永徽元年七月　湯燕《唐研究》21］

0283 郝鳳墓誌［650 永徽元年十月　朝陽市文物考古研究所《考古》2020.1］

0284 于哲墓誌［650 永徽元年十一月　碑林續 27、西南 58］

0285 宋傑妻左淑姬墓誌［651 永徽元年十二月　龍門 440、蒐佚 101］

0286 宋才墓誌［651 永徽二年二月　北大 01254、浙大］

0287 赫連寶毅墓誌［651 永徽二年二月　西南 60、蒐三 155］

0288 張立德墓誌［651 永徽二年二月　碑林續 28、萊山 165、蒐續 208、西南 59］

0289 高昱墓誌［651 永徽二年二月　西市 44］

0290 裴會真墓誌［651 永徽二年二月　蒐續 209、流散續 5、蒐三 156］

0291 長孫良墓誌［651 永徽二年三月　蒐三 157］

0292 阿史那婆羅門墓誌［651 永徽二年六月　碑林彙 23、菁華續 162、陝萃 340］

0293 宋敦墓誌［651 永徽二年六月　長新 60、長碑 33］

0294 賀拔亮妻張氏墓誌［651 永徽二年八月　西市 46］

0295 姜崇業墓誌［651 永徽二年八月　西市 45］

0296 張騷墓誌［651 永徽二年八月　補八 261、洛新續 27］

0297 宇文仁嗣墓誌［651 永徽二年九月　浙大］

0298 楊威墓誌［651 永徽二年閏九月　蒐續 210］

0299 達奚珤善墓誌［651 永徽二年閏九月　集釋 17、碑林續 29、蒐續 211］

0300 李福謙墓誌［651 永徽二年十月　蒐佚 113］

0301 安恕墓誌［651 永徽二年十一月　毛陽光《考古學研究》11］

0302 賀蘭曷墓誌［651 永徽二年十一月　陝唐 15］

0303 王桃妻元英墓誌［651 永徽二年十一月　陝肆 70］

0304 費濤墓誌［652 永徽二年十二月　唐品 29、蒐三 158］

0305 田仕及妻張妃墓誌［652 永徽二年十二月　邙洛 57、補八 261、洛新續 28、百種 14］

0306 王武墓誌［永徽二年　陝目一 163］

0307 袁石墓誌［652 永徽三年正月　陳鴻鈞《嶺南文史》2019.1］

0308 秦玉勝墓誌［652 永徽三年正月卒　西南 61］

0309 武謙墓誌［652 永徽三年正月　百品 32］

0310 管君妻袁貞墓誌［652 永徽三年三月　補八 262、河洛 63、洛新續 29、新獲 74］

0311 寶衍妻達奚淑墓誌［652 永徽三年三月　碑林續 30］

0312 楊和墓誌［652 永徽三年四月　朝陽墓 189］

0313 徐伽仁墓誌［652 永徽三年五月　流散 4、蒐續 212、唐品 18］

0314 李緒妻令狐淑墓誌［652 永徽三年五月　陝肆 71］

0315 辛氏墓誌［652 永徽三年六月　蒐三 159］

0316 朱感妻叱羅氏墓誌［652 永徽三年七月　流散續 6、民族 103］

0317 □育墓誌［652 永徽三年八月　北大 01287］

0318 徐琛墓誌［652 永徽三年十月　大全朔城 14］

0319 任銜墓誌［652 永徽三年十月　西南匯 61］

0320 張賢墓誌［652 永徽三年十月　蒐佚 114］

0321 侯莫陳毅墓誌［652 永徽三年十月　補千 7、少民 279、千唐 114］

0322 楊守澹妻獨孤法王墓誌［652 永徽三年十月　碑林續 31］

0323 韓師墓誌［652 永徽三年十一月　匯編洛陽 15-15、補七 254］

0324 郭嗣本妻長孫四娘墓誌［652 永徽三年十一月　陝肆 72］

0325 馮弁峻墓誌［652 永徽三年十一月　永年 30］

0326 楊續墓誌［652 永徽三年十一月　菁華 98、蒐續 213］

0327 郭君妻師暉墓誌［652 永徽三年十一月　西市 47］

0328 王士才墓誌［653 永徽三年十二月　補千 8、千唐 118］

0329 獨孤脩禮墓誌［653 永徽四年正月　王書欽《碑林集刊》25］

0330 張僧瑗墓誌［653 永徽四年二月　蒐三 160］

0331 李泰（濮恭王）墓誌［653 永徽四年二月　劉志軍《考古與文物》2020.1］

0332 蕭鑒墓誌［653 永徽四年二月　集釋 18、蒐續 214、餘姚 102、西南 62］

0333 閻懿墓誌［653 永徽四年二月　蒐續 215］

0334 宋文成墓誌［653 永徽四年三月　龍門 442］

0335 李恪（吳王）墓誌［653 永徽四年四月　長新 62、長碑 34］

0336 蘇興墓誌［653 永徽四年六月　匯編陝西 1-20、補三 353、碑林 74-1985、陝貳 26、陝萃 344］

0337 李仁雅墓誌［653 永徽四年七月　補千 9、千唐 122］

0338 四品亡宮墓誌［653 永徽四年七月　碑林續 32、蒐續 216、西南 63］

0339 趙爽墓誌［653 永徽四年八月　陝新 22、鳳栖 209］

0340 劉君妻楊氏墓誌［653 永徽四年八月　蒐佚 115］

0341 衛藏師墓誌［653 永徽四年八月　陝唐 16］

0342 爨君妻和氏墓誌［653 永徽四年十月　陝唐 17］

0343 楊奉墓誌［653 永徽四年十一月　河洛 64］

0344 趙敏墓誌［653 永徽四年十一月　陝新 23、鳳栖 213］

0345 牛文宗墓誌［653 永徽四年十一月　西市 48、牛氏 18］

0346 甯裕妻程文亮墓誌［654 永徽四年十二月　鄒林《中國國家博物館館刊》2019.2］

0347 趙香兒墓誌［654 永徽四年十二月　蒐佚 116、七朝 74］

0348 袁神墓誌［654 永徽五年正月　補八 263］

0349 李琰墓誌［654 永徽五年正月　北大 01336］

0350 浩廉墓誌［654 永徽五年正月　補九 429］

0351 田行達墓誌［654 永徽五年正月　百品 33］

0352 楊弘禮墓誌［654 永徽五年三月　王慶衛《魏晉南北朝隋唐史資料》35］

0353 李安墓誌［654 永徽五年四月　大全襄垣 10］

0354 魏達墓誌［654 永徽五年五月　蒐三 161］

0355 魚君妻鄧大娘墓誌［654 永徽五年七月　蒐續 217］

0356 蘭輔墓誌［654 永徽五年七月　補六 245、咸陽 20、渭城 238］

0357 席綸墓誌［654 永徽五年八月　蒐佚 117、西市 49］

0358 李智員墓誌［654 永徽五年八月　補六 246、碑林 74-1992、陜貳 27］

0359 杜節墓誌［654 永徽五年八月　大同 197］

0360 趙洪茂墓誌［654 永徽五年九月　陜新 24］

0361 江彪墓誌［654 永徽五年九月　蒐續 218］

0362 許達墓誌［654 永徽五年九月　蒐三 162］

0363 郭剛墓誌［654 永徽五年九月卒　蒐佚 120、七朝 75、西市 50］

0364 武質墓誌［654 永徽五年十月　大全太谷 5］

0365 魏成仁墓誌［654 永徽五年十月　補六 247、陜叁 16］

0366 劉禎墓誌［654 永徽五年十月　傅清音《碑林集刊》26］

0367 杜懷讓墓誌［654 永徽五年十一月　蒐佚 118、西市 51］

0368 程亮墓誌［654 永徽五年十一月　補千 10、河南叁 15、千唐 133］

0369 苟暄墓誌［655 永徽五年十一月　蒐佚 119、流散 5］

0370 司正墓誌［655 永徽五年十一月　陜肆 73］

0371 安萬通墓誌［655 永徽五年十二月　補二 129、陜貳補 9］

0372 馮庭墓誌［655 永徽五年十二月　北大 01359］

0373 李玄濟墓誌［655 永徽五年十二月　碑林補 18、碑林彙 24、長碑 369］

0374 尹暢墓誌［655 永徽五年十二月　集萃 12、隋朝 56、西南匯 62］

0375 尹君妻姬德墓誌［655 永徽五年十二月　蒐三 163］

0376 段玄宗墓誌［655 永徽五年十二月　補千 10、河南叁 16、千唐 134］

0377 楊節墓誌［655 永徽六年正月　浙大］

0378 韓相國墓誌［655 永徽六年二月　蒐續 219、集萃 13］

0379 王贇墓誌［655 永徽六年二月　珍稀 20 附、新獲 75、西南匯 63、蒐三 164］

0380 靳起墓誌［655 永徽六年二月　北大 01367、浙大］

0381 呂善感塔銘［655 永徽六年二月　陜新 25］

0382 段仁墓誌［655 永徽六年二月　陜肆 74］

0383 王緒及妻杜氏墓誌［655 永徽六年三月　河洛 65、龍門 444、七朝 76］

0384 七品宮人墓誌［655 永徽六年三月　陜肆 75］

0385 戎諒墓誌［655 永徽六年六月　百品 34］

0386 李楷墓誌［655 永徽六年七月　碑林續 33］

0387 張龍相墓記［655 永徽六年八月　磚誌 243、吐彙 214］

0388 崔湛墓誌［655 永徽六年九月　河洛 66、七朝 77］

0389 曹怡墓誌［655 永徽六年十月　汾陽 2、大全汾陽 12］

0390 仵澄墓誌［655 永徽六年十月　補八 263、河洛 67、洛新續 30］

0391 孫則墓誌［655 永徽六年十月　朝陽墓 15］

0392 張叙墓誌［655 永徽六年十月　大全長子 6］

0393 常鴻墓誌［655 永徽六年十月　西市 52］

0394 皇甫無易妻崔大客墓誌［655 永徽六年十月　陜唐 18］

0395 房褘墓誌［655 永徽六年十月　陝肆 76］

0396 王弘道墓誌［655 永徽六年十月　浙大］

0397 王褒墓誌［655 永徽六年十月　蒐續 220、新獲 76］

0398 趙簡墓誌［655 永徽六年十月　蒐佚 121、流散 6］

0399 趙瓊墓誌［655 永徽六年十月　北大 01392］

0400 劉君墓誌［655 永徽六年十月　補千 11、河南叁 17、千唐 145］

0401 魯簡墓誌［655 永徽六年十月　北大 01396］

0402 裴武墓誌［655 永徽六年十月　大全絳縣 10］

0403 崔弘度妻元氏墓誌［655 永徽六年十月　集萃 14］

0404 周翼墓誌［655 永徽六年十月　蒐續 221、西南 64、陝唐 19］

0405 畢正義墓誌［655 永徽六年十一月　補六 251、碑林 74-1998、陝貳 28］

0406 □留寶墓誌［655 永徽六年十一月　大全襄垣 12］

0407 王能墓誌［655 永徽六年十一月　碑林彙 25、牛氏 331］

0408 浩寬墓誌［655 永徽六年十一月　長治 104、補九 429、大全襄垣 11］

0409 蕭晟墓誌［655 永徽六年十一月　蒐佚 122］

0410 靳師墓誌［655 永徽六年十一月　蒐續 222］

0411 李揚墓誌［656 永徽六年十二月　晉中 7］

0412 暴徹墓誌［657 永徽八年十月　北大 01406］

0413 冉仁才墓誌［永徽年間　高英民《考古學報》1980.4、補編 1828］

顯慶

0414 杜楚客墓誌［656 顯慶元年二月　菁華 99、集釋 19、碑林續 41、蒐續 223］

0415 張文墓誌［656 顯慶元年二月　蒐佚 123］

0416 宋武歡墓誌［656 顯慶元年二月　吐彙 215］

0417 景謙墓誌［656 顯慶元年二月　北大 01410］

0418 劉秀墓誌［656 顯慶元年二月　補千 11、千唐 149］

0419 申屠婆羅墓誌［656 顯慶元年三月　北大 01413］

0420 楊岳墓誌［656 顯慶元年三月　西市 53］

0421 張陸墓誌［655 顯慶元年三月　陝肆 77］

0422 范弘亮墓誌［656 顯慶元年三月　蒐佚 124］

0423 程善通墓誌［656 顯慶元年四月　洛新 13、補六 253］

0424 五品宮人墓誌［656 顯慶元年七月　碑林續 34、蒐續 224、西南 65］

0425 張行仁墓誌［656 顯慶元年七月　補千 12、河南叁 18、千唐 153］

0426 李君妻孟相墓誌［656 顯慶元年八月　補千 13、河南叁 19、千唐 155］

0427 梁世積墓誌［656 顯慶元年八月　蒐三 165］

0428 趙高墓誌［656 顯慶元年八月　補七 256、長新 64、長碑 35］

0429 王謙及妻素和氏墓誌［656 顯慶元年九月　補七 257、陝博 8］

0430 趙周墓誌［656 顯慶元年十月　碑林彙 26］

0431 賈敦磧墓誌［656 顯慶元年十月　黃吉軍《洛陽考古》2013.2］

0432 李胤墓誌［656 顯慶元年十月　蒐佚 125］

0433 王通墓誌［656 顯慶元年十月　補千 13、河南叁 20、千唐 160］

0434 姜絪墓誌［656 顯慶元年十一月　邙洛 59、補八 264、洛新續 31、龍門 445］

0435 □盛墓誌［656 顯慶元年十一月　北大 01434、浙大］

0436 席伎墓誌［656 顯慶元年十一月　補七 257、補編 1829、安陽 21、西南匯 64］

0437 唐白澤墓誌［656 顯慶元年十二月　郭永淇《黃河　黃土　黃種人》2022.12］

0438 □郎墓誌［657 顯慶元年十二月　北大 01440、浙大］

0439 程俊墓誌［657 顯慶二年正月　長碑 371］

0440 薛乾祐墓誌［657 顯慶二年閏正月　浙大］

0441 趙順墓誌［657 顯慶二年二月　蒐續 225、新獲 77］

0442 □穆墓誌［657 顯慶二年二月　陝肆 78］

0443 □忠墓誌［657 顯慶二年二月　北大 01444］

0444 康子相墓誌［657 顯慶二年三月　七朝 78、吐彙 322］

0445 李收墓誌［657 顯慶二年四月　北大 01450、浙大］

0446 潘寶墓誌［657 顯慶二年四月　西市 54］

0447 袁業墓誌［657 顯慶二年四月　補千 14、千唐 167］

0448 王行通墓誌［657 顯慶二年四月　新獲 78、流散續 7、蒐三 166］

0449 陶普慈墓誌［657 顯慶二年七月　西市 55］

0450 梁思玄墓誌［657 顯慶二年八月　百品 35］

0451 蕭齡之墓誌［657 顯慶二年十月　毛陽光《唐史論叢》11］

0452 朱孝墓誌［657 顯慶二年十月　補千 14、河南叁 21、千唐 172］

0453 蔣少卿墓誌［657 顯慶二年十月　楊軍凱《文物》2012.10］

0454 郝世義墓誌［657 顯慶二年十月　蒐佚 126、七朝 79、陝博 9］

0455 趙瓚墓誌［657 顯慶二年十一月　碑林續 35、新獲 79、西南匯 65、蒐三 167］

0456 秦能墓誌［657 顯慶二年十一月　北大 01471］

0457 楊感墓誌［658 顯慶二年十一月　補千 15、河南叁 22、千唐 175］

0458 王舉墓誌［658 顯慶二年十一月　西市 56］

0459 李楚墓誌［658 顯慶二年十一月　補九 430］

0460 秦德墓誌［658 顯慶二年十二月　大全平順 5］

0461 辛謙墓誌［658 顯慶三年正月　碑林彙 27］

0462 藺二洛妻張弘墓誌［658 顯慶三年正月　高陽原 20］

0463 常月上墓誌［658 顯慶三年正月　蒐續 226］

0464 李勖墓誌［658 顯慶三年正月　蒐三 168］

0465 □遷墓誌［658 顯慶三年二月　北大 01479］

0466 尹奴子墓誌［658 顯慶三年二月　補八 265、河洛 68、洛新續 32］

0467 執失奉節墓誌［658 顯慶三年二月　匯編陝西 1-29、補三 362、碑林 74-2007、西北 2-15、陝貳 30、長碑 38］

0468 孫德閏墓誌［658 顯慶三年三月　蒐續 227］

0469 万俟君妻獨孤大惠墓誌［658 顯慶三年三月　菁華 101、碑林續 36、蒐續 228］

0470 亡宫五品墓誌 [658 顯慶三年四月　浙大]

0471 馮政墓誌 [658 顯慶三年四月　碑林彙 28、西南 66]

0472 蘇君妻郭希有墓誌 [658 顯慶三年五月　蒐續 229]

0473 李諒墓誌 [658 顯慶三年五月　長碑 372]

0474 戎瑚墓誌 [658 顯慶三年五月　集萃 15]

0475 □君墓誌 [658 顯慶三年五月　蒐三 169]

0476 摯開緒妻陳氏墓誌 [658 顯慶三年五月　高陽原 21]

0477 秘伏生墓誌 [658 顯慶三年六月　蒐續 230]

0478 劉辟惡墓誌 [658 顯慶三年七月　蒐佚 127、西市 57]

0479 杜冲墓誌 [658 顯慶三年九月　碑林續 37、蒐續 231]

0480 朱延度墓誌 [658 顯慶三年十月　蒐佚 128、七朝 80、西市 58、鴛鴦 15、千秋 96]

0481 徐德墓誌 [658 顯慶三年十月　西市 59]

0482 徐貴墓誌 [658 顯慶三年十月　浙大]

0483 □忠墓誌 [658 顯慶三年十月　精粹 103]

0484 劉□墓誌 [658 顯慶三年十月卒　北大 01502]

0485 李知本墓誌 [658 顯慶三年十一月卒　補八 266、碑林彙 29]

0486 倪素墓誌 [658 顯慶三年十一月　新獲 80、蒐三 170]

0487 閻幹墓誌 [658 顯慶三年十一月　補千 16、河南叄 24、千唐 184]

0488 劉静墓誌 [658 顯慶三年十一月　陝西省考古研究院《故宫博物院院刊》2022.8]

0489 柳雄亮墓誌 [658 顯慶三年十一月　菁華 102、碑林續 38、蒐續 232、西南 67]

0490 劉信墓誌 [658 顯慶三年十一月　浙大]

0491 李元祥(江王)母楊太妃墓誌 [659 顯慶三年十二月　百種 18、蒐佚 129]

0492 鄭欽祚墓誌 [659 顯慶三年十二月　蒐三 171]

0493 閻慎墓誌 [659 顯慶三年十二月　大同 201]

0494 薛□禮墓誌 [659 顯慶三年十二月　大全臨猗 13、大全翼城 13]

0495 史道洛墓誌 [659 顯慶三年十二月　寧夏 21、固原 92]

0496 史索巖墓誌 [659 顯慶三年十二月　補七 260、撒馬爾干 92、寧夏 18、固原 89、民族 108]

0497 徐孝德墓磚 [顯慶三年　交大 37]

0498 郭敬墓誌 [659 顯慶四年正月　蒐佚 130、西市 60]

0499 彭善行墓誌 [659 顯慶四年二月　龍門 446、千唐 185]

0500 王珍墓誌 [659 顯慶四年二月　北大 01511]

0501 獨孤瑛墓誌 [659 顯慶四年二月　集萃 16、百品 36]

0502 柳大順墓誌 [659 顯慶四年三月　陝肆 79]

0503 郭肆才墓誌 [659 顯慶四年四月　蒐佚 131]

0504 管惟墓誌 [659 顯慶四年四月　河洛 69、龍門 49]

0505 脩師墓誌 [659 顯慶四年五月　蒐三 172]

0506 馮師英墓誌 [659 顯慶四年五月　金鑫《中國書法·書學》2019.10]

0507 獨孤師仁墓誌 [659 顯慶四年五月　浙大]

0508 田泰墓誌［659 顯慶四年九月　釋録 329、浙大、中華］

0509 衛胡王墓誌［659 顯慶四年九月　碑林續 39、蒐續 233］

0510 王孝倫妻裴順昭墓誌［659 顯慶四年十月　長新 68、長碑 40］

0511 王隆妻趙氏墓誌［659 顯慶四年閏十月　碑林續 40、西南匯 66、蒐三 173］

0512 李瑤（成德縣主）墓誌［659 顯慶四年閏十月　百種 20、蒐佚 132］

0513 劉騰墓誌［659 顯慶四年十一月　高陽原 22］

0514 鄭君妻王妃子墓誌［660 顯慶四年十一月　西市 61］

0515 陳君妻韋寶寶墓誌［660 顯慶四年十一月　邙洛 60］

0516 李整墓誌［660 顯慶四年十二月　補六 272、陝貳補 11］

0517 李景墓誌［660 顯慶四年十二月　北大 01543］

0518 靳稽墓誌［顯慶四年　碑林彙 30］

0519 李君妻姚香墓誌［660 顯慶五年正月　河洛 70］

0520 辛氏墓誌［660 顯慶五年正月　北大 01548］

0521 郭君妻陳昭墓誌［660 顯慶五年正月　流散 7、蒐續 234、新獲 81］

0522 史表及妻梁氏墓誌［660 顯慶五年正月　蒐續 235］

0523 牛藝墓誌［660 顯慶五年正月　碑林彙 31、牛氏 297］

0524 梁興都墓誌［660 顯慶五年二月　長新 70、長碑 41］

0525 段氏墓誌［660 顯慶五年三月　蒐佚 133］

0526 王禕墓誌［660 顯慶五年三月　碑林彙 32］

0527 李員墓誌［660 顯慶五年四月　龍門 447］

0528 宋越墓誌［660 顯慶五年四月　流散 8、蒐續 236、新獲 82、唐品 40］

0529 崔君恂妻李婦墓誌［660 顯慶五年四月　北大 01565］

0530 韋令式墓誌［660 顯慶五年四月　補七 261］

0531 段君妻常氏墓誌［660 顯慶五年四月　北大 01566］

0532 李聰墓誌［660 顯慶五年四月　蒐三 174、陝唐 20］

0533 李思諒墓誌［660 顯慶五年四月　蒐佚 134、西市 62］

0534 鞠君妻張氏墓誌［660 顯慶五年四月卒　浙大］

0535 呂金綱墓誌［660 顯慶五年五月　西市 63］

0536 蘇君妻馬氏墓誌［660 顯慶五年七月　陝唐 21］

0537 張君妻李氏墓誌［660 顯慶五年七月　釋録 330］

0538 劉貴墓誌［660 顯慶五年八月　補八 267、碑林彙 33］

0539 □平墓誌［660 顯慶五年八月　西南 68、蒐三 175］

0540 王朗墓誌［660 顯慶五年十月　大全汾陽 13］

0541 鮑□連墓誌［660 顯慶五年十一月　北大 01587］

0542 王福墓誌［660 顯慶五年十一月　北大 01588］

0543 □大墓誌［660 顯慶五年十一月　北大 01590］

0544 牛尊墓誌［660 顯慶五年十一月　牛氏 270］

0545 皇甫緒墓誌［660 顯慶五年十一月　碑林彙 35］

0546 霍休墓誌［660 顯慶五年十一月　碑林彙 34］

0547 嚴善政妻崔氏墓誌［661 顯慶五年十一月　流散續 8、蒐三 176］

0548 李諒墓誌［661 顯慶五年十二月　蒐續 237、新獲 83］

0549 衛通墓誌［661 顯慶六年正月　補千 17、河南叁 25、千唐 211］

0550 元禮臣墓誌［661 顯慶六年正月　浙大］

0551 曹顯墓誌［661 顯慶六年二月　長治 108］

0552 韓贇墓誌［661 顯慶六年二月　西市 65、凉州 552］

0553 盧習善墓誌［661 顯慶六年二月　蒐續 238、新獲 84、流散續 9］

0554 王德表墓誌［661 顯慶六年二月　新獲 85、西南匯 67、蒐三 177、陝唐 22］

0555 楊元嗣妻李氏墓誌［661 顯慶六年二月　西市 66］

0556 張直墓誌［661 顯慶六年二月　西市 64］

0557 楊台墓誌［661 顯慶六年三月　蒐佚 135］

龍朔

0558 趙洛墓誌［661 龍朔元年四月　補六 280、陝貳 33、碑林彙 36］

0559 亡宮八品墓誌［661 龍朔元年五月　蒐三 178］

0560 田蘭墓誌［661 龍朔元年七月　蒐佚 137］

0561 張通墓誌［661 龍朔元年七月　蒐佚 136、流散續 10、西南匯 68］

0562 趙聞及妻王幽貞墓誌［661 龍朔元年七月　補千 17、河南叁 26、千唐 219］

0563 劉金光妻呂阿滿墓誌［661 龍朔元年八月　高陽原 23］

0564 羅冲墓誌［661 龍朔元年八月　漢唐 184］

0565 王君墓誌［661 龍朔元年八月　朝陽市博物館《邊疆考古研究》8］

0566 王寶德妻皇甫氏墓誌［661 龍朔元年九月　流散續 11］

0567 常興墓誌［661 龍朔元年九月　北大 01619、國圖］

0568 獨孤脩禮妻賀蘭淑墓誌［661 龍朔元年十月　王書欽《碑林集刊》25］

0569 劉君妻趙客女琛墓誌［661 龍朔元年十月　高陽原 24］

0570 梁君洽墓誌［661 龍朔元年十月　蒐續 239、珍稀 21、隋朝 57］

0571 盧承基墓誌［661 龍朔元年十月　補千 18、千唐 222］

0572 宋懷儉墓誌［661 龍朔元年十月　浙大］

0573 成應墓誌［661 龍朔元年十月　流散 9］

0574 韓忠墓誌［661 龍朔元年十月　蒐續 240、珍稀 22、羌族 125、西南 69、蒐三 180］

0575 梁行儀墓誌［661 龍朔元年十月　陝肆 80］

0576 盧正玄墓誌［661 龍朔元年十月　蒐三 179］

0577 許氏墓誌［661 龍朔元年十月　楊軍凱《文博》2014.6］

0578 張梵信墓誌［661 龍朔元年十月　補千 19、菁華 105、千唐 224］

0579 程買墓誌［661 龍朔元年十月　碑林彙 37］

0580 段伯陽墓誌［661 龍朔元年十一月　匯編陝西 1-33、補三 378、碑林 74-2031、西北 2-33、陝貳 34］

0581 苗質墓誌［661 龍朔元年十一月　大全長子 7］

0582 孫道墓誌［661 龍朔元年十一月　盧治萍《中國國家博物館館刊》2014.12］

0583 孫忠墓誌［661 龍朔元年十一月　盧治萍《中國國家博物館館刊》2014.12］

0584 鄭君妻李守墓誌［661 龍朔元年十一月　藏石 26］

0585 狄本墓誌［661 龍朔元年十一月　蒐三 181］

0586 李士宗墓誌［662 龍朔元年十二月　北大 01638］

0587 李能墓誌［662 龍朔元年十二月　北大 01640］

0588 康延願墓誌［662 龍朔二年正月　吐文 147、吐彙 222］

0589 柳積墓誌［662 龍朔二年二月　蒐續 241］

0590 王耀墓誌［662 龍朔二年二月　補八 268、河洛 71、洛新續 33、百種 22］

0591 呂君妻王氏墓誌［662 龍朔二年二月　蒐續 242、新獲 86］

0592 張楚賢墓誌［662 龍朔二年二月　陝肆 81］

0593 張君妻韓惠昭墓誌［662 龍朔二年二月　珍稀 23］

0594 丘孝恭妻樊氏墓誌［662 龍朔二年三月　蒐佚 138］

0595 張士貴妾樊惠姬墓誌［662 龍朔二年四月　長新 74、長碑 43］

0596 栗德墓誌［662 龍朔二年五月卒　邙洛 62］

0597 賀若景忱墓誌［662 龍朔二年五月　碑林續 42］

0598 薛萬備墓誌［662 龍朔二年六月　珍稀 24、百品 37］

0599 戴義墓誌［662 龍朔二年六月　蒐三 182、百品 38、陝唐 23］

0600 尹祥墓誌［662 龍朔二年閏七月　七朝 81］

0601 楊君植墓誌［662 龍朔二年閏七月　河洛 72］

0602 吳君妻張妹子墓誌［662 龍朔二年九月　補八 268、河洛 73、洛新續 34］

0603 李令（新野縣主）墓誌［663 龍朔二年十一月　蒐佚 139、蒐續 243］

0604 任緒墓誌［663 龍朔二年十一月　隋朝 58、西南匯 69］

0605 任雅相墓誌［663 龍朔二年十一月　張維慎《陝西歷史博物館論叢》28］

0606 □君墓誌［663 龍朔二年十一月　千唐誌 181、補二 179］

0607 氾武歡墓誌［663 龍朔二年十二月　匯編新疆 156、補七 265、磚誌 255、吐彙 226］

0608 李元會墓誌［663 龍朔二年十二月　高陽原 25］

0609 張君墓誌［龍朔二年　補七 269］

0610 夏侯元善墓誌［龍朔二年　蒐佚 140］

0611 任子墓誌［663 龍朔三年正月　汾陽 4、大全汾陽 14］

0612 賀蘭淹墓誌［663 龍朔三年正月卒　補六 291、陝碑 52、陝叁 17、銅川 19、民族
　　　119、陝萃 380］

0613 申屠獻墓誌［663 龍朔三年正月　北大 01666、浙大］

0614 楊秀墓誌［663 龍朔三年正月　汾陽 6、大全汾陽 16］

0615 □祐墓誌［663 龍朔三年正月　邙洛 61、龍門 448］

0616 七品亡宮墓誌［663 龍朔三年正月　西市 67］

0617 任恭墓誌［663 龍朔三年二月　汾陽 8、大全汾陽 17］

0618 胡仵墓誌［663 龍朔三年二月　高陽原 26］

0619 陸敬道墓誌［663 龍朔三年二月　補九 430］

0620 羅伯墓誌［663 龍朔三年三月　補八 269、洛新續 35、少民 256］

0621 長孫詮妻李氏（新城長公主）墓誌［663 龍朔三年三月　補五 126、新城 135、補編 2169］

0622 李景墓誌［663 龍朔三年五月　陝肆 82］

0623 薛玄則墓誌［663 龍朔三年五月　長新 76、長碑 46］

0624 李龕墓誌［663 龍朔三年七月　北大 01681］

0625 杜德墓誌［663 龍朔三年八月　蒐續 244、珍稀 25］

0626 于梓墓誌［663 龍朔三年九月　補七 265、長碑 47］

0627 公孫君妻劉相墓誌［663 龍朔三年九月　蒐佚 141、七朝 82］

0628 王陵墓誌［663 龍朔三年九月　陝新 26、鳳栖 218］

0629 万俟君妻王氏墓誌［663 龍朔三年十月　浙大］

0630 權文异墓誌［663 龍朔三年十月　長新 78、長碑 48］

0631 王約墓誌［663 龍朔三年十月　西市 68］

0632 竇君妻崔內範墓誌［663 龍朔三年十月　浙大］

0633 祁矩墓誌［663 龍朔三年十月　千唐 243］

0634 楊志眺墓誌［663 龍朔三年十月　陝壹 61、僧尼 47］

0635 王密墓誌［663 龍朔三年十月　蒐續 245］

0636 趙約墓誌［663 龍朔三年十月　蒐佚 142］

0637 楊思訥墓誌［663 龍朔三年十月　補七 268、渭城 239、陝肆 83、凉州 556］

0638 范義頵墓誌［663 龍朔三年十一月　陝肆 84］

0639 王謨墓誌［663 龍朔三年十一月　蒐佚 143］

0640 楊守澹墓誌［663 龍朔三年十一月　碑林續 43］

0641 張難墓誌［664 龍朔三年十二月　補六 295、碑林 74-2040、陝貳 36］

0642 郭卿墓誌［664 龍朔四年正月　補八 269、河洛 74、洛新續 36］

0643 屈興墓誌［664 龍朔四年三月　大全朔城 15］

麟德

0644 郭彝墓誌［664 麟德元年正月　汾陽 10、大全汾陽 18］

0645 李實墓誌［664 麟德元年正月　西市 69］

0646 張氏墓誌［664 麟德元年正月　補八 270、河洛 75、洛新續 37］

0647 董興墓誌［664 麟德元年正月　集萃 17］

0648 韋俊墓誌［664 麟德元年正月　補七 270、長新 80、長碑 49、陝叁 18］

0649 徐養墓誌［664 麟德元年二月　大全文水 6］

0650 魯慈墓誌［664 麟德元年三月　長新 82、長碑 50］

0651 □眠良墓誌［664 麟德元年三月　磚誌 260、吐彙 230］

0652 裴約墓誌［664 麟德元年三月　陝博 10］

0653 蘇大亮墓誌［664 麟德元年三月　碑林續 44、西南匯 70］

0654 馮邁墓誌［664 麟德元年四月　碑林彙 38］

0655 劉生及妻常氏墓誌［664 麟德元年五月　蒐佚 144、西市 70］

0656 潘德行墓誌［664 麟德元年五月　補千 20、千唐 253］

0657 解成墓誌［664 麟德元年六月　釋録 329、浙大］

0658 元彪墓誌［664 麟德元年八月　碑林彙 39］

0659 顏勤禮妻殷懿姬墓誌［664 麟德元年九月　陝唐 24］

0660 關子正墓誌［664 麟德元年十月　精粹 162］

0661 崔洵妻源九娘墓誌［664 麟德元年十月　陝唐 25］

0662 王叔墓誌［664 麟德元年十月　浙大］

0663 蕭弘義墓誌［664 麟德元年十一月　蒐續 246、新獲 87、流散續 12］

0664 劉綱墓誌［664 麟德元年十一月　補八 270、補九 431］

0665 薩孤吳仁墓誌［664 麟德元年十一月　王書欽《西北民族論叢》22］

0666 宋琰墓誌［664 麟德元年十一月　蒐三 183］

0667 楊衡墓誌［664 麟德元年十一月　流散 10］

0668 陳子綽及妻王氏任氏墓誌［664 麟德元年十一月　補七 273、長碑 386］

0669 劉德墓誌［664 麟德元年十一月　安陽 22、西南匯 71、墨影 24］

0670 史索嚴妻安娘墓誌［664 麟德元年十一月　補七 272、撒馬爾干 94、寧夏 23、固原 95、崆峒 25、民族 122］

0671 韋基墓誌［664 麟德元年十一月　補千 21、河南叁 27、千唐 258］

0672 氾相達墓誌［664 麟德元年十一月　匯編新疆 159、補七 274、磚誌 263、吐彙 233］

0673 安師墓誌［664 麟德元年十一月　毛陽光《考古學研究》11］

0674 郭解墓誌［664 麟德元年十一月　汾陽 12、大全汾陽 21］

0675 任季才墓誌［664 麟德元年十一月　汾陽 16、大全汾陽 20］

0676 任緒墓誌［664 麟德元年十一月　汾陽 14、大全汾陽 19］

0677 王乾墓誌［664 麟德元年十一月　蒐三 184］

0678 韋賾墓誌［664 麟德元年十一月　李爾吾《文博》2021.3］

0679 衛元慶墓誌［664 麟德元年十一月　蒐佚 145、七朝 83、流散 11］

0680 解才墓誌［664 麟德元年十一月　補八 272、洛新續 39］

0681 辛義感墓誌［664 麟德元年十一月　陝唐 26］

0682 許孝義墓誌［664 麟德元年十一月　高陽原 27］

0683 袁玄則墓誌［664 麟德元年十一月　邙洛 63、補八 271、洛新續 38］

0684 張楚賢妻王氏墓誌［664 麟德元年十一月　陝肆 86］

0685 □榮墓誌［664 麟德元年十一月　北大 01732、浙大］

0686 尹士貴妻劉氏墓誌［664 麟德元年十二月　北大 01736］

0687 張綱妻蘭氏墓誌［665 麟德元年十二月　蒐三 185］

0688 杜才幹妻盧叢璧墓誌［665 麟德二年二月　百品 39］

0689 江君妻梁師娘墓誌［665 麟德二年二月　陝新 27］

0690 韋整墓誌［665 麟德二年二月　珍稀 26、新獲 88、西南匯 72、蒐三 186］

0691 達奚士讓墓誌［665 麟德二年二月　民族 123］

0692 孫廣墓誌［665 麟德二年二月　河北石刻 288、邯鄲 135、永年 31］

0693 房德墓誌［665 麟德二年二月　菁華 106、蒐續 247、集萃 18、西南 70］

0694 王哲墓誌［665 麟德二年三月　百品 40］

0695 趙虔果墓誌［665 麟德二年三月　蒐續 248］

0696 安君妻康勝墓誌［665 麟德二年四月　流散 12、蒐續 249、新獲 89］

0697 □君墓誌［665 麟德二年四月　晉陽 77］

0698 牛相仁墓誌［665 麟德二年五月　高陽原 28、牛氏 178］

0699 陳通妻宗氏墓誌［665 麟德二年五月　補千 22、河南叁 28、千唐 265］

0700 焦君妻楊媛墓誌［665 麟德二年七月　長新 84、長碑 51］

0701 韓甚墓誌［665 麟德二年八月　補八 272、洛新續 40］

0702 李通墓誌［665 麟德二年十月　晉城 504、高平 407、大全高平 9］

0703 牛珍墓誌［665 麟德二年十一月　北大 01780］

0704 宇文幹墓誌［665 麟德二年十一月　蒐佚 146、西市 71］

0705 張道墓誌［665 麟德二年十一月　北大 01781］

0706 李義餘妻姬摠持墓誌［666 麟德二年十一月　蒐佚 147、七朝 84、菁華續 163］

0707 長孫君妻柳雲彩墓誌［666 麟德二年十二月　蒐續 250］

0708 程仙姬墓誌［666 麟德三年正月　大全太谷 6］

0709 張舉墓誌［666 麟德三年二月　蒐續 251］

乾封

0710 李玄墓誌［666 乾封元年正月　河洛 77］

0711 王讓墓誌［666 乾封元年二月　碑林彙 40］

0712 魯才墓誌［666 乾封元年二月　蒐續 252］

0713 郭善積墓誌［666 乾封元年二月　河洛 78、龍門 449、西市 72］

0714 袁志合墓誌［666 乾封元年二月　補千 23、河南叁 29、千唐 282］

0715 韓鄭墓誌［666 乾封元年三月　蒐續 253］

0716 楊緘墓誌［666 乾封元年三月　補千 23、涼州 563、千唐 283］

0717 柳山濤墓誌［666 乾封元年三月　補千 25、千唐 284］

0718 劉大智墓誌［666 乾封元年五月　孫琪《文物鑒定與鑒賞》2019.11 上］

0719 索海墓誌［666 乾封元年五月　補千 26、河南叁 30、千唐 286］

0720 契苾拔延墓誌［666 乾封元年五月　百品 41］

0721 騫徹墓誌［666 乾封元年六月　北大 01803］

0722 武傅墓誌［666 乾封元年六月　集萃 20］

0723 王君妻□氏墓誌［666 乾封元年六月　補二 211］

0724 榮德墓誌［666 乾封元年六月卒　北大 01805］

0725 劉孝節墓誌［666 乾封元年七月　匯編陝西 3-72、補三 396、陝壹 70、咸陽 22］

0726 袁君妻顏胤子墓誌［666 乾封元年八月　陝唐 27］

0727 李網墓誌［666 乾封元年八月　補千 27、河南叁 31、千唐 287］

0728 元道墓誌［666 乾封元年八月　補千 26、河南叁 32、少民 133、千唐 288］

0729 翟皎及妻楊氏墓誌［666 乾封元年九月　新獲 90、蒐三 187］

0730 劉孝幹墓誌［666 乾封元年十月　河洛 80］

0731 李舉墓誌［666 乾封元年十月　蒐續 254、墨影 27］

0732 韓福墓誌［666 乾封元年十月　精粹 97］

0733 郭道融墓誌［666 乾封元年十一月　大全汾陽 24］

0734 郭雅及妻垣氏墓誌［666 乾封元年十一月　蒐佚 148］

0735 魏基妻王淑墓誌［666 乾封元年十一月　流散續 13、百品 42］

0736 □賢墓誌［666 乾封元年十一月　北大 01814］

0737 閻譽墓誌［666 乾封元年十一月　北大 01818］

0738 秦舉墓誌［667 乾封元年十二月　大全平順 7］

0739 □弼墓誌［667 乾封元年十二月　北大 01816、浙大］

0740 薛德師墓誌［667 乾封元年十二月　蒐續 255、新獲 91］

0741 □文雅墓誌［667 乾封二年正月　交大 47］

0742 原寬墓誌［667 乾封二年正月　蒐續 256］

0743 薛元煆墓誌［667 乾封二年正月　陝肆 87］

0744 房氏墓誌［667 乾封二年正月　千唐 290］

0745 呂文强墓誌［667 乾封二年正月　高陽原 29］

0746 張慈墓誌［667 乾封二年正月　高陽原 30］

0747 趙雄墓誌［667 乾封二年正月　邙洛 64、補千 28、河南叁 33、千唐 291］

0748 竇德藏墓誌［667 乾封二年二月　咸陽 25、補八 273］

0749 盧法師墓誌［667 乾封二年二月　釋録 330、浙大、中華］

0750 楊君妻王氏墓誌［667 乾封二年二月　補千 29、千唐 294］

0751 張德及妻趙氏墓誌［667 乾封二年二月　蒐佚 149］

0752 董弘義墓誌［667 乾封二年二月　補九 431］

0753 浩昭墓誌［667 乾封二年二月　蒐三 188］

0754 王柱墓誌［667 乾封二年二月　補千 28、千唐 293］

0755 杜讓墓誌［667 乾封二年三月　北大 01830］

0756 范鄉願墓誌［667 乾封二年三月　磚誌 268、吐彙 237］

0757 劉士昂及妻竇氏墓誌［667 乾封二年四月　補千 30、河南叁 34、千唐 296］

0758 路君德妻浩弟墓誌［667 乾封二年五月　北大 01834、浙大］

0759 桓表墓誌［667 乾封二年五月　匯編陝西 1-40、補三 401、碑林 74-2054、陝貳 39］

0760 孫藏墓誌［667 乾封二年五月　流散續 14］

0761 摯行基墓誌［667 乾封二年六月　長新 88、長碑 53］

0762 辛姝墓誌［667 乾封二年六月　補千 30、河南叁 35、千唐 297］

0763 趙義綱墓誌［667 乾封二年七月　交大 8］

0764 張乾墓誌［667 乾封二年九月　國圖］

0765 虞哲及妻賴氏古氏墓誌［667 乾封二年十月　蒐三 189］

0766 成養墓誌［667 乾封二年十月　邙洛 65、龍門 55］

0767 浩玄墓誌［667 乾封二年十月　補八 274、國圖］

0768 侯君妻吳氏墓誌［667 乾封二年十月　蒐佚 150］

0769 盧承福墓誌［667 乾封二年十月　補七 10、洛新續 42］

0770 權善達墓誌［667 乾封二年十月　補八 275、洛新續 41］

0771 宋樹生墓誌 [667 乾封二年十月　衡水 42]

0772 王景興墓誌 [667 乾封二年十月　陝新 28]

0773 楊徹墓誌 [667 乾封二年十月　洛新 17、補六 306]

0774 張峻墓誌 [667 乾封二年十月　龍門 54、蒐佚 151、流散 13]

0775 趙儉墓誌 [667 乾封二年十月　沁陽 2]

0776 任君及妻穆氏墓誌 [667 乾封二年十月　北大 01858]

0777 萬樑墓誌 [667 乾封二年十月　北大 01859]

0778 范永隆妻賈阿女墓誌 [667 乾封二年十月　匯編新疆 164、補七 276、西北 2-55、磚誌 269、吐彙 238]

0779 王行墓誌 [667 乾封二年十月　蒐續 257]

0780 令狐霸墓誌 [667 乾封二年十一月　北大 01862]

0781 段伯陽妻高氏墓誌 [667 乾封二年十一月　匯編陝西 1-42、補三 406、碑林 74-2068、西北 2-57、陝貳 40]

0782 段允探墓誌 [667 乾封二年十一月　匯編陝西 1-41、補三 406、碑林 74-2061、西北 2-56、陝貳 41]

0783 劉敬同墓誌 [667 乾封二年十一月　陝唐 28]

0784 元君妻高氏墓誌 [667 乾封二年十一月　碑林續 45]

0785 朱昭達墓誌 [667 乾封二年十一月　流散 14、蒐續 258]

0786 申屠道墓誌 [667 乾封二年十一月　蒐續 259]

0787 石素墓誌 [667 乾封二年十一月　北大 01866]

0788 常褒墓誌 [667 乾封二年十一月　蒐續 260、西南 71]

0789 張充墓誌 [667 乾封二年十一月　陝唐 29]

0790 孫弘進墓誌 [667 乾封二年十二月　陝新 29]

0791 王歡悦及妻麴氏墓誌 [667 乾封二年十二月　匯編新疆 166、補七 278、吐彙 241]

0792 韓濬墓誌 [668 乾封二年十二月　北大 01867、浙大]

0793 劉善行墓誌 [668 乾封二年十二月　浙大]

0794 牛君彥墓誌 [668 乾封二年十二月　施碑 217、牛氏 382]

0795 張諤墓誌 [668 乾封二年閏十二月　陝唐 30]

0796 郝君妻達奚令婉墓誌 [乾封二年　西安市文物保護考古研究院《文博》2013.4]

0797 元履謙墓誌 [668 乾封三年正月　蒐三 190]

0798 韓達墓誌 [668 乾封三年正月　大全汾陽 27]

0799 張儀墓誌 [668 乾封三年二月　蒐續 261]

總章

0800 張君妻蕭氏墓誌 [668 總章元年三月　交大 54]

0801 衛暹墓誌 [668 總章元年四月　流散續 15、蒐三 191]

0802 安籠墓誌 [668 總章元年四月　北大 01882、浙大]

0803 王言墓誌 [668 總章元年四月　西市 73]

0804 杜生墓誌 [668 總章元年五月　蒐三 192]

0805 牛度墓誌［668 總章元年五月　高陽原 31、牛氏 180］

0806 張師仁墓誌［668 總章元年七月　陝博 11］

0807 穆路墓誌［668 總章元年八月　補八 276、洛新續 43、少民 398］

0808 朱令節墓誌［668 總章元年九月　流散續 16］

0809 劉君妻李波若墓誌［668 總章元年十月　邙洛 66、補八 276、洛新續 44］

0810 董士墓誌［668 總章元年十月　蒐佚 152、七朝 85、流散 15］

0811 王美墓誌［668 總章元年十月　碑林彙 41］

0812 王周墓誌［668 總章元年十月　北大 01894］

0813 王德表妻辛媛墓誌［668 總章元年十月　新獲 92、西南匯 73、蒐三 193、陝唐 31］

0814 王善貴墓誌［668 總章元年十月　陝肆 88］

0815 郭藥樹墓誌［668 總章元年十一月　長新 90、長碑 54］

0816 梁君墓誌［668 總章元年十一月　大全平遥 7］

0817 慕容氏（成月公主）墓誌［668 總章元年十一月　僧尼 54、涼州 564］

0818 楊傑妻程令淑墓誌［668 總章元年十一月　西市 74］

0819 田生墓誌［669 總章元年十二月　補八 276、長新 92、長碑 55］

0820 杜生墓誌［總章元年　蒐續 262、蒐三 192］

0821 晁君妻崔氏墓誌［669 總章二年正月　補千 31、河南叁 36、千唐 309］

0822 李徹墓誌［669 總章二年正月　北大 01900、浙大］

0823 李東墓誌［669 總章二年二月　西南 72］

0824 杜敬同妻韋苔華墓誌［669 總章二年二月　新獲 93、蒐三 194、陝唐 32］

0825 賀若貞亮墓誌［669 總章二年二月　蒐佚 154、流散 16］

0826 李建成承徽楊舍娘墓誌［669 總章二年二月　菁華續 164］

0827 韋庶墓誌［669 總章二年二月　碑林續 46］

0828 趙大辨妻崔氏墓誌［669 總章二年二月　蒐佚 153、七朝 86］

0829 周葉及妻郭氏墓誌［669 總章二年四月　浙大］

0830 姚静通墓誌［669 總章二年四月　河洛 81、少民 301、新獲 94、民族 126］

0831 李欽仁墓誌［669 總章二年四月　碑林彙 42、西南 73］

0832 苗早墓誌［669 總章二年五月　北大 01909、浙大］

0833 薛元貞墓誌［669 總章二年六月　蒐續 263、珍稀 27］

0834 亡宮六品墓誌［669 總章二年九月　匯編陝西 1-44、補五 452、碑林 74-2087、陝貳 43］

0835 郝譽墓誌［669 總章二年十月　浙大］

0836 郭恒貴墓誌［669 總章二年十月　北大 01918、浙大］

0837 牛康墓誌［669 總章二年十月　牛氏 236］

0838 □德瑋墓誌［669 總章二年十月　衡水 44、故城 87］

0839 袁德墓誌［669 總章二年十一月　河洛 82、西市 75］

0840 亡尼墓誌［669 總章二年十一月　西市 76、僧尼 58］

0841 劉智墓誌［669 總章二年十一月　高陽原 32］

0842 王思泰墓誌［669 總章二年十一月　西南匯 74、蒐三 195］

0843 蘇汪墓誌［669 總章二年十二月　龍門 450、蒐佚 155］

0844 周承嗣墓誌［669 總章二年十二月　補千 31、河南叁 37、千唐 314］

0845 翟稷墓誌［670 總章二年十二月　北大 01924、浙大］

0846 郭羅善妻陳雪墓誌［670 總章二年十二月　駕鴦 21、蒐續 264］

0847 李九定妻崔善信墓誌［670 總章二年十二月　流散 17、蒐三 196］

0848 霍玄墓誌［670 總章二年十二月　流散 18、蒐續 265］

0849 辛陟墓誌［670 總章三年正月　集萃 21］

0850 韋孝忠墓誌［670 總章三年正月　補七 282、長新 94、長碑 56、陝叁 19］

0851 李義方妻楊上慈墓誌［670 總章三年正月　蒐佚 156、七朝 87、菁華續 165］

0852 劉君妻韓净識墓誌［670 總章三年正月　補八 277、河洛 83、洛新續 45、百種 28］

0853 史崇禮墓誌［670 總章三年正月　蒐續 266］

0854 李恫墓誌［670 總章三年正月　高陽原 33］

0855 程襲墓誌［670 總章三年二月　集萃 22、牛氏 333］

0856 張樂墓誌［670 總章三年二月　大全汾陽 29］

0857 宋劉師墓誌［670 總章三年二月　流散 19、蒐續 267、新獲 95］

0858 李端墓誌［670 總章三年二月　珍稀 28］

0859 王大禮墓誌［670 總章三年二月　補三 415、碑林 74-2095、陝貳 44］

咸亨

0860 竇及墓誌［670 咸亨元年三月　銅川 22、陝肆 89、陝萃 422］

0861 陸敬義墓誌［670 咸亨元年三月　北大 01932、浙大］

0862 亡尼七品墓誌［670 咸亨元年四月　補五 453、陝貳 45、僧尼 59］

0863 鄭彥墓誌［670 咸亨元年四月　洛新 18、補六 310］

0864 田壽墓誌［670 咸亨元年四月　北大 01934］

0865 宋素墓誌［670 咸亨元年五月　陝新 30］

0866 張文俱墓誌［670 咸亨元年五月　藏石 29］

0867 掌君妻賈玉耶墓誌［670 咸亨元年五月　洛新 19、補六 311］

0868 李廉墓誌［670 咸亨元年五月　北大 01936］

0869 樊德師墓誌［670 咸亨元年六月　蒐佚 157］

0870 邢運墓誌［670 咸亨元年六月　大同 210］

0871 劉嗣元墓誌［670 咸亨元年六月　蒐佚 158、七朝 88］

0872 翟雅墓誌［670 咸亨元年七月　蒐續 268］

0873 馮勝墓誌［670 咸亨元年七月　碑林彙 43］

0874 郭善墓誌［670 咸亨元年七月　駕鴦 19、蒐續 269］

0875 郭麗墓誌［670 咸亨元年七月　匯編陝西 1-47、補三 419、碑林 74-2103、西北 2-64、陝貳 46］

0876 呂文達墓誌［670 咸亨元年八月　長新 96、長碑 57］

0877 趙貞墓誌［670 咸亨元年九月　流散 20］

0878 劉君德墓誌［670 咸亨元年九月　蒐佚 159、七朝 89］

0879 張顯墓誌［670 咸亨元年閏九月　蒐佚 160、西市 77］

0880 尹僧護墓誌［670 咸亨元年閏九月　高陽原 34］

0881 宗士儒墓誌［670 咸亨元年十月　碑林續 47］

0882 任津育墓誌［670 咸亨元年十月　安陽 23］

0883 孟蒲墓誌［670 咸亨元年十月　七朝 90、蒐續 270、流散續 17、墨影 28］

0884 元武壽墓誌［670 咸亨元年十月　西市 78］

0885 陳暉墓誌［670 咸亨元年十月　龍門 61］

0886 李君墓誌［670 咸亨元年十月　河北壹 55］

0887 韋悰妻裴貞墓誌［670 咸亨元年十一月　新獲 96］

0888 魏哲墓誌［670 咸亨元年十一月　慶陽 4、合水 18］

0889 溫綽墓誌［670 咸亨元年十一月　西安市文物保護考古所《文物》2002.12、補八 278］

0890 劉才墓誌［670 咸亨元年十一月　浙大］

0891 宋道感墓誌［670 咸亨元年十一月　碑林續 50］

0892 宋世文墓誌［670 咸亨元年十一月　碑林續 49］

0893 宋世則墓誌［670 咸亨元年十一月　碑林續 48、蒐續 271］

0894 解寶俊妻趙氏墓誌［670 咸亨元年十一月　補九 432］

0895 劉華墓誌［670 咸亨元年十一月　碑林彙 44］

0896 陳冲墓誌［671 咸亨元年十一月　碑林續 51、新獲 97、西南匯 75、蒐三 197］

0897 仇景及妻李氏墓誌［671 咸亨元年十一月　安陽 24、西南匯 76］

0898 李肫墓誌［671 咸亨元年十一月　衡水 46］

0899 史訶耽墓誌［671 咸亨元年十一月　補七 284、撒馬爾干 96、寧夏 29、固原 101、民族 131］

0900 □道茂墓誌［671 咸亨元年十一月　藏石 30］

0901 史鐵棒墓誌［671 咸亨元年十二月　補七 285、撒馬爾干 98、寧夏 25、固原 98、民族 130］

0902 刀柱柱墓誌［咸亨元年前　磚誌 317、吐彙 306］

0903 馬文舉墓誌［咸亨元年　陝唐 33］

0904 彭晈墓誌［671 咸亨二年正月　流散 21、蒐續 272、新獲 98］

0905 呂德墓誌［671 咸亨二年正月　蒐佚 161］

0906 成景墓誌［671 咸亨二年正月　蒐佚 162、七朝 91、蒐續 273］

0907 劉願墓誌［671 咸亨二年二月　蒐佚 163］

0908 王敬道墓誌［671 咸亨二年三月　蒐三 198］

0909 李義墓誌［671 咸亨二年三月　高陽原 35］

0910 蘇穎墓誌［671 咸亨二年五月　蒐續 274］

0911 鄭道墓誌［671 咸亨二年七月　流散 22、蒐續 275、新獲 99］

0912 陳賓墓誌［671 咸亨二年七月　補千 32、河南參 38、千唐 333］

0913 李奴墓誌［671 咸亨二年七月　西市 79］

0914 韓令名墓誌［671 咸亨二年八月　新獲 100、蒐三 199］

0915 衛元儉墓誌［671 咸亨二年十月　北大 01977］

0916 李道墓誌［671 咸亨二年十一月　北大 01979］

0917 史君□墓誌［671 咸亨二年十一月　邙洛 67、龍門 451］

0918 阿史那伽那墓誌［672 咸亨二年十一月　長新 98、長碑 58］

0919 □恭墓誌［672 咸亨二年十一月　北大 01981］

0920 劉吳客墓誌［672 咸亨二年十二月　流散 23、蒐續 276］

0921 呂舉墓誌［672 咸亨三年正月　北大 01984］

0922 任玩仁墓誌［672 咸亨三年正月　安陽 25］

0923 李普墓誌［672 咸亨三年正月　碑林彙 45］

0924 于永寧墓誌［672 咸亨三年正月　浙大］

0925 駱長素墓誌［672 咸亨三年二月　蒐三 200］

0926 王度墓誌［672 咸亨三年二月　北大 01993］

0927 長孫無傲墓誌［672 咸亨三年二月　寧琰《文博》2017.5］

0928 姜開墓誌［672 咸亨三年三月　碑林彙 46］

0929 任舉墓誌［672 咸亨三年五月　汾陽 18、大全汾陽 32］

0930 高君妻董貴墓誌［672 咸亨三年六月　新獲 101、西南匯 77、蒐三 201］

0931 禹玄撫墓誌［672 咸亨三年六月　國圖］

0932 許昱墓誌［672 咸亨三年六月　陝新 31］

0933 范懷立墓誌［672 咸亨三年七月　補千 33、河南參 39、千唐 343］

0934 李正墓誌［672 咸亨三年七月　墨影 30］

0935 岑君妻徐氏墓誌［672 咸亨三年八月　邙洛 68、補千 34］

0936 司徒寬墓誌［672 咸亨三年八月　蒐續 277、流散續 18］

0937 趙士達墓誌［672 咸亨三年十月　王亮亮《考古與文物》2021.2］

0938 句龍墓誌［672 咸亨三年十月　遼寧 99、補七 276］

0939 趙威墓誌［672 咸亨三年十月　永年 32］

0940 韓緒墓誌［672 咸亨三年十一月　蒐三 202］

0941 丁士裔墓誌［672 咸亨三年十一月　浙大］

0942 馮承素墓誌［672 咸亨三年十一月　西市 80、集釋 22、蒐續 279、菁華續 166、千秋
102、詩人 45］

0943 郭幹墓誌［672 咸亨三年十一月　北大 02008］

0944 嚴高墓誌［672 咸亨三年十一月　河北壹 59、滄州 17］

0945 祢寔進墓誌［672 咸亨三年十一月　長碑 392、蒐續 278］

0946 華逸墓誌［672 咸亨三年十一月　浙大］

0947 馬琳墓誌［672 咸亨三年十一月　北大 02010］

0948 張寶墓誌［672 咸亨三年十一月　《書法叢刊》2015.5］

0949 釋揔持墓誌［672 咸亨三年十二月　陝唐 34］

0950 韋玄真母劉氏墓誌［672 咸亨三年十二月　陝肆 90］

0951 田濤墓誌［673 咸亨三年十二月　蒐佚 164、七朝 92、西市 81］

0952 蘇萬金墓誌［673 咸亨三年　蒐續 280］

0953 李文舉墓誌［673 咸亨四年正月　碑林續 52、蒐續 281、西南 74］

0954 李林墓誌［673 咸亨四年二月　大全堯都 8］

0955 于謙墓誌［673 咸亨四年二月　補三 426、補編 2417、長碑 393、鳳栖 222、陝肆 91］

0956 裴爽墓誌［673 咸亨四年二月　蒐三 204］

0957 楊信墓誌［673 咸亨四年二月　流散續 19、西南匯 78、蒐三 203］

0958 王康墓誌［673 咸亨四年二月　北大 02017］

0959 杜溫妻韋三從墓誌［673 咸亨四年二月　新獲 102、蒐三 205］

0960 王賓墓誌［673 咸亨四年二月　北大 02023］

0961 王貴墓誌［673 咸亨四年二月　補九 432］

0962 于守玄墓誌［673 咸亨四年三月　浙大］

0963 亡尼七品墓誌［673 咸亨四年四月　北大 02027］

0964 李成墓誌［673 咸亨四年四月　北大 02028］

0965 劉君妻沐道生墓誌［673 咸亨四年四月　補千 34、河南叁 40、千唐 350］

0966 申屠崇墓誌［673 咸亨四年四月　蒐續 282］

0967 陳警墓誌［673 咸亨四年七月　流散續 20、唐品 6、蒐三 206］

0968 張君墓誌［673 咸亨四年七月　補千 34、河南叁 41、千唐 352］

0969 王九成墓誌［673 咸亨四年八月　陝唐 35］

0970 王君妻裴澤墓誌［673 咸亨四年八月　蒐佚 165］

0971 竇師綸墓誌［673 咸亨四年八月　集釋 21、碑林續 53、蒐續 283、西南匯 79］

0972 豆盧弘毅墓誌［673 咸亨四年八月　西安市文物保護考古研究院《考古與文物》2022.1］

0973 張胤墓誌［673 咸亨四年八月　新獲 103、流散續 21、蒐三 207］

0974 韓仁師墓誌［673 咸亨四年九月　補五 166、國圖］

0975 何詵墓誌［673 咸亨四年九月　補千 35、河南叁 42、千唐 353］

0976 王正因墓誌［673 咸亨四年九月　蒐佚 166、流散 24］

0977 皇甫無逸妻李德（廉平縣主）墓誌［673 咸亨四年十月　陝唐 36］

0978 申屠秀墓誌［673 咸亨四年十月　北大 02042、浙大］

0979 王大方墓誌［673 咸亨四年十月　碑林 75-2112、陝貳 48］

0980 楊福延墓誌［673 咸亨四年十月　補千 36、千唐 354］

0981 宇文思約墓誌［673 咸亨四年十月　銅川 23］

0982 畢度墓誌［673 咸亨四年十月　大同 214］

0983 盧仙壽墓誌［673 咸亨四年十月　流散續 22］

0984 席玄舉墓誌［673 咸亨四年十月　碑林續 54］

0985 元禧墓誌［673 咸亨四年十月　西市 82］

0986 安通墓誌［673 咸亨四年十月　大全汾陽 33］

0987 郭懿墓誌［673 咸亨四年十月　碑林彙 48］

0988 元智墓誌［673 咸亨四年十月　北大 02047、浙大］

0989 楊質墓誌［673 咸亨四年十月　鄭州市文物考古研究院《中原文物》2022.5］

0990 □師信墓誌［673 咸亨四年十月　北大 02048］

0991 崔藝墓誌［673 咸亨四年十月　蒐佚 167］

0992 王貞墓誌［673 咸亨四年十月　北大 02050］

0993 元秀墓誌［673 咸亨四年十月　安陽 26］

0994 甄庭言墓誌［673 咸亨四年十月　補八 280、河洛 84、洛新續 46、百種 30］

0995 常睿墓誌［673 咸亨四年十一月　蒐佚 168、西市 83］

0996 常遠墓誌［673 咸亨四年十一月　張馳《山東工藝美術學院學報》2022.3］

0997 吕惡墓誌［673 咸亨四年十一月　河洛 85、西南 75、西南匯 80］

0998 陳英墓誌［673 咸亨四年十一月　趙海傑、李道新《遼寧省博物館館刊》2016］

0999 高鐃苗墓誌［673 咸亨四年十一月卒　碑林續 55］

1000 趙德明墓誌［673 咸亨四年十一月　鄭州 70］

1001 吉愻墓誌［674 咸亨四年十二月　流散 25、蒐續 284］

1002 劉文操墓誌［674 咸亨四年十二月　墨影 31］

1003 劉文師墓誌［674 咸亨四年十二月　墨影 32］

1004 楊秀墓誌［674 咸亨五年正月　補千 37、千唐 356］

1005 張相墓誌［674 咸亨五年二月　西南 76、蒐三 208］

1006 任相墓誌［674 咸亨五年二月　大全汾陽 34］

1007 麴建泰墓誌［674 咸亨五年二月　蒐佚 169、七朝 93、西市 84、流散 26、吐彙 327］

1008 鄧師及妻陳氏墓誌［674 咸亨五年四月　釋録 216］

1009 陸貞慧墓誌［674 咸亨五年四月　補六 316、陝貳補 12、僧尼 61］

1010 張歡□妻唐氏墓表［674 咸亨五年五月　磚誌 282、吐彙 254］

1011 馮黨墓誌［674 咸亨五年六月　碑林彙 50］

1012 宇文昌墓誌［674 咸亨五年七月　西市 85］

1013 錢昂墓誌［674 咸亨五年七月　補千 38］

上元

1014 泉君妻高提昔墓誌［674 上元元年八月　集釋 23、蒐續 285、集萃 23、西南匯 81］

1015 趙才墓誌［674 上元元年十月　大全澤州 10］

1016 李文墓誌［674 上元元年十一月　蒐續 286］

1017 程買墓誌［674 上元元年十一月　浙大］

1018 獨孤仁同墓誌［674 上元元年十一月　長新 100、長碑 60］

1019 李胡墓誌［675 上元二年正月　補八 281、河洛 86、洛新續 47、蒐三 210］

1020 李徹墓誌［675 上元二年正月　北大 02078、浙大］

1021 李高墓誌［675 上元二年正月　碑林彙 51］

1022 吕感墓誌［675 上元二年正月　補七 295、陝博 12］

1023 趙俊墓誌［675 上元二年二月　大全朔城 16］

1024 樊三娘墓誌［675 上元二年二月　浙大］

1025 沈士衡妻顏幼媛墓誌［675 上元二年二月　羅火金、张文明《黃河　黃土　黃種人》2021.1］

1026 楊氏墓誌［675 上元二年二月　藏石 31］

1066 田信墓誌［676 上元三年正月　臨城 20］

1067 虞玄朗妻唐氏銘記［676 上元三年正月　補編 1839］

1068 李光墓誌［676 上元三年二月　滄州 18］

1069 劉盈墓誌［676 上元三年二月　北大 02113、浙大］

1070 閻才墓誌［676 上元三年二月　流散續 23、百品 43］

1071 程倫墓誌［676 上元三年二月　補七 297、陝博 13、陝萃 452］

1072 王傑墓誌［676 上元三年三月　陝新 34］

1073 成昭妻陳隆墓誌［676 上元三年三月　蒐佚 172］

1074 釋真如塔銘［676 上元三年三月　補二 225、碑林補 29、碑林彙 53、吐彙 329、僧尼 56］

1075 張孝才墓誌［676 上元三年三月　龍門 453、蒐續 291］

1076 徐齊聃墓誌［676 上元三年三月　西市 89］

1077 韓祖墓誌［676 上元三年三月　大全長子 23］

1078 辛謙墓誌［676 上元三年三月　白紅芳《文物世界》2005.5］

1079 王之操墓誌［676 上元三年閏三月　蒐佚 173、西市 90］

1080 呼延宗墓誌［676 上元三年閏三月　流散續 24］

1081 張脛墓誌［676 上元三年閏三月　補八 281、河洛 88、洛新續 48、百種 36］

1082 雍福墓誌［676 上元三年閏三月　匯編山西 30、補六 319］

1083 王仁端墓誌［676 上元三年閏三月　蒐佚 174］

1084 宋朗墓誌［676 上元三年四月　北大 02117］

1085 李綱墓誌［676 上元三年四月　蒐續 633］

1086 李撝墓誌［676 上元三年四月　補六 319、陝貳補 13］

1087 牛崇墓誌［676 上元三年四月　碑林彙 54、牛氏 238、西南 78］

1088 宋上墓誌［676 上元三年四月　北大 02119］

1089 嚴道墓誌［676 上元三年四月　河洛 89、百種 34、龍門 64、七朝 95］

1090 萬宣道墓誌［676 上元三年四月　百品 44］

1091 魚本墓誌［676 上元三年四月　蒐續 292、流散續 25］

1092 董徹墓誌［676 上元三年四月　碑林彙 55］

1093 宋長墓誌［676 上元三年五月　蒐佚 175］

1094 趙君妻高氏墓誌［676 上元三年六月　蒐三 215］

1095 李建成妃鄭觀音墓誌［676 上元三年七月　集釋 13、蒐續 293、集萃 25、珍稀附 5、菁華續 167、西南匯 82］

1096 楊從儉妻韋氏墓誌［676 上元三年七月　陝新 35］

1097 王君妻孫氏墓誌［676 上元三年七月　浙大］

1098 □通墓誌［676 上元三年七月　北大 02125］

1099 賈君才墓誌［676 上元三年八月　北大 02126］

1100 隋龕墓誌［676 上元三年八月　朝陽市文物考古研究所《北方文物》2019.2］

1101 張狼墓誌［676 上元三年八月　朝陽墓 27］

1102 王惠墓誌［676 上元三年八月　長治市博物館《文物》2003.8、補八 283］

儀鳳

1139 胡樹禮墓誌［676 儀鳳元年十一月　陝博 14］

1140 胡君妻韋氏墓誌［676 儀鳳元年十一月　北大 02146］

1141 韋孝忠妻杜大德墓誌［676 儀鳳元年十一月　補七 298、長新 104、長碑 61、陝叁 21、陝萃 458］

1142 韋君妻尔朱氏墓誌［676 儀鳳元年十一月　長新 106、長碑 62］

1143 劉弘智墓誌［677 儀鳳元年十二月　陝新 37］

1144 劉行敏墓誌［677 儀鳳元年十二月　陝新 36］

1145 辛澄墓誌［677 儀鳳元年十二月　菁華 107、蒐續 296、西南 81］

1146 李哲墓誌［677 儀鳳二年正月　碑林彙 58、西南 82］

1147 李寬墓誌［677 儀鳳二年二月　菁華續 168］

1148 趙則墓誌［677 儀鳳二年二月　大全汾陽 38］

1149 李他仁墓誌［677 儀鳳二年二月　陝肆 92］

1150 趙文雅妻邊氏墓誌［677 儀鳳二年四月　補六 320、陝貳 55、碑林彙 59］

1151 皇甫武達墓誌［677 儀鳳二年五月　陝博 15］

1152 李和墓誌［677 儀鳳二年五月　北大 02156、浙大］

1153 任弼墓誌［677 儀鳳二年五月　大全汾陽 40］

1154 王玄墓誌［677 儀鳳二年六月　北大 01257、浙大］

1155 亡宮七品墓誌［677 儀鳳二年八月　北大 02159、浙大］

1156 董信墓誌［677 儀鳳二年十月　安陽附 6］

1157 輔啓墓誌［677 儀鳳二年十月　蒐三 217］

1158 王君妻康氏墓誌［677 儀鳳二年十月　西市 94］

1159 黃曹生墓誌［677 儀鳳二年十一月　蒐佚 176］

1160 牛游墓誌［677 儀鳳二年十一月　牛氏 15］

1161 陶通墓誌［677 儀鳳二年十一月　高陽原 36］

1162 亡宮九品墓誌［677 儀鳳二年十一月　碑林 75-2214、碑林彙 60、僧尼 64］

1163 亡尼七品墓誌［677 儀鳳二年十一月　蒐續 297］

1164 席處節墓誌［儀鳳二年　高陽原 37］

1165 袁公瓚墓誌［678 儀鳳三年正月　陝唐 37］

1166 馮通墓誌［678 儀鳳三年正月　碑林彙 61］

1167 栗祿墓誌［678 儀鳳三年正月　蒐佚 178］

1168 僕固乙突墓誌［678 儀鳳三年二月　楊富學《西域研究》2012.1］

1169 李憚（蔣王）孺人賀蘭氏墓誌［678 儀鳳三年二月　浙大］

1170 石師墓誌［678 儀鳳三年三月　蒐佚 180］

1171 桑道墓誌［678 儀鳳三年四月　北大 02174、浙大］

1172 索氏墓誌［678 儀鳳三年五月　流散 29、蒐三 218］

1173 柳冲墓誌［678 儀鳳三年五月　西市 95］

1174 柳子陽妻皇甫氏墓誌［678 儀鳳三年五月　西市 96］

1175 丘太妻王氏墓誌［678 儀鳳三年五月　蒐佚 177］

1176 魚政墓誌［678 儀鳳三年五月　北大 02176、浙大］

1177 韋弘表及妻尹氏墓誌［678 儀鳳三年七月　長新 108、長碑 64、陝萃 462］

1178 祢軍墓誌［678 儀鳳三年十月　集釋 24、萊山 142、集萃 28、珍稀附 6、西南匯 85、
蒐三 219］

1179 宇文君妻樂惠墓誌［678 儀鳳三年十月　蒐續 298、流散續 26］

1180 苗德墓誌［678 儀鳳三年閏十月　蒐佚 181、七朝 96、陝博 16］

1181 郭威墓誌［678 儀鳳三年十一月　集萃 29］

1182 秦明墓誌［679 儀鳳三年十一月　永年 34］

1183 王言墓誌［679 儀鳳三年十一月　補千 41、千唐 384］

1184 魏銑墓誌［679 儀鳳三年十一月　西市 97］

1185 尹君墓誌［679 儀鳳三年十二月　西市 98］

1186 許崇藝妻弓美墓誌［儀鳳三年卒　補六 321、陝貳補 14］

1187 尚才墓誌［679 儀鳳四年正月　洛新 21、補六 322］

1188 劉挺墓誌［679 儀鳳四年正月　西市 99］

1189 趙確墓誌［679 儀鳳四年正月　河洛 91、百種 38、龍門 454、七朝 97］

1190 陳琮墓誌［679 儀鳳四年正月　補編 2419、國博 102］

1191 田君墓誌［679 儀鳳四年正月　邙洛 70］

1192 耿卿墓誌［679 儀鳳四年二月　蒐佚 182］

1193 万俟鳳節墓誌［679 儀鳳四年二月　西市 100］

1194 王德墓誌［679 儀鳳四年二月　朝陽墓 50］

1195 趙義墓誌［679 儀鳳四年二月　交大 61、陝萃 464］

1196 杜辯墓誌［679 儀鳳四年二月　蒐續 299、唐品 5］

1197 神曜墓誌［679 儀鳳四年二月　安陽 27、西南匯 86］

1198 魏安墓誌［679 儀鳳四年二月　浙大］

1199 王君才墓誌［679 儀鳳四年二月　浙大］

1200 劉仁墓誌［679 儀鳳四年三月　補千 42、河南叁 45、千唐 388］

1201 義提墓誌［679 儀鳳四年四月　蒐三 220］

1202 陸善墓誌［679 儀鳳四年四月　北大 02190］

1203 陸瞻墓誌［679 儀鳳四年四月　北大 02191］

1204 姚公衡墓誌［儀鳳間　北大 02196、國圖］

調露

1205 □寶墓誌［679 調露元年六月　補六 322、陝貳補 15］

1206 許景妻郝默墓誌［679 調露元年六月　補九 349］

1207 胡君妻房氏墓誌［679 調露元年七月　流散續 27、蒐三 221］

1208 亡尼七品墓誌［679 調露元年七月　交大 69］

1209 辟景墓誌［679 調露元年七月　蒐三 222］

1210 丸珍墓誌［679 調露元年七月　大全朔城 17］

1211 王託墓誌［679 調露元年八月　蒐佚 183］

1212 丁孝範墓誌［679 調露元年八月　流散 30、蒐續 300］

1213 王元鼎墓誌［679 調露元年八月　藏石 35］

1214 許君妻王洛浦墓誌［679 調露元年九月　補千 43、河南叄 46、千唐 397］

1215 劉猷墓誌［679 調露元年九月　河洛 92、西市 101］

1216 韓相墓誌［679 調露元年十月　朝陽墓 64］

1217 李慈同墓誌［679 調露元年十月　蒐佚 184、西南 83］

1218 梁廣墓誌［679 調露元年十月　大全孝義 10］

1219 楊才墓誌［679 調露元年十月　補千 44、千唐 398］

1220 趙昭墓誌［679 調露元年十月　蒐續 301］

1221 孟戩墓誌［679 調露元年十月　史睿《唐研究》20］

1222 張來墓誌［679 調露元年十月　流散續 28、蒐三 223］

1223 崔嗣墓誌［679 調露元年十月　碑林彙 63］

1224 郭通墓誌［679 調露元年十月　補八 285、碑林彙 62］

1225 徐孝德妻姜化墓誌［679 調露元年十月　陝唐 38］

1226 劉景宗墓誌［679 調露元年十月　蒐三 225］

1227 伍穎墓誌［679 調露元年十月　集萃 30］

1228 張弼墓誌［679 調露元年十月　西市 102］

1229 張承福妻楊芷墓誌［679 調露元年十月　西市 103］

1230 趙政墓誌［679 調露元年十月　西南 84、蒐三 224］

1231 張仕六墓誌［679 調露元年十月　西市 104］

1232 王君妻徐令輝墓誌［679 調露元年十月　河洛 93、龍門 67、西市 105］

1233 王碩度墓誌［679 調露元年十月　蒐佚 185、西市 106］

1234 王紹業妻吳大品墓誌［679 調露元年十月　蒐佚 186、七朝 100］

1235 韓洪貴墓誌［679 調露元年十月　邙洛 71、補千 45、千唐 402］

1236 楊幼墓誌［679 調露元年十月　蒐佚 187］

1237 明崇覽墓誌［679 調露元年十月　河洛 94、七朝 99、散存 226、民族 143］

1238 明恪墓誌［679 調露元年十月　七朝 98、蒐續 302、民族 142］

1239 明君妻李氏墓誌［679 調露元年十月　流散 31］

1240 申信墓誌［679 調露元年十月　北大 02223］

1241 王文郁墓誌［679 調露元年十月　流散續 29、蒐三 226］

1242 張虔福墓誌［679 調露元年十一月　蒐佚 188］

1243 樂寶仁墓誌［679 調露元年十一月　補千 45、河南叄 47、千唐 403］

1244 常昌墓誌［679 調露元年十一月　碑林續 57］

1245 麴安墓誌［679 調露元年十一月　補八 284、河洛 95、洛新續 49、吐彙 330］

1246 賈長墓誌［680 調露元年十一月　臨城 22］

1247 楊賁墓誌［680 調露元年十一月　邯鄲 43、蒐續 303］

1248 馬伏恩墓誌［680 調露元年十二月　蒐三 227］

1249 馬緬墓誌［680 調露元年十二月　浙大］

1250 袁雄墓誌［680 調露元年十二月　蒐佚 189］

1287 李奴墓誌［681 永隆二年五月　北大 02253、浙大］

1288 亡尼墓誌［681 永隆二年六月　北大 02254、浙大］

1289 李孝則墓誌［681 永隆二年六月　陝肆 93］

1290 楊博瞻墓誌［681 永隆二年七月　陝唐 40］

1291 殷仲容妻顏頎墓誌［681 永隆二年閏七月　高陽原 39］

1292 宋福墓誌［681 永隆二年八月　陝唐 41］

1293 魯善都墓誌［681 永隆二年十月　遼寧 101］

1294 韓儉墓誌［681 永隆二年十月　西市 108］

1295 呼延宗妻王氏墓誌［681 永隆二年十月　流散續 32］

1296 秦徹墓誌［681 永隆二年十月　北大 02258、浙大］

1297 張輔墓誌［681 永隆二年十月　大全襄垣 14］

1298 王義康墓誌［681 永隆二年十月　武威志 393、涼州 29］

開耀

1299 李祥（江王）墓誌［681 開耀元年十月　百種 44、蒐佚 191］

1300 馮基及妻宋氏張氏墓誌［681 開耀元年十一月　西市 109］

1301 郭達石碣［681 開耀元年十一月　蒐三 233、大全永濟 13］

1302 田師墓誌［681 開耀元年十一月　北大 02261］

1303 釋真意墓誌［682 開耀元年十一月　高陽原 40、僧尼 69］

1304 □幹墓誌［開耀元年十一月　北大 02262、浙大］

1305 趙懿墓誌［682 開耀元年十二月　大同 232］

1306 李琬墓誌［682 開耀二年正月　北大 02264、浙大］

1307 丘恊墓誌［682 開耀二年正月　碑林彙 67］

1308 柳子陽墓誌［682 開耀二年正月　西市 110］

1309 呂玄福墓誌［682 開耀二年正月　補千 47、千唐 414］

1310 史君妻李藥王墓誌［682 開耀二年二月　高陽原 41］

1311 王賢墓誌［682 開耀二年二月　補六 323、碑林 75-2225、陝貳 57］

1312 游德墓誌［682 開耀二年二月　安陽 29、西南匯 89、墨影 34］

1313 崔志德妻李氏墓誌［682 開耀二年三月　補千 48、河南叁 49、千唐 415］

1314 趙自慎墓誌［682 開耀二年三月　碑林續 58、蒐續 304、西南 87］

1315 李義本墓誌［682 開耀二年五月　陝肆 94］

永淳

1316 秦靈墓誌［682 永淳元年四月　北大 02271］

1317 張道墓誌［682 永淳元年四月　碑林彙 68］

1318 劉令彝妻索蘭墓誌［682 永淳元年五月　邙洛 72］

1319 殷泰初墓誌［682 永淳元年五月　高陽原 42］

1320 李睿墓誌［682 永淳元年七月　蒐佚 192、駕鶱 23］

1321 焦海智墓誌［682 永淳元年九月　西市 111］

1322 孫政墓誌［682 永淳元年十月　浙大］

1323 王鴻儒墓誌［682 永淳元年十月　新獲 107、蒐三 234、百品 47］

1324 游柱墓誌［682 永淳元年十月　分類 70］

1325 牛寶墓誌［682 永淳元年十月　碑林彙 69、牛氏 299］

1326 吳充墓誌［682 永淳元年十月　北大 02284］

1327 趙戡墓誌［682 永淳元年十月　北大 02285、浙大］

1328 李侑墓誌［682 永淳元年十月　蒐續 305］

1329 婁俊墓誌［682 永淳元年十月　浙大］

1330 王正惠墓誌［682 永淳元年十月　蒐佚 193］

1331 虞愻墓誌［682 永淳元年十月　邙洛 73、龍門 455、餘姚 108］

1332 雲長墓誌［682 永淳元年十一月　碑林彙 70］

1333 董才墓誌［682 永淳元年十一月　蒐佚 195、唐品 49］

1334 劉損之墓誌［682 永淳元年十一月　邙洛 74］

1335 魯軌墓誌［682 永淳元年十一月　蒐佚 194、七朝 101］

1336 牛德墓誌［682 永淳元年十一月　牛氏 199］

1337 郭辯言墓誌［682 永淳元年十一月　碑林彙 71、西南 88］

1338 柳沖妻長孫氏墓誌［682 永淳元年十一月　西市 112］

1339 衛藹墓誌［682 永淳元年十一月　高陽原 43］

1340 蕭沉墓誌［682 永淳元年十一月　百品 48］

1341 馬善墓誌［682 永淳元年十一月　流散續 33］

1342 劉秀墓誌［682 永淳元年十一月　邯鄲 126、獻縣 16］

1343 李明墓誌［683 永淳元年十二月　大全襄垣 16］

1344 喬知慎母鄭善墓誌［683 永淳元年十二月　陝唐 42］

1345 陳善墓誌［683 永淳元年十二月　匯編河北 39、河北壹 64］

1346 陳玄德墓誌［683 永淳元年十二月　長新 118、長碑 68］

1347 祁文隆墓誌［683 永淳元年十二月　邙洛 75、補千 50、河南叁 50、千唐 424］

1348 賈政墓誌［683 永淳元年十二月　蒐三 235］

1349 段會墓誌［683 永淳二年正月　補千 50、河南叁 51、千唐 425］

1350 元昭墓誌［683 永淳二年正月　新獲 108、西南匯 90、蒐三 236］

1351 釋普光墓誌［683 永淳二年正月　杜文玉《唐研究》五、僧尼 73］

1352 獨孤思泰墓誌［683 永淳二年二月卒　碑林續 59］

1353 封季□墓誌［683 永淳二年二月　七朝 102］

1354 亡宮墓誌［683 永淳二年四月　蒐佚 196］

1355 張法墓誌［683 永淳二年四月　流散 32、蒐續 306、新獲 109］

1356 馬湛墓誌［683 永淳二年七月　北大 02304、浙大］

1357 亡宮墓誌［683 永淳二年七月　河洛 98］

1358 李仁廓墓誌［683 永淳二年九月　補千 51、千唐 426］

1359 郭翊墓誌［683 永淳二年十一月　蒐佚 197］

1360 馮樹及妻郭氏墓誌［683 永淳二年十一月　流散 33］

1361 牛感墓誌［683 永淳二年十二月　碑林彙 72、牛氏 272］

1362 李烈墓誌［684 永淳二年十二月　蒐三 237、百品 49］

1363 宋文墓誌［684 永淳三年正月　王鋒朝《敦煌學輯刊》2019.3］

弘道

1364 支英墓誌［684 弘道元年十二月　補千 52、少民 165、千唐 428］

1365 亡宮八品墓誌［684 弘道二年正月　蒐佚 198］

1366 柳敬則墓誌［高宗時　碑林續 217、蒐續 307、珍稀 29］

1367 温翁念墓誌［高宗時　晉中 3］

嗣聖

1368 楊德深墓誌［684 嗣聖元年正月　河洛 99、龍門 73］

1369 李福嗣墓誌［684 嗣聖元年正月　百品 50］

1370 張君偌墓誌［684 嗣聖元年二月　補編 1843、大全襄垣 741］

文明

1371 王敬同妻韋氏墓誌［684 文明元年二月　蒐佚 200］

1372 程操墓誌［684 文明元年三月　北大 02317］

1373 崔德珪墓誌［684 文明元年三月　蒐佚 201］

1374 郭真墓誌［684 文明元年三月　安豐 403、蒐續 309］

1375 鄭善德墓誌［684 文明元年閏五月　北大 02320、浙大］

1376 穆念墓誌［684 文明元年七月　北大 02323］

1377 皇甫文房墓誌［684 文明元年八月　蒐佚 202、七朝 103、鴛鴦 27、菁華 108、民族 150］

1378 劉遵誼墓誌［文明元年卒　蒐續 311］

武周

光宅

1379 王寶墓誌［684 光宅元年十月　蒐三 238］

1380 麻素墓誌［684 光宅元年十月　補千 53、河南叁 52、千唐 436］

1381 仇慎墓誌［684 光宅元年十月　北大 02333、浙大］

1382 楊信墓誌［684 光宅元年十一月　大全襄垣 18］

1383 陳鸎墓誌［684 光宅元年十一月　邙洛 76、龍門 456］

1384 陳仁弘墓誌［684 光宅元年十一月　蒐續 310］

1385 賈濟墓誌［684 光宅元年十一月　安豐 405、西南 89、蒐三 240］

1386 袁利貞墓誌［684 光宅元年十一月　蒐三 239］

1387 李儉墓誌［684 光宅元年十一月　蒐佚 203、七朝 104、流散 34］

1388 袁翼墓誌［685 光宅元年十一月　邯鄲市文物保護研究所《文物》2021.3］

1389 劉武墓誌［685 光宅元年十二月　安豐 404、安陽附 7］

1390 □伏禮墓誌［685 光宅元年十二月　永年 35］

1391 李緒墓誌［685 光宅元年十二月　大同 252］

垂拱

1392 盧習善妻李静儀墓誌［685 垂拱元年二月　新獲 110、流散續 34］

1393 王協妻蕭貞墓誌［685 垂拱元年二月　洛新 23、補六 323］

1394 韋中孚墓誌［685 垂拱元年二月　陝新 39、鳳栖 262］

1395 賈節墓誌［685 垂拱元年二月　蒐續 312、新獲 111］

1396 趙勒乂墓誌［685 垂拱元年四月　蒐續 313］

1397 紇單端墓誌［685 垂拱元年六月卒　武威 29、武威志 401、涼州 33］

1398 亡尼七品墓誌［685 垂拱元年六月　蒐三 241］

1399 王遷墓誌［685 垂拱元年六月　涼州 35］

1400 寶君妻李氏墓誌［685 垂拱元年七月　補七 12、長碑 406］

1401 韋瑜墓誌［685 垂拱元年七月　陝肆 95］

1402 寶氏墓誌［685 垂拱元年七月　陝新 40］

1403 王運墓誌［685 垂拱元年八月卒　晉陽 95］

1404 路季琳墓誌［685 垂拱元年八月　蒐續 314］

1405 王仁安墓誌［685 垂拱元年八月　碑林續 60、西南匯 91、蒐三 243］

1406 杜儼墓誌［685 垂拱元年八月　碑林彙 74］

1407 王後熾墓誌［685 垂拱元年八月　蒐三 244］

1408 裴義暹墓誌［685 垂拱元年十月　鄒冬珍《運城學院學報》2014.4］

1409 王直墓誌［685 垂拱元年十月　西市 113］

1410 楊文挺及妻張氏墓誌［685 垂拱元年十月　釋録 331、浙大］

1411 韓護墓誌［685 垂拱元年十月　蒐佚 204、西市 114］

1412 浩義墓誌［685 垂拱元年十月　蒐三 245］

1413 王遇墓誌［685 垂拱元年十月　大全襄垣 19］

1414 楊光墓誌［685 垂拱元年十月　西南 90］

1415 常讓墓誌［685 垂拱元年十月　碑林彙 75］

1416 常子墓誌［685 垂拱元年十月　大全壺關 8］

1417 段孝敬妻李元貞墓誌［685 垂拱元年十月　陝肆 97］

1418 杜奇墓誌［685 垂拱元年十月　河洛 100］

1419 尔朱義琛妻李氏墓誌［685 垂拱元年十月　補千 54、千唐 443］

1420 王萬春墓誌［685 垂拱元年十月　陝肆 96］

1421 奚道墓誌［685 垂拱元年十月　新獲 112、流散續 35、西南匯 92］

1422 楊㑨墓誌［685 垂拱元年十月　蒐佚 205、七朝 105］

1423 楊律墓誌［685 垂拱元年十月　遼寧 102］

1424 堯蒨墓誌［685 垂拱元年十月　蒐續 316］

1425 崔抱貞墓誌［685 垂拱元年十月　補千 55、千唐 444］

1426 楊彦墓誌［685 垂拱元年十月　補千 56、千唐 445］

1427 高真行墓誌［685 垂拱元年十月　河洛 101、百種 46、珍稀 30］

1428 申萃墓誌［685 垂拱元年十月　北大 02366］

1429 白簡寂墓誌［685 垂拱元年十月　蒐續 315］

1430 釋安塔銘［685 垂拱元年十月　衛輝 42、僧尼 70］

1431 申留墓誌［685 垂拱元年十一月　北大 02367］

1432 □高墓誌［685 垂拱元年十一月　隆堯 10］

1433 張興墓誌［685 垂拱元年十一月　北大 02369］

1434 景他墓誌［685 垂拱元年十二月　精粹 45］

1435 牛越墓誌［685 垂拱元年十二月　北大 02371、浙大］

1436 程叔哲墓誌［686 垂拱元年十二月　北大 02372、浙大］

1437 段玄墓誌［686 垂拱元年十二月　臨汾碑 242、大全浮山 11］

1438 秦朗墓誌［686 垂拱元年十二月　北大 02373］

1439 李懿墓誌［686 垂拱元年十二月　孟州 169、國圖］

1440 馬君妻張氏墓誌［686 垂拱元年十二月　邙洛 77、蒐佚 206］

1441 李無或墓誌［686 垂拱元年十二月　補千 56、河南叁 53、千唐 448］

1442 任玄播墓誌［686 垂拱二年二月　汾陽 24、大全汾陽 43］

1443 牛仁墓誌［686 垂拱二年二月　北大 02378］

1444 程子墓誌［686 垂拱二年二月　北大 02380、浙大］

1445 陳昌墓誌［686 垂拱二年三月　唐品 10、蒐三 246］

1446 吳莫墓誌［686 垂拱二年三月　高平 409］

1447 萇思約墓誌［686 垂拱二年三月卒　補編 1847］

1448 宋昉墓誌［686 垂拱二年四月　西南 92、蒐三 248］

1449 宋讓墓誌［686 垂拱二年四月　西南 91、蒐三 247］

1450 陸景澄墓誌［686 垂拱二年四月　碑林續 61、蒐續 317、西南 93］

1451 劉善墓誌［686 垂拱二年七月　補八 292、洛新續 53］

1452 李咸仁墓誌［686 垂拱二年八月　蒐續 318］

1453 韋昱墓誌［686 垂拱二年八月　補九 350、長碑 70、陜肆 98］

1454 崔惠墓誌［686 垂拱二年十月　西市 115］

1455 崔子墓誌［686 垂拱二年十月　北大 02387、浙大］

1456 方藏墓誌［686 垂拱二年十月　西市 116］

1457 張衆墓誌［686 垂拱二年十一月　蒐佚 212、西市 117］

1458 李君妻丁氏墓誌［686 垂拱二年十一月　蒐佚 207］

1459 □如節墓誌［686 垂拱二年十一月　吐彙 267］

1460 楊玄肅墓誌［垂拱二年　補千 57、千唐 450］

1461 李君墓誌［687 垂拱三年正月　北大 02392］

1462 魏仙墓誌［687 垂拱三年正月　流散 35、蒐續 319］

1463 曲瑒墓誌［687 垂拱三年閏正月　王連龍《域外漢籍研究集刊》23］

1500 衛通墓誌［688 垂拱三年十二月　安陽 30、西南匯 94、墨影 36］

1501 喬言墓誌［垂拱三年　晉陽 107］

1502 王師墓誌［垂拱三年　補編 1847］

1503 李禕墓誌［688 垂拱四年正月　蒐續 321、新獲 114］

1504 韋師墓誌［688 垂拱四年正月　河洛 104、龍門 77、萊山 118、絲路 89］

1505 李道師墓誌［688 垂拱四年正月　百品 51］

1506 劉威墓誌［688 垂拱四年二月　北大 02426、國圖］

1507 馬道德墓誌［688 垂拱四年二月　碑林彙 79］

1508 李目墓誌［688 垂拱四年三月　蒐續 323］

1509 蔡墨墓誌［688 垂拱四年三月　張馳《隴右文博》2007.1］

1510 劉緬妻嚴六娘墓誌［688 垂拱四年三月　濮陽 45］

1511 侯無紀妻薛仲子墓誌［688 垂拱四年四月　邙洛 78］

1512 宇文敬義墓誌［688 垂拱四年四月　陝唐 45］

1513 李滿藏墓誌［688 垂拱四年五月　補六 327、碑林 75-2234、陝貳 59］

1514 李仁泰墓誌［688 垂拱四年五月　集釋 26、碑林續 63、蒐續 324、西南 95］

1515 鄭寶念墓誌［688 垂拱四年五月　長新 120、長碑 71］

1516 宋道墓誌［688 垂拱四年五月　北大 02433］

1517 李詢墓誌［688 垂拱四年七月　菁華 109、蒐續 325］

1518 釋法琬墓誌［688 垂拱四年九月卒　匯編陝西 3-103、補三 25、碑林 196-1050、長
　碑 409、僧尼 77］

1519 王足墓誌［688 垂拱四年九月　藏石 40］

1520 樊昭及妻魏氏墓誌［688 垂拱四年九月　流散 38、蒐續 326、新獲 115］

1521 萬文雅妻蔡氏墓誌［688 垂拱四年十月　浙大］

1522 皇甫文亮墓誌［688 垂拱四年十月　河洛 105、百種 50］

1523 皇甫文房妻裴氏墓誌［688 垂拱四年十月　蒐佚 214、七朝 107、鴛鴦 29］

1524 劉祖墓誌［688 垂拱四年十月　朝陽市文物考古研究所《北方文物》2017.3］

1525 張英墓誌［688 垂拱四年十月　汾陽 26、大全汾陽 44］

1526 秦珪墓誌［688 垂拱四年十一月　蒐佚 213］

1527 劉賓墓誌［688 垂拱四年十一月　補千 59、河南叁 54、千唐 465］

1528 劉義□墓誌［688 垂拱四年十一月　蒐佚 215］

1529 沈士衡墓誌［688 垂拱四年十一月　羅火金《黃河　黃土　黃種人》2021.1］

1530 司徒寂墓誌［688 垂拱四年十一月　蒐佚 216、西市 119］

1531 韋瑱墓誌［688 垂拱四年十一月　補七 312、長新 122、長碑 72、陝叁 23］

1532 馮安墓誌［688 垂拱四年十一月　牛氏 240］

1533 任昂墓誌［688 垂拱四年十一月　北大 02450］

1534 陳明及妻王清範墓誌［688 垂拱四年十一月　蒐佚 217、七朝 108］

1535 程穎墓誌［688 垂拱四年十一月　碑林彙 80］

1536 于士俊妻胡貞範墓誌［688 垂拱四年十二月　補八 4、河洛 106、洛新續 56］

1537 李重墓誌［689 垂拱四年十二月　流散續 37、蒐三 252、百品 52］

1538 李重妻鄭童壽墓誌［689 垂拱四年十二月　流散續 38、蒐三 253、百品 53］

永昌

1539 常政墓誌［689 永昌元年二月　集萃 32］

1540 游通及妻李氏墓誌［689 永昌元年二月　流散 39、蒐續 327］

1541 馬烈墓誌［689 永昌元年四月　流散 40、蒐續 329］

1542 段卿墓誌［689 永昌元年四月　大全武鄉 19］

1543 劉神墓誌［689 永昌元年五月　補八 6、榆林 23、陝参 24、廣澤 205］

1544 韋堯儉墓誌［689 永昌元年五月　浙大］

1545 門和墓誌［689 永昌元年六月　蒐佚 219、唐品 59］

1546 陳雅操墓誌［689 永昌元年八月　北大 02459、浙大］

1547 徐德閏墓誌［689 永昌元年十月　唐紅炬《文物》2012.9］

1548 嚴德墓誌［689 永昌元年十月　北大 02461］

1549 劉滿墓誌［689 永昌元年十月　長新 124、長碑 73］

1550 劉文禕墓誌［689 永昌元年十月　蒐三 258］

1551 馮廓墓誌［689 永昌元年十一月　白銀 1］

1552 李晦墓誌［689 永昌元年十一月　陝肆 99］

載初

1553 鄭玄楷墓誌［690 載初元年臘月　鄧夢園《唐都學刊》2022.4］

1554 釋法真墓誌［690 載初元年臘月卒　蒐續 330］

1555 劉瑛墓誌［690 載初元年臘月　邙洛 79］

1556 馮胡師墓誌［690 載初元年臘月　北大 02478、浙大］

1557 唐君妻閻氏墓誌［690 載初元年臘月　補七 314、藏石 43］

1558 秦舉墓誌［690 載初元年一月　蒐佚 218］

1559 秦士墓誌［690 載初元年一月　浙大］

1560 韋仁約墓誌［690 載初元年一月　匯編陝西 3-107、補二 6、陝碑 68、陝萃 488］

1561 許雄墓誌［690 載初元年一月　新獲 116、流散續 39、蒐三 254］

1562 姬處真墓誌［690 載初元年一月　北京壹 3］

1563 姬思義墓誌［690 載初元年一月　流散續 40、蒐三 255］

1564 武氏墓誌［690 載初元年一月　邙洛 80、龍門 79］

1565 畢識墓誌［690 載初元年一月　西南 97］

1566 王蘋墓誌［690 載初元年一月　西南 96］

1567 高續墓誌［691 載初元年一月　西市 120］

1568 崔敵墓誌［690 載初元年二月　北大 02466］

1569 孫師均墓磚［690 載初元年二月　磚刻 1165］

1570 郭文感墓誌［690 載初元年三月　蒐續 331］

1571 司徒君妻車氏墓誌［690 載初元年四月　河南貳 260］

1572 李仁廓妻王媛墓誌［690 載初元年五月　補千 59、龍門 81、千唐 469］

1573 趙興墓誌［690 載初元年五月　河洛 107、流散 41、龍門 457］

1574 張斌墓誌［690 載初元年六月　西南 98、蒐三 256］

1575 韋整妻柳無量力墓誌［690 載初元年六月　浙大］

1576 田僧墓誌［690 載初元年七月　補八 295、碑林彙 81、長碑 416］

1577 宋師墓誌［690 載初元年七月　補千 60、河南叁 55、千唐 470］

1578 趙通達墓誌［690 載初元年七月　蒐佚 220］

1579 明丞妻李氏墓誌［690 載初元年八月　蒐續 332、新獲 117］

1580 王里奴墓誌［690 載初元年八月　碑林彙 82］

天授

1581 李山墓誌［690 天授元年臘月？　大全鹽湖 14］

1582 鞠静墓誌［690 天授元年十月　蒐佚 221、西市 121］

1583 馬郡墓誌［690 天授元年十月　北大 02480］

1584 羅餘慶墓誌［690 天授元年十月　流散續 41、蒐三 260］

1585 樂王端及妻支氏墓誌［690 天授元年十月　臨潼 102］

1586 郭明墓誌［690 天授元年十月　響堂 260、邯鄲 59］

1587 司馬弘度墓誌［690 天授元年十月　浙大］

1588 陰彦墓誌［690 天授元年十月　長新 126、長碑 75］

1589 于隱墓誌［690 天授元年　補七 317、金鄉 86、補編 2186］

1590 封言道妻李澄霞（淮南大長公主）墓誌［691 天授二年正月　碑林 196-1053、富平
　　9、陝碑 69、詩人 73、陝萃 492］

1591 郭紀墓誌［691 天授二年正月　蒐三 261］

1592 李德墓誌［691 天授二年正月　集萃 33］

1593 李禮墓誌［691 天授二年正月　蒐續 334、集萃 34、唐品 36］

1594 張客墓誌［691 天授二年正月　流散 42、蒐續 333、新獲 118］

1595 朱景弘墓誌［691 天授二年臘月　蒐佚 230］

1596 李才墓誌［691 天授二年臘月　北大 02539、浙大］

1597 王慎墓誌［691 天授二年臘月　碑林彙 84、西南 99］

1598 張式墓誌［691 天授二年臘月　安陽 31、西南匯 97］

1599 姚元慶墓誌［691 天授二年一月　補七 318、蒐續 335、羌族 128、大全芮城 32］

1600 崔子侃墓誌［691 天授二年一月　邙洛 82、補八 296、洛新續 57］

1601 郭蕩墓誌［691 天授二年一月　釋録 332、浙大］

1602 劉敬直墓誌［691 天授二年一月　補千 61、千唐 472］

1603 張懿墓誌［691 天授二年一月　邙洛 81、補八 296、洛新續 58］

1604 牛善墓誌［691 天授二年一月　牛氏 242］

1605 趙玄應墓誌［691 天授二年一月　補八 297、河洛 108、洛新續 59、百種 52］

1606 韓君妻梁二娘墓誌［691 天授二年二月　高陽原 44］

1607 朱思仁墓誌［691 天授二年二月　蒐佚 222、七朝 109］

1608 盧承基妻李氏墓誌［691 天授二年二月　補千 63、千唐 479］

1609 王九功墓誌［691 天授二年二月　蒐佚 223］

1610 翟表墓誌［691 天授二年二月　大全太谷 10］

1611 周師墓誌［691 天授二年二月　補千 62、千唐 480］

1612 庫延安墓誌［691 天授二年二月　朝陽市文物考古研究所《文物》2019.5］

1613 竇孝慈妻豆盧氏墓誌［691 天授二年三月　集萃 35］

1614 盧大道墓誌［691 天授二年三月　龍門 82］

1615 陳法子墓誌［691 天授二年三月　西市 122、民族 158］

1616 鄭敬同墓誌［691 天授二年四月　蒐佚 224］

1617 焦氏墓誌［691 天授二年六月　陝新 42］

1618 郭逸墓誌［691 天授二年七月　浙大］

1619 朱延度妻柳氏墓誌［691 天授二年八月　蒐佚 225、七朝 110、西市 123、鴛鴦 17］

1620 慕容智墓誌［691 天授二年九月　涼州 40］

1621 趙敏墓誌［691 天授二年十月　補千 63、菁華 110、新安 14、千唐 489］

1622 程仁墓誌［691 天授二年十月　河洛 109］

1623 崔泰墓誌［691 天授二年十月　浙大］

1624 樊禎墓誌［691 天授二年十月　西南匯 95、蒐三 264］

1625 皇甫瓊墓誌［691 天授二年十月　碑林彙 83］

1626 梁行滿墓誌［691 天授二年十月　補千 65、千唐 492］

1627 申屠方墓誌［691 天授二年十月　北大 02519］

1628 蘇孝英墓誌［691 天授二年十月　碑林 196-1057］

1629 蕭珪墓誌［691 天授二年十月　珍稀附 7、新獲 119、西南匯 96、蒐三 263］

1630 楊德墓誌［691 天授二年十月　蒐佚 226］

1631 成端墓誌［691 天授二年十月　新獲 121、蒐三 265］

1632 屈突季札墓誌［691 天授二年十月　洛新 26、補四 397、補編 1851、少民 270、蒐佚 227、琬琰 27、民族 160］

1633 屈突詮墓誌［691 天授二年十月　邙洛 83、補八 300、補千 56、洛新續 61、百種 54、少民 267、龍門 458、散存 232、民族 163、千唐 493］

1634 屈突仲翔妻朱氏墓誌［691 天授二年十月　蒐佚 228、新獲 120］

1635 常寂墓誌［691 天授二年十月　補九 433］

1636 常名可墓誌［691 天授二年十月　浙大］

1637 崔無競墓誌［691 天授二年十月　補千 68、河南叁 56、千唐 495］

1638 崔玄亮墓誌［691 天授二年十月　補八 299、河洛 110、洛新續 60、百種 56、龍門 83］

1639 李弘墓誌［691 天授二年十月　大全襄垣 22］

1640 申屠甑墓誌［691 天授二年十月　北大 02528］

1641 蕭師墓誌［691 天授二年十月　北大 02526］

1642 張仁素墓誌［691 天授二年十月　衡水 50、故城 93］

1643 崔行真墓誌［691 天授二年十月　北大 02532］

1644 郭承墓誌［691 天授二年十月　蒐續 339、散存 235］

1645 霍松齡墓誌［691 天授二年十月　補千 69、河南叁 57、千唐 496］

1646 裴彝亮墓誌［691 天授二年十月　陝肆 100］

1647 裴彝亮妻柳神尚墓誌［691 天授二年十月　陝肆 101］

1648 騫養墓誌［691 天授二年十月　北大 02533］

1649 王九言墓誌［691 天授二年十月　集萃 36］

1650 王君妻崔真觀墓誌［691 天授二年十月　王梓嫣《中國書法・書學》2018.5］

1651 張行果墓誌［691 天授二年十月　流散 44、蒐續 337］

1652 張藥尚墓誌［691 天授二年十月　流散 43、蒐續 338］

1653 趙仁墓誌［691 天授二年十月　蒐續 336］

1654 王正因墓誌［691 天授二年十月　蒐佚 229、流散 45］

1655 宋感墓誌［691 天授二年十月　汾陽 28、大全汾陽 45］

1656 趙大行墓誌［691 天授二年十月　補千 70、河南叁 58、千唐 497］

1657 趙輔墓誌［691 天授三年正月　蒐三 266］

1658 董拔墓誌［691 天授三年正月　北大 02540］

1659 申屠超墓誌［691 天授三年正月　北大 02541、浙大］

1660 王興墓誌［691 天授三年正月　蒐佚 231、七朝 111、蒐三 267］

1661 張僧墓誌［691 天授三年正月　濮陽 47］

1662 張昇墓誌［691 天授三年正月　濮陽 46］

1663 張寄墓誌［691 天授三年正月　藏石 41］

1664 郭懿墓誌［692 天授三年臘月　蒐續 340］

1665 邊楨墓誌［692 天授三年臘月　蒐佚 234、新獲 122、唐品 30］

1666 申屠整墓誌［692 天授三年一月　長治 134］

1667 阿史那感德墓誌［692 天授三年一月　補八 302、少民 246、絲綢 164、龍門 84、絲
　　　路 140、民族 164］

1668 趙克弼墓誌［692 天授三年二月　蒐佚 232、七朝 112］

1669 郭素墓誌［692 天授三年二月　蒐佚 233］

1670 賀蘭君妻楊氏墓誌［692 天授三年二月　邙洛 84、補八 304、洛新續 62］

1671 王約妻李正因墓誌［692 天授三年二月　蒐續 341、集萃 37、西南 100、西南匯 98］

1672 張君墓誌［692 天授三年二月　河洛 111］

1673 王守真墓誌［692 天授三年三月　珍稀 31］

1674 康宜德墓誌［692 天授三年四月　補六 336］

1675 竇孝忠墓誌［692 天授三年四月　蒐續 342、珍稀 32、西南 101］

1676 解昭德墓誌［692 天授三年七月　陝博 17］

1677 張福墓誌［天授三年　秦秋紅《文物世界》2005.5］

如意

1678 樊策墓誌［692 如意元年閏五月　大全永濟 16］

1679 騫愻墓誌［692 如意元年七月　浙大］

長壽

1680 上官恕墓誌［692 長壽元年十月　陝唐 46］

1681 張樹生墓誌［692 長壽元年十月　補六 337、陝貳 61、碑林彙 85］

1682 上官善生墓誌［692 長壽元年十月　陝唐 47］

1683 樊元寂墓誌［693 長壽二年正月　流散續 42、蒐三 268］

1684 李及墓誌［693 長壽二年正月　西南 111］

1685 崔萬石墓誌［693 長壽二年正月　蒐佚 235］

1686 和滿墓誌［693 長壽二年臘月　北大 02584、浙大］

1687 李寶隆墓誌［693 長壽二年一月　補八 305］

1688 崔安敬墓誌［693 長壽二年二月　蒐佚 236、七朝 114、流散 46、凉州 583］

1689 楊基墓誌［693 長壽二年二月　新獲 123、流散續 43、蒐三 269］

1690 李才墓誌［693 長壽二年三月　大全汾陽 47］

1691 亡宮七品墓誌［693 長壽二年四月　邙洛 85］

1692 閻智妻裴氏墓誌［693 長壽二年五月　西安市文物保護考古研究院《文物》2014.10］

1693 王儼墓誌［693 長壽二年六月　西市 124］

1694 楊文舉墓誌［693 長壽二年八月　國圖］

1695 駱本墓誌［693 長壽二年八月　蔡强《邊疆考古研究》21］

1696 駱英墓誌［693 長壽二年八月　朝陽墓 70］

1697 蘇瑜墓誌［693 長壽二年八月　咸陽市文物考古研究所《考古與文物》2017.6］

1698 高元墓誌［693 長壽二年八月　蒐佚 237、西市 125］

1699 龐志信墓誌［693 長壽二年十月　補千 71、河南叁 59、千唐 515］

1700 賈師墓誌［693 長壽二年十月　補八 305、河洛 112、洛新續 63］

1701 王軌墓誌［693 長壽二年十月　碑林彙 86］

1702 張信墓誌［693 長壽二年十月　臨城 25］

1703 韓暕墓誌［693 長壽二年十月　浙大］

1704 李善護墓誌［693 長壽三年正月　浙大］

1705 路敬仁墓誌［693 長壽三年正月　大全長子 10］

1706 閻師壽墓誌［693 長壽三年正月　北大 02586］

1707 劉愛墓誌［693 長壽三年正月　西南匯 99、蒐三 270］

1708 鄒鸞昉墓誌［693 長壽三年正月　集萃 38、珍稀 33、西南匯 100、蒐三 271］

1709 陳生墓誌［693 長壽三年正月　永年 38］

1710 李世墓誌［694 長壽三年一月　北大 02587、浙大］

1711 牛陵墓誌［694 長壽三年一月　蒐佚 238、七朝 115、流散 47、牛氏 136］

1712 嚴世墓誌［694 長壽三年一月　國圖］

1713 嚴約墓誌［694 長壽三年一月　蒐續 343］

1714 崔嘉墓誌［694 長壽三年一月　蒐佚 239、流散續 44］

1715 馬耻墓誌［694 長壽三年一月　補八 306、河洛 113、洛新續 64］

1716 馬密墓誌［694 長壽三年一月　補千 72、河南叁 60、千唐 520］

1717 陳範墓誌［694 長壽三年一月　西南 102、蒐三 272、鄭州 84］

1718 陳範妻李氏墓誌［694 長壽三年一月　西南 103、蒐三 273、鄭州 85］

1719 敬悟墓誌［694 長壽三年一月　蒐佚 240］

1720 李山海墓誌［694 長壽三年一月　汾陽 30、大全汾陽 49］

1721 史明墓誌［694 長壽三年一月　碑林彙 87］

1722 武氏（永樂縣主）墓誌［694 長壽三年一月　百品 54、陝唐 48］

1723 劉觀墓誌［694 長壽三年二月　補七 311］

1724 陳範墓誌［694 長壽三年四月　補八 307、洛新續 65］

1725 范履慎墓誌［694 長壽三年四月　高陽原 45］

1726 李玄道墓誌［694 長壽三年四月　蒐佚 241、西市 126、民族 168］

1727 李嘉墓誌［694 長壽三年五月　邙洛 86］

1728 李准墓誌［694 長壽三年五月　洛新 27、補六 30、龍門 86］

1729 范寧墓誌［694 長壽三年五月　西南 104］

1730 秦琮墓誌［694 長壽三年五月　碑林彙 88、牛氏 274］

1731 柳璧墓誌［694 長壽三年五月　西市 128］

1732 柳保隆墓誌［694 長壽三年五月　西市 127］

1733 柳景文墓誌［694 長壽三年五月　蒐三 274］

1734 吕志本墓誌［694 長壽三年五月　陝萃 504］

1735 萬審墓誌［694 長壽三年五月　浙大］

1736 韋傑墓誌［694 長壽三年五月　陝新 43、鳳栖 273］

1737 閻泰墓誌［694 長壽三年五月　集釋 25、蒐續 344、珍稀 34］

1738 王師墓誌［長壽三年　大全太谷 12］

1739 嚴世墓誌［長壽三年　陝目一 229］

延載

1740 劉融墓誌［694 延載元年五月　匯編洛陽 7-34］

1741 秦成墓誌［694 延載元年六月　新獲 124］

1742 周道諶墓誌［694 延載元年六月　補千 73、千唐 525］

1743 竇孝壽墓誌［694 延載元年六月卒　流散續 45、西南匯 101］

1744 李君妻張氏墓誌［694 延載元年七月　墨影 37］

1745 劉君妻吳遍净墓誌［694 延載元年七月　蒐續 345、唐品 34］

1746 韋玄祐墓誌［694 延載元年七月　蒐佚 242］

1747 沈珣妻柳氏墓誌［694 延載元年八月　蒐佚 243］

1748 高英淑墓誌［694 延載元年十月　遼寧 103］

1749 劉仲瑜墓誌［694 延載元年十月　臨城 29］

1750 朱壽墓誌［694 延載元年十月　遼寧省朝陽市文物考古研究所《黄河　黄土　黄種人》2017.12］

1751 陳清墓誌［694 延載元年十月　大全太谷 13］

1752 米仁慶墓誌［694 延載元年十月　蒐三 275、百品 55］

1753 宋德墓誌［694 延載元年十月　王霖《科學與財富》2016.7］

1754 崔尊墓誌［694 延載二年正月　蒐佚 244］

1755 張方墓誌［694 延載二年正月　補七 325］

1756 趙門墓誌［694 延載二年正月　龍門 85］

證聖

1757 董定墓誌［694 證聖元年正月　北大 02613］

1758 宋思真墓誌［694 證聖元年正月　杏園 253、補八 307］

1759 韋戩墓誌［694 證聖元年正月　浙大］

1760 劉孝節妻李娘墓誌［694 證聖元年正月　蒐三 276］

1761 苗利墓誌［694 證聖元年正月　北大 02620］

1762 牛濬墓誌［694 證聖元年正月　牛氏 384］

1763 秦德墓誌［694 證聖元年正月　北大 02619］

1764 秦士墓誌［694 證聖元年正月　北大 02621］

1765 郭舒墓誌［695 證聖元年臘月　浙大］

1766 李慈墓誌［695 證聖元年臘月　補千 73、蒐三 259、千唐 532］

1767 李知本墓誌［695 證聖元年臘月　補九 434］

1768 姚光墓誌［695 證聖元年臘月　藏石 46］

1769 江進德墓誌［695 證聖元年一月　大全平順 8］

1770 賈武墓誌［695 證聖元年一月　榆林 24、補八 308、陝叁 25、廣澤 206］

1771 晉楷墓誌［695 證聖元年二月　浙大］

1772 秦如墓誌［695 證聖元年閏二月　蒐佚 245、西市 129］

1773 侯子墓誌［695 證聖元年二月　蒐佚 250、西市 130］

1774 朱景融墓誌［695 證聖元年二月　蒐三 277］

1775 梁玉墓誌［695 證聖元年三月　河洛 114、龍門 87、七朝 116、牛氏 161］

1776 陳感墓誌［695 證聖元年三月　河洛 115］

1777 魏德壽墓誌［695 證聖元年三月　碑林彙 89］

1778 亡尼七品墓誌［695 證聖元年五月　蒐三 278］

1779 趙君妻李氏墓誌［695 證聖元年五月　北大 02627、浙大］

1780 吳慎微墓誌［695 證聖元年六月　陳葉飛《賀州學院學報》2014.4］

1781 虞希喬墓誌［695 證聖元年六月卒　越窯 46、餘姚 117］

1782 達奚君妻王婺墓誌［695 證聖元年六月卒　河洛 116、新獲 125］

1783 徐機墓誌［695 證聖元年八月　北大 02632、浙大］

1784 黃懿墓誌［695 證聖元年九月　補千 74、河南叁 61、千唐 531］

1785 寇嗣宗墓誌［證聖元年　蒐三 281］

1786 李善墓誌［證聖元年　西南 105］

1787 鄭智墓誌［證聖元年　流散 48、蒐續 346］

天册萬歲

1788 李崇望妻王氏墓誌［695 天册萬歲元年九月　補六 341、陝貳補 16］

1789 蓋義信墓誌［695 天冊萬歲元年九月　新獲 126、唐品 2、蒐三 279］

1790 康君妻王氏墓誌［695 天冊萬歲元年十月　榆林 25、補八 309、陝叄 26、廣澤 207］

1791 王文殊墓誌［695 天冊萬歲元年十月　洛新 31、補六 341］

1792 翟綺墓誌［695 天冊萬歲元年十月　浙大］

1793 趙君妻劉英墓誌［695 天冊萬歲元年十月　陝新 44］

1794 宋相墓誌［695 天冊萬歲元年十月　碑林彙 90］

1795 許傳擎墓誌［695 天冊萬歲元年十月　流散續 46、蒐三 280］

1796 張思墓誌［695 天冊萬歲二年正月　邙洛 87、補八 310、洛新續 66、百種 58］

1797 王感墓誌［695 天冊萬歲二年正月　碑林彙 91］

1798 李吉墓誌［695 天冊萬歲二年正月　龍門 459、蒐佚 247、七朝 117、流散 49］

1799 許弘感墓誌［695 天冊萬歲二年正月　補八 310］

1800 盧猛墓誌［695 天冊萬歲二年正月　大全襄垣 26］

1801 □仁墓誌［695 天冊萬歲二年正月　北大 02648］

1802 戴恭紹妻閻履墓誌［696 天冊萬歲二年正月　蒐三 284］

1803 萬民墓誌［696 天冊萬歲二年正月　蒐佚 249、七朝 118］

1804 閻君壽墓誌［696 天冊萬歲二年臘月　大全汾陽 50］

1805 王綽墓誌［696 天冊萬歲二年臘月　補八 309、琬琰 28］

萬歲登封

1806 溫思暕墓誌［696 萬歲登封元年一月　補八 312、陝萃 508］

1807 李崇禮墓誌［696 萬歲登封元年一月　蒐三 282］

1808 魏感墓誌［696 萬歲登封元年一月　蒐三 283］

1809 李明墓誌［696 萬歲登封元年一月　北大 02652、浙大、中華］

1810 李無虧墓誌［696 萬歲登封元年一月　咸陽 36、補八 313］

1811 薛士通妻張氏墓誌［696 萬歲登封元年一月　蒐佚 248、七朝 119、流散 50］

1812 董文墓誌［696 萬歲登封元年二月　補九 435］

1813 何君妻蕭道濟墓誌［696 萬歲登封元年二月　西市 131］

1814 蕭寡尤妻盧婉墓誌［696 萬歲登封元年二月　補七 18、户縣 9、陝碑 72、陝叄 27、陝萃 510］

1815 仇直墓誌［696 萬歲登封元年三月　浙大］

1816 田光墓誌［696 萬歲登封元年五月　大全汾陽 52］

萬歲通天

1817 李知玄墓誌［696 萬歲通天元年五月　補千 75、河南叄 62、千唐 536］

1818 徐買墓誌［696 萬歲通天元年五月　榆林 26、補八 315、陝叄 28］

1819 李帝臣墓誌［696 萬歲通天元年五月　補千 76、河南叄 63、千唐 537］

1820 武徵墓誌［696 萬歲通天元年五月　榆林 27、補八 316、陝叄 29］

1821 劉君妻羅四無量墓誌［696 萬歲通天元年五月　補九 435、長碑 419］

1822 亡尼墓誌［696 萬歲通天元年八月　陝唐 49］

1823 王詮墓誌［696 萬歲通天元年八月　榆林 28、補八 317、陝叁 30］

1824 亡宮九品墓誌［696 萬歲通天元年九月　蒐佚 251、唐品 3、西南匯 102］

1825 柏義深墓誌［696 萬歲通天元年十月　浙大］

1826 張仕文墓誌［696 萬歲通天元年十月　浙大］

1827 董遠墓誌［696 萬歲通天元年十月　西市 132］

1828 劉君妻苑氏墓誌［696 萬歲通天元年十月　蒐續 350］

1829 張質墓誌［696 萬歲通天元年　北大 02670］

1830 劉先墓誌［696 萬歲通天二年正月　碑林彙 92］

1831 殷子慎墓誌［697 萬歲通天二年臘月　西市 136］

1832 連高墓誌［697 萬歲通天二年一月　大全襄垣 27］

1833 □又先墓誌［697 萬歲通天二年一月　西市 133、牛氏 134］

1834 柳明逸墓誌［697 萬歲通天二年二月　補七 326、户縣 10、陝叁 31］

1835 韋挹墓誌［697 萬歲通天二年二月　陝新 45、鳳栖 284］

1836 張伏果妻鄭德墓誌［697 萬歲通天二年二月　補八 317、河洛 118、洛新續 67］

1837 皇甫惠墓誌［697 萬歲通天二年二月　邙洛 88、補八 318、洛新續 68、龍門 460］

1838 王遐濟墓誌［697 萬歲通天二年二月　碑林續 73］

1839 武恭墓誌［697 萬歲通天二年二月　集釋 27、流散 51、蒐續 347］

1840 董彦墓誌［697 萬歲通天二年二月　大全曲沃 7］

1841 杜君妻閻氏墓誌［697 萬歲通天二年二月　蒐三 285］

1842 劉玄意妻馮顒墓誌［697 萬歲通天二年二月　集萃 39］

1843 □平墓誌［697 萬歲通天二年二月　浙大］

1844 蕭隆墓誌［697 萬歲通天二年二月　蒐佚 252、七朝 120］

1845 高獻妻宇文潤墓誌［697 萬歲通天二年二月　百品 56、陝唐 50］

1846 駱玄運墓誌［697 萬歲通天二年三月　碑林彙 93、西南 106］

1847 唐遜墓誌［697 萬歲通天二年三月　碑林續 64］

1848 亡宮八品墓誌［697 萬歲通天二年三月　蒐續 348、西南匯 103］

1849 張喆墓誌［697 萬歲通天二年七月　北大 02690、浙大］

1850 高義隆墓誌［697 萬歲通天二年七月　蒐佚 253、七朝 121］

1851 杜孝友墓誌［697 萬歲通天二年八月　蒐佚 254、西市 135］

1852 樊行恭墓誌［697 萬歲通天二年八月　流散續 47］

1853 秦貞墓誌［697 萬歲通天二年八月　補千 77、河南叁 64、千唐 551］

1854 趙崇基墓誌［697 萬歲通天二年八月　張婷《碑林集刊》26］

1855 趙慶之妻李節墓誌［697 萬歲通天二年八月　西市 134］

1856 龐同本墓誌［697 萬歲通天二年九月　補七 327、咸陽 37、陝碑 74、菁華 111］

1857 宋爽墓誌［697 萬歲通天二年十月　蒐佚 255］

神功

1858 安旻墓誌［697 神功元年十月　榆林 29、補八 319、陝叁 32、民族 174］

1859 崔先儉墓誌［697 神功元年十月　藏石 45］

1860 王玄策墓誌［697 神功元年十月　流散 52、蒐續 349、新獲 127、唐品 33］

1861 張德墓誌［697 神功元年十月　榆林 30、補八 319、陝叁 33］

1862 張胡墓誌［697 神功元年十月　北大 02704］

1863 張遠助墓誌［697 神功元年十月　邙洛 89、補八 320、龍門 461、百種 60］

1864 張忠墓誌［697 神功元年十月　蒐佚 256、陝博 18］

1865 崔玄泰墓誌［697 神功元年十月　流散續 48、蒐三 286］

1866 杜懷古妻韋氏墓誌［697 神功元年十月　珍稀 35、蒐三 287］

1867 康文通墓誌［697 神功元年十月　西安市文物保護考古所《文物》2004.1、補九 436］

1868 盧願墓誌［697 神功元年十月　大全堯都 10］

1869 史君妻顏氏墓誌［697 神功元年十月　陝肆 102］

1870 王師順墓誌［697 神功元年十月　匯編洛陽 7-118、補五 239］

1871 楊君妻劉珪墓誌［697 神功元年十月　蒐佚 257］

1872 姚無陂墓誌［697 神功二年正月　西安市文物保護考古所《文物》2002.12、補八 7］

1873 趙靜安墓誌［697 神功二年正月　補八 321］

1874 梁行儀妻薛氏墓誌［697 神功二年正月　陝肆 103］

1875 王尚恭墓誌［697 神功二年正月　補千 77、河南叁 65、千唐 558］

1876 韓平及妻劉氏墓誌［698 神功二年正月　北大 02716］

1877 牛遇墓誌［698 神功二年正月　碑林彙 94、牛氏 244］

1878 韋烈墓誌［698 神功二年正月　陝肆 104］

聖曆

1879 長孫永妻鄭上行墓誌［697 聖曆元年正月　邙洛 90、龍門 462］

1880 王仁求墓誌［698 聖曆元年正月　雲南省文物考古研究所《文物》1993.6、補編 1854］

1881 張君墓誌［698 聖曆元年臘月　碑林彙 95］

1882 田玄敏妻李氏墓誌［698 聖曆元年臘月　毛陽光《中國典籍與文化》2019.4］

1883 張德墓誌［698 聖曆元年臘月　唐品 25、蒐三 290］

1884 樊君妻竇氏墓誌［698 聖曆元年一月　珍稀 36、新獲 128、西南匯 104、蒐三 288］

1885 崔釋墓誌［698 聖曆元年二月　河洛 119、龍門 94、七朝 122、詩人 80］

1886 程處政墓誌［698 聖曆元年二月　陝唐 51］

1887 崔德政墓誌［698 聖曆元年二月　碑林 196-1060、珍稀 37］

1888 斛律湛妻楊十兒墓誌［698 聖曆元年三月　蒐佚 258、唐品 51］

1889 李玄墓誌［698 聖曆元年四月　浙大］

1890 晉明墓誌［698 聖曆元年五月　北大 02720］

1891 郭神符墓誌［698 聖曆元年五月　補千 78、河南叁 66、千唐 561］

1892 麻守墓誌［698 聖曆元年六月　蒐三 289］

1893 王氏墓誌［698 聖曆元年六月　邙洛 91］

1894 劉師及妻房氏墓誌［698 聖曆元年八月　西市 137］

1895 仇欽泰墓誌［698 聖曆元年十月　西市 138］

1896 尹恪墓誌［698 聖曆元年十月　晉陽 145］

1897 盛君墓誌［698 聖曆元年十月　偃師商城博物館《華夏考古》1995.1］

1898 張君妻姜氏墓誌［698 聖曆二年正月　新獲 129、百品 57］

1899 王願墓誌［698 聖曆二年正月　北大 02730］

1900 王盈墓誌［698 聖曆二年正月　北大 02731］

1901 胡思言墓誌［699 聖曆二年臘月　蒐佚 265］

1902 孟模妻夏侯氏墓誌［699 聖曆二年一月　河洛 121、七朝 123］

1903 王中孚墓誌［699 聖曆二年一月卒　西市 141］

1904 司徒臻墓誌［699 聖曆二年一月　西南 107］

1905 王美暢墓誌［699 聖曆二年一月　蒐佚 261、西市 139］

1906 □信墓誌［699 聖曆二年一月　蒐佚 260、西市 140］

1907 李君墓誌［699 聖曆二年一月　龍門 463、蒐佚 259］

1908 竇璿及妻王氏墓誌［699 聖曆二年二月　蒐續 352］

1909 趙行本墓誌［699 聖曆二年二月　洛新 35、補六 346］

1910 長孫斌墓誌［699 聖曆二年二月　蒐續 353、西南匯 105］

1911 李安定妻麴氏墓誌［699 聖曆二年二月　大全朔城 18］

1912 盧翽墓誌［699 聖曆二年二月　詩人 50］

1913 王元鼎妻李氏墓誌［699 聖曆二年二月　藏石 47］

1914 董越墓誌［699 聖曆二年四月　浙大］

1915 李瑜墓誌［699 聖曆二年四月　碑林續 65］

1916 藝失梁墓誌［699 聖曆二年四月　藏石 48、民族 177］

1917 史伏寶墓誌［699 聖曆二年五月卒　蒐三 291］

1918 李君妻謝令婉墓誌［699 聖曆二年六月　流散 53］

1919 關智墓誌［699 聖曆二年六月　碑林彙 96］

1920 亡宮九品墓誌［699 聖曆二年七月卒　邙洛 92］

1921 王端墓誌［699 聖曆二年八月　楊衛東《文物春秋》2007.3］

1922 高牟墓誌［699 聖曆二年八月　樓正豪《唐史論叢》18］

1923 王招墓誌［699 聖曆二年八月　新獲 130、流散續 49］

1924 盧延慶墓誌［699 聖曆二年八月　蒐佚 262］

1925 趙本道墓誌［699 聖曆二年八月　珍稀 38、新獲 131、西南匯 106、蒐三 292］

1926 路欽默墓誌［699 聖曆二年八月　蒐佚 263］

1927 路欽恕墓誌［699 聖曆二年八月　蒐佚 264］

1928 路欽質墓誌［699 聖曆二年八月　蒐續 354］

1929 范昭兒墓誌［699 聖曆二年九月　北大 02770、浙大］

1930 王紹文墓誌［699 聖曆二年十月　河洛 120、百種 64、萊山 113］

1931 元君妻郭淑墓誌［699 聖曆二年十月　西市 142］

1932 崔思乂墓誌［699 聖曆二年十月　七朝 124］

1933 封言道墓誌［699 聖曆二年十月　碑林 196-1064、富平 11、詩人 77］

1934 賈文變及妻倪氏墓誌［699 聖曆二年十月　大全武鄉 20］

1935 陳玄潔妻張氏墓誌［699 聖曆三年正月　磚刻 1170］

1936 張就及妻綦毋氏墓誌［699 聖曆三年正月　浙大］

1937 楊山隱墓記［699 聖曆三年正月　北大 02782］

1938 矯安墓誌［699 聖曆三年正月　浙大］

1939 呂才墓誌［699 聖曆三年臘月　北大 02789］

1940 孫君妻韋氏墓誌［700 聖曆三年臘月　墨影 40］

1941 劉默墓誌［700 聖曆三年臘月　碑林續 66］

1942 高質墓誌［700 聖曆三年臘月　補千 79、少民 312、千唐 600］

1943 田君墓誌［700 聖曆三年臘月　蒐續 359、流散續 50］

1944 武承嗣墓誌［700 聖曆三年一月　蒐佚 266、新獲 132、菁華續 171］

1945 殷平墓誌［700 聖曆三年一月　邙洛 93、百種 68］

1946 仲君墓誌［700 聖曆三年一月　補千 81］

1947 郭虛墓誌［700 聖曆三年一月　浙大］

1948 田寶墓誌［700 聖曆三年一月　蒐三 209、百品 58］

1949 姚恭墓誌［700 聖曆三年一月　河洛 122］

1950 戴恭紹墓誌［700 聖曆三年二月　蒐三 293］

1951 張藏藏墓誌［700 聖曆三年二月　流散續 51］

1952 陳君妻王氏墓誌［700 聖曆三年二月　浙大］

1953 杜知謙墓誌［700 聖曆三年二月　碑林續 67］

1954 李志覽墓誌［700 聖曆三年二月　補八 8、長碑 424、陝博 19］

1955 宋君妻杜妙墓誌［700 聖曆三年二月　安豐 412、蒐續 355、安陽附 9］

1956 崔無固墓誌［700 聖曆三年三月　補八 9、河洛 123、洛新續 69、龍門 96、百種 66］

1957 程才墓誌［700 聖曆三年三月　墨影 39］

1958 莫休墓誌［700 聖曆三年三月　碑林彙 98］

1959 關仁惠墓誌［700 聖曆三年三月　蒐佚 267］

1960 韋君妻崔氏墓誌［700 聖曆三年三月　蒐三 294］

1961 楊弘嗣墓誌［700 聖曆三年三月　碑林續 68、珍稀 39、新獲 133、西南 108、西南匯 107、蒐三 295］

1962 豆盧欽肅墓誌［700 聖曆三年三月　流散續 52］

1963 楊儀墓誌［700 聖曆三年四月　北大 02787］

1964 王誨墓誌［700 聖曆三年四月　碑林彙 99］

1965 吉昭墓誌［700 聖曆三年五月　邯鄲 45］

1966 李楚瓊墓誌［700 聖曆三年五月　蒐佚 268、西市 143］

1967 李君羨墓誌［700 聖曆三年五月　藏石 49］

1968 李璋墓誌［700 聖曆三年五月　補八 322、補編 2420］

1969 郭行墓誌［700 聖曆三年五月　山西省考古研究院《考古與文物》2020.5］

1970 苗質墓誌［700 聖曆三年五月　蒐佚 269、西市 144］

久視

1971 李師墓誌［700 久視元年五月卒　　北大 02792、浙大］

1972 艾光嗣墓誌［700 久視元年五月　　流散續 53、民族 182］

1973 蕭放言墓誌［700 久視元年六月　　浙大］

1974 杜識則墓誌［700 久視元年六月　　榆林 31、補八 324、陝叁 34］

1975 劉端墓誌［700 久視元年七月　　流散 54、蒐續 356］

1976 孫仁貴墓誌［700 久視元年七月　　補千 82、河南叁 68、涼州 597、千唐 588］

1977 魚行贇墓誌［700 久視元年七月　　陝唐 54］

1978 劉愛之墓誌［700 久視元年閏七月　　陝唐 53］

1979 劉仁行母曹氏墓誌［700 久視元年閏七月　　陝唐 52］

1980 仇立本墓誌［700 久視元年閏七月　　西市 145］

1981 南宮爽妻田先明墓誌［700 久視元年閏七月　　北大 02798］

1982 亡宮九品墓誌［700 久視元年九月卒　　北大 02800］

1983 浩頃墓誌［700 久視元年十月　　長治 148、補九 437、大全襄垣 28］

1984 侯隴墓誌［700 久視元年十月　　蒐佚 270］

1985 盧璈墓誌［700 久視元年十月　　流散續 54］

1986 裴君妻崔氏墓誌［700 久視元年十月　　河洛 124、七朝 125］

1987 唐隱墓誌［700 久視元年十月　　北大 02803、浙大］

1988 王德徹墓誌［700 久視元年十月　　新獲 135、西南匯 108、蒐三 296］

1989 楊亮墓誌［700 久視元年十月　　蒐續 357］

1990 張惟直墓誌［700 久視元年十月　　新獲 134、蒐三 297］

1991 陽儉墓誌［700 久視元年十月　　補千 84、千唐 592］

1992 任操墓誌［700 久視元年十月　　榆林 32、補八 324、陝叁 35、廣澤 208、陝萃 522］

1993 □義墓誌［700 久視元年十月　　北大 02809、浙大］

1994 程儉墓誌［700 久視元年十月　　臨城 33］

1995 董師墓誌［700 久視元年十月　　碑林彙 100］

1996 范君妻張大家墓誌［700 久視元年十月　　蒐佚 271］

1997 郭儼墓誌［700 久視元年十月　　北大 02816］

1998 梁才墓誌［700 久視元年十月　　榆林 33、補八 324、陝叁 36］

1999 袁公瑶墓誌［700 久視元年十月　　補千 85、千唐 597］

2000 李節墓誌［700 久視元年十一月　　補八 325、河洛 125、洛新續 70、龍門 97］

2001 李師感墓誌［700 久視元年十一月　　河洛 126］

2002 郭信墓誌［700 久視元年十一月　　新獲 136、蒐三 298］

2003 馬貞墓誌［700 久視元年十一月　　蒐佚 272、西市 146］

2004 宋善福墓誌［700 久視元年十一月　　蒐續 358］

2005 李君妻賀蘭調墓誌［700 久視元年十一月　　碑林續 69］

2006 李石墓誌［700 久視元年十一月　　補九 437、大全襄垣 31］

2007 申屠貞墓誌［700 久視元年十一月　　北大 02820］

2008 **沈伯儀墓誌**［700 久視元年十一月　　補千 87、河南叁 69、千唐 599］

2009 范詞墓誌［701 久視元年十一月　安陽 32、西南匯 110］

2010 范素妻蔣安兒墓誌［701 久視元年十一月　安陽 33、西南匯 109］

2011 劉暉墓誌［701 久視元年十一月　孫武《文博》2022.5］

2012 孫行墓誌［701 久視元年十二月　邙洛 94、百種 72、西市 147］

2013 李璀墓誌［701 久視元年十二月　武漢大學考古學與博物館學系《考古》2018.8］

2014 李壽諦墓誌［701 久視元年十二月　北大 02825］

2015 李無畏墓誌［701 久視元年十二月　武漢大學考古學與博物館學系《考古》2018.8］

2016 李仙童墓誌［701 久視元年十二月　武漢大學考古學與博物館學系等《考古》2018.8、詩人 37］

2017 潘誚墓誌［701 久視二年正月　北大 02826、浙大］

大足

2018 苻鳳子墓誌［701 大足元年正月　流散續 55］

2019 崔仁縱墓誌［701 大足元年三月　李森《文獻》2008.3、崔氏 429］

2020 辛徽之墓誌［701 大足元年五月　蒐佚 273］

2021 李文楷墓誌［701 大足元年五月　龍門 98、蒐佚 274、七朝 126］

2022 裴君妻田無量壽墓誌［701 大足元年七月　浙大］

2023 亡尼七品墓誌［701 大足元年八月　咸陽 40、渭城 243、僧尼 85］

2024 王韶墓誌［701 大足元年八月　張應橋《三門峽職業技術學院學報》2020.4］

2025 李玄擬墓誌［701 大足元年九月卒　碑林彙 101］

2026 高乙德墓誌［701 大足元年九月　新獲 137、蒐三 299］

2027 高敬源墓誌［701 大足元年十月　浙大］

2028 田遠墓誌［701 大足元年十一月　北大 02837］

長安

2029 宋撝墓誌［701 長安元年二月　杏園 256、補八 326、墨影 41］

2030 李師墓誌［701 長安元年十一月　蒐佚 275］

2031 王真墓誌［701 長安元年十一月　邙洛 95、補八 326、龍門 464、七朝 127、墨影 42］

2032 李忠墓誌［702 長安元年十二月　北大 02842］

2033 許行真妻李氏墓誌［702 長安元年十二月　七朝 128、流散 56、蒐續 360］

2034 郭羨及妻常氏墓誌［702 長安二年正月　北大 02845、浙大］

2035 李亶墓誌［702 長安二年正月　蒐佚 276、詩人 82］

2036 李清漢墓誌［702 長安二年正月　北大 02844］

2037 張寬墓誌［702 長安二年二月　安豐 408、安陽附 10］

2038 李寶墓誌［702 長安二年二月　高陽原 46］

2039 李南墓誌［702 長安二年二月　高陽原 48、詩人 87］

2040 李格墓誌［702 長安二年二月　高陽原 47］

2041 元名彦墓誌［702 長安二年四月　碑林彙 102］

2042 宇文不争妻柳氏墓誌［702 長安二年四月　補千 88、河南叁 70、千唐 609］

2043 李才墓誌［702 長安二年四月　蒐佚 277］

2044 李洪墓誌［702 長安二年四月　北大 02850、浙大］

2045 李隆悌墓誌［702 長安二年四月　蒐佚 278、新獲 138］

2046 蔣英墓誌［702 長安二年四月　安陽 34、西南匯 111］

2047 韋瑱妻杜氏墓誌［702 長安二年五月　補七 333、長新 132、長碑 79、陝叁 37、鳳栖 298］

2048 徐慈政墓誌［702 長安二年五月　河洛 128］

2049 李處寂妻源令則墓誌［702 長安二年五月　蒐三 300］

2050 敬君妻封延墓誌［702 長安二年五月　釋録 219、補九 438、龍門 465］

2051 周義墓誌［702 長安二年五月　新獲 139］

2052 柳惇墓誌［702 長安二年五月　補千 89、河南叁 71、涼州 600、千唐 610］

2053 邊君妻王令順墓誌［702 長安二年五月　陝新 46］

2054 李自勖墓誌［702 長安二年五月　河洛 129、龍門 466、絲路 91、流散續 56］

2055 史懷訓墓誌［702 長安二年五月　補六 356、陝貳 66、碑林彙 103、長碑 80、民族 186］

2056 吳亮墓誌［702 長安二年五月　西南 109］

2057 吳俊墓誌［702 長安二年六月　北大 02854］

2058 荀智弁墓誌［702 長安二年六月　安豐 410、安陽附 11］

2059 楊素墓誌［702 長安二年七月　高平 408］

2060 宋履墓誌［702 長安二年七月　河北石刻 290、邯鄲 137、永年 40］

2061 郭欽墓誌［702 長安二年八月　蒐續 361］

2062 韓令英墓誌［702 長安二年八月　蒐續 362］

2063 吉琯墓誌［702 長安二年八月　補千 90、河南叁 72、千唐 611］

2064 徐達墓誌［702 長安二年八月　北大 02858、浙大］

2065 程君墓誌［702 長安二年八月　蒐續 363］

2066 姚君墓誌［702 長安二年九月　陝新 56］

2067 劉才墓誌［702 長安二年十月　蒐佚 279］

2068 秦育墓誌［702 長安二年十月　北大 02862］

2069 楊俄墓誌［702 長安二年十月　安陽附 12］

2070 宋欽墓誌［702 長安二年十一月　新獲 140］

2071 鄭福善第四女墓誌［702 長安二年十一月　陝新 47］

2072 門道墓誌［702 長安二年十一月　流散 57］

2073 孫知節墓誌［702 長安二年十一月　西市 148］

2074 宋濟墓誌［702 長安二年十一月　安陽 58］

2075 楊俊墓誌［702 長安二年十一月　碑林彙 104］

2076 劉仲珪墓誌［702 長安二年十一月　北大 02864、浙大］

2077 宋緬之墓誌［702 長安二年十一月　蒐佚 280、西市 149］

2078 吳師盛妻竇德弘墓誌［702 長安二年十一月　邙洛 96］

2079 孫尚客墓誌［702 長安二年十一月　蒐佚 281、流散 58］

2080 陳敬儉墓誌［703 長安二年十二月　蒐三 301］

2081 陳文傑墓誌［703 長安二年十二月　蒐續 364］

2082 李潛墓誌［703 長安二年十二月　北大 02867］

2083 楊義及妻鮑氏墓誌［703 長安二年十二月　安陽古碑 56］

2084 樊鼎墓誌［703 長安三年正月　邙洛 97、龍門 467、七朝 129］

2085 牛緒墓誌［703 長安三年正月　補六 360、牛氏 201、涼州 48］

2086 張遠墓誌［703 長安三年正月　大同 225］

2087 韓曉墓誌［703 長安三年二月　河南貳 271］

2088 唐履信墓誌［703 長安三年二月　蒐佚 282］

2089 元思齊墓誌［703 長安三年二月　北大 02878、浙大］

2090 曹洛墓誌［703 長安三年二月　蒐續 365］

2091 崔文仲墓誌［703 長安三年二月　《書法叢刊》2015.6］

2092 崔岳墓誌［703 長安三年二月　新獲 141、流散續 57、蒐三 302、詩人 39］

2093 孔德紹妻王氏墓誌［703 長安三年二月　河洛 130、龍門 468、七朝 130、流散 59］

2094 程鸞墓誌［703 長安三年三月　唐品 24］

2095 苑嘉賓墓誌［703 長安三年三月　蒐續 366］

2096 裴縮墓誌［703 長安三年三月　蒐續 367］

2097 慕容思觀墓誌［703 長安三年三月　補千 90、河南叄 73、少民 375、千唐 619］

2098 孫君妻衛華墓誌［703 長安三年四月　河洛 131、龍門 101、絲路 93］

2099 王贍墓誌［703 長安三年四月　流散續 58］

2100 張陁墓誌［703 長安三年四月　安陽 35、西南匯 112］

2101 張君妻來氏墓誌［703 長安三年四月　補八 327、河洛 132、洛新續 71］

2102 閻敏墓誌［703 長安三年四月　大同 203］

2103 張景祥墓誌［703 長安三年閏四月　補千 91、河南叄 74、千唐 621］

2104 陳蕃妻李氏墓誌［703 長安三年五月　蒐佚 283］

2105 獨孤奉先墓誌［703 長安三年五月　浙大］

2106 郭子遠墓誌［703 長安三年六月　流散續 59］

2107 霍松齡墓誌［703 長安三年七月　補千 92、河南叄 75、千唐 622］

2108 郭謹墓誌［703 長安三年七月　北大 02894］

2109 殷仲容墓誌［703 長安三年七月　高陽原 49］

2110 王保德墓誌［703 長安三年八月　蒐佚 284］

2111 郭君妻劉氏墓誌［703 長安三年八月　高陽原 50］

2112 杜榮觀墓誌［703 長安三年八月　邙洛 98、龍門 102、百種 76、七朝 131］

2113 杜元揆墓誌［703 長安三年八月　蒐三 303、藏石 50］

2114 張柱墓誌［703 長安三年九月　安陽 36、西南匯 113］

2115 楊操及妻劉氏墓誌［703 長安三年十月　補千 93、河南叄 76、千唐 626］

2116 王神授墓誌［703 長安三年十月　補八 328、河洛 133、洛新續 72、百種 80］

2117 崔從禮母王氏墓誌［703 長安三年十月　補七 336、富平 12］

2118 尔朱杲墓誌［703 長安三年十月　補七 337、河洛 134、百種 78、少民 203、民族

2156 李問政妻王姜嫄墓誌［704 長安四年四月　補千 93、河南參 77、詩人 122、千唐 635］

2157 田萬同母韓娘子墓誌［704 長安四年四月　邙洛 100、七朝 133］

2158 高表墓誌［704 長安四年五月　蒐續 369］

2159 楊弘哲墓誌［704 長安四年五月　蒐佚 290］

2160 郭子遠墓誌［704 長安四年六月　流散續 59、蒐三 309］

2161 李晏墓誌［704 長安四年七月　河洛 137］

2162 楊思敬墓誌［704 長安四年九月　藏石 51］

2163 杜知謹墓誌［704 長安四年十月　碑林續 70］

2164 黃君墓誌［704 長安四年十一月　匯編洛陽 8-42、補七 339］

2165 李思節墓誌［704 長安四年十一月　北大 02933］

2166 吉哲妻董氏墓誌［705 長安四年十二月　補千 94、千唐 640］

2167 薛君妻費氏墓誌［長安四年　高陽原 52］

2168 郭顧墓誌［武周年間　北大 02937、浙大］

2169 郭友墓誌［武周年間　滄州 28、獻縣 17］

2170 敬氏墓誌［武周年間　榆林 35、補八 332、陝參 39］

2171 亡尼墓誌［武周年間　蒐續 373、集萃 41、僧尼 370］

2172 亡宮五品墓誌［武周年間　蒐佚 291］

2173 王端墓誌［武周年間　碑林彙 107］

2174 王緒母郭五墓誌［武周年間　遼博 53］

2175 王彥墓誌［武周年間　補千 94、河南參 67］

2176 王義立墓誌［武周年間　交大 187］

2177 薛氏墓誌［武周年間　榆林 34、陝參 38］

2178 張知運墓誌［武周年間　固原 110］

唐

神龍

2179 乞伏基墓誌［705 神龍元年正月　介休 20］

2180 亡宮七品墓誌［705 神龍元年正月　補五 462］

2181 李君妻吉氏墓誌［705 神龍元年正月　七朝 134、流散 63、蒐續 370］

2182 薛君妻崔氏墓誌［705 神龍元年正月　河洛 138］

2183 徐師墓誌［705 神龍元年二月　浙大］

2184 侯思墓誌［705 神龍元年二月　蒐續 371］

2185 孫質墓誌［705 神龍元年三月　精粹 150］

2186 亡宮七品墓誌［705 神龍元年三月　補五 463］

2187 申珍墓誌［705 神龍元年三月　碑林彙 108］

2188 房濟妻劉琬墓誌［705 神龍元年四月　百品 60］

2189 婁文纂墓誌［705 神龍元年五月　龍門 470、蒐佚 292］

2190 華文弘墓誌［705 神龍元年八月　張全民《唐研究》17］

2191 氾義協墓誌［705 神龍元年十月　高陽原 53］

2192 劉明達墓誌［705 神龍元年十月　河洛 139］

2193 馬琮墓誌［705 神龍元年十月　廣澤 209］

2194 元仁楚墓誌［705 神龍元年十月　浙大］

2195 宋智寂墓誌［705 神龍元年十一月　河洛 140、西市 152］

2196 楊善墓誌［705 神龍元年十一月　大全古縣 7］

2197 公孫道育墓誌［705 神龍元年十一月　蒐佚 293、七朝 135、流散 65］

2198 孔行諶妻王氏墓誌［705 神龍元年十一月　流散 64、蒐續 372］

2199 李文憲及妻田氏墓誌［705 神龍元年十一月　大全武鄉 21］

2200 李鑒墓誌［705 神龍元年十二月　安豐 407］

2201 秦鼎墓誌［705 神龍元年十二月　北大 02977］

2202 翟奴子墓誌［705 神龍元年十二月　蒐佚 295、流散 66、西南匯 114］

2203 陳君妻李賢善墓誌［706 神龍二年正月　藏石 53］

2204 薛紹墓誌［706 神龍二年正月　熊雙平《中國書法》2022.9］

2205 韋知藝墓誌［706 神龍二年閏正月　蒐續 374、西南 110］

2206 武客墓誌［706 神龍二年閏正月　補七 344、大全文水 7］

2207 浩約墓誌［706 神龍二年二月　補九 440、大全襄垣 34］

2208 郭裕墓誌［706 神龍二年二月　北大 02986、浙大］

2209 王希晉墓誌［706 神龍二年二月　蒐佚 296、七朝 138、蒐續 375］

2210 關行表墓誌［706 神龍二年三月　蒐佚 297、七朝 139］

2211 柴朗墓誌［706 神龍二年四月　蒐佚 298、西市 153］

2212 宋義墓誌［706 神龍二年四月　浙大］

2213 鄭仁洽墓誌［706 神龍二年五月　鄭州 110］

2214 楊仙玉妻龐氏墓誌［706 神龍二年六月　蒐三 310］

2215 徐承先妻孔堅墓誌［706 神龍二年六月　蒐佚 299、唐品 55］

2216 韓陰墓誌［706 神龍二年七月　集萃 43］

2217 李進墓誌［706 神龍二年七月　補千 98、河南叁 78、千唐 657］

2218 李義瑛墓誌［706 神龍二年七月　補千 96、千唐 656］

2219 潘翔墓誌［706 神龍二年七月　釋錄 225、補九 440、河洛 141、龍門 110、百種 84、七朝 140］

2220 陸景曜墓誌［706 神龍二年八月　碑林續 71］

2221 朱靜方墓誌［706 神龍二年八月　補千 98、河南叁 79、千唐 658］

2222 慕容煞鬼墓誌［706 神龍二年九月　武威 39、補七 344、蘭州 16、武威志 410、涼州 50］

2223 程昉墓誌［706 神龍二年九月卒　北大 03004］

2224 皇甫玄義墓誌［706 神龍二年十月　百品 61］

2225 趙師文墓誌［706 神龍二年十月　邙洛 101、補千 99、河南叁 80、千唐 659］

2226 鄭敞妻李尚墓誌［706 神龍二年十月　補八 333、河洛 142、洛新續 77、龍門 111］

2227 崔敏童墓誌［706 神龍二年十月　流散續 61、詩人 48］

2228 崔静墓誌［706 神龍二年十月　流散續 60］

2229 宋思九墓誌［706 神龍二年十月　邙洛 102、龍門 471］

2230 趙信福墓誌［706 神龍二年十月　蒐續 376］

2231 武太墓誌［706 神龍二年十一月　陝新 48］

2232 許義均妻周氏墓誌［706 神龍二年十一月　流散 67、蒐續 377、新獲 144］

2233 范履忠妻劉蘇兒墓誌［706 神龍二年十一月　長新 134、長碑 82］

2234 趙或墓誌［706 神龍二年十一月　蒐佚 300、七朝 141］

2235 劉寄墓誌［706 神龍二年十一月　大全堯都 12］

2236 牛景墓誌［706 神龍二年十一月　《書法叢刊》2015.5、牛氏 278］

2237 閻晃墓誌［706 神龍二年十一月　陝唐 55］

2238 閻炅墓誌［706 神龍二年十一月　碑林彙 97、長碑 423］

2239 閻智墓誌［706 神龍二年十一月　西安市文物保護考古研究院《文物》2014.10］

2240 李敖墓誌［706 神龍二年十一月　永年 42］

2241 岑嗣宗墓誌［706 神龍二年十一月　補千 99、河南叁 81、千唐 662］

2242 靳寧墓誌［706 神龍二年十一月　大全襄垣 33］

2243 李旦（安國相王）孺人唐氏墓誌［706 神龍二年十一月　蒐續 379、散存 251、藏石 54］

2244 單恪墓誌［706 神龍二年十一月　龍門 113、七朝 142］

2245 韋萬墓誌［706 神龍二年十一月　西安市文物保護考古研究院《文物》2022.10］

2246 韋玄昭墓誌［706 神龍二年十一月　陝唐 56］

2247 吕懷肅墓誌［707 神龍二年十一月　交大 72］

2248 宋祐墓誌［707 神龍二年十二月　杏園 258、補八 333、墨影 44］

2249 桓弘仁墓誌［707 神龍二年十二月　蒐續 380］

2250 苌文墓誌［707 神龍二年十二月　北大 03020］

2251 李温慎墓誌［707 神龍二年十二月　陝唐 57］

2252 陳瓚墓誌［神龍二年　碑林彙 109］

2253 班叔及妻仇氏墓誌［707 神龍三年正月　補千 100、河南叁 82、千唐 666］

2254 寶懷讓墓誌［707 神龍三年二月　百種 74、蒐佚 301、七朝 144、菁華 113］

2255 崔儉妻裴氏墓誌［707 神龍三年二月　謝高文《碑林集刊》18］

2256 安武臣墓誌［707 神龍三年二月　西南 111］

2257 釋沙彌墓誌［707 神龍三年三月　浙大］

2258 荆倫墓誌［707 神龍三年三月　響堂 256、邯鄲 61］

2259 暴果墓誌［707 神龍三年四月　北大 03027］

2260 蔡逸墓誌［707 神龍三年四月　蒐佚 302、七朝 145、西市 154］

2261 支元亨妻李氏墓誌［707 神龍三年五月　高陽原 54］

2262 輔簡墓誌［707 神龍三年五月　邙洛 103、龍門 472、七朝 146、絲路 94］

2263 武嗣宗墓誌［707 神龍三年五月　補七 25、長新 136、長碑 83、陝叁 40］

2300 秦慶墓誌［708 景龍二年五月　河北石刻 294、邯鄲 138、永年 43］

2301 李義璋墓誌［708 景龍二年五月　補千 103、河南叁 83、千唐 675］

2302 辛節墓誌［708 景龍二年五月　榆林 36、補八 335、陝叁 41、廣澤 210、陝萃 548］

2303 辛君妻劉氏墓誌［708 景龍二年六月　蒐佚 305］

2304 朱感墓誌［708 景龍二年七月　匯編洛陽 8-111、補五 293］

2305 元大亮墓誌［708 景龍二年八月　補三 42、補編 277］

2306 王仲玄墓誌［708 景龍二年九月　蒐佚 306、流散續 62］

2307 姚懿墓誌［708 景龍二年九月　補千 104、菁華 114、散存 255、千唐 676］

2308 賈檝墓誌［708 景龍二年九月　蒐佚 307、涼州 606］

2309 元君妻范密跡墓誌［708 景龍二年閏九月　蒐佚 308］

2310 吳寶墓誌［708 景龍二年十月　山西省考古研究院《草原文物》2022.1］

2311 宋感墓誌［708 景龍二年十月　汾陽 32、大全汾陽 53］

2312 王美墓誌［708 景龍二年十月　北大 03055］

2313 崔璣墓誌［708 景龍二年十一月　補八 336、河洛 146、洛新續 81、龍門 115］

2314 李志墓誌［708 景龍二年十一月　補八 336、河洛 145、洛新續 82、百種 86］

2315 祢素士墓誌［708 景龍二年十一月　張全民《唐史論叢》14］

2316 李文寂墓誌［708 景龍二年十一月　補七 347］

2317 李子和妻宇文氏墓誌［708 景龍二年十一月　補千 105、河南叁 84、少民 213、千唐 678］

2318 郭思敬墓誌［708 景龍二年十一月　流散續 63、蒐三 314］

2319 韋沁墓誌［708 景龍二年十一月　補三 39、長碑 86、陝肆 108］

2320 韋浩墓誌［708 景龍二年十一月　陝肆 107］

2321 韋洵墓誌［708 景龍二年十一月　長新 138、長碑 85、陝萃 550］

2322 韋氏（韋城縣主）墓誌［708 景龍二年十一月　補七 26］

2323 韋氏（衛南縣主）墓誌［708 景龍二年十一月　陝肆 109］

2324 司馬逸客墓誌［709 景龍二年十一月　藏石 56］

2325 李敬彝墓誌［709 景龍二年十一月　藏石 57］

2326 任义墓誌［709 景龍二年十一月　補千 106、千唐 679］

2327 崔爽墓誌［709 景龍二年十二月　北大 03061、浙大］

2328 閻仲連墓誌［709 景龍二年十二月　集釋 28、蒐佚 309］

2329 亡宮五品墓誌［709 景龍二年十二月　陝肆 110］

2330 陳惠墓誌［709 景龍二年十二月　北大 03063］

2331 韓本墓誌［709 景龍二年十二月　北大 03062、國圖、浙大］

2332 韋玄晞墓誌［709 景龍三年正月　菁華續 173］

2333 武承嗣妻弓昭墓誌［709 景龍三年正月　西市 156］

2334 李厥妻王憍梵墓誌［709 景龍三年正月　邙洛 105、百種 88］

2335 王君妻梁阿耨墓誌［709 景龍三年正月　河洛 149、西市 157］

2336 朱行表墓誌［709 景龍三年二月　補千 107、千唐 673］

2337 唐從心墓誌［709 景龍三年二月　陝唐 62］

2375 斛律君妻盧廉貞墓誌［709 景龍三年十月　補千 110、河南叁 86、千唐 690］

2376 盧志安墓誌［709 景龍三年十月　蒐續 384］

2377 盧元衡墓誌［709 景龍三年十月　補七 347、洛新續 87］

2378 權通墓誌［709 景龍三年十月　榆林 38、補八 342、陝叁 44、廣澤 211］

2379 王行淳墓誌［709 景龍三年十月　蒐佚 313］

2380 王行儉墓誌［709 景龍三年十月　補千 111、千唐 691］

2381 楊處濟墓誌［709 景龍三年十月　河洛 152、龍門 474、流散 69］

2382 楊希墓誌［709 景龍三年十月　北大 03093］

2383 張方墓誌［709 景龍三年十月　北大 03095］

2384 張希會墓誌［709 景龍三年十月　補八 340］

2385 蔡君妻趙氏墓誌［709 景龍三年十月　補六 371、陝叁 43］

2386 明暹墓誌［709 景龍三年十月　蒐三 316］

2387 釋愛道墓誌［709 景龍三年十一月　補八 13、河洛 153、洛新續 88、僧尼 97］

2388 李通墓誌［709 景龍三年十一月　補千 112、千唐 692］

2389 盧崇嗣妻段氏墓誌［709 景龍三年十一月　西市 160］

2390 申衆墓誌［709 景龍三年十一月　西南 113］

2391 宇文氏墓誌［709 景龍三年十一月　北大 03102］

2392 臧南金妻陳氏墓誌［709 景龍三年十一月　匯編洛陽 8-133、補五 26］

2393 李貞庶墓誌［710 景龍三年十二月　蒐佚 314、流散 70］

2394 郭小師墓誌［710 景龍三年十二月　補八 343、河洛 154、洛新續 89］

2395 林君妻姜九□墓誌［景龍三年　蒐三 317］

2396 亡宮六品墓誌［景龍三年　陝肆 114］

2397 亡宮九品墓誌［景龍三年　陝肆 115］

2398 韋餘慶墓誌［710 景龍四年二月　張婷《唐史論叢》16］

2399 盧瓚墓誌［710 景龍四年三月　流散續 65、百品 63］

2400 王小婢墓誌［710 景龍四年四月　補千 113、千唐 696］

2401 姜承先妻程小奴墓誌［710 景龍四年四月　蒐續 385、蒐三 318］

2402 李禮墓誌［710 景龍四年五月　流散 71、蒐續 386、新獲 146］

唐隆

2403 程咸墓誌［710 唐隆元年七月　鄴城 54、邯鄲 48］

2404 牛興墓誌［710 唐隆元年七月　榆林 39、補八 344、陝碑 82、陝叁 45、牛氏 186、陝萃 562］

2405 劉保墓誌［710 唐隆元年七月　榆林 40、補八 344、陝叁 46］

2406 劉野王墓誌［710 唐隆元年七月　蒐三 319］

景雲

2407 上官婉兒墓誌［710 景雲元年八月　菁華續 175、陝新 54、西南匯 117、蒐三 320、詩人 94］

2447 王鎮惡墓誌［711 景雲二年六月　浙大］

2448 郭機墓誌［711 景雲二年閏六月卒　七朝 150、流散 55、陝博 21］

2449 蔡君妻張氏墓誌［711 景雲二年閏六月　陝唐 64］

2450 田道墓誌［711 景雲二年七月　北大 03144、國圖］

2451 王郁墓誌［711 景雲二年七月　蒐三 325］

2452 申素墓誌［711 景雲二年八月　北大 03146］

2453 路勵節墓誌［711 景雲二年八月　蒐佚 323、新獲 147、唐品 45］

2454 蕭守規墓誌［711 景雲二年八月　釋錄 231、補九 350、散存 253］

2455 劉褘之墓誌［711 景雲二年九月　流散 75、蒐續 389、新獲 148、詩人 70］

2456 房君妻李靜容墓誌［711 景雲二年十月　補八 345、河洛 158、洛新續 90、百種 92、
　　龍門 121、絲路 96］

2457 李花山（淮陽公主）墓誌［711 景雲二年十月　碑林彙 113］

2458 劉憲墓誌［711 景雲二年十月　蒐佚 324、七朝 151、菁華 115、流散 76、詩人 101］

2459 裴思乂墓誌［711 景雲二年十月　洛新 45、補六 379、邙洛 106］

2460 王同晈墓誌［711 景雲二年十月　蒐續 391］

2461 楊思止妻高惠墓誌［711 景雲二年十月　劉向陽《文博》2014.1］

2462 元君妻辛淑墓誌［711 景雲二年十月　蒐續 390］

2463 崔哲墓誌［711 景雲二年十月　新獲 149］

2464 崔智墓誌［711 景雲二年十月　北大 03154、浙大］

2465 和玄墓誌［711 景雲二年十月　浙大］

2466 陳通墓誌［711 景雲二年十月　北大 03156、浙大］

2467 王昕之墓誌［711 景雲二年十月　蒐三 326］

2468 竹玄墓誌［711 景雲二年十月　龍門 476、蒐佚 325］

2469 申屠奴墓誌［711 景雲二年十一月　北大 03160、浙大］

2470 元揚墓誌［711 景雲二年十一月　西市 162］

2471 李君妻雷大娘墓誌［712 景雲二年十一月　流散續 69］

2472 吳揚吾墓誌［712 景雲二年十一月　蒐佚 326、流散 77、新獲 150］

2473 尹八仁及妻任氏墓誌［712 景雲二年十一月　安陽 37］

2474 孫沖墓誌［712 景雲二年十一月　新獲 151、蒐三 327］

2475 溫敬墓誌［712 景雲二年十二月　北大 03162］

2476 郭仁墓誌［712 景雲三年正月　碑林彙 114］

2477 牛進墓誌［712 景雲三年正月　牛氏 280、浙大］

2478 王明墓誌［712 景雲三年正月　蒐佚 327］

太極

2479 蕭君妻李氏墓誌［712 太極元年二月　流散 78、蒐續 392、新獲 152］

2480 程九墓誌［712 太極元年二月　北大 03171、浙大］

2481 盧敷墓誌［712 太極元年四月　百品 65］

2482 鄭元昭墓誌［712 太極元年四月　陝唐 65］

2483 劉惟怜墓誌［712 太極元年五月　流散續 70］

2484 盧氏墓誌［712 太極元年五月　明大 12］

2485 李五墓誌［712 太極元年五月　安陽 38、西南匯 118］

2486 李炯墓誌［712 太極元年五月　西市 163］

2487 梁琮墓誌［712 太極元年　陝目一 253］

延和

2488 仇文遠墓誌［712 延和元年六月　蒐佚 328、唐品 48］

2489 羅君妻李大娘墓誌［712 延和元年六月　陝新 55］

2490 仇大恩墓誌［712 延和元年七月　蒐佚 329］

2491 崔華墓誌［712 延和元年七月　蒐續 393］

2492 馬師墓誌［712 延和元年七月　河洛 159、西市 164］

2493 王玄成墓誌［712 延和元年八月　蒐三 328］

2494 元君妻魏氏墓誌［712 延和元年八月　洛陽市文物考古研究院《中國國家博物館館刊》2022.2］

先天

2495 杜嗣儉及妻閻氏墓誌［712 先天元年九月　流散 79、蒐續 394］

2496 王寂墓誌［712 先天元年九月　榆林 41、補八 345、陝参 47］

2497 侯知一墓誌［712 先天元年十月　西市 165］

2498 王洛客墓誌［712 先天元年十月　菁華 116、詩人 105］

2499 王寶授墓誌［712 先天元年十月　北大 03181］

2500 竇孝諶墓誌［712 先天元年十月　陝肆 119］

2501 古寶墓誌［712 先天元年十月　蒐三 329］

2502 古哲墓誌［712 先天元年十月　蒐三 330］

2503 郭品墓誌［712 先天元年十月　補千 114、千唐 715］

2504 蘇叔節墓誌［712 先天元年十月　北大 03184］

2505 王令望墓誌［712 先天元年十月　新獲 153］

2506 蕭茂本墓誌［712 先天元年十月　河洛 160、龍門 477、七朝 152、駕鶱 39］

2507 關衡墓誌［712 先天元年十一月　碑林彙 115］

2508 牛儒墓誌［712 先天元年十一月　牛氏 246］

2509 袁義全墓誌［712 先天元年十一月　洛新 46、補六 382］

2510 王感墓誌［712 先天元年十一月　北大 03187］

2511 傅遊藝墓誌［712 先天元年十一月　河洛 161、龍門 478、流散 80］

2512 韋志潔墓誌［712 先天元年十一月　蒐三 331、詩人 99］

2513 郭功墓誌［712 先天元年十一月　碑林彙 116］

2514 王生墓誌［712 先天元年十一月　蒐續 395］

2515 鞠仵墓誌［712 先天元年十一月　碑林彙 117］

2516 睢懷墓誌［712 先天元年十一月　臨城 134］

2517 姬鶴墓誌［713 先天元年十二月　碑林續 74］

2518 戴公幹墓誌［713 先天元年十二月　大全朔城 19］

2519 李玄墓誌［713 先天元年十二月　精粹 38］

2520 唐珹墓誌［先天元年　蒐佚 330］

2521 李翽墓誌［713 先天二年正月　《書法叢刊》2015.5］

2522 杜嗣先墓誌［713 先天二年二月　補編 2102］

2523 梅端墓誌［713 先天二年二月　仇鹿鳴《域外漢籍研究》11］

2524 張君妻翟慶墓誌［713 先天二年二月　補八 346、補編 2421］

2525 仇欽泰墓誌［713 先天二年三月卒　西市 166］

2526 穆君信墓誌［713 先天二年三月　永年 83］

2527 穆玉名墓誌［713 先天二年三月　邯鄲 49］

2528 亡宮八品墓誌［713 先天二年三月　西市 167］

2529 路元亮妻孟氏墓誌［713 先天二年三月　蒐佚 331］

2530 裴懷古墓誌［713 先天二年三月　補九 351、龍門 479、絲路 48］

2531 鄭君妻賀季墓誌［713 先天二年四月　補千 115、千唐 716］

2532 郭亭墓誌［713 先天二年四月　北大 03196］

2533 李方惠妻溫氏墓誌［713 先天二年七月　蒐續 396］

2534 楊楚銳墓誌［713 先天二年八月　陝唐 66］

2535 董栖梧妻秦寶墓誌［713 先天二年九月　蒐佚 332］

2536 李承嗣墓誌［713 先天二年九月　蒐佚 333、流散續 71］

2537 李多祚墓誌［713 先天二年九月　洛新 47、補六 383、少民 229、龍門 122、民族 200］

2538 劉穆墓誌［713 先天二年十一月　蒐續 397］

2539 張俊墓誌［713 先天二年十一月　錢龍《敦煌學輯刊》2018.1］

2540 輔思讓墓誌［713 先天二年十一月　洛新 48、補六 383］

2541 徐啓期墓誌［713 先天二年十一月　蒐三 332］

2542 陳德墓誌［713 先天二年十一月　陝萃 570］

2543 韓漢墓誌［713 先天二年十一月　大全長子 13］

2544 潘君妻楊氏墓誌［713 先天二年十二月　蒐三 333］

2545 呂言墓誌［714 先天二年十二月　大全襄垣 36］

開元

2546 王長卿妻墓誌［714 開元二年正月　北大 03198］

2547 柳君妻鄭馬兒墓誌［714 開元二年正月　蒐佚 334］

2548 紀陝兒墓誌［714 開元二年正月　七朝 153、蒐續 398］

2549 紀溫廧墓誌［714 開元二年正月　河洛 162］

2550 萬鑒墓誌［714 開元二年正月　碑林彙 118］

2551 侯掊墓誌［714 開元二年正月　國圖］

2552 杜宇亮墓誌［714 開元二年二月　蒐佚 337、西市 168］

2553 亡宮九品墓誌［714 開元二年二月　碑林補 42、碑林彙 119］

2554 王義康妻馮伍墓誌［714 開元二年閏二月　武威志 432、涼州 57］

2555 陸寂證墓誌［714 開元二年閏二月　蒐佚 335］

2556 李神墓誌［714 開元二年閏二月　大全迎澤 21］

2557 藥言墓誌［714 開元二年三月　榆林 42、補八 346、陝叁 48］

2558 蕭君妻于氏墓誌［714 開元二年四月　蒐佚 336］

2559 李巢母韓氏墓誌［714 開元二年五月　補千 117、河南叁 88、千唐 720］

2560 李君妻劉氏墓誌［714 開元二年五月　補六 384、陝貳補 17］

2561 李器墓誌［714 開元二年五月　集萃 44］

2562 鄭崇道墓誌［714 開元二年五月　補千 116、千唐 721］

2563 鄭弘劼墓誌［714 開元二年五月　河洛 163、龍門 480、百種 96、七朝 154、千唐 719］

2564 張休妻盧氏墓誌［714 開元二年六月　蒐續 399、絲路 98、流散續 72］

2565 王嘉鳳妻薛七娘墓誌［714 開元二年七月卒　蒐佚 339］

2566 姚珽墓誌［714 開元二年八月　漢唐 188、陝唐 67］

2567 侯莫陳思義墓誌［714 開元二年八月　西市 169］

2568 唐踐正墓誌［714 開元二年八月　流散 81、蒐續 400］

2569 柳彥初墓誌［714 開元二年九月　補千 117、河南叁 89、千唐 723］

2570 李魏相墓誌［714 開元二年九月　釋錄 235、補九 353、河洛 164、駕鴦 43］

2571 畢父墓誌［714 開元二年九月　大同 214］

2572 達奚承宗墓誌［714 開元二年十月　長新 146、長碑 91、陝萃 572］

2573 陳朗墓誌［714 開元二年十月　精粹 167］

2574 李嘉墓誌［714 開元二年十月　大全襄垣 37］

2575 竇藝墓誌［714 開元二年十月　安陽 59］

2576 王直墓誌［714 開元二年十月　北大 03217、浙大］

2577 晉静墓誌［714 開元二年十一月　北大 03218］

2578 李護墓誌［714 開元二年十一月　新獲 154、蒐三 335］

2579 李正本墓誌［714 開元二年十一月　洛新 49、補四 15、河洛 165、百種 98］

2580 李知古墓誌［714 開元二年十一月　流散續 73、蒐三 334］

2581 郭師墓誌［714 開元二年十一月　北大 03219、浙大］

2582 秦令墓誌［714 開元二年十一月　北大 03220、浙大］

2583 武則墓誌［714 開元二年十一月　補七 352、大全文水 12］

2584 司馬將墓誌［714 開元二年十一月　浙大］

2585 郭崇先墓誌［715 開元二年十一月　蒐佚 338］

2586 劉仁墓誌［715 開元二年十二月　大全長子 14］

2587 陳承親墓誌［715 開元二年十二月　廣東碑 9］

2588 李允墓誌［715 開元二年十二月　補千 118、河南叁 90、千唐 724］

2589 趙勔墓誌［715 開元二年卒　碑林續 75、蒐續 416］

2590 侯逸誄墓誌［715 開元三年正月　北大 03226］

2591 陳仁順墓誌［715 開元三年正月　汾陽 34、大全汾陽 54］

2592 郭逸墓誌［715 開元三年正月　補六 385、陝壹 115、榆林 43］

2593 韋紀墓誌［715 開元三年正月　蒐佚 340、七朝 155］

2594 釋法雲墓誌［715 開元三年正月　長新 148、長碑 92、陝萃 574、僧尼 110］

2595 張獻墓誌［715 開元三年正月　西南 115、蒐三 336］

2596 高冲墓誌［715 開元三年二月　北大 03230、浙大］

2597 董秀墓誌［715 開元三年二月　蒐佚 341］

2598 姚景之墓誌［715 開元三年二月　蒐續 401、流散續 74］

2599 姚孟宗墓誌［715 開元三年二月　珍稀 40］

2600 姚仲良墓誌［715 開元三年二月　陝唐 68］

2601 楊舉墓誌［715 開元三年二月　北大 03232、浙大］

2602 別智福墓誌［715 開元三年二月　補八 347、碑林彙 120］

2603 李君妻劉氏墓誌［715 開元三年二月　蒐佚 342、七朝 156、流散 82］

2604 高元思墓誌［715 開元三年二月　浙大］

2605 盧詵墓誌［715 開元三年二月　千唐 726］

2606 周叔墓誌［715 開元三年二月　千秋 106］

2607 司馬元恪墓誌［715 開元三年二月　龍門 482、七朝 157、蒐續 402］

2608 崔榮期墓誌［715 開元三年三月　蒐續 403］

2609 周三墓誌［715 開元三年三月　補八 348、河洛 166、洛新續 91］

2610 白善進墓誌［715 開元三年三月　磁縣 125］

2611 李華（宣城縣主）墓誌［715 開元三年四月　蒐佚 343、西市 170］

2612 衛君妻董氏墓誌［715 開元三年四月　流散 83］

2613 董璧墓誌［715 開元三年五月　補千 119、千唐 732］

2614 鄭備妻崔氏墓誌［715 開元三年五月　蒐續 404、珍稀 41、西南匯 119］

2615 牛君墓誌［715 開元三年七月　牛氏 249］

2616 馬君妻張氏墓誌［715 開元三年七月　蒐續 405］

2617 許臨墓誌［715 開元三年七月　河洛 167、七朝 158］

2618 朱抱貞墓誌［715 開元三年七月　流散續 75、蒐三 337］

2619 李辯墓誌［715 開元三年八月　蒐三 338］

2620 蕭玄墓誌［715 開元三年八月　陝唐 69］

2621 張藏墓誌［715 開元三年八月　沁陽 5］

2622 王德倩墓誌［715 開元三年八月　陝唐 70］

2623 王君妻陳氏墓誌［715 開元三年八月　補八 348、河洛 168、洛新續 92］

2624 韋縱墓誌［715 開元三年八月　陝新 56］

2625 盧珉墓誌［715 開元三年十月　補千 120、千唐 736］

2626 豆盧靈昭妻楊氏墓誌［715 開元三年十月　藏石 60］

2627 青源墓誌［715 開元三年十月　蒐佚 345、陝博 22］

2628 司馬燾墓誌［715 開元三年十月　流散續 77、蒐三 339］

2629 尉亮妻慕容氏墓誌［715 開元三年十月　蒐佚 344、七朝 159、鴛鴦 33、民族 202］

2630 鄒英墓誌 [715 開元三年十月　浙大]

2631 鞠密墓誌 [715 開元三年十月　北大 03260]

2632 崔景訓墓誌 [715 開元三年十月　蒐佚 346、七朝 160]

2633 杜表政墓誌 [715 開元三年十月　珍稀 42、新獲 155、西南匯 120]

2634 任素墓誌 [715 開元三年十月　大全平遥 13]

2635 王慶詵墓誌 [715 開元三年十月　補千 122、河南叁 92、千唐 740]

2636 楊福延妻王容墓誌 [715 開元三年十月　補千 122、千唐 739]

2637 張思及墓誌 [715 開元三年十月　碑林續 76]

2638 祖義臣墓誌 [715 開元三年十月　補千 121、河南叁 91、千唐 741]

2639 趙慈劼墓誌 [715 開元三年十月　補千 124、河南叁 93、千唐 742]

2640 司馬邵墓誌 [715 開元三年十月　新獲 156、流散續 76、菁華續 177]

2641 崔君墓誌 [715 開元三年十月　流散 84、蒐續 406]

2642 王舉墓誌 [715 開元三年十一月　碑林彙 121]

2643 張君妻麴娘墓誌 [715 開元三年十一月　匯編新疆 194、西北 3-23、補七 355、磚誌 311、吐彙 294]

2644 宋度妻厙氏墓誌 [715 開元三年十一月　河南貳 1]

2645 燕嘉墓誌 [715 開元三年十一月　蒐續 407]

2646 趙琮墓誌 [715 開元三年十一月　新獲 157、西南匯 121、蒐三 340]

2647 董堪墓誌 [716 開元三年十二月　北大 03272、浙大]

2648 來景業妻崔氏墓誌 [716 開元三年十二月　崔氏 744]

2649 李頊墓誌 [716 開元三年十二月　碑林續 77]

2650 李處鑒墓誌 [716 開元三年十二月　珍稀 43]

2651 秦進墓誌 [716 開元三年十二月　北大 03273]

2652 劉惠墓誌 [716 開元三年十二月　集萃 45]

2653 史通墓誌 [716 開元三年十二月　北大 03274]

2654 鞠景墓誌 [716 開元三年十二月　西南 116]

2655 牛志明墓誌 [716 開元三年十二月　河洛 169、龍門 483、牛氏 142]

2656 萇高墓誌 [716 開元三年十二月　補編 1864]

2657 紀暐墓誌 [716 開元四年正月　蒐佚 347]

2658 于玄策墓誌 [716 開元四年正月　陝肆 120]

2659 韋光俗墓誌 [716 開元四年二月　陝肆 121]

2660 宇文靈岳妻薛珪墓誌 [716 開元四年二月　陝肆 122]

2661 張隴墓誌 [716 開元四年二月　墨影 46]

2662 杜寶妻王氏墓誌 [716 開元四年三月　補千 125、河南叁 94、千唐 743]

2663 薛文休墓誌 [716 開元四年四月　蒐佚 348、七朝 161、菁華 117、流散 85]

2664 寶匪石墓誌 [716 開元四年四月　陝萃 576]

2665 楊嬉墓誌 [716 開元四年五月　蒐三 341]

2666 慕容琛墓誌 [716 開元四年五月　蒐佚 349、七朝 162、民族 203]

2667 陸彥恭妻裴淑墓誌 [716 開元四年六月　匯編洛陽 8-211、補五 321]

2668 乙速孤直墓誌［716 開元四年六月　西市 171］

2669 杜智墓誌［716 開元四年七月　補六 385、陝參 49、銅川 31］

2670 李容妻鄭氏墓誌［716 開元四年七月　補八 349、河洛 170、洛新續 93］

2671 張偉墓誌［716 開元四年八月　蒐三 342］

2672 劉君妻王氏墓誌［716 開元四年九月　張倩《黄河　黄土　黄種人》2019.8］

2673 尹敬崇墓誌［716 開元四年十月　陝唐 71］

2674 周抱虚墓誌［716 開元四年十月　浙大］

2675 元郎及妻司馬氏墓誌［716 開元四年十月　蒐佚 350、西市 172］

2676 董行墓誌［716 開元四年十一月　蒐佚 351］

2677 韓玉墓誌［716 開元四年十一月　安豐 413］

2678 穆循墓誌［716 開元四年十一月　汾陽 36、大全汾陽 55］

2679 姚彝墓誌［716 開元四年十一月　流散 86、蒐續 408］

2680 劉常名墓誌［716 開元四年十一月　補八 350、河洛 171、洛新續 94］

2681 鄭晞墓誌［717 開元四年十二月　蒐佚 352］

2682 釋戒定墓誌［717 開元四年閏十二月　浙大］

2683 孫承嗣妻高氏墓誌［717 開元五年二月　補九 441、高陽原 55］

2684 吳縉墓誌［717 開元五年二月　蒐佚 353］

2685 任仁墓誌［717 開元五年二月　大全汾陽 57］

2686 靳隱兒墓誌［717 開元五年二月　河北石刻 297］

2687 牛善墓誌［717 開元五年二月　牛氏 251］

2688 丘君妻李如來藏墓誌［717 開元五年二月　邙洛 107、補八 351、洛新續 96］

2689 王行立墓誌［717 開元五年二月　補八 351、大全襄垣 39］

2690 蕭禕墓誌［717 開元五年二月　西市 173、涼州 628］

2691 楊居實墓誌［717 開元五年二月　長新 150、長碑 94］

2692 姚崇妻劉氏墓誌［717 開元五年二月　補八 15、河洛 172、洛新續 95、百種 100、龍門 126、菁華 118、散存 262］

2693 蕭德珪墓誌［717 開元五年二月　流散續 78、蒐三 343］

2694 程最墓誌［717 開元五年三月　補七 357、孟州 176］

2695 楊植墓誌［717 開元五年三月　北大 03298、浙大］

2696 杜全墓誌［717 開元五年三月　蒐續 409、唐品 39］

2697 王璿墓誌［717 開元五年四月　浙大］

2698 李令微妻獨孤婉墓誌［717 開元五年六月　陝肆 123］

2699 王楚墓誌［717 開元五年七月　大同 261］

2700 盧伯珣墓誌［717 開元五年七月　補千 125、千唐 752］

2701 司馬崇敬墓誌［717 開元五年七月　邙洛 108、百種 102、龍門 125］

2702 竇懷哲妻顏氏墓誌［717 開元五年八月　集萃 46、西南匯 122］

2703 楊魏成妻李氏墓誌［717 開元五年八月　北大 03305、國圖］

2704 獨孤賢道墓誌［717 開元五年八月　西市 174］

2705 趙慎微墓誌［717 開元五年八月　流散續 79、西南匯 123、蒐三 344］

2706 楊若志墓誌［717 開元五年九月　浙大］

2707 薛鉉墓誌［717 開元五年十月　補千 126、河南叁 95、千唐 754］

2708 元豹蔚墓誌［717 開元五年十月　珍稀 44、銅川 32］

2709 張文墓誌［717 開元五年十月　晉陽 205］

2710 江克讓墓誌［717 開元五年十月　蒐三 345］

2711 裴悌墓誌［717 開元五年十月　補八 16、河洛 173、洛新續 97、龍門 129］

2712 董禮墓誌［717 開元五年十月　鄭州 112］

2713 崔君妻于具□墓誌［717 開元五年十一月　陝唐 72］

2714 崔寂墓誌［717 開元五年十一月　碑林彙 122］

2715 賈儀墓誌［717 開元五年十一月　蒐佚 354、七朝 163］

2716 申屠元禮墓誌［717 開元五年十一月　碑林彙 123、西南 117］

2717 蕭璿墓誌［717 開元五年十一月　集釋 29、碑林續 78、蒐續 411、西南 118］

2718 袁勝墓誌［717 開元五年十一月　流散 87、蒐續 410］

2719 宗瑾墓誌［717 開元五年十一月　蒐佚 355、七朝 164、流散 88、絲路 100］

2720 李素墓誌［718 開元五年十二月　龍門 484、西市 175］

2721 張感墓誌［718 開元五年十二月　大全襄垣 38］

2722 牛震墓誌［開元五年　牛氏 386］

2723 李鳳墓誌［718 開元六年正月　蒐佚 357、七朝 165］

2724 來景暉墓誌［718 開元六年正月　河洛 174、百種 106、七朝 166、鴛鴦 47、菁華 119］

2725 李悰墓誌［718 開元六年正月　長新 152、長碑 95、陝萃 586］

2726 李琮墓誌［718 開元六年正月　北大 03319、浙大］

2727 鄧成墓誌［718 開元六年正月　流散 89、蒐續 412］

2728 李嗣先墓誌［718 開元六年正月　補八 351、河洛 175、百種 104］

2729 臧君妻叱李氏墓誌［718 開元六年二月　釋録 336、浙大］

2730 張君妻元淑墓誌［718 開元六年三月　西安市文物保護考古研究院《中原文物》2020.5］

2731 豆盧恕墓誌［718 開元六年四月　藏石 61］

2732 李文舉妻竇氏墓誌［718 開元六年五月　碑林續 79、蒐續 413、西南 119］

2733 李行墓誌［718 開元六年五月　河洛 176、七朝 167］

2734 鄭欽言墓誌［718 開元六年五月　長新 154、長碑 96、陝萃 590］

2735 賀蘭希莊妻王氏墓誌［718 開元六年七月　馮秀廷《大衆文藝》2020.3］

2736 韋維墓誌［718 開元六年七月　高陽原 56］

2737 韋知止墓誌［718 開元六年七月　浙大］

2738 李敬墓誌［718 開元六年七月　銅川 33］

2739 張鑒墓誌［718 開元六年七月　北大 03327、浙大］

2740 李處嶷墓誌［718 開元六年七月　蒐佚 358］

2741 丘君妻劉氏墓誌［718 開元六年七月　邙洛 109、補八 352、補千 127、洛新續 98、千唐 756］

2742 任珪墓誌［718 開元六年七月　榆林 44、補八 352、陝叁 50］

2743 任肅墓誌［718 開元六年七月　蒐三 346］

2744 田元墓誌［718 開元六年八月　銅川 34］

2745 靳恪墓誌［718 開元六年十月　《書法叢刊》2015.5］

2746 李慶墓誌［718 開元六年十月　浙大］

2747 馮泰墓誌［718 開元六年十月　邙洛 110］

2748 趙敬仁墓誌［718 開元六年十月　新獲 158、西南匯 124］

2749 蕭元禮墓誌［718 開元六年十月　河洛 177、龍門 132］

2750 崔智滿墓誌［718 開元六年十月　北大 03335］

2751 温君妻賈氏墓誌［718 開元六年十月　晉中 21］

2752 姚辯義墓誌［718 開元六年十月　補八 352、洛新續 99、龍門 133］

2753 姚崇妻鄭嬚墓誌［718 開元六年十月　流散續 80］

2754 周君妻到光淑墓誌［718 開元六年十月　北大 03339］

2755 郭志墓誌［718 開元六年十一月　北大 03340、浙大］

2756 胡義本墓誌［718 開元六年十一月　補千 127、河南叁 96、千唐 760］

2757 姜暹墓誌［718 開元六年十一月　西市 176］

2758 李瑋墓誌［718 開元六年十一月　河洛 178、七朝 168］

2759 劉德墓誌［718 開元六年十一月　補八 353、琬琰 31］

2760 任愛墓誌［718 開元六年十一月　大全汾陽 1606］

2761 沈嶷墓誌［718 開元六年十一月　河洛 179、龍門 134］

2762 沈瓚墓誌［718 開元六年十一月　流散續 81］

2763 宋弘墓誌［718 開元六年十一月　永年 44］

2764 宋静儀妻韓勝墓誌［718 開元六年十一月　北大 03344、浙大］

2765 韋恂如妻陸娩墓誌［718 開元六年十一月　陝肆 124］

2766 蔡山福墓誌［718 開元六年十一月　北大 03348］

2767 程儉墓誌［718 開元六年十一月　北大 03347、浙大］

2768 李真墓誌［718 開元六年十一月　流散續 82、蒐三 347］

2769 劉寔墓誌［718 開元六年十一月　大全襄垣 40］

2770 苗文墓誌［718 開元六年十一月　碑林彙 124］

2771 雍感墓誌［718 開元六年十一月　浙大］

2772 李琛墓誌［718 開元六年十二月　流散續 85］

2773 李璀墓誌［718 開元六年十二月　補千 128、河南叁 97、千唐 761］

2774 李璟墓誌［718 開元六年十二月　蒐佚 360、七朝 169、流散 90］

2775 李全節墓誌［718 開元六年十二月　補千 130、河南叁 98、千唐 763］

2776 李唐臣墓誌［718 開元六年十二月　流散續 86］

2777 李琬墓誌［718 開元六年十二月　蒐佚 359］

2778 李瑒墓誌［718 開元六年十二月　流散續 84］

2779 李瑛墓誌［718 開元六年十二月　流散續 83］

2780 李約墓誌［718 開元六年十二月　蒐續 414、珍稀 45］

2817 令狐小改墓誌［720 開元八年正月　蒐佚 367、七朝 172、西市 179、民族 206］

2818 霍子墓誌［720 開元八年正月　蒐續 419］

2819 楊表墓誌［720 開元八年二月　大全汾陽 59］

2820 程護墓誌［720 開元八年二月卒　北大 03409、浙大］

2821 鄭君妻孔果墓誌［720 開元八年二月　新獲 159、西南匯 125、陝唐 73］

2822 賈伯卿墓誌［720 開元八年二月　河洛 184、七朝 173、涼州 630］

2823 崔無固妻房氏墓誌［720 開元八年二月　補八 357、河洛 185、洛新續 103］

2824 高小慶墓誌［720 開元八年二月　補千 132、千唐 772］

2825 王承憬妻姜温墓誌［720 開元八年二月　碑林續 80、蒐續 420、西南 120］

2826 李珣墓誌［720 開元八年二月　補千 133、河南叁 101、千唐 773］

2827 李能墓誌［720 開元八年三月　碑林彙 126］

2828 王哲墓誌［720 開元八年四月　北大 03389、浙大］

2829 劉行師墓誌［720 開元八年五月　河洛 186、百種 108、龍門 485、七朝 174］

2830 辛元譽墓誌［720 開元八年五月　邙洛 112］

2831 趙仁裕墓誌［720 開元八年六月　蒐三 349］

2832 高崇文墓誌［720 開元八年六月　補千 134、詩人 118、千唐 775］

2833 楊睿微墓誌［720 開元八年八月　邙洛 113、補八 357、洛新續 104、龍門 138］

2834 孟君威墓誌［720 開元八年八月　安豐 416］

2835 王伯禮妻丘法主墓誌［720 開元八年十月　流散 95、蒐續 421、新獲 160］

2836 程旭墓誌［720 開元八年十月　北大 03400］

2837 楊獻墓誌［720 開元八年十一月　西市 180、涼州 632］

2838 李範丘妻于氏墓誌［720 開元八年十一月　蒐佚 368、鴛鴦 25］

2839 李問政墓誌［720 開元八年十一月　補千 134、河南叁 102、詩人 120、千唐 778］

2840 李愿墓誌［720 開元八年十一月　碑林續 81］

2841 田瑀墓誌［720 開元八年十一月　高陽原 58］

2842 于榮德墓碣［720 開元八年十一月　補八 16］

2843 于榮德墓誌［720 開元八年十一月　蒐三 350］

2844 申屠解墓誌［720 開元八年十一月　蒐佚 369、七朝 175］

2845 劉方墓誌［720 開元八年十一月　蒐三 351］

2846 劉睡墓誌［720 開元八年十一月　河間 237、獻縣 20］

2847 牛君妻衛氏墓誌［720 開元八年十一月　牛氏 144］

2848 宋慶禮墓誌［720 開元八年十一月　喬登雲《唐史論叢》16］

2849 張還墓誌［720 開元八年十一月　扶溝 355］

2850 韋銑墓誌［開元八年十一月　流散 96、蒐續 422、新獲 161］

2851 崔頂墓誌［721 開元八年十二月　流散續 87、百品 66］

2852 苗友墓誌［開元八年　北大 03408］

2853 史諾匹延墓誌［721 開元九年正月　少民 190、絲綢 136、民族 207］

2854 李嵩墓誌［721 開元九年正月　碑林彙 127］

2855 程璧墓誌［721 開元九年正月　北大 03411］

2856 裴元蘭墓誌［721 開元九年二月　補八 358、河洛 187、洛新續 105、龍門 140］

2857 樊佪佪墓誌［721 開元九年二月　新獲 162、流散續 88、蒐三 352、詩人 119］

2858 衡守直墓誌［721 開元九年二月　補千 135、千唐 781］

2859 申屠踐忠墓誌［721 開元九年二月　碑林彙 128、西南 121］

2860 楊行滿及妻馬氏墓誌［721 開元九年二月　蒐佚 370］

2861 丁元裕墓誌［721 開元九年二月　新獲 163、西南匯 126、蒐三 353、詩人 124］

2862 長孫全義墓誌［721 開元九年二月　西市 181］

2863 謝惠墓誌［721 開元九年三月　大全汾西 7］

2864 任進墓誌［721 開元九年四月　蒐佚 372、七朝 176、陝博 23］

2865 王晤微墓誌［721 開元九年五月　陝博 24］

2866 辛孚墓誌［721 開元九年五月　釋録 337、浙大］

2867 張利賓墓誌［721 開元九年五月　河洛 188、七朝 177］

2868 薛釗墓誌［721 開元九年六月　河洛 189、百種 114、龍門 141、七朝 178、流散 97］

2869 薛儆墓誌［721 開元九年七月　補七 37、蒐續 423］

2870 馮文墓誌［721 開元九年七月　浙大］

2871 康思敬墓誌［721 開元九年八月　珍稀 46］

2872 張守讓妻竇淑墓誌［721 開元九年八月　補八 18、渭城 248、陝新 57］

2873 馮建墓誌［721 開元九年九月　北大 03425］

2874 白休徵墓誌［721 開元九年九月　劉燕《書法叢刊》2021.1］

2875 郭寶墓誌［721 開元九年十月　北大 03429］

2876 郭授墓誌［721 開元九年十月　北大 03430］

2877 何智墓誌［721 開元九年十月　流散 98、蒐續 424、新獲 164］

2878 韓行墓誌［721 開元九年十月　補八 358、河洛 190、洛新續 106、百種 112］

2879 康固墓誌［721 開元九年十月　撒馬爾干 141、邙洛 114、補八 359、洛新續 107、少
　　民 337、絲綢 106、絲路 148、散存 270、民族 209］

2880 康遠墓誌［721 開元九年十月　補千 136、河南叁 103、少民 337、絲綢 107、散存
　　268、民族 210、千唐 787］

2881 盧師丘妻李優鉢墓誌［721 開元九年十月　新獲 166、流散續 89、蒐三 355］

2882 盧思順墓誌［721 開元九年十月　新獲 165、流散續 90、蒐三 354］

2883 王弘業墓誌［721 開元九年十月　蒐三 357］

2884 王中孚妻獨孤氏墓誌［721 開元九年十月　碑林彙 129］

2885 楊貴墓誌［721 開元九年十月　陝肆 125］

2886 楊壽墓誌［721 開元九年十月　蒐佚 373、七朝 179、蒐續 425］

2887 楊欣時墓誌［721 開元九年十月　流散續 91、蒐三 356］

2888 陳文才墓誌［721 開元九年十月　蒐續 426］

2889 明昱墓誌［721 開元九年十月　蒐三 358］

2890 樊晉客妻崔俗墓誌［721 開元九年十月　西市 182］

2891 馮藏墓誌［721 開元九年十一月　北大 03447、浙大］

2892 暢文誕墓誌［721 開元九年十一月　補千 137、河南叁 104、千唐 792］

2893 張泰墓誌［721 開元九年十一月　陝肆 126］

2894 張有德墓誌［721 開元九年十一月　菁華 121、流散 99］

2895 相里伏墓誌［721 開元九年十一月　蒐三 359］

2896 潘而墓誌［721 開元九年十一月　北大 03449、浙大］

2897 申惠墓誌［721 開元九年十一月　西南 122］

2898 韓素墓誌［722 開元九年十二月　大全長子 15］

2899 韋鍌妻元淑姿墓誌［722 開元九年十二月　集釋 31、蒐續 427、西南 124］

2900 張聞禮墓誌［722 開元九年十二月　西南 123］

2901 姚愛同墓誌［722 開元十年二月　河洛 191、百種 116、七朝 180、菁華 122］

2902 浩君墓誌［722 開元十年二月　西南 125］

2903 司馬慎微墓誌［722 開元十年二月　蒐佚 374、沁陽 6、沁陽博 212］

2904 甘瑜墓誌［722 開元十年二月　蒐續 431、散存 272］

2905 解大威墓誌［722 開元十年三月　高陽原 59］

2906 康玄寂墓誌［722 開元十年三月　陝肆 127］

2907 李思溫妻郭氏墓誌［722 開元十年三月　蒐三 360］

2908 盧氏墓誌［722 開元十年四月卒　杏園 273］

2909 趙牙墓誌［722 開元十年四月　河南貳補遺 1］

2910 趙善墓誌［722 開元十年四月　蒐續 428］

2911 盧廣敬墓誌［722 開元十年五月　河洛 192、西市 183］

2912 蘇元宗塔銘［722 開元十年五月卒　陝唐 74］

2913 □大高墓誌［722 開元十年五月　陝壹 119］

2914 陳晏墓誌［722 開元十年五月　浙大］

2915 焦逸墓誌［722 開元十年閏五月　流散 100、蒐續 429、新獲 168］

2916 李庭秀墓誌［722 開元十年閏五月　蒐佚 375、西市 184］

2917 魏華墓誌［722 開元十年六月　邙洛 115］

2918 亡宮八品墓誌［722 開元十年六月　邙洛 116］

2919 趙玄本墓誌［722 開元十年七月　流散續 92、蒐三 361］

2920 李迅墓誌［722 開元十年七月　蒐三 363］

2921 鄭烈墓誌［722 開元十年七月　流散續 93、蒐三 362、詩人 128］

2922 魏挹墓誌［722 開元十年八月　藏石 62］

2923 杜守及妻魚氏墓誌［722 開元十年八月　補五 334、陝碑 91、陝叁 51、銅川 35、陝
　　萃 602］

2924 薛惟悌妻韋氏墓誌［722 開元十年八月　藏石 63］

2925 聶令賓及妻桑氏墓誌［722 開元十年九月　安陽附 13］

2926 張珪墓誌［722 開元十年十月　白賽玲《橫山墓誌研究》］

2927 韓君妻楊氏墓誌［722 開元十年十月　浙大］

2928 陰節墓誌［722 開元十年十月　北大 03467］

2929 武子瑛墓誌［722 開元十年十一月　龍門 143、蒐佚 376、西市 185］

2930 劉思貞墓誌［722 開元十年十一月　河洛 193、百種 118］

2969 張積墓誌［723 開元十一年十月　補千 139、河南叁 105、千唐 807］

2970 梁君妻崔氏墓誌［723 開元十一年十月　蒐佚 387、西市 191］

2971 阿史那施墓誌［723 開元十一年十月　補二 455、補編 2422、陝貳 82、民族 214］

2972 寶思仁墓誌［723 開元十一年十月　蒐佚 388、七朝 182、西市 192］

2973 韓神墓誌［723 開元十一年十月　北大 03506］

2974 賈元敬墓誌［723 開元十一年十月　蒐續 432］

2975 王瑾妻柳氏墓誌［723 開元十一年十月　碑林續 82、蒐續 434］

2976 王元忠妻辛氏墓誌［723 開元十一年十月　鄭州大學歷史學院《文物》2022.10］

2977 張君妻楊氏墓誌［723 開元十一年十月　邙洛 117］

2978 周道冲墓誌［723 開元十一年十月　流散 102、蒐續 433］

2979 王六仁墓誌［723 開元十一年十月　蒐三 366］

2980 董義墓誌［723 開元十一年十月　蒐佚 389、西市 193］

2981 秦元墓誌［723 開元十一年十月　北大 03511］

2982 陳曜墓誌［723 開元十一年十一月　流散 103、蒐續 435］

2983 崔綺墓誌［723 開元十一年十一月　蒐佚 391］

2984 崔紹妻盧氏墓誌［723 開元十一年十一月　蒐佚 390、駕鶱 65］

2985 寶知節墓誌［723 開元十一年十一月　西市 194］

2986 梁式墓誌［723 開元十一年十一月　補八 361、碑林彙 133］

2987 牛榮墓誌［723 開元十一年十一月　北大 03514］

2988 晁良貞墓誌［723 開元十一年十一月　蒐續 436］

2989 申屠玄墓誌［723 開元十一年十一月　西南 127］

2990 王暉墓誌［723 開元十一年十一月　陝肆 128］

2991 鐸地直侍墓誌［723 開元十一年十一月　碑林續 83］

2992 李琚（嗣趙王）妃寶嬹墓誌［723 開元十一年十一月　高陽原 60］

2993 浩胡子墓誌［724 開元十一年十二月　高平 411］

2994 孔元寶墓誌［724 開元十一年十二月　蒐續 437］

2995 崔若水墓誌［724 開元十一年十二月　蒐續 438］

2996 李静墓誌［724 開元十一年十二月　流散續 96］

2997 秦君妻劉氏墓誌［724 開元十一年十二月　長新 156、長碑 99］

2998 王賓墓誌［開元十一年　蒐佚 392、流散 104、新獲 171］

2999 于隱妻李氏（金鄉縣主）墓誌［724 開元十二年正月　補七 365、金鄉 83、補編 2195］

3000 郭智墓誌［724 開元十二年正月　河洛 194、西市 195］

3001 李明允墓誌［724 開元十二年正月　蒐佚 393、七朝 183、流散 105］

3002 劉静墓誌［724 開元十二年正月　寧夏文物考古研究所《文物》2020.12］

3003 程仁墓誌［724 開元十二年正月　北大 03522、浙大］

3004 韋嘉善墓誌［724 開元十二年正月　蒐續 439］

3005 盧期墓誌［724 開元十二年正月　大全襄垣 41］

3006 申屠茂忠墓誌［724 開元十二年二月　長治 160］

3007 李行淹墓誌［724 開元十二年四月　蒐佚 394、流散 106］

3008 丁璥休墓誌［724 開元十二年四月　北大 03528、浙大］

3009 盧照己墓誌［724 開元十二年四月　絲路 104、詩人 132］

3010 李欣（嗣濮王）墓誌［724 開元十二年六月　補七 366］

3011 鄭齊丘墓誌［開元十二年六月　邙洛 170、補八 20、龍門 505、七朝 184、金石 76、流散 172］

3012 張七娘墓誌［724 開元十二年七月　長碑 449、千秋 118］

3013 鄭若礪墓誌［724 開元十二年七月　蒐續 440］

3014 包寶壽墓誌［724 開元十二年七月　補七 367、陝肆 129、僧尼 123］

3015 袁清墓誌［724 開元十二年七月　西市 196］

3016 樊大惠墓誌［724 開元十二年七月　高陽原 61］

3017 王景墓誌［724 開元十二年十月　藏石 65］

3018 閻表墓誌［724 開元十二年十月　浙大］

3019 龐承訓墓誌［724 開元十二年十一月　李紅揚《唐史論叢》29］

3020 袁憍墓誌［724 開元十二年十一月　河洛 196、龍門 146、新獲 172］

3021 呂伏光墓誌［724 開元十二年十一月　碑林彙 134］

3022 弓恭懿墓誌［724 開元十二年十一月　蒐佚 395］

3023 馮客墓誌［724 開元十二年十一月　蒐三 367］

3024 劇僧光墓誌［724 開元十二年十一月　北大 03539、國圖、浙大］

3025 牛榮墓誌［724 開元十二年十一月　牛氏 254、浙大］

3026 牛英墓誌［724 開元十二年十一月　牛氏 253］

3027 牛獎墓誌［724 開元十二年十一月　碑林彙 135、牛氏 256］

3028 呂信天墓誌［724 開元十二年十一月　臨城 38］

3029 陳素墓誌［724 開元十二年十一月　補千 139、千唐 819］

3030 陳聿墓誌［724 開元十二年十一月　蒐佚 396、七朝 185］

3031 錢節妻柳氏墓誌［724 開元十二年十一月　西市 197］

3032 許輔乾墓誌［724 開元十二年十一月　蒐續 442］

3033 楊貞墓誌［724 開元十二年十一月　蒐續 441］

3034 支萬徹墓誌［724 開元十二年十一月　邙洛 118、釋録 70、百種 120、少民 166、絲綢 151、民族 218］

3035 陳相貴墓誌［724 開元十二年十一月　藏石 66］

3036 常恪墓誌［724 開元十二年十一月　北大 03547、浙大、中華］

3037 程德墓誌［724 開元十二年十一月　大全長子 16］

3038 盧鷗墓誌［724 開元十二年十一月　鄭州大學歷史學院《洛陽考古》2021.1］

3039 王表墓誌［724 開元十二年十一月　大全平遥 19］

3040 費獎墓誌［724 開元十二年十一月　蒐佚 397、蒐續 443］

3041 陳子墓誌［724 開元十二年十二月　浙大］

3042 鄧君妻衡喜墓誌［724 開元十二年十二月　蒐續 444］

3043 來景暉妻蕭大通墓誌［724 開元十二年十二月　河洛 195、百種 122、七朝 186、駕

䔍 49]

3044 韋勉墓誌［724 開元十二年十二月　補七 368、長碑 100、陝肆 130］

3045 姚昌演妻任氏墓誌［724 開元十二年十二月　西南匯 129、蒐三 368］

3046 李讓墓誌［724 開元十二年十二月　補八 362、河洛 197、洛新續 108］

3047 □僑墓誌［725 開元十二年十二月　蒐佚 398、流散 107、蒐續 445］

3048 紀仁墓誌［725 開元十二年閏十二月　蒐三 369］

3049 薛力墓誌［725 開元十二年閏十二月　大全平遥 17］

3050 鄧淦墓誌［725 開元十二年閏十二月　龍門 487、流散續 97］

3051 崔偃墓誌［725 開元十二年閏十二月　蒐佚 399］

3052 李仲思墓誌［725 開元十二年閏十二月　蒐佚 400、流散 108］

3053 李緒（江都郡王）妃裴氏墓誌［725 開元十二年閏十二月　蒐佚 401］

3054 李君墓誌［725 開元十三年四月　流散續 98］

3055 袁丕墓誌［725 開元十三年五月　藏石 68］

3056 陸景獻墓誌［725 開元十三年五月　蒐佚 402、詩人 135］

3057 元君妻于氏墓誌［725 開元十三年七月　碑林續 85］

3058 韋懷構妻鄭氏墓誌［725 開元十三年七月　蒐三 370］

3059 趙君妻成果墓誌［725 開元十三年九月　碑林彙 136］

3060 李子墓誌［725 開元十三年九月　陳蘭《陝西青年職業學院學報》2020.4］

3061 柳君妻裴婆兒墓誌［725 開元十三年十月　藏石 67］

3062 董知劍墓誌［725 開元十三年十月　洪洞 12、大全洪洞 6］

3063 牛徵墓誌［725 開元十三年十月　蒐佚 403、七朝 187、牛氏 282］

3064 陰神護墓誌［725 開元十三年十一月　涼州 64］

3065 張闡墓誌［726 開元十四年正月　蒐佚 404、陝博 25］

3066 劉令問墓誌［726 開元十四年正月　補千 140、千唐 833］

3067 李魏相妻張氏墓誌［726 開元十四年正月　河洛 198、龍門 488、駕鶿 45］

3068 孫德成墓誌［726 開元十四年正月　千唐 834］

3069 鄭翰墓誌［726 開元十四年正月　補千 141、河南叄 106、千唐 835］

3070 李亮墓誌［726 開元十四年二月　高平 412］

3071 董忱墓誌［726 開元十四年二月　碑林彙 137］

3072 胡公願墓誌［726 開元十四年二月　榆林 45、補八 363、陝叄 52］

3073 王瞳墓誌［726 開元十四年二月　補千 143、河南叄 107、千唐 836］

3074 蕭執珪墓誌［726 開元十四年二月　補千 141、千唐 837］

3075 馬恭墓誌［726 開元十四年二月　晉中 23、大全平遥 21］

3076 武宜墓誌［726 開元十四年三月　碑林彙 138］

3077 李善墓誌［726 開元十四年四月　北大 03579］

3078 劉大時墓誌［726 開元十四年五月　蒐佚 405、七朝 188、流散 109］

3079 柳君妻韋氏墓誌［726 開元十四年五月　邙洛 120、補千 143、河南叄 108、千唐 838］

3080 李師墓誌［726 開元十四年五月　大同 254］

3081 晉休景墓誌［726 開元十四年五月　邙洛 121］

3082 孫玢墓誌［726 開元十四年五月　河洛 199、龍門 149］

3083 閻元墓誌［726 開元十四年五月　北大 03585］

3084 陸大演墓誌［726 開元十四年七月　蒐續 446］

3085 薛君妻李大都墓誌［726 開元十四年八月　邙洛 122、凉州 641］

3086 亡宮五品墓誌［726 開元十四年八月　流散續 99］

3087 尉元賓墓誌［726 開元十四年八月　西市 198］

3088 梁義墓誌［726 開元十四年九月　蒐佚 406、西南匯 130］

3089 李文墓誌［726 開元十四年十月　北大 03590］

3090 李阿葛羅墓誌［726 開元十四年十月　補千 144、河南叁 109、少民 230、民族 221、
千唐 842］

3091 雍文墓誌［726 開元十四年十月　北大 03592］

3092 馮藝墓誌［726 開元十四年十月　北大 03594、浙大］

3093 郭徵墓誌［726 開元十四年十月　大全平遥 23］

3094 獨孤君妻康淑墓誌［726 開元十四年十一月　蒐佚 407、流散 110］

3095 李汕墓誌［726 開元十四年十一月　補千 145、河南叁 110、千唐 843］

3096 杜拯墓誌［726 開元十四年十一月　補九 355］

3097 翟舍集墓誌［726 開元十四年十一月　武威 46、武威志 439、凉州 66］

3098 柴晦墓誌［726 開元十四年十一月　流散 111、蒐續 447］

3099 柴憲墓誌［726 開元十四年十一月　流散續 100］

3100 劉君買墓誌［726 開元十四年十一月　大全襄垣 42］

3101 畢恭墓誌［726 開元十四年十一月　補八 363］

3102 竇思仁妻李挲墓誌［726 開元十四年十一月　蒐佚 408、七朝 189、西市 199］

3103 范充墓誌［726 開元十四年十一月　蒐三 371］

3104 薛崇簡墓誌［726 開元十四年十一月　補五 345、碑林 78-2603、陝貳 86］

3105 袁延祚墓誌［726 開元十四年十一月　邙洛 123、百種 126］

3106 胡恪及妻張氏墓誌［726 開元十四年十一月　碑林彙 139］

3107 郭湛墓誌［727 開元十四年十二月　流散續 101、蒐三 372］

3108 馬君妻殷日德墓誌［開元十四年　新獲 173、蒐三 373］

3109 辛仲平墓誌［開元十四年　北圖 34-113、匯編北京 2-157、匯編北大 1-128、補七
369］

3110 邵處珣妻魏氏墓誌［727 開元十五年正月　補千 147、河南叁 111、散存 278、千唐
847］

3111 邵炅墓誌［727 開元十五年正月　補千 146、散存 276、詩人 111、千唐 848］

3112 温曦墓誌［727 開元十五年正月　流散 112、蒐續 448］

3113 李勝仁墓誌［727 開元十五年二月　國圖］

3114 趙君妻段氏墓誌［727 開元十五年二月　杏園 273、補八 364］

3115 李承範墓誌［727 開元十五年二月　蒐佚 409、七朝 190、西市 200］

3116 楊惟悌墓誌［727 開元十五年二月　中華］

3117 杜方及妻劉氏白氏郭氏墓誌［727 開元十五年二月　補三 60、陝碑 96、陝叁 53］

3118 何彦則妻劉五兒墓誌［727 開元十五年二月　鴛鴦 37］

3119 賈文賢墓誌［727 開元十五年二月　渭城 250］

3120 寇溶墓誌［727 開元十五年二月　蒐續 449］

3121 劉君妻溫氏墓誌［727 開元十五年二月　蒐三 376］

3122 裴巽墓誌［727 開元十五年二月　補九 443］

3123 裴友直妻封氏墓誌［727 開元十五年二月　新獲 174、流散續 103、蒐三 375］

3124 蕭寡尤墓誌［727 開元十五年二月　户縣 11、補八 21、陝叁 54］

3125 楊魏成墓誌［727 開元十五年二月　補千 149、千唐 858］

3126 張景先墓誌［727 開元十五年二月　流散續 102、蒐三 374］

3127 盧君妻韋嘉娘墓誌［727 開元十五年二月　西市 201］

3128 范延光墓誌［727 開元十五年三月　補千 150、千唐 851］

3129 楊善及妻陶氏墓誌［727 開元十五年三月　北大 03623］

3130 竇九皋墓誌［727 開元十五年四月　流散續 104］

3131 寇知古墓誌［727 開元十五年四月　流散續 105］

3132 赫連簡墓誌［727 開元十五年五月　太原市文物考古研究所《文物》2019.5］

3133 赫連山及妻李氏墓誌［727 開元十五年五月　太原市文物考古研究所《文物》
　　2019.5］

3134 魏兼慈墓誌［727 開元十五年六月　浙大］

3135 李延明墓誌［727 開元十五年六月　蒐佚 410、七朝 191、鴛鴦 51］

3136 魏兼金墓誌［727 開元十五年七月　藏石 69］

3137 李元繹墓誌［727 開元十五年七月　邙洛 148、補千 150、河南叁 112、千唐 862］

3138 潘承嗣墓誌［727 開元十五年七月　補八 364、河洛 200、洛新續 109］

3139 李璿墓誌［727 開元十五年七月　唐品 41］

3140 任君妻崔氏墓誌［727 開元十五年七月卒　崔氏 743］

3141 曹元則墓磚［727 開元十五年八月　磚刻 1180］

3142 王璲妻李明高墓誌［727 開元十五年八月　邙洛 124、補八 22、河洛 201、洛新續
　　110］

3143 韋俚墓誌［727 開元十五年八月　邵紫琳《中國國家博物館館刊》2020.10］

3144 皇甫恂墓誌［727 開元十五年八月　集萃 47］

3145 張大實墓誌［727 開元十五年八月　北大 03633、浙大］

3146 薛重明墓誌［727 開元十五年八月　七朝 192、蒐續 450］

3147 竇希琙妻王内則墓誌［727 開元十五年九月　西市 202、菁華續 178］

3148 杜表政妻裴氏墓誌［727 開元十五年九月　珍稀 48、新獲 176、西南匯 131］

3149 杜氏墓誌［727 開元十五年九月　蒐續 451、新獲 175］

3150 邢藥師磚銘［727 開元十五年九月　蒐三 377］

3151 孫君妻洪蘭墓誌［727 開元十五年閏九月　流散續 106］

3152 崔綜墓誌［727 開元十五年十月　崔氏 296］

3153 賀拔裕墓誌［727 開元十五年十月　蒐續 452、新獲 177］

3154 酈君妻王氏墓誌［727 開元十五年十月　北大 03644、浙大］

3155 趙喬卿墓誌［727 開元十五年十月　蒐佚 411］

3156 崔行模墓誌［727 開元十五年十月　蒐佚 412、流散續 107］

3157 郭仁表墓誌［727 開元十五年十月　集萃 48］

3158 王昂墓誌［727 開元十五年十月　北大 03645］

3159 趙思墓誌［727 開元十五年十月　陝唐 76］

3160 鄭元爭墓誌［727 開元十五年十月　補千 151、河南叁 113、千唐 870］

3161 崔思忠墓誌［727 開元十五年十月　補八 365、碑林彙 140］

3162 董鉉墓誌［727 開元十五年十月　洪洞 14、大全洪洞 8］

3163 傅君墓誌［727 開元十五年十月　晉陽 225］

3164 張錫墓誌［727 開元十五年十月　補千 152、河南叁 114、詩人 137、千唐 871］

3165 祖好謙墓誌［727 開元十五年十月　補八 365、河洛 202、洛新續 111、百種 130、龍門 150、絲路 105］

3166 韋慎名墓誌［727 開元十五年十一月　補八 367、高陽原 62］

3167 張仵朗墓誌［727 開元十五年十一月　大全襄垣 44］

3168 程歸墓誌［727 開元十五年十一月　釋録 242、補九 444、蒐佚 413］

3169 賈君墓誌［727 開元十五年十一月　碑林彙 141、西南 128］

3170 李仁墓誌［727 開元十五年十一月　北大 03652、浙大］

3171 董仁墓誌［728 開元十五年十一月　北大 03653］

3172 鄭績墓誌［728 開元十五年十一月　補一 116、補編 425、陝肆 131］

3173 蔡洪墓誌［728 開元十五年十一月　北大 03655］

3174 和仵墓誌［728 開元十五年十二月　碑林續 86］

3175 呂仁墓誌［728 開元十五年十二月　大全襄垣 43］

3176 崔慶墓誌［728 開元十五年十二月　西南 129］

3177 鄭玄墓誌［728 開元十五年十二月　補八 368、碑林彙 142］

3178 韋莊墓誌［728 開元十五年十二月卒　陝唐 77］

3179 馮猛墓誌［728 開元十五年十二月　碑林彙 143］

3180 李邕（嗣虢王）墓誌［728 開元十五年十二月　陝肆 132］

3181 段師及妻高氏墓誌［728 開元十六年二月　浙大］

3182 張買妻令狐氏墓誌［728 開元十六年二月　碑林彙 144］

3183 薛君妻周嚴順墓誌［728 開元十六年二月　河洛 203、龍門 151、西市 203、流散 113］

3184 潘君妻祁氏墓誌［728 開元十六年二月　鄭州市文物考古研究院《東方博物》61］

3185 馮寶墓誌［728 開元十六年四月　北大 03660、浙大、中華］

3186 馬君妻寶氏墓誌［728 開元十六年四月　蒐續 453］

3187 釋大光明墓誌［728 開元十六年四月　寇玉峰《邊疆考古研究》3］

3188 范君墓誌［728 開元十六年四月　西市 204、銅川 37］

3189 冉知微墓誌［728 開元十六年四月　蒐續 454］

3190 郁久閭浩墓誌［728 開元十六年五月　碑林續 87］

3191 牛氏墓誌［728 開元十六年七月　牛氏 163、西南 130、西南匯 132］

3192 韋元昭墓誌［728 開元十六年七月　陝唐 78］

3193 曹憚墓誌［728 開元十六年七月　榆林 46、補八 369、陝叁 55、廣澤 212］

3194 夏侯宜墓誌［728 開元十六年七月　流散續 108］

3195 拓拔馱布墓誌［728 開元十六年七月　千秋 121、西夏 2］

3196 張瓘墓誌［728 開元十六年八月　蒐續 455］

3197 阿史那懷道墓誌［728 開元十六年八月　渭城 250］

3198 韋澤妻袁瓊芬墓誌［728 開元十六年八月　蒐佚 414、流散 114］

3199 姚君妻明婉墓誌［728 開元十六年八月　補千 153、河南叁 115、千唐 877］

3200 李政墓誌［728 開元十六年九月　蒐續 456］

3201 王君祖母陳氏墓誌［728 開元十六年十月　補千 154、河南叁 116、千唐 879］

3202 高君妻李端淑墓誌［728 開元十六年十月　流散 115、蒐續 457］

3203 翟德墓誌［728 開元十六年十月　碑林彙 145］

3204 高文貞墓誌［728 開元十六年十一月　西市 205］

3205 裴炬墓誌［728 開元十六年十一月　補千 154、河南叁 117、千唐 881］

3206 李佰墓誌［729 開元十七年正月　安豐 417、蒐三 378］

3207 盧守默墓誌［729 開元十七年正月　補千 155、河南叁 118、千唐 882］

3208 秦惠墓誌［729 開元十七年正月　北大 03673］

3209 獨孤昱墓誌［729 開元十七年二月　百品 67］

3210 李君妻段氏墓誌［729 開元十七年二月　補八 369、河洛 204、洛新續 112］

3211 崔行首墓誌［729 開元十七年二月　流散 116、蒐續 458、新獲 178］

3212 石獎墓誌［729 開元十七年二月　蒐佚 415、流散 117］

3213 蕭茂本妻王氏墓誌［729 開元十七年二月　河洛 205、龍門 489、鴛鴦 41］

3214 趙因本墓誌［729 開元十七年四月　王連龍《古典文獻研究》24 下、浙大］

3215 劉君妻蘇三墓誌［729 開元十七年五月　補八 370］

3216 昌無隱妻袁小□墓誌［729 開元十七年七月　杏園 273、補八 370］

3217 張潤墓誌［729 開元十七年七月　張馳《青少年書法》2021.2］

3218 楊點墓誌［729 開元十七年八月　匯編陝西 3-154、補二 19、西北 3-74］

3219 楊仲膺墓誌［729 開元十七年八月　河洛 206］

3220 鄭琇妻盧氏墓誌［729 開元十七年十月　杏園 282、補八 360、龍門 152、墨影 49］

3221 宋尚妻鄭氏墓誌［729 開元十七年十月　蒐佚 416］

3222 裴蘭妻韋氏墓誌［729 開元十七年十月　補千 155、河南叁 119、千唐 886］

3223 王文亮墓誌［729 開元十七年十月　集萃 49］

3224 王祚墓誌［729 開元十七年十月　藏石 70］

3225 浩羨墓誌［729 開元十七年十一月　北大 03690］

3226 崔君妻王琦墓誌［729 開元十七年十一月　補千 156、千唐 888］

3227 韋虛舟妻李氏墓誌［729 開元十七年十一月　高陽原 63］

3228 源脩禮墓誌［729 開元十七年十一月　蒐續 459］

3229 趙若丘墓誌［729 開元十七年十一月　蒐佚 417、西市 206］

3230 邊胡墓誌［729 開元十七年十一月　河洛 207、七朝 193］

3231 張本墓誌［729 開元十七年十一月　蒐三 379］

3232 鄭擇言墓誌［729 開元十七年十一月　河洛 208］

3233 嚴澄墓誌［730 開元十七年十二月　蒐佚 418、西市 207］

3234 戴永定墓誌［開元十七年　流散續 109、蒐三 380］

3235 崔昊妻王氏墓誌［730 開元十八年正月　蒐三 381］

3236 高力牧妻魏氏墓誌［730 開元十八年正月　蒐佚 419、七朝 194、鴛鴦 57］

3237 郝盧墓誌［730 開元十八年正月　大全平遥 25］

3238 李君妻樊氏墓誌［730 開元十八年正月　蒐續 461］

3239 李行才墓誌［730 開元十八年正月　北大 03698］

3240 李延景妻樊氏墓誌［730 開元十八年正月　蒐續 460］

3241 牛玄墓誌［730 開元十八年正月　邙洛 125、補八 371、龍門 490、七朝 195、牛氏 301］

3242 周鶯墓誌［730 開元十八年正月　晉城 2、大全城區 8］

3243 李迥墓誌［730 開元十八年正月卒　邙洛 127］

3244 崔誠甫妻鄭氏墓誌［730 開元十八年二月　蒐佚 420］

3245 韋免妻盧氏墓誌［730 開元十八年二月　新獲 179、蒐三 383］

3246 李氏墓誌［730 開元十八年二月　蒐三 382］

3247 穆泰墓誌［730 開元十八年二月　慶陽市博物館《隴右文博》2008.1］

3248 張君墓誌［730 開元十八年三月　浙大］

3249 李仁晦墓誌［730 開元十八年三月　王連龍《文物季刊》2022.2、浙大］

3250 李懷墓誌［730 開元十八年四月　碑林彙 146］

3251 藺楚珍墓誌［730 開元十八年四月　流散 118、蒐續 462、新獲 180］

3252 王君妻崔氏墓誌［730 開元十八年四月　交大 89］

3253 劉希墓誌［730 開元十八年四月　新獲 181］

3254 封晈墓誌［730 開元十八年四月　補千 156、河南叁 120、千唐 890］

3255 李法墓誌［730 開元十八年四月　大全朔城 21］

3256 暴仁墓誌［730 開元十八年五月　碑林彙 147］

3257 李秀墓誌［730 開元十八年五月　蒐佚 421］

3258 馮孝忠墓誌［730 開元十八年五月　胡元超《乾陵文化研究》7］

3259 李承宗墓誌［730 開元十八年五月　西南匯 133］

3260 劉貞墓誌［730 開元十八年五月卒　北大 03708］

3261 温神智及妻王氏墓誌［730 開元十八年五月　晉陽 233］

3262 翟君妻周淑墓誌［730 開元十八年五月　北大 03709、浙大］

3263 鄭融墓誌［730 開元十八年六月　補九 356］

3264 于尚範妻高氏墓誌［730 開元十八年六月　補八 371、補千 157、河南叁 121、洛新續 113、千唐 891］

3265 赫連欽若墓誌［730 開元十八年六月　邙洛 126、百種 132、少民 368、絲綢 170、唐品 28、民族 223］

3266 李行止墓誌［730 開元十八年六月　河洛 209、百種 134、龍門 491、七朝 196、千秋 110］

3267 杜君妻毛氏墓誌［730 開元十八年六月　浙大］

3268 李炯妻弓鳳兒墓誌［730 開元十八年六月　西市 208］

3269 李津墓誌［730 開元十八年七月　蒐佚 422、七朝 197］

3270 李承先墓誌［730 開元十八年七月　邙洛 128、龍門 153］

3271 熱瓌墓誌［730 開元十八年七月　浙大］

3272 劉約墓誌［730 開元十八年八月　北大 03715、浙大］

3273 段麗質墓誌［730 開元十八年九月　蒐續 463、珍稀 49、西南 131］

3274 程晦墓誌［730 開元十八年十月　蒐佚 423］

3275 賀蘭譽墓誌［730 開元十八年十月　補七 372、補編 1868］

3276 劉君妻李僧婢墓誌［730 開元十八年十月　蒐三 384］

3277 王靖墓誌［730 開元十八年十月　補七 43］

3278 韋昊妻柳氏墓誌［730 開元十八年十月　陝肆 133］

3279 魚涉墓誌［730 開元十八年十月　流散 119、西南匯 134、蒐三 385］

3280 張貞墓誌［730 開元十八年十月　集萃 50］

3281 關迪及妻張氏墓誌［730 開元十八年十月　北大 03720］

3282 盧正言墓誌［730 開元十八年十月　補千 158、千唐 895］

3283 義門趙氏墓誌［730 開元十八年十月　大全襄汾 26］

3284 劉嘉慶墓誌［730 開元十八年十月　榆林 47、補八 372、陝叁 56］

3285 仇師墓誌［730 開元十八年十月　流散續 110、蒐三 386］

3286 王節墓誌［730 開元十八年十月　白賽玲《橫山墓誌研究》］

3287 李令問墓誌［730 開元十八年十月　西市 210］

3288 李元雄墓誌［730 開元十八年十月　西市 209］

3289 陳阿胡墓誌［730 開元十八年十一月　北大 03727、浙大］

3290 陳玄運墓誌［730 開元十八年十一月　補千 159、千唐 898］

3291 和善墓誌［730 開元十八年十一月　碑林彙 149、羌族 131］

3292 李節墓誌［730 開元十八年十一月　北大 03732、浙大］

3293 李眘交墓誌［730 開元十八年十一月　碑林彙 148］

3294 吳元墓誌［730 開元十八年十一月　北大 03733］

3295 殷善徵墓誌［730 開元十八年十一月　邙洛 129］

3296 尹元綷墓誌［730 開元十八年十一月　流散續 111］

3297 尹元綷妻裴冬日墓誌［730 開元十八年十一月　流散 120、蒐續 464］

3298 李明墓誌［730 開元十八年十一月　北大 03734、浙大］

3299 馮本墓誌［730 開元十八年十一月　蒐三 387］

3300 韋曠墓誌［730 開元十八年十一月　西安市文物保護考古研究院《文博》2021.4］

3301 許杲墓誌［731 開元十八年十一月　補千 160、龍門 492、絲路 106、蒐三 388、詩人 140］

3302 孟景仁墓誌［731 開元十八年十一月　蒐佚 424］

3303 駦思玄墓誌［731 開元十八年十一月　補三 63、碑林 79-2699、陝貳 95］

3304 韋俊妻刁氏墓誌［731 開元十八年十一月　流散 121］

3305 郭子喬墓誌［731 開元十八年十二月　流散 122、蒐續 465］

3306 郭君妻獨孤氏墓誌［731 開元十八年十二月　龍門 154、蒐三 389］

3307 □景墓誌［731 開元十八年十二月　碑林續 88］

3308 蘇芙蓉墓誌［731 開元十八年十二月　補編 1869］

3309 范臣墓誌［731 開元十八年十二月　流散續 112］

3310 范行恭墓誌［731 開元十八年十二月　長新 158、長碑 101］

3311 李欽墓誌［731 開元十八年十二月　北大 03741］

3312 李行墓誌［731 開元十八年十二月　北大 03740］

3313 李釋子墓誌［731 開元十八年十二月　補九 357、河洛 210、龍門 493、七朝 198、絲
　　　路 108］

3314 范思則墓誌［開元十八年　陝目一 278］

3315 郭豆墓誌［731 開元十九年正月　北大 03745］

3316 賈季卿墓誌［731 開元十九年正月　咸陽 47、補八 23、渭城 252、碑林彙 150］

3317 王仁哲墓誌［731 開元十九年正月　蒐佚 425］

3318 張象墓誌［731 開元十九年正月　蒐三 390］

3319 楊洛墓誌［731 開元十九年二月　蒐三 391］

3320 姜義貞磚誌［731 開元十九年二月　補二 485］

3321 高力牧墓誌［731 開元十九年二月　蒐佚 426、七朝 199、鴛鴦 55］

3322 董禮墓誌［731 開元十九年二月　碑林彙 151］

3323 米神通墓誌［731 開元十九年四月　絲路 149］

3324 李詢會墓誌［731 開元十九年四月　蒐佚 427］

3325 阿史德君妻阿史那氏墓誌［731 開元十九年四月　百品 68］

3326 羅元景墓誌［731 開元十九年五月　陝唐 79］

3327 鄭博雅墓誌［731 開元十九年五月　補千 161、河南叁 122、千唐 905］

3328 王昭墓誌［731 開元十九年五月　蒐續 466］

3329 趙仙舟妻李婉墓誌［731 開元十九年六月　河洛 211］

3330 牛祥墓誌［731 開元十九年七月　碑林彙 152、牛氏 258］

3331 李登墓誌［731 開元十九年七月　蒐三 392］

3332 蕭重萼墓誌［731 開元十九年七月　蒐佚 428、西市 211］

3333 鄭豫妻裴如海墓誌［731 開元十九年七月　藏石 72］

3334 崔元彥妻裴氏墓誌［731 開元十九年八月　補編 2267］

3335 許文感墓誌［731 開元十九年八月　流散續 113、蒐三 393］

3336 簡君妻蔡善善墓誌［731 開元十九年九月　新獲 182］

3337 賈秦墓誌［731 開元十九年九月　流散續 114、蒐三 394］

3338 李敬墓誌［731 開元十九年十月　浙大］

3339 劉景墓誌［731 開元十九年十月　西南 132］

3340 秦元金墓誌［731 開元十九年十月　浙大］

3341 楊靖墓誌［731 開元十九年十月　蒐續 467］

3342 温任墓誌［731 開元十九年十一月　河洛 212、百種 138、龍門 494、七朝 200、鴛鴦 59、唐品 26］

3343 任遂良墓誌［731 開元十九年十一月　榆林 48、補八 372、陝參 57］

3344 段嗣基墓誌［731 開元十九年十一月　七朝 201、蒐續 468、散存 283、涼州 662］

3345 岑昉墓誌［731 開元十九年十一月　釋録 340、北大 03768］

3346 封璠墓誌［731 開元十九年十一月　流散續 115］

3347 李光遠墓誌［731 開元十九年十一月　邙洛 130、百種 140］

3348 李君妻張氏墓誌［731 開元十九年十一月　蒐佚 429、七朝 202］

3349 盧有鄰墓誌［731 開元十九年十一月　補千 162、河南參 123、千唐 910］

3350 盧正容墓誌［731 開元十九年十一月　補八 25、琬琰 32、散存 285］

3351 苗寧墓誌［731 開元十九年十一月　碑林彙 153］

3352 宋珣墓誌［731 開元十九年十一月　蒐佚 430］

3353 楊思墓誌［731 開元十九年十一月　北大 03773］

3354 苗簡墓誌［731 開元十九年十一月　北大 03774］

3355 田仙童墓誌［732 開元十九年十二月　西南匯 137、陝唐 80］

3356 韋知遠妻竇氏墓誌［732 開元十九年十二月　陝新 58］

3357 鄭氏墓誌［開元十九年　杏園 274］

3358 陳節本及妻宋氏墓誌［開元十□年　王鋒朝《敦煌學輯刊》2019.3］

3359 陳素墓誌［732 開元二十年正月　碑林彙 154、西南 133］

3360 韋鑒墓誌［732 開元二十年正月　集釋 33、蒐續 469、西南 134］

3361 李承家墓誌［732 開元二十年正月　補六 415、陝貳補 18］

3362 馬崇墓誌［732 開元二十年正月　蒐佚 431、流散續 116］

3363 朱氏墓誌［732 開元二十年正月　河洛 213］

3364 安孝臣母米氏墓誌［732 開元二十年二月　故宮 85］

3365 釋慈和墓誌［732 開元二十年二月　長新 160、長碑 103、僧尼 134］

3366 釋慈和墓誌［732 開元二十年二月　長新 162、長碑 102、僧尼 135］

3367 楊景崇墓誌［732 開元二十年二月　洛新 52、補六 53］

3368 崔知之墓誌［732 開元二十年二月　西市 212］

3369 張茂墓誌［732 開元二十年二月　菏澤 191］

3370 姚眖墓誌［732 開元二十年二月　補千 163、千唐 913］

3371 獨孤胐墓誌［732 開元二十年二月　西市 213］

3372 張節墓誌［732 開元二十年二月　扶溝 365］

3373 李德墓誌［732 開元二十年三月　西南 135］

3374 王阿奴及妻張氏趙氏墓誌［732 開元二十年三月　補千 163、河南參 124、千唐 916］

3375 盧鷗妻單于吉華墓誌［732 開元二十年五月　流散 123、蒐續 470］

3376 李君妻劉衆墓誌［732 開元二十年五月　唐品 38、蒐三 395］

3377 鍾離英倩墓誌［732 開元二十年五月　補八 374、河洛 214、洛新續 114］

3378 李其及妻皇甫氏墓誌 [732 開元二十年五月　蒐佚 432]

3379 盖景昌墓誌 [732 開元二十年六月　補千 164、千唐 917]

3380 張説墓誌 [732 開元二十年八月　邙洛 131、補八 24、百種 142、龍門 156、萊山 131、絲路 109、散存 280、藏石 73、詩人 143]

3381 李君妻崔嬌嬌墓誌 [732 開元二十年八月　蒐佚 433、七朝 203、西市 214]

3382 許惟岳墓誌 [732 開元二十年九月　蒐佚 434、七朝 204]

3383 素和喬墓誌 [732 開元二十年九月　流散續 117、蒐三 396]

3384 駱湜墓磚 [732 開元二十年九月　磚刻 1183]

3385 魏買墓誌 [732 開元二十年十月　北大 03802]

3386 長孫元翼墓誌 [732 開元二十年十月　新獲 183、蒐三 397、陜唐 81]

3387 董榮墓誌 [732 開元二十年十月　蒐佚 435]

3388 馬文静墓誌 [732 開元二十年十一月　榆林 49、補八 374、陜碑 101、陜参 58、陜萃 628]

3389 郭神鼎墓誌 [732 開元二十年十一月　鞏義 210]

3390 關洪墓誌 [732 開元二十年十一月　西南 136]

3391 孫哲墓誌 [732 開元二十年十一月　蒐三 398]

3392 竇臨墓誌 [732 開元二十年十一月　陜肆 134]

3393 柳儒墓誌 [732 開元二十年十一月　補千 165、千唐 927]

3394 孫博碩墓誌 [732 開元二十年十一月　流散 124、蒐續 471、蒐三 399]

3395 甯道務墓誌 [732 開元二十年十一月　補七 374、補編 1870、石語 20]

3396 張緒墓誌 [732 開元二十年十二月　北大 03809]

3397 袁恕己妻張氏墓誌 [733 開元二十年十二月　邙洛 132、百種 144、龍門 157]

3398 韋俶妻鄭氏墓誌 [733 開元二十年十二月　蒐三 400]

3399 趙君妻楊麗墓誌 [733 開元二十一年正月　蒐續 472、新獲 184]

3400 王方墓誌 [733 開元二十一年正月　北大 03812]

3401 張褒墓誌 [733 開元二十一年正月　北大 03813]

3402 趙弘眘墓誌 [733 開元二十一年二月　陜新 59]

3403 崔紹墓誌 [733 開元二十一年二月　蒐佚 436、駕鴦 63]

3404 竇訥言墓誌 [733 開元二十一年二月　鞏義 208]

3405 盧正道墓誌 [733 開元二十一年二月　補八 26、洛新續 115、龍門 158、散存 288]

3406 王琦墓誌 [733 開元二十一年二月　蒐續 473]

3407 韋有鄰墓誌 [733 開元二十一年二月　高陽原 64]

3408 張其墓誌 [733 開元二十一年二月　晉中 29、大全榆次 11]

3409 張侣墓誌 [733 開元二十一年二月　北大 03815]

3410 李忠墓誌 [733 開元二十一年二月　北大 03817、浙大]

3411 柳婉墓誌 [733 開元二十一年二月　補千 166、千唐 930]

3412 姚眖妻楊氏墓誌 [733 開元二十一年二月　補千 167、河南参 125、千唐 931]

3413 張之輔墓誌 [733 開元二十一年三月　河洛 215、百種 148、七朝 205]

3414 蕭知義墓誌 [733 開元二十一年三月　碑林彙 155]

3415 解成妃墓誌［733 開元二十一年三月　安陽 40、西南匯 138］

3416 慕容知廉妻沈氏墓誌［733 開元二十一年三月　蒐佚 437］

3417 鄭佶妻張廿二娘墓誌［733 開元二十一年五月　邙洛 133、龍門 159］

3418 韋君妻李淑(成紀縣主)墓誌［733 開元二十一年五月　河洛 216］

3419 韋俊墓誌［733 開元二十一年五月　流散 125］

3420 秦氏墓誌［733 開元二十一年五月　龍門 160］

3421 盖子墓誌［733 開元二十一年六月　廣宗 186］

3422 阿史那懷道妻安氏墓誌［733 開元二十一年八月　渭城 252］

3423 裴光庭墓誌［733 開元二十一年八月　蒐續 474、詩人 149］

3424 元自覺墓誌［733 開元二十一年八月　陝西省考古研究院《文博》2021.4、元氏 106］

3425 契苾尚賓墓誌［733 開元二十一年八月　補八 27、凉州 664］

3426 李逸墓誌［733 開元二十一年八月　大全鹽湖 15］

3427 郭思墓誌［733 開元二十一年九月　交大 1］

3428 裴詢薨墓誌［733 開元二十一年九月　焦作市文物考古研究所《考古與文物》2018.1］

3429 韋誠美妻張慈愛墓誌［733 開元二十一年九月　蒐三 401］

3430 晉思誨墓誌［733 開元二十一年十月　蒐三 402］

3431 寇太珪墓誌［733 開元二十一年十月　蒐續 475、西南 137］

3432 陶貢墓誌［733 開元二十一年十月　河洛 218、七朝 206、鴛鴦 67］

3433 姚异墓誌［733 開元二十一年十月　流散 127、蒐續 476］

3434 周胡仁墓誌［733 開元二十一年十月　補八 375、河洛 217、洛新續 116］

3435 杜知墓誌［733 開元二十一年十月　蒐三 403］

3436 元毅墓誌［733 開元二十一年十月　北大 03835］

3437 蔡立忠墓誌［733 開元二十一年十月　集釋 30、蒐續 477］

3438 何恭墓誌［733 開元二十一年十月　安陽 39、西南匯 139］

3439 史氏墓誌［733 開元二十一年十月　武威志 445］

3440 楊楚玉妻張氏墓誌［733 開元二十一年十月　蒐佚 438］

3441 張延祥墓誌［733 開元二十一年十月　邙洛 135］

3442 王志兼墓誌［733 開元二十一年十月　陝唐 82］

3443 袁仁敬墓誌［733 開元二十一年十月　七朝 207、流散 126、蒐續 478］

3444 張承基墓誌［733 開元二十一年十月　龍門 161、蒐佚 439、流散 128、唐品 1］

3445 鄭君妻董氏墓誌［733 開元二十一年十一月　碑林彙 156］

3446 程思墓誌［733 開元二十一年十一月　北大 03849］

3447 姜元頃墓誌［733 開元二十一年十一月　北大 03848、浙大］

3448 武攸宜妻李京墓誌［733 開元二十一年十一月　李紅《洛陽考古》2015.3］

3449 崔羨及妻鄭氏墓誌［733 開元二十一年十一月　蒐續 479］

3450 李君妻盧氏墓誌［733 開元二十一年十一月　蒐佚 440］

3451 董沖墓誌［733 開元二十一年十一月　蒐佚 441］

3452 王哲墓誌［733 開元二十一年十一月　蒐佚 442］

3453 盧玄明墓誌［734 開元二十一年十一月　補八 28、洛新續 117］

3454 鄭抵璧妻崔同墓誌［734 開元二十一年十一月　補千 168、千唐 942］

3455 李説妻盧氏墓誌［734 開元二十一年十二月　蒐佚 443］

3456 陸光庭妻朱淑墓誌［734 開元二十一年十二月　補千 169、河南叁 126、千唐 943］

3457 馮守寂墓誌［734 開元二十一年十二月　安陽附 14］

3458 馬光璆墓誌［734 開元二十一年十二月　新獲 185、流散續 118、蒐三 404］

3459 閻忠墓誌［734 開元二十二年正月　蒐三 405］

3460 楊志忠墓誌［734 開元二十二年正月　蒐續 480、西南 138］

3461 井真成墓誌［734 開元二十二年二月　賈麥明《西北大學學報》2004.6、補九 445］

3462 董鍾墓誌［734 開元二十二年四月　北大 03865、浙大］

3463 李十七娘墓誌［734 開元二十二年四月　邙洛 136、墨影 50］

3464 釋崇簡墓誌［734 開元二十二年四月　河洛 219、龍門 495、僧尼 138］

3465 李微（嗣道王）墓誌［734 開元二十二年四月　長新 164、長碑 104、陝萃 630］

3466 龐賢墓誌［734 開元二十二年四月　河洛 220、龍門 496］

3467 裴周南妻盧氏墓誌［734 開元二十二年五月　七朝 208］

3468 王玄珪墓誌［734 開元二十二年五月　蒐續 481］

3469 傅黃中妻李氏墓誌［734 開元二十二年五月　補九 445］

3470 高慈墓誌［734 開元二十二年五月　蒐佚 445、七朝 209、鴛鴦 71、菁華續 181］

3471 張惇墓誌［734 開元二十二年五月　西南 139、鄭州 128］

3472 李訓墓誌［734 開元二十二年六月　李訓 71］

3473 張君妻虞氏墓誌［734 開元二十二年七月　蒐佚 446、七朝 210、餘姚 125］

3474 張仁倫墓誌［734 開元二十二年八月　新獲 186］

3475 楊君妻張五娘墓誌［734 開元二十二年八月　北大 03876］

3476 暴仵朗墓誌［734 開元二十二年十月　北大 03878、浙大］

3477 李文墓誌［734 開元二十二年十月　西南 140］

3478 王道濟墓誌［734 開元二十二年十月　補千 169、河南叁 127、千唐 950］

3479 盧脩媛墓誌［734 開元二十二年十月　蒐三 406］

3480 難元慶墓誌［734 開元二十二年十一月　匯編河南 64、河南壹 232、補六 420、補八 376］

3481 溫紀墓誌［734 開元二十二年十一月　碑林彙 157］

3482 陰叔玉墓誌［734 開元二十二年十一月　蒐續 482、涼州 665］

3483 崔震墓誌［734 開元二十二年十一月　邙洛 137］

3484 李勵己墓誌［734 開元二十二年十一月　中華］

3485 皇甫無言墓誌［734 開元二十二年十一月　流散 129、蒐續 483、新獲 187］

3486 柳君妻長孫氏墓誌［開元二十二年　西市 215］

3487 李廉墓誌［735 開元二十三年正月　鄭州 130］

3488 董亮墓誌［735 開元二十三年二月　碑林彙 158］

3489 李滔墓誌［735 開元二十三年二月　邙洛 138、補千 170、河南叁 128、千唐 953］

3490 崔慎墓誌［735 開元二十三年二月　北大 03884］

3491 慕容嘉賓妻李氏(餘姚縣主)墓誌［735 開元二十三年二月　碑林續 89］

3492 陽簡墓誌［735 開元二十三年二月　蒐佚 447、西市 216］

3493 徐孝墓誌［735 開元二十三年二月　賈志斌《文物世界》2015.6］

3494 竇銓妻高態墓誌［735 開元二十三年二月　補千 171、河南參 129、千唐 955］

3495 獨孤盈墓誌［735 開元二十三年二月　王書欽《碑林集刊》25］

3496 裴炯墓誌［735 開元二十三年二月　蒐續 484］

3497 王玄德妻郜氏墓誌［735 開元二十三年二月　西市 217、蒐續 485］

3498 張珽墓誌［735 開元二十三年二月　流散續 119、蒐三 407］

3499 郭文墓誌［735 開元二十三年二月　補八 377、河洛 221、洛新續 118］

3500 蕭讖墓誌［735 開元二十三年二月　龍門 162、蒐佚 448、藏石 75］

3501 張承嗣墓誌［735 開元二十三年三月　洛陽市文物考古研究院《洛陽考古》2013.2］

3502 霍承暉墓誌［735 開元二十三年三月　西南匯 140］

3503 韋虔晃妻李氏墓誌［735 開元二十三年五月　交大 90、陝新 60、鳳栖 313］

3504 王誕妻李珽節墓誌［735 開元二十三年五月　流散 130、蒐續 486］

3505 崔君妻陳婉墓誌［735 開元二十三年六月　蒐續 487、集萃 51］

3506 鄭昂墓誌［735 開元二十三年七月　國圖］

3507 李惠真墓誌［735 開元二十三年七月　邙洛 139］

3508 唊彦璀墓誌［735 開元二十三年八月　流散續 120、百品 69］

3509 王君妻盧娏墓誌［735 開元二十三年八月　蒐佚 449］

3510 宋胤墓誌［735 開元二十三年八月　汾陽 42、大全汾陽 62］

3511 盧君妻源氏墓誌［735 開元二十三年九月　流散續 121］

3512 牛洪墓誌［735 開元二十三年九月　北大 03896、浙大］

3513 李澱墓誌［735 開元二十三年十月　流散續 125、蒐三 408］

3514 裴教墓誌［735 開元二十三年十月　補八 30、洛新續 120、龍門 163］

3515 王景先墓誌［735 開元二十三年十月　邙洛 140、補八 29、補千 171、河南參 130、洛新續 119、千唐 962］

3516 鄭齊嬰妻盧氏墓誌［735 開元二十三年十月　流散續 122、蒐三 409］

3517 傅俠墓誌［735 開元二十三年十一月　大全襄垣 45］

3518 景羨墓誌［735 開元二十三年十一月　碑林彙 159］

3519 裴君墓誌［735 開元二十三年十一月　流散續 123］

3520 楊君妻皇甫淑墓誌［735 開元二十三年十一月　陝新 61］

3521 張暐妻許日光墓誌［735 開元二十三年十一月　蒐佚 450、流散續 124、百品 70］

3522 李操墓誌［735 開元二十三年十一月　補七 378］

3523 竇昇妻杜氏墓誌［735 開元二十三年十一月　陝肆 136］

3524 裴里墓誌［735 開元二十三年十一月　蒐續 489］

3525 蕭元祚墓誌［735 開元二十三年閏十一月　河洛 222、百種 150、龍門 164、七朝 211、西南匯 141］

3526 裴璿墓誌［735 開元二十三年閏十一月　蒐三 410］

3565 史思光墓誌［736 開元二十四年七月　流散續 129］

3566 楊會墓誌［736 開元二十四年七月　補五 361、陝壹 126、榆林 50、補編 2197］

3567 申亮墓誌［736 開元二十四年七月　晉中 31］

3568 衛勘墓誌［736 開元二十四年七月　大全新絳 12］

3569 王仵墓誌［736 開元二十四年九月　安陽附 15］

3570 王韶妻鄭儷昇墓誌［736 開元二十四年十月　張應橋《三門峽職業技術學院學報》
　　2020.4］

3571 張君妻李氏墓誌［736 開元二十四年十月　洛新 53、補六 59、龍門 171］

3572 周孝祖墓誌［736 開元二十四年十月　流散續 130、蒐三 416］

3573 盖義寬墓誌［736 開元二十四年十月　大同 3］

3574 武氏墓誌［736 開元二十四年十月　唐品 9］

3575 元虎墓誌［736 開元二十四年十月　北大 03930］

3576 張友墓誌［736 開元二十四年十月　蒐續 495］

3577 董菩提心墓誌［736 開元二十四年十月　補八 379］

3578 劉德筠墓誌［736 開元二十四年十月　蒐續 496］

3579 宋君墓誌［736 開元二十四年十月　北大 03933］

3580 閻德祚墓誌［736 開元二十四年十月　北大 03934］

3581 翟君墓誌［736 開元二十四年十月　大全朔城 22］

3582 周克諧墓誌［736 開元二十四年十月　蘭州 24］

3583 劉節墓誌［736 開元二十四年十一月　浙大］

3584 李超墓誌［736 開元二十四年十一月　邙洛 144、百種 158、七朝 217、菁華 124、千
　　秋 126］

3585 徐景暉墓誌［736 開元二十四年十一月　偃師 195、墨影 54］

3586 周子南墓誌［736 開元二十四年十一月　流散 134、蒐續 497、蒐三 417］

3587 王溫墓誌［736 開元二十四年十一月　蒐佚 454、七朝 215］

3588 郭君墓誌［736 開元二十四年十一月　蒐續 498］

3589 李璀墓誌［736 開元二十四年十一月　釋録 248、補九 446、龍門 173］

3590 李松墓誌［736 開元二十四年十一月　碑林續 91］

3591 李延明妻裴氏墓誌［736 開元二十四年十一月　蒐佚 455、七朝 216、駕鴦 53］

3592 席穆之墓誌［736 開元二十四年十一月　蒐佚 456］

3593 紀審直墓誌［736 開元二十四年十一月　流散 135、蒐續 499］

3594 寇晦墓誌［736 開元二十四年十一月　河洛 227、龍門 174］

3595 李惲墓誌［736 開元二十四年十一月　西南匯 143］

3596 李君墓誌［736 開元二十四年十一月　流散續 131、蒐三 418］

3597 劉肱妻裴氏墓誌［736 開元二十四年十一月　補千 174、河南叁 132、千唐 973］

3598 苗奉明墓誌［736 開元二十四年十一月　蒐三 419］

3599 宋熾墓誌［736 開元二十四年十一月　精粹 125］

3600 宋子墓誌［736 開元二十四年十一月　碑林彙 162］

3601 宗素墓誌［736 開元二十四年十一月　安豐 418］

3602 輔果墓誌［736 開元二十四年十一月　珍稀 50］

3603 李惠墓誌［737 開元二十四年十二月　補八 31、河洛 228、洛新續 122、龍門 175］

3604 武文瑛墓誌［737 開元二十四年十二月　流散 136、蒐續 500］

3605 于嘉胤墓誌［737 開元二十四年十二月　邙洛 145、百種 154、少民 6、唐品 17］

3606 盖崇□妻崔安樂墓誌［737 開元二十四年十二月　邙洛 146、補八 32、洛新續 123、
百種 156］

3607 盧悦墓誌［737 開元二十四年十二月　河洛 229］

3608 薛君墓誌［737 開元二十四年　北大 03952、浙大］

3609 周大立墓誌［737 開元二十五年正月　龍門 176］

3610 元揖墓誌［737 開元二十五年二月　河洛 230、少民 143］

3611 陳令同墓誌［737 開元二十五年二月　釋録 245、邙洛 147、補九 447］

3612 秦惠墓誌［737 開元二十五年二月　蒐佚 457］

3613 宋遥妻鄭氏墓誌［737 開元二十五年四月　蒐佚 460］

3614 劉七娘墓誌［737 開元二十五年四月　蒐三 420］

3615 元楚運墓誌［737 開元二十五年四月　七朝 218、蒐續 501］

3616 龍君妻吳淑墓誌［737 開元二十五年五月　西市 219］

3617 李亶妻盧氏墓誌［737 開元二十五年五月　百種 160、龍門 498、蒐佚 458、菁華
125、絲路 112、詩人 85］

3618 長孫楚璧墓誌［737 開元二十五年七月　流散續 132、百品 73］

3619 馬駿墓誌［737 開元二十五年七月　陝肆 138］

3620 拓拔寂墓誌［737 開元二十五年八月　榆林 51、補八 33、党項 76、陝叁 59、羌族
133、民族 227、西夏 1］

3621 王君墓誌［737 開元二十五年八月　北大 03963、浙大］

3622 辛璩墓誌［737 開元二十五年八月　邙洛 149、補八 381、洛新續 124、龍門 177］

3623 成公崇墓誌［737 開元二十五年九月　蒐佚 459、七朝 219、西市 220、流散 137、吐
彙 343］

3624 段廉墓誌［737 開元二十五年九月　河洛 231、西市 221］

3625 楊文昱墓誌［737 開元二十五年十月　銅川 39］

3626 長孫守素妻田琰墓誌［737 開元二十五年十月　河洛 233］

3627 程文琬墓誌［737 開元二十五年十一月　邙洛 150、釋録 75、補九 359］

3628 王賢墓誌［737 開元二十五年十一月　蒐三 421］

3629 崔瑶妻武氏（永和縣主）墓誌［737 開元二十五年十一月　補千 174、河南叁 133、
千唐 983］

3630 李勛及妻鄧氏墓誌［737 開元二十五年十一月　中華］

3631 馬待賓墓誌［737 開元二十五年十一月　河洛 234、龍門 178、七朝 220］

3632 米欽道墓誌［737 開元二十五年十一月　流散續 133、民族 230］

3633 武令珪墓誌［737 開元二十五年十一月　榆林 53、補八 381、陝叁 60、陝萃 646］

3634 蕭嵩妻賀睿墓誌［737 開元二十五年十一月　西市 222、蒐續 502］

3635 陳亮墓誌［737 開元二十五年十一月　碑林彙 163］

3636 沈楚珪墓誌［737 開元二十五年十一月　北大 03973］

3637 韓操墓誌［737 開元二十五年十一月　安陽附 16］

3638 宋方墓誌［737 開元二十五年十一月　七朝 221］

3639 景俊墓誌［737 開元二十五年十二月　蒐佚 356］

3640 關則及妻崔氏墓誌［738 開元二十五年十二月　西南 141］

3641 蘇洽妻楊氏墓誌［738 開元二十六年正月　張馳《青少年書法》2020.10］

3642 賈君妻郭氏墓誌(738 開元二十六年正月　北大 03977)

3643 薛君妻盧氏墓誌［738 開元二十六年正月　蒐三 422］

3644 牛待墓誌［738 開元二十六年正月　北大 03979、浙大］

3645 韋涓墓誌［738 開元二十六年正月　陝新 64］

3646 景昄墓誌［738 開元二十六年二月　西南 142］

3647 崔茂宗妻賈氏墓誌［738 開元二十六年二月　蒐佚 461、七朝 222、鴛鴦 81］

3648 杜珽墓誌［738 開元二十六年二月　集萃 52］

3649 焦阿毛墓誌［738 開元二十六年二月　邯鄲 63］

3650 崔安儼墓誌［738 開元二十六年三月　邙洛 151、釋錄 82、補九 360、鴛鴦 75］

3651 王纛金墓誌［738 開元二十六年三月　補八 381、洛新續 125］

3652 楊君妻田令德墓誌［738 開元二十六年四月　補千 175、河南叁 134、千唐 988］

3653 元釋墓誌［738 開元二十六年四月　西市 223］

3654 鄭杳墓誌［738 開元二十六年四月　流散 138］

3655 李曟墓誌［738 開元二十六年五月　碑林續 92］

3656 吳嘉賓墓誌［738 開元二十六年五月　補千 175、千唐 990］

3657 馮宏之墓誌［738 開元二十六年五月　蒐佚 462］

3658 李承乾墓誌［738 開元二十六年五月　匯編陝西 1-121、昭陵 88、補二 516、碑林
　　196-1118、西北 3-98、陝壹 127、補編 1868、陝萃 650］

3659 柳崇敬墓誌［738 開元二十六年五月　蒐續 503、西南 143］

3660 秦守一妻沈和墓誌［738 開元二十六年五月　西安市文物保護考古研究院《文物》
　　2019.7］

3661 魏悌墓誌［738 開元二十六年五月　北大 03990、浙大］

3662 封璠妻李譒墓誌［738 開元二十六年六月　流散續 134］

3663 孟氏墓誌［738 開元二十六年六月　補編 1873］

3664 楊思言墓誌［738 開元二十六年七月　蒐續 504、西南 144］

3665 釋了緣塔銘［738 開元二十六年七月　寧波 2、僧尼 149］

3666 葛福順墓誌［738 開元二十六年七月　集釋 34、蒐續 505］

3667 李祇妻許氏墓誌［738 開元二十六年八月　碑林續 93］

3668 李著墓誌［738 開元二十六年八月　補八 381、碑林彙 164］

3669 司馬南孚墓誌［738 開元二十六年八月　北大 03993］

3670 田誠墓誌［738 開元二十六年八月　補八 35、洛新續 126、蒐續 507］

3671 鄭備墓誌［738 開元二十六年八月　蒐三 423］

3672 李珣墓誌［738 開元二十六年八月　流散續 135、蒐三 424］

3673 李循忠妻王氏墓誌［738 開元二十六年八月　蒐三 425］

3674 薛君妻王憐兒墓誌［738 開元二十六年八月　陝肆 139］

3675 馮中庸墓誌［738 開元二十六年八月　蒐佚 463、流散 139、西南 145］

3676 王守信墓誌［738 開元二十六年閏八月　蒐續 506、新獲 190］

3677 段亮墓誌［738 開元二十六年九月　補八 382、河洛 232、洛新續 127、少民 276、民
族 232］

3678 璩崇墓誌［738 開元二十六年九月　西南 146］

3679 李伏墓碣［738 開元二十六年九月　蒐續 509］

3680 崔和墓誌［738 開元二十六年十月　邙洛 152、釋録 251、補九 447、龍門 181］

3681 董逢墓誌［738 開元二十六年十月　長治 178、大全長治 29］

3682 李神德墓誌［738 開元二十六年十月　補八 383、陳康《出土文獻研究》九］

3683 李遂墓誌［738 開元二十六年十月　蒐三 426］

3684 連軌墓誌［738 開元二十六年十月　北大 04003］

3685 秦賁墓誌［738 開元二十六年十月　補千 176、千唐 991］

3686 傅伏墓誌［738 開元二十六年十一月　蒐續 510、西南 147、西南匯 144］

3687 李道堅(嗣魯王)墓誌［738 開元二十六年十一月　李坤《考古與文物》2019.6］

3688 趙外墓誌［738 開元二十六年十一月　安豐 420、安陽附 17］

3689 郭瑜墓誌［738 開元二十六年十一月　補千 177、蒐佚 465、河南叁 135、千唐 992］

3690 劉憲妻盧氏墓誌［738 開元二十六年十一月　蒐佚 464、菁華 126、流散 140、詩人
103］

3691 韋翰墓誌［738 開元二十六年十一月　長新 166、長碑 106］

3692 張信墓誌［738 開元二十六年十一月　北大 04007］

3693 郝智墓誌［738 開元二十六年十一月　北大 04011］

3694 李茂禎妻寶氏墓誌［738 開元二十六年十一月　陝唐 83］

3695 李玄墓誌［738 開元二十六年十一月　北大 04010］

3696 李義墓誌［738 開元二十六年十一月　大全汾陽 64］

3697 李邕(嗣虢王)妃扶餘氏墓誌［738 開元二十六年十一月　陝肆 140］

3698 牛翼墓誌［738 開元二十六年十一月　北大 04012］

3699 邢巨墓誌［739 開元二十六年十一月　河洛 235、龍門 182、流散 141、詩人 153］

3700 連哲墓誌［739 開元二十六年十一月　大全襄垣 47］

3701 郭君妻姚氏墓誌［739 開元二十六年十二月　蒐續 511］

3702 慕容曦光墓誌［739 開元二十六年十二月　補四 432、武威 61、唐誌 50、武威志
417、涼州 73］

3703 陳叡墓誌［739 開元二十六年十二月　北大 04015］

3704 薛鋭墓誌［739 開元二十六年十二月　西市 224］

3705 馮懿墓誌［開元二十六年　補編 1873］

3706 李喬卿墓誌［739 開元二十七年正月　釋録 88、補九 448、龍門 184、蒐佚 466］

3707 崔延昭墓誌［739 開元二十七年正月　百品 74］

3708 寇随墓誌［739 開元二十七年二月　河洛 236］

3709 柳正勖墓誌［739 開元二十七年二月　蒐三 427］

3710 王勘墓誌［739 開元二十七年二月　邙洛 153］

3711 王英墓誌［739 開元二十七年二月　釋録 254、補九 449］

3712 浩覽墓誌［739 開元二十七年二月　碑林彙 165］

3713 韓義墓誌［739 開元二十七年二月　北大 04022］

3714 梁愷墓誌［739 開元二十七年二月　流散續 136、蒐三 428］

3715 宋慶墓誌［739 開元二十七年二月　碑林彙 166］

3716 王章墓誌［739 開元二十七年二月　北大 04021］

3717 趙行隴墓誌［739 開元二十七年二月　蒐佚 467、西市 225］

3718 鄭氏墓誌［739 開元二十七年二月　浙大］

3719 竹思泰墓誌［739 開元二十七年三月　邙洛 154、少民 209、民族 233］

3720 申屠徵墓誌［739 開元二十七年三月　碑林彙 167］

3721 韋恂如墓誌［739 開元二十七年三月　陝肆 141］

3722 薛崇允墓誌［739 開元二十七年四月　蒐三 429］

3723 梁君及妻劉十娘墓誌［739 開元二十七年四月　蒐佚 468、西市 226］

3724 丘樹生墓誌［739 開元二十七年四月　碑林彙 168］

3725 左適墓誌［739 開元二十七年四月　流散 142、蒐續 512、新獲 191］

3726 王友鸞墓誌［739 開元二十七年四月　蒐佚 469、流散 143、凉州 670］

3727 李隱之墓誌［739 開元二十七年五月　新獲 192、流散續 137、蒐三 430］

3728 釋悟因墓誌［739 開元二十七年五月　河洛 237、龍門 185、僧尼 150］

3729 王君妻劉氏墓誌［739 開元二十七年五月　蒐佚 470］

3730 馮太虚墓誌［739 開元二十七年六月　白照傑《寶雞文理學院學報》2021.1］

3731 解有忠墓誌［739 開元二十七年七月　高陽原 67］

3732 陳懷墓誌［739 開元二十七年七月　安陽 42］

3733 唐玄宗婕妤高氏墓誌［739 開元二十七年七月　西市 227］

3734 鄭元彬妻盧氏墓誌［739 開元二十七年七月　流散續 138、蒐三 431］

3735 李偘妻宗氏墓誌［739 開元二十七年八月　陝唐 84］

3736 狄安平妻袁氏墓誌［739 開元二十七年八月　流散續 139、蒐三 432］

3737 明琰及妻劉氏墓誌［739 開元二十七年八月　蒐佚 471、七朝 223、西市 228］

3738 張令問妻臧氏墓誌［739 開元二十七年八月　榆林 54、補八 384、陝參 61］

3739 蘇涉墓誌［739 開元二十七年八月　蒐佚 472、西市 230］

3740 楊隱墓誌［739 開元二十七年八月　補八 384、補九 450、碑林彙 169、長碑 457、陝參 62］

3741 元不器墓誌［739 開元二十七年八月　陝西省考古研究院《文博》2021.4、元氏 76］

3742 元大謙墓誌［739 開元二十七年八月　陝西省考古研究院《考古與文物》2021.2、元氏 32］

3743 張公墓誌［739 開元二十七年八月　蒐佚 473、西市 229］

3744 張君妻韋氏墓誌［739 開元二十七年八月　陝新 66］

3745 張守質墓誌［739 開元二十七年八月　北大 04035、浙大］

3781 王君妻□億生墓誌［739 開元二十七年十月　釋録 343、北大 04060］

3782 郭珉墓誌［739 開元二十七年十一月　碑林彙 172］

3783 郭鳳墓誌［739 開元二十七年十一月　介休 26］

3784 楊立墓誌［739 開元二十七年十一月　蒐三 435］

3785 郭留慶墓誌［739 開元二十七年十一月　碑林彙 173］

3786 崔感墓誌［739 開元二十七年十一月　北大 04061］

3787 崔從令墓誌［739 開元二十七年十一月　流散續 143］

3788 邵子真墓誌［740 開元二十七年十二月　碑林續 95］

3789 高君妻王氏墓誌［740 開元二十七年十二月　龍門 190、蒐佚 479、流散 147、絲路 114］

3790 高琎墓誌［740 開元二十七年十二月　蒐佚 480、唐品 32］

3791 李君妻崔氏墓誌［740 開元二十七年十二月　補千 179、河南叁 138、千唐 1005］

3792 單重忻墓誌［740 開元二十七年十二月　七朝 227、蒐續 516］

3793 宋君妻慕容氏墓誌［740 開元二十七年十二月　補千 179、河南叁 139、少民 379、民族 240］

3794 裴君妻盧婉墓誌［740 開元二十七年十二月　西市 232］

3795 韋望墓誌［740 開元二十七年十二月　流散續 144、千秋 132、西南 150、西南匯 146、蒐三 436］

3796 鄭長墓誌［740 開元二十八年正月　流散續 145］

3797 周貞墓誌［740 開元二十八年二月　補編 2198］

3798 柳循妻韋氏墓誌［740 開元二十八年二月　浙大］

3799 井慶墓誌［740 開元二十八年二月　蒐三 438］

3800 王希價墓誌［740 開元二十八年二月　郭永淇《黃河　黃土　黃種人》2022.12］

3801 楊承恩墓誌［740 開元二十八年二月　西市 233］

3802 王玄策墓誌［740 開元二十八年三月　臨城 44］

3803 賈七墓誌［740 開元二十八年三月　蒐佚 481、涼州 675］

3804 盧滿墓誌［740 開元二十八年三月　補六 430、陝貳補 20］

3805 樊君妻杜氏墓誌［740 開元二十八年四月　補千 180、千唐 1008］

3806 王景先妻崔氏墓誌［740 開元二十八年四月　邙洛 156、補八 36、洛新續 128、龍門 188］

3807 鄭慎言妻于氏墓誌［740 開元二十八年四月　蒐佚 482、七朝 228、流散 148］

3808 李渙墓誌［740 開元二十八年五月　浙大］

3809 齊氏墓誌［740 開元二十八年五月　北大 04076］

3810 唐玄宗順妃韋秀墓誌［740 開元二十八年五月　珍稀 51、陝博 27、西南匯 147］

3811 逯福墓誌［740 開元二十八年六月　北大 04077］

3812 楊大娘墓磚［740 開元二十八年六月　補二 522、陝貳 102、磚刻 1186］

3813 張君妻楊容墓誌［740 開元二十八年六月　蒐三 439］

3814 唐睿宗妃豆盧氏墓誌［740 開元二十八年七月　補五 29、邙洛 157、補編 2112、百種 166、少民 233、龍門 191、藏石 77］

3815 馮鼎墓誌［740 開元二十八年八月　蒐續 517］

3816 韓休墓誌［740 開元二十八年八月　陝博 28、菁華續 183、陝新 68、西南匯 148、百品 75、詩人 159］

3817 楊思福墓誌［740 開元二十八年八月　西南 149］

3818 李君妻盧堂墓誌［740 開元二十八年八月　流散續 146、蒐三 440］

3819 程君妻盧曾參墓誌［740 開元二十八年九月　河洛 238］

3820 薛鴻墓誌［740 開元二十八年九月　蒐佚 483］

3821 李哲墓誌［740 開元二十八年十月　藏石 78］

3822 楊仲昌墓誌［740 開元二十八年十月　河南貳 313］

3823 樂談墓誌［740 開元二十八年十月　北大 04086、浙大］

3824 張守珪墓誌［740 開元二十八年十月　匯編洛陽 10-190、補六 62、補編 2115］

3825 方元瑾墓誌［740 開元二十八年十一月　補五 370、碑林續 96］

3826 獨孤君妻薛嫄墓誌［740 開元二十八年十一月　蒐佚 484、七朝 229］

3827 李緒妻崔自蕙墓誌［740 開元二十八年十一月　河洛 239、龍門 192］

3828 張浼墓誌［740 開元二十八年十一月　龍門 499、蒐佚 485、七朝 230、菁華 127、流散 150、絲路 118］

3829 賈智先墓誌［740 開元二十八年十一月　北大 04092］

3830 李暕妻王氏墓誌［740 開元二十八年十一月　蒐佚 486、七朝 231］

3831 李興宗墓誌［740 開元二十八年十一月　流散 149］

3832 張君妻崔媛墓誌［740 開元二十八年十一月　蒐續 518、流散續 147］

3833 趙全璧墓誌［740 開元二十八年十一月　補八 384、河洛 240、洛新續 129、龍門 194］

3834 郭福墓誌［741 開元二十九年正月　墨影 56］

3835 李多祚妃楊氏墓誌［741 開元二十九年正月　河洛 241］

3836 李論墓誌［741 開元二十九年正月　補千 181、河南叁 140、千唐 1010］

3837 李道亮墓誌［741 開元二十九年正月　流散續 148、唐品 23、蒐三 441］

3838 范元墓誌［741 開元二十九年正月　碑林彙 174］

3839 李元璥妻鄭氏墓誌［741 開元二十九年正月　河南貳 273］

3840 盧伯明墓誌［741 開元二十九年二月　蒐佚 487、七朝 232］

3841 史獻墓誌［741 開元二十九年二月　銅川 40］

3842 蘇偡墓誌［741 開元二十九年二月　蒐三 442］

3843 席庭訓墓誌［741 開元二十九年二月　新獲 197、流散續 149、民族 242］

3844 戴師倩妻顏氏墓誌［741 開元二十九年三月　琬琰 35］

3845 王君妻鄭氏墓誌［741 開元二十九年三月　補八 38、河洛 242、洛新續 130］

3846 杜哲墓誌［741 開元二十九年四月　北大 04102］

3847 李元璥墓誌［741 開元二十九年四月　河南貳 274］

3848 韋倬妻楊氏墓誌［741 開元二十九年閏四月　西市 234］

3849 張季伯妻魏淑墓誌［741 開元二十九年閏四月　流散 151、蒐續 520］

3850 秦仁昉墓誌［741 開元二十九年七月　杜明朕《文藝生活》2016.6］

3851 張采墓誌［741 開元二十九年七月　蒐佚 488、七朝 233、流散 152］

3852 裴忱墓誌［741 開元二十九年七月　蒐續 521］

3853 崔茂宗墓誌［741 開元二十九年八月　蒐佚 489、七朝 234、駕鴦 79、千秋 149］

3854 張景尚墓誌［741 開元二十九年八月　河洛 243、龍門 195］

3855 張神智墓誌［741 開元二十九年八月　蒐三 443］

3856 屈突璇墓誌［741 開元二十九年八月卒　補千 181、少民 271、千唐 1017］

3857 裴光朝妻高氏墓誌［741 開元二十九年八月　流散 153、蒐續 522］

3858 裴文明墓誌［741 開元二十九年八月　蒐續 523、西南 151、蒐三 444］

3859 王令賓墓誌［741 開元二十九年九月　流散 154、蒐續 524］

3860 元君妻李娥墓誌［741 開元二十九年十月　補八 385、河洛 244、洛新續 131］

3861 寶匪石墓誌［741 開元二十九年十月　張翔宇《文博》2013.3］

3862 崔迥墓誌［741 開元二十九年十月　蒐三 445］

3863 周希冲墓誌［741 開元二十九年十月　北大 04115］

3864 程洪墓誌［741 開元二十九年十一月　北大 04116］

3865 李延祐妻崔矅墓誌［741 開元二十九年十一月　邙洛 158、補八 385、補千 182、河南叁 141、洛新續 132、千唐 1019］

3866 青敬乾墓誌［741 開元二十九年十一月　蒐續 525］

3867 宋玄之墓誌［741 開元二十九年十一月　蒐佚 490］

3868 徐嶠妻王琳墓誌［741 開元二十九年十一月　河洛 245、百種 168、龍門 196、駕鴦 93、菁華 128、萊山 152、千秋 135、詩人 166］

3869 王令珣妻朱元軡墓誌［741 開元二十九年十一月　河洛 246、西市 235］

3870 尹君妻李氏墓誌［741 開元二十九年十一月　龍門 197、七朝 235］

3871 張渾妻李氏（永昌郡主）墓誌［741 開元二十九年十一月　渭城 259、陝肆 142］

3872 鄭闡墓誌［741 開元二十九年十一月　補千 183、千唐 1020］

3873 李浮丘墓誌［741 開元二十九年十一月　駕鴦 83、蒐續 526、新獲 198］

3874 李虛己墓誌［742 開元二十九年十二月　蒐續 527、流散續 150、詩人 227］

3875 沈易從墓誌［742 開元二十九年十二月　流散續 151、蒐三 446］

3876 李昉墓誌［742 開元三十年正月　河洛 247］

3877 李君墓誌［742 開元三十年正月　北大 04128、浙大］

3878 張彦墓誌［開元年間　補七 505、磚誌 323、吐彙 300］

天寶

3879 李君妻崔氏墓誌［742 天寶元年正月　河洛 448、龍門 199］

3880 惠弘墓誌［742 天寶元年正月　浙大］

3881 蔡鄭客墓誌［742 天寶元年正月　駕鴦 87］

3882 韋昊墓誌［742 天寶元年正月　陝肆 143］

3883 韋虛心墓誌［742 天寶元年正月　高陽原 69］

3884 許惟明墓誌［742 天寶元年正月　河洛 248、龍門 200、西市 236］

3885 閻晉墓誌［742 天寶元年正月　流散續 152］

3886 龍庭瑋墓誌［742 天寶元年正月　補八 386、河洛 250、洛新續 133］

3887 崔知之妻裴氏墓誌［742 天寶元年正月　西市 237］

3888 高金胤妻高氏墓誌［742 天寶元年正月　流散續 153、蒐三 447］

3889 王懷勖墓誌［742 天寶元年正月　浙大］

3890 陽承慶墓誌［742 天寶元年正月　陝唐 85］

3891 周行敏妻李氏墓誌［742 天寶元年正月　流散 156、蒐續 528］

3892 楊玄福墓誌［742 天寶元年正月　邙洛 160、補千 183、百種 170、千唐 1025］

3893 刀君妻牛氏墓誌［742 天寶元年二月　蒐續 529、牛氏 89］

3894 裴光朝墓誌［742 天寶元年二月　西南 152］

3895 王漢墓誌［742 天寶元年三月　北大 04138、浙大］

3896 陳懷哲墓誌［742 天寶元年四月　蒐三 448］

3897 任暉墓誌［742 天寶元年四月　補千 184、河南叁 142、千唐 1028］

3898 柳正勖妻崔氏墓誌［742 天寶元年四月　蒐三 449］

3899 冉遠墓誌［742 天寶元年五月　大全朔城 24］

3900 李元墓誌［742 天寶元年五月　北大 04146］

3901 楊奉榮妻裴婉容墓誌［742 天寶元年五月　補千 185、千唐 1030］

3902 馬玄義墓誌［742 天寶元年五月　蒐續 530、新獲 199］

3903 呂獻臣墓誌［742 天寶元年七月　蒐佚 492、新獲 200、唐品 22］

3904 李成務妻鄭氏墓誌［742 天寶元年七月　珍稀 52、蒐三 450］

3905 李琯母韋貞範墓誌［742 天寶元年七月　西市 238］

3906 李延喜墓誌［742 天寶元年七月　碑林續 97、蒐續 531、西南 153］

3907 劉思貞妻崔尚德墓誌［742 天寶元年七月　河洛 251］

3908 劉祥墓誌［742 天寶元年七月　七朝 237、蒐續 532］

3909 張君妻鄭柔則墓誌［742 天寶元年七月　蒐佚 493、七朝 238］

3910 李承家墓誌［742 天寶元年七月　蒐續 533］

3911 劉庭芝墓誌［742 天寶元年七月　邙洛 161］

3912 韋堯儉妻李氏墓誌［742 天寶元年七月　浙大］

3913 嚴立德墓誌［742 天寶元年七月　補千 185、千唐 1034］

3914 左智爽墓誌［742 天寶元年七月　蒐續 534］

3915 釋法輪塔銘［742 天寶元年八月　蒐三 451］

3916 薛君妻樊氏墓誌［742 天寶元年八月　河洛 252、龍門 203］

3917 郭懷則墓誌［742 天寶元年八月　碑林彙 176、西南 154］

3918 皇甫翼墓誌［742 天寶元年十月　蒐佚 494、流散 155］

3919 孟曉墓誌［742 天寶元年十月　補千 186、河南叁 143、千唐 1038］

3920 韋衡墓誌［742 天寶元年十月　補八 40］

3921 彭紹墓誌［742 天寶元年十月　邙洛 162、百種 172、龍門 204］

3922 任奉墓誌［742 天寶元年十月　大全汾陽 65］

3923 邊聘墓誌［742 天寶元年十月　邙洛 163、補八 386、洛新續 134］

3924 侯太希墓誌［742 天寶元年十月　大全芮城 44］

3925 李晊墓誌［742 天寶元年十月　河洛 253、龍門 205、七朝 239］

3926 趙全璧墓誌［742 天寶元年十月　蒐佚 495、西市 239］

3927 馮元墓誌［742 天寶元年十一月　碑林彙 177］

3928 徐嶠墓誌［742 天寶元年十一月　河洛 254、龍門 206、鴛鴦 91、菁華 130、萊山 154、千秋 158、詩人 163］

3929 陽君妻盧氏墓誌［742 天寶元年十一月　散存 300、墨影 57］

3930 柳庭誥及妻薛氏墓誌［742 天寶元年十一月　河洛 255、龍門 207、西市 240］

3931 竇履庭墓誌［742 天寶元年十一月　陝肆 145］

3932 杜該墓誌［742 天寶元年十一月　西市 241］

3933 胡思及妻杜淑墓誌［742 天寶元年十一月　散存 302］

3934 李節墓誌［742 天寶元年十一月　北大 04168］

3935 李貞墓誌［742 天寶元年十一月　榆林 55、補八 387、陝叁 63、廣澤 213］

3936 呂貞墓誌［742 天寶元年十一月　蒐佚 496、西市 242］

3937 孟君墓誌［742 天寶元年十一月　張樹天《書法研究》2006.4］

3938 韋鵬墓誌［742 天寶元年十一月　高陽原 70］

3939 許輔乾妻李少君墓誌［742 天寶元年十一月　蒐續 535］

3940 許温墓誌［742 天寶元年十一月　河洛 256、龍門 208］

3941 郭喜墓誌［742 天寶元年十一月　北大 04169］

3942 李福墓誌［742 天寶元年十一月　浙大］

3943 武君妻賈氏墓誌［742 天寶元年十一月　北大 04170］

3944 馮貞懿墓誌［742 天寶元年十一月　補千 188、千唐 1041］

3945 桓陸墓誌［742 天寶元年十一月　大全汾陽 66］

3946 許子順墓誌［742 天寶元年十一月　浙大］

3947 李湛墓誌［742 天寶元年十一月　補千 187、河南叁 144、千唐 1040］

3948 韓忠節墓誌［742 天寶元年十一月　補七 384、河南貳 275、補編 1876］

3949 解淑墓誌［742 天寶元年十一月　流散續 154、蒐三 452］

3950 元庭珍墓誌［742 天寶元年十一月　碑林續 98、蒐續 536、西南 155］

3951 沈全交墓誌［743 天寶元年十二月　集釋 32、流散 157、蒐續 537、散存 304］

3952 周胡兒墓誌［743 天寶元年十二月　蒐佚 497］

3953 李仲璿墓誌［743 天寶元年十二月　蒐續 538］

3954 李愁墓誌［743 天寶元年十二月　西南 156、蒐三 453］

3955 高逸墓誌［743 天寶元年十二月　河洛 257、龍門 209、散存 306］

3956 李孟德墓誌［743 天寶元年十二月　蒐佚 498、流散 158］

3957 李惟墓誌［743 天寶元年十二月　蒐三 454］

3958 秦晙墓誌［743 天寶元年十二月　何一昊《中原文物》2015.6］

3959 田無易墓誌［天寶元年　陝目一 292］

3960 王智成墓誌［天寶元年　北大 04179］

3961 竇時英妻韋氏墓誌［743 天寶二年正月　龍門 210、蒐佚 499、七朝 240］

3962 李齊俗妻韋氏墓誌［743 天寶二年正月　蒐三 455］

3963 李芝墓誌［743 天寶二年正月　龍門 211、蒐佚 500］

3964 趙惠滿墓誌［743 天寶二年二月　蒐佚 501、西市 243］

3965 房守獻墓誌［743 天寶二年二月　流散續 155］

3966 劉君妻賀蘭氏墓誌［743 天寶二年二月　蒐續 539］

3967 任承胤墓誌［743 天寶二年二月　補八 42、河洛 258、洛新續 135］

3968 王承墓誌［743 天寶二年三月　浙大］

3969 陳子宜妻盧氏墓誌［743 天寶二年四月　西市 244］

3970 李待墓誌［743 天寶二年四月　大全榆次 12］

3971 李誠初墓誌［743 天寶二年四月　七朝 241］

3972 鄭思九妻陳氏墓誌［743 天寶二年五月　龍門 500、蒐佚 502、絲路 120］

3973 鉗耳君墓誌［743 天寶二年五月　補千 188、河南叁 145、少民 305、羌族 135、民族 246、千唐 1043］

3974 羅炅墓誌［743 天寶二年六月　補七 49、陝肆 146］

3975 胡倚墓誌［743 天寶二年七月　蒐佚 503］

3976 李淳墓誌［743 天寶二年七月　龍門 212、蒐佚 504、西市 245］

3977 任思敬墓誌［743 天寶二年八月　北大 04194、浙大］

3978 安建墓誌［743 天寶二年十月　百品 76］

3979 張益墓誌［743 天寶二年十月　孟州 177］

3980 蕭諼墓誌［743 天寶二年十一月　補千 189、蒐佚 505、河南叁 146、千唐 1046］

3981 李弼咸墓誌［743 天寶二年十一月　藏石 80］

3982 王思静墓誌［743 天寶二年十一月　趙耀輝《青少年書法》2017.10］

3983 魯君妻宋氏墓誌［743 天寶二年十一月　流散續 156、蒐三 456］

3984 姜昂墓誌［743 天寶二年十二月　浙大］

3985 宋裕墓誌［743 天寶二年十二月　補千 190、河南叁 147、千唐 1049］

3986 張洪墓碣［743 天寶二年十二月　蒐佚 506］

3987 李君墓誌［744 天寶二年十二月　蒐續 540］

3988 李休伯墓誌［744 天寶二年十二月　補千 191、河南叁 148、千唐 1050］

3989 史曜墓誌［744 天寶二年十二月　補六 70、陝貳補 21］

3990 韓洪妻崔氏墓誌［744 天寶二年十二月　崔氏 762］

3991 李慈暉墓誌［744 天寶三載正月　邙洛 164］

3992 田思順妻李氏墓誌［744 天寶三載正月　補八 42、河洛 259、洛新續 136、龍門 213］

3993 許澄墓誌［744 天寶三載正月　補八 389、河洛 260、洛新續 137］

3994 李希敻墓誌［744 天寶三載二月　蒐佚 507、西市 246］

3995 馮義墓誌［744 天寶三載二月　大全長子 21］

3996 楊忠梗墓誌［744 天寶三載二月　補八 43、河洛 261、洛新續 138、百種 176］

3997 裴晃妻盧氏墓誌［744 天寶三載二月　碑林續 99］

3998 李詠墓誌［744 天寶三載閏二月　新獲 202、流散續 157、蒐三 458］

3999 李濛墓誌［744 天寶三載閏二月　補千 192、河南叁 149、千唐 1053］

4000 徐君墓誌［744 天寶三載閏二月卒　寧波 49］

4001 裴仙先墓誌［744 天寶三載閏二月　葛承雍《唐研究》5、補八 44］

4002 長孫君墓誌［744 天寶三載閏二月　浙大］

4003 盧岫妻李氏墓誌［744 天寶三載閏二月　流散 159、蒐續 541］

4004 温江石墓誌［744 天寶三載三月　補八 388、陝參 64、陝萃 674］

4005 張君墓誌［744 天寶三載三月　浙大］

4006 韋鑾墓誌［744 天寶三載三月　金石 77、集釋 35、詩人 243］

4007 白婆奴墓誌［744 天寶三載三月　浙大］

4008 薛襄妻王晉墓誌［744 天寶三載四月　補千 193、千唐 1054］

4009 劉元適墓誌［744 天寶三載四月　補千 194、河南參 150、千唐 1055］

4010 李漢墓誌［744 天寶三載四月　大全屯留 15］

4011 李君妻何氏墓誌［744 天寶三載四月　長新 168、長碑 109］

4012 李元則墓誌［744 天寶三載四月　碑林彙 178］

4013 李綱墓誌［744 天寶三載五月　蒐續 542］

4014 廉察墓誌［744 天寶三載五月　蒐續 543］

4015 許惟新墓誌［744 天寶三載五月　補千 195、千唐 1056］

4016 劉元貞墓誌［744 天寶三載五月　補千 196、千唐 1057］

4017 李先墓誌［744 天寶三載六月　補八 46、百種 178］

4018 韋韞妻源端墓誌［744 天寶三載六月　補五 374、陝貳 107、碑林彙 179］

4019 皇甫札墓誌［744 天寶三載六月　蒐續 544］

4020 韋咸妻劉氏墓誌［744 天寶三載六月　集萃 53、西南匯 149、陝唐 86］

4021 元黄中墓誌［744 天寶三載六月　蒐續 545、流散續 158］

4022 鮑冲墓誌［744 天寶三載七月　碑林彙 180］

4023 韋長卿墓誌［744 天寶三載七月　長新 170、長碑 110］

4024 王承鼎墓誌［744 天寶三載七月　補八 389、河洛 262、洛新續 139］

4025 元乘寶墓誌［744 天寶三載七月　流散續 159］

4026 高樂墓誌［744 天寶三載七月　陝肆 147］

4027 張賓墓誌［744 天寶三載七月　蒐佚 508、陝博 29］

4028 崔光墓誌［744 天寶三載七月　蒐續 546］

4029 牛景墓誌［744 天寶三載八月　蒐續 547、牛氏 284］

4030 智君妻孟氏墓誌［744 天寶三載八月　蒐續 548］

4031 李韶墓誌［744 天寶三載八月　蒐佚 509］

4032 宋恕妻劉氏墓誌［744 天寶三載八月　邙洛 166、百種 180、龍門 215］

4033 王元謙墓誌［744 天寶三載八月　西南 157］

4034 竹通達墓誌［744 天寶三載八月　陝唐 87］

4035 崔君妻李氏墓誌［744 天寶三載八月　蒐續 549、流散續 160］

4036 崔晙女崔十七娘墓誌［744 天寶三載九月　補八 390、河洛 263、洛新續 140］

4037 韋正己墓誌［744 天寶三載九月　補八 390、補九 452、碑林彙 181、長碑 463］

4038 牛守墓誌［744 天寶三載十月　牛氏 387］

4078 武汲墓誌［745 天寶四載七月　浙大］

4079 杜守立墓誌［745 天寶四載七月　碑林續 102］

4080 段君妻房氏墓誌［745 天寶四載七月　補千 201、河南叁 153、千唐 1071］

4081 盧之翰妻韋氏墓誌［745 天寶四載八月　補七 51、長新 172、長碑 111、陝叁 65、鳳
　　栖 326、陝萃 678］

4082 蘇彥伯墓誌［745 天寶四載八月　蒐三 463］

4083 王君墓誌［745 天寶四載八月　集萃 55、西南匯 151］

4084 王元固墓誌［745 天寶四載八月　邙洛 167］

4085 張君墓誌［745 天寶四載八月　蒐續 554、西南 158、蒐三 462］

4086 羊荆璧墓誌［745 天寶四載八月　補九 452、分類 80、曲阜一 86］

4087 馬挺墓誌［745 天寶四載九月卒　蒐佚 515、詩人 174］

4088 薛取墓誌［745 天寶四載十月　龍門 501、七朝 243、蒐續 555］

4089 武師墓誌［745 天寶四載十月　安陽古碑 53］

4090 蕭希仲及妻李氏墓誌［745 天寶四載十月　新獲 204、流散續 164、蒐三 464］

4091 崔尚墓誌［745 天寶四載十月　釋録 107、補九 364、百種 184、龍門 219、詩人 172］

4092 高遠望墓誌［745 天寶四載十月　補八 47、河洛 268、洛新續 141、少民 315、民族
　　249］

4093 寇南容墓誌［745 天寶四載十月　蒐佚 511、流散 163］

4094 劉素及妻賈氏墓誌［745 天寶四載十月　北大 04267］

4095 宋和仲墓誌［745 天寶四載十月　精粹 37、流散 162、蒐續 556、新獲 205］

4096 俞仁玩墓誌［745 天寶四載十月　河洛 269、七朝 244、西市 249］

4097 曹冲進墓誌［745 天寶四載十月　蒐佚 512］

4098 韓履霜墓誌［745 天寶四載十月　河洛 270、龍門 502］

4099 張珽及妻王氏許氏墓誌［745 天寶四載十月　流散續 165、蒐三 465］

4100 裴君妻崔氏墓誌［745 天寶四載十月　北大 04271、浙大］

4101 成仁墓誌［745 天寶四載十月　流散 164、蒐續 557］

4102 韓南盛墓誌［745 天寶四載十月　李鳳艷《唐史論叢》29］

4103 桓臣範妻許高陽墓誌［745 天寶四載十月　補千 202、千唐 1078］

4104 蔣凡墓誌［745 天寶四載十月　安陽 43、西南匯 152］

4105 雷君妻宋氏墓誌［745 天寶四載十月　補三 79、碑林 80-2807、陝貳 113、補編
　　444、獻縣 25、國博 154］

4106 裴子餘墓誌［745 天寶四載十月　蒐續 558、流散續 166］

4107 唐不占墓誌［745 天寶四載十月　河洛 272、龍門 220、西市 250］

4108 王暉妻李正一墓誌［745 天寶四載十月　陝肆 149］

4109 王利賓墓誌［745 天寶四載十月　北大 04276、浙大］

4110 王寧貞墓誌［745 天寶四載十月　北大 04280］

4111 陽修己墓誌［745 天寶四載十月　河洛 271、百種 186、七朝 245、詩人 175］

4112 楊湑墓誌［745 天寶四載十月　蒐三 466］

4113 楊洪素墓誌［745 天寶四載十月　榆林 57、補八 391、陝叁 66］

4114 張歸香墓誌［745 天寶四載十月　河南省文物考古研究院《中原文物》2021.4］

4115 張亮墓誌［745 天寶四載十月　榆林 56、補八 391、陝叁 67、陝萃 682］

4116 張望墓誌［745 天寶四載十月　北大 04288、浙大］

4117 梁奉先墓誌［745 天寶四載十月　補千 199、河南叁 154、千唐 1074］

4118 崔君妻柳瑗墓誌［745 天寶四載十一月　河洛 273、龍門 221］

4119 鄭濟妻李氏墓誌［745 天寶四載十一月　藏石 81］

4120 韓子儀墓誌［745 天寶四載十一月　蒐續 559］

4121 鄭曜墓誌［745 天寶四載十一月　蒐佚 513、七朝 246、駕鴦 95］

4122 鮑脩及妻陳氏墓誌［745 天寶四載十一月　浙大］

4123 竇旰墓誌［745 天寶四載十一月　陝肆 150］

4124 范楷墓誌［745 天寶四載十一月　白銀 3］

4125 敬奉墓誌［745 天寶四載十一月　榆林 58、補八 392、陝叁 68］

4126 盧子墓誌［745 天寶四載十一月　大全襄垣 49］

4127 王君墓誌［745 天寶四載十一月　浙大］

4128 王朗墓誌［745 天寶四載十一月　北大 04293］

4129 元賢墓誌［745 天寶四載十一月　北大 04294、浙大］

4130 崔晞墓誌［745 天寶四載十一月　補千 203、河南叁 155、千唐 1080］

4131 孟冲墓誌［745 天寶四載十一月　汾陽 44、大全汾陽 67］

4132 李崇默墓誌［746 天寶四載十二月　偃師 176、散存 311、墨影 59］

4133 李景舒墓誌［746 天寶四載十二月　蒐佚 514、七朝 247、流散 165］

4134 鄭勛墓誌［746 天寶四載十二月　西市 251］

4135 于齊墓誌［746 天寶四載十二月　流散續 167、蒐三 467］

4136 孟泰妻李普慈墓誌［746 天寶四載十二月　蒐續 560］

4137 陳居墓誌［746 天寶四載十二月　補八 49、河洛 274、洛新續 142］

4138 王大器妻盧氏墓誌［天寶四載　流散續 168］

4139 劉思賢玄堂記［746 天寶五載正月　西市 252］

4140 徐惲墓誌［746 天寶五載正月　補八 392、河洛 275、洛新續 143、百種 188、龍門
　　223、駕鴦 99］

4141 高延祚墓誌［746 天寶五載二月　流散續 169、蒐三 468］

4142 李芬墓誌［746 天寶五載二月　邙洛 168、西市 253］

4143 孫君妻郭氏墓誌［746 天寶五載二月　北大 04302、浙大］

4144 騫君妻鄭氏墓誌［746 天寶五載二月　補三 80、陝貳補 22］

4145 楊氏墓誌［746 天寶五載二月　鄭州市文物考古研究院《文物春秋》2013.2］

4146 郝四墓誌［746 天寶五載三月　碑林彙 183］

4147 蕭君妻盧順墓誌［746 天寶五載三月　蒐佚 516］

4148 楊惠墓誌［746 天寶五載四月　補八 50、碑林彙 184、長碑 465］

4149 楊曉墓誌［746 天寶五載四月　新獲 206、西南匯 153、蒐三 469］

4150 柏道墓誌［746 天寶五載四月　安豐 421］

4151 郭峇墓誌［746 天寶五載五月　補千 204、千唐 1083］

4152 劉同墓誌［746 天寶五載五月　流散 167、蒐續 561、新獲 207］

4153 魏兼愛墓誌［746 天寶五載五月　蒐佚 517、七朝 248、流散 166］

4154 翟守懿及翟知墓誌［746 天寶五載五月　新獲 208］

4155 李混妻仇氏墓誌［746 天寶五載六月　蒐續 562］

4156 趙無瑕墓誌［746 天寶五載七月　北大 04312、浙大］

4157 楊茂林墓誌［746 天寶五載七月　北大 04313、浙大］

4158 程承寂墓誌［746 天寶五載八月　補千 204、河南叁 156、涼州 683、千唐 1084］

4159 胡守真墓誌［746 天寶五載九月　國圖］

4160 李思元墓誌［746 天寶五載九月　大荔 8］

4161 □君墓誌［746 天寶五載十月　河南貳補遺 3］

4162 趙弘慶墓誌［746 天寶五載閏十月　蒐佚 518、西市 254］

4163 崔璇及妻王上意墓誌［746 天寶五載閏十月　蒐佚 519、流散 168］

4164 邵承鼎妻王婉墓誌［746 天寶五載閏十月　蒐佚 520、西市 255］

4165 袁梵仙墓誌［746 天寶五載閏十月　補千 205、河南叁 157、千唐 1085］

4166 柳國子墓誌［746 天寶五載十一月　蒐三 470］

4167 史瓘妻薛氏墓誌［747 天寶五載十一月　蒐佚 521、駕鴦 105、西南匯 154］

4168 郭山松墓誌［747 天寶五載十一月　龍門 225、蒐佚 522］

4169 張文度墓誌［747 天寶五載十一月　大全左權 7］

4170 鄭沼妻李鵬墓誌［747 天寶五載十二月　補千 206、河南叁 158、千唐 1086］

4171 劉君妻韋氏墓誌［747 天寶五載十二月　補千 206、河南叁 159、千唐 1087］

4172 柳芬墓誌［747 天寶六載正月卒　蒐三 479］

4173 田償墓誌［747 天寶六載正月　百品 77］

4174 藺元亮墓誌［747 天寶六載正月　補六 434、碑林 80-2821、陝貳 115］

4175 獨孤大隱墓誌［747 天寶六載二月　蒐三 472］

4176 盧見墓誌［747 天寶六載二月　流散 170、蒐續 563］

4177 盧君妻鄭氏墓誌［747 天寶六載二月　流散續 170、蒐三 471］

4178 裴智墓誌［747 天寶六載二月　龍門 503、蒐佚 523、七朝 249、絲路 122］

4179 辛越石墓誌［747 天寶六載二月　蒐三 473］

4180 元大謙妻羅婉順墓誌［747 天寶六載二月　陝西省考古研究院《考古與文物》2021.2、元氏 46］

4181 張思暕墓誌［747 天寶六載二月　補八 394、國圖］

4182 張思九及妻胡氏墓誌［747 天寶六載二月　西安市文物保護考古研究院《中原文物》2021.3］

4183 崔履素墓誌［747 天寶六載二月　崔氏 727］

4184 崔寔墓誌［747 天寶六載二月　大全屯留 16］

4185 竇誠盈墓誌［747 天寶六載二月　流散 169、蒐續 564、菁華續 185］

4186 盧泌墓誌［747 天寶六載二月　蒐三 474］

4187 王玘墓誌［747 天寶六載二月　蒐佚 524］

4188 崔絳墓誌［747 天寶六載二月　蒐佚 525、流散續 171］

4189 裴少烈墓誌［747 天寶六載二月　龍門 504］

4190 趙明墓誌［747 天寶六載三月　補八 394］

4191 魏慶墓誌［747 天寶六載四月　蒐佚 526］

4192 辛到年墓誌［747 天寶六載四月　安陽 44、西南匯 155］

4193 馮復墓誌［747 天寶六載五月　補千 207、千唐 1091］

4194 馮忻墓誌［747 天寶六載五月　補八 50、河洛 276、洛新續 144］

4195 韋懋墓誌［747 天寶六載五月　蒐三 475］

4196 白守忠及妻龍氏墓誌［747 天寶六載七月　陝肆 151］

4197 程玄封墓誌［747 天寶六載七月　補八 51、河洛 277、洛新續 145、百種 190、涼州 686］

4198 達奚珣妻寇氏墓誌［747 天寶六載七月　蒐三 476、藏石 82］

4199 韓敬嶠妻王氏墓誌［747 天寶六載七月　高陽原 73］

4200 盧均芳墓誌［747 天寶六載七月　補千 208、千唐 1092］

4201 盧首賓墓誌［747 天寶六載七月　補千 209、河南叁 160、千唐 1093］

4202 王翹墓誌［747 天寶六載七月　陝唐 89］

4203 臧一墓誌［747 天寶六載七月　榆林 59、補八 395、陝叁 69、陝萃 690］

4204 張義之妻阿史那氏墓誌［747 天寶六載七月　散存 313］

4205 張歡妻盧氏墓誌［747 天寶六載七月　北大 04343、浙大］

4206 長孫君妻楊氏墓誌［747 天寶六載七月　浙大］

4207 石德墓誌［747 天寶六載八月　晉陽 269］

4208 趙承明墓誌［747 天寶六載八月　唐品 15］

4209 崔懷珍墓誌［747 天寶六載八月　涼州 78］

4210 蔡君妻武氏墓誌［747 天寶六載十月　榆林 60、補八 395、陝叁 70、陝萃 692］

4211 王承宗墓誌［747 天寶六載十月　西南匯 156、蒐三 477］

4212 張搏妻崔氏墓誌［747 天寶六載十月　蒐三 478］

4213 王晉墓誌［747 天寶六載十月　邙洛 169］

4214 裴思簡妻李氏墓誌［747 天寶六載十月　蒐佚 527］

4215 藥元墓誌［747 天寶六載十月　榆林 61、補八 396、陝叁 71、陝萃 694］

4216 崔意墓誌［747 天寶六載十月　崔氏 621］

4217 牛義墓誌［747 天寶六載十月　牛氏 260］

4218 王方墓誌［747 天寶六載十一月　安豐 423］

4219 吳翰墓誌［747 天寶六載十一月　蒐佚 528］

4220 趙臣禮墓誌［747 天寶六載十一月　補千 210、千唐 1095］

4221 裴系墓誌［747 天寶六載十一月　王木鐸《書法》2021.3］

4222 宋期墓誌［747 天寶六載十一月　大全襄垣 50］

4223 蕭思訥墓誌［747 天寶六載十一月　蒐續 565］

4224 侯法懲墓誌［747 天寶六載十一月　汾陽 46、大全汾陽 68］

4225 李清墓誌［748 天寶六載十二月　補九 453］

4226 陸萬昭墓誌［天寶六載　補七 505、磚刻 1193、昆山 1］

4227 雍元墓誌［天寶六載　北大 04355］

4228 李景獻墓誌［748 天寶七載正月　補九 365、萊山 124、千唐 1096］

4229 淳于簡及妻張氏墓誌［748 天寶七載正月　蒐佚 529、七朝 250、民族 252］

4230 李臣墓誌［748 天寶七載正月　榆林 62、補八 396、陝叄 72］

4231 盧洞墓誌［748 天寶七載正月　蒐佚 530、流散 171］

4232 萬利器墓誌［748 天寶七載正月　蒐佚 569、陝博 30］

4233 李悌墓誌［748 天寶七載正月　西市 256］

4234 辛崇禮墓誌［748 天寶七載正月　大全孝義 11］

4235 鄭君妻崔從明墓誌［748 天寶七載正月　高陽原 74］

4236 張覺墓誌［748 天寶七載二月　晉城 4、大全城區 13］

4237 蘇君妻陶氏墓誌［748 天寶七載二月　蒐佚 531］

4238 程愨墓誌［748 天寶七載三月　蒐三 480］

4239 王思墓誌［748 天寶七載三月　西市 258］

4240 許蕭之墓誌［748 天寶七載三月　河洛 278、西市 257］

4241 梁秀墓誌［748 天寶七載三月　大同 6、大全南郊 31］

4242 蕭諒墓誌［748 天寶七載三月　流散 173、蒐續 566］

4243 王君妻長孫波若智墓誌［748 天寶七載四月　流散續 172］

4244 趙遊禮墓誌［748 天寶七載四月　蒐續 567］

4245 吳茂先墓誌［748 天寶七載四月　國圖］

4246 楊意德墓誌［748 天寶七載四月　河洛 279、龍門 227、七朝 251］

4247 張具瞻墓誌［748 天寶七載五月　蒐佚 532、七朝 252、鴛鴦 107］

4248 侯知什墓誌［748 天寶七載五月　蒐佚 533］

4249 韋玄泰墓誌［748 天寶七載五月　陝肆 152］

4250 李詢會墓誌［748 天寶七載五月　通州 15、蒐佚 534］

4251 柳子貢墓誌［748 天寶七載五月　碑林續 103］

4252 苗嗣宗墓誌［748 天寶七載五月　補千 212、千唐 1100］

4253 宋昭暕墓誌［748 天寶七載五月　北大 04369］

4254 薛崇允妻李氏墓誌［748 天寶七載五月　蒐三 481］

4255 鄭鼎墓誌［748 天寶七載五月　蒐續 568］

4256 侯懷慎妻許氏墓誌［748 天寶七載六月　補八 397、補編 1878、磚刻 1194、蘇博 7］

4257 巖和尚墓誌［748 天寶七載六月　河洛 280、百種 194、龍門 228、七朝 253、珍稀 53、僧尼 164］

4258 李璲墓誌［748 天寶七載七月　長新 174、長碑 112］

4259 柳從俗墓誌［748 天寶七載七月　流散續 173、蒐三 482］

4260 辛君妻楊氏墓誌［748 天寶七載七月　補八 397］

4261 韋彬墓誌［748 天寶七載七月　釋錄 261、補九 453］

4262 李雲卿墓誌［748 天寶七載七月　釋錄 257、補九 366］

4263 崔君妻盧氏墓誌［748 天寶七載九月　蒐佚 535］

4264 何昌系妻崔氏墓誌［748 天寶七載十月　邙洛 171］

4265 元忠墓誌［748 天寶七載十月　北大 04378、浙大］

4266 白君妻陳氏墓誌［748 天寶七載十月　碑林續 104、蒐續 569］

4267 夫元墓誌［748 天寶七載十月　安陽 60］

4268 王守忠墓誌［748 天寶七載十月　蒐續 570、珍稀 54、西南 159］

4269 張君墓誌［748 天寶七載十月　藏石 84］

4270 賈福謙墓誌［748 天寶七載十月　邙洛 172、龍門 506、七朝 256、唐品 19］

4271 豆盧玥墓誌［748 天寶七載十月　補編 2423］

4272 高明俊墓誌［748 天寶七載十月　西南匯 157］

4273 郭威墓誌［748 天寶七載十月　汾陽 48、大全汾陽 70］

4274 李順矩墓誌［748 天寶七載十月　段志凌《碑林集刊》18］

4275 韓休妻柳氏墓誌［748 天寶七載十一月　陝博 31、陝新 69、西南匯 158、百品 78、
　　詩人 162］

4276 郭福該墓誌［748 天寶七載十一月　補千 213、河南叁 161、千唐 1104］

4277 任進及七代祖孫墓誌［748 天寶七載十一月　蒐佚 536、七朝 254、陝博 32］

4278 辛景祚墓誌［748 天寶七載十一月　補編 1878］

4279 盧英哲墓誌［748 天寶七載十一月　蒐續 571］

4280 褚庭詢墓誌［748 天寶七載十一月　蒐佚 539、七朝 255、流散 174］

4281 崔漣墓誌［748 天寶七載十一月　流散 176、蒐續 572、僧尼 166］

4282 崔思行墓誌［748 天寶七載十一月　補千 213、河南叁 162、千唐 1105］

4283 崔絢妻李氏墓誌［748 天寶七載十一月　洛新 61、補六 436］

4284 吉隱墓誌［748 天寶七載十一月　蒐佚 538、西南匯 159］

4285 盧竦墓誌［748 天寶七載十一月　補八 53、洛新續 146、龍門 229］

4286 韋獻墓誌［748 天寶七載十一月　西南匯 160］

4287 于峻墓誌［748 天寶七載十一月　邙洛 173、少民 7］

4288 元琰墓誌［748 天寶七載十一月　蒐佚 537、流散 175］

4289 杜暄墓誌［748 天寶七載十一月　邙洛 174、補八 55、河洛 281、洛新續 147、龍門
　　230］

4290 李訥（嗣韓王）妃杜氏墓誌［748 天寶七載十一月　補三 84、陝貳 123］

4291 苗良瓊墓誌［748 天寶七載十一月　蒐佚 540］

4292 鉗耳君妻薛氏墓誌［748 天寶七載十一月　補千 214、河南叁 163、羌族 137、千唐
　　1106］

4293 鄭季遠墓誌［748 天寶七載十一月　蒐續 573］

4294 竇銓墓誌［748 天寶七載十二月　補千 215、河南叁 164、千唐 1110］

4295 桓執珪墓誌［748 天寶七載十二月　高陽原 75、民族 253］

4296 蔣邵墓誌［748 天寶七載十二月　蒐續 574］

4297 陽承訓墓誌［748 天寶七載十二月　珍稀 55、新獲 209、西南匯 161］

4298 元思福墓誌［748 天寶七載十二月　浙大］

4299 李忠墓誌［749 天寶七載十二月　北大 04404、浙大］

4300 史瑾墓誌［749 天寶七載十二月　少民 191、絲綢 137、蒐佚 541、鴛鴦 103、民族

255]

4301 尹思儀墓誌［749 天寶七載十二月　流散續 174］

4302 劉元貞妻王氏墓誌［749 天寶七載十二月　補千 215、千唐 1111］

4303 宋琇墓誌［天寶七載　西市 259］

4304 崔瑒墓誌［749 天寶八載正月　龍門 232、蒐佚 542］

4305 李君墓誌［749 天寶八載二月　浙大］

4306 耿重琇墓誌［749 天寶八載二月　交大 97］

4307 董晉及妻樂氏墓誌［749 天寶八載二月　河南貳 276］

4308 韋衢墓誌［749 天寶八載二月　補八 398、河洛 282、洛新續 148、凉州 690］

4309 崔君妻劉氏墓誌［749 天寶八載二月　蒐三 483］

4310 陳晃墓誌［749 天寶八載三月　河洛 283、龍門 507］

4311 裴志墓誌［749 天寶八載三月　邙洛 175、補千 216、河南参 165、千唐 1112］

4312 裴悁妻皇甫彼岸安葬銘［749 天寶八載四月　蒐三 484］

4313 趙庄墓誌［749 天寶八載四月　補千 217、千唐 1113］

4314 李孝禕墓誌［749 天寶八載五月　邙洛 176］

4315 王泰墓誌［749 天寶八載五月　孫琪《書法》2021.7］

4316 殷咸宜墓誌［749 天寶八載六月　蒐佚 543］

4317 李旻妻裴氏墓誌［749 天寶八載六月　流散 177、蒐續 575］

4318 李夷吾墓誌［749 天寶八載六月　河洛 291、西市 260］

4319 源君妻盧氏墓誌［749 天寶八載七月　集萃 56］

4320 李華妻崔絢墓誌［749 天寶八載八月　補八 399、河洛 284、洛新續 149］

4321 魏惠奴墓誌［749 天寶八載八月　長新 176、長碑 114］

4322 楊真一（淑妃）墓誌［749 天寶八載八月　新獲 210、菁華續 186、唐品 43、蒐三 486］

4323 姚彝妻李媛墓誌［749 天寶八載八月　蒐續 576］

4324 趙方仁墓誌［749 天寶八載八月　蒐佚 544］

4325 蘇德宏墓誌［749 天寶八載九月　邙洛 177、龍門 508］

4326 王君妻樊氏墓誌［749 天寶八載十月　張馳《青少年書法》2020.10］

4327 薛維翰墓誌［749 天寶八載十月　蒐佚 545］

4328 沈君妻來三乘墓誌［749 天寶八載十一月　河洛 285］

4329 王季昌墓誌［749 天寶八載十一月　邙洛 178］

4330 柳晉墓誌［749 天寶八載十一月　藏石 85］

4331 來義暉墓誌［749 天寶八載十一月　河洛 286］

4332 許瑩墓誌［750 天寶八載十一月　北大 04429］

4333 秦琛墓誌［750 天寶八載十二月　北大 04430、國圖、浙大］

4334 王君妻孫氏墓誌［750 天寶八載十二月　北大 04431、國圖］

4335 張君墓誌［天寶八載　河南省文物考古研究所《華夏考古》2005.4］

4336 李杲墓誌［750 天寶九載正月　蒐續 577］

4337 李齊之墓誌［750 天寶九載正月　新獲 211、菁華續 187］

4375 張整妻魏氏墓誌［750 天寶九載八月　北大 04447、浙大］

4376 王氏墓誌［750 天寶九載八月　陝新 70］

4377 郭忠墓誌［750 天寶九載十月　北大 04451］

4378 劉二娘墓誌［750 天寶九載十月　安陽 45、西南匯 164、墨影 61］

4379 陳思禮墓誌［750 天寶九載十一月　蒐佚 549、七朝 258、陝博 33］

4380 李春卿墓誌［750 天寶九載十一月　新獲 212、蒐三 489］

4381 郭哲墓誌［750 天寶九載十一月　北大 04455］

4382 郭液妻李氏（壽光公主）墓誌［750 天寶九載十一月　郭海文《唐史論叢》20、《西安交通大學學報》2021.1］

4383 馬謙墓誌［750 天寶九載十一月　蒐續 580］

4384 任莊墓誌［750 天寶九載十一月　汾陽 50、大全汾陽 71］

4385 韋嘉賓墓誌［750 天寶九載十一月　北大 04458］

4386 韋英墓誌［750 天寶九載十一月　補九 371、碑林彙 189］

4387 楊守慎妻張氏墓誌［750 天寶九載十一月　陝肆 154］

4388 鄭琇墓誌［750 天寶九載十一月　杏園 283、補八 58］

4389 杜昌墓誌［750 天寶九載十一月　蒐佚 550、集萃 58］

4390 李梗墓誌［750 天寶九載十一月　陝唐 91］

4391 李全禮墓誌［750 天寶九載十一月　杏園 288、補八 59］

4392 李他仁墓誌［750 天寶九載十一月　大全屯留 17］

4393 秦客墓誌［750 天寶九載十一月　蒐佚 551］

4394 任約墓誌［750 天寶九載十一月　大全平遥 29］

4395 鄭齊望墓誌［750 天寶九載十一月　邙洛 181、補千 218、百種 192、千唐 1127］

4396 崔晟墓誌［751 天寶九載十一月　崔氏 54、浙大］

4397 孔克敵及妻徐氏墓誌［751 天寶九載十一月　蒐續 581］

4398 常庭賓妻史金墓誌［751 天寶九載十二月　陝唐 92］

4399 徐君妻楊慈力墓誌［751 天寶九載十二月　邙洛 182、龍門 236］

4400 李翁墓誌［751 天寶九載十二月　北大 04465］

4401 許黄墓誌［751 天寶九載十二月　郭立《文物》2021.5］

4402 李璵墓誌［751 天寶九載十二月　蒐三 490］

4403 秦奉珪墓誌［751 天寶九載十二月　集萃 59］

4404 盧夷甫妻崔淑墓誌［751 天寶九載十二月　蒐三 491］

4405 張仁墓誌［751 天寶九載十二月　浙大］

4406 韋承光墓誌［751 天寶九載十二月　蒐佚 552］

4407 安君妻宇文八娘墓誌［天寶九載　陝目一 307］

4408 楊氏墓誌［751 天寶十載正月　蒐佚 553］

4409 王君妻李大娘墓誌［751 天寶十載正月　安陽 46、西南匯 168］

4410 盧藏用妻鄭冲墓誌［751 天寶十載正月　補千 219、河南叁 167、千唐 1129］

4411 平君妻韋氏墓誌［751 天寶十載二月　偃師 183］

4412 王仙墓誌［751 天寶十載二月　張維慎《文博》2022.5］

4413 張大振墓誌 [751 天寶十載二月　補千 220、河南叁 168、千唐 1130]

4414 張摶墓誌 [751 天寶十載二月　蒐三 492]

4415 劉仲獎妻李氏墓誌 [751 天寶十載二月　張馳《青少年書法》2018.5]

4416 慕容輪墓誌 [751 天寶十載二月　王國玉《書法叢刊》2018.4、涼州 696]

4417 任福墓誌 [751 天寶十載二月　汾陽 52、大全汾陽 72]

4418 任威墓誌 [751 天寶十載二月　汾陽 54、大全汾陽 73]

4419 徐道墓誌 [751 天寶十載二月　安陽古碑 54、蒐佚 555]

4420 趙君妻柳氏墓誌 [751 天寶十載二月　蒐佚 554]

4421 耿長墓誌 [751 天寶十載二月　蒐三 493]

4422 高氏墓誌 [751 天寶十載二月　陝肆 155]

4423 袁崇義墓誌 [751 天寶十載三月　蒐佚 556]

4424 陸捷墓誌 [751 天寶十載三月　邙洛 183、補八 60、洛新續 151、少民 244]

4425 楊歡憘藏墓誌 [751 天寶十載三月　流散 179、蒐續 582]

4426 王思誨墓誌 [751 天寶十載三月　北大 04477、浙大]

4427 安思温及妻史氏墓誌 [751 天寶十載四月　補千 221、河南叁 169、少民 221、絲綢 124、散存 318、民族 258、千唐 1132]

4428 李君妻杜持行墓誌 [751 天寶十載四月　碑林續 105、西南匯 165]

4429 張君妻韋氏墓誌 [751 天寶十載四月　蒐佚 557]

4430 □閏墓誌 [751 天寶十載四月　西市 263]

4431 杜暄墓誌 [751 天寶十載四月　補八 61、河洛 292、洛新續 152、百種 202、龍門 237]

4432 崔遜墓誌 [751 天寶十載四月　蒐佚 558、西市 264]

4433 常談墓誌 [751 天寶十載四月　北大 04484]

4434 呂知什墓誌 [751 天寶十載五月　補千 221、河南叁 170、千唐 1134]

4435 裴擇妻靳氏墓誌 [751 天寶十載五月　流散 180、蒐續 608]

4436 許仲昇墓誌 [天寶十載五月　明大 16]

4437 魏□文墓誌 [751 天寶十載七月　朝陽 157]

4438 柳君妻高氏墓誌 [751 天寶十載七月　補千 222、河南叁 171、千唐 1135]

4439 徐浚墓誌 [751 天寶十載八月　邙洛 184、補八 62、洛新續 153、百種 204、龍門 510、詩人 194]

4440 權均墓誌 [751 天寶十載八月卒　補千 222、河南叁 172、千唐 1136]

4441 竇誠盈妻蘇氏墓誌 [751 天寶十載八月　流散 181、蒐續 583、菁華續 188]

4442 侯光庭墓誌 [751 天寶十載八月　藏石 87]

4443 陸振墓誌 [751 天寶十載九月　補五 391、碑林 81-2898、陝貳 131]

4444 程道初墓誌 [751 天寶十載九月　北大 04494、浙大]

4445 張金剛妻李氏墓誌 [751 天寶十載九月　陝肆 156]

4446 徐履道墓誌 [751 天寶十載十月　蒐續 584]

4447 楊仲嗣墓誌 [751 天寶十載十月　河南貳 314]

4448 李萱墓誌 [751 天寶十載十月　蒐續 585、涼州 698]

4449 劉君妻韋氏墓誌［751 天寶十載十月　流散續 179］

4450 皇甫悦墓誌［751 天寶十載十月　高陽原 76、民族 259］

4451 崔翹墓誌［750 天寶十載十月　《書法叢刊》2006.2、補九 368、詩人 189］

4452 崔同妻盧談墓誌［751 天寶十載十月　邙洛 185、釋錄 268、補九 367、龍門 238］

4453 竇希珩墓誌［751 天寶十載十月　王瑞芳《敦煌學輯刊》2017.4］

4454 田仁亮墓誌［751 天寶十載十月　浙大］

4455 楊文墓誌［751 天寶十載十月　西南 160］

4456 樊行淹妻孫四娘墓誌［751 天寶十載十月　碑林續 106、蒐續 586、西南 161］

4457 郭思愛墓誌［751 天寶十載十月　大全汾陽 75］

4458 賈勵言墓誌［751 天寶十載十月　北大 04498、浙大］

4459 梁暊墓誌［751 天寶十載十月　陝肆 153］

4460 盧溉妻李氏墓誌［751 天寶十載十月　流散 183］

4461 盧景初墓誌［751 天寶十載十月　流散 182、蒐續 587］

4462 盧朓墓誌［751 天寶十載十月　蒐佚 559、西市 265］

4463 明暹妻嚴挺之墓誌［751 天寶十載十月　新獲 213、流散續 180、西南匯 166］

4464 權崇墓誌［751 天寶十載十月　丁勇《内蒙古文物考古》2001.1］

4465 裴遵裕墓誌［751 天寶十載十月　補千 223、千唐 1139］

4466 王思微墓誌［751 天寶十載十月　蒐三 494、墨影 64］

4467 楊瑾墓誌［751 天寶十載十月　張弛《青少年書法》2019.9］

4468 張庭珪墓誌［751 天寶十載十月　匯編洛陽 11-163、洛新 66、補五 30、補編 629、
　　龍門 239、琬琰 36］

4469 張知仁墓誌［751 天寶十載十月　碑林續 107］

4470 張子漸墓誌［751 天寶十載十月　劉强《文博》2016.2］

4471 韋弘妻盧氏墓碣［751 天寶十載十月　七朝 259、蒐續 588］

4472 鄭濟墓誌［751 天寶十載十月　藏石 88］

4473 裴惓妻皇甫彼岸墓誌［751 天寶十載十月　蒐三 485］

4474 浩志仙墓誌［751 天寶十載十一月　浙大］

4475 龐昊墓誌［751 天寶十載十一月　浙大］

4476 崔藏之墓誌［751 天寶十載十一月　補千 224、菁華 134、河南叁 173、新安 13、散
　　存 324、千唐 1143］

4477 崔景祥墓誌［751 天寶十載十一月　蒐三 495］

4478 杜壯楯墓誌［751 天寶十載十一月　流散 184］

4479 龐克廉墓誌［751 天寶十載十一月　北大 04505、浙大］

4480 項法墓誌［751 天寶十載十一月　濟南 36］

4481 楊玠墓誌［751 天寶十載十一月　蒐續 589、西南匯 167］

4482 楊柔及妻李氏墓誌［751 天寶十載十一月　補八 400、補千 223、洛新續 154、龍門
　　240、千唐 1142］

4483 藥元墓誌［751 天寶十載十一月　北大 04511］

4484 趙連城墓誌［751 天寶十載十一月　北大 04510］

4560 劉君妻獨孤氏墓誌［753 天寶十二載二月　河洛 303、少民 290、七朝 264］

4561 尹中庸妻李琰墓誌［753 天寶十二載二月　碑林續 108、蒐續 596］

4562 趙暕墓誌［753 天寶十二載三月　補千 227、千唐 1161］

4563 王君妻姚氏墓誌［753 天寶十二載三月　蒐續 597］

4564 韓君妻馬花嚴墓誌［753 天寶十二載三月　安陽 48］

4565 崔澣墓誌［753 天寶十二載四月　鄭州 156］

4566 姚闓墓誌［753 天寶十二載四月　蒐佚 567、唐品 21］

4567 杜爽墓誌［753 天寶十二載四月　大全襄汾 27］

4568 竇叔向妻袁氏墓誌［753 天寶十二載五月　河洛 297、龍門 245］

4569 孫欽墓誌［753 天寶十二載五月　碑林彙 193］

4570 劉君妻韓氏墓誌［753 天寶十二載七月　河洛 298］

4571 盧循友妻李氏墓誌［753 天寶十二載七月　補千 229、河南叄 176、千唐 1165］

4572 李行滿墓誌［753 天寶十二載七月　大全朔城 27］

4573 柳岳妻李氏墓誌［753 天寶十二載七月　邙洛 192、補八 66、洛新續 158］

4574 雲遂墓誌［753 天寶十二載八月　河洛 299、百種 208、少民 160、龍門 246、流散 189、西南匯 171、民族 260］

4575 張履冰墓誌［753 天寶十二載八月　蒐佚 568、菁華 136、流散 188］

4576 張仲暉墓誌［753 天寶十二載八月　蒐三 501］

4577 郭晧墓誌［753 天寶十二載八月　河洛 300、西南 162、西南匯 172］

4578 韋無愕妻邵氏墓誌［753 天寶十二載九月　流散續 185、蒐三 502］

4579 竇履庭妻楊琰墓誌［753 天寶十二載十月　陝肆 159］

4580 宇文融妻趙氏墓誌［753 天寶十二載十月　流散 190、蒐續 598］

4581 明暹墓誌［753 天寶十二載十月　新獲 215、菁華續 189、流散續 186］

4582 王之咸墓誌［753 天寶十二載十月　補千 229、河南叄 177、千唐 1171］

4583 殷中台墓誌［753 天寶十二載十月　補千 230、河南叄 178、千唐 1172］

4584 劉仲獎墓誌［753 天寶十二載十月　張馳《青少年書法》2018.5］

4585 馬滔妻韋氏墓誌［753 天寶十二載十一月　流散 191、蒐三 503］

4586 張威墓誌［753 天寶十二載十一月　浙大］

4587 賈生墓誌［753 天寶十二載十一月　北大 04582、浙大］

4588 王尚墓誌［753 天寶十二載十一月　大全尖草坪 315、尖草坪 362］

4589 裴君妻柳上元墓誌［753 天寶十二載十一月　流散 192、蒐續 599］

4590 蕭均墓誌［753 天寶十二載十一月　補千 231、河南叄 179、千唐 1175］

4591 劉文暉墓誌［753 天寶十二載十一月　蒐三 504］

4592 孫嘉賓及妻李氏崔氏墓誌［753 天寶十二載十一月　汪勃《陝西歷史博物館館刊》2］

4593 韓貢妻崔氏墓誌［754 天寶十二載十二月　蒐三 505］

4594 呂彥祖墓誌［754 天寶十二載十二月　唐品 47、蒐三 506］

4595 車玄福墓誌［754 天寶十二載十二月　流散續 187、蒐三 507］

4596 閻嘉墓誌［754 天寶十二載十二月　鄭州 166］

4597 李誠墓誌［754 天寶十二載十二月　補千 231、千唐 1178］

4598 張渾墓誌［天寶十二載　渭城 254、陝肆 160］

4599 韋衡墓誌［754 天寶十三載正月　補八 66］

4600 曹仁墓誌［754 天寶十三載正月　邙洛 194、百種 210、龍門 247、七朝 265］

4601 李昌墓誌［754 天寶十三載正月　河洛 301、詩人 178］

4602 李喬年妻盧氏墓誌［754 天寶十三載正月　蒐續 600］

4603 牛諧墓誌［754 天寶十三載正月　北大 04590］

4604 鄭兢墓誌［754 天寶十三載正月　河洛 302、龍門 514］

4605 泉景仙墓誌［754 天寶十三載正月　陝唐 96］

4606 薛良穆墓誌［754 天寶十三載正月　流散續 188、蒐三 508］

4607 尹中庸墓誌［754 天寶十三載正月　碑林續 109、蒐續 601］

4608 彭仲甫墓誌［754 天寶十三載二月　流散續 189］

4609 田君妻王氏墓誌［754 天寶十三載二月　洛陽市文物考古研究院《洛陽考古》
2016.4］

4610 崔君墓誌［754 天寶十三載三月　安陽 47、西南匯 173］

4611 鮑思福墓誌［754 天寶十三載三月　大全襄垣 51］

4612 唐君妻薛氏墓誌［754 天寶十三載春　西市 268］

4613 釋義空塔銘［754 天寶十三載四月　碑林續 110、僧尼 177］

4614 張君妻崔柔則墓誌［754 天寶十三載四月　河洛 304、龍門 248］

4615 朱連城墓誌［754 天寶十三載四月　蒐佚 570］

4616 苗惲墓誌［754 天寶十三載四月　北大 04598］

4617 熾俟汕墓誌［754 天寶十三載五月　長新 188、長碑 119］

4618 李峴妻獨孤峻墓誌［754 天寶十三載五月　百種 212、長新 186、長碑 118、蒐佚
571、菁華續 191、詩人 216］

4619 李訓妻王氏墓誌［754 天寶十三載五月　碑林彙 194］

4620 李知敬墓誌［754 天寶十三載五月　蒐佚 572］

4621 李思藝妻張大娘墓誌［754 天寶十三載六月　景亞鵬《唐史論叢》31］

4622 殷胐墓誌［754 天寶十三載六月　蒐續 603］

4623 宇文寂墓誌［754 天寶十三載六月　王慶昱《石河子大學學報》2018.3］

4624 崔敖墓誌［754 天寶十三載七月　浙大］

4625 趙應墓誌［754 天寶十三載七月　邙洛 195、補八 67、補千 232、洛新續 159、千唐
1182］

4626 賀婁餘潤墓誌［754 天寶十三載七月　陝肆 161］

4627 郭英奇墓誌［754 天寶十三載七月　碑林 196-1133、咸陽 52、補六 83、陝萃 720］

4628 孟賓墓誌［754 天寶十三載七月　榆林 63、補八 402、陝叁 73、陝萃 722］

4629 任楚璿墓誌［754 天寶十三載八月　補千 233、河南叁 180、千唐 1185］

4630 茹全墓誌［754 天寶十三載八月　蒐三 509］

4631 張金剛墓誌［754 天寶十三載八月　陝肆 162］

4632 崔訴妻白廣智墓誌［754 天寶十三載八月　蒐三 510］

4633 劉英墓誌［754 天寶十三載八月　蒐續 604］

4672 張四胡墓誌［755 天寶十四載四月　碑林彙 197］

4673 陳氏墓磚［755 天寶十四載四月　磚刻 1196］

4674 王思福墓誌［755 天寶十四載四月　邙洛 198、補八 404、補千 234、洛新續 161、千唐 1191］

4675 李守宗妻盧氏墓誌［755 天寶十四載五月　浙大］

4676 李液墓誌［755 天寶十四載五月　補千 235、河南叁 182、千唐 1192］

4677 鄭君妻吉氏墓誌［755 天寶十四載五月　蒐佚 576］

4678 宋君妻章令信墓誌［755 天寶十四載五月　交大 101］

4679 陸據墓誌［755 天寶十四載五月　補千 235、少民 245、千唐 1193］

4680 李國藏墓誌［755 天寶十四載六月　蒐續 609］

4681 王日俊墓誌［755 天寶十四載六月　大全汾陽 77］

4682 李震墓誌［755 天寶十四載七月　補八 70、龍門 250、琬琰 38］

4683 王潛墓誌［755 天寶十四載七月　長新 194、長碑 123］

4684 張懷瓛墓誌［755 天寶十四載七月　補千 236、河南叁 183、千唐 1194］

4685 王永墓誌［755 天寶十四載七月卒　陝唐 99］

4686 張季良墓誌［755 天寶十四載七月　補千 237、千唐 1195］

4687 盧滔墓誌［755 天寶十四載八月　七朝 268］

4688 崔連城墓誌［755 天寶十四載八月　蒐三 512］

4689 崔君妻鄭氏墓誌［755 天寶十四載八月　補千 239、河南叁 184、千唐 1196］

4690 蔣畏之妻房氏墓誌［755 天寶十四載八月　補千 238］

4691 張永妻崔氏墓誌［755 天寶十四載八月　北大 04645、國圖］

4692 楊靈丘墓誌［755 天寶十四載八月　浙大］

4693 崔絢墓誌［755 天寶十四載十月　杏園 305、補八 72］

4694 趙彩墓誌［755 天寶十四載十月　永濟 110、大全永濟 22］

4695 崔容墓誌［755 天寶十四載十月　崔氏 835］

4696 皇甫思恭墓誌［755 天寶十四載十月　北大 04650］

4697 尹太墓誌［755 天寶十四載十月　大全平遙 33］

4698 輔君妻米氏墓誌［755 天寶十四載十一月　西安市文物保護考古研究院《文博》2015.2］

4699 韓氏墓誌［755 天寶十四載十一月　陝新 73］

4700 李君妻張氏墓誌［755 天寶十四載十一月　碑林續 113］

4701 李抗墓誌［755 天寶十四載十一月　蒐佚 578、西市 272］

4702 李恪墓誌［755 天寶十四載十一月　蒐續 610］

4703 馬元瑒墓誌［755 天寶十四載十一月　補七 49、長新 196、長碑 107、陝叁 74、鳳栖 320、陝萃 668］

4704 趙禮仁墓誌［755 天寶十四載十一月　安陽附 21］

4705 韋光庭墓誌［755 天寶十四載十一月　藏石 91］

4706 裴裕墓磚［755 天寶十四載十一月　河南貳 79、磚刻 1197］

4707 釋志真墓誌［756 天寶十四載十一月　蒐續 611］

4741 竇華墓誌［759 乾元二年二月　集釋 36、蒐續 627］

4742 韓浞墓誌［759 乾元二年二月　新獲 219、蒐三 520］

4743 蘇君妻裴氏墓誌［759 乾元二年二月　蒐佚 585、流散 200、唐品 42］

4744 陳君妻韓氏墓誌［759 乾元二年二月　補千 243、河南叁 188、千唐 1212］

4745 盧濟墓誌［759 乾元二年二月　流散續 204、蒐三 521］

4746 崔宗之妻李氏墓誌［759 乾元二年二月　崔氏 886］

4747 李璠墓誌［759 乾元二年二月　補千 243、河南叁 189、千唐 1213］

4748 蕭誼墓誌［759 乾元二年二月　浙大］

4749 張庭暉墓誌［759 乾元二年四月　浙大］

4750 李志忠墓誌［759 乾元二年四月　高陽原 80、涼州 713］

4751 吳明簡墓誌［759 乾元二年四月　范允明《唐史論叢》18］

4752 馬瓊墓誌［759 乾元二年五月　蒐續 628］

4753 薛鄭賓墓誌［759 乾元二年五月　河洛 312、龍門 256、七朝 272、流散續 205］

4754 李寧妻鄭氏墓誌［759 乾元二年六月　補七 390］

4755 周以悌妻高氏墓誌［759 乾元二年七月　西市 273］

4756 趙全璧妻柳姬墓誌［759 乾元二年八月　蒐佚 586、西市 274］

4757 魯炅妻裴氏墓誌［759 乾元二年九月　補八 74］

4758 李氏（唐昌公主）墓誌［759 乾元二年十月　張全民《唐研究》20］

4759 王踐慶墓誌［759 乾元二年十一月　碑林續 114］

4760 曹懷直墓誌［759 乾元二年十一月　蒐佚 587、西市 275］

4761 王仁墓誌［759 乾元二年十一月　蒐續 629］

4762 趙琛墓誌［759 乾元二年十一月　新獲 220］

4763 嚴氏二子墓誌［759 乾元二年　補四 461］

4764 張景休墓誌［759 乾元二年　匯編河南 83、河南壹 403、補七 510］

4765 陳琰墓誌［760 乾元三年正月　匯編北大 2-1、補編 478］

4766 胡君妻成氏墓誌［760 乾元三年三月　補六 449、陝貳補 23］

4767 李擇行墓誌［760 乾元三年四月　西南匯 177、蒐三 522］

4768 馮和璧墓誌［760 乾元三年五月　高陽原 81］

上元

4769 張彥璙墓誌［760 上元元年十月　大全方山 5］

4770 李氏墓誌［760 上元元年十月　蒐續 631］

4771 韋諷墓誌［760 上元元年十一月　補七 12、長碑 59、陝肆 165］

4772 釋崇俊塔銘［761 上元元年十一月卒　定源《唐研究》26］

4773 李貞墓誌［761 上元元年十二月　晉城 5、大全城區 15］

4774 楊法行墓誌［761 上元二年四月　蒐續 632、西南匯 179、蒐三 211］

4775 閻氏墓誌［761 上元二年五月　陝唐 103］

4776 裴汧墓誌［761 上元二年六月　陝唐 101］

4777 衛思九墓誌［761 上元二年六月　補八 405、分類 84、兗州 31］

264]

4813 韓敬嶠墓誌［757 聖武二年八月　高陽原 79］

4814 司馬垂墓誌［757 聖武二年閏八月　國博 160］

4815 崔收墓誌［757 聖武二年九月　流散 197、蒐續 623］

4816 盧式虚妻崔氏墓誌［757 聖武二年秋　補八 71、洛新續 164、龍門 252］

4817 程師藏墓誌［757 聖武二年十月　崔凱《碑林集刊》25］

4818 嚴復墓誌［757 聖武二年十月　七朝 270、萊山 166、蒐續 616、菁華續 192、流散續
　　203］

4819 嚴希莊墓誌［757 聖武二年十月　百種 216、蒐佚 583］

4820 張惟恭墓誌［757 聖武二年十月　邙洛 199、補八 71、洛新續 162、龍門 253］

4821 張義琛墓誌［757 聖武二年十月　補八 72、河洛 311、洛新續 163］

4822 張崇墓誌［758 聖武二年十二月　浙大］

4823 姚佸墓誌［聖武二年　補千 242、河南叄 187、千唐 1207］

天成

4824 程思泰墓誌［757 天成元年九月　銘刻 110、安豐 428、蒐續 622、千秋 186、西南
　　164］

順天

4825 陶玄審墓誌［759 順天元年十二月　鄭州 168］

4826 傅休仙墓誌［760 順天二年正月　北大 07086、浙大］

4827 李昌庭妻崔嚴净墓誌［760 順天二年二月　崔氏 466］

4828 釋安立墓誌［760 順天二年閏四月　景州 212、衡水 54、僧尼 188］

4829 魏珏墓誌［760 順天二年七月　蒐續 630］

4830 張昭訓墓誌［760 順天二年十月　新鄭市旅游和文物局《中原文物》2014.4］

4831 宋微墓誌［761 順天二年十二月　蒐佚 588、七朝 273、流散 201］

顯聖

4832 李旼墓誌［761 顯聖元年十月　鄭州市文物工作隊《中原文物》1988.1、補七 390］

4833 孫无尋妻梁氏墓誌［燕　七朝 271、蒐續 635］

4834 趙君妻李氏王氏墓誌［燕壬寅歲二月　北京壹 7］

寶應

4835 金大娘壙誌［762 寶應元年七月　補編 1881］

4836 從感解墓誌［762 寶應元年十一月　蘇博 9］

4837 張萬頃墓誌［762 寶應元年十一月　蘇博 8、詩人 212］

4838 胡恮墓誌［762 寶應元年十一月　大全平遥 35］

4839 韋虚受墓誌［762 寶應元年十一月　高陽原 82］

4840 程休光墓誌 [763 寶應二年閏正月　浙大]

4841 柳氏墓誌 [763 寶應二年三月　補六 451、陝貳補 24]

4842 苑湜墓誌 [763 寶應二年三月　補編 1881]

4843 高力士墓誌 [763 寶應二年四月　補七 59、陝碑 126、百種 218、蒐佚 589、菁華
140、萊山 148、西南匯 181、詩人 207、陝萃 748]

4844 李盈墓誌 [763 寶應二年四月　碑林彙 202]

4845 李友墓誌 [763 寶應二年五月　蒐續 634]

4846 馬翌墓誌 [763 寶應二年五月　碑林續 115]

4847 裴虬妻崔氏墓誌 [763 寶應二年七月　補千 244、河南叁 193、千唐 1220]

廣德

4848 臧敬廉墓誌 [763 廣德元年十月　西市 277]

4849 向君妻李氏墓誌 [763 廣德元年十月　蒐三 524]

4850 張憕墓誌 [763 廣德元年十月　蒐佚 444]

4851 陽璀墓誌 [763 廣德元年十月　河洛 313、龍門 518]

4852 呂君墓誌 [763 廣德元年十月　晉陽 315]

4853 翟思隱墓誌 [763 廣德元年十一月　沁州 176]

4854 義葬墓誌 [764 廣德元年十一月　分類 85]

4855 裴君妻陽氏墓誌 [764 廣德二年二月　釋錄 350、中華]

4856 王寂墓誌 [764 廣德二年十一月　大全襄垣 53]

4857 邵封墓誌 [765 廣德三年正月　高平 412]

永泰

4858 康阿義屈達干墓誌 [765 永泰元年二月　胡可先《浙江大學學報》2022.4]

4859 王福墓誌 [765 永泰元年二月　碑林彙 203]

4860 李興墓誌 [765 永泰元年二月　流散 202]

4861 王誠墓誌 [765 永泰元年三月　蒐三 525]

4862 劉嗣仙墓誌 [765 永泰元年四月　北大 04703]

4863 突騎施光緒墓誌 [765 永泰元年十月　浙大]

4864 鄭齊望妻李氏墓誌 [765 永泰元年閏十月　邙洛 200、補千 245、河南叁 194、千唐
1221]

4865 鄭忠墓碣 [766 永泰元年十二月　補九 373、中華]

4866 蘇承悅墓誌 [766 永泰二年正月　胡學忠《山西大同大學學報》2011.4]

4867 李過折墓誌 [766 永泰二年四月　葛承雍《考古》2003.9、補八 75]

4868 竇全交墓誌 [766 永泰二年五月　流散 203、蒐續 636]

4869 劉日用墓誌 [766 永泰二年五月　王伯軒《北方民族考古》7]

4870 郭幼賢墓誌 [766 永泰二年七月　蒐續 637、珍稀附 8、西南 166]

4871 宋讓墓誌 [766 永泰二年七月　蒐續 638、新獲 222]

4872 荀仁會墓誌 [766 永泰二年七月　補千 245、河南叁 195、千唐 1223]

4873 釋釋然墓誌［766 永泰二年七月　碑林續 116、西南匯 183、僧尼 195］

4874 張參妻鄭氏墓誌［766 永泰二年八月　劉皓妍《江漢考古》2021.4］

4875 崔君妻裴氏墓誌［766 永泰二年十一月　蒐佚 591、西南匯 184］

4876 嚴觀墓誌［766 永泰二年十一月　蒐續 639］

4877 牛敬福墓誌［766 永泰二年十一月　碑林彙 205、西南 167、牛氏 290］

4878 武福墓誌［766 永泰二年十一月　浙大］

4879 李浮丘妻張氏墓誌［767 永泰二年十一月　鴛鴦 85、蒐續 641、新獲 223］

4880 張氏墓誌［767 永泰二年十二月　安豐 424］

大曆

4881 閻用之墓誌［766 大曆元年十一月　百品 80］

4882 任齊閔墓誌［766 大曆元年十一月　蒐續 640、涼州 717］

4883 劉暹墓誌［767 大曆元年十二月　西市 278］

4884 徐守貞墓誌［767 大曆元年十二月　安陽古碑 55、蒐佚 592］

4885 鄭舒華墓誌［767 大曆元年十二月　浙大］

4886 李敬宗墓誌［767 大曆元年十二月　浙大］

4887 韋介墓誌［大曆元年　碑林續 117］

4888 李峴墓誌［767 大曆二年二月　百種 220、長碑 479、蒐佚 593、菁華續 194、西南匯 185、百品 81、詩人 214］

4889 霍遊盛墓誌［767 大曆二年五月　補八 406］

4890 龐充墓誌［767 大曆二年五月　陝唐 106］

4891 劉孺之墓誌［767 大曆二年五月　俞超《中國書法》2022.4］

4892 裴括墓誌［767 大曆二年五月　補八 406、洛新續 165］

4893 李粹墓誌［767 大曆二年六月　蒐佚 594、七朝 274、西市 279］

4894 徐君妻宗如墓誌［767 大曆二年八月　北大 04719］

4895 璩將墓誌［768 大曆三年三月　晉城 5、大全城區 16］

4896 蕭怣墓誌［768 大曆三年三月　補千 246、河南叁 196、千唐 1224］

4897 釋慧澄墓誌［768 大曆三年四月　流散續 206、僧尼 199］

4898 李頵妻于固敏墓誌［768 大曆三年五月　新獲 224、流散續 207、蒐三 526］

4899 宇文君妻王氏墓誌［768 大曆三年六月卒　碑林續 118］

4900 王義寊墓誌［768 大曆三年七月　補千 247、河南叁 197、千唐 1225］

4901 牛惟彥墓誌［768 大曆三年七月　牛氏 95、蒐三 527］

4902 長孫績墓誌［768 大曆三年七月　陝肆 167］

4903 楊獻庭墓誌［768 大曆三年七月　陝唐 107］

4904 淳于子珣墓誌［768 大曆三年八月　釋録 272、少民 343、龍門 259］

4905 楊自廉墓誌［768 大曆三年十月　陝唐 108］

4906 李諲（縉雲郡王）墓誌［768 大曆三年十月　張可可《書法》2020.6］

4907 呂庭蘭墓誌［768 大曆三年十月　北大 04727］

4908 嚴丹妻武氏墓誌［768 大曆三年十一月　蒐續 642］

4909 張具瞻妻韋氏墓誌［768 大曆三年十一月　蒐佚 595、鴛鴦 109、散存 337］

4910 吳廣華墓誌［768 大曆三年十一月　蒐佚 596］

4911 蔣洌墓誌［768 大曆三年十一月　流散續 208、詩人 210］

4912 豆盧頊墓誌［768 大曆三年十一月　河洛 314、少民 235、民族 267］

4913 辛旻墓誌［769 大曆三年十一月　金鑫《中國書法・書學》2017.6］

4914 李惟墓誌［769 大曆三年十一月　流散 204］

4915 呂茂璡墓誌［769 大曆三年十一月　北大 04734、浙大］

4916 閻守元墓誌［769 大曆三年十二月　補五 409、碑林 82-3043、陝貳 145］

4917 陳太丘妻李氏墓誌［大曆三年　西市 280］

4918 趙自交墓誌［769 大曆四年正月　鄒林《收藏》2015.1］

4919 張佶墓誌［769 大曆四年二月　補千 247、河南叄 198、千唐 1227］

4920 賀拔希周墓誌［769 大曆四年二月　碑林續 120］

4921 康孝義墓誌［769 大曆四年二月　陝博 36］

4922 馬貞墓誌［769 大曆四年二月卒　補九 454］

4923 韓光道墓誌［769 大曆四年三月　補九 454］

4924 胡益墓誌［769 大曆四年四月　蒐續 643］

4925 李粲墓誌［769 大曆四年七月　補八 76、洛新續 166］

4926 竇庭芝墓誌［769 大曆四年七月　蒐佚 597］

4927 郭湜妻李氏墓誌［769 大曆四年七月　補千 248、河南叄 199、千唐 1230］

4928 長孫繽妻蘇苣墓誌［769 大曆四年八月　陝肆 168］

4929 袁建康墓誌［769 大曆四年八月　流散續 209］

4930 常義墓誌［769 大曆四年八月　牛氏 399］

4931 韋津墓誌［769 大曆四年八月　補編 1882］

4932 鄭虔及妻王氏墓誌［769 大曆四年八月　補千 249、蒐佚 598、萊山 139、散存 341、詩人 204、千唐 1231］

4933 虞從道墓誌［769 大曆四年八月　邙洛 201、百種 222、龍門 261、七朝 275、餘姚 130］

4934 盧涗妻崔氏墓誌［769 大曆四年九月　補千 250、河南叄 200、千唐 1232］

4935 崔壽餘墓誌［769 大曆四年九月　蒐三 529］

4936 蕭韶章墓誌［769 大曆四年十月　補八 77、洛新續 167］

4937 馬驥墓誌［769 大曆四年十月　陝肆 169］

4938 張大詢墓誌［769 大曆四年十月　浙大］

4939 張貽玘墓誌［769 大曆四年十月　補千 251、千唐 1233］

4940 楊東魯墓誌［769 大曆四年十月　補千 252、河南叄 201、千唐 1234］

4941 豆盧愿墓誌［769 大曆四年十月　補八 78、河洛 315、洛新續 168、少民 236、龍門 262、民族 268］

4942 蔣□之墓誌［769 大曆四年十月　補千 253、千唐 1235］

4943 李君妻薛氏墓誌［769 大曆四年十月　碑林續 119］

4944 盧君妻鄭氏墓誌［769 大曆四年十月　補千 253、河南叄 202］

4945 宋君及妻高氏墓誌［769 大曆四年十月　北大 04744］

4946 李隱墓誌［769 大曆四年十一月　北大 04748］

4947 達奚珣墓誌［769 大曆四年十一月　藏石 94、民族 269］

4948 韓晏墓誌［769 大曆四年十一月　北大 04750］

4949 賈善墓誌［769 大曆四年十一月　牛氏 346、浙大］

4950 李叔徹墓誌［770 大曆四年十二月　蒐佚 599、西市 281］

4951 李積墓誌［770 大曆四年十二月　碑林續 121、牛氏 348］

4952 王光庭及妻劉氏墓誌［大曆四年十□月　安豐 425、安陽附 24］

4953 吳君妻盧氏墓誌［大曆四年　北大 04754］

4954 崔渙墓誌［770 大曆五年二月　崔氏 449］

4955 李平墓誌［770 大曆五年二月　浙大］

4956 鄭洞墓誌［770 大曆五年四月　補七 61、杏園 298、補八 78、詩人 219］

4957 閻庭墓誌［770 大曆五年五月　北大 04760］

4958 侯元環墓誌［770 大曆五年六月卒　北大 04761］

4959 李珍墓誌［770 大曆五年十月　蒐三 530］

4960 王珽墓誌［770 大曆五年十一月　高陽原 83］

4961 吳君妻劉氏墓誌［771 大曆六年正月　分類 86］

4962 馬彰墓誌［771 大曆六年二月　陝新 75］

4963 蘇良琪墓誌［771 大曆六年二月　北大 04762、浙大］

4964 張密墓誌［771 大曆六年二月　補八 407、洛新續 169、龍門 265］

4965 李挺墓誌［771 大曆六年五月　釋錄 275、補九 374、河洛 316、百種 224、七朝 276］

4966 韋損墓誌［771 大曆六年八月　李舉綱《碑林集刊》13］

4967 裴㝉墓誌［771 大曆六年十月　西市 282、長碑 483］

4968 裴裕墓誌［771 大曆六年十月　河南貳 80］

4969 崔繼墓誌［771 大曆六年十一月　流散續 210、蒐三 531］

4970 宇文子貢墓誌［771 大曆六年十一月　渭城 255］

4971 何伯述墓誌［771 大曆六年十一月　補千 254、河南叁 203、千唐 1244］

4972 盧清墓誌［771 大曆六年十一月　流散 205］

4973 郭嘉延墓誌［772 大曆七年正月　陝博 37］

4974 韋元甫墓誌［772 大曆七年正月　百品 82、詩人 220、陝唐 109］

4975 范君妻呂氏墓誌［772 大曆七年正月　河洛 317］

4976 鄭老彭墓誌［772 大曆七年二月　詩人 222］

4977 申屠汪墓誌［772 大曆七年三月　陝唐 110］

4978 邵陝妻高氏墓誌［772 大曆七年三月　洛新 75、補六 458、景州 217、少民 317、民族 270］

4979 李秉義墓誌［772 大曆七年四月　陝唐 111］

4980 鄭日超墓誌［772 大曆七年五月　河洛 318］

4981 劉阿四妻張氏墓誌［772 大曆七年五月　集萃 63］

4982 李仲珪墓誌［772 大曆七年七月　蒐續 644、集萃 62、西南 168］

4983 袁恒妻宋氏墓誌［772 大曆七年七月　蒐續 645］

4984 劉兼金墓誌［772 大曆七年七月　蒐三 532］

4985 郭洪本及妻張氏墓誌［772 大曆七年九月　唐品 27、蒐三 534］

4986 高君妻竇氏墓誌［772 大曆七年九月　西市 283］

4987 王冲妻蔡氏墓誌［772 大曆七年十月　北大 04775、浙大］

4988 李仙及妻王氏墓誌［772 大曆七年十月　大同 15］

4989 梁暄妻王氏墓誌［772 大曆七年十月　陝肆 170］

4990 慕容義墓誌［772 大曆七年十月　汾陽 58、大全汾陽 81］

4991 尚興墓誌［772 大曆七年十月　臨城 49］

4992 李胡墓誌［772 大曆七年十一月　北大 04776］

4993 孫隨墓誌［772 大曆七年十一月　補千 255、河南叁 204、千唐 1245］

4994 吳君墓誌［772 大曆七年十一月　晉陽 355］

4995 孫光墓誌［772 大曆七年十一月　蒐續 646］

4996 殷君妻張氏墓誌［772 大曆七年十一月　補八 79、洛新續 170］

4997 崔嘉裕妻郭氏墓誌［772 大曆七年十一月　流散續 211］

4998 崔巽墓誌［772 大曆七年十一月　蒐佚 600、七朝 277、鴛鴦 115］

4999 李遵妻沈氏墓誌［773 大曆八年正月　北大 04780］

5000 高君妻徐婉墓誌［773 大曆八年二月　碑林續 122、蒐續 647］

5001 祁君墓誌［773 大曆八年二月　張彥《碑林集刊》18］

5002 何伯遇妻盧勝娘墓誌［773 大曆八年二月　補千 255、河南叁 205、千唐 1246］

5003 蕭安親墓誌［773 大曆八年二月　補八 80、河洛 319、洛新續 171、百種 226］

5004 長孫浣墓誌［773 大曆八年四月　流散續 212、蒐三 535］

5005 移建勿墓誌［773 大曆八年四月　陝唐 112］

5006 薛簡墓誌［773 大曆八年五月　浙大］

5007 申令忠墓誌［773 大曆八年五月　晉中 43］

5008 李震墓誌［773 大曆八年七月　交大 107］

5009 郭幼明墓誌［773 大曆八年七月　西市 285］

5010 郭幼儒墓誌［773 大曆八年七月　西市 284］

5011 裴友讓墓誌［773 大曆八年七月　補八 81、河洛 320、洛新續 172］

5012 釋性无相墓誌［773 大曆八年八月　補八 82、河洛 321、洛新續 173、龍門 267、僧尼 209］

5013 裴淑妻崔氏墓誌［773 大曆八年八月　崔氏 295］

5014 王師墓誌［773 大曆八年十月　北大 04783］

5015 佘元仙墓誌［773 大曆八年十一月　補八 83、菁華續 196］

5016 蕭遇妻盧氏墓誌［773 大曆八年十一月　碑林續 123、蒐續 648、西南 169］

5017 李君妻許氏墓誌［773 大曆八年閏十一月　陝肆 171］

5018 李熅墓誌［773 大曆八年閏十一月　蒐續 649］

5019 魏喆及妻盧氏墓誌［773 大曆八年閏十一月　釋錄 349、浙大］

5020 張朝固墓誌［774 大曆八年閏十一月　杜明朕《文藝生活》2020.6］

5021 柳君妻和氏墓誌［774 大曆八年十二月　補七 394、磚刻 1198、蘇博 10］

5022 李震妻王氏墓誌［774 大曆八年十二月　補八 77、龍門 268、琬琰 39］

5023 李華墓誌［774 大曆九年正月　詩人 224］

5024 馮賢墓誌［774 大曆九年二月　北大 04788、浙大］

5025 梁歸朝墓誌［774 大曆九年二月　汪勃《陝西歷史博物館館刊》2］

5026 韋平墓誌［774 大曆九年四月　浙大］

5027 魏敏魏端合葬誌［774 大曆九年五月　張存良《敦煌學輯刊》2014.1］

5028 魏遠望墓誌［774 大曆九年五月　蒐續 650、流散續 213、西南匯 187］

5029 袁倕墓誌［774 大曆九年五月　河洛 322、龍門 269］

5030 劉庭玉墓誌［774 大曆九年五月　蒐續 651］

5031 于庭謂妻任氏墓誌［774 大曆九年六月　高陽原 84］

5032 任氏墓誌［774 大曆九年七月　蒐續 652］

5033 金日晟墓誌［774 大曆九年八月　西市 287］

5034 權時若墓誌［774 大曆九年八月　蒐續 653］

5035 楊雩墓誌［774 大曆九年八月　邙洛 202、西市 286］

5036 李紓妻崔氏墓誌［774 大曆九年八月　張永華《中國書法》2022.5］

5037 張恭墓誌［774 大曆九年八月　西市 288］

5038 陸衆妻楊氏墓誌［774 大曆九年九月　補三 110、碑林 82-3077、陝貳 151］

5039 李庭秀墓誌［774 大曆九年十月　北大 04796、浙大］

5040 許損墓誌［774 大曆九年十一月　釋録 351、浙大］

5041 李幹墓誌［774 大曆九年十一月　蒐續 654］

5042 郭瑜墓誌［775 大曆九年十一月　補九 455］

5043 任延暉墓誌［775 大曆九年十一月　北大 04800、浙大、中華］

5044 門君妻吳氏墓誌［775 大曆九年十二月　浙大］

5045 李衡墓誌［775 大曆九年十二月　沁陽 10］

5046 梁君妻翟氏墓誌［775 大曆十年二月　蒐佚 601、西市 289］

5047 楊承獎墓誌［775 大曆十年二月　碑林續 124］

5048 崔侁妻梁淑墓誌［775 大曆十年二月　補千 256、河南叄 206、千唐 1252］

5049 羊岳墓誌［775 大曆十年二月　曲阜四 29］

5050 李談經墓誌［775 大曆十年二月　北大 04807、浙大、中華］

5051 長孫侹墓誌［775 大曆十年三月　蒐佚 602］

5052 高望琮墓誌［775 大曆十年四月　河洛 323、龍門 271］

5053 裴宜墓誌［775 大曆十年四月　補八 408、河洛 324、洛新續 174］

5054 裴君妻李氏墓誌［775 大曆十年四月　千唐 1253］

5055 李詩妻張氏墓誌［775 大曆十年四月　房山 8、北文 8］

5056 王玥妻寶氏墓誌［775 大曆十年四月　陝唐 113］

5057 崔佚妻王娉墓誌［775 大曆十年五月　杏園 295、補八 83］

5058 張君妻王氏墓誌［775 大曆十年五月　藏石 96］

5059 戴項墓誌［775 大曆十年七月　北大 04809、浙大、中華］

5060 韓泆妻李氏墓誌［775 大曆十年七月　蒐續 655、珍稀 60、新獲 225］

5061 顔允南妻陸氏墓誌［775 大曆十年七月　陝唐 167］

5062 申万墓誌［775 大曆十年八月　蒐佚 603］

5063 張宙墓誌［775 大曆十年八月　流散 206、蒐續 656、詩人 139］

5064 蔣渤墓誌［775 大曆十年八月　流散 207、蒐續 657］

5065 常無名墓誌［775 大曆十年十月　西市 290］

5066 戴顗墓誌［775 大曆十年十月　北大 04814、浙大］

5067 陶貢妻裴氏墓誌［775 大曆十年十月　河洛 325、百種 228、七朝 278、鴛鴦 69］

5068 崔混之墓誌［775 大曆十年十月　補千 257、河南叁 207、千唐 1254］

5069 盧喦墓誌［775 大曆十年十月　補八 81、河洛 327、洛新續 176、鴛鴦 119］

5070 釋法通墓誌［775 大曆十年十月　補八 408、河洛 326、洛新續 175、龍門 272、僧尼 217］

5071 裴札妻韋氏墓誌［775 大曆十年十月　蒐三 537］

5072 任忠墓誌［775 大曆十年十月　新獲 226］

5073 元殆庶墓誌［775 大曆十年十月　蒐三 536］

5074 盧構及妻王氏墓誌［775 大曆十年十月　補八 84、河洛 328］

5075 喬元昌墓誌［775 大曆十年十月　蒐續 658］

5076 梁崇義妻王縱墓誌［775 大曆十年十月　西南匯 188］

5077 梁崇義妻邢氏墓誌［775 大曆十年十月　珍稀 61、蒐三 538］

5078 張延暉墓誌［775 大曆十年十月　西市 291］

5079 謝逸墓誌［775 大曆十年十月　補千 258、河南叁 208、千唐 1255］

5080 楊執瓊墓誌［775 大曆十年十一月　蒐續 659］

5081 盧子雅墓誌［776 大曆十年十二月　張乃馨《文物春秋》2021.2］

5082 崔秀妻李氏墓誌［776 大曆十年十二月　西市 292］

5083 李邈（昭靖太子）墓誌［776 大曆十年十二月　蒐三 539］

5084 劉永妻李氏墓誌［776 大曆十一年正月　流散 208、蒐續 660、新獲 227］

5085 馮端墓誌［776 大曆十一年二月　浙大］

5086 崔侁妻李氏墓誌［776 大曆十一年二月　龍門 273、蒐佚 604］

5087 李遙墓誌［776 大曆十一年二月　邙洛 203］

5088 梁庭光墓誌［776 大曆十一年四月　北大 04827、中華］

5089 魚晉江墓誌［776 大曆十一年四月　西南 170、蒐三 540］

5090 吳君妻獨孤氏墓誌［776 大曆十一年四月　補三 110、碑林 82-3099、陝貳 154］

5091 南單德墓誌［776 大曆十一年四月　碑林續 125］

5092 薛兼訓墓誌［776 大曆十一年六月卒　釋錄 116］

5093 裴士安墓誌［776 大曆十一年七月　流散續 214］

5094 蔣鋭墓誌［776 大曆十一年十一月　蒐續 661］

5095 綦毋誼妻蘇淑墓誌［776 大曆十一年十一月　百品 83］

5096 韋應物妻元蘋墓誌［776 大曆十一年十一月　百種 230、蒐佚 605、碑林續 126、萊山 144、永宣 256、詩人 243］

5097 釋清源墓誌［776 大曆十一年十一月　補千 258、河南叁 209、僧尼 218、千唐 1257］

5098 李元琮墓誌［777 大曆十一年十二月　集釋 37、集萃 64、西南 171、蒐三 541］

5099 李士式墓誌［777 大曆十二年正月　補千 258、千唐 1258］

5100 王惠感墓誌［777 大曆十二年二月　流散續 215］

5101 張顗及妻崔氏墓誌［777 大曆十二年二月　北大 04833、浙大、中華］

5102 源邈墓誌［777 大曆十二年五月　陝新 76、民族 271］

5103 常袞妻崔氏墓誌［777 大曆十二年五月　陝唐 114］

5104 馬璘墓誌［777 大曆十二年六月　補六 98、陝肆 172］

5105 周惠墓誌［777 大曆十二年六月　補三 111、碑林 82-3106、陝貳 155］

5106 段希墓誌［777 大曆十二年八月　晉陽 363］

5107 釋隱超墓誌［777 大曆十二年八月　補千 259、河南叁 210、僧尼 220、千唐 1259］

5108 楊綰墓誌［777 大曆十二年十月　新獲 228、珍稀附 9、西南匯 189、蒐三 542、詩人 231］

5109 趙龍墓誌［777 大曆十二年十月　北京壹 10、北文 9］

5110 程定墓誌［777 大曆十二年十月　碑林續 127、西南匯 190］

5111 申崇俊墓誌［777 大曆十二年十月　北大 04837］

5112 環思質妻申三娘墓誌［777 大曆十二年十一月　淮安石刻 304］

5113 皇甫奉源墓誌［777 大曆十二年十一月　西市 293］

5114 田希賓墓誌［777 大曆十二年十一月　大全汾陽 84］

5115 田仙墓誌［777 大曆十二年十一月　汾陽 60、大全汾陽 83］

5116 源通墓誌［777 大曆十二年十一月　流散續 217、蒐三 544］

5117 源至墓誌［777 大曆十二年十一月　流散續 216］

5118 解休昶墓誌［777 大曆十二年十一月　北大 04840］

5119 班慜妻崔氏墓誌［778 大曆十三年正月　新獲 229、西南匯 192］

5120 班慜妻杜氏墓誌［778 大曆十三年正月　西南匯 191、蒐三 545］

5121 劉昌墓誌［778 大曆十三年正月　龍門 275、蒐佚 606、流散 209］

5122 李幼卿墓誌［778 大曆十三年正月　陝肆 173］

5123 田貴賢墓誌［778 大曆十三年正月　保定 10］

5124 李收墓誌［778 大曆十三年正月　釋錄 130、補九 375、蒐佚 607、千秋 192、詩人 228］

5125 鄭洵墓誌［778 大曆十三年正月　補七 63、杏園 301、補八 85、詩人 217、墨影 67］

5126 公孫封墓誌［778 大曆十三年二月　北京壹 11、北文 11、通州 1、日下大興 219］

5127 陳九墓誌［778 大曆十三年二月　蒐續 662］

5128 釋乘如墓誌［778 大曆十三年三月　北大 04846］

5129 崔望之墓誌［778 大曆十三年四月　補五 413、補編 2198、龍門 277、藏石 97］

5130 獨孤彥妻陳至墓誌［778 大曆十三年四月　陝肆 174］

5131 劉鎬澄墓誌［778 大曆十三年五月　陝博 38］

5132 鄭曜妻李氏墓誌［778 大曆十三年六月　蒐佚 608、七朝 279、駕鶩 97］

5133 徐惲妻姚氏墓誌［778 大曆十三年七月　補八 87、河洛 330、百種 240、龍門 278、
　　駕鶯 101］

5134 徐南金墓誌［778 大曆十三年七月　千唐 1265］

5135 張惟豐墓誌［778 大曆十三年七月　流散 211、蒐續 663］

5136 李玼墓誌［778 大曆十三年八月　蒐佚 646、唐品 58］

5137 馮環墓誌［778 大曆十三年九月　河南貳補遺 4］

5138 盧友愻墓誌［778 大曆十三年十月　流散 210］

5139 崔蒙墓誌［778 大曆十三年十月　蒐佚 609、七朝 280］

5140 裴淑墓誌［778 大曆十三年十月　浙大］

5141 李濛墓誌［778 大曆十三年十一月　北大 04864、浙大、中華］

5142 蕭倚墓誌［778 大曆十三年十一月　北大 04865、浙大、中華］

5143 蔡鄭客妻韋氏墓誌［778 大曆十三年十一月　河洛 331、龍門 279、七朝 281、駕鶯
　　89、珍稀 62］

5144 李朝弼妻鄭氏墓誌［778 大曆十三年十一月　蒐三 546］

5145 魏系墓誌［778 大曆十三年十一月　河洛 332、百種 242、西市 294、散存 358］

5146 張建封妻劉氏墓誌［778 大曆十三年十一月　孟州 183、梁永照《文物》2011.4］

5147 關洛昌墓誌［778 大曆十三年十一月　碑林彙 210］

5148 徐君妻王正墓誌［778 大曆十三年十一月　高陽原 85］

5149 李從偓墓誌［779 大曆十三年十二月　蒐佚 610、西市 295、駕鶯 123］

5150 李液墓誌［779 大曆十三年十二月　補八 87、洛新續 177］

5151 李君妻雲氏墓誌［779 大曆十三年十二月　補千 260、河南叁 211、少民 161、千唐
　　1267］

5152 沙屳墓誌［779 大曆十四年正月　蒐續 664、流散續 218］

5153 寶展墓誌［779 大曆十四年二月　補七 397、邙洛 204、補八 408、洛新續 178］

5154 李餘墓誌［779 大曆十四年二月　洛新 78、補六 100］

5155 李成質墓誌［779 大曆十四年二月　補千 261、千唐 1268］

5156 裴君妻王氏墓誌［779 大曆十四年四月　通州 6］

5157 馮庭貢墓誌［779 大曆十四年五月　北大 04873］

5158 鄭液墓誌［779 大曆十四年五月　補八 88、河洛 333、洛新續 179、僧尼 219］

5159 馬紹墓誌［779 大曆十四年七月　河洛 334］

5160 吳令珪妻王氏墓誌［779 大曆十四年七月　陝唐 115］

5161 韋攸墓誌［779 大曆十四年七月　流散續 219、蒐三 547］

5162 李昂墓誌［779 大曆十四年八月　七朝 282、駕鶯 143、蒐續 665、詩人 233］

5163 釋常清墓誌［779 大曆十四年十月　陝肆 175、僧尼 226］

5164 石君妻康媛墓誌［779 大曆十四年十一月　流散續 220、蒐三 548、民族 274］

5165 李昭墓誌［779 大曆十四年十一月　蒐佚 611］

5166 王助墓誌［780 大曆十五年正月　邙洛 205］

5167 郭乾及妻田氏墓誌［780 大曆十五年正月　集萃 65］

建中

5168 陸邑墓誌［780 建中元年二月　長新 200、長碑 132］

5169 劉進及妻朱氏墓誌［780 建中元年二月　蒐佚 612、西市 296］

5170 馮希悦墓誌［780 建中元年二月　高陽原 86］

5171 張參墓誌［780 建中元年二月　杜鎮《中國國家博物館館刊》2021.10］

5172 成公擢墓誌［780 建中元年二月　浙大］

5173 王仙墓誌［780 建中元年二月　蒐續 666、流散續 221］

5174 劉廣墓誌［780 建中元年四月　蒐佚 613、流散 212］

5175 崔承顏妻田氏墓誌［780 建中元年五月　七朝 283］

5176 李君妻郭氏墓誌［780 建中元年五月　碑林彙 211］

5177 薛琛墓誌［780 建中元年五月　西市 297］

5178 馬寀妻李氏墓誌［780 建中元年六月卒　陝肆 176］

5179 元諫墓誌［780 建中元年八月　珍稀 63］

5180 張堪貢墓誌［780 建中元年八月　補六 465、陝貳補 25］

5181 魏暉墓誌［780 建中元年十月　北大 04884］

5182 李平鈞墓誌［780 建中元年十月　陝唐 116］

5183 祁日進墓誌［780 建中元年十一月　補五 414、碑林 83-3129、陝貳 159］

5184 何邕墓誌［780 建中元年十一月　七朝 284、蒐續 667、新獲 230］

5185 貞惠公主墓誌［780 渤海國寶曆七年十一月　補七 397、補編 1885］

5186 傅珍寶墓誌［780 建中元年十一月　碑林彙 212］

5187 郭暕及妻馮氏墓誌［780 建中元年十一月　北大 04886］

5188 馬朝陽墓誌［780 建中元年十一月　西市 298］

5189 鄭君妻盧法自然墓誌［780 建中元年十一月　北大 04887］

5190 裴遂墓誌［建中元年十□月　補千 262、河南叁 212、千唐 1273］

5191 王絜妻孟氏磚誌［781 建中二年正月　補七 398］

5192 馬向墓誌［781 建中二年正月　陝新 77］

5193 李昶妻郭氏墓誌［781 建中二年正月　蒐佚 614、西南匯 194］

5194 成立行墓誌［781 建中二年二月　北大 04890］

5195 李迥及妻劉氏墓誌［781 建中二年二月　邙洛 206］

5196 索超墓誌［781 建中二年三月　流散 214、蒐續 668］

5197 索道莊墓誌［781 建中二年三月　蒐佚 615、西市 299］

5198 索森墓誌［781 建中二年三月　七朝 285、流散 213、蒐續 669、民族 275］

5199 盧阿彭墓誌［781 建中二年四月卒　河洛 335、西市 300］

5200 張沘墓誌［781 建中二年四月　補千 263、河南叁 213、千唐 1274］

5201 李卓然墓誌［781 建中二年七月　蒐三 549］

5202 吕頊陽墓誌［781 建中二年七月　陝唐 117］

5203 張海仙墓誌［781 建中二年八月　國圖］

5204 趙和瑶墓誌［781 建中二年八月　北大 04896、國圖］

5205 邢超俗墓誌［781 建中二年十月　河間 255］

5206 韓滌墓誌［781 建中二年十月　蒐三 550］

5207 胡超妻李氏墓誌［781 建中二年十月　西市 301］

5208 裴趛玄妻陽氏墓誌［781 建中二年十一月　補八 89、河洛 336、洛新續 180、蒐三 551］

5209 陳克奇墓誌［781 建中二年十一月　大全芮城 50］

5210 論惟貞墓誌［781 建中二年十一月　新獲 231、菁華續 197］

5211 李苕墓誌［781 建中二年十二月　補九 377、河洛 337、百種 246、龍門 282、七朝 286、流散 215、詩人 226］

5212 劉廣威墓誌［782 建中三年正月　河南貳 225］

5213 李君墓誌［782 建中三年正月　補編 626、大全太谷 910］

5214 賈君妻裴氏墓誌［782 建中三年閏正月　流散 216、蒐續 670］

5215 崔潘墓誌［782 建中三年閏正月　補八 90、河洛 338、洛新續 181、百種 248］

5216 傅孝珍墓誌［782 建中三年二月　浙大］

5217 成藏墓誌［782 建中三年二月　補千 263、河南叁 214、千唐 1276］

5218 國希仙墓誌［782 建中三年三月　輯録 265、補七 399］

5219 柳存妻祝氏墓誌［782 建中三年三月　琬琰 43］

5220 宋山墓誌［782 建中三年三月　碑林彙 213］

5221 方禮墓誌［782 建中三年春　補九 456］

5222 段君妻孔氏墓誌［782 建中三年四月　補千 264、千唐 1277］

5223 安文光妻康氏墓誌［782 建中三年四月　補六 466、陝博 39］

5224 龐履冰墓誌［782 建中三年五月　交大 112］

5225 盧沐墓誌［782 建中三年七月　西市 302］

5226 獨孤楨妻宇文氏墓誌［782 建中三年九月　補三 120、碑林 83-3136、陝貳 160］

5227 第五琦墓誌［782 建中三年九月　集釋 38、蒐續 671、珍稀 64、菁華續 198、詩人 236］

5228 王朝墓誌［782 建中三年九月　浙大］

5229 麻元泰妻梁氏墓誌［782 建中三年十月　長新 202、長碑 487］

5230 郭雄妻李氏墓誌［782 建中三年十一月　西市 303］

5231 韋迻妻李氏墓誌［782 建中三年十一月　浙大］

5232 釋志弘墓誌［783 建中三年十一月　龍門 283、流散續 222、僧尼 234］

5233 盧君妻王氏墓誌［783 建中三年十一月　蒐續 672］

5234 鄭超誠墓誌［783 建中三年十二月　蒐續 673］

5235 郭希仙墓誌［建中三年　陝目一 332］

5236 釋元一墓誌［783 建中四年正月　蒐續 674］

5237 崔岌墓誌［783 建中四年正月　蒐佚 616］

5238 韋翩妻李現墓誌［783 建中四年二月　流散續 223、蒐三 552］

5239 劉如泉墓誌［783 建中四年二月　北京壹 12、房山 11］

5240 韓秀實墓誌［783 建中四年二月　陳根遠《文博》2010.4］

5241 段道超墓誌［783 建中四年三月　補編 1887］

5242 李胄妻鄭遷墓誌［783 建中四年四月　河洛 339］

5243 朱愿墓誌［783 建中四年四月　北京壹 13、昌平 414］

5244 何玉妻沈常照明墓誌［783 建中四年四月　補編 2120］

5245 呂眘交墓誌［783 建中四年五月　北大 04917、浙大］

5246 韋端妻裴氏墓誌［783 建中四年五月　蒐佚 617、西市 304］

5247 魏協妻盧貞墓誌［783 建中四年五月　偃師 190、墨影 68］

5248 郭曜墓誌［783 建中四年五月　菁華續 199］

5249 賈樂卿墓誌［783 建中四年五月　補千 265、河南叁 216、千唐 1280］

5250 周曾墓誌［783 建中四年五月　補千 265、河南叁 215、千唐 1279］

5251 裴嬰妻崔氏墓誌［783 建中四年八月　蒐續 675、集萃 66、西南 172］

5252 常袞墓誌［783 建中四年八月　陝唐 118］

5253 啖憲玉墓誌［783 建中四年八月　蒐續 676］

5254 楊偁墓誌［783 建中四年八月　碑林續 128、蒐續 677］

5255 韋向墓誌［783 建中四年十月　陝肆 177］

5256 張俊墓誌［783 建中四年十一月　補編 1887、大全裹垣 742］

5257 呂芬墓誌［783 建中四年十二月　西南 173、蒐三 553］

5258 呂簡西墓誌［784 建中四年十二月　浙大］

5259 司馬君妻董氏墓誌［建中□年四月　蒐續 678］

興元

5260 楊眘墓誌［784 興元元年二月　蒐佚 618、七朝 287］

5261 盧倫墓誌［784 興元元年三月　流散續 224］

5262 程昌胤墓誌［784 興元元年四月　補千 265、河南叁 217、千唐 1281］

5263 孟君妻郄氏墓誌［784 興元元年八月　陝肆 178］

5264 狄林墓誌［784 興元元年九月　邙洛 207、釋錄 279、補九 377］

5265 李氏（唐安公主）墓誌［784 興元元年十月　補編 659、碑林彙 214］

5266 成訕墓誌［784 興元元年十月　蒐佚 619］

5267 劉莊墓誌［784 興元元年十月　藏石 100］

5268 沈角墓誌［784 興元元年閏十月　浙大］

5269 元載墓誌［784 興元元年閏十月　千秋 188、蒐三 543、百品 84、詩人 230］

5270 鄭老彭妻楊氏墓誌［784 興元元年閏十月　詩人 223］

5271 呂遥墓誌［784 興元元年閏十月　補三 122、陝貳 162］

5272 郭雄墓誌［785 興元元年十一月　西市 305］

5273 獨孤良裔墓誌［785 興元元年十二月　陝肆 179］

5274 李鼎妻趙氏墓誌［785 興元元年十二月　流散續 225］

應天

5275 李僅（彭王）墓誌［784 應天元年十二月　補五 415、碑林 83-3143、陝貳 161］

天皇

5276 李傀(蜀王)墓誌 [784 天皇元年二月　張達宏《考古與文物》1983.5、補二 571、補編 1888]

貞元

5277 鄭泌墓誌 [785 貞元元年二月　補千 266、河南叁 218、千唐 1283]

5278 元鏞妻王氏墓誌 [785 貞元元年二月　釋録 353、北大 04933、中華]

5279 趙君墓誌 [785 貞元元年三月　蔚縣博物館《文物春秋》2006.3]

5280 盧翹妻李慎墓誌 [785 貞元元年四月　蒐續 679、西南 174、陝唐 119]

5281 馮朝光墓誌 [785 貞元元年五月　補八 92、碑林彙 215]

5282 劉獻遷妻徐氏墓誌 [785 貞元元年五月　蒐佚 620、集萃 67]

5283 段履謙妻劉氏墓誌 [785 貞元元年五月　西南匯 195]

5284 陸守謙墓誌 [785 貞元元年五月　河北壹 93]

5285 王興墓誌 [785 貞元元年七月　駕鴦 131]

5286 杜昌墓誌 [785 貞元元年八月　千唐 1284]

5287 王素墓誌 [785 貞元元年八月　蒐佚 621、七朝 288、流散續 226、詩人 238]

5288 孫暹墓誌 [785 貞元元年九月卒　北大 04938]

5289 杜江墓誌 [785 貞元元年十月　西安市文物保護考古研究院《文博》2016.4]

5290 權順墓誌 [791 貞元元年十月　河南貳 277]

5291 程懷憲妻崔氏墓誌 [785 貞元元年十月　河洛 340、駕鴦 129]

5292 鄭日華墓誌 [785 貞元元年十一月　蒐佚 622、七朝 289]

5293 王君妻張媛墓誌 [785 貞元元年十一月　補八 93、洛新續 182]

5294 馬璘妻房氏墓誌 [785 貞元元年十一月　陝肆 180]

5295 和揿墓誌 [786 貞元元年十一月　陝肆 181]

5296 陳維勳墓誌 [786 貞元元年十一月　蒐佚 623]

5297 王十六娘墓誌 [786 貞元元年十二月　匯編北京 2-6]

5298 馮金石墓誌 [786 貞元二年正月　流散續 227]

5299 李桔妻裴氏墓誌 [786 貞元二年正月　西市 306]

5300 韋向妻孫氏墓誌 [786 貞元二年正月　陝肆 182]

5301 段銛墓誌 [786 貞元二年二月　蒐佚 624、七朝 290]

5302 馬晤墓誌 [786 貞元二年二月　陝肆 183]

5303 爨子華墓誌 [786 貞元二年三月　補八 94、成都 8]

5304 劉獻墓誌 [786 貞元二年五月　李效傑《文物春秋》2002.4、補九 378]

5305 元子長墓誌 [786 貞元二年六月　蒐佚 625、七朝 291、西市 307、駕鴦 135]

5306 馬晤妻崔玄華墓誌 [786 貞元二年六月　陝肆 184]

5307 釋利照墓誌 [786 貞元二年七月　宗鳴安《收藏》2010.8]

5308 宋石保墓誌 [786 貞元二年十一月　蒐三 554]

5309 張季卿墓誌 [786 貞元二年十一月　流散續 228]

5310 綦毋誼墓誌 [786 貞元二年十一月　百品 85]

5311 陳守禮墓誌［786 貞元二年十二月　西市 308］

5312 □少良墓誌［787 貞元二年十二月　千唐 1286］

5313 崔翹妻盧西華墓誌［787 貞元三年二月　補千 267、河南叁 219、詩人 192、千唐 1288］

5314 谷知誨墓誌［787 貞元三年二月　北大 04951、浙大］

5315 李緄墓誌［787 貞元三年四月　流散 217］

5316 鄭君墓誌［787 貞元三年四月　碑林續 129］

5317 氾愔墓誌［787 貞元三年四月　碑林彙 216］

5318 李惟友及妻崔應兒墓誌［787 貞元三年五月　崔氏 349］

5319 蕭佇墓誌［787 貞元三年閏五月　陝唐 120］

5320 裴曠墓誌［787 貞元三年七月　新獲 201、流散續 197、蒐三 414］

5321 裴虬墓誌［787 貞元三年七月　補千 268、河南叁 220、千唐 1290］

5322 裴虬妻崔氏墓誌［787 貞元三年七月　補千 261、河南叁 192、新獲 221、千唐 1218］

5323 王行恭墓誌［787 貞元三年七月　西市 309、銅川 45］

5324 崔儒墓誌［787 貞元三年八月　蒐佚 626、駕鶿 139］

5325 龐説妻郭氏墓誌［787 貞元三年八月　浙大］

5326 楊庭芝墓誌［787 貞元三年八月　邙洛 208、流散 218］

5327 王遇墓誌［787 貞元三年八月　蒐三 555］

5328 高瑾墓誌［787 貞元三年八月　集釋 39、碑林續 130、蒐續 680、詩人 86］

5329 論惟貞妻李氏墓誌［787 貞元三年八月　蒐三 556］

5330 魏再榮墓誌［787 貞元三年八月　昌平 414］

5331 雍君墓誌［787 貞元三年九月　北大 04959、浙大］

5332 張抱麟墓誌［787 貞元三年十月　李森《北方文物》2016.2］

5333 鄧琛墓誌［787 貞元三年十月　補編 1888］

5334 王光玘墓誌［787 貞元三年十月　陝唐 121］

5335 裴單墓誌［787 貞元三年十月　補千 269、河南叁 221、千唐 1291］

5336 萬齊岳墓誌［787 貞元三年十月　碑林彙 217］

5337 雍海墓誌［787 貞元三年十月　北大 04961］

5338 崔杲之墓誌［787 貞元三年十一月　補千 269、河南叁 222、千唐 1292］

5339 劉素墓誌［788 貞元三年十二月　蒐佚 627、七朝 292、流散 219］

5340 耿湋墓誌［788 貞元三年十二月　百品 86、詩人 239］

5341 元庭堅墓誌［貞元三年　碑林續 131］

5342 何杲妻韋氏墓誌［788 貞元四年正月　補千 270、河南叁 223、千唐 1293］

5343 陸士倫墓誌［788 貞元四年正月　流散 220、蒐續 681、散存 363］

5344 郭湜墓誌［788 貞元四年正月卒　補千 271、河南叁 224、千唐 1294］

5345 陳惠慶墓誌［788 貞元四年二月　蒐續 682］

5346 郭幼冲墓誌［788 貞元四年二月　西市 310］

5347 元履清妻穆娩墓誌［788 貞元四年二月　北大 04968］

5387 杜昇墓誌［790 貞元六年十月　西市 313］

5388 韋涵及妻孫氏墓誌［790 貞元六年十月　陝新 78］

5389 李會昌妻崔氏墓誌［790 貞元六年十一月　大全朔城 31］

5390 柳豐墓誌［790 貞元六年十一月　蒐佚 633、七朝 297、流散 225］

5391 鄭滔墓誌［790 貞元六年十一月　流散 226、蒐續 689、新獲 233］

5392 盧涗妻蔣氏墓誌［790 貞元六年十一月　補千 275、河南叁 226、千唐 1302］

5393 盧頊妻李初墓誌［790 貞元六年十一月　河洛 344］

5394 嚴庭金墓誌［790 貞元六年十一月　蒐佚 634、珍稀 65］

5395 楊希玉墓誌［790 貞元六年十一月　蒐續 690］

5396 楊萬榮墓誌［790 貞元六年十一月　補三 126、碑林 83-3179、陝貳 166］

5397 馬宋墓誌［790 貞元六年十一月　陝肆 185］

5398 班慤墓誌［791 貞元六年十一月　新獲 234、西南匯 196］

5399 李浚妻裴氏墓誌［791 貞元六年十二月　新獲 235］

5400 李挺妻鄭氏墓誌［791 貞元六年十二月　偃師 192、墨影 69］

5401 馮遇墓誌［791 貞元六年十二月　流散 227、蒐續 691］

5402 韋藉墓誌［791 貞元六年十二月　長新 206、長碑 134］

5403 王君妻李氏墓誌［791 貞元七年二月　匯編河北 80］

5404 長孫晛墓誌［791 貞元七年四月　新獲 236、蒐三 561］

5405 王輔國墓誌［791 貞元七年四月　邙洛 209］

5406 宮誠墓誌［791 貞元七年六月　分類 88］

5407 郭幼明妻蘇氏墓誌［791 貞元七年七月　西市 314］

5408 宋岑墓誌［791 貞元七年七月　北大 05010、浙大］

5409 李祐墓誌［791 貞元七年七月　補千 276、河南叁 227、千唐 1306］

5410 姜希晃墓誌［791 貞元七年八月卒　鄭州大學歷史學院《中原文物》2020.5］

5411 張峰墓誌［791 貞元七年八月　蒐三 562］

5412 崔絳墓誌［791 貞元七年八月　蒐佚 635］

5413 徐浩妻侯莫陳氏墓誌［791 貞元七年八月　西市 315］

5414 韋士伋妻崔氏墓誌［791 貞元七年九月　陝新 79、鳳栖 372］

5415 楊休烈墓誌［791 貞元七年九月　補千 277、河南叁 228、千唐 1307］

5416 崔渙墓誌［791 貞元七年十月　崔氏 451］

5417 劉君妻李氏墓誌［791 貞元七年十月　北大 05014］

5418 王環墓誌［791 貞元七年十月　邙洛 210］

5419 陳縱墓誌［791 貞元七年十一月　北大 05015、浙大］

5420 錢君妻万俟氏墓誌［791 貞元七年十一月　邙洛 211、補八 96、河洛 345、洛新續
　　 183、少民 10］

5421 袁建康妻崔氏墓誌［791 貞元七年十一月　流散續 230］

5422 崔昇妻楊氏墓誌［791 貞元七年十一月　補千 278、河南叁 229、千唐 1308］

5423 沈亢墓誌［791 貞元七年十一月　浙大］

5424 尹欽惠及妻齊氏墓誌［792 貞元七年十二月　井陘縣文物保護管理所《文物春秋》

2013.6]

5425 郭枸墓誌［792 貞元八年二月　琬琰 44］

5426 韓皋妻鄭婉墓誌［792 貞元八年二月　張馳《青少年書法》2022.10］

5427 湯賁墓誌［792 貞元八年二月　駕鶱 147、蒐續 695、新獲 240］

5428 張誠墓誌［792 貞元八年二月　流散 229、蒐續 693］

5429 獨孤君妻李氏墓誌［792 貞元八年八月　蒐佚 636］

5430 常普墓誌［792 貞元八年十一月　浙大］

5431 苗志清妻陳氏墓誌［792 貞元八年十一月　蒐續 694］

5432 柳若絲墓誌［792 貞元八年十一月　王如雷《中原文物》1986.2、補四 470、補編 1889］

5433 王仙鶴墓誌［792 貞元八年十一月　補千 300、河南叁 230、千唐 1309］

5434 盧珙妻崔氏墓誌［792 貞元八年十二月　蒐佚 637、唐品 53］

5435 韋詵母鄭氏墓誌［793 貞元八年十二月　杏園 307、補八 97］

5436 郭晤妻劉氏墓誌［793 貞元八年閏十二月　新獲 237、西南匯 197］

5437 盧十七娘墓誌［793 貞元九年正月　長新 208、長碑 135］

5438 李倨墓誌［793 貞元九年正月　北大 05032］

5439 盧巽墓誌［793 貞元九年正月　流散 230、蒐續 696、新獲 238］

5440 張瑤墓誌［793 貞元九年正月　蒐三 563］

5441 王君墓誌［793 貞元九年二月　補五 415］

5442 殷亮墓誌［793 貞元九年二月　田熹晶《書法》2014.1、詩人 248］

5443 釋體微墓誌［793 貞元九年二月　邙洛 212、龍門 287、僧尼 245、凉州 749］

5444 石藝墓誌［793 貞元九年二月　凉州 751］

5445 盧曧墓誌［793 貞元九年二月　補七 67、補八 97、洛新續 184、散存 369］

5446 裴蒬妻柳饒墓誌［793 貞元九年三月　陝唐 123］

5447 萬朝墓誌［793 貞元九年三月　精粹 139］

5448 陽釴及妻于氏墓誌［793 貞元九年四月　碑林續 132］

5449 杜麗文墓誌［793 貞元九年四月　洛陽市文物考古研究院《黄河　黄土　黄種人》2019.9］

5450 李海清墓誌［793 貞元九年五月　大同 24、大全南郊 35］

5451 崔振墓誌［793 貞元九年五月　新獲 239、流散續 231、蒐三 564］

5452 李君妻張氏墓誌［793 貞元九年六月　陝新 80］

5453 劉復墓誌［793 貞元九年六月　補八 98、河洛 346、洛新續 185、詩人 252］

5454 郭晞妻長孫璀墓誌［793 貞元九年七月　碑林續 133］

5455 秦象墓誌［793 貞元九年八月　北大 05037、浙大］

5456 薛君妻吳氏墓誌［793 貞元九年八月　珍稀 66、新獲 241、西南匯 198、陝唐 124］

5457 裴曧墓誌［793 貞元九年八月　河洛 347、七朝 298］

5458 裴好古墓誌［793 貞元九年八月　蒐佚 638、流散續 232］

5459 王胤寶墓誌［793 貞元九年九月　北大 05040、浙大］

5460 裴潤墓誌［793 貞元九年九月　浙大］

5461 張頵墓誌［793 貞元九年九月　河洛 348、西市 316］

5462 樊湊墓誌［793 貞元九年十月　補千 278、千唐 1312］

5463 裴札墓誌［793 貞元九年十月　補千 279、河南叁 231、千唐 1314］

5464 徐漪妻郗氏墓誌［793 貞元九年十月　鴛鴦 153］

5465 王孝祥墓誌［793 貞元九年十月　藏石 102］

5466 王興妻趙氏墓誌［793 貞元九年十月　鴛鴦 133］

5467 竹俊臣墓誌［793 貞元九年十月　浙大］

5468 楊志碻妻魏氏墓誌［793 貞元九年十月　流散續 233、蒐三 565］

5469 東方海墓誌［793 貞元九年十月　汪玉堂《西部考古》13］

5470 郭胤墓誌［793 貞元九年十月　碑林彙 221］

5471 李氏墓誌［793 貞元九年十月　補千 280、河南叁 232、千唐 1315］

5472 李仙墓誌［793 貞元九年十月　蒐佚 639］

5473 任景墓誌［793 貞元九年十月　西南匯 199、蒐三 566］

5474 吳士平妻李氏墓誌［793 貞元九年十月　補七 68、長碑 136］

5475 竇乂墓誌［793 貞元九年十月　陳曉捷《碑林集刊》20］

5476 何昌浩墓誌［793 貞元九年十月　偃師 194、墨影 70］

5477 吳鸞墓誌［794 貞元九年十一月　補九 456］

5478 鮮于君任氏墓誌［794 貞元九年十二月　洛陽市文物考古研究院《洛陽考古》2017.4］

5479 辛廣墓誌［794 貞元九年十二月　七朝 299、流散 231、蒐續 697、菁華續 200］

5480 李浚墓誌［794 貞元九年十二月　新獲 242］

5481 李冑妻韋真君墓誌［794 貞元九年十二月　浙大］

5482 王君及妻某氏墓誌［794 貞元九年十二月卒　江蘇貳 37］

5483 武青墓誌［794 貞元九年十二月　大同 29、大全南郊 37］

5484 皇甫敖墓誌［794 貞元十年二月　流散 232、蒐續 698］

5485 韋縱母李氏墓誌［794 貞元十年二月　陝新 81、鳳栖 346］

5486 徐景暉妻蕭氏墓誌［794 貞元十年二月　偃師 197、墨影 71］

5487 王浦妻李氏墓誌［794 貞元十年二月　流散續 234、蒐三 567］

5488 王綰墓誌［794 貞元十年四月　補千 280、河南叁 233、千唐 1316］

5489 竇伯陽妻郭氏墓誌［794 貞元十年七月　洛新 83、補六 469、散存 371、墨影 72］

5490 韋鶼墓誌［794 貞元十年七月　陝唐 125］

5491 李楹（嗣申王）妻張氏墓誌［794 貞元十年七月　高陽原 87］

5492 杜濟妻韋玄存墓誌［794 貞元十年八月　補編 2292］

5493 張峰墓誌［794 貞元十年八月　流散續 235、蒐三 562］

5494 杜江妻翟氏墓誌［794 貞元十年十月　西安市文物保護考古研究院《文博》2016.4］

5495 盧君妻李氏墓誌［794 貞元十年十月　北大 05057］

5496 盧岊及妻崔氏墓誌［794 貞元十年十月　補八 99、河洛 349、洛新續 186、鴛鴦 121］

5497 張獻甫妻崔氏墓誌［794 貞元十年十月　陳曄《文博》2013.5］

5498 李準墓誌［794 貞元十年十一月　武威志 483、浙大］

5499 宗君妻王氏墓誌［794 貞元十年十一月　邙洛 213、龍門 290］

5500 李榮初墓誌［794 貞元十年十一月　杏園 312、補八 100］

5501 李聳墓誌［794 貞元十年十一月　蒐三 568］

5502 要敬客妻閻氏墓誌［795 貞元十一年二月　蒐佚 640］

5503 張奉妻王氏墓誌［795 貞元十一年二月　陝唐 126］

5504 卓君妻王氏墓誌［795 貞元十一年二月　蒐續 699、陝唐 127］

5505 莫德堯墓誌［795 貞元十一年二月　昆山 2］

5506 莫希昂墓誌［795 貞元十一年二月　昆山 3］

5507 魏揩墓誌［795 貞元十一年三月　補千 281、千唐 1319］

5508 崔時用妻蘇氏墓誌［795 貞元十一年三月　西市 317］

5509 柳震墓誌［795 貞元十一年四月　蒐佚 641、七朝 300］

5510 孟鄰墓誌［795 貞元十一年四月　陝唐 128］

5511 李周南妻崔氏墓誌［795 貞元十一年五月　蒐佚 642、西市 318、鴛鴦 169］

5512 郭晞墓誌［795 貞元十一年五月　碑林續 135］

5513 盧士舉妻李省墓誌［795 貞元十一年五月　流散 233］

5514 葛畷墓誌［795 貞元十一年六月　新獲 243、菁華續 202、西南匯 201、蒐三 569］

5515 于庭秀墓誌［795 貞元十一年八月　補千 282、河南叄 234、千唐 1320］

5516 徐巽墓誌［795 貞元十一年八月　補二 573、鎮江博物館《考古》1985.2、補編 1890］

5517 張池墓誌［795 貞元十一年十月　明大 32］

5518 路江墓誌［795 貞元十一年十月　邙洛 214、補八 101、洛新續 187］

5519 龔玄受墓誌［795 貞元十一年十月　江蘇壹 1］

5520 茹希曾妻范氏墓誌［795 貞元十一年十月　衢州 14］

5521 崔漢衡墓誌［795 貞元十一年十一月　流散 234、萊山 150、蒐續 700］

5522 趙奉忠墓誌［795 貞元十一年十一月　晉陽 419］

5523 邵六奇墓誌［795 貞元十一年十一月　蒐三 570］

5524 崔霸墓誌［795 貞元十一年十一月　補八 102、河洛 350、洛新續 188］

5525 陳造墓誌［796 貞元十一年十一月　補千 283、河南叄 235、千唐 1321］

5526 陳仁監墓誌［796 貞元十一年十一月　流散 235］

5527 閻説墓誌［796 貞元十一年十二月　補千 284、河南叄 236、千唐 1322］

5528 韋都賓墓誌［796 貞元十一年十二月　陝新 82］

5529 徐漪墓誌［796 貞元十二年正月　蒐佚 644、鴛鴦 151］

5530 孫和墓誌［796 貞元十二年正月　散存 373］

5531 李君妻劉氏墓誌［796 貞元十二年正月　交大 120］

5532 郭秀及妻王氏墓誌［796 貞元十二年正月　蒐佚 643、西市 319］

5533 蔣璲墓誌［796 貞元十二年三月　補八 410、洛新續 189］

5534 裴絳墓誌［796 貞元十二年四月　蒐佚 645、七朝 301］

5535 衛休晤墓誌［796 貞元十二年四月　集萃 69］

5536 鮑才墓誌［796 貞元十二年五月　蒐三 571］

5537 □意墓誌［796 貞元十二年五月　河洛 351、七朝 302、西市 320］

5538 崔儆墓誌［796 貞元十二年七月　流散續 236］

5539 蕭恒墓誌［796 貞元十二年七月　浙大］

5540 李君妻崔氏墓誌［796 貞元十二年七月　河洛 352、百種 252］

5541 苗悉達墓誌［796 貞元十二年七月　補千 285、河南叁 238、千唐 1325］

5542 盧士瑀妻崔氏墓誌［796 貞元十二年七月　補千 285、河南叁 237、千唐 1326］

5543 張琚墓誌［796 貞元十二年八月　陝唐 129］

5544 釋行嚴墓誌［796 貞元十二年八月　流散 236、蒐續 701、僧尼 254］

5545 李君墓誌［796 貞元十二年十月　河洛 353、龍門 291］

5546 李冑妻鄭遷墓誌［796 貞元十二年十月　河洛 354、百種 254］

5547 鄭忠佐墓誌［796 貞元十二年十月　補八 103、河洛 355、洛新續 190］

5548 盧之翰墓誌［796 貞元十二年十月　補七 69、陝碑 139、長新 212、長碑 139、陝叁 77、鳳栖 326、陝萃 806］

5549 張獻甫墓誌［796 貞元十二年十月　田有前《中國國家博物館館刊》2016.8］

5550 羅璋墓誌［796 貞元十二年十月　蒐三 572］

5551 裴嬰墓誌［796 貞元十二年十月　蒐續 702、西南 175］

5552 浩仙妻牛氏墓誌［796 貞元十二年十月　朝陽 159、牛氏 389］

5553 鄭沛墓誌［796 貞元十二年十一月　補七 70、長碑 140］

5554 李緗墓誌［796 貞元十二年十一月　蒐佚 647、蒐續 703］

5555 崔振妻鄭轔墓誌［796 貞元十二年十一月　新獲 244、流散續 237、蒐三 573］

5556 李万榮墓誌［796 貞元十二年十一月　流散續 247］

5557 韋應物墓誌［796 貞元十二年十一月　百種 256、蒐佚 648、碑林續 136、萊山 146、詩人 240］

5558 盧弼墓誌［796 貞元十二年十一月　補八 103、河洛 356］

5559 李榮墓誌［797 貞元十二年十二月　王麗敏《文物春秋》2009.6］

5560 劉莒墓誌［797 貞元十二年十二月　河洛 357、西市 321、陝博 41］

5561 韋少華墓誌［797 貞元十二年十二月　西市 322］

5562 鄭君墓誌［797 貞元十二年十二月　補千 286、河南叁 239、千唐 1328］

5563 崔藏之妻王氏墓誌［貞元十二年　補千 287、河南叁 240、千唐 1329］

5564 劉日進及妻武氏墓誌［797 貞元十三年正月　衡水 56］

5565 王温墓誌［797 貞元十三年二月　蒐三 574］

5566 劉待惠墓誌［797 貞元十三年二月　蒐三 575］

5567 左横墓誌［797 貞元十三年二月　陝新 83、鳳栖 353］

5568 姜邑高墓誌［797 貞元十三年二月　百品 87］

5569 尹君妻韋知常墓誌［797 貞元十三年四月　碑林續 137］

5570 宋斌墓誌［797 貞元十三年四月　西市 323］

5571 劉顯墓誌［797 貞元十三年五月　流散續 238］

5572 李伯成墓誌［797 貞元十三年五月　北大 05088、浙大］

5573 劉臻墓誌 [797 貞元十三年七月　鄭州市文物工作隊《文物》1995.5、補七 71]

5574 荀曾墓誌 [797 貞元十三年八月　西安市文物保護考古研究院《文博》2015.1]

5575 曹乾琳墓誌 [797 貞元十三年八月　新獲 245、流散續 239、蒐三 576]

5576 何邕妻李氏墓誌 [797 貞元十三年八月　西市 324]

5577 蕭遇墓誌 [797 貞元十三年八月　碑林續 138、蒐續 704、西南 176]

5578 張侗墓誌 [797 貞元十三年八月　輯録 265、補六 108]

5579 宋珍墓誌 [797 貞元十三年十月　蒐續 705]

5580 王先奉墓誌 [797 貞元十三年十月　新獲 246、西南匯 202、蒐三 577、百品 88]

5581 裴曼墓誌 [797 貞元十三年十月　補九 379]

5582 賈崐墓誌 [797 貞元十三年十一月　蒐續 706、流散續 240]

5583 王懷璧墓誌 [797 貞元十三年十一月　河南貳 255]

5584 王沼墓誌 [797 貞元十三年十一月　邙洛 215、釋録 282、補八 104、補九 381、駕鴦 155]

5585 鮑防妻蕭氏墓誌 [797 貞元十三年十一月　補千 288、河南叁 241、千唐 1331]

5586 王浦墓誌 [797 貞元十三年十一月　流散續 241、蒐三 578]

5587 馬庭瓌墓誌 [797 貞元十三年十一月　輯録 266、補六 472]

5588 盧克乂墓誌 [797 貞元十三年十二月　蒐佚 649、西市 325]

5589 裴淑墓誌 [798 貞元十四年二月　補千 290、千唐 1333]

5590 鄭鋴墓誌 [798 貞元十四年二月　河洛 358]

5591 韋揆墓誌 [798 貞元十四年二月　陝肆 186]

5592 蘇順妻杜華墓誌 [798 貞元十四年三月　陝西省考古研究院《考古與文物》2021. 6]

5593 高奇妻張氏墓誌 [798 貞元十四年三月　蒐續 707]

5594 鄭敬妻盧氏墓誌 [798 貞元十四年五月　河洛 359]

5595 裴衡墓誌 [798 貞元十四年五月　補六 110、碑林 83-3242、陝貳 175、碑林彙 224、長碑 141]

5596 雍璟墓誌 [798 貞元十四年五月　流散續 242]

5597 氾慆妻張氏墓誌 [798 貞元十四年閏五月　碑林彙 223、西南 177]

5598 元寬墓誌 [798 貞元十四年閏五月　釋録 354、浙大]

5599 尉遲恕墓誌 [798 貞元十四年六月　流散續 243、蒐三 579、民族 279]

5600 仇通墓誌 [798 貞元十四年七月　補千 291、河南叁 242、千唐 1334]

5601 韓述妻崔氏墓誌 [798 貞元十四年八月　趙振華《碑林集刊》27、崔氏 870]

5602 孫如玉墓誌 [798 貞元十四年八月　北京壹 15、北文 14、補八 410、通州 10]

5603 王碕墓誌 [798 貞元十四年八月　晉城 5、蒐佚 651、大全城區 17]

5604 袁傑墓誌 [798 貞元十四年八月　七朝 303、駕鴦 159、蒐續 708]

5605 史承式墓誌 [798 貞元十四年八月　碑林彙 225]

5606 殷膚敏墓誌 [799 貞元十四年八月　蒐三 587]

5607 屈貴妻任氏墓誌 [798 貞元十四年八月卒　河洛 360]

5608 李像恩墓誌 [798 貞元十四年十月　大同 33、大全南郊 38]

5609 崔儒妻李泛墓誌［798 貞元十四年十月　蒐佚 652、鴛鴦 141］

5610 崔異妻鄭恒墓誌［798 貞元十四年十月　蒐佚 650、七朝 304、鴛鴦 117、西南匯 203］

5611 孫諒墓誌［798 貞元十四年十月　安宏軒《收藏與投資》2022.3］

5612 吳贄妻趙琰墓誌［798 貞元十四年十月　陝唐 130］

5613 李怡墓誌［798 貞元十四年十一月　蒐佚 653、七朝 305］

5614 楊鍇墓誌［798 貞元十四年十一月　珍稀 67、新獲 247、西南匯 204、蒐三 580］

5615 索義忠及妻張氏墓誌［798 貞元十四年十一月　陝新 84］

5616 韋信卿妻裴氏墓誌［798 貞元十四年十一月　蒐續 709、西南 178、陝唐 131］

5617 嚴士良墓誌［799 貞元十四年十一月　藏石 103］

5618 呂崇一墓誌［799 貞元十四年十一月　碑林彙 227］

5619 馬炬墓誌［799 貞元十四年十二月　流散續 244、蒐三 581］

5620 李成公妻元遥墓誌［799 貞元十四年十二月　北大 05114］

5621 李緒墓誌［799 貞元十四年十二月　新獲 248、蒐三 582、陝唐 132］

5622 李澄墓誌［799 貞元十五年正月　補八 105、河洛 361、洛新續 191］

5623 王駕墓誌［799 貞元十五年二月　碑林彙 229］

5624 崔華墓誌［799 貞元十五年二月　陝唐 133］

5625 趙計墓誌［799 貞元十五年二月　新獲 249、蒐三 583］

5626 常無求墓誌［799 貞元十五年二月　陝唐 134］

5627 崔抱一墓誌［799 貞元十五年三月　北文 15］

5628 劉崇憲墓誌［799 貞元十五年三月　陝唐 135］

5629 李董娘墓誌［799 貞元十五年四月　流散 237、蒐續 710］

5630 李坦墓誌［799 貞元十五年四月　流散續 245、蒐三 584］

5631 韋勘墓誌［799 貞元十五年四月　邙洛 216］

5632 柳立妻苗氏墓誌［799 貞元十五年八月　蒐三 585］

5633 元公瑾墓誌［799 貞元十五年八月　邙洛 241、少民 150］

5634 姚君妻李氏墓誌［799 貞元十五年八月　流散續 246］

5635 柳氏墓誌［799 貞元十五年八月　流散 238、蒐續 711］

5636 常習墓誌［799 貞元十五年九月　蒐續 712、陝唐 136］

5637 董巖墓誌［799 貞元十五年九月　陝唐 137］

5638 胡光朝墓誌［799 貞元十五年十月　北大 05124、浙大、中華］

5639 杜君墓誌［799 貞元十五年十月　西南匯 205］

5640 韓暈妻盧媛墓誌［799 貞元十五年十月　蒐續 713、珍稀 68、西南 179］

5641 呂秀實墓誌［799 貞元十五年十月　惠萌《考古與文物》2020.4］

5642 王求古墓誌［799 貞元十五年十月　碑林補 44、補七 405、陝貳 179、户縣 13、碑林彙 230、陝叁 78、陝萃 812］

5643 王求烏墓誌［799 貞元十五年十月　補七 404、户縣 14、陝叁 79、陝萃 814］

5644 焦子昂墓誌［799 貞元十五年十月　蒐三 586、百品 89］

5645 李戎墓誌［799 貞元十五年十月　補千 291、河南叁 243、千唐 1342］

5685 李塤妻韋婉墓誌［801 貞元十七年二月　新獲 251、西南匯 206、蒐三 590］

5686 石仲文妻馮氏墓誌［801 貞元十七年二月　北大 05147］

5687 孟遂墓誌［801 貞元十七年二月　新獲 252、流散續 248、蒐三 591］

5688 張玉墓誌［801 貞元十七年三月　分類 89］

5689 郭希倩墓誌［801 貞元十七年四月　北大 05148、浙大］

5690 劉義墓誌［801 貞元十七年七月　浙大］

5691 獨孤保生墓誌［801 貞元十七年七月　西市 331］

5692 楊鉷妻裴氏墓誌［801 貞元十七年七月　珍稀 69、新獲 253、蒐三 592、陝唐 139］

5693 郭曖墓誌［801 貞元十七年八月　菁華續 203］

5694 謝詹墓誌［801 貞元十七年八月　長新 214、長碑 144］

5695 盧況墓誌［801 貞元十七年十月　補千 296、千唐 1350］

5696 杜希進墓誌［801 貞元十七年十月　胡元超《唐史論叢》33］

5697 苗舍濯墓誌［801 貞元十七年十月　浙大］

5698 王鍊墓誌［801 貞元十七年十月　補千 297、河南叁 246、千唐 1351］

5699 韋渠牟墓誌［801 貞元十七年十一月　菁華 143、碑林續 139、蒐續 716、詩人 259］

5700 魏庭暉墓誌［801 貞元十七年十一月　碑林續 140］

5701 關準墓誌［801 貞元十七年十一月　蒐續 718、新獲 254、流散續 249］

5702 裴匠墓誌［801 貞元十七年十一月　蒐續 717、西南 181］

5703 嚴穎墓誌［801 貞元十七年十一月　重慶 4、補八 411］

5704 安嵩墓誌［801 貞元十七年十一月　七朝 308、蒐續 719］

5705 李君妻竇氏墓誌［802 貞元十七年十一月　新獲 255］

5706 王君妻張氏墓誌［802 貞元十七年十一月　唐誌 77］

5707 孫君妻李氏墓誌［802 貞元十八年正月　補八 107］

5708 史好直墓誌［802 貞元十八年正月　碑林續 141］

5709 吳君妻傅氏墓誌［802 貞元十八年正月　河南省文物考古研究院《黃河　黃土　黃種人》2019.12］

5710 晉岳及妻張氏墓誌［802 貞元十八年正月　精粹 146］

5711 裴涇墓誌［802 貞元十八年二月　古玩 178］

5712 李福墓誌［802 貞元十八年四月　北大 05170、浙大］

5713 宋宣遠妻鄭氏墓誌［802 貞元十八年四月　補千 198、河南叁 247、千唐 1357］

5714 陳元造墓誌［802 貞元十八年四月卒　補千 297、河南叁 248、詩人 264、千唐 1358］

5715 崔君妻郭珮墓誌［802 貞元十八年四月　蒐佚 659、七朝 309、西市 332］

5716 馬岑墓誌［802 貞元十八年五月　西南 182、蒐三 593］

5717 鄭舒華妻李氏墓誌［802 貞元十八年五月　浙大］

5718 李行簡妻宇文氏墓誌［802 貞元十八年五月　蒐佚 661、七朝 310、西市 333］

5719 獨孤申叔墓誌［802 貞元十八年七月　補九 382、碑林彙 235、菁華 144、詩人 261］

5720 錢羅侯墓誌［802 貞元十八年九月　越窯 50、慈碑 7］

5721 姚侑墓誌［802 貞元十八年九月　補千 298、河南叁 249、散存 377、千唐 1360］

5722 何澄墓誌［802 貞元十八年十月　少民 240、絲綢 143、蒐佚 662、駕鶱 163、民族 281］

5723 □玉墓誌［802 貞元十八年十月　河南貳補遺 5］

5724 鄭閬墓誌［802 貞元十八年十月　補千 299、千唐 1361］

5725 元太液墓誌［802 貞元十八年十一月　流散 241］

5726 李仙墓誌［802 貞元十八年十一月　墨影 74］

5727 趙珠什妻周氏墓誌［802 貞元十八年十一月　江蘇壹 3］

5728 孫希進及妻史氏墓誌［802 貞元十八年十一月　集萃 70］

5729 魏日用墓誌［802 貞元十八年十一月　碑林續 142］

5730 馮君墓誌［802 貞元十八年十二月　浙大］

5731 李存墓誌［803 貞元十八年十二月　流散續 250、蒐三 594］

5732 李懷墓誌［803 貞元十八年十二月　邙洛 217、釋録 286、補九 383］

5733 韋甫墓誌［803 貞元十八年十二月　補九 382、長碑 146、陜肆 187］

5734 李齊周墓誌［803 貞元十八年十二月　浙大］

5735 宋璨墓誌［803 貞元十八年十二月　北大 05186］

5736 先勘墓誌［貞元十八年　蒐佚 660］

5737 雍自正母董氏墓誌［803 貞元十九年二月　補九 385］

5738 李渝妻王氏墓誌［803 貞元十九年二月　長新 218、長碑 147］

5739 裴轂墓誌［803 貞元十九年二月　陜唐 140］

5740 王君妻費氏墓誌［803 貞元十九年四月　補編 660］

5741 苗君妻元氏墓誌［803 貞元十九年四月　西南 183］

5742 苗君妻王氏墓誌［803 貞元十九年四月　蒐續 720］

5743 邊君及妻王氏墓誌［803 貞元十九年五月　集萃 71］

5744 嚴士良妻韋氏墓誌［803 貞元十九年五月　藏石 106］

5745 徐思倩墓誌［803 貞元十九年五月　補三 136、碑林 84-3280、陜貳 184］

5746 靳濯華墓誌［803 貞元十九年六月　徐國衛 6］

5747 皇甫澈墓誌［803 貞元十九年八月　王學春《碑林集刊》9、補八 108、詩人 263］

5748 楊崇倩墓誌［803 貞元十九年八月　北大 05193］

5749 孫休妻楊氏墓誌［803 貞元十九年十月　蒐佚 663］

5750 張如玉墓誌［803 貞元十九年十月　陜唐 141］

5751 裴榮墓誌［803 貞元十九年十月　馬志祥《碑林集刊》14］

5752 張崇泚墓誌［803 貞元十九年十月　蘇州市考古研究所《東南文化》2020.4］

5753 馬庭墓誌［803 貞元十九年閏十月　蒐續 721］

5754 柳鋌墓誌［803 貞元十九年閏十月　七朝 311、蒐續 722］

5755 項丞光墓誌［803 貞元十九年十一月　蒐續 723］

5756 甄君妻陳温和墓誌［803 貞元十九年十一月　龍門 300、蒐佚 664］

5757 趙勸墓誌［貞元十□年十月　七朝 312、蒐續 724］

5758 郭君妻趙氏墓誌［804 貞元二十年正月　碑林彙 236、西南 184］

5759 任萬妻乾氏墓誌［804 貞元二十年二月　補千 301、千唐 1366］

5760 劉君妻周庭墓誌 [804 貞元二十年二月　匯編江蘇 66、補二 574、補編 1891]

5761 王待封墓誌 [804 貞元二十年二月　楊宏毅《乾陵文化研究》11]

5762 張忠義墓誌 [804 貞元二十年二月　河南貳 281]

5763 裴郿墓誌 [804 貞元二十年二月　西市 334、涼州 766]

5764 郝君墓誌 [804 貞元二十年三月卒　大全汾陽 86]

5765 韋君妻閻氏墓誌 [804 貞元二十年四月　北大 05204]

5766 崔鍠墓誌 [804 貞元二十年五月　邙洛 218、補八 109、河洛 365、洛新續 192]

5767 李玄就妻盧氏墓誌 [804 貞元二十年五月　河洛 364、西市 335]

5768 嚴紀明墓誌 [804 貞元二十年五月　流散 242、蒐續 725]

5769 沈權墓誌 [804 貞元二十年六月　西南匯 207、蒐三 595]

5770 韋巽墓誌 [804 貞元二十年六月卒　長新 220、長碑 149]

5771 劉諗經墓誌 [804 貞元二十年七月　邙洛 219、補八 110、洛新續 193、百種 260]

5772 駱君墓誌 [804 貞元二十年七月　浙大]

5773 李收妻王氏墓誌 [804 貞元二十年八月　邙洛 220、釋録 290、補九 385]

5774 李益妻盧媦墓誌 [804 貞元二十年八月　蒐佚 665、詩人 293、武威志 486]

5775 敬廣清及妻秦氏墓誌 [804 貞元二十年八月　北大 05209、浙大]

5776 王澄墓誌 [804 貞元二十年八月　流散 243、菁華 145]

5777 元選墓誌 [804 貞元二十年八月　蒐續 726、蒐三 596]

5778 張令琛墓誌 [804 貞元二十年九月　北大 05211、浙大]

5779 釋真如墓誌 [804 貞元二十年十月　碑林續 143、僧尼 275]

5780 董嘉猷妻郭氏墓誌 [804 貞元二十年十月　碑林續 144]

5781 趙氏(惠妃)墓誌 [804 貞元二十年十月　蒐續 727]

5782 曹曇墓誌 [804 貞元二十年十一月　流散 244、蒐續 728]

5783 吕孚妻王氏墓誌 [804 貞元二十年十一月　補千 301、河南叁 250、千唐 1369]

5784 裴道生墓誌 [804 貞元二十年十一月　補千 302、千唐 1282]

5785 裴札妻路氏墓誌 [804 貞元二十年十一月　補千 302、河南叁 251、千唐 1370]

5786 韋君妻徐氏墓誌 [804 貞元二十年十一月　補三 139、陝新 85、鳳栖 376]

5787 李山寶墓誌 [804 貞元二十年十一月　碑林彙 237]

5788 車良墓誌 [804 貞元二十年十一月　北大 05217、浙大]

5789 楊同愻妻鄭氏墓誌 [804 貞元二十年十一月　補千 303、千唐 1371]

5790 趙肅妻韋氏墓誌 [804 貞元二十年十一月　蒐佚 666、西市 336]

5791 邊朝偈墓誌 [804 貞元二十年十一月　浙大]

5792 孫子成墓誌 [804 貞元二十年十一月　蒐續 729、唐品 37]

5793 楊志廉妻劉氏墓誌 [804 貞元二十年十一月　補二 34]

5794 李周南墓誌 [804 貞元二十年十一月　蒐佚 667、西市 338、駕鴦 167]

5795 任小暉墓誌 [804 貞元二十年十一月　北大 05221]

5796 魏友恭墓誌 [804 貞元二十年十一月　西市 337]

5797 王君墓誌 [805 貞元二十年十二月卒　浙大]

5798 韋應墓誌 [805 貞元二十年十二月　蒐續 730]

5799 田潤墓誌［805 貞元二十年十二月　北大 05224、浙大］

5800 袁傑妻劉氏墓誌［805 貞元二十年十二月　鴛鴦 161、蒐續 731、新獲 256］

5801 袁亮墓誌［805 貞元二十年十二月　補千 304、千唐 1373］

5802 馮大娘墓誌［貞元二十年　武昌 458］

5803 田君妻李氏墓誌［805 貞元二十一年正月　楊旭光《保定學院學報》2020.5］

5804 姚壽墓誌［805 貞元二十一年二月　蒐續 732］

5805 程翰林墓誌［805 貞元二十一年二月　黃震雲《文物》1995.10、補五 32、補編 2120］

5806 韋孟明妻元氏墓誌［805 貞元二十一年二月　補三 141、碑林 84-3312、陝貳 189］

5807 程瑨墓誌［805 貞元二十一年三月　北大 05230、浙大］

5808 韓沜墓誌［805 貞元二十一年四月　蒐續 733、珍稀 70、新獲 257、菁華續 205］

5809 韓卓墓誌［805 貞元二十一年四月　西市 339］

5810 徐履冰墓誌［805 貞元二十一年四月　碑林續 145］

5811 盧崔娘墓誌［805 貞元二十一年四月　千唐 1375］

5812 盧清妻鄭十三墓誌［805 貞元二十一年四月　流散續 251］

5813 盧士舉妻李省墓誌［805 貞元二十一年四月　流散續 252］

5814 盧仲權妻王氏墓誌［805 貞元二十一年四月　蒐續 734］

5815 劉從乂墓誌［805 貞元二十一年五月　補八 111、洛新續 194］

5816 李寶墓誌［805 貞元二十一年五月　北大 05233、浙大］

5817 韋士文墓誌［805 貞元二十一年七月　陝新 86、鳳栖 361］

5818 韋士文墓表［805 貞元二十一年七月　鳳栖 362］

5819 賈巏妻李氏墓誌［805 貞元二十一年七月　宋展飛《文物鑒定與鑒賞》2021.8］

5820 王忠親墓誌［805 貞元二十一年七月　榆林 64、補八 111、陝叁 80］

5821 沈長墓誌［805 貞元二十一年八月　蒐三 597］

5822 羅璋妻米氏墓誌［805 貞元二十一年八月　西南匯 208、蒐三 598］

5823 時僕墓誌［805 貞元二十一年卒　補編 705］

5824 王庭玉墓誌［貞元□年十一月　北大 05234、浙大］

5825 萬景墓誌［貞元□年七月　碑林續 134］

5826 敬太芝墓誌［貞元□年二月　補八 112］

5827 韓君妻趙楚俊墓誌［貞元年間　陝目一 350］

永貞

5828 韓憬妻李氏墓誌［805 永貞元年八月　河洛 366］

5829 張誼墓誌［805 永貞元年九月卒　四川 246、成都附 3］

5830 王興滿妻何氏墓誌［805 永貞元年九月　河洛 367、七朝 313］

5831 張君妻崔氏墓誌［805 永貞元年十月　流散續 253］

5832 王恭墓誌［805 永貞元年十月　北圖 29-1、匯編北京 2-29、補六 474、北文 17、昌平 412］

5833 楊從彥墓誌［805 永貞元年十月　滿城 122］

5834 程懷信墓誌［805 永貞元年十月　輯録 267、補六 125］

5835 釋清悟墓誌［805 永貞元年十月　蒐續 735、流散續 254、僧尼 276］

5836 李俊妻劉氏墓誌［805 永貞元年十一月　流散 245、蒐續 737］

5837 邵岑墓誌［805 永貞元年十一月　陝肆 188］

5838 孫遇墓誌［805 永貞元年十一月　榮敦寧《海岱考古》10］

5839 崔翰墓誌［805 永貞元年十一月　北大 05240、浙大］

5840 宋洞陽墓誌［805 永貞元年十一月　集萃 72］

5841 王智寬及妻宋氏墓誌［805 永貞元年十一月　北大 05242、浙大］

5842 曹備及妻段氏墓誌［805 永貞元年十一月　蒐續 738、墨影 76］

5843 李憲墓誌［805 永貞元年十二月　浙大］

5844 吕君妻周氏墓誌［805 永貞元年十二月　王鑫君《東方博物》45］

5845 丘秀墓誌［805 永貞元年十二月　汾陽 62、大全汾陽 87］

5846 李瀚墓誌［806 永貞元年十二月　流散續 255］

5847 韋本立墓誌［806 永貞元年十二月　補七 76、長碑 151、陝肆 189］

5848 鄭鋒墓誌［806 永貞元年十二月　蒐三 599］

5849 劉公祖墓誌［806 永貞元年十二月　永年 49］

5850 達奚撫墓誌［永貞元年　蒐續 736］

5851 陸君妻孫氏墓誌［永貞元年　高新天《蘇州文博論叢》5］

5852 薛氏墓誌［永貞元年　補八 411、大同 37］

元和

5853 鮑榮妻牛氏墓誌［806 元和元年正月　牛氏 350］

5854 李可墓誌［806 元和元年二月　蒐三 600］

5855 陳國清墓誌［806 元和元年二月　河南省文物工作二隊《文物參考資料》1956.12］

5856 李十二娘墓誌［806 元和元年二月　蒐三 601］

5857 李登墓誌［806 元和元年四月　劉海恒《中國書法·書學》2019.3］

5858 李式墓誌［806 元和元年五月　流散續 256］

5859 辛君墓誌［806 元和元年五月　四川 246、成都附 4］

5860 馬談墓誌［806 元和元年六月　北大 05253、浙大］

5861 獨孤士衡妻寶氏墓誌［806 元和元年七月　珍稀 71］

5862 盧崿妻裴氏墓誌［806 元和元年七月　邙洛 221、西市 340］

5863 李君妻王氏墓誌［806 元和元年七月　蒐續 739、新獲 258、流散續 257］

5864 韓述墓誌［806 元和元年十月　趙振華《碑林集刊》27］

5865 紀君妻甄文規墓誌［806 元和元年十月　蒐三 603］

5866 盧瓘墓誌［806 元和元年十月　流散續 258、蒐三 602］

5867 陳君墓誌［806 元和元年十一月　蒐佚 668、西市 341］

5868 史君妻李氏墓誌［806 元和元年十一月　北大 05261、浙大］

5869 路景祥及妻劉氏墓誌［806 元和元年十一月　安陽 50、西南匯 209］

5870 馮唐渭妻馬氏墓誌［806 元和元年十一月　陝新 87］

5871 侯莫陳恕墓誌［807 元和元年十一月　蒐佚 669］

5872 牛浦妻陳氏墓誌［元和元年　碑林彙 238、牛氏 65］

5873 陳瑨及妻范氏墓誌［807 元和二年二月　碑林彙 239］

5874 陳令光墓誌［807 元和二年二月　浙大］

5875 杜滑墓誌［807 元和二年二月　蒐三 604］

5876 曹秀蘭墓誌［807 元和二年二月　蒐三 605］

5877 秦承恩墓誌［807 元和二年二月　碑林彙 240］

5878 楊守義墓誌［807 元和二年二月　陝新 88］

5879 賁卿墓誌［807 元和二年四月　邵啓鳳《文物鑒定與鑒賞》2018.19］

5880 劉從一墓誌［807 元和二年五月　蒐續 740］

5881 杜佑妻李氏墓誌［807 元和二年五月　集釋 40、蒐續 741、珍稀附 11、西南匯 210］

5882 崔君妻鄭至從墓誌［807 元和二年六月　陝唐 142］

5883 苗渭陽墓誌［807 元和二年八月卒　補千 305、千唐 1381］

5884 程惟誠墓誌［807 元和二年八月　西市 342］

5885 崔備墓誌［807 元和二年八月　釋録 293、補九 386］

5886 宮自勸墓誌［807 元和二年八月　補千 305、河南叄 252、千唐 1383］

5887 盧湘墓誌［807 元和二年八月　邙洛 222、龍門 301、散存 380］

5888 韋羽墓誌［807 元和二年八月　西市 343］

5889 郭彦墓誌［807 元和二年八月卒　陝唐 143］

5890 張整墓誌［807 元和二年八月　墨影 78］

5891 元雲墓誌［807 元和二年八月　吳磬軍《文物春秋》2010.6］

5892 釋圓寂墓誌［807 元和二年十月　西市 344、僧尼 282］

5893 成君妻李氏墓誌［807 元和二年十月　孫建華《内蒙古文物考古》1996］

5894 朱君墓誌［807 元和二年十一月　北文 19、房山 19］

5895 張拯墓誌［807 元和二年十一月　臨城 51］

5896 皇甫怡墓誌［807 元和二年十一月　流散續 259、蒐三 606、民族 283］

5897 劉源墓誌［807 元和二年十一月　碑林續 146］

5898 王珍及妻河氏墓誌［807 元和二年十一月　西市 345］

5899 徐瑱墓誌［807 元和二年十一月　邙洛 223、百種 262、流散 246］

5900 韓寧妻陳氏墓誌［808 元和三年正月　蒐三 607］

5901 尹博綜墓誌［808 元和三年正月　蒐續 742］

5902 馬君妻泉氏墓誌［808 元和三年正月　陝肆 190］

5903 孟琳墓誌［808 元和三年正月　西市 346］

5904 魏再榮妻侯氏墓誌［808 元和三年正月　昌平 416］

5905 穆觀舉妻戴氏墓誌［808 元和三年正月　西南 185］

5906 李璹及妻鄭氏墓誌［808 元和三年正月　流散 247、蒐續 743、新獲 260］

5907 劉君妻賈氏墓誌［808 元和三年正月　北大 05281］

5908 宋懷金女墓誌［808 元和三年正月　北大 05280、浙大］

5909 鄭朝尚墓誌［808 元和三年二月　碑林彙 242］

5910 裴單妻柳政墓誌［808 元和三年二月　新獲 261、流散續 260、蒐三 608］

5911 釋先藏塔銘［808 元和三年三月　季愛民《文物》2020.2、僧尼 255］

5912 李上公妻崔氏墓誌［808 元和三年四月　流散續 261、蒐三 609］

5913 李嚴墓誌［808 元和三年四月　流散 248、蒐續 744］

5914 宋曜墓誌［808 元和三年四月　碑林彙 243］

5915 盧士舉墓誌［808 元和三年四月　流散續 262］

5916 獨孤良裔及妻崔氏墓誌［808 元和三年五月　陝肆 191］

5917 宋庭珍及妻楊氏墓誌［808 元和三年五月　墨影 79］

5918 薛君妻陳氏墓誌［808 元和三年五月　蒐三 610］

5919 韋聿妻鄭氏墓誌［808 元和三年七月　補七 79、陝碑 176、長新 222、長碑 152、陝
　　叁 82、陝萃 840］

5920 張良玉墓誌［808 元和三年七月　蒐三 611］

5921 馮令詮墓誌［808 元和三年七月　臨城 55］

5922 徐卞墓誌［808 元和三年七月　江蘇壹附］

5923 鄭沛妻李淑（紀國大長公主）墓誌［808 元和三年七月　補七 80、長碑 153］

5924 鄭遂誠墓誌［808 元和三年七月　蒐續 745、千秋 198］

5925 沈莊及妻俞氏墓誌［808 元和三年八月　慈溪 2、慈碑 8］

5926 苗玄素墓誌［808 元和三年十月卒　新獲 259、流散續 264、蒐三 615］

5927 裴位墓誌［808 元和三年十月　流散 249、蒐續 746、新獲 263］

5928 王琦墓誌［808 元和三年十月　浙大］

5929 李德方墓誌［808 元和三年十月　補九 387］

5930 王叔平墓誌［808 元和三年十月　蒐佚 670、西市 347］

5931 盧燕墓誌［808 元和三年十月　流散 250、蒐三 612］

5932 韋逯妻裴氏墓誌［808 元和三年十月　西市 348］

5933 韋翩墓誌［808 元和三年十月　流散續 263、蒐三 613］

5934 元份墓誌［808 元和三年十一月　陝博 42］

5935 鄭氏墓誌［808 元和三年十一月　陝唐 144］

5936 郭衡墓誌［808 元和三年十一月　蒐續 747］

5937 李珪及妻楊氏墓誌［808 元和三年十一月　邙洛 224］

5938 劉涗墓誌［808 元和三年十一月　補編 732］

5939 田沼妻班氏墓誌［808 元和三年十一月　碑林續 147、新獲 264、西南匯 211、蒐三
　　614］

5940 蕭怣及妻張氏墓誌［808 元和三年十一月　補千 306、河南叁 253、千唐 1385］

5941 石解墓誌［808 元和三年十一月　蒐佚 671、西市 349］

5942 王自勉妻李氏（安鄉縣主）墓誌［808 元和三年十一月　補七 82、長新 224、長碑
　　154、陝叁 83、陝萃 842］

5943 韋揆墓誌［808 元和三年十一月　陝肆 192］

5944 張進及妻成氏墓誌［808 元和三年十一月　河洛 368］

5945 韋師哲墓誌［808 元和三年十二月　長新 226、長碑 155］

5946 吕元悦及妻陵氏墓誌［808 元和三年十二月　魯曉帆《收藏家》2017.5］

5947 吴卓妻裴氏墓誌［809 元和三年十二月　陝肆 193］

5948 李仙家墓誌［809 元和三年十二月　北大 05291］

5949 范秀墓誌［809 元和四年正月　浙大］

5950 高胤墓誌［809 元和四年正月　汾陽 64、大全汾陽 88］

5951 苑鍠墓誌［809 元和四年三月　北大 05293］

5952 路景秀墓誌［809 元和四年閏三月　蒐續 748、集萃 73］

5953 李嘉運及妻杜氏墓誌［809 元和四年閏三月　蒐佚 672］

5954 李寶光及妻劉氏墓誌［809 元和四年閏三月　北大 05295、浙大］

5955 張圓契墓誌［809 元和四年閏三月　邙洛 225、僧尼 286］

5956 崔邁墓誌［809 元和四年四月　補千 307、千唐 1386］

5957 秦君妻李氏墓誌［809 元和四年五月　補三 151、碑林 85-3396、陝貳 199］

5958 馮少連妻馬氏墓誌［809 元和四年五月　陝新 89］

5959 駱暹及妻孫氏墓誌［809 元和四年五月　補千 308、千唐 1387］

5960 嚴君妻劉氏墓誌［809 元和四年六月　蒐續 749］

5961 王士真墓誌［809 元和四年六月　馮金忠《中國國家博物館館刊》2013.5］

5962 崔嶠墓誌［809 元和四年七月　大同 39、大全南郊 39］

5963 田濟墓誌［809 元和四年七月　新獲 265、西南匯 212、蒐三 616］

5964 劉暉墓誌［809 元和四年七月　河南貳 282］

5965 張佐元墓誌［809 元和四年七月　駕鶱 175、蒐續 750］

5966 盧載妻鄭氏墓誌［809 元和四年八月　補千 308、河南叁 254、詩人 346、千唐
1388］

5967 毛伯良妻楊氏墓誌［809 元和四年八月　補六 476、陝貳 200］

5968 張君妻王氏墓誌［809 元和四年八月　蒐三 617］

5969 郭君妻陳氏墓誌［809 元和四年八月　北大 05303］

5970 李胡墓誌［809 元和四年八月　江蘇貳 38］

5971 李鷚妻元氏墓誌［809 元和四年八月　補千 309、河南叁 255、少民 152、千唐
1389］

5972 王堅妻宇文氏墓誌［809 元和四年九月　補千 310、少民 214、千唐 1391］

5973 范客墓誌［809 元和四年十月　北大 05307］

5974 杜令莊墓誌［809 元和四年十月　流散 251］

5975 吴士平墓誌［809 元和四年十一月　補七 82、長碑 156］

5976 韋慶復墓誌［809 元和四年十一月　碑林續 148、詩人 244］

5977 崔粵及妻張氏墓誌［810 元和四年十一月　匯編北京 2-105］

5978 李君妻韋氏墓誌［810 元和四年十一月　補八 113］

5979 韋珮母段氏墓誌［810 元和四年十二月　武威 60、邙洛 226、百種 264、龍門 303、
武威志 490、涼州 769］

5980 苗儆妻李氏墓誌［元和四年　蒐續 751］

5981 李成鈞墓誌［810 元和五年正月　河洛 369］

5982 王清墓誌［810 元和五年二月　流散續 265、蒐三 618］

5983 孟苟墓誌［810 元和五年二月　北大 05314］

5984 孫楚珪墓誌［810 元和五年二月　蒐續 752、新獲 266］

5985 盧綏墓誌［810 元和五年三月卒　補三 155、補編 918、長碑 507、鳳栖 382、陝肆 194］

5986 崔鄯妻鄭氏墓誌［810 元和五年三月　碑林續 149］

5987 張朝清墓誌［810 元和五年四月　碑林彙 245］

5988 蕭鸚墓誌［810 元和五年四月　補七 83］

5989 韋颯墓誌［810 元和五年七月　長新 228、長碑 157］

5990 李昇妻鄭氏墓誌［810 元和五年七月　蒐續 753、新獲 267、西南匯 214］

5991 張正甫妻裴氏墓誌［810 元和五年七月　珍稀 72、新獲 268、西南匯 213、蒐三 619］

5992 尹朝墓誌［810 元和五年七月　北大 05317、浙大］

5993 郭滋墓誌［810 元和五年八月　蒐佚 673］

5994 史守珍墓誌［810 元和五年八月　北大 05321］

5995 徐頤墓誌［810 元和五年八月　蒐三 620］

5996 張清源妻何氏墓誌［810 元和五年九月　補八 411、磚刻 1201、吳中 211］

5997 高仙墓誌［810 元和五年十一月　陝博 43］

5998 牛名俊墓誌［810 元和五年十一月　西市 350、牛氏 188］

5999 王君妻羅氏墓誌［810 元和五年十一月　寧波 5］

6000 趙煊墓誌［810 元和五年十一月　流散續 266］

6001 李志訓墓誌［811 元和五年十二月　北大 05323、浙大］

6002 馬英粲墓誌［元和五年　陝目二 8］

6003 趙昇朝墓誌［811 元和六年正月　西市 351］

6004 侯巽妻楊氏墓誌［811 元和六年正月　碑林續 150］

6005 郭秀墓誌［811 元和六年正月　邙洛 227］

6006 苑咸墓誌［811 元和六年正月　釋錄 147、補九 389、蒐佚 675、散存 382、詩人 202］

6007 鄭叔度及妻韓氏墓誌［811 元和六年正月　補九 388］

6008 □巨源墓誌［811 元和六年正月　蘇博 11］

6009 韓君妻王氏墓誌［811 元和六年二月　北大 05326］

6010 程氏墓誌［811 元和六年二月　北大 05327］

6011 崔駕仙墓誌［811 元和六年二月　蒐三 621］

6012 高沛墓誌［811 元和六年三月　江蘇壹 4］

6013 崔遂墓誌［811 元和六年四月　邙洛 228、釋錄 141、補八 113、龍門 305、鴛鴦 179］

6014 李偏墓誌［811 元和六年四月　新獲 269、流散續 267、蒐三 622］

6015 張季陽墓誌［811 元和六年四月　任平《碑林集刊》九、補八 114、長碑 509］

6016 韋殷卿墓誌［811 元和六年四月　浙大］

6017 陳庭墓誌［811 元和六年四月　韓振飛《南方文物》2001.4］

6018 張諗墓誌［811 元和六年四月　高慎濤《華夏文化》2022.2］

6019 崔巘墓誌［811 元和六年四月　補千 311、河南叁 256、千唐 1393］

6020 劉宗意墓誌［811 元和六年五月卒　補七 85、户縣 298、陝叁 84］

6021 田占墓誌［811 元和六年六月　碑林彙 246］

6022 盧義墓誌［811 元和六年六月　北大 05330、國圖］

6023 郭曖妻李昇平墓誌［811 元和六年七月　菁華續 208］

6024 宋君妻張氏墓誌［811 元和六年七月　西市 352］

6025 史詮墓誌［811 元和六年七月　流散續 268］

6026 侯顔則及妻裴氏墓誌［811 元和六年八月　北大 05331］

6027 李敢言墓誌［811 元和六年八月　濟南 42、分類 92］

6028 趙素墓誌［811 元和六年八月　新獲 270、西南匯 215、蒐三 623］

6029 張林墓誌［811 元和六年八月　邙洛 229、釋録 297、補九 392、百種 266］

6030 安玉妻劉氏墓誌［811 元和六年十月　流散 252、蒐續 754］

6031 吴懷秀墓誌［811 元和六年十月　北大 05333］

6032 崔頤妻鄭氏墓誌［811 元和六年十月　集萃 74］

6033 李君墓誌［811 元和六年十月　大同 50、大全南郊 41］

6034 柳信墓誌［811 元和六年十月　濮陽 48］

6035 孫晏墓誌［811 元和六年十月　蒐佚 677］

6036 元子長妻李真墓誌［811 元和六年十月　蒐佚 676、七朝 314、西市 353、鴛鴦 137］

6037 王杲墓誌［811 元和六年十月　蒐三 624］

6038 王氏墓誌［811 元和六年十月　陝唐 195］

6039 史然墓誌［811 元和六年十月　邙洛 230、少民 191、絲綢 138］

6040 閻重光妻段氏墓誌［811 元和六年十月　補九 391、碑林彙 247、長碑 510、僧尼 288］

6041 趙藤墓誌［811 元和六年十月　西市 354］

6042 信都曜及妻邢氏墓誌［811 元和六年十月　獻縣 30］

6043 賁卿妻陳氏墓誌［811 元和六年十二月　邵啓鳳《文物鑒定與鑒賞》2018.19］

6044 王俊墓誌［811 元和六年十二月　西南 186、西南匯 216、蒐三 625］

6045 張玉墓誌［811 元和六年十二月　補千 312、千唐 1396］

6046 崔俠墓誌［812 元和六年十二月　補千 313、千唐 1397］

6047 凌通墓誌［812 元和六年十二月　海寧 5］

6048 李正墓誌［812 元和六年十二月　北大 05339、浙大］

6049 裴兼墓誌［812 元和六年閏十二月　補千 314、千唐 1398］

6050 蕭君妻張氏墓誌［812 元和七年正月　補七 87、陝博 44］

6051 武士穆墓誌［812 元和七年二月　碑林補 55、碑林彙 248］

6052 劉士忠墓誌［812 元和七年二月　宿州市文物管理局《文物研究》12］

6053 劉超妻張氏墓誌［812 元和七年四月　碑林彙 249、西南 187］

6054 姚寰墓誌［812 元和七年四月　流散續 269］

6055 李景光墓誌［812 元和七年四月　浙大］

6056 韋庸妻王媛墓誌［812 元和七年四月　補七 87、長新 230、長碑 158、陝叁 85、鳳栖

403〕

6057 齊抗妻蕭氏墓誌〔812 元和七年五月　流散續 270〕

6058 李秀炎墓誌〔812 元和七年七月　碑林彙 250、長碑 511〕

6059 韋汶妻劉氏墓誌〔812 元和七年七月　陝新 90〕

6060 嚴君妻馬净行墓誌〔812 元和七年七月　張馳《青少年書法》2020.9〕

6061 盧士瓊妻鄭氏墓誌〔812 元和七年七月　補千 314、河南叁 257、千唐 1399〕

6062 源建墓誌〔812 元和七年八月　陝唐 145〕

6063 張瑜墓誌〔812 元和七年八月　西市 355〕

6064 朱泳墓誌〔812 元和七年八月　西市 356〕

6065 張朝翼妻常氏墓誌〔812 元和七年九月　蒐佚 678、西市 357〕

6066 李藤墓誌〔812 元和七年十月　北京壹 18〕

6067 崔仲薈妻盧氏墓誌〔812 元和七年十月　蒐續 755〕

6068 王昇墓誌〔812 元和七年十月　補七 88、户縣 15、補八 116、陝叁 86、陝萃 848〕

6069 劉寶及妻樂氏墓誌〔812 元和七年十一月　西南 188〕

6070 馬承宗墓誌〔813 元和七年十二月　汾陽 66、大全汾陽 89〕

6071 鄭君墓誌〔元和七年　陝目二 11〕

6072 盧愻墓誌〔813 元和八年正月　流散續 271〕

6073 曹乾琳妻劉那羅延墓誌〔813 元和八年二月　新獲 271、流散續 272、蒐三 626〕

6074 劉從義妻李智玄寂墓誌〔813 元和八年二月　補八 117、河洛 370、洛新續 196、龍門 306〕

6075 史惟清墓誌〔813 元和八年二月　鴛鴦 183〕

6076 裴廣迪墓誌〔813 元和八年二月　補八 115、河洛 371、洛新續 195〕

6077 王傑墓誌〔813 元和八年二月　蒐佚 679、西市 358〕

6078 李仲昌墓誌〔813 元和八年二月　補千 315、河南叁 258、千唐 1402〕

6079 何澄妻某氏墓誌〔813 元和八年二月　少民 241、絲綢 144、蒐佚 680、鴛鴦 165〕

6080 張乾曜墓誌〔813 元和八年三月　北文 24〕

6081 李從政妻萬氏墓誌〔813 元和八年三月　珍稀 73、西南匯 217、蒐三 627〕

6082 司徒倚墓誌〔813 元和八年四月　蒐續 756〕

6083 李堅及妻衛氏王氏墓誌〔813 元和八年五月　蒐續 757〕

6084 顧師閔墓誌〔813 元和八年六月　蒐佚 681、散存 385〕

6085 寶守吾妻焦氏墓誌〔813 元和八年七月　蒐續 758〕

6086 馬考顔墓誌〔813 元和八年八月　碑林彙 251、西南 189〕

6087 林犹妻長孫氏墓誌〔813 元和八年八月　蒐續 759〕

6088 殷存直墓誌〔813 元和八年八月　流散續 273、蒐三 628〕

6089 張憬母素和氏墓誌〔813 元和八年九月　流散續 274、蒐三 629、民族 284〕

6090 郭惟良墓誌〔813 元和八年十月　碑林彙 252〕

6091 雷渾墓誌〔813 元和八年十月　補千 317、河洛 372、少民 351、千唐 1403〕

6092 盧晃妻王氏墓誌〔813 元和八年十月　蒐三 630〕

6093 寶勸墓誌〔813 元和八年十月　補千 318、河南叁 259、少民 365、民族 287、千唐

1404]

6094 麻令昇墓誌［813 元和八年十月　補七 90］

6095 吕喦墓誌［813 元和八年十月　蘇博 12］

6096 王端墓誌［813 元和八年十月　蒐佚 682、七朝 315、流散 253］

6097 王伉墓誌［813 元和八年十月　陝新 91］

6098 周幹墓誌［813 元和八年十一月　蒐三 632］

6099 李翺妻韋氏墓誌［813 元和八年十一月　陝唐 146］

6100 司馬進墓誌［813 元和八年十一月　鄭州 205］

6101 韋河墓誌［813 元和八年十一月　杏圃 321、補八 118］

6102 韋直妻李氏墓誌［813 元和八年十一月　長新 232、長碑 159］

6103 賈琛墓誌［813 元和八年十二月　大全堯都 13］

6104 庾仲畬妻李氏墓誌［813 元和八年十二月　補八 119、河洛 373、洛新續 197］

6105 釋净空墓誌［814 元和九年正月　北大 05365］

6106 田隨妻鄭柔墓誌［814 元和九年正月　百品 91］

6107 袁公和墓誌［814 元和九年正月　補八 119、河洛 374、洛新續 198］

6108 劉義及妻張氏墓誌［814 元和九年正月　浙大］

6109 陳密妻盧氏葬記［814 元和九年正月　蒐三 634］

6110 劉君妻裴氏墓誌［814 元和九年正月　珍稀 74、西南 190、蒐三 633］

6111 劉君妻宋氏墓誌［814 元和九年正月　補五 425、碑林 85-3485、陝貳 211］

6112 釋法真墓誌［814 元和九年正月　蒐佚 683、七朝 317、流散 254］

6113 陸長真墓誌［814 元和九年正月　碑林續 151］

6114 傅鉴及妻路氏蔡氏墓誌［814 元和九年二月　河洛 375、七朝 316］

6115 釋明詮墓誌［814 元和九年二月　陳旭鵬《考古與文物》2019.2、僧尼 295］

6116 雷海妻成氏墓誌［814 元和九年三月　蒐佚 684］

6117 顧旭妻崔氏墓誌［814 元和九年三月　流散續 275、蒐三 635］

6118 王斌墓誌［814 元和九年三月　山東 43、分類 93］

6119 樂庭芬及妻歧珪墓誌［814 元和九年三月　補千 319、河南叁 260、千唐 1405］

6120 牛僧虔墓誌［814 元和九年四月　牛氏 27、陝肆 197］

6121 許寧墓誌［814 元和九年四月　陝肆 196］

6122 范倫妻趙氏墓誌［814 元和九年五月　碑林彙 253］

6123 封叔寧妻劉氏墓誌［814 元和九年五月　蒐續 760、新獲 272］

6124 郭錡妻盧士絢墓誌［814 元和九年五月　西安市文物保護考古研究院《文博》2014.2］

6125 郭再興墓誌［814 元和九年五月　北大 05375］

6126 賈暮妻王氏墓誌［814 元和九年五月　流散續 276、蒐三 636］

6127 苗綆墓誌［814 元和九年五月　流散 255、蒐續 761］

6128 郭謙及妻李氏墓誌［814 元和九年七月　陝新 93］

6129 吴令祥墓誌［814 元和九年七月　河南貳 156、蒐續 762］

6130 袁惟承墓誌［814 元和九年七月　補千 319、千唐 1409］

6131 吴君妻韋氏墓誌［814 元和九年七月　陝唐 147］

6132 冀崇暉墓誌［814 元和九年八月　蒐佚 685、西市 359］

6133 王綰妻鄭孈墓誌［814 元和九年八月　補千 320、河南叁 261、千唐 1410］

6134 路江妻于光明墓誌［814 元和九年九月　邙洛 231、補八 411、洛新續 199、少民 8］

6135 杜台賢墓誌［814 元和九年十月　百品 92］

6136 李叔良墓誌［814 元和九年十月　流散續 277］

6137 索神珞墓誌［814 元和九年十月　陳丹《乾陵文化研究》10］

6138 張茂宣墓誌［814 元和九年十月　新獲 273、蒐三 631］

6139 趙遷墓誌［814 元和九年十月　浙大］

6140 王敬仲墓誌［814 元和九年十月　浙大］

6141 郭文獻墓誌［814 元和九年十月　流散續 278、唐品 12］

6142 韋楚客墓誌［814 元和九年十月　蒐續 763、新獲 274］

6143 史惟清妻翟氏墓誌［814 元和九年十月　駕鴦 185］

6144 李恒湊墓誌［814 元和九年十月　碑林續 152］

6145 李舉墓誌［814 元和九年十月　補千 321、河南叁 262、千唐 1411］

6146 郭英俊墓誌［814 元和九年十月　北大 05388、浙大］

6147 盧慶墓誌［814 元和九年十月　流散續 279］

6148 石演墓誌［814 元和九年十月　房山 23］

6149 田述墓誌［814 元和九年十月　西市 360］

6150 崔淑及妻魏氏墓誌［814 元和九年十一月　珍稀 75、西南 191］

6151 崔成務及妻李氏墓誌［814 元和九年十一月　西市 361、詩人 266］

6152 陳榮亡女墓誌［815 元和九年十一月　北大 05391、浙大］

6153 韓義方墓誌［815 元和九年十一月　蒐續 764、流散續 280］

6154 李方乂墓誌［815 元和九年十一月　百品 93］

6155 王晟墓誌［815 元和九年十一月　陝唐 148］

6156 韋都賓妻李氏墓誌［815 元和九年十一月　陝新 94］

6157 陳弼妻曹氏樂氏墓誌［815 元和九年十二月　濮陽 49］

6158 李玄就墓誌［815 元和九年十二月　墨影 81］

6159 劉如元墓誌［815 元和九年十二月　内蒙古文物考古研究所《内蒙古文物考古》
　　2006.1］

6160 李佶墓誌［815 元和九年十二月　補千 322、河南叁 263、千唐 1412］

6161 王武用墓誌［815 元和九年十二月　成都 9］

6162 公孫宏墓誌［815 元和十年正月　蒐佚 686］

6163 武興墓誌［815 元和十年正月　北大 05394、浙大］

6164 王公素墓誌［815 元和十年正月　西市 362］

6165 劉詮墓誌［815 元和十年正月　北大 05396、浙大］

6166 袁德昌墓誌［815 元和十年正月　洛新 91、補六 136、龍門 308］

6167 袁擇交妻李氏墓誌［815 元和十年正月　洛新 90、補六 136、龍門 307］

6168 趙君妻程氏墓誌［815 元和十年二月　碑林續 153］

6169 宋僧墓誌 [815 元和十年四月　北大 05399、浙大]

6170 白氏墓誌 [815 元和十年四月　鄭旭東《敦煌研究》2020.4]

6171 黎信智墓誌 [815 元和十年四月　陝博 45]

6172 李宙墓誌 [815 元和十年四月　補八 121、河洛 376、洛新續 200、駕鴦 187]

6173 韋君妻李氏墓誌 [815 元和十年五月　西市 363]

6174 王液墓誌 [815 元和十年八月　大同 57]

6175 程綱墓誌 [815 元和十年八月卒　蒐佚 690、西市 364、流散 256、千秋 207]

6176 王瑗墓誌 [815 元和十年八月　流散續 281、蒐三 637]

6177 陳君妻李氏墓誌 [815 元和十年八月　碑林續 154]

6178 王懷珍墓誌 [815 元和十年九月　成都 10]

6179 崔鄠妻劉氏墓誌 [815 元和十年九月　陝肆 199]

6180 何君妻張佩墓誌 [815 元和十年十月卒　慈溪 4、慈碑 9]

6181 張璀妻王氏墓誌 [815 元和十年十月　劉青彬《尋根》2020.1]

6182 譚亘墓誌 [815 元和十年十一月　蒐續 765]

6183 陳詮墓誌 [815 元和十年十一月　蒐佚 688]

6184 李克遜墓誌 [815 元和十年十一月　蒐佚 687、流散 257]

6185 牛氏墓誌 [815 元和十年十一月　牛氏 191]

6186 崔可憑墓誌 [815 元和十年十一月　蒐佚 689]

6187 陳宥墓誌 [816 元和十年十一月　流散續 282、蒐三 638]

6188 李宗閔妻韋氏墓誌 [816 元和十年十一月　西市 365]

6189 鄭鎰妻董容墓誌 [816 元和十一年正月　邙洛 232、補八 122、洛新續 201]

6190 李君妻田氏墓誌 [816 元和十一年正月　流散 258、蒐續 766]

6191 徐景威墓誌 [816 元和十一年二月　河洛 377、龍門 311、七朝 318]

6192 李迥墓誌 [816 元和十一年二月　流散續 283、蒐三 639]

6193 王綏墓誌 [816 元和十一年二月　西市 366]

6194 薛顥妻韋氏墓誌 [816 元和十一年二月　邙洛 233]

6195 趙□昇墓誌 [816 元和十一年二月　邙洛 234、補八 123、洛新續 202]

6196 丁翌墓誌 [816 元和十一年二月　喬保同《黃河　黃土　黃種人》2020.2]

6197 馬楚墓誌 [816 元和十一年二月　蒐佚 691]

6198 韋三娘墓誌 [816 元和十一年二月　邙洛 235、補八 124、補千 323、河南叁 264、洛新續 203、千唐 1416]

6199 和元烈墓誌 [816 元和十一年二月　北京壹 19]

6200 王剎墓誌 [816 元和十一年三月　邙洛 236、補八 124、洛新續 204]

6201 松君墓誌 [816 元和十一年三月　陝目二 13]

6202 李士華墓誌 [816 元和十一年五月　杏園 319、補八 125、墨影 82]

6203 李夷道妻鄭氏墓誌 [816 元和十一年五月　陝肆 200]

6204 翟君妻姜氏墓誌 [816 元和十一年五月　流散續 284]

6205 杜君墓誌 [816 元和十一年八月　補六 479、陝貳補 26]

6206 孫君妻李氏墓誌 [816 元和十一年八月　北大 05412]

6207 元察墓誌［816 元和十一年八月　流散 259、蒐續 767］

6208 崔敏妻盧氏墓誌［816 元和十一年八月　釋録 357、崔氏 331］

6209 郭鍠墓誌［816 元和十一年八月　流散續 285、蒐三 640］

6210 李洪墓誌［816 元和十一年八月　北京壹 20］

6211 崔備墓誌［816 元和十一年八月　補千 323、河南叁 265、詩人 267、千唐 1419］

6212 李宙（嗣吳王）墓誌［816 元和十一年八月　碑林續 155］

6213 李氏（新鄉縣主）墓誌［816 元和十一年八月　浙大］

6214 鄭易墓誌［816 元和十一年八月　七朝 319、駕鵞 191、蒐續 768］

6215 盧士玟妻崔氏墓誌［816 元和十一年九月　駕鵞 209、蒐續 769、散存 398、詩人 286］

6216 聞人十四墓誌［816 元和十一年九月　慈溪 6、慈碑 10］

6217 梁寶威德墓誌［816 元和十一年十月　陝肆 201］

6218 令狐定妻于氏墓誌［816 元和十一年十月　蒐三 641］

6219 安義墓誌［816 元和十一年十一月　蒐續 770、流散續 286］

6220 何璨墓誌［816 元和十一年十一月　北大 05422、浙大］

6221 康昭墓誌［816 元和十一年十一月　蒐佚 692、流散 260］

6222 劉子暉墓誌［816 元和十一年十一月　張馳《青少年書法》2020.6、王其褘《長安學研究》五］

6223 牛華墓誌［816 元和十一年十一月　牛氏 401］

6224 達超墓誌［816 元和十一年十一月　蒐續 771］

6225 李弘墓誌［816 元和十一年十一月　補千 325、河南叁 266、千唐 1420］

6226 徐超墓誌［816 元和十一年十一月　西市 367］

6227 □泚得墓誌［816 元和十一年十一月　北窗 280］

6228 李茂成妻鄭絢墓誌［816 元和十一年十一月　補千 326、河南叁 267、千唐 1421］

6229 尹承恩墓誌［816 元和十一年十二月　新獲 275、西南匯 228、蒐三 674］

6230 郭鈺妻楊氏墓誌［817 元和十一年十二月　蒐續 772］

6231 沈氏墓誌［817 元和十一年十二月　符永才《考古》1990.11］

6232 薛琯墓誌［817 元和十一年十二月　薛氏 296］

6233 鄭更郎墓誌［元和十一年　陝目二 14］

6234 冀榮進墓誌［817 元和十二年正月　北大 05432、浙大］

6235 孟元陽妻郭氏墓誌［817 元和十二年正月　新獲 276、蒐三 643］

6236 鄭君墓誌［817 元和十二年正月卒　北大 05433、浙大］

6237 陳審墓誌［817 元和十二年二月　分類 95］

6238 王蒙墓誌［817 元和十二年二月　碑林續 156、新獲 277、西南匯 218］

6239 張明俊墓誌［817 元和十二年二月　陝新 95］

6240 席夒墓誌［817 元和十二年二月　于文哲《古典文獻研究》22 上、詩人 270］

6241 高氏墓誌［817 元和十二年三月　陝新 96］

6242 郝茂光及妻孫氏墓誌［817 元和十二年四月　碑林彙 255］

6243 姚栖雲墓誌［817 元和十二年四月　邙洛 237、釋録 160、補九 393、龍門 312］

6244 韋行全墓誌［817 元和十二年七月　補九 394、長碑 161、陝肆 202］

6245 劉伯芻墓誌［817 元和十二年七月　西市 368、詩人 275］

6246 衞叔良改葬記［817 元和十二年七月　河洛 378、龍門 313］

6247 許朝及妻白氏墓誌［817 元和十二年七月　洪洞 16、大全洪洞 10］

6248 許震墓誌［817 元和十二年七月　蒐三 644］

6249 李直妻崔眉墓誌［817 元和十二年八月　北大 05443］

6250 陶君妻楊氏墓誌［817 元和十二年八月　張小麗《碑林集刊》11、補九 394、長碑 514］

6251 王舟墓誌［817 元和十二年八月　流散續 287、蒐三 645］

6252 馬捷墓誌［817 元和十二年八月　大全汾陽 90］

6253 王闈墓誌［817 元和十二年八月　陝唐 149］

6254 韋暎妻薛琰墓誌［817 元和十二年八月　補七 92、長新 234、長碑 162、陝叁 87、鳳栖 409］

6255 張君妻呂氏墓誌［817 元和十二年九月　補五 428、陝貳 219、磚刻 1204］

6256 獨孤士衡墓誌［817 元和十二年九月　集釋 41、蒐續 773、菁華續 209、千秋 216］

6257 崔頲墓誌［817 元和十二年十月　菁華 148、蒐續 774、集萃 75、西南 192］

6258 徐放墓誌［817 元和十二年十月　補千 327、河南叁 268、菁華 147、詩人 272、千唐 1426］

6259 鄭方閦墓誌［817 元和十二年十月　蒐佚 693］

6260 安元暉墓誌［817 元和十二年十月　河北石刻 298］

6261 韋柏夷墓誌［817 元和十二年十月　補七 94、長新 236、長碑 163、陝叁 88］

6262 豆盧鶚墓誌［817 元和十二年十月　司馬國紅《考古》2019.7］

6263 盧士瓊墓誌［817 元和十二年十月　千唐 1427］

6264 班贄墓誌［818 元和十二年十一月　新獲 279、蒐三 642］

6265 馬岳及妻李氏墓誌［818 元和十二年十一月　浙大］

6266 馮元倞墓誌［818 元和十二年十二月　陝新 97］

6267 柳寔墓誌［818 元和十二年十二月　西市 369］

6268 李戎妻盧氏墓誌［818 元和十二年十二月　補千 328、河南叁 269、千唐 1428］

6269 沈氏墳記［818 元和十二年十二月　補編 1893、磚刻 1206］

6270 李君妻安氏墓誌［元和十二年　大同 62、大全南郊 43］

6271 周諲墓誌［818 元和十三年正月　陝新 98］

6272 顧旭墓誌［818 元和十三年三月　流散續 288、蒐三 646］

6273 張汶墓誌［818 元和十三年三月　補八 125、河洛 379、洛新續 205］

6274 李國清墓誌［818 元和十三年四月　北大 05455］

6275 邢至和第三女墓誌［818 元和十三年八月卒　北大 05460、浙大］

6276 皇甫廛墓誌［818 元和十三年八月　流散續 289、蒐三 647］

6277 劉勝孫墓誌［818 元和十三年八月　補千 329、河南叁 270、千唐 1430］

6278 閻巨源妻韓氏墓誌［818 元和十三年八月　七朝 320］

6279 張卓墓誌［818 元和十三年十月　西市 370］

6280 陽君妻崔氏墓誌［818 元和十三年十月　釋録 301、補九 395］

6281 矯君妻范氏墓誌［818 元和十三年十月　精粹 111］

6282 王奉璘妻段氏墓誌［818 元和十三年十月　流散續 290］

6283 韋楚相妻崔氏墓誌［818 元和十三年十一月　蒐佚 694、集萃 76］

6284 李超墓誌［818 元和十三年十二月　蒐佚 695、新獲 280］

6285 相里弘墓誌［819 元和十三年十二月　碑林續 157］

6286 王緒墓誌［819 元和十三年　蒐佚 696］

6287 安玉墓誌［819 元和十四年二月　流散 262、蒐續 775、凉州 775］

6288 王稔妻鄭氏墓誌［819 元和十四年二月　流散續 291］

6289 徐頊妻樊氏墓誌［819 元和十四年二月　邙洛 238、流散 261］

6290 郭文應妻盧氏墓誌［819 元和十四年二月　補千 330、河南叁 271、千唐 1431］

6291 李氏墓誌［819 元和十四年二月　大全堯都 15］

6292 大德塔銘［819 元和十四年四月　北圖 29-142、匯編北京 2-56］

6293 句龍仙齡墓誌［819 元和十四年四月　成都文物考古研究院《考古學集刊》21］

6294 韓復妻張氏墓誌［819 元和十四年四月　陝唐 150］

6295 張興妻路洪墓誌［819 元和十四年四月　蒐三 648］

6296 韋羽及妻崔成簡墓誌［819 元和十四年五月　西市 371］

6297 田進墓誌［819 元和十四年五月　碑林彙 256］

6298 崔逢妻李氏墓誌［819 元和十四年五月　補八 126、河洛 380、洛新續 206、駕鴦 201］

6299 郭錡墓誌［819 元和十四年五月　蒐三 649］

6300 邵唐儼墓誌［819 元和十四年五月　流散 263、蒐續 776］

6301 劉道進墓誌［819 元和十四年五月　北大 05475、浙大］

6302 李樞妻唐煥墓誌［819 元和十四年八月　駕鴦 205、蒐續 777］

6303 慕容環墓誌［819 元和十四年八月　長新 238、長碑 164、凉州 777］

6304 崔莪墓誌［819 元和十四年九月　蒐佚 697］

6305 賈玉墓誌［819 元和十四年九月　蒐三 650］

6306 郭芬及妻常氏墓誌［819 元和十四年十月　衛輝 49］

6307 李庭進及妻夏氏張氏墓誌［819 元和十四年十月　北大 05480］

6308 釋那羅延墓誌［819 元和十四年十一月　碑林續 200、僧尼 313］

6309 元茗萊妻楊氏墓誌［819 元和十四年十一月　蒐續 778、西南匯 219］

6310 李會昌墓誌［819 元和十四年十一月　蒐佚 698］

6311 趙晉墓誌［819 元和十四年十一月　珍稀 76、西南 193、蒐三 651］

6312 王何墓誌［819 元和十四年十一月　蒐佚 699］

6313 尹釗墓誌［819 元和十四年十一月　浙大］

6314 高瑗墓誌［819 元和十四年十一月　裴書研《收藏家》2019.6、馬騰空 139、144］

6315 魏子騫墓誌［819 元和十四年十一月　北大 05486］

6316 張懷玉墓誌［819 元和十四年十二月　北大 05488、浙大］

6317 姜子榮墓誌［元和十四年　珍稀 77］

6318 李懷慎墓誌［820 元和十五年正月　碑林彙 257］

6319 陳郢妻曲氏墓誌［820 元和十五年正月　流散續 292］

6320 李洽墓誌［820 元和十五年正月　故宮 139］

6321 鄭氏墓誌［820 元和十五年正月　河洛 381］

6322 韋及墓誌［820 元和十五年閏正月　長新 240、長碑 165］

6323 宋華墓誌［820 元和十五年閏正月　散存 389］

6324 韋鋏墓誌［820 元和十五年閏正月　陝新 99、鳳栖 414］

6325 楊翃墓誌［820 元和十五年二月　陝肆 204］

6326 張玉墓誌［820 元和十五年二月　浙大］

6327 吳顗墓誌［820 元和十五年二月　張馳《青少年書法》2021.11］

6328 董文尊墓誌［820 元和十五年三月　黄小芸《碑林集刊》7］

6329 盧廣及妻李氏墓誌［820 元和十五年三月　補千 331、河南叁 272、詩人 280、千唐 1434］

6330 郭渭墓誌［820 元和十五年四月　新獲 281、流散續 293、蒐三 652］

6331 裴深墓誌［820 元和十五年四月　補千 332、河南叁 273、千唐 1435］

6332 李君妻宋氏墓誌［820 元和十五年四月　北大 05494、浙大］

6333 劉彦冲墓誌［820 元和十五年四月　北大 05496］

6334 楊晧澄墓誌［820 元和十五年七月　寧波 6、慈溪 8、慈碑 11］

6335 張回墓誌［820 元和十五年七月　集萃 77］

6336 韓重華妻李氏墓誌［820 元和十五年九月　流散 264、蒐續 779］

6337 韓愃墓誌［820 元和十五年九月　流散續 294、蒐三 653］

6338 鄭侑墓誌［820 元和十五年十月　高陽原 91］

6339 崔居志墓誌［820 元和十五年十月　北大 05506、浙大］

6340 崔弘載墓誌［820 元和十五年十月　邙洛 240、釋録 304、補九 396］

6341 崔貞道墓誌［820 元和十五年十月　蒐續 780］

6342 劉倫墓誌［820 元和十五年十月　補千 333、河南叁 274、千唐 1439］

6343 庾承歡墓誌［820 元和十五年十一月　陝肆 205］

6344 魏寵墓誌［820 元和十五年十一月　北大 05510、中華］

6345 宇文仲逵墓誌［820 元和十五年十一月　百品 95］

6346 朱方道墓誌［820 元和十五年十一月　北京壹 21、朝陽 160］

6347 元公瑾遷葬誌［820 元和十五年十一月　邙洛 241、少民 154］

6348 崔贄墓誌［820 元和十五年十一月　蒐續 781］

6349 馮君妻李詠墓誌［820 元和十五年十一月　流散 265、蒐續 790］

6350 王庭墓誌［820 元和十五年十一月　西南 194］

6351 鄭令同及妻李氏墓誌［821 元和十五年十二月　鄭州市文物考古研究院《文物》2022.6］

6352 夏侯陳胡墓誌［元和十五年　蘇博 13］

6353 劉筠墓誌［元和十五年　運河 34、邯鄲 32］

6354 蕭氏墓誌［元和十□年七月　碑林續 158］

6355 高君墓誌［元和□年八月　大全朔城 33］

6356 韋訪墓誌［元和□年二月　陝新 100］

6357 陸黯墓誌［元和□年七月　精粹 59］

長慶

6358 裴卅四娘墓誌［821 長慶元年正月　蒐三 654］

6359 杜偁妻崔氏墓誌［821 長慶元年二月　碑林續 159］

6360 賈志誠妻李奴（鹽山縣主）墓誌［821 長慶元年二月　集萃 78］

6361 薛緯墓誌［821 長慶元年二月　蒐續 783、流散續 295］

6362 甄宙妻李孃墓誌［821 長慶元年二月　蒐續 782］

6363 李郎妻路氏墓誌［821 長慶元年五月　蒐續 784］

6364 李序墓誌［821 長慶元年七月　流散續 296］

6365 甄宙墓誌［821 長慶元年七月　蒐續 807］

6366 鄭宣遠妻梁氏墓誌［821 長慶元年八月　蒐續 785］

6367 崔諫墓誌［821 長慶元年八月　流散續 297、蒐三 655］

6368 程君妻李守柔墓誌［821 長慶元年八月　長新 244、長碑 168］

6369 李綜及妻盧氏墓誌［821 長慶元年八月　蒐佚 701、西市 372］

6370 都璿墓誌［821 長慶元年十月　蒐三 656］

6371 崔咸妻裴處雍墓誌［821 長慶元年十月　李秀敏《古典文獻研究》21 下、詩人 321］

6372 花獻妻安氏墓誌［821 長慶元年十月　鴛鴦 213、流散 266、蒐續 786、絲路 152］

6373 吳弘簡妻李氏墓誌［821 長慶元年十月　補八 127、碑林彙 258］

6374 薛丹墓誌［821 長慶元年十月　菁華 149、偃師 201、散存 391、墨影 83］

6375 薛魯魯墓誌［821 長慶元年十月　補千 333、河南叁 275、千唐 1440］

6376 何暉墓誌［821 長慶元年十月　蒐續 787］

6377 韓益妻李季推墓誌［821 長慶元年十一月　陝唐 152］

6378 元正思墓誌［821 長慶元年十一月　新獲 282］

6379 季君妻都氏墓誌［821 長慶元年十一月　補編 1893］

6380 張公幹墓誌［821 長慶元年十二月　西南匯 220］

6381 李及墓誌［822 長慶元年十二月　紹興 775］

6382 任福及妻賈氏墓誌［822 長慶元年十二月　北大 05529］

6383 張君妻董氏墓誌［822 長慶二年正月　浙大］

6384 王高妻蔣倩墓誌［822 長慶二年二月　補八 129］

6385 裴宜妻柳內則墓誌［822 長慶二年二月　補八 127、河洛 382、洛新續 207、百種 268］

6386 顔季康墓誌［822 長慶二年二月　河洛 383］

6387 盧士鞏墓誌［822 長慶二年二月　補八 130、洛新續 208］

6388 馬岳墓誌［822 長慶二年二月　蒐佚 702、蒐續 788］

6389 雍君墓誌［822 長慶二年二月　北大 05531、浙大］

6390 李華及妻盧氏墓誌［822 長慶二年二月　詩人 225］

6427 韋庇墓誌［823 長慶三年七月　張馳《青少年書法》2020.6］

6428 樂坤妻王氏墓誌［823 長慶三年七月　陝肆 207］

6429 劉安平墓誌［823 長慶三年七月　陝肆 208］

6430 張屺墓誌［823 長慶三年七月　流散續 300］

6431 王通及妻張氏墓誌［823 長慶三年七月　匯編河北 96、河北壹 105、運河 36、邯鄲 18］

6432 班翼墓誌［823 長慶三年八月　胡明曌《唐研究》12］

6433 錢昌妻姚氏墓誌［823 長慶三年八月　越窯 52、慈碑 12］

6434 韋楚相墓誌［823 長慶三年八月　蒐佚 709、集萃 79］

6435 韓武陵墓誌［823 長慶三年八月　蒐三 658］

6436 常普妻柳氏墓誌［823 長慶三年八月　陝唐 154］

6437 袁惟承妻李氏墓誌［823 長慶三年八月　補千 339、千唐 1449］

6438 韋君妻秦氏墓誌［823 長慶三年八月　補千 339、河南叄 278、千唐 1450］

6439 成如璋墓誌［823 長慶三年十月　流散續 301、蒐三 659］

6440 程仙貴墓誌［823 長慶三年十月　大全榆次 16］

6441 崔逢墓誌［823 長慶三年十月　補八 133、河洛 386、洛新續 211、百種 272、鴛鴦 199］

6442 崔彥崇妻鄭氏墓誌［823 長慶三年十月　補千 340、河南叄 279、千唐 1451］

6443 和秀墓誌［823 長慶三年十月　汾陽 68、大全汾陽 92］

6444 盧沐妻鄭氏墓誌［823 長慶三年十月　西市 375］

6445 裴奭墓誌［823 長慶三年十月　蒐三 660］

6446 王崇進墓誌［823 長慶三年十月　陝肆 209］

6447 張忌墓誌［823 長慶三年十月　蒐續 792］

6448 李鍔墓誌［823 長慶三年十月　吳正浩《石河子大學學報》2022.1］

6449 韋太賓墓誌［823 長慶三年十月　浙大］

6450 武公素墓誌［823 長慶三年十月　蒐佚 710］

6451 劉督墓誌［823 長慶三年十月　流散 268、蒐續 793］

6452 宋崇超墓誌［823 長慶三年十月　汾陽 70、大全汾陽 91］

6453 薛丹妻李饒墓誌［823 長慶三年十月　偃師 199、散存 392、墨影 84］

6454 鄭高及妻崔氏墓誌［823 長慶三年十月　匯編洛陽 13-59、洛新 95、補四 104］

6455 神幹墓誌［823 長慶三年十月　鄭州市文物考古研究院《黃河　黃土　黃種人》2016.11］

6456 盧沐及妻鄭氏墓誌［823 長慶三年十月　西市 376］

6457 常君墓誌［823 長慶三年十月　流散續 302、蒐三 661］

6458 王師魯墓誌［823 長慶三年十月　張馳《青少年書法》2022.1］

6459 王承憲墓誌［823 長慶三年十月卒　向傳君《乾陵文化研究》12］

6460 連寶積墓誌［823 長慶三年十月　邙洛 243、少民 238、民族 288］

6461 樂超墓誌［823 長慶三年十月　蒐續 794］

6462 楊鏻及妻達奚氏墓誌［823 長慶三年十月　北京壹 22、房山 25］

6463 王君墓誌［823 長慶三年十一月　張郁《内蒙古文物考古集》2、補七 97］

6464 劉良及妻景氏墓誌［824 長慶三年十二月　北大 05568、浙大］

6465 李榅墓誌［824 長慶三年十二月　鴛鴦 203、蒐續 795］

6466 薛融墓誌［824 長慶三年十二月　蒐佚 711］

6467 李再榮墓誌［824 長慶三年十二月　北大 05572、浙大］

6468 李彝墓誌［824 長慶三年十二月　趙彦志《文物研究》22］

6469 米副侯墓誌［824 長慶三年十二月　楊富學《民族研究》2015.2］

6470 李宗本妻盧氏墓誌［824 長慶三年十二月　河洛 387、七朝 322］

6471 韋成叔墓誌［824 長慶三年十二月　陝肆 210］

6472 韋道冲墓誌［824 長慶三年十二月　賀華《碑林集刊》12、長碑 520］

6473 劉洞墓誌［824 長慶三年十二月　碑林續 162］

6474 杜威戎墓誌［長慶三年　補八 135］

6475 郭鸞墓誌［824 長慶四年正月　蒐佚 712、七朝 323、陝博 47］

6476 陸君墓誌［824 長慶四年正月　碑林續 163］

6477 郭獻忠墓誌［824 長慶四年正月　補八 135、陝叁 91］

6478 孫楚珪妻王氏墓誌［824 長慶四年正月　蒐續 796、新獲 284］

6479 何撫墓誌［824 長慶四年二月　補八 136、河洛 388、洛新續 212］

6480 王叔异妻全氏墓誌［824 長慶四年二月　邙洛 244］

6481 夏侯濟墓誌［824 長慶四年二月　蒐佚 713、七朝 324、西市 377］

6482 李希順墓誌［824 長慶四年二月　臨城 58］

6483 杜行方妻鄭氏墓誌［824 長慶四年二月　陝唐 155］

6484 盧偁妻韋氏墓誌［824 長慶四年二月　蒐續 797］

6485 李進興墓誌［824 長慶四年四月　匯編江蘇 77、補二 577、補編 1893、磚刻 1208］

6486 崔鵠墓誌［824 長慶四年四月　蒐三 663］

6487 鄭玉俊墓誌［824 長慶四年四月　蒐佚 714、西市 378］

6488 王承宗母吳氏墓誌［824 長慶四年五月　洛新 96、補五 34、龍門 316］

6489 牛進及妻王氏墓誌［824 長慶四年五月　牛氏 303］

6490 潘子興妻張氏墓誌［824 長慶四年五月　蒐佚 715、集萃 80］

6491 薛居方墓誌［824 長慶四年六月　長新 248、長碑 170、鳳栖 422］

6492 錢華墓誌［824 長慶四年七月　金陵 196、貞石 86］

6493 韋庠墓誌［824 長慶四年七月　蒐三 664］

6494 李詵墓誌［824 長慶四年八月　蒐佚 716］

6495 盧大琰妻李氏墓誌［824 長慶四年八月　流散續 303、詩人 318］

6496 趙宗儒妻韋信初墓誌［824 長慶四年十月　蒐佚 717、七朝 325、鴛鴦 225、詩人 307］

6497 郭弘墓誌［824 長慶四年十月　西南 196、蒐三 665］

6498 鄭君妻要氏墓誌［824 長慶四年十月　陝唐 156］

6499 何神忠墓誌［824 長慶四年十月　大全應縣 5］

6500 顧君妻陶氏墓誌［824 長慶四年十一月　江蘇壹 5］

6501 釋惟忍墓誌［824 長慶四年十一月　北大 05589、浙大］

6502 王允古妻崔氏墓誌［824 長慶四年十一月　蒐續 798］

6503 張山岸墓誌［824 長慶四年十一月　大同 65、大全南郊 44］

6504 蕭徵墓誌［824 長慶四年十一月　補八 138、河洛 389、洛新續 213、龍門 317］

6505 夏侯昇墓誌［824 長慶四年十一月　河洛 390、新獲 285、百種 286、菁華續 212］

6506 韓皋妻鄭婉遷葬誌［長慶四年　張馳《青少年書法》2022.10］

6507 楊卓墓誌［長慶年間　百品 94］

寶曆

6508 徐超妻裴氏墓誌［825 寶曆元年二月　西市 379］

6509 馮晟墓誌［825 寶曆元年二月　蒐佚 718］

6510 李堅墓誌［825 寶曆元年二月　蒐佚 719］

6511 崔勵墓誌［825 寶曆元年二月　蒐佚 720、新獲 286、西南匯 221］

6512 喬丕墓誌［825 寶曆元年二月　陝唐 157］

6513 李伸妻張氏墓誌［825 寶曆元年二月　北大 05595］

6514 郝幽妻李氏墓誌［825 寶曆元年三月　安陽 51］

6515 周諲妻高氏墓誌［825 寶曆元年三月　陝新 101］

6516 鄭何墓誌［825 寶曆元年四月　補八 139、長碑 522、陝博 48］

6517 張希進及妻申屠氏墓誌［825 寶曆元年四月　碑林彙 259］

6518 釋寂照墓誌［825 寶曆元年四月　新獲 287、僧尼 318］

6519 班繇墓誌［825 寶曆元年五月　高陽原 92］

6520 韋師素妻盧氏墓誌［825 寶曆元年五月　集萃 81］

6521 釋□照墓誌［825 寶曆元年五月　浙大］

6522 王秀誠墓誌［825 寶曆元年閏七月　晉陽 439］

6523 姚俌及妻王淑墓誌［825 寶曆元年閏七月　流散續 304］

6524 韓國信墓誌［825 寶曆元年八月　補六 141、陝博 49］

6525 劉泳之妻吳氏墓誌［825 寶曆元年八月　補八 140］

6526 沈朝墓誌［825 寶曆元年八月　北圖 30-54、匯編北大 2-81、補七 99、補編 792、磚刻 1209］

6527 張款墓誌［825 寶曆元年八月　河洛 391、七朝 326］

6528 韓苑墓誌［825 寶曆元年十月　浙大］

6529 趙適妻李氏墓誌［825 寶曆元年十月　長新 252、長碑 172］

6530 嚴淙墓誌［825 寶曆元年十一月　補千 341、河南叁 280、千唐 1458］

6531 劉騊妻張氏墓誌［825 寶曆元年十一月　補七 410］

6532 徐君妻姚氏墓誌［825 寶曆元年十一月　慈溪 10、慈碑 13］

6533 余興墓誌［825 寶曆元年十一月　慈溪 12］

6534 崔璹妻盧氏墓誌［825 寶曆元年十一月　浙大］

6535 盧士玟墓誌［825 寶曆元年十一月　駕鼃 207、蒐續 799、散存 395、詩人 284］

6536 王永墓誌［825 寶曆元年十一月　流散續 305、蒐三 666］

6537 温惟幹及妻李氏墓誌［825 寶曆元年十一月　北大 05612］

6538 張望及妻董氏墓誌［825 寶曆元年十一月　分類 98］

6539 李訥墓誌［826 寶曆元年十一月　邙洛 245］

6540 蕭佩墓誌［826 寶曆元年十一月　碑林續 164］

6541 韋翼商墓誌［826 寶曆元年十一月　陝肆 211］

6542 □審式墓誌［826 寶曆元年十二月　寧波 9］

6543 鄧君妻王氏墓誌［826 寶曆元年十二月　北大 05615、浙大］

6544 郭日榮墓誌［826 寶曆二年正月　陝唐 158］

6545 鄭侑妻王氏墓誌［826 寶曆二年正月　高陽原 93］

6546 李濟墓誌［826 寶曆二年正月　臨城 60］

6547 沈守義妻黃氏墓誌［826 寶曆二年正月　北大 05616、浙大］

6548 李庭秀墓誌［826 寶曆二年二月　蒐續 800］

6549 聶進及妻閻氏墓誌［826 寶曆二年四月　北大 05618］

6550 牛鸞及妻李氏墓誌［826 寶曆二年四月　牛氏 82、國圖、浙大］

6551 趙郢妻王仙之墓誌［826 寶曆二年四月　長新 256、長碑 526］

6552 范政墓誌［826 寶曆二年五月　北大 05620］

6553 哥舒洩墓誌［826 寶曆二年五月　百品 97］

6554 吕逵墓誌［826 寶曆二年五月　蒐三 667］

6555 沈中庸妻喬素墓誌［826 寶曆二年五月　陝新 102］

6556 殷彪墓誌［826 寶曆二年六月　匯編江蘇 80、補七 101、補編 801、焦山 44］

6557 陳嗣通妻王氏墓誌［826 寶曆二年七月　補七 100、陝新 103］

6558 崔元立墓誌［826 寶曆二年七月　補千 342、河南參 281、千唐 1461］

6559 彭希晟墓誌［826 寶曆二年七月　楊濤《大眾考古》2022.10］

6560 源序墓誌［826 寶曆二年七月　牛氏 21、百品 98］

6561 第五俢及妻衛氏墓誌［826 寶曆二年八月　碑林彙 260、西南 197］

6562 韋廛妻裴娟墓誌［826 寶曆二年十月　新獲 288、西南匯 222、蒐三 668］

6563 陳雲墓誌［826 寶曆二年十月　越窯 53、慈碑 14］

6564 尹實墓誌［826 寶曆二年十月　陝唐 159］

6565 崔岑及妻張氏墓誌［826 寶曆二年十月　西市 380］

6566 馬君及妻李氏墓誌［826 寶曆二年十月　北大 05624］

6567 雷貞墓誌［826 寶曆二年十月　邯鄲 33］

6568 高滔墓誌［826 寶曆二年十月　國圖］

6569 馮元倞妻獨孤婉墓誌［826 寶曆二年十月　陝新 104、民族 289］

6570 李英華墓誌［826 寶曆二年十月　大同 69、大全南郊 45］

6571 秦懷隱及妻楊氏墓誌［826 寶曆二年十一月　北大 05627］

6572 劉悟墓誌［826 寶曆二年十一月　流散續 306］

6573 韋儆墓誌［826 寶曆二年十一月　碑林續 166］

6574 韋儆妻王氏墓誌［826 寶曆二年十一月　碑林續 165］

6575 賀蘭遂墓誌［826 寶曆二年十一月　補千 341、少民 294、詩人 265、千唐 1459］

6576 王幹及妻趙氏墓誌［826 寶曆二年十一月　蒐三 669］

6577 柳姟墓誌［826 寶曆二年十一月　陝唐 160］

6578 郭文應墓誌［826 寶曆二年十一月　補千 342、千唐 1464］

6579 李縱墓誌［826 寶曆二年十一月　流散 270、蒐續 801、新獲 289、詩人 246］

6580 李瀛墓誌［826 寶曆二年十一月　郝明《乾陵文化研究》13］

6581 李翺墓誌［826 寶曆二年十一月　陝唐 161］

6582 陸思罕及妻張氏墓誌［826 寶曆二年十一月　高新天《蘇州文博論叢》5］

6583 劉進及妻楊氏墓誌［827 寶曆二年十二月　北大 05632、浙大］

6584 馬榮及妻高氏墓誌［827 寶曆二年十二月　北大 05631］

6585 王彦威女墓誌［827 寶曆二年十二月　浙大］

6586 應迪及妻王氏墓誌［827 寶曆二年十二月　奉化 2］

6587 鄭逎墓誌［827 寶曆三年二月　蒐三 670］

6588 張璀及妻王氏墓誌［827 寶曆三年二月　劉青彬《尋根》2020.1］

6589 程士南墓誌［827 寶曆三年二月　陝肆 212］

大和

6590 杜縚墓誌［827 大和元年四月　大同 73、大全南郊 46］

6591 田洪妻竇氏墓誌［827 大和元年五月　新獲 290、西南匯 223］

6592 駱璨妻張氏墓誌［827 大和元年七月　蒐佚 721］

6593 元惟乂墓誌［827 大和元年八月　西南匯 237、蒐三 671］

6594 皇甫弘妻崔氏墓誌［827 大和元年八月　補千 343、河南叁 282、千唐 1465］

6595 程叔絢墓誌［827 大和元年八月　安陽附 25］

6596 盧氏墓誌［827 大和元年八月　補千 343、河南叁 283、千唐 1466］

6597 武言墓誌［827 大和元年十一月　大同 79、大全南郊 48］

6598 王勛墓誌［827 大和元年十一月　補千 344、河南叁 284、千唐 1469］

6599 閻汶墓誌［827 大和元年十一月　蒐續 802、新獲 291］

6600 韋祥墓誌［827 大和元年十一月　補千 345、千唐 1470］

6601 張遵墓誌［827 大和元年十一月　補編 808、大全永濟 580］

6602 李賢妻鄭氏墓誌［大和元年　陝目二 23］

6603 李廉妻鄭氏墓誌［828 大和二年正月　流散 271、蒐續 803］

6604 王倩墓誌［828 大和二年正月卒　獻縣 32］

6605 李惟詵墓誌［828 大和二年二月　濮陽 50］

6606 蕭君妻崔倕墓誌［828 大和二年二月　西市 381］

6607 花獻墓誌［828 大和二年二月　流散 272、駕鵞 211、蒐續 804、新獲 292、絲路 153］

6608 杜俱墓誌［828 大和二年二月　碑林續 167］

6609 王克清墓誌［828 大和二年三月　北大 05654、浙大］

6610 劉相殷妻李氏墓誌［828 大和二年閏三月　高陽原 94］

6611 李昌汶墓誌［828 大和二年五月　新獲 293、西南匯 224］

6612 劉栖梧墓誌［828 大和二年五月　補千 345、獻縣 34、千唐 1475］

6613 閻子光及妻崔氏墓誌［828 大和二年五月　河南貳 345、濮陽 51］

6614 丘運妻李應玄（陽城縣主）墓誌［828 大和二年五月　長新 258、長碑 529］

6615 郭士弘墓誌［828 大和二年五月　北大 05657］

6616 皇甫怡妻劉少和墓誌［828 大和二年八月　流散續 307、蒐三 672］

6617 盧瑱墓誌［828 大和二年八月　鄭州 198］

6618 李良僅墓誌［828 大和二年八月　補五 36、碑林 196-1147、補編 2124］

6619 李諫妻郭氏墓誌［828 大和二年八月　玉林 52］

6620 湯賁妻侯莫陳約墓誌［828 大和二年八月　駕鴦 149、蒐續 805、新獲 294］

6621 張瑗墓誌［828 大和二年八月　匯編山西 157、補六 143、河東 11、補編 2129、大全
　　鹽湖 24］

6622 趙廣興墓誌［828 大和二年八月　匯編河北 101、河北壹 109］

6623 唐元晧墓誌［828 大和二年十月　北大 05659］

6624 司馬濟墓誌［828 大和二年十月　北大 05660、浙大］

6625 袁俠墓誌［828 大和二年十月　新獲 295、流散續 308、蒐三 673］

6626 萬幹墓誌［828 大和二年十一月　高陽原 95］

6627 蘇子秭妻王氏墓誌［828 大和二年十一月　張家口市宣化區文物保管所《文物》
　　2008.7］

6628 趙盈墓誌［828 大和二年十一月　蒐佚 722、西市 382］

6629 郭燧墓誌［828 大和二年十一月　中國社會科學院考古研究所安陽工作隊《考古
　　學報》2015.1］

6630 宋若昭墓誌［828 大和二年十一月　珍稀附 13、新獲 296、西南匯 225、蒐三 675、
　　詩人 288］

6631 苗紓妻鄭溶墓誌［828 大和二年十一月　碑林彙 261、詩人 289］

6632 程寅恭墓誌［大和二年　陝目二 24］

6633 郭睎墓誌［829 大和三年正月　蒐續 806、西南 198］

6634 楊卓妻李氏墓誌［829 大和三年正月　百品 99］

6635 王沼妻裴氏墓誌［829 大和三年二月　邙洛 248、百種 274、龍門 321、駕鴦 157］

6636 程安墓誌［829 大和三年二月　碑林彙 262］

6637 賈廿娘墓誌［829 大和三年二月　流散續 309、蒐三 676、武威志 494、涼州 784］

6638 盧仲文墓誌［829 大和三年二月　補千 347、河南叁 285、千唐 1477］

6639 李犨妻張氏墓誌［829 大和三年三月卒　補千 351、河南叁 286、千唐 1478］

6640 翟巖墓誌［829 大和三年四月　晉陽 449］

6641 李良墓誌［829 大和三年四月　北大 05669］

6642 嚴士則墓誌［829 大和三年四月　蒐佚 723、流散 273］

6643 王承宗季女墓誌［829 大和三年五月　碑林彙 263］

6644 李愻墓誌［829 大和三年六月　邙洛 249、補八 140、洛新續 214、西市 383］

6645 劉暘妻吳氏墓誌［829 大和三年七月　蒐佚 724、七朝 327］

6646 劉驈及妻張氏墓誌［829 大和三年八月　補七 102、石景山 35、日下石景山 234］

6647 黎燭墓誌［829 大和三年八月　補八 142、河洛 393、洛新續 215］

6648 釋離塵墓誌［829 大和三年八月　陝唐 162］

6649 閻彪墓誌［829 大和三年八月　西市 384］

6650 上官政墓誌［829 大和三年十月　補八 142、河洛 394、洛新續 216］

6651 蕭放墓誌［829 大和三年十月　補千 348、千唐 1480］

6652 權易容妻丁氏墓誌［829 大和三年十月　補千 349、千唐 1481］

6653 娥冲虛墓誌［829 大和三年十月　榆林 68、補八 143、陝叁 93、民族 290、陝萃 896］

6654 韋竇妻李氏墓誌［829 大和三年十月　補八 143、河洛 395、洛新續 217］

6655 衛素墓誌［829 大和三年十月　七朝 328］

6656 趙逸墓誌［828 大和三年十月　安陽 52、西南匯 226］

6657 竇靖墓誌［829 大和三年十月　河洛 396、西市 387］

6658 長孫晛遷葬記［829 大和三年十月　蒐三 677］

6659 韋君妻梁天真墓誌［829 大和三年十月　西市 386］

6660 崔君妻盧氏墓誌［829 大和三年十月　明大 36］

6661 崔榮墓誌［829 大和三年十月　北大 05679、國圖］

6662 高秀峰墓誌［829 大和三年十月　洛陽市文物工作隊《文物》2004.7、補九 397］

6663 韓皋妻李溫墓誌［829 大和三年十月　西市 388、西南匯 227］

6664 盧士鞏及妻鄭氏墓誌［829 大和三年十月　補八 144、河洛 397、洛新續 218］

6665 盧俠墓誌［829 大和三年十月　補千 350、河南叁 287、千唐 1483］

6666 趙晉妻杜氏墓誌［829 大和三年十月　碑林續 168］

6667 李冲墓誌［829 大和三年十一月　西市 385］

6668 顧良輝墓誌［829 大和三年十一月　補編 2199］

6669 王炭妻趙氏墓誌［829 大和三年十一月　唐光孝《乾陵文化研究》11］

6670 李信墓誌［829 大和三年十一月　北大 05682、浙大］

6671 李諫墓誌［830 大和三年十二月　石語 34、玉林 51］

6672 李益墓誌［830 大和三年十二月　蒐佚 725、萊山 128、詩人 290、武威志 495］

6673 相里柔克墓誌［830 大和三年十二月　浙大］

6674 姚行恭妻曹汕墓誌［大和三年　邙洛 250］

6675 劉氏墓誌［830 大和四年正月　長新 260、長碑 174］

6676 李賁妻劉氏墓誌［830 大和四年二月　蒐佚 727、唐品 60、西南匯 229］

6677 劉朝及妻顧氏墓誌［830 大和四年二月　淮安石刻 306］

6678 程執收妻劇氏墓誌［830 大和四年二月　蒐續 808］

6679 呂玄和墓誌［830 大和四年二月　補八 180、河洛 398、洛新續 219］

6680 盧仲權及妻王氏墓誌［830 大和四年二月　流散續 310］

6681 姚吉甫妻崔氏墓誌［830 大和四年三月　陝唐 163］

6682 柳氏墓誌［830 大和四年五月　陝唐 164］

6683 夏侯敏墓誌［830 大和四年五月　偃師 203、墨影 86］

6684 韋方墓誌［830 大和四年五月　長新 262、長碑 175］

6685 李君及妻崔氏墓誌［830 大和四年六月　西南 199］

6686 崔可憑妻鄭氏墓誌［830 大和四年六月　蒐佚 728］

6687 崔群妻李徐墓誌［830 大和四年七月　流散續 311］

6688 馬亮墓誌［830 大和四年七月　蒐續 809］

6689 衛國華墓誌［830 大和四年八月　碑林彙 266］

6690 張皇妻陳氏墓誌［830 大和四年八月　碑林彙 265］

6691 嚴厚本妻薛氏墓誌［830 大和四年八月　集萃 82］

6692 張熙真墓誌［830 大和四年八月　新獲 297、西南匯 230、蒐三 678］

6693 柳喜妻崔氏墓誌［830 大和四年八月　陝唐 165］

6694 鄭楉墓誌［830 大和四年八月　蒐續 810、流散續 312］

6695 何授妻崔氏墓誌［830 大和四年九月　河洛 399］

6696 張自謹妻吕氏墓誌［830 大和四年十月　楊森翔《寧夏史志》2004.4］

6697 杜英琦墓誌［830 大和四年十月　碑林續 169］

6698 嚴公衡墓誌［830 大和四年十月　陝肆 214］

6699 王朝郎墓誌［830 大和四年十月　流散續 313、蒐三 679］

6700 王崔五墓誌［830 大和四年十月　流散續 314、蒐三 680］

6701 王稷妾史氏墓誌［830 大和四年十月　流散 274、蒐續 811、唐品 54、西南匯 231］

6702 王嗣本墓誌［830 大和四年十月　北大 05696、浙大］

6703 崔武妻温氏墓誌［830 大和四年十一月　碑林續 170、西南匯 232］

6704 裴向墓誌［830 大和四年十一月　鴛鴦 215、蒐三 681］

6705 韋行立墓誌［830 大和四年十一月　長新 264、長碑 176］

6706 徐岊墓誌［830 大和四年十二月　寧波 11、越窰 55、慈碑 15］

6707 褚中庸墓誌［831 大和四年閏十二月　北大 05698、浙大］

6708 劉渭墓誌［831 大和四年閏十二月　河洛 400、流散 275、獻縣 35、新獲 298］

6709 柳光倩妻解氏墓誌［831 大和五年正月　北大 05700、浙大］

6710 鄭若虚墓誌［831 大和五年正月　嚴州 124］

6711 李勉及妻劉氏墓誌［831 大和五年正月　分類 99］

6712 屈君妻楊氏墓誌［831 大和五年正月　北大 05701、浙大］

6713 尹倬墓誌［831 大和五年二月二十八　陝肆 215］

6714 湯師儒墓誌［831 大和五年四月　北大 05703、浙大］

6715 崔鍔墓誌［831 大和五年四月　補八 145、河洛 402、洛新續 220］

6716 崔鈇墓誌［831 大和五年四月　補八 145、河洛 401、洛新續 221］

6717 崔蘇五墓誌［831 大和五年四月　蒐續 812］

6718 崔元略墓誌［831 大和五年四月　洛陽市第二文物工作隊《文物》2005.2、詩人 293］

6719 郭釗墓誌［831 大和五年四月　菁華續 213］

6720 盧敬彝墓誌［831 大和五年四月　北大 05705、浙大、中華］

6721 崔約墓誌［831 大和五年四月　補八 146、河洛 403、洛新續 222、詩人 298］

6722 李聽長女墓誌［831 大和五年四月　交大 128］

6723 李寊墓誌［831 大和五年四月　北大 05707］

6724 魏式墓誌［831 大和五年四月　高陽原 96］

6725 唐君妻張氏墓誌［831 大和五年五月　成都 12］

6726 趙君妻張氏墓誌［831 大和五年五月　碑林續 171、珍稀 78、新獲 299、西南匯 233］

6727 裴君妻李氏墓誌［831 大和五年七月　咸陽 56、補八 147、補九 398］

6728 鄭君妻陳氏墓誌［831 大和五年七月　補千 352、河南叁 288、千唐 1490］

6729 王甫墓誌［831 大和五年八月　邙洛 251、補八 147、洛新續 223］

6730 崔從妻李春墓誌［831 大和五年八月　洛新 100、補六 144、龍門 323］

6731 司馬實墓誌［831 大和五年八月　揚博 25、揚州 135］

6732 張瑫妻何氏墓誌［831 大和五年八月　慈溪 14］

6733 謝君及妻盧氏墓誌［831 大和五年八月　淮安 72］

6734 高諒墓誌［831 大和五年九月　榆林 69、補八 413、陝叁 94］

6735 魏進妻李氏墓誌［831 大和五年十月　蒐續 813、新獲 300］

6736 彭君墓誌［831 大和五年十月卒　補八 148］

6737 崔緯墓誌［831 大和五年十月　邙洛 252］

6738 孟元諒墓誌［831 大和五年十月　蒐佚 730］

6739 徐昇妻劉氏墓誌［831 大和五年十月　浙大］

6740 任莜墓誌［831 大和五年十一月　河洛 404、西市 389］

6741 鄭弘易妻盧氏墓誌［831 大和五年十一月　蒐續 815］

6742 鄭鍇墓誌［831 大和五年十一月　流散 276、蒐續 814、新獲 301、詩人 299］

6743 徐摯墓誌［831 大和五年十一月　浙大］

6744 班緜妻李氏墓誌［831 大和五年十一月　高陽原 97］

6745 史君妻康氏墓誌［831 大和五年十一月　邢臺市文物管理處《考古》2004.5］

6746 任君墓誌［832 大和五年十一月　沁州 175］

6747 郭獻忠墓誌［大和五年　陝目二 28］

6748 盛璿墓誌［大和五年　寧波 12、慈溪 16］

6749 盛璿妻孫氏墓誌［大和五年　寧波 13、慈溪 18］

6750 嚴逮妻劉氏墓誌［832 大和六年正月　北大 05715、浙大］

6751 定君墓誌［832 大和六年正月　補七 106］

6752 馬仲莒墓誌［832 大和六年正月　鄭州 204］

6753 趙纂墓誌［832 大和六年正月　蒐續 817、新獲 302、西南 200、蒐三 682］

6754 武萬秋墓誌［832 大和六年二月　西市 390］

6755 范孟容墓誌［832 大和六年二月　補九 399、陝肆 216］

6756 辛諒墓誌［832 大和六年三月　交大 9］

6757 曹洽墓誌［832 大和六年四月　大同 83、涼州 785］

6758 王恭墓誌［832 大和六年四月　補千 352、河南叁 289、千唐 1493］

6759 徐昇墓誌［832 大和六年四月　張履正《考古與文物》2021.6］

6760 郝懃妻李氏墓誌［832 大和六年五月　墨影 87］

6761 皇甫弘墓誌［832 大和六年五月　補千 353、河南叁 290、民族 292、千唐 1494］

6762 羅希携妻沈氏墓誌［832 大和六年五月卒　越窯 56、慈碑 16］

6763 羅韋伍及妻沈氏墓誌［832 大和六年七月卒　越窯 58、慈碑 17］

6764 盧公亮墓誌［832 大和六年七月　新安 19、詩人 302、千唐 1496］

6765 韋應妻裴氏墓誌［832 大和六年七月　北大 05724、浙大］

6766 獨孤君妻李氏墓誌［832 大和六年七月　流散續 316、蒐三 533］

6767 李師諒妻王柔墓誌［832 大和六年七月　流散續 315、蒐三 683］

6768 鄭鈷墓誌［832 大和六年七月　蒐三 684］

6769 盧嘉猷墓誌［832 大和六年七月　補八 149、河洛 406］

6770 楊準墓誌［832 大和六年七月　補七 106、陝博 50］

6771 王縮墓誌［832 大和六年七月　河洛 407、西市 391、散存 402］

6772 李震妻裴清墓誌［832 大和六年七月　流散續 317、西南 201、蒐三 685］

6773 程延及妻李氏墓誌［832 大和六年八月　北大 05727］

6774 李寶及妻張氏墓誌［832 大和六年八月　北大 05728］

6775 王用妻和氏墓誌［832 大和六年九月　北大 05729、浙大］

6776 王清墓誌［832 大和六年九月　周世榮《考古》1985.7、補七 107、補編 835］

6777 廖游卿墓誌［832 大和六年十月卒　碑林彙 268、詩人 301］

6778 陳宗武墓誌［832 大和六年十月　西市 392］

6779 王德進及妻杜氏墓誌［832 大和六年十月　補千 354、河南叁 291］

6780 崔彥崇墓誌［832 大和六年十月　補千 354、河南叁 292、千唐 1497］

6781 劉萬妻喬氏墓誌［832 大和六年十月　藏石 109］

6782 邢群妻李柔墓誌［大和六年十月　浙大］

6783 孔玄寂墓誌［832 大和六年十月　臨城 62］

6784 郝三端及妻燕氏墓誌［832 大和六年十月　北大 05734］

6785 崔乾夫墓誌［832 大和六年十月　蒐佚 731］

6786 裴向妻盧氏墓誌［832 大和六年十月　駕鴦 217、蒐三 686］

6787 楊元朝妻關氏墓誌［832 大和六年十月　陝博 51］

6788 張慶嗣妻崔綢墓誌［832 大和六年十月　崔氏 346］

6789 余獻墓誌［832 大和六年十月　寧波 13］

6790 李成墓誌［832 大和六年十一月　蒐續 816］

6791 韓嵒墓誌［832 大和六年十一月　新獲 303］

6792 盧宗和墓誌［832 大和六年十一月　河洛 405、駕鴦 219］

6793 姚衮妻李氏墓誌［832 大和六年十一月　長新 268、長碑 179］

6794 賈嶼及妻成氏墓誌［832 大和六年十一月　流散續 318］

6795 裴睿墓誌［832 大和六年十一月　西南匯 234］

6796 魏君妻李氏墓誌［832 大和六年十二月　浙大］

6797 薛弘實墓誌［833 大和六年十二月　補七 108、陝博 52］

6798 班朗墓誌［833 大和六年十二月　蒐佚 732、蒐三 687］

6799 陳公贊墓誌［833 大和六年十二月　補八 413、磚刻 1215、昆山 4］

6800 郭盈墓誌［833 大和六年十二月　陝肆 218］

6801 陶君妻王妃墓誌［833 大和六年十二月　寧波 14、越窯 60、慈碑 18］

209

6802 陸巽墓誌［833 大和六年十二月　蒐佚 733、唐品 52］

6803 常宗元墓誌［833 大和六年十二月　流散 277、蒐續 818］

6804 李廿二娘墓誌［833 大和六年十二月　劉文濤《南方文物》2022.1］

6805 薛琯妻李氏墓誌［833 大和七年正月　薛氏 298］

6806 吳朝妻安氏墓誌［833 大和七年正月　北大 05742、浙大］

6807 趙宗儒墓誌［833 大和七年二月　蒐佚 729、鴛鴦 223、菁華 152、散存 404、詩人 305］

6808 韋友直墓誌［833 大和七年四月　杏園 324、補八 150］

6809 張通明墓誌［833 大和七年四月　《書法叢刊》2007.1］

6810 楊元素墓誌［833 大和七年四月　《書法叢刊》2007.1］

6811 薛渙妻鄭琮墓誌［833 大和七年四月　西市 393］

6812 相里弘妻崔氏墓誌［833 大和七年五月　碑林續 172］

6813 姚輼墓誌［833 大和七年五月　北大 05747］

6814 李有裕妻曹氏墓誌［833 大和七年七月卒　碑林續 173、蒐續 819］

6815 杜式方妻李氏墓誌［833 大和七年七月　蒐續 820、西南 202］

6816 李行邕墓誌［833 大和七年閏七月　王慶昱《唐史論叢》34］

6817 范日斌墓誌［833 大和七年八月　北大 05751、浙大］

6818 席洧墓誌［833 大和七年九月　北大 05752、浙大］

6819 趙寶山墓誌［833 大和七年九月　鞏鐳《魅力中國》2019.9］

6820 龔潤古墓誌［833 大和七年十月　蒐佚 734、西市 394］

6821 劉從素妻李氏墓誌［833 大和七年十一月　洛新 101、補六 146］

6822 苟寰墓誌［833 大和七年十一月　河洛 408］

6823 杜幹墓誌［833 大和七年十一月　集釋 43］

6824 馬君糧罌［834 大和七年十一月　越窯 62、慈碑 19］

6825 王君及妻傅氏墓誌［834 大和七年十一月　補九 457］

6826 孫濟妻許寵墓誌［834 大和七年十二月　蒐續 821］

6827 牛謙墓誌［834 大和七年十二月　牛氏 305］

6828 杜和尚墓誌［大和七年　陝目二 31］

6829 崔萇妻李氏墓誌［834 大和八年二月　蒐佚 735、西市 395］

6830 韓肅妻崔嬡墓誌［834 大和八年二月　蒐續 822、新獲 304、流散續 319］

6831 楊元卿墓誌［834 大和八年二月　邙洛 253、釋錄 167、補八 150、洛新續 224、百種 276、龍門 324、鴛鴦 227、菁華 151、千秋 232、唐品 11、散存 407］

6832 王朝妻張氏墓誌［834 大和八年二月　蒐續 823］

6833 李歸厚墓誌［834 大和八年四月　杏園 352、補八 152］

6834 崔納及妻褚氏墓誌［834 大和八年四月　北大 05767、浙大］

6835 裴處弼妻韋輼中墓誌［834 大和八年五月　西市 396］

6836 李鸜墓誌［834 大和八年五月　河洛 409、補千 355、河南叄 293、千唐 1504］

6837 李夷玉妻裴氏墓誌［834 大和八年七月　陝肆 219］

6838 王師儒墓誌［834 大和八年八月　補千 356、河南叄 294、千唐 1505］

6839 陳專妻烏氏墓誌［834 大和八年八月　流散 278、蒐續 824、新獲 305］

6840 康君妻劉氏墓誌［834 大和八年八月　北大 05773］

6841 張群墓誌［834 大和八年八月卒　蒐佚 736、流散 280、唐品 44］

6842 陸岌妻張氏墓誌［834 大和八年八月　補千 357、千唐 1506］

6843 王琦墓誌［834 大和八年八月　西南 203］

6844 馬獻墓誌［834 大和八年九月卒　姚江 92］

6845 盧從雅墓誌［834 大和八年九月　補千 357、河南叁 295、千唐 1508］

6846 崔咸墓誌［834 大和八年十月卒　李秀敏《古典文獻研究》21 下、詩人 319］

6847 楊元朝墓誌［834 大和八年十一月　蒐佚 738、七朝 329、流散 279］

6848 嚴愈妻李氏墓誌［834 大和八年十一月　碑林彙 269、長碑 535］

6849 荆壽墓誌［834 大和八年十一月　西南 204、蒐三 688］

6850 蔡啓迪墓誌［834 大和八年十一月　邙洛 254、釋録 308、補九 399］

6851 郭晧妻宇文倚墓誌［834 大和八年十一月　蒐續 825、新獲 306、西南匯 235］

6852 李宙妻盧氏墓誌［834 大和八年十一月　補八 121、河洛 411、洛新續 225、駕鶱
　　189、新獲 307］

6853 魏處厚墓誌［834 大和八年十一月　補千 358、河洛 412、千唐 1510］

6854 張弘規墓誌［834 大和八年十一月　浙大］

6855 劉凝墓誌［834 大和八年十一月　杜文玉《唐史論叢》29］

6856 于興宗妻韋氏墓誌［834 大和八年十一月　蒐三 689、陝唐 166］

6857 陸亘墓誌［834 大和八年十二月　邙洛 255、釋録 179、補九 401、龍門 325、駕鶱
　　231、菁華 153、詩人 308］

6858 鄭君妻黎氏墓誌［大和八年　補七 110、補編 835］

6859 郭君妻長孫氏墓誌［835 大和九年正月　蒐佚 737、七朝 330、西市 397］

6860 康緒墓誌［835 大和九年正月　流散續 320、蒐三 690］

6861 王光續墓誌［835 大和九年正月　大全汾陽 93］

6862 夏侯顔墓誌［835 大和九年正月　河洛 413、龍門 326］

6863 楊高墓誌［835 大和九年二月　陝肆 220］

6864 李摩呼禄墓誌［835 大和九年二月　揚博 68、揚州 145］

6865 梁澄清墓誌［835 大和九年二月　蒐佚 739、七朝 331］

6866 齊孝均墓誌［835 大和九年二月　蒐三 691］

6867 蘇諤墓誌［835 大和九年三月　陝博 54］

6868 王正言墓誌［835 大和九年三月　洛新 102、補六 149、蒐佚 740］

6869 盧處約墓誌［835 大和九年四月　補八 154、河洛 414、洛新續 227、駕鶱 235］

6870 裴起墓誌［835 大和九年四月　交大 138］

6871 張勳墓誌［835 大和九年四月　蒐佚 741、新獲 308］

6872 穆詡墓誌［835 大和九年四月　七朝 332、駕鶱 239、蒐續 826］

6873 鄭魴墓誌［835 大和九年四月　河洛 415、七朝 333、駕鶱 243、千秋 242、散存 410、
　　詩人 311］

6874 邢昌墓誌［835 大和九年四月　新獲 309、西南匯 236、蒐三 692］

6875 盧後閔妻鄭婷墓誌［835 大和九年五月　蒐佚 742、西市 398］

6876 馬難過及妻王氏墓誌［835 大和九年閏五月卒　永年 50］

6877 吳璘墓誌［835 大和九年七月　七朝 334、流散 281、蒐續 828］

6878 徐放妻元氏墓誌［835 大和九年七月　補千 359、河南叁 296、少民 155、詩人 274、千唐 1515］

6879 庾敬休墓誌［835 大和九年七月　蒐續 827］

6880 杜鍠墓誌［835 大和九年七月　珍稀 79、新獲 310］

6881 裴思齊妻王柔墓誌［835 大和九年八月　碑林續 174］

6882 李士温墓誌［835 大和九年八月　碑林彙 270］

6883 王氏墓誌［835 大和九年八月　蒐三 693］

6884 韓暠妻魏琰墓誌［835 大和九年八月　蒐續 829、西南 205］

6885 崔日進墓誌［835 大和九年九月　碑林彙 271、西南 206］

6886 韓公武妻楊氏墓誌［835 大和九年十月　蒐續 830、流散續 321］

6887 劉璋糧罌［835 大和九年十月　越窯 63、慈碑 19］

6888 蘭興及妻王氏墓誌［835 大和九年十月　流散 282、蒐續 831、新獲 311］

6889 王守強及妻孫氏墓誌［835 大和九年十月　高新天《蘇州文博論叢》5］

6890 崔立方妻李氏墓誌［835 大和九年十月　邙洛 256、流散 283］

6891 張君妻蘇禮文墓誌［835 大和九年十月　西市 399］

6892 李評墓誌［835 大和九年十月　河洛 416、龍門 328］

6893 蕭遇妻盧氏墓誌［835 大和九年十月　碑林續 175、蒐續 832、西南 207］

6894 李敬言墓誌［835 大和九年十月　流散續 322］

6895 李行同墓誌［835 大和九年十月　補千 360、河南叁 297、千唐 1517］

6896 崔扶墓誌［835 大和九年十一月　邙洛 257、補八 153、河洛 410、洛新續 226］

6897 王澈墓誌［835 大和九年十一月　河洛 417］

6898 趙敬南及妻張氏墓誌［835 大和九年十一月　分類 101］

6899 馮元倞改葬誌［835 大和九年十一月　陝新 107］

6900 陸達墓誌［835 大和九年十一月　蒐續 833］

6901 王碕妻裴氏墓誌［835 大和九年十二月　蒐佚 743］

6902 柳惛惛墓誌［836 大和九年十二月　趙力光《文博》2003.3、補八 155、長碑 536］

6903 張師周墓誌［836 大和九年十二月　北大 05820、浙大］

6904 鄭君妻裴氏墓誌［836 大和九年十二月　北大 05821］

6905 盧大琰墓誌［大和九年　流散續 323、千秋 238、詩人 316］

6906 張回妻薛芳墓誌［大和□年十月　集萃 83］

6907 孟介墓誌［大和年間　陝博 53］

6908 崔周輔妻何氏墓誌［大和年間　蒐佚 726、西市 400］

開成

6909 王无悔妻蔣氏墓誌［836 開成元年正月　蒐佚 744、陝唐 168］

6910 穆秀實墓誌［836 開成元年二月　陝肆 221］

6911 郎君墓誌［836 開成元年二月　碑林彙 272］

6912 王滕妻第五悰墓誌［836 開成元年二月　西市 402］

6913 段涓墓誌［836 開成元年二月　國圖］

6914 王贇墓誌［836 開成元年三月　寧波 19、鄞州 4、鄞州碑 6］

6915 張楚潤墓誌［836 開成元年四月　流散續 324］

6916 鄭易妻盧氏墓誌［836 開成元年四月　七朝 335、駕鴦 193、蒐續 834］

6917 崔彦成妾張明哲墓誌［836 開成元年五月　蒐佚 745］

6918 柳當妻慕容讓墓誌［836 開成元年五月　《書法叢刊》2015.6］

6919 韋全直墓誌［836 開成元年閏五月　西南匯 238］

6920 韋子諒墓誌［836 開成元年閏五月　碑林續 176］

6921 李虞仲墓誌［836 開成元年七月　蒐續 835、流散續 325、詩人 321］

6922 王濟墓誌［836 開成元年七月　邙洛 258、百種 278、流散 284］

6923 源序妻牛氏墓誌［836 開成元年八月　牛氏 24、百品 100］

6924 元侗墓誌［836 開成元年十月　流散續 326］

6925 丁廣訓墓誌［836 開成元年十月　姚江 90、寧波 20］

6926 杜旻墓誌［836 開成元年十月　碑林彙 273］

6927 康忠信墓誌［836 開成元年十月　劉子凡《河北師範大學學報》2020.5］

6928 陳去惑墓誌［836 開成元年十一月　流散續 327、蒐三 694］

6929 劉談經妻崔達墓誌［836 開成元年十一月　補千 360、千唐 1520］

6930 郄英及妻張氏鮑氏墓誌［837 開成元年十一月　北大 05834、浙大］

6931 盛榮墓誌［837 開成元年十二月　寧波 22］

6932 王武用妻顏氏墓誌［837 開成二年正月　成都 9 附］

6933 傅朝及妻邊氏墓誌［837 開成二年正月　七朝 336］

6934 秦季元妻閻氏墓誌［837 開成二年二月　北大 05836］

6935 趙運墓誌［837 開成二年二月　蒐續 836、西南 208］

6936 溫邈墓誌［837 開成二年二月　琬琰 46］

6937 韋嶷妻楊氏墓誌［837 開成二年二月　陝肆 222］

6938 吳降妻李紹仁墓誌［837 開成二年二月　長新 270、長碑 181］

6939 朱澄妻裴氏墓誌［837 開成二年三月　蒐續 837］

6940 杜應墓誌［837 開成二年三月二十一　補八 155、河洛 418、洛新續 228］

6941 程屺墓誌［837 開成二年四月　蒐三 695］

6942 韋行立妻盧公寀墓誌［837 開成二年四月　長新 272、長碑 182］

6943 段伯倫墓誌［837 開成二年五月　何如月《考古與文物》2020.2］

6944 韋儆妻杜娩墓誌［837 開成二年五月　碑林續 177］

6945 姚君妻李正姬墓誌［837 開成二年五月　上海 5、上海墓 22］

6946 崔郿妻李審柔墓誌［837 開成二年五月　流散續 328］

6947 廉汶及妻孫氏墓誌［837 開成二年七月　碑林彙 274、西南 209］

6948 朱澄墓誌［837 開成二年八月　蒐續 838、流散續 329］

6949 崔岐妻鄭氏墓誌［837 開成二年八月　蒐佚 746、西市 403］

6950 郭湊墓誌［837 開成二年八月　碑林彙 275］

6951 徐論墓誌［837 開成二年八月　浙大］

6952 鄭居中墓誌［837 開成二年十月　補八 156、散存 416、詩人 324］

6953 李元簡墓誌［837 開成二年十月　河南貳 283］

6954 周復母劉氏墓誌［837 開成二年十月　新獲 312、流散續 330、蒐三 696］

6955 薛掄墓誌［837 開成二年十一月　蒐佚 747］

6956 艾演墓誌［837 開成二年十一月　魯曉帆《收藏家》2017.5］

6957 王江及妻張氏墓誌［837 開成二年十一月　北大 05842、浙大］

6958 沈仁儒墓誌［837 開成二年十一月　上海 6、上海墓 24］

6959 韋應墓誌［837 開成二年十一月　蒐佚 748］

6960 韋璘墓誌［837 開成二年十一月　流散續 331、西南匯 239、蒐三 698］

6961 元子建墓誌［837 開成二年十一月　汾陽 72、大全汾陽 95］

6962 何植墓誌［837 開成二年十一月　長新 274、長碑 539］

6963 杜輦墓誌［837 開成二年十一月　補千 362、龍門 332、千唐 1522］

6964 王師潁墓誌［837 開成二年十一月　蒐續 839］

6965 裴定墓誌［837 開成二年十一月　補八 158、洛新續 229］

6966 羅君妻沈氏墓誌［838 開成二年十二月　越窯 65-66、慈碑 20］

6967 徐朝墓誌［838 開成二年十二月　北大 05846、浙大］

6968 劉公制墓誌［開成二年　匯編江蘇 88、補七 113］

6969 秦旻墓誌［838 開成三年正月　北大 05848］

6970 鄭君墓誌［838 開成三年正月　北大 05850］

6971 鄭薰墓誌［838 開成三年正月　蒐佚 749］

6972 蕭去塵墓誌［838 開成三年正月　蒐佚 750、唐品 46］

6973 秦仲遷墓誌［838 開成三年二月　北大 05851、浙大］

6974 張亮墓誌［838 開成三年三月　蒐佚 751、七朝 337］

6975 李從易墓誌［838 開成三年四月　西市 404］

6976 李少贊及妻康氏墓誌［838 開成三年五月　補九 402、西市 405］

6977 李叔敖墓誌［838 開成三年五月　北大 05856］

6978 萬君妻王氏墓誌［838 開成三年六月　寧波 22、鄞州 5、鄞州碑 8］

6979 羅清湛墓誌［838 開成三年七月　越窯 68、慈碑 21］

6980 韋伯瑜墓誌［838 開成三年七月　北大 05857］

6981 李虞仲妻郭氏墓誌［838 開成三年七月　流散續 332、蒐三 699、詩人 323］

6982 李璋墓誌［838 開成三年七月　蒐佚 752、七朝 338］

6983 李誠墓誌［838 開成三年八月　流散 285、蒐續 840］

6984 姚仲然墓誌［838 開成三年九月　江西 3、補七 115、補編 2131］

6985 陳宥妻劉氏墓誌［838 開成三年十月　流散續 334、蒐三 700］

6986 崔從妻李春改葬誌［838 開成三年十月　洛新 105、龍門 334］

6987 崔郿墓誌［838 開成三年十月　流散續 333、蒐三 701、百品 101］

6988 呂汶墓誌［838 開成三年十月　蒐續 841］

7027 劉興墓誌［839 開成四年八月　淮安石刻 308］

7028 宇文立墓誌［839 開成四年八月　蒐續 845］

7029 李君妻張玉墓誌［839 開成四年八月　珍稀 80］

7030 王元俶墓誌［839 開成四年八月　陝唐 170］

7031 陳專墓誌［839 開成四年十月　流散 286、蒐續 846、新獲 315］

7032 梁志遷墓誌［839 開成四年十月　蒐續 847］

7033 李志安及妻竇氏墓誌［839 開成四年十月　分類 103］

7034 崔協墓誌［839 開成四年十月　補編 898、四川 252、成都附 7］

7035 羅倩妻王氏墓誌［839 開成四年十月　越窰 70］

7036 崔遂妻趙氏墓誌［839 開成四年十一月　鴛鴦 181］

7037 史旻妻董媛墓誌［839 開成四年十一月　西市 407］

7038 裴我兒墓誌［840 開成四年十一月　陝唐 171］

7039 蘇建初墓誌［840 開成四年十一月　西市 484］

7040 李榮及妻常氏墓誌［840 開成五年正月　碑林彙 278］

7041 崔璵妻盧遠墓誌［840 開成五年正月　崔氏 631］

7042 賀蘭抗及妻趙氏墓誌［840 開成五年正月　北大 05886、國圖］

7043 于汝錫妻顔憲墓誌［840 開成五年正月　西市 408、詩人 344］

7044 韋行規墓誌［840 開成五年二月　北大 05887］

7045 陳師上及妻郝氏墓誌［840 開成五年二月　邙洛 260］

7046 段氏墓誌［840 開成五年二月　陝唐 172］

7047 盧從雅妻李真墓誌［840 開成五年二月　補千 364、河南叁 299、千唐 1529］

7048 張文約墓誌［840 開成五年二月　蒐續 848、流散續 336、西南匯 243］

7049 成元亮墓誌［840 開成五年二月　蒐佚 758］

7050 劉萬玄堂誄［840 開成五年二月　藏石 113］

7051 董郁妻王氏墓誌［840 開成五年二月　浙大］

7052 崔防墓誌［840 開成五年三月　杏園 325、補八 159］

7053 劉測墓誌［840 開成五年四月　北大 05895、浙大］

7054 魏綸妻雍氏墓誌［840 開成五年五月　李彦峰《文博》2019.6］

7055 王復元墓誌［840 開成五年七月　廣州 542、越秀 296］

7056 姚倚及妻霍氏墓誌［840 開成五年八月　蒐三 707］

7057 李莒女廿三娘墓誌［840 開成五年八月　北大 05899、浙大］

7058 蕭寧墓誌［840 開成五年八月　西南匯 244］

7059 尚義妻吳氏墓誌［840 開成五年八月　流散 287、蒐續 849］

7060 徐君妻朱氏墓誌［840 開成五年九月　慈溪 28、慈碑 22］

7061 張子康墓誌［840 開成五年九月　蒐續 850］

7062 顧君妻姚姿墓誌［840 開成五年十月　寧波 26、慈溪 30］

7063 禄氏墓誌［840 開成五年十一月　陝唐 173］

7064 裴寰墓誌［840 開成五年十一月　補八 414、洛新續 230］

7065 武恭墓誌［840 開成五年十一月　西南 210］

7102 李據墓誌［841 會昌元年閏九月　流散續 339、蒐三 714］

7103 張君妻李氏墓誌［841 會昌元年閏九月　蔚縣 1］

7104 張君妻侯莫陳氏墓誌［841 會昌元年閏九月　四川 265］

7105 陳君妻周氏墓誌［841 會昌元年十月　北大 05923、浙大］

7106 杜雅妻李氏墓誌［841 會昌元年十月　浙大］

7107 方君墓誌［841 會昌元年十月　慈溪 34、慈碑 25］

7108 盧緝墓誌［841 會昌元年十月　鄭州 206］

7109 李言揚（紀王）墓誌［841 會昌元年十月　集萃 86］

7110 王希庭墓誌［841 會昌元年十月　北大 05925］

7111 張日昇及妻鄭氏墓誌［841 會昌元年十月　北大 05928、浙大］

7112 鄭絢及妻崔氏墓誌［841 會昌元年十月　蒐續 854、唐品 16］

7113 郭良及妻張氏墓誌［841 會昌元年十月　邙洛 262、流散 290、新獲 320］

7114 栗文建妻牛氏墓誌［841 會昌元年十月　蒐續 855、牛氏 352］

7115 甯有義墓誌［841 會昌元年十月　辛龍《黄河　黄土　黄種人》2018.9］

7116 郭鈺墓誌［841 會昌元年十月　蒐續 856］

7117 王鍊妻李洞真墓誌［841 會昌元年十月　補千 367、河南叁 302、千唐 1540］

7118 崔君妻魏氏墓誌［841 會昌元年十一月　補千 367、河南叁 303、千唐 1541］

7119 龐君妻薛氏墓誌［841 會昌元年十一月　分類 104］

7120 麴巽墓誌［841 會昌元年十一月　浙大］

7121 萬師貞墓誌［841 會昌元年十一月　寧波 27］

7122 郭仲則及妻田氏墓誌［842 會昌元年十一月　北大 05935］

7123 牛暄及妻韓氏墓誌［842 會昌元年十一月　北大 05936］

7124 李彦藻墓誌［842 會昌元年十二月　蒐佚 762、西市 411］

7125 劉清及妻常氏墓誌［842 會昌元年十二月　北大 05937］

7126 史從及墓誌［842 會昌二年正月　碑林續 182、蒐續 857、西南 211］

7127 李庭劍墓誌［842 會昌二年正月　汾陽 74、大全汾陽 97］

7128 徐勝墓誌［842 會昌二年二月　補六 153、越窯 72］

7129 李洞真墓誌［842 會昌二年三月　蒐三 715、陝唐 176］

7130 段斯立墓誌［842 會昌二年四月　張小麗《中國國家博物館館刊》2016.9］

7131 任正彬墓誌［842 會昌二年五月　寧波 29、慈溪 36］

7132 張德之墓誌［842 會昌二年六月　補六 153、陝貳 246、碑林彙 281］

7133 李復元妻杜氏墓誌［842 會昌二年七月　補千 368、河南叁 304、千唐 1545］

7134 王會墓誌［842 會昌二年八月　蒐佚 763］

7135 慕容華墓誌［842 會昌二年八月　蒐佚 764］

7136 王公亮墓誌［842 會昌二年八月　邙洛 263、龍門 338］

7137 王穎則妻顧氏墓誌［842 會昌二年八月　蒐續 858］

7138 許君妻王氏墓誌［842 會昌二年八月　鎮江博物館《考古》1985.2、補編 1895］

7139 盧式方墓誌［842 會昌二年十月　流散 291］

7140 崔防妻鄭氏墓誌［842 會昌二年十月　杏園 331、補八 163］

7141 陳君賞墓誌［842 會昌二年十月　釋録 199、補九 405］

7142 李克恭墓誌［842 會昌二年十月　陝肆 226］

7143 羅何含墓誌［842 會昌二年十月　段志凌《文物》2014.8］

7144 朱和妻南宮氏墓誌［842 會昌二年十一月　碑林彙 282］

7145 郭仲文墓誌［842 會昌二年十一月　陝西省考古研究院《文物》2012.10］

7146 張弘規妻李氏(新政縣主)墓誌［843 會昌二年十二月　浙大］

7147 牛全通墓誌［843 會昌二年十二月　牛氏 307］

7148 竹君妻董氏墓誌［843 會昌二年十二月　浙大］

7149 崔元夫妻敬損之墓誌［843 會昌三年二月　補八 161、河洛 423、駕鴦 250］

7150 李郁墓誌［843 會昌三年二月　補七 119、杏園 336］

7151 潘克儉墓誌［843 會昌三年二月　西市 412］

7152 郭君墓誌［843 會昌三年二月　西市 413］

7153 柏玄楚墓誌［843 會昌三年二月　百品 102］

7154 韓挹墓誌［843 會昌三年二月　陝唐 177］

7155 曹太聰墓誌［843 會昌三年二月　蒐三 716］

7156 陳署墓誌［843 會昌三年二月　補八 164、洛新續 233］

7157 崔仲薯墓誌［843 會昌三年二月　洛新 106、補六 154］

7158 李潯妻崔琰墓誌［843 會昌三年二月　西安市文物保護考古研究院《黃河　黃土　黃種人》2022.5］

7159 仇仙期及妻玄氏墓誌［843 會昌三年二月　邙洛 264、補千 370、河南叁 305、千唐 1549］

7160 嚴愈墓誌［843 會昌三年二月　碑林彙 283、長碑 544］

7161 張澹妻盧氏墓誌［843 會昌三年二月　補千 369、千唐 1550］

7162 徐君及妻王氏墓誌［843 會昌三年四月　高陽原 99］

7163 趙宗墓誌［843 會昌三年四月　臨城 69］

7164 丘晟墓誌［843 會昌三年五月　北大 05952、浙大］

7165 李遂晏墓誌［843 會昌三年五月　碑林續 183、蒐續 859、西南 212］

7166 姚玨墓誌［843 會昌三年五月　北大 05954］

7167 鄭齊古妻崔氏墓誌［843 會昌三年五月　浙大］

7168 崔林妻李氏墓誌［843 會昌三年八月　河洛 424］

7169 郭旻墓誌［843 會昌三年八月　大全汾陽 98］

7170 劉元益墓誌［843 會昌三年八月　北大 05956］

7171 李郜墓誌［843 會昌三年八月　杏園 332、補八 165、詩人 336］

7172 李郁妻崔氏墓誌［843 會昌三年八月　補七 120、杏園 341、補八 166］

7173 羅阡妻范氏墓誌［843 會昌三年八月　越窯 74、慈碑 26］

7174 穆翊妻薛氏墓誌［843 會昌三年八月　七朝 341、駕鴦 241、蒐續 860］

7175 姚合墓誌［843 會昌三年八月　蒐佚 765、詩人 331］

7176 元士政墓誌［843 會昌三年八月　保定 16］

7177 張佑明墓誌［843 會昌三年九月　輯録 439、補七 414、保定 15］

7178 崔絢妻韋氏墓誌［843 會昌三年九月　杏園 307、補八 415］

7179 劉超俗墓誌［843 會昌三年九月　北大 05960、浙大］

7180 □幹墓誌［843 會昌三年十月　寧波 30］

7181 令狐覽墓誌［843 會昌三年十月　碑林續 184、新獲 321、西南匯 247、蒐三 717］

7182 盧處約妻李氏墓誌［843 會昌三年十一月　補八 167、洛新續 234、駕鴦 237］

7183 郭威制妻高氏墓誌［843 會昌三年十一月　補千 371、河南叄 306、少民 318、千唐 1552］

7184 顧文成妻周氏墓誌［843 會昌三年十一月　江蘇壹 6］

7185 李德餘墓誌［843 會昌三年十一月　新獲 322、涼州 791］

7186 李匡符墓誌［844 會昌三年十二月　新獲 323、蒐三 718］

7187 李公秀女墓誌［844 會昌四年正月　北大 05964］

7188 李君素及妻騫氏墓誌［844 會昌四年正月　流散 292］

7189 嚴君墓誌［844 會昌四年正月　北大 05965、浙大］

7190 王君妻苻氏墓誌［844 會昌四年正月　補九 407］

7191 盧文舉墓誌［844 會昌四年正月　補千 371、千唐 1553］

7192 李進墓誌［844 會昌四年二月　慈碑 27］

7193 盧厚德墓誌［844 會昌四年二月　補八 168、龍門 340、琬琰 47］

7194 張君妻范氏墓誌［844 會昌四年三月　揚州 185］

7195 馮俊妻王氏墓誌［844 會昌四年三月　北大 05969］

7196 郭君楚妻衛氏墓誌［844 會昌四年四月　北大 05970、浙大］

7197 崔君妻王流謙墓誌［844 會昌四年四月　補八 169］

7198 李君墓誌［844 會昌四年四月　沁州 178］

7199 李國清妻田氏墓誌［844 會昌四年四月　西市 414］

7200 吳君妻朱媛墓誌［844 會昌四年四月卒　金陵 198、貞石 88］

7201 趙涪墓誌［844 會昌四年四月　新獲 324、蒐三 719］

7202 李君妻鄭氏墓誌［844 會昌四年五月　北大 05972、浙大］

7203 崔坦墓誌［844 會昌四年六月　蒐佚 766、流散 293］

7204 李太均墓誌［844 會昌四年七月　碑林彙 284、牛氏 193］

7205 王叡倫墓誌［844 會昌四年七月　西南 213］

7206 王和尚墓誌［844 會昌四年七月　浙大］

7207 裴鼎墓誌［844 會昌四年七月　補千 372、河南叄 307、千唐 1556］

7208 元谷墓誌［844 會昌四年七月　陝唐 179］

7209 李士清墓誌［844 會昌四年閏七月　陝肆 227］

7210 李恂（沔王）墓誌［844 會昌四年閏七月　集萃 87］

7211 裴賓妻李環墓誌［844 會昌四年閏七月　蒐續 861、新獲 325］

7212 張宣朗墓誌［844 會昌四年八月　陝唐 180］

7213 元君妻陳恭和墓誌［844 會昌四年九月　河洛 425、龍門 342、七朝 342］

7214 曹氏墓誌［844 會昌四年九月　陝唐 181］

7215 王守志墓誌［844 會昌四年十月　陝唐 182］

7216 蘇子矜墓誌［844 會昌四年十月　張家口市宣化區文物保管所《文物》2008.7］

7217 高良墓誌［844 會昌四年十月　江蘇壹 7］

7218 呂俠墓誌［844 會昌四年十月　北大 05982、浙大］

7219 韋阿蠻墓誌［844 會昌四年十月　陝唐 183］

7220 馮審妻李氏墓誌［844 會昌四年十月　流散續 340、蒐三 720］

7221 李君妻孫氏墓誌［844 會昌四年十月　補八 169、洛新續 235］

7222 嚴厚本墓誌［844 會昌四年十月　集萃 88］

7223 元仲光墓誌［844 會昌四年十月　陝唐 178］

7224 韓益墓誌［844 會昌四年十月　陝唐 184］

7225 李玄禄墓誌［844 會昌四年十月　河洛 426、龍門 343］

7226 嚴公衡妻盧氏墓誌［844 會昌四年十月　陝肆 228］

7227 郭仲恭墓誌［844 會昌四年十一月　西安市文物保護考古研究院《文博》2013.2］

7228 周廣及妻戎氏墓誌［844 會昌四年十一月　流散 294、蒐續 862、新獲 326］

7229 成元綽墓誌［844 會昌四年十一月　蒐三 721］

7230 牛浦墓誌［844 會昌四年十一月　補八 170、長碑 544、牛氏 68］

7231 賈國清及妻范氏墓誌［845 會昌四年十一月　北大 05986、浙大］

7232 宋元質墓誌［845 會昌四年十一月　邰紫琳《文博》2016.5］

7233 栗君妻焦氏墓誌［845 會昌四年十二月　西南 214］

7234 許慕賢妻崔琬墓誌［845 會昌四年十二月　高陽原 100］

7235 范光祖墓誌［845 會昌四年十二月　蒐三 722］

7236 辛玫墓誌［845 會昌四年十二月　碑林續 185、詩人 338］

7237 王□倫墓誌［845 會昌四年十二月　浙大］

7238 李君墓誌［845 會昌四年十二月　浙大］

7239 徐澹季女墓誌［845 會昌五年正月　洛新 107、補六 156、補編 2134］

7240 崔士政墓誌［845 會昌五年二月　北大 05990、浙大］

7241 梁國忠妻李氏墓誌［845 會昌五年二月　北大 05991、浙大］

7242 李佑（嗣郢王）墓誌［845 會昌五年二月　百品 103］

7243 段師本墓誌［845 會昌五年二月　北大 05992、浙大］

7244 李果娘墓誌［845 會昌五年二月　河洛 427、七朝 343］

7245 呂君及妻張氏墓誌［845 會昌五年二月　碑林彙 285、西南 215］

7246 元邈墓誌［845 會昌五年二月　補千 373、河南叁 308、少民 156、千唐 1561］

7247 王日政妻宋氏墓誌［845 會昌五年四月　陝唐 185］

7248 李廿五娘墓誌［845 會昌五年四月　杏園 345、補八 171、墨影 88］

7249 柳季華及妻孟氏墓誌［845 會昌五年二月　北大 05997、浙大］

7250 鍾建文墓誌［845 會昌五年五月　大全柳林 5］

7251 李君妻姜氏墓誌［845 會昌五年五月　北大 05998、浙大］

7252 嚴脩睦妻崔氏墓誌［845 會昌五年七月　碑林續 186、新獲 327、西南匯 248、蒐三 723、陝唐 186］

7253 邵搏墓誌［845 會昌五年七月　新獲 328、西南匯 249、蒐三 724］

7254 苻澈墓誌［845 會昌五年八月　蒐續 863］

7255 宣君妻楊氏墓誌［845 會昌五年八月　慈溪 38、慈碑 28］

7256 張氏墓誌［845 會昌五年九月　陝唐 187］

7257 李太恭墓誌［845 會昌五年十月　碑林彙 286］

7258 周賁墓誌［845 會昌五年十月　分類 105］

7259 崔景裕墓誌［845 會昌五年十月　新獲 329、蒐三 725］

7260 包氏墓誌［845 會昌五年十一月　越窯 76、慈碑 29］

7261 成光潤墓誌［845 會昌五年十一月　大全平遙 37］

7262 康璀墓誌［845 會昌五年十一月　流散續 341、蒐三 726］

7263 呂翁歸墓誌［846 會昌五年十一月　西市 415］

7264 崔周衡墓誌［846 會昌五年十一月　陝唐 188］

7265 侯寶妻王氏墓誌［846 會昌六年正月　江寧 27］

7266 吳元勉墓誌［846 會昌六年二月　杜文玉《唐史論叢》20］

7267 張君妻武氏墓誌［846 會昌六年二月　墨影 90］

7268 郭從諒妻陶媛墓誌［846 會昌六年二月　新獲 330］

7269 劉婼墓誌［846 會昌六年二月　蒐三 727］

7270 齊酇墓誌［846 會昌六年二月　蒐佚 768、七朝 344］

7271 周少誠墓誌［846 會昌六年二月　分類 106］

7272 陳齊金墓誌［846 會昌六年四月　北大 06006］

7273 韋武仲墓誌［846 會昌六年五月　蒐佚 769］

7274 衛君妻宋氏墓誌［846 會昌六年五月　七朝 345］

7275 張淑墓誌［846 會昌六年五月　北大 06008、浙大］

7276 馮自珛妻李氏墓誌［846 會昌六年五月　邙洛 265、補八 171、洛新續 236］

7277 嚴章墓誌［846 會昌六年八月　蒐三 728］

7278 盧繪及妻李氏墓誌［846 會昌六年八月　補千 373、千唐 1563］

7279 張惟鋒墓誌［846 會昌六年九月　陝新 111］

7280 柳文素墓誌［846 會昌六年十月　北大 06013］

7281 申惠進墓誌［846 會昌六年十一月　北大 06014］

7282 韋慶復妻裴棣墓誌［846 會昌六年十一月　碑林續 187、詩人 245］

7283 常賁墓誌［846 會昌六年十一月　大全汾陽 99］

7284 弥文逸墓誌［846 會昌六年十一月　陝肆 229］

7285 薛重晟及妻王氏墓誌［846 會昌六年十一月　碑林彙 287］

7286 元厚妻胡懿墓誌［846 會昌六年十一月　浙大］

7287 崔君妻某氏墓誌［846 會昌六年十一月　千唐 1565］

7288 皇甫簡墓誌［846 會昌六年十二月　蒐佚 770］

7289 高俊及妻蘇氏墓誌［847 會昌六年十二月　北大 06016、浙大］

7290 田十七娘子墓誌［847 會昌六年十二月　北大 06018、浙大］

7291 蔡質墓誌［847 會昌七年正月　江蘇壹 8］

7292 衛榮及妻張氏墓誌［847 會昌七年正月　浙大］

7293 杜期妻墓誌［847 會昌七年正月　劉文濤《南方文物》2022.1］

7294 劉然及妻路氏墓誌［847 會昌七年二月　徐國衛 7］

大中

7295 穆悰墓誌［847 大中元年二月　杏園 347、補八 173、少民 399、墨影 91］

7296 獨孤景墓誌［847 大中元年二月　分類 108、曲阜三 9］

7297 郭偉妻蘇氏墓誌［847 大中元年二月　北大 06025］

7298 李據妻盧氏墓誌［847 大中元年二月　流散續 342、蒐三 729］

7299 牛氏墓誌［847 大中元年閏三月　牛氏 354、西南 216］

7300 崔玨墓誌［847 大中元年閏三月　陝唐 189］

7301 熊紹之墓誌［847 大中元年四月　張馳《長安學研究》六］

7302 尹審則墓誌［847 大中元年四月　流散續 343］

7303 杜鍠妻史怙墓誌［847 大中元年四月　西南匯 250］

7304 華封輿墓誌［847 大中元年四月　北京壹 29］

7305 林秘及妻李氏墓誌［847 大中元年五月　北大 06031、浙大］

7306 鄭季和墓誌［847 大中元年六月　北大 06032、浙大］

7307 劉略妻鄭恂墓誌［847 大中元年六月　洛新 108、補六 159、墨影 92］

7308 童德墓誌［847 大中元年六月卒　慈溪 40、慈碑 30］

7309 魯順及妻張氏墓誌［847 大中元年七月　蒐續 864］

7310 呂寧妻韓統墓誌［847 大中元年七月　補千 374、千唐 1570］

7311 元愚公墓誌［847 大中元年八月　陝肆 230］

7312 王殷墓誌［847 大中元年八月　北大 06039］

7313 王堙墓誌［847 大中元年八月　西市 416］

7314 曾君妻陳氏墓誌［847 大中元年八月　江蘇壹 9］

7315 釋普見墓誌［847 大中元年九月　北大 06042］

7316 向群墓誌［847 大中元年九月　補八 175、洛新續 237］

7317 王金及妻張氏墓誌［847 大中元年九月　北大 06043］

7318 李泳墓誌［847 大中元年九月　蒐續 865］

7319 韋承素墓誌［847 大中元年十月　長新 276、長碑 188］

7320 趙璧墓誌［847 大中元年十月　國圖］

7321 龔嶠墓誌［847 大中元年十月　北大 06047、浙大］

7322 李少榮及妻王氏田氏墓誌［847 大中元年十月　碑林續 189］

7323 朱君妻臧子真墓誌［847 大中元年十月　蒐三 730］

7324 崔行脩墓誌［847 大中元年十月　蒐三 731］

7325 馬全慶墓誌［847 大中元年十月　蒐續 866、珍稀 82、西南 217］

7326 寶纁墓誌［847 大中元年十月　補八 174、渭城 257、碑林彙 288］

7327 程旻墓誌［847 大中元年十月　北大 06051、浙大］

7328 祝巽墓誌［847 大中元年十一月　寧波 31］

7329 盧仲矩墓誌［847 大中元年十一月　流散續 344、蒐三 732］

7330 郝季山墓誌［848 大中元年十一月　補九 458］

7331 □祖真墓誌［848 大中元年十一月　江蘇壹 10］

7332 封載妻殷氏墓誌［848 大中元年十一月　邙洛 266、百種 288］

7333 李咄墓誌［848 大中元年十二月　北大 06054］

7334 李國忠妻劉氏墓誌［848 大中元年十二月　衡水 58］

7335 李榮墓誌［848 大中元年十二月　大全汾陽 100］

7336 楊晟及妻李氏墓誌［848 大中二年二月　蒐三 733］

7337 李俊素墓誌［848 大中二年三月　補千 375、河南參 309、千唐 1574］

7338 李從易妻劉氏墓誌［848 大中二年四月　蒐續 867］

7339 裴寅妻王氏墓誌［848 大中二年四月　蒐三 734］

7340 王渭墓誌［848 大中二年四月　蒐佚 772］

7341 羊㽞墓誌［848 大中二年四月卒　高新天《蘇州文博論叢》5］

7342 于汝錫墓誌［848 大中二年四月　西市 417、詩人 342］

7343 齊志英墓誌［848 大中二年五月　陳財經《碑林集刊》16］

7344 裴濛墓誌［848 大中二年五月　七朝 346、流散 295、蒐續 868］

7345 李群墓誌［848 大中二年七月　蒐佚 776、唐品 20］

7346 王叔寧墓誌［848 大中二年七月　鎮江博物館《考古》1985.2、補二 580、補編 1897］

7347 韋承素妻薛氏墓誌［848 大中二年七月　長新 278、長碑 189］

7348 盧㫰妻鄭彬墓誌［848 大中二年八月　補八 176、洛新續 238］

7349 喬師錫墓誌［848 大中二年八月　長新 280、長碑 190］

7350 韋居實妻李氏墓誌［848 大中二年八月　西南匯 251、蒐三 735］

7351 袁邕墓誌［848 大中二年十月　越窰 78、慈碑 31］

7352 王魯復墓誌［848 大中二年十月　流散續 345、西南匯 252、蒐三 736、詩人 347］

7353 崔元膺妻李順之墓誌［848 大中二年十月　河洛 428、七朝 347］

7354 趙元素墓誌［848 大中二年十月　蒐佚 773］

7355 王顗墓誌［848 大中二年十月　補九 407、碑林彙 289］

7356 崔君墓誌［848 大中二年十月　集萃 89］

7357 盧載墓誌［848 大中二年十月　補千 376、散存 432、詩人 344、千唐 1576］

7358 殷秀誠墓誌［848 大中二年十月　汾陽 76、大全汾陽 101］

7359 黃君墓誌［848 大中二年十一月　越窰 80］

7360 趙啓妻任氏墓誌［848 大中二年十一月　補九 459］

7361 范惠昂墓誌［849 大中三年正月　北大 06065］

7362 杜君妻宋氏墓誌［849 大中三年正月　北大 06066、浙大］

7363 趙涪妻李氏墓誌［849 大中三年二月　新獲 331、蒐三 737］

7364 常臻墓誌［849 大中三年二月　碑林彙 290］

7365 李頊墓誌［849 大中三年二月　匯編洛陽 14-13、補六 162］

7366 米文辯墓誌［849 大中三年二月　補九 408、運河 40、邯鄲 19］

7367 王炅墓誌［849 大中三年二月　安陽附 27］

7368 王文則墓誌［849 大中三年二月　浙大］

7369 李藻文墓誌［849 大中三年二月　河洛 429、七朝 348］

7370 董液墓誌［849 大中三年二月　蒐續 869］

7371 趙氏墓誌［849 大中三年二月　碑林彙 291］

7372 侯莫陳敏墓誌［849 大中三年二月　陝唐 191］

7373 盧季方墓誌［849 大中三年三月　補八 176、洛新續 239、鴛鴦 252］

7374 趙希玩墓誌［849 大中三年四月　臨城 72］

7375 盧輻墓誌［849 大中三年四月　補千 377、河南叁 310、千唐 1579］

7376 張君墓誌［849 大中三年四月　分類 109］

7377 崔鍛墓誌［849 大中三年五月　蒐佚 775］

7378 鄭逍墓誌［849 大中三年五月　補九 404］

7379 宋朏妻張氏墓誌［849 大中三年五月　北大 06073、浙大］

7380 張知實墓誌［849 大中三年六月　補九 409、菁華 156、詩人 349］

7381 王君妻邵氏墓誌［849 大中三年六月　陝唐 192］

7382 田授墓誌［849 大中三年八月　北大 06075、國圖］

7383 王翊元及妻李氏墓誌［849 大中三年八月　交大 145、萊山 111］

7384 盧瑀墓誌［849 大中三年八月　補千 273、河南叁 311、千唐 1298］

7385 王皈政墓誌［849 大中三年八月　北大 06078、浙大］

7386 張文秀墓誌［849 大中三年八月　北大 06077、浙大］

7387 張瑗妻楊氏墓誌［849 大中三年八月　補八 177、洛新續 240］

7388 崔沆墓誌［849 大中三年八月　菁華 157］

7389 王成及妻牛氏墓誌［849 大中三年九月　西市 418、牛氏 356］

7390 盧重墓誌［849 大中三年九月　補千 378、河南叁 312、千唐 1580］

7391 □湲墓誌［849 大中三年十月　大同 91、大全南郊 49］

7392 鄭景仁墓誌［849 大中三年十月　蒐續 870］

7393 曾君妻張氏墓誌［849 大中三年十一月　浙大］

7394 劉江潤及妻李氏墓誌［849 大中三年十一月　衡水 60、故城 90］

7395 劉榮墓誌［849 大中三年閏十一月　越窯 82、慈碑 32］

7396 崔郎妻鄭氏墓誌［849 大中三年閏十一月　蒐佚 774］

7397 郭君妻張氏墓誌［849 大中三年閏十一月　北大 06082］

7398 李恬墓誌［850 大中三年閏十一月　菁華 158、流散 296、蒐三 738］

7399 劉寧及妻范氏墓誌［850 大中三年閏十一月　安陽 53］

7400 馮懷晟墓誌［850 大中三年十二月　臨城 76］

7401 李渙妻裴琡墓誌［850 大中三年十二月　碑林續 190、西南匯 253、詩人 401］

7402 蔡濟墓誌［850 大中四年正月　分類 111］

7403 郭從諒墓誌［850 大中四年正月　新獲 332、西南匯 254］

7404 武恭妻李凝墓誌［850 大中四年正月　西南 218］

7405 崔鏞墓誌［850 大中四年正月　蒐佚 777、集釋 45、流散 297］

7406 張岸墓誌［850 大中四年正月　汾陽 78、大全汾陽 103］

7407 郭暄墓誌［850 大中四年二月　蒐佚 778、七朝 350、西市 419］

7408 楊容及妻崔氏墓誌［850 大中四年三月　北大 06088］

7409 李榮及妻喬氏墓誌［850 大中四年四月　北大 06090、浙大］

7410 鄭君妻盧氏墓誌［850 大中四年四月　千唐 1582］

7411 孫君妻程氏墓誌［850 大中四年四月　西南 219］

7412 辛遇墓誌［850 大中四年四月　北大 06091］

7413 釋舟濟墓誌［850 大中四年四月　補九 413、僧尼 338］

7414 劉士準墓誌［850 大中四年四月　補三 226、碑林 89-3939、陝貳 260］

7415 路君妻王氏墓誌［850 大中四年四月　北大 06092、國圖］

7416 李瓖妻陳氏墓誌［850 大中四年四月　蒐三 739］

7417 鄭隗郎墓誌［850 大中四年四月　補千 379、河南叁 313、千唐 1583］

7418 崔鄯墓誌［850 大中四年四月　流散續 346］

7419 王忠晏墓誌［850 大中四年四月　汾陽 80、大全汾陽 104］

7420 董誼妻史氏墓誌［850 大中四年四月　蒐三 740］

7421 崔鐵妻鄭歸墓誌［850 大中四年五月　補千 379、河南叁 314、千唐 1584］

7422 米千鈞墓誌［850 大中四年五月　北大 06095、浙大］

7423 李淑墓誌［850 大中四年五月　蒐三 741］

7424 狄兼謩墓誌［850 大中四年五月　補九 411、河洛 430、百種 290、七朝 349、流散 298、羌族 150］

7425 梁守志妻趙氏墓誌［850 大中四年七月　陝新 112］

7426 陳君弈室女墓誌［850 大中四年七月　高陽原 101、102、103］

7427 魏釗墓誌［850 大中四年七月　浙大］

7428 胡珍妻朱四娘糧罌［850 大中四年八月　越窯 84、慈碑 33］

7429 李伯囧墓誌［850 大中四年八月　河北石刻 308、邯鄲 140、永年 52］

7430 秦忠墓誌［850 大中四年八月　越窯 86］

7431 裴誥墓誌［850 大中四年九月　補八 180、洛新續 241］

7432 周少成及妻郝氏墓誌［850 大中四年九月　分類 112］

7433 韋廣墓誌［850 大中四年十月　補九 404］

7434 高英墓誌［850 大中四年十月　蒐佚 779］

7435 崔君妻墓誌［850 大中四年十月　補六 163］

7436 張綞墓誌［850 大中四年十月　陝唐 193］

7437 常清墓誌［850 大中四年十月　浙大］

7438 李柕墓誌［850 大中四年十月　杏園 366、補八 181、墨影 93］

7439 劉行餘墓誌［850 大中四年十月　蒐佚 781、流散 299］

7440 盧厚墓誌［850 大中四年十月　補千 380、河南叁 315、千唐 1589］

7441 僕固義及妻李氏墓誌［850 大中四年十月　晉陽 459］

7442 田日倫妻祁氏墓誌［850 大中四年十月　蒐佚 780、七朝 351］

7443 李曄墓誌［850 大中四年十月　大全襄垣 54］

7444 申岸撰家族遷葬墓誌［850 大中四年十月　邯鄲 141、永年 53］

7445 羅君妻徐懿墓誌［850 大中四年十一月　甬城 8］

7446 齊克諫墓誌［850 大中四年十一月　陳財經《碑林集刊》16］

7447 皇甫郟墓誌［850 大中四年十一月　蒐三 742］

7448 盧洋妻鄭氏墓誌［850 大中四年十一月　補千 381、河南叁 316、千唐 1590］

7449 盧殷及妻鄭氏墓誌［850 大中四年十一月　補八 183、洛新續 242、新獲 333］

7450 蕭儧妻鄭瑤墓誌［850 大中四年十一月　西市 420］

7451 陳惟江墓誌［850 大中四年十一月　涇川 19］

7452 崔鄲墓誌［850 大中四年十一月　蒐佚 771、七朝 352、菁華 159、流散 300、千秋 264］

7453 似先義逸墓誌［850 大中四年十一月　碑林補 67、補七 125、陝貳 261、碑林彙 293］

7454 姚合妻盧綺墓誌［850 大中四年十一月　蒐佚 782、詩人 335］

7455 周涯墓誌［850 大中四年十一月　碑林續 191、西南 220、詩人 351］

7456 李郾妻杜氏墓誌［851 大中四年十一月　西市 421］

7457 柳知微妻陳蘭英墓誌［851 大中四年十二月　蒐三 743］

7458 郭儵墓誌［851 大中四年十二月　鮑虎欣《華夏考古》2008.2］

7459 鄭永墓誌［851 大中四年十二月　補編 927、揚州 197］

7460 藤國興墓誌［851 大中四年十二月　越窯 88、慈碑 34］

7461 鮮騰墓誌［851 大中四年十二月　成都 13］

7462 姚真墓誌［851 大中四年十二月　補編 1897、江蘇壹 12］

7463 鮑君妻王氏墓誌［851 大中五年正月　匯編江蘇 100、揚州 199］

7464 崔廣兒墓誌［851 大中五年二月　蒐佚 783、西市 422］

7465 成孝宗墓誌［851 大中五年二月　北大 06122、浙大］

7466 段懿全墓誌［851 大中五年四月　西市 423］

7467 李季節墓誌［851 大中五年四月　河洛 431、七朝 353］

7468 牛君妻張氏墓誌［851 大中五年四月　北大 06124、浙大］

7469 張師慶墓誌［851 大中五年四月　蒐佚 784］

7470 李君妻安氏墓誌［851 大中五年四月　碑林彙 294、西南 221、涼州 796］

7471 魏承休墓誌［851 大中五年四月　流散續 348］

7472 鄭何妻李自虛墓誌［851 大中五年五月　補八 184、陝博 55］

7473 韓復墓誌［851 大中五年六月卒　碑林續 192、詩人 354］

7474 柳蒨墓誌［851 大中五年七月　陝新 113］

7475 魏讜墓誌［851 大中五年八月　蒐三 744］

7476 蔡君妻莫氏墓誌［851 大中五年八月　高新天《蘇州文博論叢》5］

7477 李君妻吳氏墓誌［851 大中五年八月　寧波 34、慈溪 42］

7478 施遂墓誌［851 大中五年八月　江蘇壹 13］

7479 張瀆墓誌［851 大中五年八月　流散續 349、蒐三 745］

7480 鄭君妻郭瓊墓誌［851 大中五年八月　蒐佚 785、唐品 50］

7481 趙師武墓誌［851 大中五年九月　吳正浩《西夏學》2021.1］

7482 盖衡妻韓氏墓誌［851 大中五年十月　唐品 64］

7483 郭慶先墓誌［851 大中五年十月　晉陽 465］

7484 薛華墓誌［851 大中五年十月　河南貳 3］

7485 薛桑墓誌［851 大中五年十月　補七 127、河南貳 4］

7486 □文珍墓誌［851 大中五年十月　大全汾陽 105］

7487 韋楚望墓誌［851 大中五年十月　集萃 90］

7488 張浣墓誌［851 大中五年十一月　陝肆 231］

7489 李義墓誌［851 大中五年十一月　邯鄲 57、浙大］

7490 張文敬妻郭氏墓誌［851 大中五年十二月　北大 06134］

7491 陶待虔及妻顧氏墓誌［852 大中五年十二月　江蘇壹 14］

7492 閣叔汶及妻米氏墓誌［852 大中五年十二月　碑林彙 295］

7493 李懂妻崔氏墓誌［852 大中六年二月　崔氏 375］

7494 張涓妻李氏墓誌［852 大中六年二月　河洛 433、鴛鴦 197］

7495 賈寶藏及妻崔氏墓誌［852 大中六年二月　北大 06137］

7496 孟君集墓誌［852 大中六年二月　蒐續 871］

7497 王公淑墓誌［852 大中六年二月　補五 433、北京壹 26、補編 2130］

7498 徐君妻趙氏墓誌［852 大中六年二月　新獲 335、陝唐 194］

7499 崔酆妻鄭氏墓誌［852 大中六年二月　流散續 350］

7500 盧公亮妻崔氏墓誌［852 大中六年二月　新安 20、詩人 304、千唐 1599］

7501 王君及妻蔡氏墓誌［852 大中六年二月　江蘇壹 15］

7502 韋正貫墓誌［852 大中六年二月　長新 282、長碑 192、陝萃 928］

7503 趙仕良墓誌［852 大中六年三月　補六 222、陝貳 328、碑林彙 296］

7504 韋諫妻崔氏墓誌［852 大中六年五月　珍稀 83、新獲 336、西南匯 255、蒐三 746］

7505 成光墓誌［852 大中六年五月　北大 06141、浙大］

7506 薛弘休妻裴氏墓誌［852 大中六年五月　西南匯 256、蒐三 747］

7507 歸弘簡墓誌［852 大中六年五月　陝肆 232、陝萃 930］

7508 李進忠墓誌［852 大中六年五月　邯鄲 142、永年 54］

7509 徐君妻崔蘊才墓誌［852 大中六年五月　蒐佚 786］

7510 崔汾墓誌［852 大中六年七月　陝肆 233］

7511 陳燭墓誌［852 大中六年閏七月　流散 301、蒐續 872］

7512 盧殷妻陳氏墓誌［852 大中六年閏七月　流散續 351］

7513 王略妻崔緼墓誌［852 大中六年閏七月　補千 382、河南參 317、千唐 1600］

7514 張紳及妻王氏墓誌［852 大中六年閏七月　七朝 354、蒐續 873］

7515 楊仲倫墓誌［852 大中六年八月　臨城 79］

7516 杜元陽及妻李氏墓誌［852 大中六年十月　劉文濤《南方文物》2022.1］

7517 崔彥方妻盧輾墓誌［852 大中六年十月　藏石 116］

7518 環平墓誌［852 大中六年十月　補八 185］

7519 蘇益墓誌［852 大中六年十月　臨城 81］

7520 王陵及妻韓氏墓誌［852 大中六年十月　北大 06148］

7521 王杲第三女墓誌［852 大中六年十月　陝唐 195］

7522 程金及妻元氏墓誌［852 大中六年十月　西南 222、蒐三 748］

7523 陸紹墓誌［852 大中六年十一月　新獲 337］

7524 馬文諫墓誌［852 大中六年十一月　七朝 355、蒐續 874］

7525 庾游方妻蕭氏墓誌［852 大中六年十一月　補七 128、長新 284、長碑 194、陝叁 96］

7526 王寶妻侯羅娘墓誌［852 大中六年十一月　江蘇貳 39、補八 186、貞石 90］

7527 趙氏墓誌［853 大中六年十二月　汾陽 82、大全汾陽 106］

7528 廉文液墓誌［853 大中七年正月　北大 06153、浙大］

7529 盧溥墓誌［853 大中七年正月　補千 383、千唐 1602］

7530 宗進興妻楊氏墓誌［853 大中七年正月　蒐佚 787、七朝 356、西南匯 257］

7531 □璭墓誌［853 大中七年正月　碑林彙 298］

7532 陶愻墓誌［853 大中七年正月　珍稀 84］

7533 韋瓘墓誌［853 大中七年正月　劉强《書法叢刊》2014.4、詩人 356］

7534 張勛妻趙氏墓表［853 大中七年正月　蒐佚 788］

7535 紐重建妻眭氏墓誌［853 大中七年二月　北大 06158、浙大］

7536 王寶墓誌［853 大中七年二月　墨影 94］

7537 沈兗墓誌［853 大中七年二月　流散續 352、蒐三 749］

7538 趙弘武妻康氏墓誌［853 大中七年二月　蒐三 750］

7539 韋讓妻李氏（汾陽公主）墓誌［853 大中七年四月　郭海文《唐史論叢》31］

7540 辛鋭妻崔氏墓誌［853 大中七年四月　陝新 114］

7541 李文益墓誌［853 大中七年五月　碑林彙 299、西南 223］

7542 王就妻楊氏墓誌［853 大中七年七月　成都 14］

7543 鄭抱素墓誌［853 大中七年七月　補千 385、河南叁 318、千唐 1604］

7544 蘇藏玉墓誌［853 大中七年七月　補千 385、河南叁 319、千唐 1605］

7545 李弘慶墓誌［853 大中七年七月　陝博 56］

7546 王氏墓誌［853 大中七年七月　流散續 404、蒐三 751］

7547 鄭佶墓誌［853 大中七年八月　高陽原 104］

7548 李惛（茂王）墓誌［853 大中七年八月　西市 424］

7549 蕭濛墓記［853 大中七年八月　河洛 434］

7550 姜自勸墓誌［853 大中七年九月　北大 06167］

7551 古英及妻高氏墓誌［853 大中七年九月　西市 425］

7552 吳士恒墓誌［853 大中七年十月　碑林彙 300］

7553 史仲莒墓誌［853 大中七年十月　珍稀 85］

7554 嚴謇妻李琉墓誌［853 大中七年十月　藏石 117］

7555 韓君墓誌［853 大中七年十月　蒐續 875］

7556 郭瓊墓誌［853 大中七年十月　新獲 338、菁華續 216、流散續 353］

7557 夏侯審妻李氏墓誌［853 大中七年十月　河洛 435］

7558 姚勖墓誌［853 大中七年十月　菁華 160、流散 302、散存 436］

7559 張頤墓誌［853 大中七年十月　浙大］

7560 戚君妻羅氏墓誌［853 大中七年十月　越窰 90］

7561 趙温墓誌［853 大中七年十月　蒐續 876］

7562 韋昌霍及妻鄭氏墓誌［853 大中七年十月　陝唐 151］

7563 韋嵫墓誌［853 大中七年十月　陝肆 234］

7564 □君亮墓誌［853 大中七年十月　北圖 32-95、匯編北京 2-108］

7565 郭太墓誌［853 大中七年十一月　沁陽 12］

7566 陳君妻楊氏墓誌［853 大中七年十一月　北大 06176］

7567 閻君妻任氏墓誌［853 大中七年十一月　海寧 9］

7568 宋文幹墓誌［854 大中七年十一月　北大 06177、浙大］

7569 魏季衡墓誌［854 大中七年十二月　蒐續 877、新獲 339］

7570 封魯卿墓誌［854 大中七年十二月　補八 187、洛新續 243］

7571 朱士幹墓誌［854 大中八年正月　碑林續 193］

7572 崔沆妻李瑗墓誌［854 大中八年正月　補千 387、河南叁 320、千唐 1610］

7573 鄭賀妻穆楚墓誌［854 大中八年正月　流散 303、蒐續 878］

7574 秦叔向墓誌［854 大中八年二月　蒐三 752］

7575 孫絿妾王氏墓誌［854 大中八年二月　補千 388、河南叁 321、千唐 1611］

7576 何貞裕墓誌［854 大中八年二月　蒐佚 789］

7577 梁誼墓誌［854 大中八年二月　邯鄲 143、永年 55］

7578 楊公甫墓誌［854 大中八年二月　河洛 436、西市 426］

7579 宋晏妻趙氏墓誌［854 大中八年四月　碑林彙 301、西南 224］

7580 李誠昌墓誌［854 大中八年四月　汾陽 84、大全汾陽 108］

7581 張質妻王氏墓誌［854 大中八年四月　蒐佚 790、鴛鴦 270］

7582 李端友墓誌［854 大中八年五月　杏園 351、補八 188、墨影 95］

7583 韋泂墓誌［854 大中八年五月　補七 130、長碑 195、陝肆 236］

7584 邢宗本妻韓氏墓誌［854 大中八年六月　蒐續 879、集萃 91］

7585 劉德訓墓誌［854 大中八年七月　杜文玉《山西大學學報》2019.5］

7586 盧方回妻李氏墓誌［854 大中八年八月　補八 188、洛新續 244］

7587 盧望回妻李球墓誌［854 大中八年八月　流散續 354、唐品 62、蒐三 753］

7588 徐唐妻高氏墓誌［854 大中八年八月　大同 269］

7589 王逢墓誌［854 大中八年八月　西市 427］

7590 王日政墓誌［854 大中八年八月　陝唐 196］

7591 崔君妻盧氏墓誌［854 大中八年九月　流散 304、蒐續 880］

7592 衛元宗妻郝氏墓誌［854 大中八年九月　北大 06191］

7593 歐陽瑫墓誌［854 大中八年九月　江蘇貳 40］

7594 王怡政墓誌［854 大中八年十月　補三 230、碑林 89-4019、陝貳 267］

7595 馮朝墓誌［854 大中八年十一月　北大 06193］

7596 閻建方小室王氏墓誌［854 大中八年十一月　陝新 115］

7597 盧行質及妻趙氏墓誌［854 大中八年十一月　蒐佚 791、散存 439］

7637 段彝墓誌［855 大中九年八月　新獲 342、蒐三 757、陝唐 198、涼州 805］

7638 蔣建及妻李氏墓誌［855 大中九年八月　補千 391、河南叁 324、千唐 1621］

7639 李岸及妻董氏墓誌［855 大中九年八月　蒐佚 793、七朝 357、西市 430］

7640 孟延古墓誌［855 大中九年八月　孟州 186］

7641 □氏墓誌［855 大中九年八月　江蘇貳 42］

7642 常氏墓誌［855 大中九年八月　臨城 84］

7643 裴謡墓誌［855 大中九年八月卒　蒐續 883］

7644 韓景仁墓誌［855 大中九年八月　蒐續 884］

7645 張軫及妻席氏墓誌［855 大中九年九月　永年 57］

7646 程玢墓誌［855 大中九年九月　孟州 184］

7647 袁貴墓誌［855 大中九年九月　慈溪 46、慈碑 35］

7648 李璟妻薛氏墓誌［855 大中九年十月　汾陽 86、大全汾陽 111］

7649 張囧墓誌［855 大中九年十月　河洛 437］

7650 焦君妻王氏墓誌［855 大中九年十月　程章燦《中國文化研究》2012 秋之卷］

7651 白公濟墓誌［855 大中九年十一月　補五 435、陝壹 147、陝萃 940］

7652 王邁墓誌［855 大中九年十一月　胡煥英《考古》2007.5］

7653 崔璹妻李氏墓誌［855 大中九年十一月　流散續 359］

7654 賈榮妻珣氏墓誌［855 大中九年十一月　北大 06222、國圖］

7655 王朝墓誌［855 大中九年十一月　永年 58］

7656 柳清及妻張氏墓誌［856 大中九年十一月　大全襄垣 55］

7657 孫君妻趙氏墓誌［856 大中九年十二月　臨城 86］

7658 王卿兒墓誌［856 大中九年　龍門 347、蒐佚 794、七朝 358］

7659 李唯誠墓誌［856 大中十年正月　劉光帥《大學書法》2022.4］

7660 鄭子禮墓誌［856 大中十年正月　蒐佚 795］

7661 李範墓誌［856 大中十年正月　釋錄 316、補九 414、龍門 348］

7662 任黄中墓誌［856 大中十年正月　蒐續 885］

7663 程旭墓誌［856 大中十年正月　西市 431］

7664 李縞墓誌［856 大中十年二月　補九 415］

7665 陶瑄墓誌［856 大中十年二月　流散續 360］

7666 殘誌［856 大中十年二月　越窯 92］

7667 衛景弘墓誌［856 大中十年二月　補八 191、洛新續 246、蒐三 759］

7668 庾氏墓誌［856 大中十年二月　西市 432］

7669 劉元墓誌［856 大中十年三月　寧波 37、奉化 6］

7670 薛芻墓誌［856 大中十年四月　碑林續 195、新獲 343、西南匯 260、蒐三 760、詩人 362］

7671 張進莫及妻楊氏墓誌［856 大中十年四月　蔚縣 2］

7672 林暢墓誌［856 大中十年四月　北大 06232］

7673 令狐梅墓誌［856 大中十年四月　匯編洛陽 14-55、洛新 110、補六 168、龍門 349、散存 443］

7674 李宁墓誌［856 大中十年四月　匯編洛陽 14-56、補六 172］

7675 庾承歡妻李氏墓誌［856 大中十年四月　陝肆 237］

7676 李俊素妻王照乘墓誌［856 大中十年五月　補八 192、洛新續 247］

7677 班君妻鄭珪墓誌［856 大中十年六月　蒐佚 796、七朝 360］

7678 宋儋妻曹氏墓誌［856 大中十年七月　浙大］

7679 徐君妻劉氏墓誌［856 大中十年七月　越窯 94、慈碑 36］

7680 第五再寰墓誌［856 大中十年七月　陝唐 199］

7681 韋諫墓誌［856 大中十年七月　珍稀 87、新獲 344、西南匯 261、蒐三 761］

7682 姚鄙墓誌［856 大中十年七月　陝肆 238］

7683 韋師素墓誌［856 大中十年七月　陝新 117、鳳栖 441］

7684 陳元通墓誌［856 大中十年八月　廈門 1、廈門精粹 22］

7685 楊簡端墓誌［856 大中十年八月　西市 433］

7686 趙君妻潘氏墓誌［856 大中十年九月　寧波 38］

7687 楊君妻王氏墓誌［856 大中十年十月　北大 06242］

7688 趙聿墓誌［856 大中十年十月　大全汾陽 112］

7689 郝進華及妻張氏墓誌［856 大中十年十月　宋志剛《文物春秋》2014.2］

7690 劉華墓誌［856 大中十年十月　獻縣 38］

7691 蕭儧墓誌［856 大中十年十月　西市 434］

7692 崔立方墓誌［856 大中十年十月　蒐續 886］

7693 崔璞妻李氏墓誌［856 大中十年十月　西市 436］

7694 馮審墓誌［856 大中十年十月　流散續 361、蒐三 762］

7695 劉君及妻董氏墓誌［856 大中十年十月　蒐佚 797、西市 435］

7696 李毗妻盧子宜墓誌［856 大中十年十一月　碑林續 196、蒐續 887］

7697 丁愿墓誌［856 大中十年十一月　喬保同《黃河　黃土　黃種人》2020.2］

7698 韓璆妻楊瓊真墓誌［856 大中十年十一月　陝唐 200］

7699 崔奭妻尹氏墓誌［856 大中十年十一月　蒐續 888］

7700 賈進和墓誌［857 大中十年十二月　北大 06251、浙大、中華］

7701 李璞墓誌［857 大中十年十二月　河洛 439、七朝 361］

7702 李士悦墓誌［857 大中十年十二月　蒐續 889］

7703 牛君妻趙氏墓誌［857 大中十年十二月　七朝 362、牛氏 309］

7704 馮敦睦及妻姜氏墓誌［857 大中十年十二月　陝新 118］

7705 晏曜墓誌［857 大中十年十二月　碑林補 59、補七 130、陝貳補 27、碑林彙 305］

7706 閻晉及妻馬氏墓誌［大中十年　日下石景山 239］

7707 王宰墓誌［857 大中十一年二月　七朝 363、蒐續 890］

7708 王敬仲妻李氏墓誌［857 大中十一年二月　浙大］

7709 傅伯和妻李氏墓誌［857 大中十一年二月　北大 06254］

7710 李榮墓誌［857 大中十一年四月　永年 60］

7711 盧衢墓誌［857 大中十一年四月　補千 392、河南叁 325、千唐 1628］

7712 段俊墓誌［857 大中十一年四月　永年 61］

7713 盧占妻鄭群墓誌［857 大中十一年四月　補八 193、洛新續 248、鴛鴦 278］

7714 李郇墓誌［857 大中十一年四月　蒐佚 798、七朝 364、西市 437］

7715 盧弘本墓誌［857 大中十一年五月　長新 290、長碑 199］

7716 崔亮及妻李氏盧氏墓誌［857 大中十一年五月　河洛 432、龍門 352］

7717 范楚尹墓誌［857 大中十一年五月　浙大］

7718 李儵妻劉氏墓誌［857 大中十一年五月　補八 417］

7719 武元益妻李氏墓誌［857 大中十一年五月　北大 06263］

7720 裴鍠墓誌［857 大中十一年八月　樊波《碑林集刊》12、長碑 558］

7721 鄭長誨墓誌［857 大中十一年八月　補千 393、河南叁 326、千唐 1633］

7722 王那羅墓誌［857 大中十一年九月　蒐佚 799］

7723 王懷義及妻龐氏墓誌［857 大中十一年十月　西南 226］

7724 許元簡妻陳氏墓誌［857 大中十一年十月　補編 933、厦門 3］

7725 李華墓誌［857 大中十一年十月　大全襄垣 56、牛氏 403］

7726 王政墓誌［857 大中十一年十月　高新天《蘇州文博論叢》5］

7727 陸君妻宋氏墓誌［857 大中十一年十一月　越窯 96、慈碑 37］

7728 邢良墓誌［857 大中十一年十一月　魏旭《博物院》2021.5］

7729 劉干妻王氏墓誌［857 大中十一年十一月　河洛 440、龍門 353、鴛鴦 266、散存 454、詩人 393］

7730 任榮墓誌［857 大中十一年十一月　越窯 98、慈碑 38］

7731 韋曙墓誌［857 大中十一年十一月　碑林續 197］

7732 魯宗源墓誌［857 大中十一年十一月卒　補編 951］

7733 釋廣素墓誌［858 大中十二年正月　蒐佚 800、僧尼 341］

7734 史誼墓誌［858 大中十二年正月　北大 06272］

7735 許太清及妻王氏墓誌［858 大中十二年正月　邯鄲 144、永年 62］

7736 侯連及妻楊氏墓誌［858 大中十二年二月　臨城 94］

7737 姚潭墓誌［858 大中十二年二月　補一 373、廣州 543、廣東碑 9］

7738 崔礎墓誌［858 大中十二年二月　新獲 345、流散續 362、蒐三 763］

7739 霍瑁墓誌［858 大中十二年二月　唐品 13］

7740 陸𨑓墓誌［858 大中十二年二月　菁華 161、蒐續 891、西南 225］

7741 裴謙墓誌［858 大中十二年二月　補八 193、洛新續 249］

7742 竇佐妻李氏墓誌［858 大中十二年閏二月　浙大］

7743 韋鍊墓誌［858 大中十二年閏二月　補千 394、河南叁 327、千唐 1637］

7744 張君及妻解氏墓誌［858 大中十二年閏二月　碑林彙 306］

7745 李君妻韋氏墓誌［858 大中十二年閏二月　西市 439］

7746 王譔墓誌［858 大中十二年三月　徐學毅《思維與智慧》2021.8］

7747 李君誼墓誌［858 大中十二年三月　碑林彙 307］

7748 陳綏妻尚氏墓誌［858 大中十二年四月　北大 06278、浙大］

7749 柳喜墓誌［858 大中十二年五月　陝唐 201］

7750 盧韜妻鄭氏墓誌［858 大中十二年五月　匯編洛陽 14-79、洛新 111、補六 173、河

洛 441、龍門 355、散存 447]

7751 姚潛妻馬琬墓誌 [858 大中十二年五月　補八 194、洛新續 250、詩人 368]

7752 皇甫煒妻白氏墓誌 [858 大中十二年七月　補七 134、河洛 444、洛新續 251、詩人 413]

7753 皇甫廛妻崔氏墓誌 [858 大中十二年八月　補千 395、河南叄 329、千唐 1640]

7754 裴巖墓誌 [858 大中十二年八月　補千 394、河南叄 328、詩人 341、千唐 1639]

7755 張從鏾母趙氏墓誌 [858 大中十二年八月　西市 438]

7756 釋行周墓誌 [858 大中十二年八月　蒐佚 801、七朝 365]

7757 柳崇墓誌 [858 大中十二年八月　河洛 442]

7758 崔蔍墓誌 [858 大中十二年八月　蒐三 766]

7759 衛冀墓誌 [858 大中十二年八月　蒐三 765]

7760 楊宙墓誌 [858 大中十二年八月　蒐三 764]

7761 崔鎮妻鄭氏墓誌 [858 大中十二年八月　補千 396、千唐 1641]

7762 邵雄妻李虔墓誌 [858 大中十二年九月　碑林彙 308]

7763 高承恭女高氏墓誌 [858 大中十二年十月　新獲 346、西南匯 262、蒐三 767]

7764 蹇脩行妻藺氏墓誌 [858 大中十二年十月　重慶 5、補八 196]

7765 苗綆妻李楬墓誌 [858 大中十二年十月　流散 307]

7766 劉温墓誌 [858 大中十二年十月　流散 306、蒐續 892]

7767 孫君妻徐氏墓誌 [858 大中十二年十一月　北大 06288、浙大]

7768 李倫墓誌 [858 大中十二年十一月　宋孟寅《文物春秋》2010.3]

7769 任二郎墓誌 [858 大中十二年十一月　汾陽 88、大全汾陽 113]

7770 元建妻張氏墓誌 [858 大中十二年十一月　浙大]

7771 張氏墓誌 [858 大中十二年十一月　西市 440]

7772 高潞墓誌 [859 大中十二年十一月　碑林續 198]

7773 李歸厚妻盧氏墓誌 [859 大中十二年十一月　杏園 355、補八 195]

7774 時忠誼墓誌 [859 大中十二年十二月　北大 06290]

7775 戴元真墓誌 [大中十二年　北大 06291、浙大]

7776 李元仲墓誌 [大中十二年　輯録 440]

7777 張伸墓誌 [859 大中十三年正月　蒐佚 802]

7778 王袁墓誌 [859 大中十三年二月　北大 06292、浙大]

7779 張惟誼墓誌 [859 大中十三年四月　北大 06293、浙大]

7780 崔文龜墓誌 [859 大中十三年四月　西市 441、詩人 369、陝唐 202]

7781 蕭佩妻韋氏墓誌 [859 大中十三年四月　集萃 92]

7782 邵建和墓誌 [859 大中十三年四月　蒐三 768、陝唐 203]

7783 李君妻宋氏墓誌 [859 大中十三年五月　北大 06297、浙大]

7784 韋氏墓誌 [859 大中十三年五月　碑林續 199]

7785 韓孝恭墓誌 [859 大中十三年五月　碑林彙 309、西南 227]

7786 李悦墓誌 [859 大中十三年六月　陝新 120]

7787 李道周墓誌 [859 大中十三年七月　河洛 443]

7788 庾游方墓誌［859 大中十三年七月　補七 135、長新 292、長碑 200、陝參 97、陝萃 948］

7789 趙貫及妻盧氏吴氏墓誌［859 大中十三年八月　碑林彙 310］

7790 王宗本墓誌［859 大中十三年八月　流散續 363、蒐三 769］

7791 裴琪墓誌［859 大中十三年八月　牛來穎《唐研究》17］

7792 韓審墓誌［859 大中十三年八月　補千 397］

7793 賈芬妻李氏墓誌［859 大中十三年九月　碑林彙 311］

7794 樂仲修及妻郝氏墓誌［859 大中十三年十月　臨城 97］

7795 裴夷直墓誌［859 大中十三年十月　補千 397、詩人 371、千唐 1644］

7796 薛凌次女墓誌［859 大中十三年十月　陝新 122、鳳栖 462］

7797 薛凌長女墓誌［859 大中十三年十月　陝新 121、鳳栖 457］

7798 陶公義妻史氏墓誌［859 大中十三年十月　北大 06306］

7799 王弘禮及妻魏氏墓誌［859 大中十三年十月　河洛 445］

7800 張文度墓誌［859 大中十三年十月　王麗媛《收藏家》2019.11］

7801 盧慇墓誌［859 大中十三年十一月　河洛 446］

7802 翁君妻余氏墓誌［859 大中十三年十一月　越窑 100、慈碑 39］

7803 姚君及妻趙氏墓誌［859 大中十三年十一月　匯編河北 118、河北壹 121］

7804 盧繪妻李氏墓誌［859 大中十三年十一月　補千 399、千唐 1647］

7805 康叔良墓誌［859 大中十三年十二月　北大 06310］

7806 焦文舉墓誌［859 大中十三年十二月　張順兵《中國書法·書學》2016.3］

7807 丘從儉墓誌［860 大中十三年十二月　蒐三 770］

7808 韋輅墓誌［860 大中十三年十二月　西市 442］

7809 元玄用墓誌［860 大中十三年十二月　北大 06314、浙大］

7810 唐君妻田氏墓誌［860 大中十四年正月　散存 450］

7811 李彦温妻裴損墓誌［860 大中十四年正月　陝新 123、鳳栖 502］

7812 □氏墓誌［860 大中十四年正月卒　越窑 103］

7813 張浣妻李寡尤（遵化縣主）墓誌［860 大中十四年正月　陝肆 239］

7814 王元貞墓誌［860 大中十四年二月　碑林彙 312］

7815 李叔沆及妻許氏墓誌［860 大中十四年二月　墨影 96］

7816 王虚明墓誌［860 大中十四年二月　邙洛 267、補八 197、補千 399、洛新續 252、千唐 1648］

7817 陳秀容墓誌［860 大中十四年二月　陝唐 204］

7818 孟璲墓誌［860 大中十四年四月　補八 198、河洛 447、洛新續 253、百種 292、鴛鴦 256］

7819 韋瓚墓誌［860 大中十四年四月　補七 136、長碑 201、陝肆 240］

7820 郭在生墓誌［860 大中十四年五月　北大 06319］

7821 李知止姬人張洞客墓誌［860 大中十四年七月　陝肆 241］

7822 李暨妻王玄之墓誌［860 大中十四年七月　陝肆 242］

7823 晏仲穎妻王氏墓誌［860 大中十四年七月　江蘇壹 16］

7824 李潯墓誌［860 大中十四年七月　西市 443］

7825 劉朝逸墓誌［860 大中十四年八月　大全文水 13］

7826 盧重墓誌［860 大中十四年八月　釋録 312、補九 416、駕鴬 260］

7827 王佐文墓誌［860 大中十四年八月　陝唐 205］

7828 韋君妻趙真源墓誌［860 大中十四年九月　補千 400、千唐 1649］

7829 杜浪墓誌［860 大中十四年十月　蒐續 893、流散續 347］

7830 盧頴妻崔瑛墓誌［860 大中十四年十月　陝肆 243］

7831 楊君墓誌［860 大中十四年十月　河南貳 68］

7832 李沂（慶王）墓誌［860 大中十四年十月　碑林彙 314、菁華 162、萊山 112］

7833 司馬璋墓誌［860 大中十四年十一月　蒐佚 803、集萃 93］

7834 顧君妻高氏墓誌［860 大中十四年十一月　江蘇壹 18］

7835 吳安首妻殷氏墓誌［860 大中十四年十一月　江蘇壹 17］

7836 靖寔及妻田氏墓誌［861 大中十四年十一月　匯編河北 117、補六 175、河北壹 123］

7837 陳政墓誌［大中年間　浙大］

7838 韓孚墓誌［大中年間　陝唐 190］

咸通

7839 盧安易墓誌［860 咸通元年正月　鄭州 212］

7840 劉元臻及妻趙氏墓誌［860 咸通元年六月卒　大全妻煩 6］

7841 任誼從墓誌［861 咸通元年十二月　大全汾陽 114］

7842 江師武墓誌［861 咸通二年正月　西市 444］

7843 宋伯康墓誌［861 咸通二年正月　補六 177、碑林 90-4084、陝貳 274、補編 1000、碑林彙 315、長碑 202］

7844 封隨及妻盧氏墓誌［861 咸通二年二月　邙洛 268］

7845 程雲墓誌［861 咸通二年二月　西市 445］

7846 衛文□及妻丘氏墓誌［861 咸通二年二月　北大 06329］

7847 張謙墓誌［861 咸通二年二月　長新 294、長碑 203］

7848 穆君妻孫氏墓誌［861 咸通二年二月　楊曉萍《考古與文物》2021.2］

7849 向群及妻甘氏墓誌［861 咸通二年二月　補八 199、洛新續 254］

7850 陽堡墓誌［861 咸通二年二月　北大 06330、浙大］

7851 李讓娘墓誌［861 咸通二年四月　程章燦《中國文化研究》2012 秋之卷］

7852 員君妻王氏墓誌［861 咸通二年五月　北大 06334、浙大］

7853 楊輦墓誌［861 咸通二年五月　蒐續 894、詩人 389］

7854 田君妻張氏墓誌［861 咸通二年七月　補三 243、碑林 90-4133、陝貳 277］

7855 盧顥墓誌［861 咸通二年七月　流散 308、蒐續 895］

7856 蘇慶寰墓誌［861 咸通二年七月　邯鄲 146、永年 66］

7857 邵峰妻朱氏墓誌［861 咸通二年八月　江蘇壹 19］

7858 韓君妻尹氏墓誌［861 咸通二年十月　北大 06341］

7859 張延著墓誌［861 咸通二年十一月　流散續 364］

7860 盧緘及妻崔氏墓誌［861 咸通二年十一月　補千 401、河南叁 330、千唐 1657］

7861 郭文幹妻梁氏墓誌［861 咸通二年十一月　陝新 124］

7862 張賁墓誌［861 咸通二年十一月　邙洛 269、補八 200、洛新續 255］

7863 張彥琳及妻王氏墓誌［861 咸通二年十一月　榆林 70、補八 201、陝叁 98］

7864 劉宗墓誌［861 咸通二年十一月　越窑 104、慈碑 40］

7865 戴偃及妻豐氏墓誌［862 咸通二年十二月　補編 972］

7866 郭氏墓誌［咸通二年　臨城 99］

7867 郭騫及妻苗氏墓誌［862 咸通三年正月　碑林彙 317、西南 228］

7868 李氏墓誌［862 咸通三年正月　補千 402、千唐 1659］

7869 劉君和及妻王氏墓誌［862 咸通三年正月　北大 06348、浙大］

7870 劉克恭妻武氏墓誌［862 咸通三年正月　北大 06347］

7871 張君妻秦氏墓誌［862 咸通三年正月　墨影 97］

7872 李樂仙墓誌［862 咸通三年正月　蒐三 771］

7873 宋文誼墓誌［862 咸通三年正月　北大 06352］

7874 路榮墓誌［862 咸通三年正月　安陽 54、墨影 98］

7875 李鉉墓誌［862 咸通三年正月　北大 06353］

7876 李毗墓誌［862 咸通三年正月　碑林續 201、蒐續 896、涼州 808］

7877 劉萬興墓誌［862 咸通三年正月　陝肆 244］

7878 齊志蕚墓誌［862 咸通三年正月　陳財經《碑林集刊》16］

7879 長孫儇墓誌［862 咸通三年二月　蒐佚 805、七朝 366、西市 446］

7880 羅叔玠墓誌［862 咸通三年三月　陝博 57］

7881 崔審文墓誌［862 咸通三年四月　流散續 365］

7882 崔方揀及妻劉氏墓誌［862 咸通三年四月　河北壹 125、河間 270］

7883 馮自興墓誌［862 咸通三年四月　上郡 122］

7884 崔鍼墓誌［862 咸通三年四月　補千 403、千唐 1662］

7885 李昳妻韓氏墓誌［862 咸通三年四月　蒐續 897、流散續 366、百品 104］

7886 李進朝及妻常氏墓誌［862 咸通三年四月　北大 06359］

7887 侯固妻嚴珪墓誌［862 咸通三年四月　浙大］

7888 嚴聳妻□阿裴墓誌［862 咸通三年五月　慈溪 50、慈碑 41］

7889 牛光進及妻秦氏墓誌［862 咸通三年七月　牛氏 311］

7890 張憎憎墓誌［862 咸通三年七月　碑林續 202］

7891 李文約妻崔琰墓誌［862 咸通三年七月　汾陽 90、大全汾陽 115］

7892 郭逸古墓誌［862 咸通三年七月　陝唐 206］

7893 張弘宗墓誌［862 咸通三年七月　補七 138、洛新續 256］

7894 蓋君妻單氏墓誌［862 咸通三年七月　唐品 7］

7895 崔璹墓誌［862 咸通三年八月　流散續 367］

7896 劉誼墓誌［862 咸通三年八月　北大 06362］

7897 盧深妻崔氏墓誌［862 咸通三年八月　珍稀 88、蒐三 772］

7936 李榮及妻申屠氏墓誌［863 咸通四年四月　邯鄲 147、永年 68］

7937 李貽休墓誌［863 咸通四年四月　蒐佚 808］

7938 孫公慶妻安氏墓誌［863 咸通四年四月　北大 06389、浙大］

7939 韋昶墓誌［863 咸通四年四月　鄭旭東《考古與文物》2019.1］

7940 陶君妻羊氏墓誌［863 咸通四年五月　江蘇壹 22］

7941 傅良弼妻王氏墓誌［863 咸通四年五月　流散續 370、蒐三 775］

7942 田公遠墓誌［863 咸通四年五月　陝肆 245］

7943 劉公素墓誌［863 咸通四年七月　汾陽 92、大全汾陽 120］

7944 馮李南墓誌［863 咸通四年七月　交大 161］

7945 杜陟墓誌［863 咸通四年七月　碑林 196-1153］

7946 李滋（夔王）墓誌［863 咸通四年八月　集萃 96］

7947 鄭常墓誌［863 咸通四年八月　大全汾陽 122］

7948 鄭交墓誌［863 咸通四年八月　流散續 371］

7949 曹孝佶及妻李氏墓誌［863 咸通四年八月　北大 06393、浙大］

7950 郭元慶妻慕容氏墓誌［863 咸通四年十月　河北石刻 309、邯鄲 67］

7951 蕭氏及男武慶墓誌［863 咸通四年十月　蒐續 899］

7952 魏緄妻封廿七娘墓誌［864 咸通四年十二月　蒐三 776］

7953 李弘易墓誌［864 咸通四年十二月　長新 296、長碑 204］

7954 白邦彦墓誌［咸通四年　蒐續 900］

7955 崔迺妻鄭氏墓誌［864 咸通五年二月　駕鴦 286、蒐續 901］

7956 苟寰及妻房氏墓誌［864 咸通五年二月　河洛 451］

7957 薛璜墓誌［864 咸通五年二月　陝唐 207］

7958 楊乘墓誌［864 咸通五年二月　高慎濤《中國文學研究》2021.2］

7959 吳籌妻盧有德墓誌［864 咸通五年二月　蒐佚 809、駕鴦 274、新獲 347］

7960 李思真墓誌［864 咸通五年二月　唐品 8、蒐三 777］

7961 王會妻崔璠墓誌［864 咸通五年二月　蒐佚 810、詩人 406］

7962 賈善法及妻郭氏墓誌［864 咸通五年三月　北大 06400］

7963 李芙墓誌［864 咸通五年四月　集釋 46、碑林續 203、蒐續 902］

7964 李琉妻宋氏墓誌［864 咸通五年五月　陝新 125］

7965 鄭居中及妻崔氏墓誌［864 咸通五年五月　補八 202、散存 419、詩人 326］

7966 吳籌墓誌［864 咸通五年七月　蒐佚 811、駕鴦 272、新獲 348］

7967 裴識墓誌［864 咸通五年八月　匯編河南 118、河南壹 374］

7968 白幼敏妻鄧氏墓誌［864 咸通五年八月　補八 202、牛氏 41］

7969 崔師蒙墓誌［864 咸通五年八月　蒐佚 812、七朝 367、新獲 349］

7970 張仲群墓誌［864 咸通五年八月　裴書研《古文獻整理與研究》六、馬騰空 152］

7971 崔潘墓誌［864 咸通五年八月　蒐續 903］

7972 王譚墓誌［864 咸通五年十月　北圖 33-43、匯編洛陽 14-114、補四 231、補編 1014］

7973 劉君政墓誌［864 咸通五年十一月　北大 06409、浙大］

7974 裴諸墓誌［864 咸通五年十一月　陝唐 208］

7975 于德嚴墓誌［864 咸通五年十一月　北大 06408］

7976 張宗慶墓誌［864 咸通五年十一月　蒐佚 813］

7977 董氏墓誌［864 咸通五年十一月　流散續 372、蒐三 778］

7978 李少文墓誌［865 咸通五年十二月　越窯 106］

7979 張厚儒墓誌［865 咸通五年十二月　流散 310、蒐續 904］

7980 王君墓誌［865 咸通五年十二月　匯編洛陽 14-116］

7981 郭元武墓誌［865 咸通六年正月　北大 06410、浙大］

7982 侯端及妻逯氏墓誌［865 咸通六年正月　蒐續 905］

7983 李古墓誌［865 咸通六年正月　北大 06411］

7984 朱榮妻尹氏墓誌［865 咸通六年正月　北大 06412］

7985 皇甫映墓誌［865 咸通六年正月　補八 204、河洛 452、洛新續 257、詩人 405］

7986 逯敬存及妻韓氏墓誌［865 咸通六年正月　北大 06413］

7987 楊殿乘墓誌［865 咸通六年二月　蒐續 906］

7988 申重興及妻王氏墓誌［865 咸通六年二月　北大 06414、浙大］

7989 史仲莒妻杜氏墓誌［865 咸通六年二月　陝唐 209］

7990 張榮墓誌［865 咸通六年二月　大全汾陽 123］

7991 高璩墓誌［865 咸通六年二月　詩人 408］

7992 張秀罟墓誌［865 咸通六年四月　北大 06415］

7993 姚潛墓誌［865 咸通六年四月　補八 204、洛新續 258、詩人 420］

7994 段璲妻嚴氏墓誌［865 咸通六年四月　匯編陝西 2-109、補三 255、碑林 91-4244、
　　陝貳 287］

7995 宋佐誠墓誌［865 咸通六年四月　西南 229］

7996 康榮及妻米氏墓誌［865 咸通六年四月　大全應縣 7］

7997 鄭君妻何氏墓誌［865 咸通六年七月　越窯 108、慈碑 42］

7998 辛從立墓誌［865 咸通六年七月　陝唐 210］

7999 眭頵墓誌［865 咸通六年七月　北大 06419、浙大］

8000 王彥真墓誌［865 咸通六年七月　西市 447］

8001 李季平墓誌［865 咸通六年七月　集萃 97］

8002 常公遂墓誌［865 咸通六年八月　臨城 102］

8003 高璠墓誌［865 咸通六年八月　西市 448］

8004 張康墓誌［865 咸通六年八月　北大 06421］

8005 張諒墓誌［865 咸通六年八月　臨城 106］

8006 裴誥妻楊氏墓誌［865 咸通六年九月　補八 205、洛新續 259、蒐三 779］

8007 鞠君妻元氏墓誌［865 咸通六年十月　北大 06422、浙大］

8008 柴寧及妻賈氏墓誌［865 咸通六年十月　北大 06424］

8009 程晏及妻宋氏墓誌［865 咸通六年十月　補九 417］

8010 張重誼墓誌［865 咸通六年十月　浙大］

8011 張君妻鄧氏墓誌［865 咸通六年十月　蒐佚 814、西市 449］

8012 劉君妻王氏墓誌［865 咸通六年十月　北大 06429、浙大、中華］

8013 曾君墓誌［865 咸通六年十月　臨城 108］

8014 劉神留墓誌［865 咸通六年十月　北大 06425、浙大］

8015 皇甫煒墓誌［865 咸通六年十月卒　洛新 112、補四 232、龍門 359、詩人 411］

8016 李朋墓誌［865 咸通六年十月　西市 450、詩人 414］

8017 李朋妻楊氏墓誌［865 咸通六年十月　西市 451、詩人 418］

8018 張佐元及妻盧氏墓誌［865 咸通六年十月　鴛鴦 177、蒐續 907］

8019 令狐緘墓誌［865 咸通六年十月　陝肆 246］

8020 包季墓誌［865 咸通六年十月　陝唐 211］

8021 論博言墓誌［865 咸通六年十月　補七 141、石景山 36、日下石景山 242］

8022 張再清及妻史氏墓誌［865 咸通六年十月　北大 06430］

8023 傅仙望及妻崔氏墓誌［865 咸通六年十一月　北大 06432］

8024 姚源墓誌［865 咸通六年十一月　蒐續 908］

8025 劉良信墓誌［865 咸通六年十一月　大同 93、大全南郊 50］

8026 范江墓誌［865 咸通六年十二月　浙大］

8027 李元則妻常氏墓誌［866 咸通六年十二月　北大 06433］

8028 聶五經妻熊氏墓誌［866 咸通六年十二月　北圖 33-57、匯編北京 2-126、補四
　　236、補編 1003］

8029 紀平墓誌［866 咸通六年十二月　補五 436、補編 2199］

8030 劉志清墓誌［866 咸通六年十二月　北大 06434］

8031 田氏墓誌［866 咸通六年十二月　越窯 110］

8032 □君墓誌［咸通六年十□月　越窯 111］

8033 崔媒墓誌［866 咸通七年正月　北大 06435］

8034 崔貞道妻夏侯玫墓誌［866 咸通七年正月　蒐續 909］

8035 崔復墓誌［866 咸通七年正月　蒐佚 815］

8036 柳棠墓誌［866 咸通七年二月　明大 41］

8037 林存古墓誌［866 咸通七年三月　散存 458］

8038 朱迥墓誌［866 咸通七年閏三月　陝新 126］

8039 吳紹墓誌［866 咸通七年閏三月　北大 06438、浙大］

8040 杜傅慶墓誌［866 咸通七年閏三月卒　新獲 351、西南匯 263、蒐三 781、陝唐 212］

8041 李觳墓誌［866 咸通七年四月卒　流散 313、蒐續 910、詩人 426］

8042 李凝墓誌［866 咸通七年四月　集釋 47、蒐續 911、詩人 421］

8043 任君妻曹周仁墓誌［866 咸通七年四月　集萃 98］

8044 姚璩墓誌［866 咸通七年四月　北大 06442］

8045 張阿師子墓誌［866 咸通七年四月　蒐佚 816］

8046 盧占墓誌［866 咸通七年五月　補八 205、洛新續 260、鴛鴦 276］

8047 劉真儀墓誌［866 咸通七年五月　西市 452］

8048 路讜墓誌［866 咸通七年五月　西市 453］

8049 劇誨妻史氏墓誌［866 咸通七年六月　流散續 373、西南匯 264、蒐三 782］

8088 劉文鋭墓誌［867 咸通八年六月　北大 06464、浙大］

8089 盧邵孫墓誌［867 咸通八年七月　集釋 48、流散續 374、西南 231、蒐三 785］

8090 張㭐妻吳氏墓誌［867 咸通八年七月卒　流散 314、蒐續 913］

8091 路心兒墓誌［867 咸通八年七月　西市 455］

8092 劉璿墓誌［867 咸通八年八月　長沙 16］

8093 張阮墓誌［867 咸通八年八月　北大 06467、浙大］

8094 劇誨墓誌［867 咸通八年八月　流散續 376、蒐三 786］

8095 成鐸墓誌［867 咸通八年八月　長新 298、長碑 205］

8096 郭繼洪墓誌［867 咸通八年八月　百品 105］

8097 唐瓊及妻諸葛氏墓誌［867 咸通八年八月　補九 417］

8098 王公弁妻焦氏墓誌［867 咸通八年八月　大全汾陽 127］

8099 吳德鄜墓誌［867 咸通八年八月　碑林彙 322］

8100 張君妻王氏墓誌［867 咸通八年八月　補七 143、陝博 58］

8101 張君及妻王氏胡氏墓誌［867 咸通八年八月　史睿《唐研究》20］

8102 崔浩妻盧懿範墓誌［867 咸通八年八月　碑林續 204、蒐續 914］

8103 李同墓誌［867 咸通八年八月　北圖 33-74、匯編洛陽 14-128、補六 490、補編 1899］

8104 藺從則墓誌［867 咸通八年八月　補七 145、河南貳 5］

8105 李元膺妻姚美玉墓誌［867 咸通八年八月　陝肆 247］

8106 陳甘節妻張柔賓墓誌［867 咸通八年九月　蒐續 915］

8107 裴氏墓誌［867 咸通八年九月　千唐誌 1171、匯編洛陽 14-130、補四 239］

8108 陳君賞妻王氏墓誌［867 咸通八年十月　匯編洛陽 14-131］

8109 張行簡及妻倪氏墓誌［867 咸通八年十月　諸暨 304］

8110 李公覘墓誌［867 咸通八年十一月　蒐佚 819］

8111 盖凝墓誌［867 咸通八年十一月　蒐佚 820、西市 456、散存 459］

8112 趙餘墓誌［867 咸通八年十一月　河洛 454］

8113 崔涓墓誌［867 咸通八年十一月　北大 06477］

8114 房公佐墓誌［867 咸通八年十一月　西南匯 265］

8115 李謨墓誌［867 咸通八年十一月　補八 209、河洛 456、洛新續 263］

8116 盧季方及妻鄭氏墓誌［867 咸通八年十一月　補八 208、河洛 455、洛新續 262、駕鴦 254］

8117 朱贍墓誌［867 咸通八年十一月　河南貳 106］

8118 張寧墓誌［867 咸通八年十一月　榆林 65、補八 210、陝叁 92、陝萃 894］

8119 劉君及妻李氏墓誌［868 咸通八年十二月　西南 232、蒐三 787］

8120 許君墓誌［868 咸通八年十二月　保定 17、補九 459］

8121 馮義弘及妻王氏墓誌［868 咸通八年十二月　北大 06478、浙大］

8122 宋万光墓誌［868 咸通八年十二月　碑林彙 323、牛氏 371］

8123 竇君妻許氏墓誌［868 咸通九年正月　七朝 369、蒐續 916］

8124 盧氏墓誌［867 咸通九年正月　蒐三 784］

8125 倪評及妻馬氏墓誌［868 咸通九年正月　北大 06479、浙大］

8126 朱氏墓誌［868 咸通九年正月　陝新 127］

8127 裴玩墓誌［868 咸通九年正月　邙洛 271］

8128 楊君妻王氏墓誌［868 咸通九年二月　補千 410、河南叁 331、千唐 1679］

8129 劉符墓誌［868 咸通九年四月　補千 411、千唐 1680］

8130 崔睦墓誌［868 咸通九年四月　蒐三 789］

8131 封敖妻崔氏墓誌［868 咸通九年四月　流散續 377、蒐三 790、百品 106］

8132 趙則墓誌［868 咸通九年四月　邯鄲 148、永年 69］

8133 侯瞻墓誌［868 咸通九年五月　補千 411、千唐 1681］

8134 吳德應墓誌［868 咸通九年七月　杜文玉《唐史論叢》20］

8135 張淮澄墓誌［868 咸通九年七月　百品 107］

8136 任公素及妻張氏墓誌［868 咸通九年七月　北大 06486］

8137 鄭及墓誌［868 咸通九年七月　流散續 379］

8138 鄭彥猷墓誌［868 咸通九年七月　流散續 378、蒐三 792］

8139 王琛妻盧瓔墓誌［868 咸通九年七月　北大 06487］

8140 裴夷直妻李弘墓誌［868 咸通九年七月　補千 412、河南叁 332、詩人 373、千唐 1684］

8141 李君及妻王氏墓誌［868 咸通九年八月　蒐三 793］

8142 湯珂墓誌［868 咸通九年十月　七朝 370、蒐續 917］

8143 崔權妻鄭氏墓誌［868 咸通九年十月　流散 315、蒐續 918］

8144 郭晏妻蔡氏墓誌［868 咸通九年十月　北大 06496］

8145 苗順及妻李氏墓誌［868 咸通九年十月　北大 06495］

8146 臧允恭墓誌［868 咸通九年十月　榆林 71、補八 211、陝叁 99］

8147 釋勝才墓誌［868 咸通九年十月　陝肆 248、僧尼 349］

8148 成萬通墓誌［868 咸通九年十月　蒐續 919］

8149 李㳈墓誌［868 咸通九年十月　流散續 380、蒐三 794］

8150 眭弘墓誌［868 咸通九年十月　臨城 114］

8151 徐不器墓記［868 咸通九年十月　河洛 457］

8152 趙從一墓誌［868 咸通九年十月　北京壹 32］

8153 趙途妻李氏墓誌［868 咸通九年十月　珍稀 89］

8154 裴迴妻盧氏墓誌［868 咸通九年十一月　鄭州 218］

8155 鄭頎妻盧氏墓誌［868 咸通九年十一月　洛新 115、補六 183］

8156 崔元直墓誌［868 咸通九年十一月　百品 108］

8157 張胤及妻馮氏墓誌［868 咸通九年十一月　越窯 116、慈碑 45］

8158 王愻墓誌［868 咸通九年十一月　北大 06502、浙大］

8159 樊仲文墓誌［868 咸通九年十二月　長新 300、長碑 206］

8160 沈庠墓誌［868 咸通九年十二月　浙大］

8161 趙善心墓誌［868 咸通九年十二月　河洛 458、龍門 362］

8162 鄭魴及妻盧氏墓誌［868 咸通九年十二月　河洛 459、鴛鴦 245、七朝 371、散存

8201 李澳墓誌［870 咸通十一年二月　紹興 783］

8202 陳審墓誌［870 咸通十一年二月　榆林 73、補八 418、陝叁 100］

8203 高宗彝及妻韋氏墓誌［870 咸通十一年二月　匯編洛陽 14-141、洛新 117、補六 186、景州 261］

8204 楊少愃墓誌［870 咸通十一年四月　宣化 1］

8205 李玄禮妻鄭契玄墓誌［870 咸通十一年四月　陝肆 250］

8206 盧庭珪墓誌［870 咸通十一年五月　補八 211、洛新續 264、詩人 431］

8207 盧小娘子墓誌［870 咸通十一年五月　補千 413、千唐 1689］

8208 李敬回墓誌［870 咸通十一年五月　蒐續 921］

8209 趙少齊墓誌［870 咸通十一年五月　陝唐 214］

8210 閻逵墓誌［870 咸通十一年五月　蒐續 922、新獲 353］

8211 劉夒墓誌［870 咸通十一年五月卒　補千 414、千唐 1690］

8212 郭釗妻沈素墓誌［870 咸通十一年五月　浙大］

8213 盧彥方妻李氏墓誌［870 咸通十一年五月　邙洛 273］

8214 張君及妻任氏墓誌［870 咸通十一年六月　西南 235］

8215 盧從度妻鄭緄墓誌［870 咸通十一年八月　邙洛 274、駕鶱 282］

8216 鄭偁墓誌［870 咸通十一年八月　蒐佚 824、處州 50］

8217 李緯墓誌［870 咸通十一年八月　西南匯 267、陝唐 215］

8218 呂建初墓誌［870 咸通十一年八月　保定 18、補九 461］

8219 蔡勛墓誌［870 咸通十一年八月　蒐續 923、新獲 354、詩人 444］

8220 孫昊及妻關氏墓誌［870 咸通十一年九月　碑林彙 325］

8221 孫英及妻王氏墓誌［870 咸通十一年十月　北京壹 33、房山 28］

8222 高約弟墓誌［870 咸通十一年十一月　蒐續 924］

8223 李瓚妻傅氏墓誌［870 咸通十一年十一月　長新 304、長碑 207］

8224 牛文誼墓誌［870 咸通十一年十一月　牛氏 216、永年 71］

8225 嚴逢妻劉氏墓誌［870 咸通十一年十一月　流散續 385］

8226 鄭估妻盧氏墓誌［870 咸通十一年十一月　高陽原 107］

8227 劉肜墓誌［870 咸通十一年十一月　寧波 43、鄞州 6、鄞州碑 10］

8228 劉玄寂及妻張氏墓誌［870 咸通十一年十一月　鄭州 220］

8229 鄭銕妻李氏墓誌［870 咸通十一年十一月　補千 337、河南叁 333、千唐 1447］

8230 □士從墓誌［870 咸通十一年十一月　國圖］

8231 樊驥墓誌［870 咸通十一年十一月　河洛 462、七朝 374、詩人 446］

8232 梁君妻劉氏墓誌［870 咸通十一年十一月　陝新 131］

8233 孫師從墓誌［870 咸通十一年十一月　西市 461］

8234 陳魴墓誌［870 咸通十一年十一月　西市 460、詩人 434］

8235 郭行翛墓誌［870 咸通十一年十一月　蒐續 925、珍稀 91、西南 236、西南匯 268］

8236 鍾明墓誌［870 咸通十一年十一月　越窯 120、慈碑 47］

8237 尹旺墓誌［871 咸通十一年十二月　大同 97、大全南郊 52］

8238 龐崇簡墓誌［咸通十一年　陝目二 71］

8239 □公都墓誌［咸通十一年　揚州 255］

8240 李啓墓誌［871 咸通十二年正月　百品 110］

8241 常文政墓誌［871 咸通十二年正月　北大 06542、浙大］

8242 王知信墓誌［871 咸通十二年二月　碑林續 206］

8243 楊秀奇墓誌［871 咸通十二年二月　徐國衛 8］

8244 武秀榮墓誌［871 咸通十二年二月　大全汾陽 128］

8245 張行墓誌［871 咸通十二年二月　《書法叢刊》2018.1］

8246 張達墓誌［871 咸通十二年二月　寧波 44］

8247 姚繒墓誌［871 咸通十二年二月　蒐佚 825］

8248 梁承政墓誌［871 咸通十二年四月　補八 214］

8249 仇瀛洲墓誌［871 咸通十二年五月　蒐佚 826、七朝 375］

8250 王實長女墓誌［871 咸通十二年六月　碑林彙 326、西南 237］

8251 張國清墓誌［871 咸通十二年七月　碑林彙 327］

8252 武平墓誌［871 咸通十二年七月　西南 238］

8253 崔小夔墓誌［871 咸通十二年七月　蒐續 926、集萃 100］

8254 孟啓妻李琡墓誌［871 咸通十二年七月　補八 215、河洛 463、洛新續 266］

8255 房君墓誌［871 咸通十二年七月　西市 462］

8256 □□墓誌［871 咸通十二年七月　北大 06549］

8257 葛巽墓誌［871 咸通十二年八月　江蘇壹 24］

8258 劉君妻王氏墓誌［871 咸通十二年八月　安陽 55］

8259 景公直墓誌［871 咸通十二年閏八月　河南貳 171］

8260 王得一墓誌［871 咸通十二年九月　大全汾陽 129］

8261 唐洪墓誌［871 咸通十二年九月　補九 418］

8262 王君妻公孫氏墓誌［871 咸通十二年九月　鄭州市文物考古研究院《中原文物》
　　2007.6］

8263 柳君妻王氏墓誌［871 咸通十二年十月　蒐續 927］

8264 鄧瓛墓誌［871 咸通十二年十月　流散續 386］

8265 李和及妻張氏墓誌［871 咸通十二年十月　北大 06553］

8266 盧冏墓誌［871 咸通十二年十月　邙洛 275］

8267 盧軺墓誌［871 咸通十二年十月　匯編洛陽 14-162、洛新 118、補六 189、百種
　　294、龍門 363］

8268 趙途墓誌［871 咸通十二年十月　西市 463］

8269 程進瓛妻梁氏墓誌［871 咸通十二年十月　碑林彙 328、西南 239］

8270 崔侮墓誌［871 咸通十二年十月　河洛 464］

8271 李氏（寶應縣主）墓誌［871 咸通十二年十月　西市 464］

8272 姚應之妻楊氏墓誌［871 咸通十二年十月　陝肆 251］

8273 靳酈墓誌［871 咸通十二年十月　蒐續 928、集萃 101、西南匯 269］

8274 呂鐸妻胡氏墓誌［871 咸通十二年十月　史睿《唐研究》20］

8275 杜君妻潘氏墓誌［871 咸通十二年十月　陝新 132、鳳栖 477］

8315 閻逵妻趙氏墓誌［873 咸通十四年八月　蒐續 931、新獲 355］

8316 元彬之墓誌［873 咸通十四年八月　陝肆 253］

8317 元貞墓誌［873 咸通十四年十月　劉勇《史志學刊》2020.3］

8318 張孚墓誌［873 咸通十四年十月　越窯 122、慈碑 48］

8319 李昢妻王湜墓誌［873 咸通十四年十一月　北大 06576、浙大］

8320 韋審己妻盧虔懿墓誌［873 咸通十四年十一月　蒐佚 829、西市 465］

8321 陳君妻王氏墓誌［873 咸通十四年十一月　北大 06578、浙大］

8322 康張兒墓誌［咸通十四年　北大 06580］

8323 李佐妻劉氏墓誌［874 咸通十五年正月　張馳《青少年書法》2022.11］

8324 嚴氏墓誌［874 咸通十五年正月　新獲 356］

8325 胡志寬墓誌［874 咸通十五年正月　蒐三 799］

8326 徐弁及妻李氏墓誌［874 咸通十五年正月　北大 06581、浙大］

8327 劉君儒墓誌［874 咸通十五年正月　慈溪 54、慈碑 49］

8328 李君妻鄭氏墓誌［874 咸通十五年正月　蒐續 932、西南 241、蒐三 800］

8329 青陟霞及妻萬氏墓誌［874 咸通十五年二月　碑林彙 332、西南 242］

8330 畢顈墓誌［874 咸通十五年二月　匯編洛陽 14-165、補六 190］

8331 柳子尚妻賀蘭英墓誌［874 咸通十五年二月　邙洛 277、少民 295］

8332 韋定郎墓誌［874 咸通十五年二月　長新 306、長碑 208］

8333 楊元孫妻王成章墓誌［874 咸通十五年三月　交大 180］

8334 □宗禮墓誌［874 咸通十五年四月　大全汾陽 137］

8335 孟亞孫墓誌［874 咸通十五年四月　補八 219、河洛 465、洛新續 268］

8336 王歸厚墓誌［874 咸通十五年四月　蒐續 933］

8337 李旽墓誌［874 咸通十五年四月　蒐續 934、流散續 388、百品 111］

8338 盖巨源墓誌［874 咸通十五年五月　四川 249、成都附 5、羌族 156］

8339 華霖墓誌［874 咸通十五年六月　新獲 357、西南匯 272、蒐三 801、陝唐 218］

8340 郭璠墓誌［874 咸通十五年六月　兗州 37］

8341 李宗古及妻董氏墓誌［874 咸通十五年七月　北大 06585、浙大］

8342 鄭延昌墓誌［874 咸通十五年七月　新獲 358、蒐三 802］

8343 郭佐思墓誌［874 咸通十五年七月　碑林彙 333、西南 243］

8344 李公素妻王氏墓誌［874 咸通十五年八月　碑林彙 334］

8345 徐十郎妻王十娘墓誌［874 咸通十五年八月　慈溪 59、慈碑 50］

8346 俞君妻胡氏墓誌［874 咸通十五年九月　寧波 45］

8347 裴謠妻李氏墓誌［874 咸通十五年九月　補八 220、河洛 466、洛新續 269、鴛鴦 290］

8348 裴湆墓誌［874 咸通十五年九月　張麗芳《中原文物》2016.5、詩人 448］

8349 徐政及妻申氏墓誌［874 咸通十五年十月　碑林彙 335、西南 244］

8350 李仲甫及妻崔氏田氏墓誌［874 咸通十五年十月　碑林彙 336］

8351 段宗及妻張氏墓誌［874 咸通十五年十月　國圖］

8352 霍璨及妻李氏墓誌［874 咸通十五年十月　北大 06587、浙大］

8353 申通及妻任氏墓誌［874 咸通十五年十月　北大 06588］

8354 傅元及妻樂氏墓誌［874 咸通十五年十月　蒐續 936、墨影 101］

8355 苗紳墓誌［874 咸通十五年十月　洛新 120、補六 191］

8356 楊景球墓誌［874 咸通十五年十月　蒐續 935］

8357 鄭君妻盧氏墓誌［874 咸通十五年十月　蒐三 803］

8358 李又玄妻邵蒙墓誌［874 咸通十五年十月　蒐續 937、西南 245］

8359 崔芸卿墓誌［874 咸通十五年十月　匯編洛陽 14-170、洛新 121、補六 192、龍門 365］

8360 劉嵩及妻張氏墓誌［874 咸通十五年十月　碑林彙 337］

8361 盧立妻武氏墓誌［874 咸通十五年十月　藏石 122］

8362 史公素及妻程氏墓誌［874 咸通十五年十月　流散續 389］

8363 韋端符妻鄭霞士墓誌［874 咸通十五年十月　補七 152、長新 308、長碑 209、陝叁 102、鳳栖 485］

8364 趙恭墓誌［874 咸通十五年十月　碑林續 209］

8365 焦復墓誌［875 咸通十五年十一月　北大 06592］

8366 孟元簡阿娘墓磚［875 咸通十五年十二月　補二 583、陝貳 315、磚刻 1226］

8367 陳仁允墓誌［875 咸通十五年十二月　江蘇壹 25］

8368 陳士寧及妻李氏墓誌［875 咸通十五年十二月　北大 06593、浙大］

8369 李符聖墓誌［咸通十五年　陝新 134、鳳栖 493］

8370 裴詮墓誌［咸通十至十二年間　潘萍《陝西歷史博物館館刊》17］

8371 申氏墓誌［咸通□年四月　碑林彙 324］

8372 令狐緯墓誌［咸通□年十月　新獲 350、西南匯 266、蒐三 780］

乾符

8373 郭弘裕墓誌［875 乾符元年十二月　蒐佚 830］

8374 鄭無倦墓誌［875 乾符元年十二月　蒐續 938］

8375 陳君妻王氏墓誌［875 乾符元年十二月　越窯 126、慈碑 52］

8376 劉君墓誌［875 乾符元年十二月　越窯 124、慈碑 51］

8377 元子美墓誌［875 乾符元年十二月　碑林續 210］

8378 李孝恭妻游氏墓誌［875 乾符二年二月　陝肆 254］

8379 劉敬文墓誌［875 乾符二年二月　北大 06597、浙大］

8380 董君墓誌［875 乾符二年二月　流散 318、蒐續 939］

8381 孫瓛墓誌［875 乾符二年四月　故宮 182］

8382 孫絢墓誌［875 乾符二年四月　匯編洛陽 14-173、補六 193］

8383 易節墓誌［875 乾符二年五月　補七 152、江西 4］

8384 何橦妻王桂華墓誌［875 乾符二年七月　補七 425、長新 310、長碑 210、陝叁 103］

8385 吳邵墓誌［875 乾符二年十月　補千 416、河南叁 334、千唐 1707］

8386 孟璠妻蕭威墓誌［875 乾符二年十月　補八 216、河洛 467、洛新續 270、鴛鴦 258］

8387 朱君妻李氏墓誌［875 乾符二年十一月　北大 06601、浙大］

8388 劉慶及妻郭氏墓誌［875 乾符二年十一月　北大 06603、浙大］

8389 郭仲恭妻李氏（金堂長公主）墓誌［875 乾符二年十一月　西安市文物保護考古研究院《文博》2013.2］

8390 吳璀墓誌［876 乾符三年正月　無錫市文化遺産保護和考古研究所《東南文化》2017.2］

8391 崔元膺墓誌［876 乾符三年二月　蒐佚 833、流散續 390］

8392 崔懷義墓誌［876 乾符三年二月　補九 461］

8393 成殷墓誌［876 乾符三年二月　北大 06606、浙大］

8394 崔鎮墓誌［876 乾符三年二月　補千 417、河南参 335、千唐 1710］

8395 高瀚妻崔縝墓誌［876 乾符三年二月　丁永俊《河洛春秋》2002.2、崔氏 471］

8396 楊君妻曹延美墓誌［876 乾符三年二月　補八 223］

8397 樊嗣昌墓誌［876 乾符三年二月　陝新 135］

8398 歸虔範妻趙氏墓誌［876 乾符三年四月　陝肆 255］

8399 盧成德墓誌［876 乾符三年四月　蒐三 804］

8400 巢弘念墓誌［876 乾符三年五月　碑林續 211］

8401 石玩墓誌［876 乾符三年五月　大全朔城 34］

8402 李當妻盧鈇墓誌［876 乾符三年五月　蒐續 940、流散續 391、詩人 456］

8403 崔河墓誌［876 乾符三年五月　張馳《青少年書法》2020.10］

8404 鄭戩墓誌［876 乾符三年五月　浙大］

8405 李再誠墓誌［876 乾符三年六月　碑林彙 338］

8406 元君及妻庾氏墓誌［876 乾符三年七月　北大 06611、浙大］

8407 夏侯君妻楊氏墓誌［876 乾符三年八月　陝唐 219］

8408 高察妻裴氏墓誌［876 乾符三年八月　永年 72］

8409 鄭嚴墓誌［876 乾符三年八月　鄭州市文物考古研究院《中國國家博物館館刊》2021.7］

8410 馬國誠墓誌［876 乾符三年八月　碑林彙 339］

8411 徐觀墓誌［876 乾符三年八月　邙洛 278］

8412 俞肅妻張貞媛墓誌［876 乾符三年八月　江蘇壹 26］

8413 崔璆妻盧氏墓誌［876 乾符三年八月　流散續 392］

8414 韓敬文墓誌［876 乾符三年八月　流散續 393］

8415 唐君妻路氏墓誌［876 乾符三年八月　蒐三 805］

8416 李通靈墓誌［876 乾符三年十月　碑林續 212］

8417 張元墓誌［876 乾符三年十月　浙大］

8418 韓處章墓誌［876 乾符三年十月　西市 466］

8419 王遘墓誌［876 乾符三年十月　蒐三 806］

8420 鄭建墓誌［876 乾符三年十月　大全朔城 36］

8421 李汭（昭王）墓誌［876 乾符三年十月　碑林彙 340］

8422 牛衡墓誌［876 乾符三年十一月　牛氏 70］

8423 李審妻殷氏墓誌［876 乾符三年十一月　大同 104、大全南郊 54］

8424 李元宗妻王氏墓誌 [876 乾符三年十一月　蒐三 807]

8425 于旻墓誌 [876 乾符三年十一月　大全汾陽 138]

8426 歸仁晦墓誌 [876 乾符三年十一月　菁華 168、蒐續 941、珍稀 92]

8427 李榮益及妻史氏墓誌 [876 乾符三年十一月　碑林彙 341]

8428 孫惟政墓誌 [876 乾符三年十一月　北大 06618、浙大]

8429 馬及墓誌 [876 乾符三年十一月　賀華《陝西歷史博物館館刊》11]

8430 劉文政妻崔氏墓誌 [876 乾符三年十一月　北大 06619]

8431 曾繇墓誌 [876 乾符三年十二月　菁華續 217]

8432 米興及妻張氏墓誌 [877 乾符四年正月　北大 06620、浙大]

8433 韋君妻薛氏墓誌 [877 乾符四年正月　長新 312、長碑 212]

8434 郭宗回墓誌 [877 乾符四年正月　陝唐 220]

8435 郭鏐墓誌 [877 乾符四年正月　碑林續 213、新獲 359、西南匯 273、蒐三 808]

8436 鄭張八墓誌 [877 乾符四年閏二月　補八 225、河洛 468、洛新續 271]

8437 王簡及妻趙氏墓誌 [877 乾符四年三月　北大 06621、浙大]

8438 崔璘改葬誌 [877 乾符四年四月　補四 259]

8439 郭鏐妻韋珏墓誌 [877 乾符四年四月　碑林續 214、珍稀 93、新獲 360、西南匯 274、蒐三 809]

8440 劉瓌墓誌 [877 乾符四年四月　流散 319、蒐續 942]

8441 鄭太素墓誌 [877 乾符四年四月　蒐佚 834、七朝 376、菁華 169、流散 320]

8442 崔君妻李萱墓誌 [877 乾符四年四月　補千 418、河南叁 336、千唐 1714]

8443 李顒妻張氏墓誌 [877 乾符四年四月　蒐佚 835、西市 467]

8444 馬君妻竇氏墓誌 [877 乾符四年四月　北大 06626、浙大]

8445 史弘泉墓誌 [877 乾符四年四月　張重艷《唐史論叢》13]

8446 焦庭誨墓誌 [877 乾符四年四月　北大 06627]

8447 焦弘祐妻周氏墓誌 [876 乾符四年四月　西南 246]

8448 蔡馴墓誌 [877 乾符四年六月　北大 06628、浙大]

8449 盧膺墓誌 [877 乾符四年七月　蒐續 943、流散續 394]

8450 李君妻韋氏墓誌 [877 乾符四年七月　蒐續 944]

8451 薛璠墓誌 [877 乾符四年七月　大全堯都 18]

8452 王幹及妻賈氏墓誌 [877 乾符四年八月　西南 247]

8453 余行周墓誌 [877 乾符四年八月　慈溪 64、慈碑 53]

8454 劉再興妻王氏眭氏墓誌 [877 乾符四年十月　北大 06632、浙大]

8455 宋弘實墓誌 [877 乾符四年十月　浙大]

8456 周孟瑤墓誌 [877 乾符四年十月　碑林補 77、補七 155、陝貳 320、碑林彙 344]

8457 趙宗爽墓誌 [877 乾符四年十月　故城 83]

8458 司馬榮及妻劉氏墓誌 [877 乾符四年十月　北大 06634]

8459 蘇全紹墓誌 [877 乾符四年十月　宣化 3]

8460 費俛墓誌 [877 乾符四年十月　唐誌 96]

8461 李當墓誌 [877 乾符四年十月　蒐續 946、流散續 395、詩人 452]

8462 蘇文釗及妻李氏王氏墓誌［877 乾符四年十月　蒐續 945］

8463 姚君及妻程氏墓誌［877 乾符四年十月　北大 06636、浙大］

8464 張延著妻鄭氏墓誌［877 乾符四年十月　流散續 396］

8465 蘇再誠及妻柴氏墓誌［877 乾符四年十月　北大 06637］

8466 賈徹妻李氏墓誌［877 乾符四年十月　北大 06638、浙大］

8467 李偶及妻任氏趙氏王氏墓誌［877 乾符四年十月　北大 06639、浙大］

8468 周道仙墓誌［877 乾符四年十月　李舉綱《考古與文物》2007.5］

8469 盧脣妻鄭誼墓誌［877 乾符四年十一月　補八 225、洛新續 272］

8470 王春墓誌［877 乾符四年十一月　大全汾陽 140］

8471 馬幹及妻史氏墓誌［877 乾符四年十一月　北大 06640］

8472 田卿墓誌［878 乾符四年十二月　北大 06642、浙大］

8473 于德孫墓誌［878 乾符四年十二月　百品 112］

8474 薛崇墓誌［878 乾符四年十二月　詩人 457、陝唐 221］

8475 張慶宗墓誌［乾符四年　張家口市宣化區文物保管所《文物》2008.7］

8476 令狐鈞妻裴氏墓誌［878 乾符五年正月　陝肆 256］

8477 張道遠墓誌［878 乾符五年二月　大全汾陽 141］

8478 裴夷直妻翟氏墓誌［878 乾符五年二月　補八 226、洛新續 273］

8479 王文惠墓誌［878 乾符五年五月　陝肆 257］

8480 薛君妻趙素真墓誌［878 乾符五年六月　蒐續 947］

8481 韋詢墓誌［878 乾符五年七月　長新 314、長碑 213］

8482 靳和及妻常氏墓誌［878 乾符五年八月　北大 06648、浙大］

8483 景進妻姚氏墓誌［878 乾符五年八月　集萃 102］

8484 田知古墓誌［878 乾符五年八月　浙大］

8485 龐元豐妻趙氏墓誌［878 乾符五年十月　蒐佚 836］

8486 任從璦墓誌［878 乾符五年十月　大全汾陽 142］

8487 房受墓誌［878 乾符五年十月　鄭州 222］

8488 韋君妻李珪墓誌［878 乾符五年十一月　補七 156、長碑 214、陝肆 258］

8489 韋君妻周氏墓誌［878 乾符五年十一月　西市 468］

8490 丘常墓誌［879 乾符五年十二月　北大 06654］

8491 吳化平墓誌［乾符五年　無錫市文化遺產保護和考古研究所《東南文化》2017.2］

8492 張恭及妻李氏墓誌［879 乾符六年二月　北大 06655、浙大］

8493 崔浩墓誌［879 乾符六年二月　碑林續 215、蒐續 948］

8494 崔彥冲墓誌［879 乾符六年二月　蒐佚 837、流散續 397］

8495 郭君妻龐氏墓誌［879 乾符六年二月　北大 06658、浙大］

8496 樊思瑾墓誌［879 乾符六年二月　西南 248］

8497 董妙真墓誌［879 乾符六年三月　西南 249、蒐三 810、鄭州 224］

8498 楊釰墓誌［879 乾符六年四月　宣化 2］

8499 穎娘墓誌［879 乾符六年四月　王鋒鈞《考古與文物》2003.2］

8500 李皋墓誌［879 乾符六年五月　蒐佚 838、流散續 398］

8501 李知章妻薛氏墓誌 [879 乾符六年七月　大全汾陽 143]

8502 盧槃墓誌 [879 乾符六年八月　補八 206、河洛 469、洛新續 274]

8503 張彥敏墓誌 [879 乾符六年八月　蒐三 811]

8504 周寶妻崔氏墓誌 [879 乾符六年八月　西安市文物保護考古研究院《文物》2018.8]

8505 郭君妻烏氏墓誌 [879 乾符六年八月　蒐續 951、新獲 361]

8506 韓宗穗墓誌 [879 乾符六年八月　北京壹 35]

8507 李長墓誌 [879 乾符六年八月　補千 419、河南叁 337、千唐 1719]

8508 盧重妻李氏墓誌 [879 乾符六年八月　釋録 320、補九 421、鴛鴦 262]

8509 王季初墓誌 [879 乾符六年八月　匯編陝西 2-136、補三 284、碑林 93-4465、陝貳 324]

8510 王詢墓誌 [879 乾符六年九月　河洛 470、西市 469]

8511 成君妻李氏墓誌 [879 乾符六年十月　永年 73]

8512 崔□晟墓誌 [879 乾符六年十月　獻縣 40]

8513 王寂墓誌 [879 乾符六年十月　濮陽 53]

8514 李裔墓誌 [879 乾符六年閏十月　長新 316、長碑 216、陝萃 988]

8515 裴讓墓誌 [879 乾符六年閏十月　補八 226、河洛 471、洛新續 275]

8516 王興及妻劉氏李氏墓誌 [879 乾符六年閏十月　北大 06667、浙大]

8517 王尚準妻竇氏墓誌 [879 乾符六年閏十月　北京壹 36]

8518 陳再豐墓誌 [879 乾符六年十一月　陝新 136]

8519 成公瑶墓誌 [879 乾符六年十一月　蒐續 949、新獲 362、流散續 399]

8520 李釗墓誌 [879 乾符六年十一月　補千 420、河南叁 338、千唐 1720]

8521 劉從兆墓誌 [879 乾符六年十一月　浙大]

8522 劉運墓誌 [880 乾符六年十一月　流散 321、獻縣 41、蒐續 950、新獲 363]

8523 劉昭墓誌 [880 乾符六年十二月　西市 470、珍稀 94]

8524 姚從著妻劉氏墓誌 [乾符六年　越窯 128、慈碑 54]

8525 李君妻格氏墓誌 [880 乾符七年正月　浙大]

8526 裴恭孫墓誌 [880 乾符七年正月　補千 421、河南叁 339、千唐 1721]

8527 劉楚墓誌 [880 乾符七年正月　北大 06675、浙大]

8528 宋寂墓誌 [880 乾符七年正月　永年 74]

8529 宋晟及妻王氏墓誌 [880 乾符七年正月　北大 06676、浙大]

8530 王用墓誌 [880 乾符七年正月　碑林彙 345]

8531 竇伯歲墓誌 [乾符年間　白賽玲《橫山墓誌研究》]

廣明

8532 韋承素墓誌 [880 廣明元年正月　長新 318、長碑 218]

8533 郭文慶及妻王氏成氏墓誌 [880 廣明元年正月　北大 06677、浙大]

8534 曹潤興及妻程氏墓誌 [880 廣明元年二月　蒐佚 839、七朝 377]

8535 李保權墓誌 [880 廣明元年二月　陝肆 259]

8536 段文楚墓誌 [880 廣明元年四月　蒐續 952、陝唐 222、武威志 520]

8537 衛巨論墓誌［880 廣明元年四月　碑林續 216、蒐續 953、西南 250］

8538 吳君妻李氏墓誌［880 廣明元年五月　陝肆 260］

8539 支謨墓誌［880 廣明元年七月　河洛 484、少民 173、絲綢 161、七朝 378、菁華 170、五代 122、絲路 155、民族 303］

8540 支謨妻朱子威墓誌［880 廣明元年七月　流散續 400、蒐三 812］

8541 夏侯淑妻裴瑾墓誌［880 廣明元年七月　河洛 472、西市 471］

8542 鄧周南墓誌［880 廣明元年八月　北大 06683、浙大］

8543 韓二十一娘墓誌［880 廣明元年八月　陝唐 223］

8544 郭元貴墓誌［880 廣明元年十月　碑林彙 346、西南 251］

8545 王回墓誌［880 廣明元年十月　蒐三 813、百品 113］

8546 楊君及妻宋氏墓誌［880 廣明元年十月　西南 252］

8547 馬連及妻王氏墓誌［880 廣明元年十月　邯鄲 149、永年 76］

8548 慕容政及妻崔氏高氏墓誌［880 廣明元年十月　蒐佚 840］

8549 李阿敏墓誌［880 廣明元年十月　陝肆 261］

8550 徐簡墓誌［880 廣明元年十月　李建東《青少年書法》2018.9］

8551 李元順墓誌［880 廣明元年十月　分類 130］

8552 田用及妻張氏墓誌［880 廣明元年十月　北大 06689、浙大］

8553 呂君晟妻藺氏墓誌［880 廣明元年十月　邙洛 279］

8554 皇甫端墓誌［880 廣明元年十一月　補九 462］

8555 呂太汶妻張筠貞墓誌［880 廣明元年十一月　史睿《唐研究》20］

8556 李茂昌墓誌［880 廣明元年十一月　補八 227、洛新續 276、詩人 460］

8557 錢又玄墓誌［880 廣明元年十一月　龍門 367、西市 472］

8558 范行德妻夏氏墓誌［881 廣明元年十二月　寧波 47］

8559 楊公政妻郭氏墓誌［881 廣明元年十二月　北大 06691］

8560 王子賢妻陸氏墓誌［廣明元年　分類 129］

8561 段充墓誌［881 廣明二年正月　保定 19］

8562 李元順墓誌［881 廣明二年二月　北大 06693］

8563 李杼妻盧氏墓誌［881 廣明二年五月　杏園 361、補八 228、墨影 102］

8564 焦貞及妻王氏墓誌［881 廣明二年八月　廈大 145］

8565 申君妻竇氏墓誌［881 廣明二年八月　碑林彙 347］

8566 田存及妻褚氏墓誌［881 廣明二年八月　墨影 103］

8567 盧貽殷墓誌［881 廣明二年八月　蒐續 954］

中和

8568 賈惠端墓誌［881 中和元年十一月　浙大］

8569 鄭惟弘及妻尹氏墓誌［882 中和元年十二月　北大 06697、浙大］

8570 馬直及妻傅氏墓誌［882 中和二年正月　西市 474］

8571 崔錡妻鄭徽墓誌［882 中和二年正月　補千 421、河南叁 340、千唐 1724］

8572 樂邦穗墓誌［882 中和二年二月　魯曉帆《北京文博》2009.2］

8573 胡弁及妻李氏墓誌［882 中和二年二月　北大 06700］

8574 李愉母元氏墓誌［882 中和二年二月　邙洛 280、補八 229、洛新續 277、少民 157］

8575 李君及妻薛氏墓誌［882 中和二年二月　浙大］

8576 張禎妻王氏墓誌［882 中和二年四月　西南 253］

8577 龔雅妻徐氏墓誌［882 中和二年五月　補編 1900、江蘇壹 27］

8578 郭君妻李氏墓誌［882 中和二年五月　北大 06702］

8579 姚嚴母王氏墓誌［882 中和二年五月　蒐續 955］

8580 □播妻吳氏墓誌［882 中和二年七月　越窯 132、慈碑 55］

8581 李叔汶及妻安氏墓誌［882 中和二年閏七月　河洛 473］

8582 申明及妻李氏墓誌［882 中和二年八月　北大 06703］

8583 成延宗妻張羢墓誌［882 中和二年八月　蒐佚 842］

8584 曹師厚及妻申氏墓誌［882 中和二年八月　北大 06704、浙大］

8585 丘文恭及妻李氏墓誌［882 中和二年十月　碑林彙 348］

8586 □亮墓誌［882 中和二年十月　越窯 134、慈碑 56］

8587 馬公慶墓誌［882 中和二年十月　大全汾陽 144］

8588 霍行儒及妻楊氏墓誌［882 中和二年十一月　蒐三 814］

8589 侯元弘墓誌［883 中和二年十一月　北京壹 24、北文 39］

8590 李堪墓誌［883 中和二年十一月　焦華中《滄桑》2010.4］

8591 李洙及妻韓氏墓誌［883 中和二年十一月　北大 06707］

8592 田君妻朱氏墓記［883 中和二年十二月　白帝城 13］

8593 李杼及妻盧氏墓誌［883 中和二年十二月　杏園 364、補八 230、墨影 104］

8594 李衡墓誌［883 中和二年十二月　蒐三 815］

8595 任武妻牛氏墓誌［883 中和二年十二月　牛氏 391］

8596 党林豪墓誌［883 中和二年　陝目二 81］

8597 胡鋭及妻眭氏墓誌［883 中和三年正月　浙大］

8598 馬政墓誌［883 中和三年二月　牛氏 360］

8599 王公頵及妻張氏墓誌［883 中和三年二月　北大 06711、浙大］

8600 元素及妻王氏墓誌［883 中和三年二月　北大 06712、浙大］

8601 倪珂墓誌［883 中和三年二月　北大 06713、浙大］

8602 賈慶及妻王氏墓誌［883 中和三年二月　浙大］

8603 王亮及妻范氏墓誌［883 中和三年二月　北大 06714］

8604 崔敬嗣墓誌［883 中和三年四月　洛新 122、補六 198、龍門 368］

8605 盧肇妻孫氏墓誌［883 中和三年七月　牛慶國《古籍整理研究學刊》2013.6］

8606 李良汶墓誌［883 中和三年七月　大全朔城 38］

8607 白公貴妻高氏墓誌［883 中和三年十月　魯曉帆《收藏家》2017.11］

8608 張達墓誌［883 中和三年十月　保定 20、河北壹 137］

8609 祁振墓誌［883 中和三年十月　河洛 474、西市 475］

8610 姚君墓誌［883 中和三年十月　大全朔城 40］

8611 吳克儉墓誌［883 中和三年十月　張建平《湖南省博物館館刊》9］

8612 馬良及妻梁氏墓誌［883 中和三年十月　匯編河北 133、河北壹 138］

8613 夏侯正符墓誌［883 中和三年十一月　南京 32］

8614 管君妻周氏墓誌［883 中和三年十一月　臨城 123］

8615 武慶墓誌［883 中和三年十一月　大全汾陽 145］

8616 楊漢公妻韋媛墓誌［883 中和三年十一月　匯編洛陽 14-191、補六 199、詩人 387］

8617 宋氏墓誌［中和三年十一月　南京 33］

8618 郭承遇墓誌［884 中和三年十二月　碑林彙 349］

8619 李俅墓誌［884 中和三年十二月　北大 06717、浙大］

8620 董春墓誌［884 中和四年正月　碑林彙 350］

8621 盧嶽墓誌［884 中和四年三月　蒐佚 843、西市 476］

8622 李公綽墓誌［884 中和四年六月　龍門 366、蒐佚 841、西市 473］

8623 成虔威墓誌［884 中和四年七月　北大 06719］

8624 秦貢妻牛氏墓誌［884 中和四年十一月　大全平順 9、牛氏 373］

8625 李巡墓誌［885 中和五年正月　徐國衛 9、分類 131］

8626 王厚墓誌［885 中和五年四月　揚州 299］

8627 盧得一墓誌［885 中和五年八月　馮春艷《中原文物》2015.2］

8628 李慶及妻高氏粟氏墓誌［885 中和五年十月　北大 06723］

8629 崔環墓誌［885 中和五年十一月　北大 06724］

8630 郭宗墓誌［885 中和五年十一月　北大 06725］

8631 董惟誼及妻申氏墓誌［885 中和五年十一月　北大 06726、浙大］

8632 何琮墓誌［886 中和五年十一月　安陽 56、西南匯 275］

8633 陳進墓誌［886 中和六年正月　北大 06727］

8634 烏元守墓誌［886 中和六年正月　碑林彙 351、西南 254］

8635 陳公誼妻李氏墓誌［886 中和六年二月　碑林彙 352］

8636 程郎墓誌［中和年間　永年 78］

光啓

8637 牛氏墓誌［886 光啓二年正月　牛氏 218］

8638 魏□墓誌［886 光啓二年正月　安陽附 28］

8639 劉源武及妻程氏墓誌［886 光啓二年三月　北大 06728］

8640 劉晟墓誌［886 光啓二年四月　大全文水 14］

8641 李讓及妻錢氏墓誌［886 光啓二年五月　江蘇壹 28］

8642 王權妻解氏墓誌［886 光啓二年七月　揚博 64、揚州 307］

8643 郭瓊妻李氏墓誌［886 光啓二年十一月　濮陽 54］

8644 雍晏墓誌［886 光啓二年十一月　蒐佚 844、集萃 103］

8645 劉琮及妻張氏墓誌［887 光啓二年十二月　北大 06731］

8646 呂君墓誌［887 光啓二年十二月　浙大］

8647 凌侗墓誌［887 光啓三年二月　補七 158、越窰 136、慈碑 57］

8648 衛元靖及妻張氏墓誌［887 光啓三年四月　北大 06732］

8649 劉士平妻崔氏墓誌［887 光啓三年五月　北大 06733、浙大］

8650 黑元武墓誌［887 光啓三年十月　蒐佚 845、西市 477］

8651 □約言墓誌［888 光啓四年正月　蒐續 956］

8652 楊素墓誌［888 光啓四年三月　大全汾陽 146］

文德

8653 檀肱墓誌［888 文德元年八月　分類 132］

8654 安君妻李氏墓誌［888 文德元年十一月　浙大］

8655 張君墓誌［888 文德元年十一月　蒐三 816］

8656 杜光乂妻李綽墓誌［889 文德元年十一月　蒐續 957、集萃 104］

8657 任秀江及妻聶氏墓誌［889 文德元年十一月　大全汾陽 147］

8658 陳元素及妻裴氏墓誌［889 文德二年二月　大全襄垣 58］

龍紀

8659 張讀墓誌［889 龍紀元年七月　新獲 364、牛氏 43、蒐三 817、詩人 462］

8660 馬崇墓誌［889 龍紀元年七月　北大 06736、浙大］

8661 鄭寶貴墓誌［889 龍紀元年八月　碑林彙 353］

8662 杜約墓誌［889 龍紀元年八月　北大 06737、浙大］

8663 朱元及妻劉氏墓誌［889 龍紀元年十月　北大 06738］

8664 范誠及妻王氏墓誌［889 龍紀元年十月　北大 06739］

8665 白貴及妻高氏墓誌［889 龍紀元年十月　魯曉帆《收藏家》2017.12］

8666 王恭及妻李氏墓誌［889 龍紀元年十月　北大 06741、浙大］

8667 袁宗簡墓誌［889 龍紀元年十月　北大 06740］

8668 張幹墓誌［889 龍紀元年十月　大全汾陽 148］

8669 秦秀及妻宋氏墓誌［889 龍紀元年十一月　北大 06742、浙大］

8670 李殷輔墓誌［890 龍紀二年正月　北京市文物研究所《北京文博文叢》2011.1、魯曉帆《收藏家》2019.2］

大順

8671 閻少珍墓誌［890 大順元年十月　北大 06744］

8672 元華墓誌［891 大順元年十一月　大全文水 15］

8673 牛太寧墓誌［891 大順二年四月　大全文水 16］

8674 任誼從妻武氏墓碣［891 大順二年十一月　大全汾陽 151］

景福

8675 翟勳妻斛律氏墓誌［892 景福元年四月　西市 478］

8676 劉氏墓誌［892 景福元年十月　蒐續 958、西南 256］

8677 封詞墓誌［892 景福元年十月　河北壹 142、運河 61、邯鄲 26］

8678 李君雅妻張氏墓誌［892 景福元年十一月　河南貳 346、濮陽 55］

8679 □元實墓誌［景福元年十□月　涇川 21］

乾寧

8680 鄭君妻馬氏墓誌［894 乾寧元年四月　北文 44］

8681 丘益墓誌［894 乾寧元年十月　越窯 138、慈碑 58］

8682 盧隱妻李氏墓誌［894 乾寧元年十一月　中國社會科學院考古研究所安陽工作隊
《考古學報》2015.1］

8683 李文通墓誌［895 乾寧二年十一月　墨影 105］

8684 張立墓誌［895 乾寧二年十一月　大全汾陽 152］

8685 李方簡及妻曹氏墓誌［894 乾寧元年十一月　衡水 64］

8686 董政及妻郭氏墓誌［894 乾寧元年十一月　蒐佚 846、西南匯 276］

8687 王政及妻宋氏墓誌［895 乾寧二年十一月　精粹 157］

8688 劉勤墓誌［896 乾寧二年十二月　補九 463］

8689 白敬立墓誌［896 乾寧二年　榆林 75、補八 231、党項 83、陝叁 104、羌族 157、陝萃
994、西夏 3］

8690 郭保嗣墓誌［896 乾寧三年四月　百品 114］

8691 趙君墓誌［896 乾寧三年十月　王先福《江漢考古》2009.1］

8692 雷況墓誌［896 乾寧三年十一月　補八 420、陝叁 105］

8693 張測墓誌［896 乾寧三年十一月　河洛 475］

8694 崔潔墓誌［897 乾寧三年十二月　蒐佚 847］

8695 閻君妻趙氏墓誌［897 乾寧四年五月　西南 255］

8696 王則墓誌［897 乾寧四年十月　大同 263］

8697 周泰墓誌［897 乾寧四年十月　越窯 140、慈碑 59］

8698 王皈墓誌［897 乾寧四年十一月　北大 06755］

8699 趙公素墓誌［897 乾寧四年十一月　臨城 127］

8700 崔安潛墓誌［898 乾寧五年八月　洛新 125、補六 203、龍門 371、詩人 465］

8701 崔徵墓誌［898 乾寧五年八月　洛新 124、補五 49、龍門 370］

8702 張行本墓誌［898 乾寧五年九月　大同 108、大全南郊 56］

光化

8703 嚴逢墓誌［898 光化元年十月　流散續 401］

8704 戴君墓誌［898 光化元年閏十月　分類 138］

8705 李長文墓誌［899 光化元年十二月　衣同娟《鹽業史研究》2022.3］

8706 呂遇妻陸氏墓誌［899 光化二年八月　安豐 426、安陽附 29］

8707 婁筠妻劉氏墓誌［899 光化二年十一月　蒐續 959］

8708 孫偓妻鄭氏墓誌［900 光化三年二月　新獲 365、流散續 402、蒐三 818、詩人 478］

8709 橋君墓誌［900 光化三年二月　補九 463］

8710 釋齊章墓誌［900 光化三年九月　補九 422、僧尼 364］

8711 錢寬墓誌［900 光化三年十一月　錢寬 33］

8712 趙文約墓誌［901 光化四年三月　蒐三 819］

8713 宋彬墓誌［901 光化四年五月　北大 06762］

天復

8714 錢寬妻水丘氏墓誌［901 天復元年九月卒　錢寬 91］

8715 蘇緒及妻徐氏墓誌［901 天復元年十月　南樂縣文物管理所《中原文物》2019.4］

8716 石善達墓誌［901 天復元年十月　大同 117、涼州 824］

8717 王君墓誌［901 天復元年十月　匯編河南 133、河南壹 41］

8718 趙禮墓誌［901 天復元年十月　大同 112、大全南郊 57］

8719 孫貴禮墓誌［901 天復元年十一月　運河 63、邯鄲 27］

8720 戚魯墓誌［902 天復二年九月　越窰 144、慈碑 61］

8721 王少庭墓誌［902 天復二年十月　北大 06763］

8722 張和墓誌［903 天復三年二月　北大 06764］

8723 李義及妻陳氏墓誌［903 天復三年八月　北大 06765］

8724 馬興墓誌［903 天復三年十一月　北大 06766、浙大］

8725 裴謠墓誌［904 天復四年四月　補八 233、洛新續 278、鴛鴦 288］

天祐

8726 侯君墓誌［904 天祐元年三月　大全汾陽 153］

8727 霍君妻崔氏墓誌［904 天祐元年十月　河北省文物研究所《文物》2019.6］

8728 李勛墓誌［904 天祐元年十月　碑林彙 355］

8729 仇存墓誌［904 天祐元年十月　李森《中國文物報》2008.5.9］

8730 王涣墓誌［906 天祐三年三月　補編 1128、廣州 544、廣東 61、詩人 468、越秀 300、
廣東碑 10］

8731 宋仏進墓誌［906 天祐三年十月　碑林彙 356］

8732 尹真墓誌［906 天祐三年十一月　蒐三 820］

後梁

開平

8733 崔君墓誌［907 開平元年七月　北大 07097］

8734 楊君妻李氏墓誌［907 開平元年十月　劉文濤《南方文物》2022.1、五代彙 1］

8735 王佐墓誌［908 開平元年十二月　牛氏 393、五代彙 1］

8736 鄭璩墓誌［909 開平三年八月　河洛 479、彙考 2、五代 2、五代彙 2］

8737 高繼蟾墓誌［909 開平三年九月　輯繩 715、補五 51、補編 2146、彙考 3、五代 3、藏
石 123、五代彙 5］

8738 裴筠墓誌［910 開平四年三月　補八 235、彙考 6、五代彙 6］

8739 石彥辭墓誌［910 開平四年九月　匯編北大 2-173、七誌 315、碑林 93-4514、補七
170、補編 1146、彙考 7、五代 4、五代彙 7、涼州 829］

8740 楊君墓誌［910 開平四年九月　五代彙 10］

8741 穆君弘及妻張氏墓誌［910 開平四年十月　北圖 36-4、匯編北大 2-174、補六
205、補編 1148、故宮 206、彙考 8、五代 5、五代彙 11］

8742 李派塍墓誌［910 開平四年十月　濟寧 35、孟府 341、彙考 4、五代彙 13］

8743 紀豐及妻牛氏墓誌［910 開平四年十一月　北圖 36-5、匯編北大 2-175、補六
207、彙考 9、五代 6、牛氏 220、五代彙 13］

8744 鍾君墓誌［911 開平五年四月　北圖 36-6、匯編北大 2-176、補編 1906、彙考 10、
五代 7、五代彙 15］

乾化

8745 張爽墓誌［912 乾化二年正月　鄭立超《華夏考古》2017.4、五代彙 16］

8746 盧真啓墓誌［912 乾化二年三月　彙考 11、五代 8、五代彙 17］

8747 薛貽矩墓誌［912 乾化二年六月　集釋 49、碑林續 223、五代彙 18］

8748 孫公瞻墓誌［912 乾化二年十一月　匯編北大 2-177、補七 432、彙考 12、五代 9、
五代彙 21］

8749 韓恭妻李氏墓誌［913 乾化三年十月　邙洛 282、彙考 14、西市 485、五代 11、五代
彙 23］

8750 韓仲舉妻王氏墓誌［913 乾化三年十月　千唐誌 1216、北圖 36-7、匯編洛陽 15-
118、補一 435、補編 1158、彙考 15、五代 10、五代彙 25］

8751 李君墓誌［914 乾化三年十二月　分類 141、五代彙 26］

8752 張荷墓誌［914 乾化四年正月　邙洛 283、補八 236、洛新續 279、彙考 18、五代 12、
五代彙 27］

8753 國礦墓誌［915 乾化五年七月　北圖 36-9、輯繩 716、匯編洛陽 15-119、補五 444、
補編 1905、彙考 24、五代 14、五代彙 28］

8754 釋惠光塔銘［915 乾化五年十月　北圖 36-10、匯編北大 2-178、彙考 25、五代 15、
五代彙 29］

貞明

8755 賈邠墓誌［915 貞明元年五月　千唐誌 1217、北圖 36-11、匯編洛陽 15-120、補一
436、補編 1160、彙考 23、五代 16、散存 469、五代彙 30、千唐 1734］

8756 張濛墓誌［916 貞明二年二月　輯繩 717、匯編洛陽 15-121、補五 52、彙考 27、五
代 17、五代彙 31］

8757 張全義妻姜氏墓誌［916 貞明二年七月　蒐續 964、五代 18、五代彙 33］

8758 李光嗣墓誌［918 貞明四年四月　蒐三 824、五代彙 34］

8759 宋鐸墓誌［918 貞明四年七月　輯繩 718、匯編洛陽 15-122、補五 53、彙考 35、五
代 21、五代彙 35］

8760 崔君妻鄭琪墓誌［918 貞明四年九月　蒐佚 849、七朝 379、五代 22、五代彙 37］

8761 張珍墓誌［919 貞明五年三月　五代 23、五代彙 38］

8762 孫偓墓誌［919 貞明五年四月　新獲 368、菁華續 218、流散續附 1、蒐三 825、詩人

8787 王琮墓誌［916 天祐十三年二月　北圖 34-51、匯編北京 2-151、補五 441、補編
　　　1905、彙考 26、施碑 304、五代彙 72］

8788 張宗諫墓誌［916 天祐十三年四月　北圖 34-52、匯編山西 178、補五 441、補編
　　　1903、故宮 208、彙考 29、五代 36、五代彙 73］

8789 于元□墓誌［916 天祐十三年十月　大全汾陽 154、五代彙 75］

8790 郭貞妻李氏墓誌［917 天祐十四年二月　碑林彙 361、彙考 28、五代 38、五代彙
　　　75］

8791 周承遂妻李氏墓誌［918 天祐十五年十月　五代彙 77］

8792 李脩墓誌［918 天祐十五年十月　北圖 34-53、匯編河北 140、彙考 36、五代彙 78］

8793 孔立墓誌［919 天祐十六年二月　臨清市博物館《海岱考古》12、五代彙 79］

8794 宋儔墓誌［919 天祐十六年十月　晉中 62、靈石 16、介休 28、五代彙 80］

8795 元璋墓誌［919 天祐十六年十月　蒐續 965、五代 39、五代彙 81］

8796 孟弘敏及妻李氏墓誌［921 天祐十八年二月　北圖 34-54、匯編河北 141、補三
　　　298、補編 1164、彙考 43、五代 40、五代彙 82］

8797 張宗及妻趙氏墓誌［921 天祐十八年九月　臨城 131］

8798 寶真及妻張氏墓誌［921 天祐十八年十一月　匯編河南 135、河南壹 97、補七 433、
　　　彙考 44、五代 41、五代彙 85］

8799 王君墓誌［921 天祐十八年十一月　彙考 46、五代彙 86、國圖］

8800 秦君墓誌［922 天祐十九年正月　補編 1906、彙考 47、五代彙 87］

8801 任茂弘妻高氏墓誌［922 天祐十九年正月　補編 1166、彙考 38、大全汾陽 155、五
　　　代彙 87］

8802 王神貴墓誌［922 天祐十九年正月　五代彙 89、浙大］

8803 王弘裕墓誌［922 天祐十九年四月　蒐續 967、五代彙 90］

8804 孔昉及妻孫氏墓誌［922 天祐十九年十月　臨清市博物館《海岱考古》12、五代彙 91］

8805 王照墓誌［922 天祐十九年十月　北大 06780］

8806 唐君墓誌［922 天祐十九年十月　蒐佚 850、五代 43、五代彙 93］

8807 王鎔墓誌［天祐十九年　彙考 48、詩人 480、五代彙 94］

同光

8808 王處直墓誌［924 同光二年二月　補七 166、彙考 62、五代 44、五代彙 95］

8809 盧文度墓誌［924 同光二年二月　輯繩 719、匯編洛陽 15-131、補七 169、彙考 55、
　　　五代 45、五代彙 98］

8810 張守進墓誌［同光二年八月　分類 140、五代彙 100］

8811 趙洪墓誌［924 同光二年九月　分類 142、五代彙 101］

8812 薛昭序墓誌［924 同光二年十月　蒐續 968、五代 46、五代彙 102］

8813 邢播墓誌［924 同光二年十一月　晉城 505、大全高平 11、五代彙 103］

8814 劉思敬及妻曹氏墓誌［924 同光二年十一月　永年 84、五代彙 104］

8815 趙睿宗墓誌［924 同光二年十一月　大同 234、五代彙 106］

8816 王璠墓誌［924 同光二年十一月　北圖 36-28、輯繩 720、匯編洛陽 15-132、補五

58、補編 1177、彙考 57、五代 48、五代彙 109]

8817 左環墓誌［924 同光二年十一月　河洛 482、彙考 58、五代 49、五代彙 107]

8818 吴藹妻曹氏墓誌［925 同光三年正月　北圖 36-29、匯編洛陽 15-133、補五 59、補編 1178、彙考 61、五代 50、五代彙 111]

8819 張繼業墓誌［925 同光三年二月　洛新 126、補六 209、彙考 63、五代 51、五代彙 112]

8820 崔枙墓誌［925 同光三年三月　中華]

8821 成宗墓誌［925 同光三年三月　北大 07124]

8822 李仁剑墓誌［925 同光三年八月　碑林續 224、蒐續 969、五代 52、西南 257、五代彙 115]

8823 釋大愚塔銘［925 同光三年九月　高平 414、大全高平 13、五代彙 117]

8824 張君妻蘇氏墓誌［925 同光三年九月　補千 422、彙考 64、五代彙 119、千唐 1736]

8825 任謹墓誌［925 同光三年十一月　五代彙 120、浙大]

8826 崔協妻盧氏墓誌［925 同光三年十一月　蒐佚 851、七朝 380、鴛鴦 295、五代 53、散存 474、五代彙 121]

8827 李茂貞墓誌［926 同光三年十二月　彙考 65、五代 54、五代彙 122]

8828 釋行鈞塔銘［926 同光四年三月　北圖 36-30、匯編北京 3-168、彙考 66、五代 55、五代鄭州 244、彙 124]

天成

8829 康贊美墓誌［926 天成元年七月　北圖 36-31、輯繩 721、匯編洛陽 15-134、補五 60、補編 1201、撒馬爾干 162、少民 340、絲綢 113、彙考 67、五代 56、民族 304、五代彙 125]

8830 孔謙及妻劉氏王氏墓誌［927 天成二年二月　北圖 36-32、匯編北京 3-169、補五 61、補編 1200、彙考 68、五代 57、五代彙 127]

8831 孫拙墓誌［927 天成二年二月　北圖 36-33、匯編洛陽 15-135、補五 63、補編 1203、彙考 69、五代 58、五代彙 130]

8832 王君墓誌［927 天成二年二月　檀志慧《文物鑒定與鑒賞》2022.3]

8833 成敬武墓誌［927 天成二年十月　北大 07132]

8834 萬重慶墓誌［927 天成二年十月　五代彙 131、浙大]

8835 許童墓誌［927 天成二年十一月　蓬萊 127、五代彙 134]

8836 張積墓誌［927 天成二年十一月　北圖 36-34、匯編洛陽 15-136、補五 445、補編 1907、彙考 72、五代 60、五代彙 133]

8837 崔詹墓誌［928 天成二年十一月　北圖 34-48、匯編洛陽 14-194、補三 296、補編 1250、國博 174、五代 65、五代彙 135]

8838 劉琪妻蘇氏墓誌［927 天成二年十一月　補九 423、五代彙 137]

8839 任允貞墓誌［927 天成二年十一月　北圖 36-35、匯編北京 3-170、河南壹 449、補五 64、補編 1202、彙考 71、五代 59、五代彙 138]

8840 張春及妻李氏墓誌［927 天成二年十一月　五代彙 139、浙大]

8841 釋某墓誌［928 天成三年六月　慈溪 87］

8842 張居翰墓誌［928 天成三年八月　碑林 93-4536、補七 176、陝貳 333、碑林彙 362、彙考 73、五代 63、陝萃 1002、五代彙 140］

8843 王鍇墓誌［928 天成三年十一月　高慎濤《唐史論叢》29、詩人 490、五代彙 145］

8844 王言妻張氏墓誌［928 天成三年十一月　千唐誌 1219、北圖 36-37、匯編洛陽 15-137、補一 438、補編 1205、彙考 74、五代 64、五代彙 144、千唐 1737］

8845 張君墓誌［928 天成三年十一月　五代彙 147、浙大］

8846 白全周墓誌［929 天成四年四月　党項 86、五代彙 148、西夏 4］

8847 韓仲舉墓誌［929 天成四年十月卒　千唐誌 1220、北圖 36-38、匯編洛陽 15-138、補一 438、補編 1206、彙考 75、五代 66、五代彙 149、千唐 1738］

8848 韓恭墓誌［929 天成四年十月卒　補千 423、彙考 76、五代彙 150、千唐 1739］

8849 西方鄴墓誌［929 天成四年十月　千唐誌 1221、北圖 36-39、匯編洛陽 15-139、補一 439、補編 1206、彙考 77、五代 67、五代彙 153、千唐 1740］

8850 崔協墓誌［930 天成五年正月　蒐佚 852、七朝 381、駕鴦 293、菁華 172、五代 69、散存 471、五代彙 155］

長興

8851 李仁寶妻破丑氏墓誌［930 長興元年十月　榆林 77、補八 238、彙考 79、党項 89、陝叁 106、五代 70、羌族 161、民族 305、陝萃 1006、五代彙 158、西夏 5］

8852 毛璋墓誌［930 長興元年十一月　北圖 36-40、匯編洛陽 15-140、補五 65、補編 1208、彙考 80、五代 71、五代彙 159］

8853 秦進舉墓誌［930 長興元年十一月　碑林彙 363、彙考 81、五代 72、五代彙 159］

8854 郭元墓誌［930 長興元年十一月　大全汾陽 157、五代彙 162］

8855 嚴□銖墓誌［930 長興元年十一月　西市 486、五代 73、五代彙 161］

8856 楊弘寔墓誌［930 長興元年十一月　北大 07142］

8857 李君妻聶慕閨墓誌［930 長興元年十一月　匯編山西 180、山西碑碣 159、補七 435、彙考 82、五代 74、五代彙 163］

8858 李立墓誌［930 長興元年十二月　大全汾陽 168、五代彙 165］

8859 任公慶墓誌［930 長興元年十二月　大全汾陽 156、五代彙 166］

8860 張繼美墓誌［931 長興二年正月　蒐三 826、五代彙 167］

8861 張祐賢墓誌［931 長興二年二月　北大 07143］

8862 張唐及妻李氏墓誌［931 長興二年三月　匯編河南 139、河南壹 72、彙考 83、五代 76、五代彙 169］

8863 王素墓誌［931 長興二年三月　匯編山西 181、補七 436、長治 200、彙考 84、大全襄垣 62、五代 77、五代彙 170］

8864 霍則及妻趙氏墓誌［931 長興二年十月　運河 65、邯鄲 38、五代彙 172］

8865 李繼墓誌［931 長興二年十月　碑林彙 364、彙考 85、五代 78、五代彙 172］

8866 趙美墓誌［931 長興二年十一月　大全襄垣 60、五代彙 173］

8867 李佐墓誌［931 長興二年十一月　北大 07144］

8868 續君及李氏妻墓誌［932 長興二年十二月　墨影 107］

8869 李德休墓誌［932 長興三年正月　輯繩 722、匯編洛陽 15-141、補五 66、彙考 89、
五代 79、五代彙 174］

8870 釋明惠塔銘［932 長興三年六月　北圖 36-46、匯編北京 3-171、補七 436、彙考
86、大全平順 14、五代 82、僧尼 354、五代彙 176］

8871 毛璋妻李氏墓誌［933 長興四年八月　北圖 36-54、匯編洛陽 15-142、補五 69、補
編 1210、彙考 91、五代 86、五代彙 177］

8872 張繼達墓誌［933 長興四年八月　《書法叢刊》2006.2、補九 423、五代彙 179］

8873 王仕墓誌［933 長興四年十月　五代彙 181］

8874 王禹墓誌［933 長興四年十一月　北圖 36-55、輯繩 723、匯編洛陽 15-143、補五
70、補編 1209、彙考 92、五代 87、五代彙 182］

8875 張文寶墓誌［933 長興四年十一月　洛新 127、補六 211、邙洛 284、百種 296、彙考
93、五代 88、五代彙 183］

應順

8876 顧德昇墓誌［934 應順元年正月　匯編洛陽 15-144、補五 71、彙考 94、五代 89、五
代彙 185］

清泰

8877 張奉林墓誌［934 清泰元年十月　藏石 124］

8878 釋海晏墓誌［934 清泰元年十月卒　補九 345、彙考 96、敦煌 672］

8879 楊洪墓誌［934 清泰元年十一月　分類 143、五代彙 187］

8880 趙裕墓誌［934 清泰元年十一月　五代彙 188、浙大］

8881 李重吉墓誌［935 清泰元年十二月　河洛 483、百種 298、彙考 97、五代 91、散存
476、五代彙 189］

8882 商在吉墓誌［935 清泰二年三月　千唐誌 1222、北圖 36-57、匯編洛陽 15-145、補
二 584、補編 1907、彙考 98、五代 92、五代彙 191、千唐 1741］

8883 李玄墓誌［935 清泰二年十月　五代彙 193］

8884 李愚墓誌［935 清泰二年十一月　柳金福《乾陵文化研究》13、詩人 492、五代彙
194］

8885 戴思遠墓誌［936 清泰三年二月　洛新 128、補六 212、龍門 385、彙考 100、五代
93、五代彙 199］

8886 宋君墓誌［936 清泰三年二月　大全汾陽 158、五代彙 201］

8887 張季澄墓誌［936 清泰三年二月　洛新 129、補六 214、彙考 101、五代 95、五代彙
202］

8888 張琁墓誌［936 清泰三年四月　蒐續 970、五代 96、五代彙 205］

8889 張滌妻高氏墓誌［936 清泰三年九月　北圖 36-59、匯編洛陽 15-146、補五 56、補
編 1223、彙考 102、五代 97、五代彙 208］

8890 陰善雄墓誌［937 清泰四年八月　補九 346、彙考 104、敦煌 1109］

後晉

天福

8891 路君及妻郭氏墓誌［天福元年　蒐佚 854、五代 99、五代彙 210］

8892 王氏小娘子墓誌［937 天福二年四月　晉陽 513、五代 101、五代彙 211］

8893 羅周敬墓誌［937 天福二年十月　北圖 36-62、匯編洛陽 15-147、彙考 105、五代 103、五代彙 212］

8894 牛崇墓誌［937 天福二年十月　蒐續 971、五代 104、牛氏 318、五代彙 215］

8895 宋廷浩墓誌［937 天福二年十月　補九 425、補千 425、龍門 384、彙考 106、五代 105、五代彙 216、千唐 1742］

8896 浩義墓誌［937 天福二年十一月　高平 10、晉城 506、大全高平 14、五代彙 218］

8897 杜光乂墓誌［937 天福二年十一月　蒐續 972、集萃 124、五代 107、五代彙 219］

8898 申鄂墓誌［938 天福二年十二月　蒐佚 855、五代 108、五代彙 220］

8899 王□墓誌［天福二年　北大 07157］

8900 惠公塔記［938 天福三年二月　補編 1232、五代彙 221］

8901 王儔墓誌［938 天福三年四月　五代彙 222、浙大］

8902 郭福墓誌［939 天福四年二月　五代 111、西南 258、五代彙 224］

8903 安萬金妻何氏墓誌［939 天福四年八月　輯繩 725、匯編洛陽 15-149、補五 445、絲綢 145、彙考 109、五代 114、五代彙 225］

8904 郭洪鐸墓誌［939 天福四年八月　蒐佚 856、五代 113、五代彙 226］

8905 王化文墓誌［939 天福四年十月　北圖 34-30、匯編河南 131、補三 293、補編 1244、彙考 113、五代彙 228］

8906 安萬金墓誌［937 天福四年十一月　輯繩 724、匯編洛陽 15-148、補五 72、少民 222、絲綢 125、彙考 107、五代 106、民族 306、五代彙 231］

8907 何君政墓誌［939 天福四年十一月　匯編山西 182、補七 439、彙考 112、晉陽 515、五代 116、五代彙 230］

8908 張繼昇墓誌［940 天福四年十二月　輯繩 726、匯編洛陽 15-150、補五 68、彙考 115、五代 117、五代彙 233］

8909 孫璠墓誌［940 天福五年正月　四川大學歷史文化學院考古系《文物》2007.6、五代彙 235］

8910 陳審琦墓誌［940 天福五年正月　五代彙 235］

8911 郭彦瓊墓誌［940 天福五年二月　輯繩 727、匯編洛陽 15-151、補五 73、彙考 116、五代 119、五代彙 237］

8912 梁璟墓誌［940 天福五年三月　千唐誌 1223、北圖 36-69、匯編洛陽 15-152、補一 441、補編 1248、彙考 117、五代 120、五代彙 239、千唐 1743］

8913 李寊墓誌［940 天福五年四月　匯編山西 183、補七 440、彙考 118、大全襄垣 64、五代 121、五代彙 241］

8914 崔琳墓誌［940 天福五年十月　安豐 430、五代彙 242］

開運

8941 白万金墓誌 ［944 後晉開運元年八月　匯編洛陽 15-160、彙考 233、五代彙 284］

8942 郭在巖墓誌 ［944 開運元年十一月　郭永淇《文博》2014.6、五代彙 285］

8943 王廷胤墓誌 ［945 開運二年四月　北圖 36-105、匯編洛陽 15-157、補六 217、補編 1279、彙考 144、五代 140、五代彙 286］

8944 吕行安墓誌 ［945 開運二年十月　五代彙 289、浙大］

8945 閻弘祚墓誌 ［945 開運二年十一月　彙考 146、蒐三 827、五代彙 290］

8946 李茂貞妻劉氏墓誌 ［946 開運二年十一月　彙考 147、五代 142、五代彙 292］

8947 李仁寶墓誌 ［946 開運三年二月　榆林 81、補八 244、彙考 149、党項 104、陝叁 110、羌族 165、五代 144、陝萃 1018、五代彙 295、西夏 11］

8948 李實及妻王氏墓誌 ［946 開運三年二月　補編 1909、彙考 151、施碑 308、五代彙 296］

8949 馬拯墓誌 ［946 開運三年七月　北大 07169、浙大］

8950 李真墓誌 ［946 開運三年九月　蒐續 973、新獲 370、五代 146、五代彙 298］

8951 裴德墓誌 ［946 開運三年十月　五代彙 299、浙大］

8952 張榮墓誌 ［946 開運三年十一月　五代彙 300］

8953 李繼忠墓誌 ［946 開運三年十二月　蒐佚 858、五代 148、五代彙 303］

8954 李俊墓誌 ［946 開運三年十二月　輯繩 731、匯編洛陽 15-158、補五 80、龍門 386、彙考 153、五代 147、五代彙 301］

8955 李行恭墓誌 ［947 開運三年十二月　匯編山西 185、補七 442、長治 203、彙考 154、大全黎城 26、五代 149、五代彙 305］

8956 王萬榮妻關氏墓誌 ［後晉□年八月　千唐誌 1225、匯編洛陽 15-159、補一 443、彙考 103、五代 150、五代彙 307、千唐 1745］

8957 張奉林墓誌 ［後晉□年十月　藏石 124、五代彙 306］

8958 石昂墓誌 ［後晉　補編 1909、彙考 238、五代彙 309］

後漢

天福

8959 釋從意塔銘 ［947 天福十二年五月　五代彙 311］

8960 劉衡墓誌 ［948 天福十二年十一月　匯編河南 140、河南壹 150、補七 193、山陽 65、彙考 156、五代 151、五代彙 312］

乾祐

8961 鄭□吉墓誌 ［948 乾祐元年正月　邙洛 287、彙考 164、五代 157、五代彙 314］

8962 龐令圖墓誌 ［948 乾祐元年正月　千唐誌 1226、北圖 36-119、匯編洛陽 15-167、補一 444、補編 1290、彙考 157、五代 152、五代彙 315、千唐 1746］

8963 夏光遜墓誌 ［948 乾祐元年二月　邙洛 286、彙考 158、五代 153、五代彙 317］

8964 張君墓誌［948 乾祐元年二月　故宮 209、五代彙 319］

8965 張逢墓誌［948 乾祐元年二月　五代 154、五代彙 320］

8966 崔贇及妻孫氏墓誌［948 乾祐元年二月　北大 07175］

8967 楊敬千墓誌［948 乾祐元年三月　千唐誌 1227、匯編洛陽 15-168、補二 80、補編 1293、彙考 159、五代 155、五代彙 321、千唐 1747］

8968 顔拱墓誌［948 乾祐元年四月　北大 07176］

8969 羅周輔墓誌［948 乾祐元年八月　補千 426、河南叁 342、彙考 161、五代 156、五代彙 324、千唐 1748］

8970 史澧球墓誌［948 乾祐元年八月　五代彙 326、浙大］

8971 潘庸墓誌［948 乾祐元年十一月　匯編河北 143、補六 219、河北壹 155、彙考 165、運河 67、邯鄲 134、五代 158、五代彙 327］

8972 韓悦墓誌［乾祐元年　分類 144、五代 159、五代彙 328］

8973 釋思道墓誌［949 乾祐二年正月　彙考 166、五代彙 330］

8974 張催墓誌［949 乾祐二年四月　補千 427、河南叁 343、彙考 167、五代 160、五代彙 332、千唐 1749］

8975 尚洪遷墓誌［949 乾祐二年四月　晉陽 523、五代彙 334］

8976 呂遠母劉氏墓誌［949 乾祐二年五月　彙考 170］

8977 王建立妻田氏墓誌［949 乾祐二年七月　匯編北京 3-173、補六 220、晉中 68、彙考 168、晉陽 537、五代 161、五代彙 336］

8978 王在璋墓誌［949 乾祐二年七月　五代彙 338、浙大］

8979 董君墓誌［949 乾祐二年十月　大全長治 39、五代彙 339］

8980 王瓊墓誌［949 乾祐二年十一月　蒐續 974、五代 163、五代彙 340］

8981 李福德墓誌［949 乾祐二年十一月　百品 116、五代彙 342］

8982 邢德昭墓誌［950 乾祐三年四月　千唐誌 1228、北圖 36-121、匯編洛陽 15-169、補一 446、補編 1292、河間 276、彙考 171、五代 165、五代彙 343、千唐 1750］

8983 李唐墓誌［950 乾祐三年八月　五代彙 345］

8984 李彝謹妻里氏墓誌［950 乾祐三年八月　補八 245、彙考 169、党項 125、羌族 166、五代彙 346、西夏 12］

8985 王舜墓誌［950 乾祐三年八月　五代 167、蒐三 828、五代彙 348］

8986 高洪謹墓誌［950 乾祐三年十一月　蒐續 975、五代 168、五代彙 350］

8987 韓儔墓誌［後漢　五代 170、五代彙 351］

後周

廣順

8988 康君墓誌［951 廣順元年四月　藏石 125、五代彙 353］

8989 □殷墓誌［951 廣順元年七月　河南貳 315、彙考 173、五代 171、五代彙 355］

8990 王進威墓誌［951 廣順元年九月　千唐誌 1229、北圖 36-123、匯編河南 141、匯編洛陽 15-170、補二 83、補編 1910、彙考 175、五代 172、五代彙 356、千唐 1751］

8991 張鄴及妻劉氏墓誌［951 廣順元年十月　匯編北大 2-180、補七 442、補編 1910、彙考 176、五代 173、五代彙 358］

8992 牛慶墓誌［951 廣順元年十一月　牛氏 395、蒐三 829、五代彙 359］

8993 李沼墓誌［951 廣順元年十一月　偃師 205、五代彙 360、墨影 108］

8994 王玕妻張氏墓誌［951 廣順元年十一月　北圖 36-122、匯編北大 2-181、補五 82、補編 1338、彙考 177、五代 169、五代彙 362］

8995 李彝謹墓誌［952 廣順二年四月　補八 247、彙考 179、党項 128、羌族 167、五代彙 364、西夏 13］

8996 馬從徽墓誌［952 廣順二年八月　輯繩 732、補六 221、補編 1311、彙考 180、五代 174、五代彙 366］

8997 劉琪墓誌［952 廣順二年十月　千唐誌 1230、匯編洛陽 15-171、補一 447、補編 1312、彙考 182、五代 175、五代彙 368、千唐 1752］

8998 關欽裕墓誌［952 廣順二年十月　河洛 485、龍門 387、彙考 183、五代 176、五代彙 369］

8999 薄可扶墓誌［952 廣順二年十月　補八 249、補千 429、河南叁 344、彙考 184、五代 177、五代彙 372、千唐 1753］

9000 王重立墓誌［952 廣順二年十月　分類 145、五代彙 371］

9001 武敏墓誌［952 廣順二年十一月　補千 429、彙考 185、五代彙 373、千唐 1754］

9002 馬君墓誌［952 廣順二年十一月　匯編山西 186、補七 443、彙考 187、五代 178、五代彙 375］

9003 王行實墓誌［952 廣順二年十二月　碑林彙 366、彙考 189、五代 179、五代彙 376］

9004 范密墓誌［953 廣順三年十月　北大 07187］

9005 索君妻張氏墓誌［954 廣順四年九月　補九 347、彙考 193、敦煌 951］

顯德

9006 賀武墓誌［954 顯德元年正月　五代彙 377］

9007 趙瑩墓誌［954 顯德元年二月　蒐佚 861、西市 489、五代 218、五代彙 378］

9008 劉彦融墓誌［954 顯德元年四月　千唐誌 1231、匯編洛陽 15-172、補一 449、補編 1337、彙考 191、五代 182、五代彙 382、千唐 1755］

9009 劉密墓誌［954 顯德元年十月　五代彙 385、浙大］

9010 張真墓誌［954 顯德元年十月　西市 487、五代 183、五代彙 384］

9011 安重遇墓誌［954 顯德元年十一月　千唐誌 1232、北圖 36-127、匯編洛陽 15-173、補一 450、補編 1340、少民 223、絲綢 126、彙考 195、五代 184、民族 307、五代彙 386、千唐 1756］

9012 牛則墓誌［954 顯德元年十一月　牛氏 321、五代彙 388］

9013 李景濛墓誌［954 顯德元年十一月　五代彙 391、浙大］

9014 秦思温墓誌［954 顯德元年十一月　補八 249、彙考 196、邯鄲 150、五代 185、五代彙 389］

9015 劉光贊墓誌［954 顯德元年十一月　千唐誌 1233、北圖 36-128、匯編洛陽 15-174、

220、五代 211、五代彙 434]

9042 索万進墓誌［958 顯德五年九月　彙考 222、蒐佚 860、萊山 172、五代 216、五代彙 436]

9043 崔煜墓誌［958 顯德五年十月　崔氏 537]

9044 張君妻梁氏墓誌［958 顯德五年十月　補編 1350、彙考 223、五代彙 438]

9045 宋彦筠墓誌［958 顯德五年十月　千唐誌 1237、北圖 36-156、匯編洛陽 15-184、補一 458、補編 1346、彙考 224、五代 217、五代彙 440、千唐 1763]

9046 張實墓誌［958 顯德五年十月　北大 07205]

9047 范琮墓誌［958 顯德五年十一月　北大 07206]

9048 段延勳墓誌［959 顯德五年十二月　河洛 487、彙考 226、五代 219、五代彙 442]

9049 馮暉墓誌［顯德五年　補三 300、碑林 196-1162、陝壹 155、咸陽 65、彙考 228、五代 214、詩人 497、五代彙 443]

岐

9050 李彦璋墓誌［909 天復九年二月　段志凌《唐史論叢》25、五代彙 448]

吳

天祐

9051 孟璠墓誌［915 天祐十二年閏二月　北圖 34-50、匯編北大 2-171、補編 1914、彙考 20、五代 225、揚州 319、五代彙 451]

9052 張康墓誌［915 天祐十二年三月卒　匯編江蘇 150、補四 273、彙考 22、揚博 66、五代 226、揚州 324、五代彙 452]

9053 孫彦思墓誌［916 天祐十三年十月　匯編江蘇 149、補四 273、彙考 31、五代 227、五代彙 452]

武義

9054 羅氏墓誌［920 武義二年二月　宋黎藜《東方博物》2021.4、五代彙 454]

9055 魏贇墓誌［920 武義二年閏六月　彙考 39、五代 228、揚博 70、揚州 328、五代彙 455]

順義

9056 李濤妻汪氏墓誌［順義四年十二月　北圖 36-173、匯編江蘇 154、補編 1914、彙考 60、五代 229、揚州 334、五代彙 456]

乾貞

9057 周融妻馮氏墓誌［929 乾貞二年十二月　五代彙 457、浙大]

9058 劉君妻楊氏（尋陽長公主）墓誌［929 乾貞三年三月　彙考 70、五代彙 458]

大和

9059 趙思虔妻王氏墓誌［933 大和五年九月　補四 280、補編 1373、彙考 90、國博 176、
　　　五代 231、五代彙 461］

9060 陶敬宣妻李娥墓誌［934 大和六年十月　揚博 72、揚州 346、五代彙 462］

9061 王仁遇墓誌［935 大和七年八月　北圖 36-175、匯編江蘇 155、補七 187、補編
　　　1374、彙考 99、五代 233、揚州 355、五代彙 464］

天祚

9062 錢匡道墓誌［937 天祚三年二月　揚博 76、揚州 362、五代彙 466］

9063 超惠大師塔銘［楊吳　武漢市文物考古研究所等《江漢考古》2016.4、五代彙 468］

9064 陳君妻郭氏墓誌［楊吳　金陵 200、五代彙 469］

南唐

昇元

9065 江延穗墓誌［昇元二年　江蘇貳 43、五代彙 470］

9066 杜繼元墓誌［昇元四年　彙考 123］

9067 杜昌胤墓誌［昇元四年　江蘇貳 44、五代彙 472］

9068 姚嗣騈墓誌［942 昇元六年五月　匯編江蘇 156、補四 517、補七 192、彙考 126、羌
　　　族 163、五代 326、揚博 80、揚州 367、五代彙 473］

保大

9069 姚鍔墓誌［945 保大三年十一月　五代彙 475］

9070 李君妻王氏墓誌［946 保大四年正月　匯編江蘇 157、補四 281、彙考 148、五代
　　　328、揚博 83、揚州 378、五代彙 476］

9071 范可保墓誌［948 保大六年八月　金陵 202、五代彙 477］

9072 盧文進改葬誌［951 保大九年七月　南京 34、彙考 174、五代 331、江寧 30、金陵
　　　58、五代彙 479］

9073 范韜墓誌［952 保大十年二月　補七 198、彙考 188、五代彙 479］

9074 馬光贊墓誌［953 保大十一年八月　彙考 190、五代彙 482］

9075 姚承鈞墓誌［954 保大十二年九月　金陵 204、五代彙 484］

9076 徐延佳墓誌［955 保大十三年二月　匯編江蘇 158、補四 282、彙考 192、五代 334、
　　　揚博 86、揚州 113、五代彙 486］

9077 王繼勳墓誌［956 保大十四年八月　補七 444、江蘇貳 46、彙考 215、五代 335、詩
　　　人 506、五代彙 487］

9078 熊庭規墓誌［960 建隆元年九月　金陵 206、五代彙 490］

9079 宣懿皇后墓誌［961 建隆二年八月　江蘇貳 47、五代彙 500］

9080 何延徽墓誌［963 建隆四年四月　五代彙 491］

9081 李景遜乳母杏氏墓誌［963 建隆四年五月　北圖 37-8、補編 1408、五代彙 492］

9082 張思恭墓誌［964 乾德二年九月　金陵 208、五代彙 493］

9083 釋净照塔銘［968 乾德六年正月　江蘇貳 48、五代彙 495］

9084 謝君妻王氏墓誌［972 開寶五年正月　金陵 210、五代彙 496］

9085 智實墓誌［973 開寶六年六月　江蘇貳 49、五代彙 497］

9086 法燈禪師墓誌［974 開寶七年七月　江蘇貳 50、江寧 34、五代彙 498］

9087 戚恭妻倪氏墓誌［974 開寶七年十月　江蘇貳 51、金陵 212、五代彙 499］

9088 姚彥洪妻徐氏墓誌［南唐　五代彙 501］

9089 盧文進妻□氏墓誌［南唐　五代彙 503］

9090 □君墓誌［南唐　江蘇貳 45、五代彙 504］

前蜀

天漢
9091 王君妻李氏墓誌［917 天漢元年五月　補八 252、彙考 32、成都 16、五代 295、五代彙 506］

乾德
9092 李會墓誌［919 乾德元年十月　成都 17、五代 298、五代彙 507］

9093 許璠墓誌［922 乾德四年六月　北圖 37-15、補編 1471、彙考 49、成都 18、五代 299、五代彙 509］

9094 王宗侃妻張氏墓誌［923 乾德五年二月　成都 20 附、五代 300、五代彙 510］

9095 王宗侃墓誌［923 乾德五年十一月　成都 20、五代 301、五代彙 514］

9096 晉暉墓誌［924 乾德五年十二月　補七 173、補編 1473、彙考 53、成都 19、五代 302、五代彙 519］

9097 王君墓誌［前蜀　成都 21、五代 304、五代彙 523］

後蜀

天成
9098 許仁傑墓誌［928 天成三年正月　成都 23、五代 61、五代彙 526］

長興
9099 孟知祥妻李氏（福慶長公主）墓誌［932 長興三年十一月　四川碑刻 88、補四 276、補編 1479、彙考 87、成都 24、五代 84、五代彙 528］

9100 高暉墓誌［932 長興三年十一月　補四 278、重慶 7、彙考 88、成都附 8、五代 85、五代彙 530］

明德

9101 崔有鄰墓誌［937 明德四年三月　李霞《惠州學院學報》2020.5、五代彙 532］

廣政

9102 任君妻崔氏墓誌［941 廣政四年十一月　五代彙 534］

9103 張虔釗墓誌［948 廣政十一年九月　補七 195、彙考 162、成都 26、五代 307、五代彙 536］

9104 徐鐸墓誌［952 廣政十五年四月　補七 201、彙考 160、成都 28、五代 309、五代彙 540］

9105 韋毅妻張道華墓誌［955 廣政十八年十月　成都附 11、五代彙 542］

9106 孫漢韶墓誌［956 廣政十八年十二月　補七 203、補編 1481、彙考 212、成都 30、五代 314、五代彙 543］

9107 韋毅墓誌［958 廣政二十一年七月　四川 294、成都附 11、五代彙 546］

9108 何承裕墓誌［963 廣政二十六年四月　五代彙 548］

9109 樊德鄰墓誌［後蜀　成都 22、五代 305、五代彙 550］

南漢

乾亨

9110 吳存鍔墓誌［917 乾亨元年十一月　補四 275、彙考 33、廣東 66、廣東碑 12、五代 337、漢風、五代彙 552］

大有

9111 李紓墓誌［928 大有元年八月　漢風 148、五代彙 554］

光天

9112 劉龑哀册［942 光天元年九月　廣州 547、菁華 173、廣東 70］

大寶

9113 釋匡真塔銘［959 大寶元年十二月　彙考 225］

吳越

9114 熊允韜墓誌［908 開平二年二月　寧波 51、奉化 8、五代 240、五代彙 556］

9115 羅隱墓誌［910 開平四年正月　補編 1424、彙考 5］

9116 □君墓誌［910 開平四年七月　越窯 158、五代彙 557］

9117 俞君妻黃氏墓誌［910 開平四年九月　越窯 159、慈碑 65、五代彙 557］

9118 羅素墓誌［911 乾化元年十一月　慈溪 70、慈碑 66、五代彙 558］

9119 吳歆墓誌［912 乾化二年十一月　越窯 160、慈碑 68、五代彙 560］

9120 □氏墓誌［912 乾化二年　慈溪 74］

9121 屠璨智墓誌［912 天寶五年　彙考 13、五代彙 561］

9122 樂知節妻徐氏墓誌［914 乾化四年八月　彙考 19、北侖 3、五代彙 563］

9123 俞景初妻嚴氏墓誌［914 乾化四年十月　越窟 162、慈碑 69、五代彙 564］

9124 俞備妻劉氏墓誌［914 乾化四年十一月　越窟 164、慈碑 70、五代彙 565］

9125 王彥回墓誌［915 乾化五年閏二月　彙考 21、寧波 52、五代 242、北侖 5、五代彙 567］

9126 吳氏墓誌［915 乾化五年十一月　慈溪 76、慈碑 72、五代彙 568］

9127 張儒墓誌［916 貞明二年三月　蘇博 15、五代彙 569］

9128 魏靖墓誌［917 貞明三年十二月　越窟 166、慈碑 73、五代彙 570］

9129 司馬珂墓誌［918 貞明四年八月　慈溪 78、慈碑 74、五代彙 571］

9130 蕭章妻陸氏墓誌［919 貞明五年二月　補編 1906、五代彙 571］

9131 劉珂墓誌［919 貞明五年四月　五代彙 572］

9132 楊謙仁墓誌［921 龍德元年十月　慈溪 81、慈碑 75、五代彙 573］

9133 方積墓誌［921 龍德元年十一月　越窟 168、慈碑 76、五代彙 574］

9134 任璉墓誌［922 龍德二年十月　越窟 170、慈碑 78、五代彙 575］

9135 卓從墓誌［922 龍德二年十月　越窟 172、慈碑 79、五代彙 575］

9136 羅曷妻劉氏墓誌［922 龍德二年十一月　越窟 174、慈碑 80、五代彙 577］

9137 張君妻黃氏墓誌［924 寶大元年五月　越窟 178、慈碑 82、五代彙 578］

9138 危德圖妻徐氏墓誌［924 寶大元年八月　五代彙 580］

9139 危仔倡妻璩氏墓誌［924 寶大元年八月　寧波 54、五代 243、五代彙 578］

9140 李邯墓誌［924 寶大元年八月　越窟 180、慈碑 83、五代彙 581］

9141 朱行先墓誌［924 寶大元年十一月　彙考 142、五代彙 582］

9142 宋君墓誌［926 寶正元年八月　慈溪 83、五代彙 584］

9143 房君妻□氏墓誌［927 天成二年五月　慈溪 85、五代彙 585］

9144 項嶠墓誌［927 寶正二年九月　越窟 183、慈碑 85、五代彙 585］

9145 釋□墓誌［928 寶正三年六月　慈溪 87、慈碑 86、五代彙 586］

9146 虞脩墓誌［930 寶正五年十一月　五代彙 587］

9147 釋令因塔銘［934 應順元年五月　彙考 95、五代彙 588］

9148 馬氏（恭穆皇后）墓誌［940 天福四年十二月　補八 421、吳越 88、彙考 114、五代彙 591］

9149 吳禹妻滕氏墓誌［941 天福六年五月　五代彙 591］

9150 李章墓誌［943 天福八年二月　江蘇壹 29、吳越 86、彙考 133、五代 247、五代彙 593］

9151 李章妻金氏墓誌［943 天福八年二月　江蘇壹 30、吳越 86、彙考 134、五代 248、五代彙 594］

9152 霍彥珣墓誌［943 天福八年九月　姚星辰《四川文物》2022.2、五代彙 594］

9153 錢君義妻殷氏墓誌［945 開運二年六月　江蘇壹 31、吳越 87、彙考 145、五代 272、五代彙 595］

閩

北漢

9182 張存方墓誌［951 乾祐四年十一月　大全汾陽 163、五代彙 643］

9183 劉珣（何廷斌）墓誌［961 天會五年十一月　晉陽 557、五代彙 644］

9184 李章墓誌［965 天會九年十月　大全汾陽 165、五代彙 646］

9185 張福墓誌［966 天會十年十一月　大全汾陽 166、五代彙 647］

9186 趙結墓誌［967 天會十一年十月　大全汾陽 167、五代彙 648］

9187 王太惠妃墓誌［971 天會十五年七月　晉陽 575、五代 345、五代彙 649］

葬年不詳

9188 陳重曜墓誌［葬年不詳　蒐續 962］

9189 陳德墓誌［葬年不詳　陝目二 101］

9190 曹建達墓誌［葬年不詳　磚誌 324、吐彙 307］

9191 曹惟墓誌［葬年不詳　浙大］

9192 崔權墓誌［葬年不詳　流散 322、蒐續 960］

9193 崔元夫墓誌［葬年不詳　補八 160、河洛 422、洛新續 232、駕鴦 248］

9194 董弘墓誌［葬年不詳　碑林彙 360］

9195 竇承家墓誌［葬年不詳　杏園 294、補八 405］

9196 竇宣禮墓誌［葬年不詳　西市 483］

9197 竇禹鈞墓誌［葬年不詳　彙考 235、五代彙 446］

9198 杜隍墓誌［葬年不詳　陝目二 101］

9199 段瑗墓誌［葬年不詳　匯編洛陽 15-24、補七 239、武威志 371、凉州 827］

9200 樊六姑墓誌［葬年不詳　碑林續 219］

9201 氾傑墓誌［葬年不詳　磚誌 322、吐彙 308］

9202 馮晉墓誌［葬年不詳　長新 324、長碑 222］

9203 馮君墓誌［葬年不詳　白銀 4］

9204 傅阿歡墓記［葬年不詳　磚誌 318、吐彙 309］

9205 郭冀墓記［葬年不詳　補編 1882］

9206 郭少輝墓誌［葬年不詳　陝西目 105］

9207 郭行墓誌［葬年不詳　碑林彙 359］

9208 皇甫懷静妻劉氏墓誌［葬年不詳　北大 06791］

9209 賈伯饒墓誌［葬年不詳　匯編洛陽 15-14、補五 442］

9210 賈護墓誌［葬年不詳　北大 06792、國圖］

9211 賈旻及妻董氏墓誌［葬年不詳　北大 02072］

9212 賈君妻陳小□墓誌［葬年不詳　補七 433］

9213 蔣君墓誌［葬年不詳　補編 1901］

9214 況慶德墓誌［葬年不詳　彙考 237］

9215 李道恩妻冉氏墓誌［葬年不詳　蒐佚 199、千唐 1726］

9216 李歸一墓誌［葬年不詳　河洛 476］

9217 李君墓誌［葬年不詳　北大 06793］

9218 李潛墓誌［葬年不詳　補千 96］

9219 李思恩墓誌［葬年不詳　邙洛 281］

9220 李勛妻鄧氏墓誌［葬年不詳　匯編洛陽 15-3、補五 50］

9221 劉寛墓誌［葬年不詳　長新 328、長碑 220］

9222 盧公贊墓誌［葬年不詳　北大 06798］

9223 羅寄墓誌［葬年不詳　長新 322、長碑 221］

9224 呂君墓誌［葬年不詳　陝目二 84］

9225 馬璠墓誌［葬年不詳　匯編洛陽 15-25、補七 510］

9226 米彦威磚誌［葬年不詳　銅川 44］

9227 慕容儀墓誌［葬年不詳　吐彙 345、涼州 712］

9228 南僧寶妻任氏墓誌［葬年不詳　蒐三 822］

9229 釋遍照墓誌［葬年不詳　河南叁 341、千唐 1728］

9230 裴鈇墓誌［葬年不詳　樊波《碑林集刊》12、長碑 500］

9231 任君妻趙氏墓誌［葬年不詳　碑林彙 357］

9232 申行謹墓誌［葬年不詳　北大 06803］

9233 沈庠墓誌［葬年不詳　蒐續 961、流散續 405］

9234 史三藏墓誌［葬年不詳　中原文物 2011.1］

9235 司徒冀墓誌［葬年不詳　北大 06804、浙大］

9236 孫師直墓誌［葬年不詳　北大 06807］

9237 亡尼七品墓誌［葬年不詳　碑林續 221、僧尼 371］

9238 亡宮墓誌［葬年不詳　北大 06810］

9239 亡宮柳氏墓誌［葬年不詳　陝博 35］

9240 亡宮九品墓誌［葬年不詳　陝貳 331］

9241 亡宮九品墓誌［葬年不詳　碑林彙 358］

9242 王郊墓誌［葬年不詳　故宮 196］

9243 王君及妻□氏墓誌［葬年不詳　江蘇貳 37］

9244 王皙妻薛廷淑墓誌［葬年不詳　流散續 403、蒐三 823］

9245 魏謙墓誌［葬年不詳　碑林續 218］

9246 吳隨□墓誌［葬年不詳　彙考 240］

9247 吳元墓誌［葬年不詳　西市 480］

9248 徐君墓誌［葬年不詳　越窯 188］

9249 薛氏墓誌［葬年不詳　補八 332］

9250 薛晤墓誌［葬年不詳　蒐佚 628］

9251 顔淙墓誌［葬年不詳　碑林續 220］

9252 顔昭俊墓誌［葬年不詳　蒐續 963］

9253 嚴恪墓誌［葬年不詳　蒐佚 831］

9254 楊貞墓誌［葬年不詳　蒐續 308］

9255 姚君妻某氏墓誌［葬年不詳　河南貳補遺 6］

9256 姚意妻某氏墓誌［葬年不詳　補編 1861］

9257 葉君墓誌［葬年不詳　慈溪 48］

9258 潁忠謹墓誌［葬年不詳　河南貳 138］

9259 于漢濱妻李氏墓誌［葬年不詳　碑林續 188］

9260 宇文偉墓誌［葬年不詳　匯編洛陽 15-21］

9261 張伯及妻趙氏墓表［葬年不詳　補七 502］

9262 張弘慶墓誌［葬年不詳　三門峽市文物工作隊《華夏考古》1989.3、補編 2138］

9263 張敬祖塔銘［葬年不詳　補六 232］

9264 張庭琇墓誌［葬年不詳　西市 482］

9265 張義方墓誌［葬年不詳　匯編洛陽 15-8、補七 434］

9266 張元度墓誌［葬年不詳　揚博 92、揚州 163］

9267 長孫峻妻盧氏墓誌［葬年不詳　邙洛 159］

9268 趙漼墓誌［葬年不詳　蒐佚 853、西市 481、五代 98］

9269 趙朗墓誌［葬年不詳　安陽 57、西南匯 277、墨影 110］

9270 趙慶富墓記［葬年不詳　磚誌 328、吐彙 309］

9271 趙詵妻王氏墓誌［葬年不詳　蒐三 821］

9272 趙文墓誌［葬年不詳　浙大］

9273 趙行墓誌［葬年不詳　陝貳 330］

9274 鄭傳古墓誌［葬年不詳　匯編河北 144、彙考 242］

9275 鄭受妻胡氏墓誌［葬年不詳　寧波 48、慈溪 67］

9276 鄭逢墓誌［葬年不詳　蒐佚 804］

9277 周二娘墓誌［葬年不詳　安豐 427］

9278 周思本墓誌［葬年不詳　浙大］

9279 朱君妻李表墓誌［葬年不詳　匯編洛陽 15-20］

9280 □文墓誌［葬年不詳　北大 06822］

9281 □子容墓誌［葬年不詳　國圖］

9282 □德敏墓誌［葬年不詳　北大 06820］

9283 □朝墓誌［葬年不詳　高新天《蘇州文博論叢》5］

9284 □明墓誌［葬年不詳　越窯 152］

9285 □相墓誌［葬年不詳　磚誌 320］

9286 □興墓誌［葬年不詳　北大 06823］

9287 □則墓誌［葬年不詳　高新天《蘇州文博論叢》5］

9288 殘誌［葬年不詳　磚誌 319］

9289 殘誌［葬年不詳　磚誌 326］

9290 殘誌［葬年不詳　越窯 150］

9291 殘誌［葬年不詳　越窯 153］

疑偽

9292 郭萬墓誌［705 神龍元年十一月　七朝 137］

人名索引

阿

阿波啜 1945
阿波啜 5514
阿羅(林存古妻)8037
阿薩啜特勤 5005

阿史德

阿史德君(右金吾衛
　大將軍)3325
阿史德氏(阿史那感
　德妻)1667
阿史德樞賓 1667
阿史德望 3325

阿史那

阿史那步利設 2971
阿史那步真 3197
阿史那承休 4812
阿史那道真 3325
阿史那咄苾(頡利可
　汗)0292、0918、
　1667、2991
阿史那伏念 2991
阿史那感德(尚山)
　1667
阿史那賀魯 0550、
　0605、1168
阿史那斛瑟羅 3197
阿史那懷道 3197＊、
　3422
阿史那惠真 4812
阿史那君(室德媚可
　汗)3197
阿史那君(閼氏葉護)
　3197

阿史那羅(悉純,處羅
　可汗)2971、3325
阿史那明義之(守謙)
　4812
阿史那摸末 2971
阿史那泥孰(咄陸可
　汗)0366
阿史那婆羅門 0292
阿史那伽那 0918＊、
　1667
阿史那染干(啓民可
　汗)2971
阿史那社尔 0467、
　1495、3325、7126
阿史那施(勿施)2971
阿史那氏 3325
阿史那氏(交河公主)
　4863
阿史那氏(康没野波
　妻)4858
阿史那氏(張義之妻)
　4204
阿史那特勤 1667
阿史那同娥(咥利失
　可汗)0366
阿史那纈繄施 4812
阿史那昕 3422
阿史那義方 5498
阿史那媛 3422
阿史那哲 2971
阿史那忠節 2402

艾

艾德 1972
艾光嗣(延族)1972

艾劍客 1972
艾敬質 1972
艾克戎 6956
艾謙 6956
艾欽泰 6956
艾演(長演)6956
艾倚 6956

安

安弼詳 3978
安表郎 0802
安承訓 8654
安重誨 8888、9011
安重榮 8943
安重胤 8906
安重遇(繼榮)9011
安崇禮 9011
安崇文 9011
安崇勳 9011
安崇義 9011
安崇貞 9011
安崇智 9011
安崇□ 9011
安從進 9024、9045
安達 1858
安但 0371
安德 1858
安德昇 8906
安朏 3422
安福遷 9011
安輔國 3422
安公立 8057
安貴娘 8057
安韓留 8903、8906
安弘 0802

安弘度 6030、6287
安弘慶 6030、6287
安弘璋 9011
安暉 3978
安惠 6260
安積善 0673
安吉遮 0673
安勤 1858
安建 3978
安建風 6219
安建榮 6219
安姜 5364
安姜子 2256
安進通 8906
安景之 7078
安敬實 8842
安君 1471
安君 4407
安君(玄膺父)0696
安匡裔 9103
安老虎 0673
安利 3978
安良素 8057、8581
安令璋 4427
安令忠 3978
安籠(修羅)0802
安禄山 5173、5176、
　5260、5262、5272、
　5346、5400、5486、
　5514、5671、5808、
　5809、6058、7185、
　8041、8347、8830、
　4459、4510、4679、
　4733、4742、4784、
　4818、4854、4858、

285

4865、4870、4885、
4890、4896、4902、
4941、4947、4972、
5023、5030、5049、
5075、5091、5092、
5094、5114、5138、
5150、5155、5364、
5467、5522、5535、
5619、5652、6099、
6286、6572、7585
安旻(敬愛)1858
安娘(白,史索嚴妻)
　0670
安慶緒 4818、4858、
　4901、5173、5512
安仁 0301
安仁亮 0802
安榮 6260
安三郎 5704
安晟 6260
安晟 6372
安聖娘 8654
安師(道成)0673
安師立 8057
安十三娘 8903
安十四娘 8903
安石生 0670
安士和 8057
安氏 3552
安氏 6499
安氏(阿史那懷道妻)
　3422
安氏(何君政妻)8907
安氏(花獻妻)6372＊、
　6607
安氏(康公液妻)7262
安氏(李德鋒妻)8857
安氏(李公弁妻)7322
安氏(李弘操母)7470
安氏(李繼忠妻)8953
安氏(李少沂母)6033
安氏(李士良妻)7545

安氏(李叔汶妻)8581
安氏(李興朝母)6270
安氏(石善達妻)8716
安氏(孫公慶妻)7938
安氏(王行寶妻)8939
安氏(吳朝妻)6806
安氏(西方煦妻)8937
安氏(翟舍集妻)3097
安氏(張寧妻)8118
安叔政 6219
安暑 6806
安述屬 0673
安恕(用行)0301
安思謙 9103
安思順 4467、4870、
　4967
安思溫 4427
安嵩 5704
安遂 4703
安鐵胡 9022
安通 0986
安通(元達)0986
安陁 0986
安萬封 5704
安萬貴 5704
安萬季 5704
安萬榮 5704
安萬金(寶山)8903、
　8906＊
安萬通 0371
安文光 5223
安文祐 8514
安武臣(遊藝)2256
安顯 0670
安孝臣 3364
安興貴 3097、5364
安修仁 5364
安玄膺 0696
安巡 0371
安雅 3974
安延超 8906
安嚴 7425

安彥威 9008、9183
安義 6219
安玉(珍)6030、6287＊
安元超 8903
安元福 8903、8906
安元暉 6260
安元進 8903、8906
安元審 8903、8906
安元壽 5364
安爰 2256
安運 6806
安昭 8057
安忠臣 3364
安忠臣(安胐子)3422
安忠信 5223

白

白邦翰 7954
白邦彥 7954
白保恩 8689
白保全 8689
白保勳 8689
白昇之 4266
白成 2874
白從殷(子厚)8607、
　8665
白從章(子儒)8607、
　8665
白大照 3748
白德 4196
白範 2874
白奉林 8689
白垓奴 0268
白公貴(思崇、子道)
　8607、8665＊
白公濟(子捷)7651
白廣智(惠海,崔訴妻)
　4632
白和 1277
白荒懇 8689
白季庚 7954
白季康 7752

白簡寂(敬虛)1429
白建 3748
白皎 2874
白經荀 7968
白景受 7954
白敬立 8689
白敬璋 7651
白敬忠 8689
白敬宗 7651
白居易 6905、6921、
　7301、8846
白涓 3748
白君(晉州刺史)4266
白君恕 3748
白儁 5130
白郎 4007
白力 4196
白亮 4007
白璘 7651、8665
白鏻 7752
白令光 8689
白論 7651
白美言 5572
白旻 8665
白敏中 7254、7342、
　7585、7626、7752、
　7850、7991、8015、
　8095、8285、8355、
　8494
白廿一娘 8689
白婆奴(道順)4007
白普璡 1277
白全德 8846
白全立 8846
白全周(普美)8846
白榮 1429
白如珪 4007
白如素 4007
白如玉 2874
白三鐵 8689
白僧福 8846
白僧胡 8846

白善進 2610
白慎言 3748
白師 4007
白十八娘 8689
白十七娘 8689
白十五娘 8689
白氏(杜方妻)3117
白氏(公孫封妻)5126
白氏(胡堅妻)8173
白氏(皇甫煒妻)
　7752＊、8015
白氏(回鶻可汗夫人)
　6170
白氏(李延輝妻)5572
白氏(李惲妻)3595
白氏(穆循妻)2678
白氏(龐重立妻)8485
白氏(邵唐儼妻)6300
白氏(許朝妻)6247
白守謙 9106
白守忠 4196
白鐵胡 8689
白万金 8941
白惟勵 4196
白惟信 7673
白文亮(令光子)8689
白文亮(全周父)8846
白小姑 8846
白小榮 7968
白孝德 7752
白孝能 1429
白行簡 6905、7954
白休徵(義感)2874
白巖 8537
白友超 8846
白友進 8846
白友琅 8846
白友遇 8846
白幼敏 7968
白元楚 8689
白元珪 7651
白允之 7996、8025

白徵復 7752
白忠禮 8689
白忠信 8689
白仲儒 7651
白宗晟 7651
白宗祐 7651
白最郎 7968

柏

柏長壽 1825、4150
柏常志 7153
柏道(元一)4150
柏曷 7585
柏君愷 6743
柏欽道 4150
柏殺鬼 1825
柏師古 7153
柏師佶 7153
柏師仁 7153
柏氏(李士清妻)7209
柏氏(元師獎妻)1488
柏惟貞 7153
柏文達 7153
柏文惠 1488
柏玄楚(郢宣)7153
柏玄度 4150
柏義深(仁遠)1825＊、
　4150
柏元封 5884、6737
柏章甫 6317

班

班才 2253
班楚 5119、5120、5398
班道素 7016
班德方 7677
班多 7016
班樊 7016
班皋 7677
班河 6798
班宏 5398、5625、6432、
　6519、6744

班基 2253
班及甫 6519、6744
班景倩 3675、4197、
　5398、5939、6264、
　6432、6519、6798、
　8087
班君 1923
班君(洪州都督)7016
班君(太原令)7677
班朗(文明)6798
班蒙 7677
班啓方 6264
班啓祐 6264
班啓勤 6264
班啓權 6264
班啓祐 6264
班啓裕 6264
班士式 6519
班氏(田沼妻)5939
班氏(張守進妻)8810
班氏(左至孝妻)7616
班叔(德静)2253
班思簡 5398、5939、
　6264、6432、6519
班蕭 6335、6432
班圖源(義符)8087
班萬老 8087
班惟 7016
班吳九 8087
班無忌 5398
班懸 5119、5398＊、
　5939、6264、6798、
　8087
班繇(禹士)6519＊、
　6744
班翼(仲翔)6432
班迎 7016
班遇 5119、5120、5939
班真 7016
班贊(允古)5939、
　5398、6264＊、6798、

8087
班洙 7016
班滋 7016

包

包寶壽(楚璧)3014
包孚 8020
包廣 8020
包弘泰 8020
包佶 4684、5340、5474、
　5512、5809
包季(子仲)8020
包寄郎 8020
包君(煦山丞)8020
包三尚 3014
包氏 7260
包仕伶 8020
包思恭 3014
包思忠 3014
包遂 8020
包庭發 8020
包文景 3014
包宣憲 8020
包元陟 6064
包鄭老 8020
包智賢 3014

暴

暴徹 0412
暴琛 2150
暴歸 2150
暴果 2259
暴禮則 2430
暴亮 2430
暴敏(思運)2430
暴慶福 3256
暴仁(晶)3256
暴氏 8277
暴氏(杜約妻)8662
暴氏(胡武妻)8597
暴氏(江巨舟妻)3758
暴氏(李簡妻)7604

暴氏(李仁妻)3170
暴氏(李師妻)3080
暴氏(慕容潘妻)8548
暴仵朗 3476
暴希寂 3476
暴信 2430
暴彦 2150
暴禹 3476
暴整 3476
暴陟 3256
暴忠(還)2150

鮑

鮑愛 4022
鮑安貞 4611
鮑才 5536
鮑成 4640
鮑承業 5536
鮑冲(羅侯)4022
鮑從師 7463
鮑德琳 5536
鮑防 5092、5585、6082
鮑渢 5624
鮑國進 4611
鮑晃 5536
鮑静 5536
鮑君(鮑防兄)5585
鮑堪堪 5853
鮑連 7463
鮑榮 5853
鮑三娘 7463
鮑氏(關衡妻)2507
鮑氏(郭行妻)9207
鮑氏(郄英妻)6930
鮑氏(楊義妻)2083
鮑思福 4611
鮑素 4640
鮑天奴 4611
鮑暹 5536
鮑羨 4022
鮑脩(慶)4640
鮑塤 8520
鮑曄 5536
鮑遊庠 4022
鮑自靖 5853
鮑自政 5853
鮑宗參 5585
鮑宗由 5585
鮑□連(季緒)0541

賁

賁昌渾 6043
賁昌濟 6043
賁昌演 6043
賁沔 6043
賁訥 5879、6043
賁卿(太真)5879＊、6043
賁潤 6043
賁渭 6043
賁泳 6043

卑失

卑失昂 6426
卑失氏(李素妻)6426
卑失嗣先 6426
卑失卓 6426

俾失

俾失裴羅支 3768
俾失十囊(自牧)3768

畢

畢才 1565
畢操 0405
畢充粲 0405
畢初 3101
畢琮 8777
畢大娘 3101
畢道明 0405
畢度(仁胄)0982
畢愕 2571
畢父(德)2571
畢剛 8777
畢恭(思恭)3101
畢構 2889、3124、3500、4197、4574、4601、8330
畢和 0982
畢憬 0219
畢君(建州别駕)2571
畢君(絳縣丞)2571
畢君(義弘父)0219
畢炕 4896
畢浪豬 8777
畢老妣 8777
畢虔 8777
畢全興 8777
畢顭 8330
畢善德 8777
畢識 1565
畢氏(秦萬回妻)8800
畢氏(蕭讖妻)3500
畢氏(趙睿宗妻)8815
畢叔殷 8777
畢思謙 8330
畢思讓 8330
畢思温 8330
畢思猷 8330
畢譚 8330
畢唐興 8777
畢仵仁 2571
畢武 8777
畢喜 8777
畢諴 8075、8330
畢小興 8777
畢星潛 8777
畢雄 0982
畢彦心 2674
畢瑶 9080
畢義弘 0219
畢遠 8330
畢釗 8330
畢趙八 8777
畢正義 0405
畢子瑜 5378
畢宗 8777
畢□賓 1565

辟

辟輔 1209
辟貴 1209
辟景(行師)1209
辟穆 1209

邊

邊昂 1665
邊朝偘(□羅)5791
邊大士 3923
邊道 1150
邊斐 3538、4412、4648
邊光範 8832
邊光錫 3923
邊光銖 3923
邊光釴 3923
邊和 1150
邊胡(元簡)3230
邊劍 5467
邊敬言 3230
邊君 0925
邊君(邊緯父)5743
邊君(秦府倉曹)2053
邊君最 3923
邊略 1665
邊聘(懷義)3923
邊平 3923
邊普德 3230
邊清 5831、6098
邊善 1420
邊神劍 5743
邊師 3230
邊士寰 5791
邊士良 5791
邊氏(傅朝妻)6933
邊氏(李弘妻)6225
邊氏(劉君德妻)0878
邊氏(劉温妻)7766
邊氏(駱長素妻)0925

曹承祀 5782
曹承則 5782
曹承政 5782
曹誠 8396
曹冲進 4097
曹崇彦 4097
曹重莒 8584
曹重宣 7949
曹重萱 7678
曹從諫 8309
曹從泰 8309
曹從約 8309
曹達 0551
曹達(曹渾父)0064
曹撣 6674
曹誕 0079
曹德 3559
曹德(曹通父)1464
曹多兒 6073
曹法真 7155
曹法智 4760
曹汾 8161
曹備 5842
曹綱(仁)1464
曹公汶 8289
曹光 8534
曹光業 8818
曹圭 9152
曹邦 9096
曹珪 8818
曹歸 9191
曹貴(曹己子)2090
曹貴(曹遵父)0389
曹國忠 5876
曹海江 7155
曹弘禮 8314
曹弘實 8534
曹弘武 8314
曹洪 7750
曹洪(曹備子)5842
曹華 7214
曹懷金 5876

曹懷進 5876
曹懷慶 5876
曹懷晟 5876
曹懷仙 5876
曹懷曜 5876
曹懷玉 5876
曹懷直(元秀)4760
曹渾 0064
曹己 2090
曹季武 8534
曹簡 6674
曹柬吳 8289
曹建 4600
曹建達 9190
曹建忠 4600
曹漸 4760
曹景 2299
曹敬千 8168
曹敬受 8168
曹敬顔 8168
曹君 5575
曹君(曹叙父)8168
曹君(從諫父)8309
曹君(益州司馬)4740
曹君(御史)8002
曹君(制置副使)9065
曹君武 8584
曹俊 6757
曹侃 4097
曹林 8314
曹令姝(唐光妻)0079
曹洛 2090
曹茂遷 8314
曹匡 4600
曹皮 1233
曹評 5453
曹奇進 4097
曹洽 6757
曹千齡 6671
曹乾琳(寶鼎)5575＊、
　6073
曹欽光 4600

曹欽望 4600
曹慶珍(元場)0064
曹全 7214
曹礭 8240、8394、8539
曹仁 4600
曹潤興 8534
曹紹思 6998
曹紹宗 4097
曹生遷 8314
曹晟 8881
曹師厚 8584
曹十一娘 8534
曹氏(安進通妻)8906
曹氏(曹德女)3559
曹氏(曹全女)7214
曹氏(陳弼妻)6157
曹氏(戴元真妻)7775
曹氏(范少直妻)6755
曹氏(封準妻)8919
曹氏(何敏妻)8934
曹氏(江延義妻)9065
曹氏(蔣師遇妻)8184
曹氏(康遠妻)2880
曹氏(李方簡妻)8685
曹氏(李恒湊妻)6144
曹氏(李惠滿妻)7198
曹氏(李克用妻)8776
曹氏(李文益妻)7541
曹氏(李有裕妻)6814
曹氏(凌偶妻)8647
曹氏(劉敬瑭妻)8935
曹氏(劉仁行母)1979
曹氏(劉思敬妻)8814
曹氏(羅達達妻)8936
曹氏(穆玉名妻)2527
曹氏(牛閏妻)8673
曹氏(戚公汶妻)7560
曹氏(任鍊妻)8283
曹氏(任思敬妻)3977
曹氏(石敢二妻)8401
曹氏(宋儋妻)7678
曹氏(索神珞妻)6137

曹氏(王碩度妻)1233
曹氏(王瑗妻)6176
曹氏(吳藹妻)8818
曹氏(楊翃母)7628
曹氏(苑大智妻)2438
曹氏(張德妻)0045
曹氏(張鍠妻)6414
曹氏(張師道妻)9137
曹氏(趙承明妻)4208
曹氏(貞簡皇后)9099
曹氏(支萬徹妻)3034
曹適 4302
曹思慶 2299
曹思慶 7949
曹嗣先 8396
曹太聰 7155
曹太岩 7155
曹泰 7628
曹曇 5782
曹廷隱 8830
曹庭訓 8309
曹通 1464
曹萬頤 6410
曹望孫 8613
曹惟(歲兒)9191
曹文表 1464
曹汶兒 7949
曹希端 7155
曹希還 7155
曹希免 7155
曹希獻 7155
曹希曜 7155
曹希穎 8161
曹顯(明了)0551
曹獻琛 7949
曹祥 3193
曹翔 8539
曹小收 7155
曹孝佶 7949
曹信 9152
曹興 8043
曹雄 3193

常簡言 7283
常簡□7283
常建 8002
常建(常成子)1415
常節 1635
常金 6457
常金頂 1244
常璠 4398
常景延 7437
常景周 7354
常居業 5430
常君(常昌父)1244
常君(友議父)6457
常君節 5386
常俊 0995
常恪 3036
常樂 0788
常琳(常倩父)0567
常琳(如玉父)8002
常令顥 8997
常魯 5065
常買 1416
常名可 1636
常墨 1416
常盆 1635
常哀(積仁)5103、
　5252 *
常普(脩之)5065、
　5430 * 、6436、6648
常謙 5386
常謙光 5696
常乾禮 1416
常倩 0567
常清(樹)7437
常礭 3036
常讓(弘珍)1415
常仁 2127
常仁立 1635
常如 1539
常如玉 7642、8002
常睿(文聰)0995
常閏(德餘)7283

常善才 3548
常神迥 3548
常十九娘 7437
常氏 0531
常氏 8307
常氏(成萬通妻)8148
常氏(崔覬妻)2966
常氏(崔尊妻)1754
常氏(董遠妻)1827
常氏(杜操妻)8662
常氏(盖義信妻)1789
常氏(公遂女)7642
常氏(郭芬妻)6306
常氏(郭福妻)3834
常氏(郭弘簡妻)8902
常氏(郭舒妻)1765
常氏(郭羨妻)2034
常氏(郭虛妻)1947
常氏(郭英俊妻)6146
常氏(郭志妻)2755
常氏(韓禮妻)8940
常氏(何基妻)2374
常氏(和玄妻)2465
常氏(靳和妻)8482
常氏(李法妻)3255
常氏(李國清妻)7002
常氏(李進朝妻)7886
常氏(李榮妻)7040
常氏(李師妻)2784
常氏(李他仁妻)4392
常氏(李文獻妻)1065
常氏(李五妻)2485
常氏(李像恩妻)5608
常氏(李元則妻)8027
常氏(栗祿妻)1167
常氏(連高妻)1832
常氏(劉敬文妻)8379
常氏(劉清妻)7125
常氏(劉生妻)0655
常氏(呂子循妻)6679
常氏(牛德妻)1336
常氏(丘清妻)8585

常氏(丘行昌妻)8585
常氏(申黄妻)4501
常氏(申惠妻)2897
常氏(申屠茂忠妻)
　3006
常氏(石道妻)2954
常氏(田延瓌妻)9034
常氏(王弘裕妻)8803
常氏(王敬恭妻)6350
常氏(王就妻)2431
常氏(王素妻)8863
常氏(王子慎妻)0074
常氏(閻才妻)1070
常氏(藥言妻)2557
常氏(元從敬妻)8600
常氏(袁業妻)0447
常氏(張朝翼妻)6065
常氏(張貴妻)8845
常氏(趙元素妻)7354
常世威 1947
常仕遷 6457
常守義 1416
常叔儒 6436、6648
常太平 7642、8002
常談 4433
常滔 7427
常庭賓 4398
常庭仙 4930
常萬年 0995、0996
常威 0463
常温儒 6436
常文珹 6457
常文卿 0788
常文貞 2127
常文政 8241
常無惑 3871
常無名 5065 * 、5430、
　5626、6436、6648
常無求 4641 * 、
　5626 * 、5636
常無爲 5252、5626
常無欲 2641、5626

常無怨 7782
常習 5626、5636 *
常喜娘 8002
常仙進 7364
常賢 3800
常現 8002
常羨 1636
常獻齊 1539
常小福 7283
常信 6948
常興(常俊子)0995、
　0996
常興(義寬)0567
常行 1636
常行簡 7364
常行密 8241
常行授 8241
常行真 8241
常休明 5200、6803
常休文 7283
常秀 0995、0996
常緒 4641、5065、5626
常玄貞 5386
常悆 4306
常延慶 6948
常肄業 5430
常義 4930
常毅 1244
常毅(常緒子)4641、
　5065、5252、5430、
　5626、5636
常友議 6457
常玕 7362
常瑀 7908
常元楷 2617
常元憲 2127
常元興 6948
常遠 0996
常月上(象□)0463
常説 7437
常蘊 7683
常曾 5065

陳諤 6156
陳二娘 9164
陳發(有聞、友聞)7618
陳法 5345
陳法泰 2573
陳法真 1717
陳法子(士平)1615
陳蕃(陳誼父)0521
陳蕃(吴王)2104、3572
陳範(陳化子)1724
陳範(仲軌)1717*、1718
陳方 6308
陳方(陳九父)5127
陳方冀 7451
陳方位 7451
陳方易 7451
陳方意 7451
陳方遵 5714
陳魴(中遠)8166、8234*
陳朏 5209
陳豊 8635
陳酆(伯謀子)0515、1190
陳酆(陳瓚父)4310
陳諷 6240
陳福 4137
陳復 4962
陳復 8622
陳甘節 8106
陳感 1776
陳皋(譚約子)8910
陳皋(元通子)7684、7900
陳公弁 7837
陳公俊 8202
陳公乂 6253
陳公誼 8635
陳公贇 6799
陳供 5419
陳肱 6839
陳恭(陳成子)9019
陳恭(陳康子)0846
陳恭和 7213
陳古 3359
陳寡尤 4818
陳光琮 5296、5526
陳廣文 5855
陳珪 7333
陳珪 7805
陳歸 5474
陳貴 4798
陳貴呇 5873
陳國清(全白)5855
陳國昇 5867
陳過庭 7900
陳海 8367
陳皓(陳涓子)9303
陳皓(陳綰子)9164
陳和 2591
陳横 1717
陳弘嗣 8117
陳弘嗣 8202
陳宏 1384
陳洪道 4765
陳洪娘 8278
陳翃 5341、5344、6106
陳鴻 5975、6177、6399、6436
陳後己 6152
陳胡 2623
陳護 7141、8108
陳華 6557
陳化 1724
陳懷 8368
陳懷(珣)3732
陳懷寶(陳子子)3041
陳懷寶(思禮子)4379
陳懷琛 2591
陳懷賈 2591
陳懷哲 3896
陳懷珍 4379
陳歡 2573
陳歡□9164
陳鍠 5160、5311
陳晃(庾)4310
陳滉 8074
陳暉(陳通父)0699
陳暉(文皎)0885
陳惠 2330
陳惠(陳操子)3550
陳惠(陳善子)1345
陳惠慶(柖)5345
陳誨 7141
陳慧尚 1717
陳積 3747
陳積 5345
陳岌 2392
陳岌 9121
陳季江 4047
陳季裳 6319
陳季興 7837
陳季直 7837
陳紀 2466
陳濟 6521
陳家丘 2324
陳嘉 6187
陳嘉崇 6237
陳稼 7253
陳暕 3290
陳儉 1776
陳檢 2587
陳簡(陳審子)6237
陳簡(仁慶父)5350
陳簡(師正子)7045
陳簡(譚約父)8910
陳建 6763
陳建(陳弼子)6157
陳建(陳度父)2421
陳建(冬日父)9188
陳建(嗣通子)6557
陳憍 4882
陳角 1546
陳皎 9164
陳較 5729
陳嶠 5855
陳皆 5714、8234
陳傑 0967
陳節 2888
陳節本 3358
陳誡 5350
陳金 8368
陳璡(陳瓊子)2623
陳璡(陳頲子)7156
陳瑾 5130、7511
陳謹芳 6985
陳進 8633
陳瑨 5873
陳京 4793
陳京 5103、5144、5528、5656
陳景 4266
陳景恩 8303
陳景仁 8321
陳景仙 4793
陳景新 3732
陳璟 7748
陳警(玄敬)0967
陳净德 5873
陳净玲(沈叔安妻)0282
陳敬 3502
陳敬儉 2080
陳敬瑄 8659、9095
陳敬之 2858、3505
陳九 5127
陳九娘 9156
陳居(達)4137
陳巨舟 6864
陳俱仁 1345
陳涓 9303
陳均 1346
陳君 5867
陳君 7566
陳君 9064
陳君(文況父)8375
陳君(成都文學)4765

陳君(大理正)4744

陳君(廊坊掌書記)
7105

陳君(廣州長史)8278

陳君(洪州參軍)0515

陳君(侍中)9096

陳君(吳雄武統軍)
9058

陳君(西河郡守)5350

陳君(左神武兵曹)
6177

陳君從 8312

陳君賞 7141＊、7433、
7920、8108

陳君喜 5526

陳君弈(弘美)7416、
7426

陳俊 7451

陳康 0846

陳閎 4137

陳克奇 5209

陳客僧 5867

陳孔 3289

陳寬 6152

陳來章 6726

陳蘭英(柳知微妻)
7457

陳朗(□卿)2573

陳稜 3358

陳禮(陳德子)2542

陳禮(陳之父)0912

陳利見 4062、4470

陳栗元 8658

陳勵 4798

陳鍊 5311

陳良 6844

陳良祐 8518

陳亮(陳涓父)9303

陳亮(楚)3635

陳遼 7141

陳列 2888

陳璘 8910

陳靈芝 2542

陳令光 5874

陳令同(弈)3611

陳令宣 9064

陳令璋 5900

陳令莊 4209

陳令□9064

陳留 6844

陳隆 1384

陳隆(璩耶,成昭妻)
1073

陳龍 3635

陳龍英 1615

陳鷺(儉)1383

陳婁 8367

陳魯師 2914、3029、
3030

陳論 6799

陳略 1445

陳買 4379

陳滿 8375

陳滿兒 9156

陳庬兒 9019

陳妹郎 7045

陳孟宣 6319

陳密 6109

陳密(長沙王)2982

陳妙勝 8910

陳明(陳本父)0885

陳明(陳如父)0998

陳明(陳通子)1751

陳明(叔璩父)5431

陳明(元)1534

陳明進 3611

陳明則 6017

陳默 1534

陳目兒 9156

陳牧 4798

陳南容 6548

陳猱猗 8635

陳廿二娘 9156

陳廿四娘 8321

陳廿一娘 8321

陳寧 6692

陳澝 7569

陳珮 9110

陳彭年 5756

陳頻兒 8368

陳溥 6279

陳七兒 9019

陳栖岫 9132

陳齊金 7272

陳齊卿 3416

陳啓明 1345

陳千 8962

陳千仅 3289

陳謙 2466

陳蒨(陳文帝)0515、
1190、1573

陳琴珍 3359

陳清(善住)1751

陳清簡 5350

陳清談 5350

陳慶 3747

陳瓊 2623

陳球福 3635

陳璩 7416

陳去惑(端士)6928＊、
6985

陳泉□5138

陳詮 6183

陳推 7075

陳饒 1136

陳人 4917

陳仁弘(茂先)1384

陳仁監 5296、5526＊

陳仁竣 1709

陳仁慶 5350

陳仁順(元良)2591

陳仁允(德温)8367

陳榮(陳祥子)6152、
7031

陳榮(嗣通子)6557

陳如(陳明子)0998

陳如(陳信父)2252

陳儒 6279

陳汭 5130、5135

陳叡 3703

陳僧奴 8368

陳善 8228

陳善(陳古父)3359

陳善(君慶)1345

陳善行 0187

陳善行 9212

陳善賫 3041

陳善政 2914、3029

陳商 6873、7906、
8016、9253

陳賞 6118

陳尚賓 5873

陳尚仙(上元)3550

陳少微 3800

陳少游 5122、6262、
6381

陳少游(惠慶子)5345

陳少游(悟)3747

陳邵斌 9019

陳邵琮 9019

陳邵通 9019

陳邵貞 9019

陳紹 8503

陳紹宗 2080、2081

陳涉 2938

陳深 7451

陳審 6138、6235

陳審(公俊子)8202

陳審(景恩父)8303

陳審(通□)6237

陳審琦 8910

陳審瓊 8910

陳審球 8910

陳慎 6799

陳生(君義)1709

陳昇(陳雲子)6563

陳昇(陀仁父)9212

陳晟(陳臻父)7045

陳晟(再遇父)9019	陳氏(鄧師妻)1008	陳氏(呂惠幹妻)8553	陳氏(嚴贄妻)9253
陳師服 6778	陳氏(范光祖妻)7235	陳氏(呂惠僧妻)8553	陳氏(楊素妻)8652
陳師靖 9141	陳氏(方積妻)9133	陳氏(馬驥妻)4937	陳氏(楊元卿妻)6831、
陳師上(慕玄)7045	陳氏(馮懷晟妻)7400	陳氏(馬遷妻)6688	9303 *
陳師師 8368	陳氏(葛巽妻)8257	陳氏(馬獻妻)6844	陳氏(姚恭妻)1949
陳師正 7045	陳氏(宮惠妻)0100	陳氏(孟珏妻)8068	陳氏(易玄式妻)8383
陳師正 8303	陳氏(郭珽妻)8435	陳氏(孟昇妻)7496	陳氏(俞得言妻)9123
陳師中 7045	陳氏(韓寧妻)5900	陳氏(苗早妻)0832	陳氏(庾光烈妻)6879、
陳十二娘 7451	陳氏(何詵妻)0975	陳氏(苗志清妻)5431	7668
陳十一娘 9156	陳氏(華文弘妻)2190	陳氏(牛濬妻)1762	陳氏(元建妻)7920
陳寔 3289	陳氏(霍承暉妻)3502	陳氏(牛浦妻)5872	陳氏(袁公瑤妻)1999
陳實 1345	陳氏(吉隱妻)4284	陳氏(牛慶妻)8992	陳氏(袁景立妻)8308
陳士朝 6183	陳氏(紀平妻)8029	陳氏(裴垍妻)7791	陳氏(袁仁敬妻)3443
陳士會 5244	陳氏(江師武妻)7842	陳氏(秦嚴玭妻)7430	陳氏(臧南金妻)2392
陳士寧 8368	陳氏(康英賢妻)7631	陳氏(任愛妻)2760	陳氏(曾惟積母)7314
陳士興 3041	陳氏(康忠信妻)6927	陳氏(任杲妻)6740	陳氏(張皇妻)6690
陳什 9188	陳氏(李慈暉妻)3991	陳氏(尚慶宗妻)7059	陳氏(張薦妻)6692
陳氏 1498	陳氏(李公綽妻)8622	陳氏(邵六奇妻)5523	陳氏(張敬興妻)4047
陳氏 3201	陳氏(李璨妻)7416	陳氏(申衆妻)2390	陳氏(張俊妻)2539
陳氏 4673	陳氏(李弘妻)1639	陳氏(申屠秀妻)0978	陳氏(張良玉妻)5920
陳氏 5969	陳氏(李進祿妻)3338	陳氏(宋爽妻)1857	陳氏(張師周妻)6903
陳氏 6728	陳氏(李偭妻)7953	陳氏(宋武妻)8759	陳氏(張溫妻)6490
陳氏 6995	陳氏(李克用妻)8776	陳氏(孫行立妻)8220	陳氏(張邕妻)7613
陳氏 8032	陳氏(李山妻)1581	陳氏(孫休妻)1055	陳氏(張轅妻)6842
陳氏 9116	陳氏(李璲妻)7762	陳氏(檀肱妻)8653	陳氏(張愿妻)9052
陳氏(白昇之母)4266	陳氏(李廷規妻)9070	陳氏(唐白澤妻)0437	陳氏(趙素妻)6028
陳氏(白簡寂妻)1429	陳氏(李琬妻)1306	陳氏(萬民妻)1803	陳氏(趙文皎妻)2291
陳氏(鮑脩妻)4640	陳氏(李行恭妻)8955	陳氏(王重師妻)8750	陳氏(趙興妻)1573
陳氏(賁卿妻)5879、	陳氏(李彥璋妻)9050	陳氏(王遘妻)8419	陳氏(鄭思九妻)3972
6043 *	陳氏(李義妻)8723	陳氏(王皈政妻)7385	陳氏(摯開緒妻)0476
陳氏(畢識妻)1565	陳氏(李志貞妻)3269	陳氏(王魯復妻)7352	陳氏(鍾離贊妻)8288
陳氏(常懷靚妻)2127	陳氏(梁才妻)1998	陳氏(王興妻)1660	陳氏(周孝祖妻)3572
陳氏(陳璡女)2623	陳氏(梁覺妻)4489	陳氏(王元遇妻)8717	陳仕安 9156
陳氏(君弈女)7426	陳氏(劉匡業妻)9058	陳氏(吳譙妻)9025	陳仕政 3289
陳氏(陳榮女)6152	陳氏(劉融妻)1740	陳氏(項仕瓊妻)9144	陳式 6523、7558
陳氏(程安妻)6636	陳氏(劉行達妻)2962	陳氏(蕭玄妻)2620	陳適之 6187
陳氏(程雲妻)7845	陳氏(劉貞妻)8924	陳氏(邢良妻)7728	陳守禮 5311
陳氏(崔大鈞妻)5129	陳氏(盧殷妻)7512	陳氏(徐士良妻)7019	陳守業 2421
陳氏(崔基妻)2425	陳氏(盧真啓妾)8746	陳氏(徐暹妻)7025	陳守詗 2421
陳氏(崔連城妻)4688	陳氏(陸黯妻)6357	陳氏(許心簡妻)7724	陳授 6402
陳氏(崔日進妻)6885	陳氏(羅真妻)7026	陳氏(薛兼訓妻)5092	陳壽(陳昌子)1383
陳氏(崔哲妻)2463	陳氏(羅宗妻)7026	陳氏(薛宜子母)5918	陳壽(陳榮子)6152

陳搖瓶 9019

陳瑤 4765

陳瑤(陳密子)2982

陳緜 5714、8234

陳曜 7837

陳曜(君)2982

陳業 2573

陳鄴 9164

陳一娘 9164

陳漪 5160

陳夷實 6903、8068

陳夷行 6708、6903、
　7953、8068

陳夷章 6903

陳乂都 7144

陳易養 8166、8234

陳釴 5311

陳義(陳瑜子)3290

陳義(季江子)4047

陳義通 5296、5526

陳誼 0521

陳英 4387、7782

陳英(王寶)0998

陳郢 6319

陳邕 6903

陳友信 5867

陳有聞 7618

陳右 5929

陳幼和 9188

陳宥(啓遠)6187 * 、
　6985

陳祐 6928

陳瑜 8635

陳瑜(陳義父)3290

陳聿(式明)3030

陳諭 7141

陳元 1136

陳元伯 9297

陳元達 7724

陳元素 8658

陳元通 7684 * 、7724、
　7900

陳元造(遂古)5714

陳遠(陳度子)2421

陳遠(陳滿子)8375

陳約 3443

陳岳 8605

陳悅(陳嵩子)6778

陳悅(陳縱子)5419

陳説 3704

陳説 8108

陳越石 7352

陳閲 4744

陳顴 2587

陳雲 1709

陳雲(陳昇父)6563

陳允升 4495、4540、
　4595

陳允胤 9107

陳允衆 6402

陳蘊 8303

陳載 3365

陳載方 5855

陳載曦 5855

陳再豐(益之)8518

陳再寧 9019

陳再遇 9019

陳瓚(陳鄭子)4310

陳瓚(文素)2252

陳造(陳鄴子)9164

陳造(章甫子)5525

陳則 1776

陳曾 7156

陳湛 7511

陳章甫 4343、5525、
　5812

陳璋 7141

陳長者 1429

陳招哥 9164

陳昭(陳隆父)1073

陳昭(陳縮子)9164

陳昭(質)0521

陳肇 7684

陳哲 5419

陳珍 2542

陳貞 5024

陳貞(季江父)4047

陳貞簡 2080

陳貞節 5525

陳真 3572

陳臻 7045

陳振 1383

陳拯 6402

陳正儀 6951

陳政 7837

陳政德 0099

陳之 0912

陳知簡 2081

陳知章 8289

陳至(薩雲若,獨孤彦
　妻)5130

陳陟 4798

陳智賢 5867

陳中 8202

陳忠盛 4173

陳仲昌 6799

陳仲禹(仲瑀)7724、
　7684

陳宙 9303

陳燭 7511

陳專 6839、6995、
　7031 *

陳莊 6521

陳拙 8924

陳子(陳龍父)3635

陳子(瑗)3041

陳子昂(伯玉)2419、
　2512、7357

陳子春 6488

陳子綽(玄成)0668

陳子文 7156

陳子宜 3969

陳宗(陳福子)4137

陳宗(慧尚子)1717

陳宗回 7156

陳宗卿 5756

陳宗寶 9092

陳宗武 6778

陳宗煦 8368

陳宗儀 6206

陳縱(顔回)5419

陳足定 8368

陳佐 5525

陳□5131

陳□播 8658

陳□璋 8658

陳□忠 9085

成

成安幸 8148

成備 8393

成表仁 0766

成伯憙 0196

成藏 5217

成册 7049

成蟬 8583

成長愛 7261

成超 8583

成初 8583

成大喜 8148

成德 4497

成端(安仁)1631

成鐸(明之)8095

成杲 4101

成光 7505

成光潤 7261

成歸 8583

成貴 0906

成果(小娘子)3059

成杭 7352

成恒 6116

成洪(太)4497

成懷憲 7261

成懷義 7261

成懷□7261

成驪 1118

成暉庭 5266

成積 5266

成及賢 8095

成季 8583

成嘉賓 7049

成嘉俊 5217

成諫 7505

成晉 8095

成進(安幸父)8148

成進(成愼子)6116

成景(僧)0906

成敬荷 2119、2598

成敬武 8833

成居簡 6419

成君 6439

成君(日遷父)8511

成立 2156

成立行 5194＊、5266

成麟 7465、8393

成留僧 8393

成買 8583

成旻 3059

成其 3059

成虔威 8623

成詮 7229

成仁(感)4101

成日遷 8511

成榮□4101

成如璋(璋)6439＊、
　7049

成僧保 4497

成善(成藏父)5217

成善(子良)1118

成十八娘 8393

成十六娘 7465

成十七娘 8393

成十四娘 7465

成十五娘 7465

成士會 5266

成士寧 6419

成士元 6419

成氏 4766

成氏 8651

成氏(車良妻)5788

成氏(陳德元妻)6985

成氏(郭文慶妻)8533

成氏(郭再興妻)8343

成氏(賈琛妻)6103

成氏(賈嶼妻)6794

成氏(雷海妻)6116

成氏(李志訓妻)6001

成氏(劉華妻)7690

成氏(苗寧妻)3351

成氏(潘懷寧妻)6490

成氏(秦恭妻)8669

成氏(秦仁晏妻)9014

成氏(任邵妻)7599

成氏(尚淑妻)8975

成氏(史詮妻)6025

成氏(宋遷妻)8528

成氏(索万進妻)9042

成氏(王敬璋妻)8990

成氏(吳穎妻)8284

成氏(武元謹妻)8615

成氏(謝玄侗妻)5669

成氏(羊喦妻)7341

成氏(尹嘉賓妻)4355

成氏(張進妻)5944

成愼 6116

成濤 8096

成鐵 1118

成通 0906

成琬 8095

成萬通 8148

成望 7505

成文 4497

成文雅 7049

成羨 8583

成小喜 8148

成孝宗 7465＊、8393

成繡 8583

成玄素 3059

成玄英 2673

成玄再 6439

成勖 5438

成延宗 8583

成延祚 7049

成嚴 4865

成彥思 8095

成彥之 8095

成養(祖)0766

成殷(子涯、仲殷)
　7465、8393＊

成應(玄應)0573

成顯 4101

成友義 6419

成元綽 7229

成元剛 7229

成元謹 8148

成元景 8148

成元矩 8148

成元亮(長明)6439、
　7049＊

成元素 7229

成元貞 7229

成元宗 6439

成元□8148

成願 8583

成運之 6053

成璋 5669

成昭 1073

成貞固 1073

成積 8665

成智恭 7229

成仲旻 7465

成仲遷 8393

成訕(從訓)5266

成子杲 5893

成子卿 8227

成宗 8821

成公

成公漕 5172

成公徹 3623

成公崇(舜子)3623

成公弘珪 5172

成公會 8519

成公曒 8519

成公齊 5556

成公偪 5172

成公靈瓛 5172

成公邈 8519

成公虔裕 3623

成公日新 3623

成公士和 5172

成公士容 5172

成公士武 5172

成公氏(雍感妻)2771

成公緒 3623

成公儼 8519

成公瑤(昭玉)8519

成公擢(穎)5172

程

程阿師 3168

程安 6636

程寶 2820

程賁 5051

程璧 2855

程標 8246

程玢(建章)7646

程賓 8269

程賓(程福子)6991

程伯 1071

程伯獻 5262

程才(程儋子)1622

程才(文)1957

程操 0163

程操 1372

程策 5805

程讕 8764

程昌 0368

程昌締 5262

程昌穆 5262

程昌胤 5051、5262＊

程昶 1622

程超 3037

程琛(程國父)2094

程琛(宗宏父)5683

程諶 4574

程承寂(冲)4158

程誠 6440

程初 7635

程處弼 2401、5262

程處寸 5805

程處廉 3627

程處政(彥道)1886

程楚瓊 6168、6175、
6941

程從諫 5805

程從明 5805

程達(須達)1133

程儻 1622

程道初 4444

程德(程寧父)1017

程德(爲政)3037

程定(日耀)5110

程端 8269

程恩 7845

程昉 2223

程鳳起 3274

程佛與 7663

程福 6991

程福貞 3168

程綱 5374、6175＊、
6941

程皋 5807

程誥 1071

程厷 1133

程公甫 5807

程公牟 5807

程公慶 7616

程公雅 6636

程公約 6636

程公憕 5807

程瓘(興瓘)5359

程光裔 5663

程歸(慶)3168

程軌 0546

程國 2094

程國榮 6991

程罕 6468

程漢 1535

程翰林 5805

程浩 4574、4686、
4709、4873、4967、
4969、5110、5119

程晧 4909

程皓 5834

程曷 4238

程和(程清子)7635、
8636

程和(禮唐子)2694

程弘(程乾子)1444

程弘(程威父)2947

程弘(程肇子)4158

程弘節 4197

程弘孺 6941

程弘寔 7635

程弘實 7635

程弘嗣 6941

程弘寘 7635

程弘祚 6941

程洪 3864

程胡子 3037

程岵 6175、6941

程護(思賢)2820

程懷充 5683

程懷憲 5129、5291、
5379＊

程懷信(宗文)5578、
5834＊

程懷直 5578

程懷志 3168

程暉 3627

程晦(伯瓊)3274

程基 4824

程佶 8159

程几林 1994

程季隨 4748

程儉(德琰)1994

程儉(□愕)2767

程金 7522

程金山 7845

程董 3627

程進 4238

程進瓊(貞玉)8269

程瑨(程皋子)5807

程瑨(玄封子)4197

程竫 4817

程九(思)2480

程居仙 6589

程舉 1994

程舉(程信子)2767

程君 0235

程君 6368

程君(程慶父)2065

程君(國榮父)6991

程君(河間郡守)1957

程君(江都令)1133

程君(野王令)1957

程君(羽林大將軍)
6368

程君式 1444

程俊(程賓子)6991

程俊(程胤父)6595

程俊(處俠)0439

程峻(弘遠)0163

程濬 3627

程楷 0368

程偘(程和子)2694

程偘(程允父)8009

程匡兒 1017

程蘭欽 2767

程郎 8636

程禮(程絢子)2480

程禮(崇禮)2947

程禮唐 2694

程良 6440

程良弼 3274

程良實 5884

程良燧 5884

程良汶 5884

程良直 5884

程亮(思忠)0368

程量 3037

程驎 7451

程苓 3627

程令佺 7327

程令淑(楊傑妻)0818

程龍 0855

程婁(樓)0439、1886

程魯卿 6589

程鸞(程端子)8269

程鸞(立言)2094

程倫(達理、桃棒)1071

程略 0163

程買 1493

程買(程生子)0579

程買(善將)1017

程滿 5834

程茂實 5663

程孟良 5379

程密 7646

程旻 7327

程名振 0583、2213

程明瑀 5884

程穆 0855

程寧(程舉父)1994

程寧(程遊父)1017

程霈 5663

程平 6440

程期 7646

程屺(孝岳)5374、
6175、6941＊

程千里 4861、6169

程乾 1444

程潛 7390

程欽 4158

程秦 5807

程清 7635＊、8636

程慶 2065

程慶元 5884

程茜(麗)2065

程璆 4824

程詮 6440

程權 6678

程愨(陁羅尼)4238

程仁(法惠)1622
程仁(善將)3003
程仁本 4197
程仁明 3274
程秤 0546
程榮 5834
程若水 3939、5262
程三藥 7635
程善通(伯舉)0423
程少宗 8269
程紹之 7663
程生 0579
程晟 4840
程師藏(納言)4817
程士高 4197
程士南(正之)6589
程氏 6010
程氏(畢恭妻)3101
程氏(曹潤興妻)8534
程氏(成公會妻)8519
程氏(董忱妻)3071
程氏(董約妻)8686
程氏(都璿妻)6370
程氏(顧師政母)7006
程氏(郭懷則妻)3917
程氏(郭胤妻)5470
程氏(郭遠妻)5650
程氏(韓緒妻)0940
程氏(浩義妻)8896
程氏(賀蘭遂妻)6575
程氏(桓哲妻)3945
程氏(霍休妻)0546
程氏(李公雅妻)7192
程氏(李積妻)4951
程氏(李景光妻)6055
程氏(李收妻)0445
程氏(李鈇妻)5663
程氏(李文益妻)7541
程氏(李武妻)8948
程氏(李彥暉妻)8865
程氏(李元則妻)8780
程氏(劉進妻)6583

程氏(劉元武妻)8454
程氏(劉源武妻)8639
程氏(呂敬唐妻)8944
程氏(苗郭妻)2785
程氏(牛進妻)2477
程氏(秦舉妻)0738
程氏(秦舉妻)1558
程氏(青住妻)2122
程氏(史公素妻)8362
程氏(蘇表妻)2428
程氏(孫惟瑾母)7411
程氏(孫子成妻)5792
程氏(王璲妻)8687
程氏(王永則妻)1114
程氏(魏遠望妻)5028
程氏(魏再榮妻)5330
程氏(薛敞妻)8433
程氏(楊立妻)3784
程氏(姚集母)8463
程氏(張達妻)8246
程氏(張勸妻)8888
程氏(張信妻)1702
程氏(張淑妻)7275
程氏(張沼妻)8888
程氏(長孫倕妻)5051
程氏(趙航妻)7201
程氏(趙洪妻)8811
程氏(趙師貞母)6168
程叔規 5359
程叔絢 6595
程叔哲 1436
程述 8269
程思 3446
程思福 3003
程思暕 0423
程思近 7390
程思欽 6589
程思泰 4824
程四藥 7635
程蕭敏 5262
程蕭謨 5262
程蕭言 5262

程蕭詠 5262
程提 2820
程通 2403
程推娘 7663
程退思 7663
程萬福 2094
程威 2947
程微 4817
程惟誠 5884
程煒 4238
程溫 6636
程文攬 4817
程文亮(甯裕妻)0346
程文琬 3627
程文選 3003
程文葉 8269
程文貞 3003
程問 2947
程武 7635
程希玠 4197
程襲(玄鸞)0855
程仙貴 6440
程仙姬(玉孃)0708
程暹 4824
程咸(慎暉)2403
程顯 0163
程簫 6589
程小奴(姜承先妻)
　2401
程小十 7635
程小藥 7635
程晶 6589
程信 2767
程行 2403
程行約 8269
程雄 0423
程復 0423
程休 3545、4108
程休光 4840
程秀山 7845
程項 4238
程旭 2836

程旭(昭晉)7663
程玄封(諒)4197
程玄智 1622
程絢 2480
程詢古 8504
程迅 7663
程延 4911
程延 6773
程延(程恩子)7845
程彥 2480
程晏(程期子)7646
程晏(程允子)8009
程瑤 4158
程藥師 7635
程藥王 6168、6175、
　6941
程宜奴 6595
程义 0423
程异 6476、7716
程繹 6168、6175
程殷卿 6589
程寅恭 6632
程胤(程俊子)6595
程胤(程瑩子)5884
程英俊 4197
程瑩 5884
程穎 1535
程邕 1535
程永 0579
程用之 4967
程優禮 5379
程遊 1017
程祐 7327
程玉 2401
程玉山 7845
程遇 8407
程遇(懷志父)3168
程元昌 5379
程元皐 6589
程元光 2694
程元惠 3003
程元寂 3003

程元敬 2694
程元秘 5805
程元象 6440
程元意 4444
程元□ 2947
程悦 5884
程越卿 6589
程雲 7845
程允 8009
程宰 7646
程瞻 2947
程昭福 2094
程昭廉 4817
程肇 4158
程哲 1436
程哲（程妻父）1886
程哲（程信父）2767
程珍（照）2065
程振 0818
程知節 0439、1315、
　1886、2401、5262、
　5805
程執撫 5834
程執恭 5834
程執收 6678
程志豪 3274
程志烈 7663
程質 8269
程質（洛）2065
程忠 9308
程忠（程恩父）7845
程忠建 7523
程子（師保）1444
程子邕 5359
程紫霄（體元，洞玄先
　生）8764
程宗 7635
程宗宏 5683
程宗禮 5884
程宗立 7327
程宗敏 8009
程最（經廣）2694

程遵 6175

郗

郗郇 1130
郗處約 7109
郗瑞達（休徵）1130
郗士美 6122、6153、
　6282、6441、6536、
　7999、8463
郗氏（王賢妻）1311
郗緒 1130
郗彥之 1130

池

池氏 4335

叱李

叱李長乂 2729
叱李莨 2729
叱李善惠 2729
叱李氏 2729

叱羅

叱羅氏（朱感妻）0316

熾俟

熾俟勃閉支 3560
熾俟步失 3560、4617
熾俟迪（伏護）4617
熾俟鳳 4617
熾俟弘福 3559、4617
熾俟力 4617
熾俟思敬（和平）3559、
　3560 *
熾俟娑匐頡利發 3560
熾俟温 3560

神（种）

神幹 6455
神歡 1197
神閏 6455
神師 1197

神天 1197
神曜（二朗）1197

處羅可汗（見阿史那
　羅）

楚

楚光祚 8949、9029
楚彎 8974

褚

褚湊 4837
褚範 4280
褚方大 6707、6834
褚綱 4280
褚景略 6707
褚鈞 4280
褚亮 1607
褚倫 6763
褚氏（崔納妻）6834
褚氏（李懷妻）5732
褚氏（田存妻）8566
褚氏（王方妻）4218
褚氏（王居禮妻）8098
褚氏（楊隱妻）3740
褚氏（張池妻）5517
褚氏（朱思仁妻）1607
褚思光 3472
褚遂良 1228、1560、
　2455、2903
褚庭誨 4280、6707
褚庭詢（立節）4280
褚無量 4280、6707、
　6834、6905
褚孝仁 3664
褚秀 3313
褚暘 5732
褚義宗 4280、6707
褚約 6707
褚中庸（宗本）6707、
　8098

儲

儲德充（繼美）8767
儲德雍 8767、8860、
　8872
儲德源 8767
儲弘 8765、8767
儲亮 8765、8767
儲柳柳 8767
儲女女 8767
儲仁顥 8767
儲賞 8765、8767
儲氏（張昌耀妻）8765
儲氏（張繼昇妻）8908
儲氏（張全義妻）8765、
　8767
儲小豬 8767

淳于

淳于晉 4229
淳于迪 4229
淳于處平 2306
淳于賀 4019
淳于簡（簡之）4229
淳于璠 4229
淳于平 4229
淳于業 4904
淳于子珣（珍）4229、
　4904 *

啜剌

啜剌氏（賀魯子琦妻）
　5352

從

從感解（元亨）4836
從君還 4836
從美峰 5830
從喬峰 4836
從喬晉 4836
從喬望 4836
從喬興 4836
從喬岳 4836

崔崇吉 8773

崔崇嗣 3898

崔崇素(遵禮)8772＊、
　　8773

崔崇泰 1623

崔寵 4477

崔綢(張慶嗣妻)6788

崔芻言 7182、7748

崔處靜 2118

崔處仁 1650

崔處信 2498

崔處淹 1045

崔處一 7855

崔處智 1838

崔礎(承之)7738

崔傳悅 6885

崔陲 5368、7203、
　　7452、7733、7895、
　　8200

崔春官 7353

崔春卿 3756

崔純 3052、5013

崔純亮 5451

崔純陁 3806

崔偆 4997

崔綽(崔鑒父)6929

崔綽(崔儼子)6280

崔慈 3606

崔泚 7167

崔次璵 6511

崔從 4998、5610、
　　5661、6019、6730、
　　7897、8494、8604、
　　8700、8772、8820、
　　9101

崔從古 6186

崔從諫 5522

崔從禮 2117、4660

崔從令 3787

崔從明(鄭千金母)
　　4235

崔從一 5068

崔從政 3319

崔從直 6186、6686

崔從質 5201

崔淙 6018、7158、
　　7758、8156

崔琮 4212

崔琮 5762

崔漼 7971

崔達(崔異子)4998、
　　5610

崔達(崔約子)6721

崔達(劉談經妻)6929

崔大方 1600、5366

崔大驚 8922

崔大鈞 5129

崔大客(雉兒)0394

崔大起 1932

崔大義 0142、0221

崔大質 1272、1865、
　　2983、3152、3403、
　　4188、4815、8181

崔待詔 4235、6280

崔眈 7157、7191

崔鄲(晉封)6179、
　　6815、7452＊、7693、
　　7895、8461

崔儋 5622

崔儋 8442

崔亶 3156

崔淡 4183

崔誕 1045

崔澹 7041、8061

崔璿 6257

崔讜 7965

崔讜(崔莄子)6829、
　　7074

崔道(崔譒子)5215

崔道(崔早子)2491

崔道(元直子)8156

崔道超 3898

崔道固 2019

崔道默 5013

崔道融 7895

崔道猷 4815、5318、
　　5839、5912、7172

崔道郁 3152、4069、
　　5368

崔德 8820

崔德珪 1373

崔德仁 1885

崔德融 7895

崔德雍 8701

崔德元 5456

崔德政(允文)1887

崔登(士高)0230

崔登兒 8571

崔迪 5270

崔迪 7540

崔滌 3984

崔敵 1568

崔覲 8914

崔調 8440

崔調(崔莄子)6304

崔頂(敬元)2851＊、
　　5215、5338、6013、
　　6348、6441、7071、
　　7906

崔鼎 4997、6135、7513

崔定 5435

崔定(崔絢子)7178

崔定兒 8102

崔鋌 6186

崔侗 3629

崔峒 6812

崔洞虛 7197

崔牘 7157

崔度 4982

崔端本 8494

崔鍛(大冶)7377

崔惇 6721

崔敦禮 0105

崔敦禮 6011

崔敦實 7692

崔鐸 7190

崔鐸 9161

崔鄂 8493

崔粵(秀粵)5977

崔諤(承弼子)8837

崔諤(道猷子)5318、
　　6892

崔諤之(元忠)2807

崔鍔 6403、6715＊

崔二 4613

崔二娘子 8512

崔法貿 7356

崔法壽 7356

崔蕃 7234、7891

崔凡 7780

崔璠 5171

崔璠 7948

崔璠(國器)7096

崔璠(玉卿，王會妻)
　　7134、7961＊

崔範融 7895

崔方伯 6298、6441

崔方揀(文振)7882

崔防 7052＊、7140、
　　7345

崔胐 4016

崔汾(鼎祥)7510

崔鐨 8391

崔峰 4452

崔豐 5384

崔豐(宗之子)4746

崔鄷 6179、6380、
　　7203、7733、7895

崔逢 7621

崔逢(崔俠子)6046

崔逢(玄成)6298、
　　6441＊

崔奉諒 1960

崔奉賢 0403、0690

崔奉璋 4184

崔鳳舉 4028、4782＊

崔鳳林 3787

崔鳳賢 4370

崔袚 4687

崔秭 7500

崔伏 8497

崔扶 6896

崔孚 6340、6594

崔苻 6283

崔福 7438

崔福 7547

崔福報 5367

崔福昌 6885

崔福哥 8922

崔福慶 4847、5322

崔福榮 6885

崔福興 6885

崔福真 6885

崔福政 6885

崔甫 8270

崔備(茂宣)5451、
　5555、5885 *

崔輔郎 6371、6846

崔付政 1859

崔復 3769

崔復(退夫)7716、
　8035 *

崔復本 6245、6536

崔富春 6661

崔溉(退夫)5449、
　5524、5588

崔感 2327

崔感 3786

崔感(孝德)1107 *、
　2966

崔幹(道貞,崔民幹)
　0280

崔剛(崔綜子)3152

崔剛(季舒子)4610

崔鋼 6693

崔郜 7067

崔杲 7118

崔杲之 5338

崔哥兒 7388

崔哥奴 9101

崔革 8403

崔格 7816

崔格(崔沂子)9043

崔賡 7405

崔公弼 6019

崔公度 6019

崔公華 1865

崔公牧 1637、1638、
　1956、4476、6718

崔公信 8403

崔公瑤 2882

崔公琄 8131

崔公逸 2227、2228

崔公瑜 8392

崔公宇 6077

崔公佐 7540

崔肱 6996

崔恭(崔顏子)5434、
　8402

崔恭(元直子)8156

崔恭伯(敬本)7071 *、
　9304

崔恭禮 4432、4486、
　5349

崔珙 6032、6257、6395、
　7039、7108、7932、
　8061

崔貢 2984、3403、7067、
　7881、9192

崔狗狗 6341

崔遘(崔昇子)5422

崔遘(崔俠子)6046

崔覯 4610

崔谷神 4091

崔觀 5140

崔觀(崔陟子)7034

崔觀(齊之子)6737

崔琯 6032、6257、7453

崔灌 7157

崔瓘 8017、8474、8850

崔光 4091

崔光(徽)4028

崔光迪 5451、5601、
　5885

崔光乘 8494

崔光嗣 8494

崔光胤 5913

崔光裕 8494

崔光遠 5174、5451、
　5729

崔廣(崔貢子)7067、
　9192

崔廣(貞固子)4370

崔廣兒 7464

崔廣孝 7510

崔珪 3690

崔珪(崔鎬父)9102

崔珪(信臣子)5103

崔龜從 7373、7418、
　7884、7928

崔歸僧 8413

崔瓛 8116

崔桂娘 6371、6846

崔貴(崔威父)0991

崔貴(崔憲子)1649

崔袞 7884

崔郭七 7895

崔國(崔遷父)1454

崔國(崔瑛子)7041

崔國鼎 3765

崔國輔 3765、6006

崔國政 5422

崔韓九 5086

崔韓九 8102

崔罕 7711

崔漢衡 5521 *、5880

崔翰 5839

崔瀚 7761

崔沆 7448、7572、
　7884、8563、8593、
　8705、8763

崔昊 3235

崔昊(祐之子)4688

崔浩 5887

崔浩(廣及)8102、
　8493 *

崔晧 6565、7240

崔鎬 9102

崔顥 3545、4351、4395

崔合 6283、6396

崔和 0547

崔和 4517

崔和(仲和)3680

崔郃 8359

崔河(潤)8403

崔河圖 6714

崔荷 8837

崔賀 7300

崔恒 5048、5086

崔恒(崔訴子)4632、
　6681

崔恒(嘉裕子)4997、
　6721

崔恒(行則子)4691

崔衡(崔復子)7716、
　8035

崔衡(士能子)0821

崔弘 5977

崔弘本 6019

崔弘度 0403

崔弘基 3806

崔弘禮 6340、6594、
　6761、8071

崔弘諒 7108

崔弘仁 6339

崔弘昇 1650、3606、
　6186

崔弘壽 4183

崔弘運 7108

崔弘載 6340

崔宏 8413

崔宏(茂宗子)3647、
　3853

崔宏(崔絢子)7178

崔洪 4997

崔洪 6831

崔鉷 8391
崔鴻 4091
崔厚 8820
崔縠 7615
崔鵠 6486
崔鵠兒 8494
崔虎 1107
崔沍 7906
崔護 7405
崔護(崔才子)1623
崔花金 7356
崔華(崔寶父)2425
崔華(崔遵父)2464
崔華(奉華)5624
崔華(果)2491
崔華(庭瞰女)3771
崔華(治文父)2182
崔淮 5913
崔懷德 6929
崔懷信 2804
崔懷信 3211
崔懷義 8392
崔懷珍 4209
崔寰 5262
崔嬛(韓肅妻)6830
崔環 8629
崔環 8920
崔環(崔侮子)8270
崔鐶 8149
崔緩 7881
崔奂炅 3156
崔涣(休明)4163、4935、4954＊、5416＊、5463、7738、8395
崔涣(隱甫子)7388
崔澣(崔誧子)7234、7891
崔澣(士重)4565
崔瑝(崔迥子)7961
崔瑝(崔頲子)6032、6257
崔煌 6765
崔鍠(大音)5766
崔滉 8253
崔暉慶 3211
崔輝琳 3770
崔回(崇慶)2804
崔回(崔嘉子)7356
崔惠(敏)1454
崔惠通 8754
崔會(恭伯子)7071
崔會(師合)1466
崔會仁 4695
崔誨 5103
崔誨兒 6780
崔翽 7645
崔鐬(節卿)6718、7421、7884＊
崔渾 7544
崔渾 8116
崔渾(崔暟子)4320
崔混之 5068＊、5070、6715、6716、6717、6718、7405、7884、8394
崔基 2425
崔璣 2313
崔積善 2313
崔及(崔衍父)4209
崔及(崔殷子)6606
崔伋(見崔級)
崔岌(抱一子)5627
崔岌(庭晦子)5237
崔汲 8302
崔汲(崔抗子)3769
崔佶(崔綜子)3152、5368、7203、7452、7895
崔佶(思忠子)3161
崔級 4624
崔級(崔伋)6587、7134、7961
崔戢 8504
崔季兒 6661
崔季和 5624
崔季珩 6511
崔季華 4969
崔季梁 5366、5630
崔季平 5624
崔季舒 0632、4610
崔季邕 5624
崔季重 5306
崔垍(黄中)6179、7203＊、7733、7895、8571
崔迹 5956
崔洎 8493
崔寂(元宗)2714
崔旣(崔晤子)6693
崔旣(崔昭子)6304＊、6367、6829、7074
崔旣(子信)7074
崔繼 4969
崔繼權 8504
崔繼宗 7036
崔冀 6558
崔冀(崔秀子)5082、5912、6788
崔濟(崔譽父)3483
崔濟(處州刺史)6792
崔濟(汾州刺史)8131
崔嘉(崔回父)7356
崔嘉(奉孝)1714
崔嘉賓 0388
崔嘉賢 4130、5101
崔嘉裕 4997、6721、7513、7716
崔賈七 7203
崔檟 7158、7643、7758
崔駕仙 6011
崔兼之 1956、2823
崔堅 3929
崔堅 4476
崔緘 4593
崔暕 6339
崔儉 1268＊、2255
崔建 2432
崔建(士建)2432
崔建鄴 6890、7692
崔諫(崔異子)4998
崔諫(直臣)6304、6367＊
崔鑒 6929
崔鑒(李暅妻)5366
崔降 6693
崔絳(太素)5412
崔絳(行温子)4188
崔嬌嬌 3381
崔嬌娘 7418
崔晈 4370
崔璬(崔鄲子)7452
崔璬(玄暐子)4163＊、5139
崔嶠 5962
崔倢 5521
崔捷 4954、5416
崔傑(真)3629、4346＊
崔結 6693
崔節 6329
崔潔(崔璠子)7096
崔潔(鑒之)8694
崔介 6228
崔誡盈 4370
崔璡 2016
崔璡(崔奭子)7699
崔璡(師蒙子)7969
崔璡(知言子)3140
崔勁 2019
崔晉 5977
崔進 3707
崔進思 6929
崔瑨 7619、7808、8137
崔瑨(玄暐子)5036
崔盡孝 3759
崔覲(奉)2966
崔京 6788
崔涇 5913
崔經悟 5306

崔昆玼 6011

崔琨(崔泚父)7167

崔琨(崔鄖子)6179、
　7895、8515

崔蘭(崔玨子)7300

崔蘭(崔曜子)7692

崔朗 6681

崔朗 8694

崔牢 7692

崔楞 2091

崔倰 7464、8304

崔蠡 5892

崔蠡(崔蕘父)6099、
　6188、6581、6611、
　7342、8186

崔李六 8359

崔李陽 0828

崔禮 4028

崔禮庭 2218、3879

崔醴 8442

崔立方(元安)6890、
　7692 *

崔立之 5750、6150、
　6151、6559

崔利 6946

崔勵(佐元)5610、
　6511 *

崔連璧 4396

崔連城(瑊)4688

崔漣(崔郝子)8181

崔漣(思行子)4281 *、
　4282

崔璉 7699

崔良 5627

崔梁僧 5766

崔亮(崔岑子)6565

崔亮(式中)7716 *、
　8035

崔諒 6304、6367、6829

崔璙 6946

崔璙 8300

崔林 7168

崔琳 2292

崔琳 3853

崔琳(藏美)8914

崔璘(崔昇子)6518

崔璘(崔銖父)8438

崔臨卿 4969

崔翷 7735

崔麟 7435

崔凜 7906

崔懍(崔佽子)5086

崔懍(玄縱子)4235

崔齡運 6304

崔令欽 4816、6351

崔令嗣 6013

崔令同 6359

崔令懿 6013

崔劉五 8922

崔劉□ 7353

崔六娘子 8512

崔隆 1754

崔龍奴 5661、6019

崔盧娘 8035

崔輅 8045

崔路 2984、3403、5251

崔璐 7961

崔鸞 2983

崔鸞兒 8494

崔掄 5956

崔倫 1058

崔倫(崔遜子)6283、
　6396

崔崙 3990

崔履素(坦坦)4183 *、
　6150、6151、6296

崔馬馬 5661、6019

崔馬馬 8850

崔勣 5521

崔邁(少逸)5956

崔曼容(五全)8200

崔樠 1425

崔茂(崔斑父)4051

崔茂(士憲父)2967

崔茂(元直子)8156

崔茂實 5613

崔茂宗(季昌)3647、
　3853 *、6785

崔枚 4281

崔眉(李直妻)6249

崔媒 8033

崔蒙 7716、8035

崔蒙(孔明)5139

崔孟 7932

崔孟陽 1932

崔秘郎 7067

崔沔 3011、3334、
　4242、7830

崔邈 3765

崔邈 5558

崔民滌 0105

崔民幹(見崔幹)

崔民令 0105、1859

崔民師 3862

崔民燾 0105、1265、
　2648

崔旻(崔訴父)4632、
　6681

崔旻(行功子)2614

崔敏(崔泉子)5542、
　5839、6208、6263、
　7064

崔敏(崔信子)4184

崔敏童 2227

崔明 1466

崔明濟 9101

崔明允 3714

崔謨 1425

崔牧 4282

崔牧童 8285

崔睦(廣孝)8130

崔穆 4517

崔穆 6380

崔穆八 7324

崔穆肅 6737

崔納 6834

崔逎(崔俠子)6046

崔逎(行臻)7955、
　8304 *

崔訥 2608

崔內範 0632

崔能 4998、5610、7969

崔柅(制之)8604、
　8772、8773、8820 *

崔寧 5010、5201、
　5361、5363、5369

崔凝 8694

崔鷗兒 8494

崔派 4624

崔潘(崔璿子)7653、
　7733

崔潘(崔鍘子)7971

崔滂 3454

崔裴 7300

崔裴九 3156

崔裴奴 7388

崔岯 6339

崔霈 5361

崔怦 4486

崔芃 7157

崔彭 1268、2632、3853

崔彭年 8536

崔鵬 2983

崔鵬 6423

崔丕 8073

崔丕大 4477

崔鈹 8391

崔毗羅 0828

崔平娘 7699

崔平仲 7252

崔評 6341

崔評郎 7388

崔坡 7418

崔裒 1454

崔璞 7452、7693

崔圃 8403

崔普 7234、7891

崔七娘子 8512

崔岐 6949
崔岐郎 6371、6846
崔歧 8226
崔頎 5627
崔齊卿 2218
崔齊之 6737
崔錡 8571
崔玘(玄泰子)6186
崔玘(彦昭父)8441
崔杞 8156
崔起起 8035
崔啓之 2946、2959
崔綺(文房)2983＊、3051、4689
崔器 5125、5538、5812、7108
崔洽 5412
崔洽(見崔君洽)
崔千里 5524
崔汗 5913
崔遷 1454
崔謙 8826
崔謙(崔顔子)6952、6987、7324、7493、7965
崔謙(見崔士謙)
崔騫 3449
崔虔 7500
崔虔道 1714
崔虔會 4565
崔虔興 3786
崔乾夫(專直)6785
崔乾槩 3865
崔乾休 6785
崔乾祐 5125
崔乾祚 5328、5916
崔潛 6742、6896、8359
崔倩 3161
崔喬 7591
崔僑 5068
崔譙 8355
崔翹(明微)3051、3381、4091、4404、4451＊、4452、4752、4998、5313、5497、5549、5880、6019、6511、6780、7252、7969、8494、8700
崔欽讓 1714
崔欽奭 4614
崔勤 6687
崔清 2091
崔勍 8494
崔檠 7118
崔慶 3176
崔慶伯 6298、6441
崔瓊(崔鄄子)6179、7895
崔瓊(乾祚子)5916
崔丘山 2227、2228
崔逑 5683
崔球(崔頲子)6257
崔球(恭伯子)7071
崔璆 8413
崔渠 7721、8162
崔璩 4954、5416
崔去非 9042
崔去惑 4432、6257
崔泉 5542、6208
崔絟 0388
崔詮 8131
崔權 7067、8143、9192＊
崔權中 6211、6283
崔確 4486、5349、7504、8061
崔群 6454、6536、6687、6753、6873、7160、7345、7795、7860、8130、8162
崔讓 7504
崔讓(成務子)6151
崔蕘 8033
崔蕘 8186
崔仁表 3907
崔仁度 6929
崔仁貴 2967
崔仁儉 3832
崔仁敬 1754
崔仁魯 7932
崔仁睿 4614
崔仁師 3004
崔仁意 4304
崔仁縱(乾征)2019
崔恁 4582
崔日進 6885
崔日新 3769
崔日用 2320、2321、2561、2736、2946＊、2959、5324
崔日知 5367
崔戎(立方子)7692
崔戎(壽餘子)4935
崔戎(貞固子)6518、8395
崔容(惟美)4695
崔榮 4969
崔榮己 4028
崔榮期(茂宗)2608
崔融(崔文公)1852、1944、2035、2204、3381、3617、4091、4111、4404、4451、4998、5497、5549、6019、6511、7252、7897、7969、8494
崔融(崔素子)4351
崔融(元直子)8156
崔鎔 3862
崔柔則 4614
崔柔子 6780
崔如璧 5361
崔如江 5195
崔如璋 5892、6834
崔儒 3750
崔儒(公回)5324＊、5609、7134
崔汭 5913
崔睿 4935
崔銳 0828
崔銳(安石子)6846
崔潤 4420
崔潤 4791
崔潤(履素子)4183
崔若水 8504
崔若水(欽)2995
崔若拙 8842
崔三郎 8512
崔三娘子 8512
崔三女 9043
崔僧伽 7149、9193
崔沙衹 1986
崔山簡 4130、5101
崔陝陝 6179
崔善 9099
崔善操 2227、2228
崔善净 0388
崔善郎 8512
崔善信 0847
崔上尊(鄭偘妻)2953
崔尚(庶幾)2360、2857、3052、3263、3617、4091＊、4451
崔尚德(劉思貞妻)3907
崔尚智 4695
崔韶頌 1685
崔少華 5766
崔少通 3998
崔少重 1688
崔紹(繼初)2984、3403＊、5251、5731、6987、7067、7418、7881
崔紹(隴州刺史)8372
崔紹(紹睿)2851、5215、5338、6013、6441、7071、7906、9304

崔涉 4051

崔涉(安吉令)6901

崔申 8348

崔申伯(重之)7906

崔侁(工部侍郎)5048、
5086

崔侁(臨渙令)6341

崔深(崔宣子)1223

崔深(崔泰子)4997、
7716、8035

崔詵 4997

崔詵(肥鄉令)6304、
6367、7074、7692

崔詵(玄逸子)3756

崔詵哥 9043

崔神鼎 4370

崔神基 3672、3865

崔神慶 4346

崔審 8497

崔審(崔絢子)4693、
7178

崔審交 5440

崔審文(校之)7881

崔撘 7140

崔奢習 5839

崔慎 3490

崔慎(行模子)3156

崔慎經 6730

崔慎微 6730

崔慎先 2426、2427、
7753

崔慎言 4881

崔慎由 6730、6986、
7517、7897、7934、
8061、8700、9253

崔昇 5422

崔昇 7502

崔昇(黃臺公)1838

崔昇(嘉裕子)4997

崔昇之 2851

崔晟 3789

崔晟 4281、4282

崔晟(崔崿子)5977

崔晟(崔峻子)4396

崔晟(陸渾尉)5404

崔晟(義興令)6029

崔勝 2432

崔勝(崔潛子)6896、
8359

崔師本 6101

崔師本 6948

崔師皓 5715

崔師寂 2432

崔師簡 8392

崔師進 8392

崔師蒙(養正)7969

崔師受 2432

崔師瑭 8392

崔師襲 2432

崔師穎 5715

崔十誠 8156

崔十七娘 4036

崔石堡 7738

崔時用 5361＊、5508

崔湜 2322、2337、3984

崔寔(季寶)1045

崔寔(延寔)4184

崔實 6896

崔實智 5421、6579

崔士 2714

崔士程 8392

崔士能 0821

崔士寧 6565、7240

崔士謙(崔謙)0142、
1268、1685、2632、
5521

崔士憲 2967

崔士用 6565

崔士約 4183

崔士政 6565、7240＊

崔氏 0070

崔氏 3252

崔氏 3791

崔氏 7988

崔氏(班慂妻)5119＊、
5120、5398、5939、
8087

崔氏(曹潤興妻)8534

崔氏(曹興妻)8043

崔氏(常衰妻)5103＊、
5252

崔氏(常普妻)5430

崔氏(常文政妻)8241

崔氏(常无名妻)5065

崔氏(常子妻)1416

崔氏(陳榮妻)6152

崔氏(陳瓚妻)2252

崔氏(成洪妻)4497

崔氏(程懷憲妻)
5291＊、5379

崔氏(程清妻)8636

崔氏(程叔哲妻)1436

崔氏(崔綽女)6280

崔氏(崔衡女)0821

崔氏(崔璀女)3140

崔氏(達奚縠妻)0103

崔氏(董巖妻)5637

崔氏(獨孤良裔妻)
5130、5916

崔氏(杜侷妻)6359＊、
6608

崔氏(杜叔近妻)8040

崔氏(杜台賢妻)6135

崔氏(尒朱杲妻)2118

崔氏(范溫妻)7235

崔氏(封敖妻)7952、
8131＊

崔氏(馮中庸妻)3675

崔氏(傅仙望妻)8023

崔氏(高綽妻)8003

崔氏(高仁裕妻)8889

崔氏(苟訥妻)3535

崔氏(顧旭妻)6117＊、
6272

崔氏(關則妻)3640

崔氏(郭福妻)8902

崔氏(郭模妻)5936

崔氏(郭燧妻)6629

崔氏(郭珣妻)8434

崔氏(郭幼儒妻)5010

崔氏(韓公武妻)8414

崔氏(韓貢妻)4593

崔氏(韓洪妻)3990

崔氏(韓述妻)5601＊、
5864、7473、7838

崔氏(郝璋妻)2293

崔氏(何昌浩妻)5476

崔氏(何昌系妻)4264

崔氏(何士幹妻)6479

崔氏(何授妻)6695

崔氏(賀拔裕妻)3153

崔氏(皇甫廛妻)7753

崔氏(皇甫弘妻)
6594＊、6761

崔氏(皇甫瑾妻)7907

崔氏(皇甫侁妻)7907

崔氏(皇甫肅之妻)
6276

崔氏(霍才瑾母)8727

崔氏(賈寶藏妻)7495

崔氏(賈勵言妻)4458

崔氏(蔣銳妻)5094

崔氏(景德本妻)3518

崔氏(敬遠女)1960

崔氏(來景業妻)2648

崔氏(李播母)5540

崔氏(李伯固妻)7429

崔氏(李汕妻)3095

崔氏(李澄妻)5622

崔氏(李重謹妻)8913

崔氏(李慈妻)1766

崔氏(李道堅妻)3687

崔氏(李端友妻)7582

崔氏(李澣妻)5846

崔氏(李懽妻)7493

崔氏(李會昌妻)5389

崔氏(李駿妻)0019

崔氏(李揓妻)6946

崔氏(李濛妻)5141

崔氏(李明允妻)3001

崔氏(李悀妻)6805

崔氏(李清妻)4225

崔氏(李群妻)7345

崔氏(李上公妻)5912

崔氏(李韶妻)4051

崔氏(李韶妻)8186

崔氏(李紓妻)5036

崔氏(李璹妻)3589

崔氏(李嵩妻)2854

崔氏(李素妻)2720

崔氏(李惟妻)4914

崔氏(李惟簡妻)7363

崔氏(李溫慎妻)2251

崔氏(李仙童妻)2016

崔氏(李畠妻)2799

崔氏(李序妻)6364

崔氏(李緒妻)5621

崔氏(李璿妻)3139

崔氏(李珣妻)2791

崔氏(李珣妻)3672

崔氏(李延保妻)9020

崔氏(李延嗣妻)2365

崔氏(李彥回妻)8163

崔氏(李晏妻)2161

崔氏(李義瑛妻)2218

崔氏(李義璋妻)2301

崔氏(李胤之妻)8556、
　8557

崔氏(李郁妻)7150、
　7172＊、7248

崔氏(李元善妻)7557、
　8869

崔氏(李元嗣妻)8300

崔氏(李元素妻)6829

崔氏(李元懿妻)5366

崔氏(李韻妻)6730

崔氏(李湛母)6685

崔氏(李璋妻)6982

崔氏(李震妻)8140

崔氏(李仲甫妻)8350

崔氏(李仲思妻)3052

崔氏(李周南妻)
　5511＊、5794

崔氏(連哲妻)3700

崔氏(梁大義母)2970

崔氏(令狐定妻)8019、
　8372

崔氏(劉從一妻)5880

崔氏(劉恂妻)4344

崔氏(劉孺之妻)4891

崔氏(劉宦妻)2769

崔氏(劉士平妻)8649

崔氏(劉談經妻)5771

崔氏(劉體微母)2608

崔氏(劉文政妻)8430

崔氏(柳固安妻)5754

崔氏(柳喜妻)6693＊、
　7749

崔氏(柳秀誠妻)2426、
　2427

崔氏(柳正勖妻)3898

崔氏(盧泌妻)4186

崔氏(盧弼妻)5558

崔氏(盧藏密妻)8162

崔氏(盧公亮妻)6764、
　7500＊

崔氏(盧珙妻)5434

崔氏(盧顥妻)7855

崔氏(盧緝妻)7108

崔氏(盧緘妻)7860

崔氏(盧均芳妻)4200

崔氏(盧普德妻)1272

崔氏(盧衢妻)7711

崔氏(盧深妻)7897

崔氏(盧士鞏妻)6387、
　6664

崔氏(盧士珩妻)6413

崔氏(盧士玫妻)
　6215＊、6535、7139

崔氏(盧士瑀妻)5542

崔氏(盧式虛妻)4816

崔氏(盧首賓妻)4201

崔氏(盧恕妻)8413

崔氏(盧浼妻)4806、
　4934＊

崔氏(盧思順妻)2882

崔氏(盧縯妻)8089

崔氏(盧朓妻)4462

崔氏(盧文度妻)8809

崔氏(盧湘妻)5887

崔氏(盧嵒妻)5069、
　5496

崔氏(盧元衡妻)2377

崔氏(盧約妻)8073

崔氏(盧昭道妻)1265

崔氏(盧知猷妻)8809

崔氏(陸彥衡妻)0180

崔氏(路勵節妻)2453

崔氏(呂行宗妻)8553

崔氏(馬全慶妻)7325

崔氏(毛貞遠妻)8927

崔氏(慕容政妻)8548

崔氏(穆賞妻)7573

崔氏(裴珙妻)7791

崔氏(裴滈妻)8348

崔氏(裴寰妻)7064

崔氏(裴鍠妻)7720

崔氏(裴會妻)6795、
　6965

崔氏(裴潾妻)6562

崔氏(裴騫妻)7643

崔氏(裴虬妻)4847＊、
　5321、5322＊

崔氏(裴讓妻)8515

崔氏(裴識妻)7967

崔氏(裴淑母)4100

崔氏(裴肅妻)8348

崔氏(裴聞一妻)3759

崔氏(裴向妻)7064

崔氏(裴淑妻)5013＊、
　5140、7207

崔氏(裴宣妻)8348

崔氏(裴嬰妻)5251＊、
　5551

崔氏(裴元質母)1986

崔氏(裴讓妻)7038

崔氏(齊志英妻)7343、
　7446

崔氏(權令詢母)8920

崔氏(任光德母)9102

崔氏(任思禮妻)4277

崔氏(任瑗妻)4635

崔氏(史好直妻)5708

崔氏(史孝章妻)7013

崔氏(宋茂誠妻)8122

崔氏(宋期妻)4222

崔氏(宋思真妻)1758

崔氏(宋胤妻)3510

崔氏(宋擢妻)4732

崔氏(蘇藏玉妻)7544

崔氏(蘇詵妻)4701

崔氏(孫嘉賓妻)4592

崔氏(孫正妻)8381、
　8382

崔氏(唐代宗妃)6023

崔氏(田滈妻)6399

崔氏(田誠妻)3670

崔氏(王處直妻)8808

崔氏(王貴通妻)7014

崔氏(王宏妻)7600

崔氏(王繼勳妻)9077

崔氏(王景先妻)3515、
　3806＊

崔氏(王九言妻)1649

崔氏(王洛客妻)2498

崔氏(王仁遇妻)9061

崔氏(王神貴妻)8802

崔氏(王舜妻)8985

崔氏(王惟釟妻)7911

崔氏(王晳妻)9244

崔氏(王退濟妻)1838

崔氏(王延翰妻)9176、
　9177

崔氏(王元方妻)1467

崔氏(王允古妻)6502

崔氏(王志清妻)7011

崔氏(韋庇妻)6427	崔氏(楊汝士妻)8017	崔氏(鄭泌妻)8760	崔叔律 8920
崔氏(韋楚相妻) 6283＊、6434	崔氏(姚吉甫妻)6681	崔氏(鄭甫妻)6587	崔叔仁 6486
崔氏(韋俛妻)8439	崔氏(姚中立妻)7682、8105	崔氏(鄭備妻)2614	崔叔胤 2641
崔氏(韋嘉善妻)3004	崔氏(尹承恩妻)6229	崔氏(鄭高妻)6454	崔叔則 8837
崔氏(韋諫妻)7504	崔氏(尹釗妻)6313	崔氏(鄭簡柔妻)8571	崔淑 4183、6150＊、6151、6296
崔氏(韋繻妻)2793＊、3938	崔氏(于知微母)1286	崔氏(鄭居中妻)6952、7965	崔淑(盧夷甫妻)4404
崔氏(韋曼妻)5481	崔氏(元寬妻)5598	崔氏(鄭鍇妻)6742	崔樞(左庶子)5961
崔氏(韋迓妻)4543	崔氏(元瞻妻)3779	崔氏(鄭鷺妻)7965	崔樞(義直父)6211
崔氏(韋師素妻) 7015＊、7683	崔氏(元鉌妻)7626	崔氏(鄭齊古妻)7167	崔璹 6534
崔氏(韋士俶妻)5414	崔氏(元自覺妻)3424	崔氏(鄭齊望妻)4395	崔璹(元輝妻)7300、7653、7733、7895＊
崔氏(韋虛心妻) 2803＊、3883	崔氏(袁建康妻)5421	崔氏(鄭守廣妻)8162	崔述 8502
崔氏(韋玄祐妻)1746	崔氏(源通妻)5116	崔氏(鄭遂誠妻)5924	崔述(朝用父)7504
崔氏(韋英妻)4386	崔氏(苑藉妻)6006	崔氏(鄭煦妻)8961	崔述(崔俠子)5664
崔氏(韋羽妻)5888	崔氏(張繼達妻)8872	崔氏(鄭絢妻)7112	崔述(著作郎)5514
崔氏(韋整妻)0690	崔氏(張君楚妻)8198	崔氏(鄭彥湊妻)4357	崔恕 5622
崔氏(韋莊妻)3178	崔氏(張林妻)6029	崔氏(鄭逈妻)6587	崔鈇(崔璘子)8438
崔氏(夏侯敏妻) 6396＊、6683	崔氏(張穎妻)5461	崔氏(鄭早妻)6873、8162	崔鈇(元略子)6403、6716＊
崔氏(相里弘妻)6285、6812＊	崔氏(張如玉妻)5750	崔氏(支竦妻)8539	崔爽 2327
崔氏(蕭誼妻)5544	崔氏(張諗妻)6018	崔氏(周寶妻)8504	崔爽 4693
崔氏(蕭遇妻)5577	崔氏(張萬母)5831	崔氏(左適妻)3725	崔爽(崔曄子)3161
崔氏(蕭中和妻)5585	崔氏(張獻甫妻) 5497＊、5549、7001	崔世濟 1854	崔順 4130
崔氏(謝鐸妻)8766	崔氏(張曄妻)6273	崔世經 1714	崔思安 5521
崔氏(辛銳妻)7236、7540＊	崔氏(張顥妻)5101	崔世立 2092、3769	崔思恭 2464
崔氏(徐師妻)2183	崔氏(張益妻)3979	崔世仁 2970	崔思古(大方子)1600
崔氏(許輔乾母)3939	崔氏(張永妻)4691	崔世樞 2807、6737	崔思古(仁儉子)3832
崔氏(薛自勖母)2182	崔氏(張友誼妻)7744	崔世怗 2641	崔思暕 2019
崔氏(延福女)3879	崔氏(張愿妻)9052	崔世載 3001	崔思兢 5366
崔氏(閻彪妻)6649	崔氏(張摶妻)4212＊、4414	崔似之 5750	崔思静 5766
崔氏(閻用之妻)4881	崔氏(長孫浣妻)5004	崔侍仙 7264	崔思禮 2491
崔氏(閻子光妻)6613	崔氏(長孫元翼妻) 3386	崔恃業 3211、6929	崔思慶 4934
崔氏(嚴善政妻)0547	崔氏(趙崇基妻)1854	崔奭 7699	崔思順 2327
崔氏(嚴脩睦妻)7252	崔氏(趙大辨妻)0828	崔釋(研幾)1885	崔思太 3176
崔氏(羊藻妻)9160	崔氏(趙龍妻)5109	崔釋之 5069、5496	崔思賢 3176
崔氏(楊光妻)1414	崔氏(趙藤妻)6041	崔收(子真)4815	崔思行 4281、4282＊
崔氏(楊容妻)7408	崔氏(趙彥章妻)9022	崔壽 8694	崔思玄 1766
	崔氏(趙宗爽妻)8457	崔壽光 8850	崔思乂(鐵杖)1932
	崔氏(鄭寶念妻)1515	崔壽餘(長裕)4935	崔思義 6341
	崔氏(鄭賁妻)7547	崔綬 6901	崔思約 3449
		崔綬 7881	崔思允 4935
		崔叔重 3862	

崔晤兒 7324

崔希古 7390

崔希舉 8757

崔希先 4847、5322

崔希言(希顏)7052、
7140

崔希逸 7117

崔晞 4304

崔晞(嘉賢子)4130＊、
5101、5119、5398

崔錫 1637

崔習 3211、6929

崔習悟 6399

崔襲兒 7738

崔繫 6283

崔俠(虛己)5563、
5664、6046＊、6558、
8391、9193

崔遐 7388

崔仙君 6298

崔仙童 7015

崔先儉(尚節)1859

崔先事 6502、7264

崔先意 3990、6812

崔銛 5919

崔銛(貞道子)8034

崔暹 0230、4370

崔纖 7353

崔咸(重易)6371、
6846＊

崔賢首 2804

崔顯 2432

崔峴 4997

崔峴 6924

崔峴 8593

崔羨(幼卿)3449

崔憲(兵部尚書)1649

崔憲(崔伏子)8497

崔憲(崔琳子)8914

崔憲(崔異子)5610、
6780

崔憲兒 7388

崔湘 7158、7758

崔珦 7015

崔象 8035

崔霄 0103

崔小多 8394

崔小哥 8922

崔小夔 8253

崔小禮 8571

崔小流 7157

崔小柔 6780

崔小師 7197

崔小襄 7738

崔小小 5839

崔小搉 8304

崔孝本 3898

崔孝芬 0105

崔孝圭 7264

崔孝基 5129

崔孝傑 6785

崔孝舉 0847

崔孝康 2641

崔孝童 6399

崔孝祐(崔爽子)3161

崔孝祐(士謙子)5521

崔協(崔觀子)7034

崔協(日新子)3769

崔協(司化)8826、
8850＊

崔忻 6780

崔忻(思靜子)5766

崔訢 6681

崔巚 4452、5661、
6019＊

崔信 3176

崔信 4184

崔信 5251

崔信臣 6579

崔信臣(雅州司馬)
5103

崔信兒 7955、8304

崔興 2714

崔興郎 7699

崔興嗣 2635

崔邢老 5839

崔行斌 2255

崔行成 1766

崔行德 4209

崔行功 2614

崔行規 8162

崔行軌 3650

崔行集 1865

崔行堅 1865、4914

崔行謹 4827、4954

崔行模(仁則)3156

崔行首 3211

崔行樞 7234

崔行溫 1865、2983、
3051、3095、3403、
4188、6215、7067

崔行先 7357

崔行脩(道之)7324

崔行宣(魯風)7098

崔行餘 7324

崔行則 4691

崔行真 1643

崔滎(巨源)6661

崔銅 7971、8253

崔休 4935、5956

崔休甫 7830

崔休篡 2019

崔脩(樊晉客妻)2890

崔秀(崔翹子)4451、
5313

崔秀(道猷子)4815、
5082、5912、6788

崔秀(子楚子)4593、
4969

崔秀林 5962

崔虛己 8973

崔勖 5521

崔溆 6730

崔溆(崔鎮子)8394

崔續 9192

崔宣 2372

崔宣(崔仲子)1223

崔宣兒 7418

崔宣基 4695

崔宣獻 0105、6812

崔軒 7884

崔瑄 8394

崔儇 5753

崔翾 4411

崔玄 6660

崔玄 7139

崔玄弼 3152、4069、
4815、5318、5839

崔玄表 3606

崔玄道 1746

崔玄德 2425

崔玄範 6280

崔玄華(馬晤妻)5302、
5306＊

崔玄籍 4624

崔玄鑒 3765

崔玄亮 5915

崔玄亮(景徹)1637、
1638＊、1956、3368、
4476、5068、6046、
6718

崔玄默 3771、4934、
5237

崔玄泰(崔玘父)6186

崔玄泰(大質子)1272、
1865＊、2983、3051、
3403、4188

崔玄同 3765

崔玄暐 3828、4163、
4827、4954、5036、
5139、5416、5585、
6892、7073、7738、
8395

崔玄憲 3680、3770

崔玄秀 2425

崔玄逸 2608、3756

崔玄毅 4281、4282

崔玄貞 2313

6211、6737

崔溢幺 3244

崔誼 4997

崔誼 7504、7681

崔誼(崔節父)6329

崔嶧 7882

崔懌 8889

崔翼 5839、7172

崔藝 8837

崔藝(文通)0991

崔鎰 7203

崔繹 5412

崔殷 4953

崔殷(崔悆子)6606、7557

崔愔 3772

崔愔(崔佚子)5086

崔愔(行模子)3156

崔諲(崔邴父)8181

崔諲(崔蒍子)6304

崔諲(敬仲)5368

崔寅亮 5451、5555、5885

崔銀娘 8035

崔隱 8441

崔隱(崔琳子)8914

崔隱甫 3069、3334、4017、4329、5384、5524、6742、6896、7112、7388、8359

崔胤 8700、8820、8843、9101

崔英英 5661

崔瑛(伯玉,盧潁妻)7830＊、8312

崔嬰(崔璘子)6518

崔嬰(崔損子)8395

崔瓔(惠,李延祐妻)3865

崔瑩兒 8359

崔瑩 6660

崔瑾 8200

崔郢 8077

崔穎 8493

崔穎 6830

崔暎 7733、7895

崔應兒(李惟友妻)5318

崔廓 6952、7396、7965、7967

崔雍 5421

崔鏞 8503

崔鏞(希聲)7405

崔顒 7591

崔顒(崔意子)4216

崔永兒 8102

崔泳 5384

崔詠 4997、7513、7716

崔潁 7096

崔有鄰(兼之子)1956、2823

崔有鄰(朋善)9101

崔幼簡 7015

崔宥 3647、3853、3929、6785

崔祐甫 5168、5171、5315、5324、6369、6579

崔祐之 4688

崔崳 4785

崔崳(先事子)6502、7264、7780

崔渝 4997

崔瑜 7157

崔餘慶 0105、1265

崔璵 8127

崔璵(朗士)6257、6665、7041、7273、7621、8016、8061＊、8186、8267、8493

崔禹 3478

崔禹(崔徹父)5367

崔禹文 8931

崔禹錫 4091、4451、

4998

崔鄩(崔浩子)8493

崔鄩(崔謙子)7324

崔寓 3647、3853、4337、4831

崔與 8181

崔玉 1107

崔聿 7469

崔郁 6695

崔郁 7067

崔育 6340、6594

崔昱 5773

崔昱(崔譽子)3483

崔昱(去惑子)4432

崔彧 4451、5313

崔遇 6046

崔寓 9230

崔裕 6654

崔預 6340

崔豫 5036

崔諭 6304

崔譽 3483

崔元 6211、7259

崔元德 2365

崔元範 8441

崔元方(崔基子)2425

崔元方(崔縱子)5416、7738

崔元夫(大端)7149、9193＊

崔元輔 2793

崔元龜 8003

崔元紀 3001

崔元獎 5306

崔元静 2803、3883

崔元愷 3862

崔元鍇 7264

崔元恪 7692

崔元昆 9193

崔元立(善長)6558

崔元亮 7240

崔元略(弘運)5538、

6472、6715、6716、6717、6718＊、7405、7884

崔元平 3156、3650、4691

崔元儒 6558、9193

崔元晟 7240

崔元式 5538、6718、7405、7761、7884、8394

崔元受 5538、7405、7971

崔元素 6565

崔元汪 4693

崔元興 6565

崔元彦 3334、5524、7388

崔元場 2648

崔元弈 2967

崔元膺(獻臣)7353、8391＊、9193

崔元友 1538

崔元譽 1609

崔元貞 5094

崔元直(爲光)8156

崔元資 7692

崔邧 6007

崔圓 4962、5138、5184、6587

崔遠 8700、8762

崔遠(崔潘子)5215

崔掾兒 6661

崔媛 3832

崔傆 7096

崔約(崔備子)5885

崔約(夷中)6721

崔岳(固山)2092

崔岳娘 6896

崔悦(季姜,鄭濟妻)4069

崔悦(光迪父)5451、5885

崔著 8073

崔鑄 7504

崔莊 7356

崔倬 6896

崔倬(崔琚子)6359

崔焯 7573

崔卓 6984

崔擢 6896

崔濯 7801

崔鄑 5986

崔子(行感)1455

崔子博 0394、1373、
　2301、3156、3650

崔子楚 4593、4969

崔子純 3765

崔子愷 6579

崔子倜(金毗羅)1600

崔子令 1714

崔子美 5542

崔子舒 2803

崔子獻 3979

崔子信 0388、1688

崔子言 3139

崔子雲 8512

崔梓璋 2966

崔自蕙(李緒妻)3827

崔宗(見崔濬)

崔宗涉 9102

崔宗泰 8512

崔宗瑜 8512

崔宗之 2959、3883、
　3910、4746、5324

崔綜 3152＊、4069、
　5368、7452

崔揔 7388

崔揔□5461

崔總(崔異子)4998、
　5610

崔縱 4954、5287、
　5416、5479、5747、
　5989、6401、7738

崔纂 2092

崔纘 0388

崔最幺 3244

崔尊(呂德)1754

崔遵 2464

崔佐明 6592

崔□7882

崔□晟(子容)8512

崔□襄 8604

崔□言 2641

崔□政 1960

達奚

達奚珤善 0299＊、
　4947

達奚徹 0478

達奚承宗 2572

達奚撫(沖師)5850

達奚昊 0103

達奚弘敬 0691

達奚懷義 2572

達奚晃(文夔)0054

達奚覲 6462

達奚斤 0311

達奚均 5850

達奚君 1782

達奚濬 2572

達奚令婉 0796

達奚隆 0299、0311、
　4947

達奚龍 0691

達奚珉 0103

達奚默 5850

達奚婍 4947

達奚慶 0054

達奚慶(達奚珣女)
　4947

達奚轂(宣善)0103

達奚寔 0299、0311

達奚士讓(言約)0691

達奚氏(常褒妻)0788

達奚氏(紀仁妻)3048

達奚氏(劉辟惡妻)

　0478

達奚氏(王求烏妻)
　5643

達奚氏(楊鏻妻)6462

達奚壽 5850

達奚淑(媛姜,寶衍妻)
　0311

達奚倰 0054

達奚娗 4947

達奚婉 4947

達奚聞恭 4947

達奚武 0045、0103、
　0796

達奚緒 0691

達奚珣(子美)3824、
　4093、4198、4341、
　4439、4468、4470、
　4947＊、5439、6462

達奚遇 5449

達奚裕 0796

達奚預 0691

達奚説 4947

達奚長儒 0054

達奚真 9187

達奚震 0796

達奚摯 4198、4947

大欽茂 5185

戴

戴承伯(見戴襄)

戴重讓 8885

戴導 0081

戴高遷 5059

戴公弁 7916

戴公幹 2518

戴公及 8704

戴公慶 8704

戴公雅 8704

戴恭紹(敬業)1802、
　1950＊

戴構 5066

戴光被 8885

戴光弼 8885

戴光昱 8885

戴光贊 8885

戴珪 8704

戴貴 2518

戴懷超 8885

戴懷德 8885

戴懷傑 8885

戴懷溥 8885

戴懷衍 8885

戴懷玉 8885

戴懷昭 8885

戴暉 8704

戴寂 7865

戴景珍 0081、0082

戴君(戴珪父)8704

戴君(洞真先生)9179

戴恪 5059、5066

戴良客 2518

戴隆之 0081

戴龍泉 7916

戴顥 5059、5066

戴虔 0599

戴榮進 8885

戴師倩 3844

戴識 7865

戴士文 0067

戴氏(公弁女)7916

戴氏(穆觀睪妻)5905

戴氏(宋彦筠妻)9045

戴氏(王伉妻)6097

戴氏(徐勝妻)7128

戴壽緒 2518

戴叔倫 6064

戴思安 8885

戴思瑾 8885

戴思義 8885

戴思遠(克寬)8885

戴儻 0599

戴希謙 1802、1950

戴襄(承伯)0081＊、

0082、1950
戴休琁 4470、5059、5066
戴休顔 5521
戴頊(元一)5059
戴叙 7865
戴琁(見戴休琁)
戴延光 7775
戴偃 7865
戴顗(玄一)5066
戴義(士文)0599
戴永定(從心)3234
戴聿 7576
戴元真 7775
戴昭 8509
戴政 8885
戴知柔 8324
戴至德 0081、0109、1950
戴志 5059、5066
戴胄(玄胤)0081、0082＊、0109、1950、4451
戴子罕 7865
戴子順 7865
戴子温 7865
戴宗亮 9229

啖

啖懷度 3508、4549
啖漠 5253
啖全用 4549
啖全志 3508
啖天遇 3508
啖天運 3508
啖天縱 3508、4549
啖頲 3508、4549
啖憲玉(榮)5253
啖彦璡 3508＊、4549＊
啖忠謹 5253
啖縱(見啖天縱)

党

党季□7601
党林豪 8596
党茂先 9101
党日益 5226
党氏(陳郢妻)6319
党氏(似先進妻)7453
党氏(楊玄價妻)7601
党氏(趙郢妻)6666
党氏(□又先妻)1833
党庭瓘 7601
党擇星 7601

到

到光淑 2754

德

德□6043

鄧

鄧昂 0355
鄧彪 0155、3050
鄧彬 8264
鄧昞 2727、4644
鄧敞 7968
鄧琛 5333
鄧成(玄成)2727
鄧承裕 5150
鄧存 7235
鄧大娘 0355
鄧淦 3050
鄧恭(鄧惟恭)5885
鄧瓌 3050
鄧瓌 8011、8264＊
鄧貴才 0225
鄧諴 5333
鄧暠 0155
鄧和 0355
鄧弘業 0155
鄧弘哲 1008
鄧弘正 3050
鄧鴻 2727、4644
鄧晃 5333
鄧金兒 8542
鄧景山 4882、4901
鄧敬玄 1281
鄧舉 5333
鄧君 6543
鄧君(鄧通父)0117
鄧君(咸陽郡守)0117
鄧君(御史中丞)5131
鄧可兒 8542
鄧禮(信禮)0155、3050
鄧昴 1008
鄧明(劉言妻)4372
鄧平平 6543
鄧欽 4372
鄧慶 5333
鄧全寶 4644
鄧三僧 8542
鄧僧僧 8542
鄧神亮 1281
鄧師 1008
鄧師(君則)1008
鄧十五娘 6543
鄧氏(白幼敏妻)7968
鄧氏(鄧瓌女)8011
鄧氏(馬駿妻)3619
鄧氏(王仙鶴妻)5433
鄧氏(吴賓孟妻)7966
鄧氏(武慶妻)7951
鄧氏(蕭沉妻)1340
鄧氏(張昇妻)1662
鄧世 4372
鄧叔盈 6058
鄧四娘 8542
鄧素 2727、4644
鄧太初 3585
鄧侹 5636、7968
鄧通(志遠)0117
鄧同 6172、6852
鄧團兒 8542
鄧武壽 1281
鄧相(德安)0225
鄧小僧 8542
鄧携兒 8264
鄧信禮(見鄧禮)
鄧玄機 2727、4644
鄧玄挺(固)2727、4644＊、7073
鄧延豊 8542
鄧延厚 8542
鄧延景 2727
鄧延康 6972、7785、7816
鄧延賞 8542
鄧益奴 8264
鄧銀娘 8542
鄧有意(智晉)1281
鄧俞 5333
鄧昱 8542
鄧惲 3050、5433
鄧知章 7960
鄧志安 8542
鄧質 8264
鄧周南 8542
鄧子冲 9080
鄧□惠 1281
鄧□禮 4836

狄

狄安平 3736
狄本(基)0585
狄福謙 8736
狄光友 7424
狄光遠 5264
狄龜文 6897
狄兼謩(汝諧)6398、7094、7337、7424＊、7455、7502、9253
狄進 0585
狄良驥 3736
狄林(意新)5264
狄仁傑 2579、5264、6897、7424

狄仁繢 7424
狄慎思 6897
狄氏(王澈妻)6897
狄舒 5264
狄眺 5264
狄咸中 7424
狄緒 0585
狄宰衡 3663
狄湛 0585
狄禎前 7424
狄宗 5264
狄□邁 7424

迪
迪氏 8940

邸
邸君 0020

第五
第五儳 6561
第五常 5227
第五崇禮 6561
第五從直 7680
第五悰(思玄)6912
第五峰 5227
第五孚 5227
第五干 5227
第五淮訊 7680
第五鍠 6561
第五暉 6561
第五舉 5227
第五牟 5227
第五平 5227、6618
第五琦(禹圭)5227＊、
　5340、5625、6618、
　6894、6912、8068
第五詮友 6561
第五銳 6561
第五申 5227、6912
第五氏(李良僅妻)
　6618

第五氏(李尚妻)6894
第五庭 5227
第五銛 6561
第五信 6561
第五雅淑 5677
第五再寰 7680
第五準 5227

刀
刀君(右驍衛將軍)
　3893
刀稜 0025、2241
刀妙璉(令範)0025
刀氏(岑嗣宗妻)2241
刀氏(韋俊妻)3304＊、
　3419
刀興 6698
刀珣 2241
刀哲 0025
刀柱柱 0902

丁
丁斌 7489
丁伯春 4495
丁藏思 3317
丁充 4495
丁春 6948
丁剛 2139
丁公著 6652、7049、
　7319、7636
丁關 9158
丁光嚴 6925
丁廣訓(嘉正)6925
丁邯 8676
丁罕 9158
丁洪達 0941
丁暉 3008
丁迴 6925
丁會 9020、9103
丁季誠 6925
丁降 6196
丁璬休(彥)3008

丁居重 7697
丁君(潞縣丞)3008
丁君(隋驃騎將軍)
　1458
丁君(隋通直散騎常
　侍)1458
丁君(下邳令)1458
丁夔 2061、2861
丁良 6925
丁蠻 0941
丁茂林 6925
丁琦 6196、7697
丁謙 3008
丁强 2139
丁强立 6652
丁仁静 2861
丁仁師 3008
丁柔立 6652
丁尚善 6196
丁慎行 4495
丁士裔(令緒)0941
丁氏(房榮妻)0104
丁氏(宮侁妻)5886
丁氏(郭欽妻)2061
丁氏(韓玉妻)2677
丁氏(李堪妻)8590
丁氏(李文幹母)1458
丁氏(權易容妻)6652
丁氏(石才妻)2296
丁氏(熊楚賓妻)9114
丁氏(張車妻)9158
丁氏(張儒妻)9127
丁氏(張義之妻)6053
丁特立 6652
丁推 6925
丁玩 4818
丁系 6652
丁仙之(沖用)4495
丁憲 3595
丁孝範(敬則)1212
丁孝儉 4495
丁信(丁罕父)9158

丁信(丁夔子)2061、
　2861
丁信(丁旭子)1212
丁旭 1212
丁緒 6652
丁彥(阿才)2139
丁翌 6196＊、7697
丁義真 6925
丁藝博 6196、7697
丁羽客 2861
丁元休 1212
丁元裕(儉)2861
丁愿(執中)7697
丁雲客 2861
丁志誠 6925
丁衷 6652
丁仲誠 6925
丁拙 8932
丁宗仁 7697

定
定公慶 6751
定公舜 6751
定君(公慶父)6751
定榮 6751
定軫 6751

東方
東方海 5469
東方虬 5469
東方少和 5469
東方少連 5469
東方少孺 5469
東方少邕 5469
東方延齡 5469

東門
東門誥 7923

董
董昂 4740
董昂 4833

董拔 1658
董壁 2613
董晉(元勳)4307
董偲 6447
董才(滿)1333
董粲 2597
董藏 4504
董操 7370
董策 3451
董訥(仁德)1046
董昌 6698
董昌 9121
董昌(董忱子)3071
董昌(董俊父)8341
董朝 5970
董徹 1092
董忱(名志)3071
董成 1812
董承嘉 5259、5637
董承忻 6328
董承怡 6328
董承悦 6328
董冲(敬楝)3451
董初 0647
董處威 0752
董春 8620
董純 5259、5637
董達 2613
董達(休舉)1111
董達多 1046
董大娘 3462
董碭 7477
董道恭 1914
董道鄰 8764
董道甄 8764
董德 2712
董迪 2612
董定 1757
董端 8686
董端(董儒子)1995
董端(董珪父)6189
董多 2712

董逢(泰)3681
董逢駕 1827
董逢泰 1827
董馮六 8979
董伏波(山壽)0752
董福 1840
董福兒 8686
董感 3577
董感(董榮子)2676
董哥羅 4359
董恭道 5259
董恭訓 5637
董廣 1092
董珪 6189
董瓖 8421
董貴 0930
董郭八 8979
董郭作 8979
董海 1092
董顥 5637
董和 2980
董弘(大興)9194
董弘義(長卿)0752
董侯 3462
董懷玉 4159
董會 1156
董佶 7037
董嘉延 2613
董嘉隱 4307
董嘉獻 5780
董建□7370
董鑒 2613
董晉 5885
董經綸 6163
董景仁 7782、7827、
　7832
董居簡 7390
董舉 2647
董君 1333
董君(董昇父)8979
董君(董信父)1156
董君(董雍父)0810

董君(董釗父)8380
董君(洺州參軍)3387
董俊 8341
董偊 3071
董開相 9194
董楷 7370
董堪 2647
董康 3062、3162
董可方 8620
董李奴 2712
董禮 3322
董禮(知禮)2712
董勵 5637
董良 2980
董亮 3488
董琳 3062、3162
董琳(董秀父)6328
董留德 8686
董隆 1028
董倫 2424
董玫 8631
董孟璋 2712
董勐 2612
董妙真 8497
董明(三朗)1028
董寧 1028
董芃 7037
董鵬 8743
董菩提心 3577
董栖梧(元貞)2535
董遷 1840
董謙(奉希)4504
董倩 4307
董欽(董明父)1028
董欽(董興子)1046
董欽(董成父)1812
董欽(董師父)1827、
　3071
董欽(董少父)3681
董青 3387
董清 8120
董慶 3062、3162

董慶 8979
董慶(董善子)3322
董詮 4307
董銓 8380
董仁 3171
董容(公長,鄭鎰妻)
　6189
董榮 3387
董榮(董感父)2676
董儒 1995
董僧留 8686
董山福 8620
董山買 2676
董善 3322
董尚信 2166
董少 3681
董莘 6383
董深 2424
董審 3062、3162
董昇 8979
董師(董德子)2712
董師(董遠父)1827、
　3071
董師(玄)1995
董石茂 3451
董士(茂)0810
董氏 7148
董氏 7977
董氏(陳晟妻)9019
董氏(程叔哲妻)1436
董氏(董莘女)6383
董氏(董祐女)0240
董氏(馮晟母)6509
董氏(龔季誠妻)7321
董氏(郭承遇妻)8618
董氏(郭真妻)1374
董氏(韓隴妻)4531
董氏(韓通妻)9029
董氏(吉哲妻)2166
董氏(賈旻妻)9211
董氏(賈七妻)3803
董氏(李岸妻)7639

董氏(李寧妻)8594　　董庭□3062　　　　董乙 1812　　　　　董知劍(銑)3062

董氏(李山寶妻)5787　董侹 5708　　　　　董狱 4441、5637　　董知謙 8979

董氏(李雲妻)7910　　董萬歲 0201　　　　董逸 3681　　　　　董知榮 8852

董氏(李子妻)3060　　董惟誼 8631　　　　董義 1111　　　　　董鍾(朗)3462

董氏(李宗古妻)8341　董溫 3578　　　　　董義(弘)2980　　　董仲 3387

董氏(劉伯通妻)7669　董文(威)1812　　　　董義珍 4504　　　董柱 1156

董氏(劉德筠妻)3578　董文蕚(元昱)6328　　董誼 7420　　　　　董柱(董遵父)9194

董氏(劉君慶母)7695　董文惠 0810　　　　董瑩 2597　　　　　董宗顯(聖賢)0752

董氏(劉願妻)0907　　董文朗 1914　　　　董瑩(董策父)3451　董宗裕 7446

董氏(羅叔玠妻)7880　董吳七 8979　　　　董雍 0810　　　　　董㝡 1914

董氏(呂洪進妻)8944　董希林 7086　　　　董遊霞 3322　　　　董遵 9194

董氏(孟景珣妻)7496　董晞 6622　　　　　董遊仙 3322　　　　董佐元 7707

董氏(孟紹妻)9032　　董咸 7832　　　　　董遊藝 3322　　　　董□覺 8631

董氏(牛善妻)2687　　董相(董德成)0006　　董有德 0647

董氏(牛奘妻)3027　　董小廝兒 8979　　　董祐 0240　　　　　　　豆盧

董氏(裴榮妻)9031　　董信(董侯子)3462　　董郁 7051　　　　　豆盧愛 2731

董氏(秦意文妻)7574　董信(董鑒父)2613　　董彧 8009　　　　　豆盧參 2626

董氏(䴴安妻)1245　　董信(成仁)1156　　董元德 8686　　　　豆盧岑 4941

董氏(任元信妻)7599　董興 1046　　　　　董元福 2359　　　　豆盧次章 5897

董氏(司馬羽母)5259　董興(董和子)2980　　董元亮 8686　　　　豆盧鶚(少舉)6262

董氏(王規妻)1059　　董興(董遷父)1840　　董元慶 8620　　　　豆盧恩 0949

董氏(王恁妻)9177　　董興(名起)0647　　董元緒 8686　　　　豆盧軌(欽文)2128

董氏(王文妻)1103　　董行(元)2676　　　董元毅 8686　　　　豆盧弘義 4271

董氏(衛光一母)2612　董行感 2535　　　　董遠 4504　　　　　豆盧弘毅(善儀)0972

董氏(雍自正母)5737　董行威 2535　　　　董遠(名逸)1827　　豆盧懷讓 1552

董氏(元君則妻)8298、董行周 7037　　　　董媛(子美,史旻妻)　豆盧懷質 0949

　　8600　　　　　　董修業 3488　　　　　7037　　　　　　豆盧回 4941

董氏(張進妻)5944　　董修哲 3488　　　　董約 8686　　　　　豆盧籍 7092

董氏(張望妻)6538　　董脩禮 0201　　　　董岳 6953　　　　　豆盧勛 0094、0972

董氏(張忌妻)6447　　董脩禮(董行子)2676　董越(明超)1914　　豆盧儉 4912

董氏(張子華妻)7086　董秀 6328　　　　　董贇 8979　　　　　豆盧靜 3754

董氏(張宗妻)8952　　董秀(策)2597　　　董惲 2612　　　　　豆盧楷 3754

董氏(趙維妻)6622　　董玄璧 0201　　　　董璋 8898、9104　　豆盧寬 0154、0949、

董氏(趙文妻)9272　　董玄德 1092　　　　董昭 0647　　　　　　1552、1613、1962、

董氏(鄭光輝母)3445　董玄鏡 0201　　　　董釗 8380　　　　　　2128、2731、3814

董氏(支英妻)1364　　董鉉(知文)3162　　董筆 8074　　　　　豆盧靈均 1962、2128

董收(士戀)0201　　　董延朗 8949　　　　董珍寶 2597　　　　豆盧靈昭 2626、4941、

董守貞 2647　　　　　董巖 5637　　　　　董貞 2424　　　　　　6262

董叔經 6189　　　　　董彥 2647　　　　　董貞(董操父)7370　豆盧沔 5273

董思 6328　　　　　　董彥(洪)1840　　　董貞隱 3681　　　　豆盧寧 0972

董嗣光 2166　　　　　董液(弘源)7370　　董政 1092　　　　　豆盧鵬 4950

董孫 1111　　　　　　董嶷(昶)2424　　　董政(董約子)8686　豆盧齊曾 4271

竇連 6591

竇璉 5056

竇鍊 3147

竇臨(璟)3186、
　3392 *、3931、4123

竇靈運 0748

竇令嗣 9195

竇魯 8565

竇羅磨 8531

竇履庭(冰)3392、
　3931 *、4123、4579

竇履信 3392

竇略 0860

竇夢徵 8770

竇旻(竇繻子)7326

竇旻(孝儉子)3404

竇明哲 0311、1400

竇謨 5159

竇牟(貽周)5472、
　5801、6401 *

竇難 3130

竇訥 7742

竇訥言(敏行)3404

竇普賢 3694

竇普行 9195

竇諟 7742

竇卿卿 5153

竇全交 4868

竇全餘 6401

竇銓(悟微)3494、
　4294 *

竇勸(季能)6093

竇群 5662、6401

竇戎 7337、7676

竇容 7947

竇榮定 0010、0044、
　0971、1675、1743、
　2500、2732、3694、
　5475

竇尚禮 4868

竇紹宣 0748

竇申 4741

竇深 0860

竇詵 7742

竇審言 5861

竇杳言 6657

竇慎微 9196

竇師倫 4868

竇師綸(希言)0971

竇師武 3186、3392

竇師説 7742

竇十一娘 6085

竇十一娘 8798

竇時英 3961

竇氏 4785

竇氏 9213

竇氏(曹希穎妻)8161

竇氏(崔春卿妻)3756

竇氏(達奚撫妻)5850

竇氏(竇詵女)4986

竇氏(竇誕女)1402

竇氏(竇憬女)3186

竇氏(竇章女)8444

竇氏(獨孤士衡妻)
　5861 *、6256

竇氏(樊澄母)1884

竇氏(樊韜妻)5674

竇氏(恭應皇后)4787

竇氏(郭彦妻)5889、
　7458

竇氏(侯知一妻)2497

竇氏(紀審直妻)3593

竇氏(李茂禎妻)3694

竇氏(李日就妻)4515

竇氏(李文儉母)5705

竇氏(李文舉妻)2732

竇氏(李鵾妻)6836

竇氏(李瀛妻)6580

竇氏(李志安妻)7033

竇氏(劉士昂妻)0757

竇氏(劉元和妻)8522

竇氏(柳孟妻)7749

竇氏(吕志本妻)1734

竇氏(馬瓊妻)4752

竇氏(裴遂妻)5190

竇氏(裴詢蕘妻)3428

竇氏(申令琢母)8565

竇氏(沈亢妻)5423

竇氏(太穆皇后)1613、
　1633、2732

竇氏(田洪妻)6591

竇氏(王崇進妻)6446

竇氏(王尚準妻)8517

竇氏(王珝妻)5056

竇氏(王璿妻)2697

竇氏(韋知遠妻)3356

竇氏(夏侯敏妻)6683

竇氏(薛英妻)8199

竇氏(楊翃妻)6325

竇氏(張建容妻)8810

竇氏(張立德妻)0288

竇氏(張通明妻)6809

竇氏(張遵妻)6601

竇氏(昭成皇后)2500、
　2732、2872、3931、
　4868

竇氏(鄭常妻)7947

竇氏(鄭崇鑒妻)5990

竇守節 0632

竇守吾 6085

竇叔明 4308

竇叔向 4568、6401

竇叔展(太和先生)
　4741、5705

竇紓 7742

竇淑(順則,張守讓妻)
　2872

竇娍(順,嗣趙王妃)
　2992

竇璹(抱璘)1908

竇雙 4785

竇舜舜(嗣趙王妃)
　2933

竇思仁 2254、2972 *、
　3102

竇思貞 2985

竇思止 2254

竇蕭(鍾馗)0033 *、
　2373

竇拓賢 0748

竇鐵山 8531

竇庭芳 4185、4441

竇庭蕙 4185、4441

竇庭蘭 4470

竇庭芝(充)4185、
　4441、4515、4629、
　4926 *、5153、5489

竇威 0748

竇位 5475

竇温 0044

竇温善 0971

竇文義 0860

竇希珩(良玉)4453

竇希珹 2500、3147

竇希璈 4294

竇希珒 1613、1962、
　4453

竇希璬 2933、2992

竇晞 1675

竇僖 5475

竇況 5153

竇相順 1908

竇庠 6401

竇向 4453

竇像 6093

竇曉 3931、4387

竇孝 3546

竇孝諶(忠信)2500 *、
　2872、3019

竇孝綽 3186、3392、
　3931、4123

竇孝慈 1613、2933、
　2992、4294

竇孝鼎(弘業)0131 *、
　2664、3356、3861

竇孝儉 0311、3404

竇孝禮 1908、5056、
　5475

0299

獨孤氏（獨孤洎女）
　5090

獨孤氏（段謙妻）4368

獨孤氏（段儼妻）0107

獨孤氏（敬皇后）0489

獨孤氏（龐元約妻）
　1038

獨孤氏（齊抗妻）6057

獨孤氏（隋文獻皇后）
　0033、0160、0501、
　0828、1699、2105、
　3209

獨孤氏（元貞皇后）
　0329、0501、1038、
　2105、3209

獨孤氏（王恕妻）6432

獨孤氏（王泰妻）2944

獨孤氏（王中孚妻）
　1903、2884＊

獨孤氏（宇文去惑妻）
　2276

獨孤氏（元正思妻）
　6378

獨孤氏（雲孟卿母）
　4709

獨孤氏（張惟豐妻）
　5063、5135

獨孤氏（貞懿皇后）
　4654、5135、5916

獨孤氏（周明帝皇后）
　0501、2105、3209

獨孤叔牙5916

獨孤述（延福）0216

獨孤順2704、3371

獨孤思暕5090

獨孤思泰（神□）1352

獨孤思貞4618

獨孤思莊1903、2884

獨孤隨5916

獨孤損8752

獨孤潭8418

獨孤韜8072

獨孤挺4654＊、6266、
　6569

獨孤挺（獨孤述子）
　0216

獨孤陁0216

獨孤婉（柔謙，馮元倞
　妻）6266、6569＊、
　6899

獨孤婉（延，李令微妻）
　2698

獨孤萬石4709

獨孤威2698

獨孤洧（文仲）4654

獨孤温4709

獨孤問俗4814、5719

獨孤武都0009、0507、
　2105

獨孤賢道（吒）2704＊、
　3371

獨孤祥0322、0501

獨孤信0107、0148、
　0216、0329、0469、
　0501、0507、1018、
　2105、2704、3209、
　3371、4654

獨孤叶6569

獨孤休微4175

獨孤修德4709

獨孤脩本3306、4654、
　6569

獨孤脩禮0329＊、
　0568、1038

獨孤炫3209

獨孤演（敬仲）4654、
　6266、6569

獨孤彦（李彦）5130、
　5273、5916

獨孤晏3495

獨孤曜2704

獨孤易知5090

獨孤義順1352、2884

獨孤譯0329、0568

獨孤釜（山輝）6266、
　6569

獨孤瑛（珉）0107、
　0322、0501＊、0640

獨孤盈（重華）3495

獨孤應6256

獨孤永業1352

獨孤泳7296

獨孤郁6412

獨孤昱（景陽）3209

獨孤元愷2884

獨孤元康4618

獨孤元慶1352

獨孤惲4709

獨孤藏0329、4654、
　6569

獨孤昭賢4175

獨孤釗3495

獨孤珍（見李珍）

獨孤楨5226

獨孤鎮5691、6256

獨孤助5719

獨孤諲1018

獨孤卓5092

獨孤子佳1352

獨孤綜5226

獨孤□都（永業）1352

瀆

瀆氏（李仁福妻）
　8923＊、8995

堵

堵氏7926

堵氏（施遂妻）7478

杜

杜愛4478

杜愛同3523

杜安2923、3117

杜黯之4076

杜昂2112、2113

杜寶2113

杜寶（杜策子）2669、
　2923、3117

杜寶（杜卿子）2662

杜本立4290

杜必6880

杜晉5696

杜辯（大藏）1196

杜表政（政則）2633＊、
　3148

杜賓客6135

杜賓虞7423

杜冰4289、4431

杜才幹0688

杜操4717

杜操（杜約子）8662

杜策2669、2923、3117

杜昌5003

杜昌（杜卿父）2662

杜昌（杜縉父）6590

杜昌（方伯）5286

杜昌（靈暉）4389

杜昌胤9067

杜超1406

杜倜（正卿）6359、
　6505、6608＊

杜澄4597

杜澄清4428

杜持行4428

杜冲（損之）0479

杜重威9007、9045

杜崇基2047、2353、
　4714、5387

杜崇嗣2444

杜崇望6926

杜崇先5667

杜崇業2444

杜處儼3258

杜楚克1560

杜楚客（山賓）0414

杜傳慶8040

杜春 5286

杜從立 6386

杜從約 3523

杜從則 0824、6944、
　7456

杜悰 6412、6815、
　7350、7405、7585、
　7884、7907、7933、
　8015、8140、8305、
　8338、8473、8659

杜琮 6135

杜攢 0367、5286

杜存誠 8149

杜大德(普恩、韋孝忠
　妻)1141

杜大都 8275

杜大督 0145

杜大業 2495

杜道紀 8764

杜德(君德)0625

杜德玄 7108、7438

杜德□3149

杜璠 9253

杜方(滿)3117

杜方古 6171

杜芳 4518

杜芳 4831

杜昉 8897

杜胐 4337

杜芬 4389

杜伏威 0067＊、0431、
　0599

杜俌 7456、8080

杜該 3932

杜幹 6823

杜綱 6474

杜羔 6880、7133

杜告 9253

杜公弼 5286

杜公素 0479

杜光庭 8762

杜光乂(啓之)8656、

　8897＊

杜廣成 7989

杜貴 1406

杜好禮 5387

杜浩(從則子)6944

杜浩(敏求子)8080

杜顥 0359

杜何僧 8040

杜和 6926

杜和尚 6828

杜荷 0414

杜鶴年 6359

杜洪 0161

杜鴻漸 5051、5094、
　5398、6465、7220

杜後己 5875

杜華 1418

杜華(蘇順妻)5592

杜懷 6697

杜懷古 0367、1866

杜懷讓(履謙)0367

杜懷瑤 1851

杜懷忠 2669

杜隍 9198

杜黄裳 5248、5454、
　5512、5693、6777、
　7174、7939

杜鍠(應之)6880＊、
　7303

杜暉 7989

杜徽 0068、0414、0479、
　0690、0824

杜憓 6815

杜憓 6412

杜翽 7792

杜季良 5696

杜繼元 9066

杜濟 5492

杜家寶 6359

杜兼 5560

杜兼愛 3096

杜兼濟 3096

杜戩 7133

杜簡心 4289、4431

杜江 5289＊、5494

杜絳 7456

杜交 6880

杜節(君操)0359

杜晉 3267

杜晉之(復)4714

杜景佺 4478

杜景秀 1141、2444

杜景仲 0161

杜敬道 3648

杜敬同 0824、6944

杜静弘 0688

杜坰 6892

杜君 5639

杜君 8275

杜君(殿中少監)7784

杜君(房山主簿)3805

杜君(吉州司功)3267

杜君(劉十父)7362

杜君(綿州司户)1841

杜君(千牛將軍)1675

杜君(士岌父)6205

杜君(蘇州別駕)0367

杜君(太子賓客)5708

杜君(宇亮父)2552

杜君(左率府兵曹)
　3805

杜君祐 7516

杜俊 6697

杜恪 7945

杜寬 4079

杜匡 5492

杜况 4289、4431

杜浪(孝悌)7829

杜禮 7303

杜利貞 2923

杜例 6608

杜麗文 5449

杜良輔 6608

杜亮 3149

杜亮(杜濟子)5492

杜亮(杜俊父)6697

杜亮(杜伽父)3096

杜琳 2522

杜凛 4289、4431

杜令昭 5875

杜令莊(真)5974

杜劉七 7106

杜劉十 7362

杜劉順 7362

杜羅宗 3435

杜梅 6474

杜濛 8330

杜祕 6483

杜祕(杜鍠子)7303

杜密 5463、5734

杜娩(韋儆妻)6573、
　6944＊、7625

杜妙 1955

杜旻 6926

杜敏 8662

杜敏求(千之)8080

杜牧 8474

杜輦 6940、6963＊

杜寧(杜旻子)6926

杜寧(杜尹子)6940、
　6963

杜凝 4289、4431

杜槃 4567

杜圃 6483

杜期 7293

杜奇(行文)1418

杜齊之 5387

杜千里 4567

杜乾道 3435

杜乾福 1141、2047、
　2353、3932、4290、
　4714

杜乾祐 1953、2163

杜乾祚 2444

杜倩 6135

杜伽 3096

杜卿 2662

杜卿(敏求女)8080

杜清 5289

杜清(孝輔子)7487

杜全(思忠)2696

杜全略 6697

杜全則 6697

杜全真 6697

杜闕疑 1841

杜愨 6412

杜確 5521、5528

杜讓 0755

杜讓能 8656、8897

杜仁端 2112、2113

杜仁則 5286

杜榮 1418

杜榮觀 2112

杜如晦 0045、0082、
0414、3523、8461、
8897

杜儒童 2324

杜汝器 8149

杜銳 0068

杜慘 4478

杜善 3435

杜繕 7829

杜韶 3932

杜少良 5696

杜紹 2112、2113

杜伸 6135

杜深 6474

杜審權 7456、7850、
7980、8080、8300

杜審言 1930、4091

杜生(令莊)0820

杜昇(琎)5387

杜勝 8267

杜勝娘 7106

杜師度 4079

杜師簡 7733

杜師義 6434

杜石 7658

杜識則 1974

杜士長 6504

杜士岌 6205

杜士峻 0367

杜士則 6724

杜氏 3805

杜氏 6825

杜氏 6950

杜氏(班愻妻)5120＊、
5398

杜氏(畢思溫妻)8330

杜氏(陳重曜妻)9188

杜氏(陳克奇妻)5209

杜氏(竇昇妻)3523

杜氏(竇孝忠妻)1675

杜氏(馮暉妻)9049

杜氏(馮孝忠妻)3258

杜氏(盖嘉延妻)6425

杜氏(郭文義妻)3782

杜氏(郭逸妻)1618

杜氏(郭逸妻)2592

杜氏(賈寧妻)6637

杜氏(李復元妻)7133

杜氏(李嘉運妻)5953

杜氏(李凝庶妻)8656

杜氏(李松妻)3590

杜氏(李聽妻)6722

杜氏(李唯誠妻)7659

杜氏(李憲妻)5843

杜氏(李秀炎妻)6058

杜氏(李恂母)7210

杜氏(李郾妻)7456

杜氏(廉察妻)4014

杜氏(劉萬興妻)7877

杜氏(劉曄妻)5174

杜氏(陸儒妻)6900

杜氏(羅元誨妻)9118

杜氏(呂寧妻)7310

杜氏(馬湛妻)1356

杜氏(潘詡妻)2017

杜氏(裴起妻)6870

杜氏(裴褘母)2353

杜氏(秦進舉妻)8853

杜氏(任邵妻)7599

杜氏(史仲莒妻)7553、
7989＊

杜氏(嗣韓王妃)4290

杜氏(唐不占妻)4107

杜氏(適奉進妻)6224

杜氏(王楚妻)8263

杜氏(王德進妻)6779

杜氏(王通妻)0433

杜氏(王信妻)7099

杜氏(王秀妻)4490

杜氏(王緒妻)0383

杜氏(王倚妻)7658

杜氏(韋楚望妻)7487

杜氏(韋津妻)4931

杜氏(韋瑱妻)2047

杜氏(韋整妻)0690

杜氏(韋執誼妻)7939

杜氏(衛冀妻)7759

杜氏(魏安妻)1198

杜氏(魏式妻)6724

杜氏(溫遜妻)6421

杜氏(項嶠妻)9144

杜氏(蕭知義妻)3414

杜氏(孝諶女)3149

杜氏(薛矩妻)1253

杜氏(薛掄妻)6955

杜氏(薛暹妻)6955

杜氏(薛枝妻)8474

杜氏(楊志忠妻)3460

杜氏(張國清妻)8251

杜氏(張文約妻)7048

杜氏(張叙妻)0392

杜氏(張拯妻)5895

杜氏(趙臣禮妻)4220

杜氏(趙琮妻)2646

杜氏(趙晉妻)6311、
6666＊

杜氏(鄭日華妻)5292

杜氏(周貴妻)7258

杜氏(左廣妻)0027

杜式方(孝元)6412＊、
6413、6815、6823、
7350、7966

杜守(信)2923

杜守立(幹)4079

杜受同 5667

杜壽 0359

杜叔近 8040

杜叔良 5696

杜叔卿 6779

杜淑 3933

杜舒 5819、6483

杜爽 4289、4431

杜爽(子)4567

杜思 6963

杜思(杜清子)5289

杜思禮 3117

杜思禮(杜奇子)1418

杜思齊 4389

杜思仁 0479

杜思溫 4290

杜思賢 5875

杜四都 8275

杜嗣 4079

杜嗣及 3932

杜嗣儉(瓊)2495

杜嗣先 2522

杜素 2662

杜損 7133

杜台賢(道源)6135

杜悟 8514

杜忝 4079

杜廷 9067

杜庭鷺 5592

杜斑(國儀)3648

杜通 0820

杜同文 8897

杜琬之 2633

杜縮 4543

杜縮(杜昌子)6590

杜萬 4289、4431

杜望 4428

杜威 4389

杜威感 7989

杜威戎(定遠)6474

杜維驥 2522

杜渭 8040

杜蔚 1196

杜温 0959

杜温(楚客子)0414

杜温(景佺子)4478

杜温(敏求子)8080

杜無忝 3096

杜武 8338

杜希進 5696

杜希全 5696

杜希望 6412、6823

杜希顔 2113

杜希晏 2113

杜希曾 2113

杜希曾 6940、6963

杜希莊 2113

杜儇 5583

杜羲 6666

杜釵 2967、3096

杜霞舒 1722

杜暹 3096、4654

杜威 8040

杜賢 5439

杜賢(杜華父)1418

杜小都 8275

杜曉 4714

杜孝弁 0161

杜孝諶 3149

杜孝輔 7487

杜孝獎 0161

杜孝卿 4428

杜孝彝 0161

杜孝友(承親)1851

杜歆 2522

杜興 0067

杜興成 5667

杜行成 5286、6880

杜行方 6483

杜行方 6828

杜行立 8067

杜行敏 1736、6412

杜省躬 5875

杜夐 6474

杜休璟 2633

杜休烈 2633

杜休泰 2633

杜休文 2633、3148

杜秀(見杜景秀)

杜徐八 8040

杜湑 5875

杜續 1953、2163

杜宣猷 8065

杜暄(夏日)4289*、4431*

杜玄 5974

杜玄本 1406

杜玄表 3117

杜玄攬 3117

杜玄泰 1406

杜玄藏 3117

杜玄則 6135

杜恂 6412

杜佝 5667

杜雅 7106

杜亞 5479、5771

杜淹 0068、0434、0690、0824

杜延福 5286

杜繽 6608

杜儼(思莊)1406

杜彦林 8478、8752

杜彦先 8040

杜晏 2112

杜堯(見杜伏威)

杜業 2522

杜業(杜威父)4389

杜顗 6823

杜義 0067

杜義符 7487

杜義寬 3096

杜懿 1141、1953、2047、2163、2353、2444、3932

杜懿(琬之子)2633

杜潋 8080

杜尹 6940、6963

杜英琦(璋)6697

杜盈 6421

杜營 5585

杜郢 7181

杜穎 5875

杜穎子 8040

杜應 6940

杜邕 6135

杜顥 0161、2444

杜顥 6963

杜幽蘭 5592

杜友晉 2495

杜有孚 5696

杜幼良 5696

杜幼直 5671

杜佑 5609、5881、5924、6277、6391、6399、6412、6815、6823、7945

杜宇亮 2552

杜宇清 3626

杜玉 5974

杜昱 4470

杜遇(慶期)2522

杜元 5492

杜元軌 2662

杜元偘 2633

杜元揆 2112、2113*

杜元良 5696

杜元茂 7174

杜元起 2646、5286

杜元式 6238

杜元順 7293

杜元同 8040

杜元陽 7516

杜元穎 6644、7452、

7461、8080

杜元宇 6590

杜元昭 2696

杜原 1196

杜遠 5289

杜瑗 2923

杜愿 6940、6963

杜願 6135

杜約 8662

杜越子 8662

杜説 5292

杜閲 4920

杜惲 5592

杜惲(式方子)6412、6815

杜惲(希進父)5696

杜運 3648

杜愷 6412

杜剴 1851

杜甄生 3435

杜吒 0414

杜璋 8662

杜長孺 5875

杜昭 6135

杜哲 3846

杜貞 9067

杜縝 7829

杜振 0392

杜振(叔近子)8040

杜震 3267

杜拯(兼拯)3096

杜憖(孩)0161

杜正(正己)5289、5494

杜正方 4714

杜正倫 2552、7133

杜正心 5387

杜正元 4937、6955

杜正源 7108

杜知(脊)3435

杜知謹 2163

杜知謙 1953

杜知微 1866

杜知玄 1866	段崇節 3344	段懷皎 7130	段莫 0580
杜知隱 3648	段崇嗣 4731	段懷信 3624	段廿二娘 7243
杜植 1196	段崇素 3344	段暉(伯陽父)0580	段廿一娘 7243
杜陟(子遷)7945	段崇貞 3273	段暉(段幹父)8561	段凝 8842
杜致美 8080、8359	段傳素 6913	段暉(段慎父)3677	段彭娘子 7994
杜智 5974	段達 0082	段惠英 6948	段其 3181
杜智(滿)2669	段達(行琛父)6943	段會 1349	段齊遂 8499
杜中立 7133	段道超 5241	段岌 5026、5979	段齊秀 4080
杜仲良 5696	段道馬 9181	段寂(伯陽父)0782	段謙 4368
杜壯楠 4478	段德堪 3344	段寂(段顗父)7636、	段乾嗣 8223
杜准 4289、4431	段碑 1437	7637	段卿 1542
杜自遠 7456	段鄂 7637	段嘉貞(從方)7081	段清 7243
杜宗 6880	段諤 7130	段堅 5241	段清英 7712
杜宗本 6608	段方慶 7130	段金友 3484	段全交 6913
杜宗魯 6359	段逢 6913	段景詮 5106	段詮 9048
杜足佺 6474	段奉榮 9181	段景仁 6913	段礒 0533
杜佐 5120、5398	段扶 8536	段景融 8536	段群 6943
杜佐(元穎父)7456、	段感 3624	段敬思 9181	段仁(孝仁)0382
8080	段幹(段雅父)8351	段敬武 9181	段仁慶 3273、4731
杜□良 5696	段幹(段充父)8561	段敬□9181	段仁宗 5241
	段郜 7636	段就 0580	段融 9095
段	段公顏 7243	段涓(建)6913	段慎 3677
段霸 7243	段肱 5106	段君 0531	段師 2389
段伴哥 9048	段觀音奴 8561	段君(汾州刺史)7615	段師(段萇子)3181
段寶玄 3344	段光獻 5826	段君(荊州戶曹)4080	段師本 7243
段汴姐 9048	段邦 7636	段君(洛平令)1542	段實(歸真)9181
段標 1437	段歸德 7081	段君逸 2389、3273、	段氏 3114
段伯倫(元理)6943	段歸文 7081	4731	段氏 7046
段伯陽(思約)0580＊、	段歸信 7081	段俊 7466	段氏(曹備妻)5842
0781、0782	段瓛 7264	段俊(清英父)7712	段氏(陳君弈妻)7416、
段粲 0376	段貴 0075	段克嗣 1417	7426
段藏 1542	段郭奴 7994	段黎 0376	段氏(崔華妻)5624
段萇 3181	段海 1652	段禮 0525	段氏(戴重讓妻)8885
段琛(見段行琛)	段何 7493、7499	段麗質(華儀)3273	段氏(段忠女)0525
段成式 7130	段弘珪 5979	段廉 3624	段氏(韓儔妻)8987
段承業 3019	段弘景 8260	段良秀 3851	段氏(賀武妻)9006
段承□6913	段弘立 7243	段亮(子廉)3677	段氏(李弇母)3210
段誠諫 6097	段弘武 7243	段諒 4221	段氏(李恒湊妻)6144
段充 8561	段宏 5106	段鄰 7637	段氏(李立妻)8858
段崇 5842	段宏(弘之)7636	段綸 0052、0107、9199	段氏(李倫妻)7768
段崇古 3344	段懷本 5979	段履謙 5283	段氏(李清妻)8067
段崇簡 3344、4183	段懷昶 6913	段明秀 7081	段氏(李餘妻)5154

樊衡 4121

樊弘 5462

樊晃 4255

樊晃 5636

樊惠 2084

樊惠姬 0595

樊估 7615

樊季方 7615

樊季和 8496

樊驥 8231

樊晉客 2890

樊京 8397

樊君 3805

樊君(商洛令)3916

樊君(同州長史)1884

樊峻 8397

樊侃 3240

樊倡倡(倡)1852、
　2857 *

樊恪 7765

樊匡魯 8159

樊匡紹 8159

樊覽 2084

樊郎仁 1520

樊鍊 8397

樊良 9109

樊良(樊恭子)8231

樊劣 0595

樊六姑 9200

樊猛 0594

樊密 9200

樊邈 2857

樊能 6076

樊遷 0869

樊謙 8496

樊慶 1852

樊榮 6508

樊叡 0243

樊若義 1520

樊三娘(德相)1024

樊三十娘 8496

樊三十一娘 8496

樊韶 2292

樊紳 5847

樊士安(處休)7615

樊氏 3916

樊氏(崔居志妻)6339

樊氏(范臣妻)3309

樊氏(甘元柬妻)2272

樊氏(韓操妻)3637

樊氏(侯法懿妻)4224

樊氏(李延景母)3238

樊氏(李延景妻)3240

樊氏(李義妻)7489

樊氏(劉衡妻)8960

樊氏(劉景妻)7269

樊氏(劉武妻)1389

樊氏(明暹妻)2386

樊氏(丘孝恭妻)0594

樊氏(王賓妻)2998

樊氏(王倚母)4326

樊氏(王玄策妻)1860

樊氏(王彥妻)2175

樊氏(韋衡妻)3920、
　3962

樊氏(徐頊妻)5899、
　6289 *

樊氏(張其妻)3408

樊氏(張忠義妻)5762

樊氏(鄭寶貴妻)8661

樊淑 1884

樊思瑾 8496

樊思孝 1624、4326

樊嗣昌(繼之)8397

樊嵩 8397

樊驤 8231

樊逄 0594

樊韜 5674

樊庭華 3016

樊通 1852、2857

樊文超 1624、4326

樊文幹 2292

樊文舉 7615

樊文寔 0243

樊文殊 8231

樊文相 1520

樊系 5161

樊驤(彥龍)8231

樊象 2857

樊象□ 5674

樊信 2084

樊興 3016

樊行恭 9200

樊行恭(恭)1852 *、
　2857

樊行簡 9200

樊行思 9200

樊行淹 4456

樊行元 9200

樊脩業 3016

樊玄玉 4456

樊馴 8231

樊琰 5674

樊演 2857

樊瑤 9200

樊曄 7615

樊義宗 8159

樊駬 8231

樊英 5674

樊雍 6289

樊泳 8397

樊幼 5674

樊祐(承福)2292

樊元寂 1683

樊元珍 5462

樊岳靈 2084

樊岳秀 2084

樊悅 2292

樊澤 5590、8397

樊昭(元暕)1520

樊釗 8397

樊珍 2272

樊禎 1624

樊志遠 8231

樊仲文(戒盈)8159

樊子盖 1624、4326

樊宗師 5462

樊宗憲(見樊定紀)

樊宗懿 6723

樊續 2857

繁

繁氏(任允貞妻)8839

氾

氾昂 5317、5597

氾彬 5317

氾昌 0195、2191

氾昌(氾惱子)5317、
　5597

氾從彥 2191

氾伏養(見氾文)

氾惠明 5317

氾傑(大師)9201

氾炅 5317、5597

氾買 0195、2191

氾曼 5317、5597

氾山琮 4715

氾慎 4715

氾晟 5597

氾師寶 0195

氾師雅 0195

氾壽 4715

氾思敬 5317

氾惱(彩)5317 *、5597

氾文(伏養)0195 *、
　2191

氾武歡 0607

氾相達 0672

氾玄祚 2191

氾晏 5317、5597

氾義協(師寶)2191

氾昱 5317、5597

氾量 5317

氾知茂 4715

氾知憲 4715

氾知鄰 4715

范奄然 2309

范彦 6755

范彦龍 4040

范曄 3309

范意 3103

范義欣 0223

范義頵(知道)0638

范諲 7717

范邕 6386

范湓 7235

范永隆 0778

范攸晉 3310

范郁 6395

范元(全超)3838

范元璟 7235

范筠誠 7235

范筠端 7235

范筠興 7235

范鄭 7077

范讚 1725

范昭兒 1929

范詔郎 9073

范真 3838

范鎮 9073

范政 6552

范政(范横子)6994

范志玄 4040

范智常 3309

范智達 0638

范中倫 8558

范中元 8558

范忠弁 7925

范忠順 6817

范忠政 6817

范助郎 9073

范鄒虞 9073

范祖解 4040

方

方安 9133

方八娘 9133

方賓 9133

方蟾 8159

方承浩 9162

方誠 1456

方鳳 5221

方瓌 9133

方豪 3825

方瑾 3825

方君(衢州刺史)9162

方君(仲文父)7107

方禮(子敬)5221

方鸞 5221

方啓 5221

方瓊 5221

方全 9133

方閏 7107

方三娘 9133

方昇仙 3825

方詩 5221

方十娘 9133

方實 3825

方氏(劉宗妻)7864

方氏(羅公受妻)9136

方氏(錢璋妻)9162

方氏(項仕榮妻)9144

方氏(俞文郅妻)9124

方四娘 9133

方通 1456

方望 9133

方昔 9206

方玄度 1456

方雅 5221

方巖 9133

方琰 5221

方元瑾 3825

方贇 1456

方藏(法本)1456

方積 9133

方震 5221

方仲謙 7107

方仲文 7107

方仲周 7107

方仲宗 7107

方仲□7107

方宗 9133

方□之 7107

房

房豹 0065、0066

房伯熊 0065

房策 1207

房長義 0104、0395

房昶 1956

房次卿 5430、5699

房達兒 8487

房德(孝衡)0693

房德懋 0744

房鼎 5294

房諤 9097

房法壽 0065

房剛剛 8255

房公奴 8255

房公曾 3965

房公佐 8114

房恭 1207

房琯 4601、4901、
5068、5416

房廣濟 4690

房軌 1016

房弘 1207

房煥 2294

房鍠 4235、4523

房炭 8114

房祭 1041

房濟 2188

房建 0744

房晉 2456

房敬道 2294

房久禮 1041

房君 9143

房君(獲嘉令)2456

房君(叔汶父)8255

房濇 8829

房克脩 6309

房匡諫 8114

房鑛鑛 8255

房來兒 8487

房嶙 4485

房令儀 5294

房隆 0104

房鸞 3965

房密 3348、3845

房敏 1041

房謨 0744、2823

房寧寧 8255

房凝 8539

房啓 6671

房清 0104、0395、2142

房詮 0744

房仁頵 0104、2142

房仁裕 2294

房榮(顯德)0104 *、
0395、2142

房銳 8255

房僧(處元)1041

房山基 4080

房紹文 8487

房昇 2294

房寔 5770

房士郢 8487

房氏(崔翰妻)5839

房氏(崔無固妻)1956、
2823 *

房氏(段齊秀母)4080

房氏(房詮女)0744

房氏(苟寰妻)7956

房氏(郭延壽妻)5358

房氏(胡尚客母)1207

房氏(賈敦頤妻)0431

房氏(蔣倫妻)4942

房氏(蔣畏之妻)4690

房氏(李文妻)1016

房氏(柳彦初妻)2569

房氏(馬璘妻)5294 *、
5302

房氏(孟紹妻)9032

房氏(裴士安妻)5093

房氏(釋净樂，劉師妻)1894
房氏(司徒寬妻)0936
房氏(王師正妻)7972
房氏(王永妻)4685
房氏(王約妻)1467
房氏(徐守貞妻)4884
房氏(于峻妻)4287
房氏(張匡義妻)8965
房式 6013、6472、6479、6718、6721
房守獻(佋)3965
房受(子默)8487
房叔晉 8255
房叔度 8255
房叔簡 8255
房叔良 8255
房叔汶 8255
房思晦 2569
房遂 8855
房泰 2456
房泰(先忠子)2294
房挺 7972
房頤 8255
房萬昌 0693
房文義 0104
房錫 5093
房習祖 8487、9297
房先固 5294
房先敏 4287
房先忠(貞節)2294
房熊 0431
房休 4819
房諝 4690
房玄基 2823
房玄齡 0956、1004、1228、1467、1726、2048、2211、2294、3965、9297
房玄瞻 0065
房玄通 4690
房燕客 9297

房延嗣 8487
房延禧 8487
房延祚 8487
房嚴 0693
房彥謙 0065、1467、9297
房彥詮 0431
房彥詡(孝和)0065 ＊、0066
房彥雲 2823
房禫(彥偉)0395
房夷吾 0066
房夷則 5919
房遺直 3965、9297
房翼 0065、0066
房憺 4942
房隱名 3965
房穎叔 4080
房永錫(婆孫)2142
房有義 0104
房玉 8114
房元裕 0693
房兆 0693
房貞 5358
房正則 4080
房直溫 6378
房旺 6830
房子曠 2294
房宗 8255

費

費璧 8460
費楚 5740
費瓘 5740
費大有 0304
費德分 7538
費俛(謙己)8460
費獎 3040
費九思 3040
費君 1044
費全慶 8278
費氏 2167

費氏(陳璿母)8278
費氏(費瓘女)5740
費氏(柳雄亮妻)0489
費氏(王處直妻)8808
費氏(左智爽妻)3914
費遼 0304
費濤(建□)0304
費孝遠 0489
費昕 0304
費巖 8278
費智 8460
費宗 8460

封

封安壽 3346
封敖 6343、7332、7337、7556、7570、7952、8015、8131
封伯起 4338
封昌構 3346、3662
封昌胤 3346、3662
封常清 4623、4778、4903
封成 8919
封充 8677
封詞 8677
封待詮 4828
封道弘 3123
封德彝 0082、1933
封德興 3346
封都都 8131
封璠(千里)3346 ＊、3662
封宮兒 7570
封冠卿 7952
封廣羽 4338
封翰卿 7952、8131
封回 1933
封翶 8970
封季□ 1353
封建 6123
封踐福 3123

封晈 3254
封街 7924
封君(昌陽令)7924
封君(新安尉)6123
封衍 7924
封君夷 3123
封李李 8677
封禮卿 7332
封亮 7570、7844、7952
封隆之 1933
封魯卿 7332、7570 ＊
封茂卿 7952、8131
封廿七娘(魏綖妻)7952
封婆郎 8677
封菩薩 8677
封齊美 7924
封乾 6123
封全楨 2050
封勸 4828
封如璋(景璧)4338
封昇 3254
封氏(皇甫恂妻)3144
封氏(李凝妻)8042
封氏(柳豐妻)5390
封氏(裴友直妻)3123
封叔寧 7924
封述 8919
封術 8677
封思履 1933
封思敏 1933
封嗣道 0034
封松年 3254
封隨(柔立)7844
封遂 6123
封特卿 7523、7844
封逖 6123
封庭迅 8919
封庭隱 8919
封挺卿 8131
封萬貞 4338
封望卿 7952、8131
封緯 8131

封無待 7570、7844

封希奭 7570、7844、7952

封衛 7924

封憲兒 7332

封祥 1353

封小群 7332

封玄景 3346

封巡 6123、7924

封恂行 3254

封延 2050

封延暉 8919

封言道(讓)1933＊、
　1590、3590

封演 5440

封彥卿 7338、7844、8042

封乂 8677

封賮 1353

封載 7332、7570

封招招 8677

封振 4338

封穉卿 7952、8131

封準 8919

封子都 2050

封子繡 1933

豐

豐氏(戴偃妻)7865

馮

馮安(務靜)1532

馮安都 7694、7756、
　7944

馮盎 2758、4843

馮拔 3179

馮邦 3395

馮邦俊 4768

馮寶 0208、1282

馮寶(馮勝父)0873

馮寶(玄暉父)3185

馮本(寶明)3299

馮弁峻 0325

馮標 0873

馮表 3185

馮表(馮操子)3730

馮禀 7883

馮伯 0471

馮伯良 5771、6929

馮伯邕 5298、5401

馮博文 6349

馮鎛(子真)8174

馮粲 3944、4734

馮藏 2891

馮藏(馮勉子)5281

馮操 3730

馮長命 1228、1842、
　5137

馮長文 6349

馮昶 6266、7704

馮昶(馮憬父)3657

馮朝 7595

馮朝光 5281

馮忱 3457

馮偁 4590

馮承素(萬壽)0506、
　0942＊

馮醜兒 9049

馮醜姐 9049

馮楚 3927

馮傳 4193

馮春 3299

馮詞 7704

馮慈明 3457、3705

馮慈信 4194

馮達 3299

馮大醜 7883

馮大姐 9049

馮大明 3023

馮大娘 5802

馮待徵 2768

馮待徵 5170

馮覿 7559

馮黨 1011＊、1556

馮道 1484

馮道(馮文父)2870

馮道(馮哲父)1532

馮道儀 7694、7756

馮鼎(萬石)3815

馮定 6972

馮定國 8121

馮端 5085

馮敦睦(厚敬)7704

馮敦穆 5870、5958、
　6899

馮諤 7276

馮二姐 9049

馮範 2286

馮芳 3457

馮斐 2286

馮奉 2891

馮伏 0506、0942

馮復(萬石)4193

馮感子 1556

馮騰 0506

馮公實 8121

馮公興 2747、4193

馮公隱 8121

馮恭文 6349

馮灌 7704

馮光業 3995

馮貴 0654

馮貴(馮文子)2870

馮果 3657

馮和 1360

馮和(馮道父)2870

馮和璧 4768

馮詥 7276

馮宏之 3657

馮胡師 1556

馮懷晟(盛)7400

馮懷義 8121

馮環(清)5137

馮暉(廣照)9049

馮惠德 1556

馮惠恭 1556

馮惠果 1556

馮惠明 9049

馮惠哲 3092

馮惠貞 1556

馮基(長命父)1842

馮基(光業)1300＊、
　1360

馮及 1300、1360

馮季操 3258

馮季連 5870

馮季輪 5170

馮惎(君平)5401

馮繼洪 9049

馮繼朗 9049

馮繼武 7276

馮繼勳 9049

馮繼玉 9049

馮繼遠 9049

馮繼昭 9049

馮加輝 2286

馮嘉賓 3299

馮嘉慶 3299

馮嘉琬 3299

馮嘉佑 5921

馮緘 7220、7694、7944、
　8169

馮寒 3705

馮建 2873

馮漸 3274

馮金石(演)5298

馮晉 9202

馮進卿 5873

馮進昇 4768

馮憬 3657

馮璥(馬文朗妻)7220

馮敬賓 6579

馮竫 2870

馮靜 3179

馮涓 8234

馮均 3092

馮君 3995

馮君 8085

馮君 9203

馮君(坊州司馬)5680

馮萬石 3675

馮萬殷 7400

馮萬宗 7400

馮偉 2747

馮文(藝)2870

馮文紹 7756

馮無亮 1532

馮伍(王義康妻)2554

馮晤 3675

馮希玠 8174

馮希悦 5170

馮悉達 3258

馮錫 4156

馮習 8860

馮仙光 3927

馮仙珍 3927

馮賢 0471

馮賢(普賢)5024

馮誠 7220

馮顯 0873

馮現 5615

馮翔 7662

馮小醜 7883

馮小可 8121

馮小陝 5958

馮孝恭 7883

馮孝約(叔儉)1282

馮孝忠 3258

馮忻 4194

馮忻(馮平父)7400

馮興 5507

馮興(馮伏父)0506、
　0942

馮興公(見馮公興)

馮行 3185

馮行襲 8876

馮休 1166

馮休(馮黨父)1011、
　1556

馮休徵 2891

馮軒 6972

馮玄暉 3185

馮玄寂 3944、4734

馮玄素 3815、9202

馮玄義 2747、3675、4193

馮詢 9202

馮涯 8071

馮延塞 9049

馮彥將 4369

馮鷫鷞 4155

馮敫 3944

馮瑶(于誠妻)7220

馮菊 8174

馮宜奴 7883

馮嵒 5387

馮顗 4768

馮昇 3944

馮弈 3944

馮義(見馮玄義)

馮義(興)3995

馮義昌 8121

馮義弘 8121

馮藝 3092

馮懿(承美)3705

馮因因 6569

馮綑郎 6266

馮釗 5675、5680

馮隱龍 6972

馮英(見馮師英)

馮膺 4194

馮迎弟 9049

馮顒(劉玄意妻)1842

馮友誠 7276

馮友振 7276

馮有道 3815、9202

馮右輔 4194

馮幼文 6349

馮於休(繼業)9049

馮遇(守欽)5401

馮元(茂)3927

馮元(裕甫)2286

馮元(元則)5298、5401

馮元珪 4843

馮元璡 4843

馮元悰(宗本)5870、
　6266＊、6569、6899＊

馮元凱 4111

馮元禮 3457

馮元貞 4768

馮説 9049

馮韞 6899

馮湛(知古)5401

馮章 1282

馮昭泰 5137

馮哲 1532

馮珍 6266、7704

馮貞 5170

馮貞良 4734

馮貞懿 3944

馮鍼 7220、7756、7944

馮賑 8538

馮震 5802

馮政(明朗)0471

馮芝 1011

馮沚 4193

馮微操 7883

馮智玭 4843

馮智戴 4843

馮智癹 4843

馮中庸(温)3675

馮忠節 6509

馮仲良 5460

馮顥 6899、6972、7207

馮讓 7276

馮子 1551

馮子琮 3457、3705

馮子華 6972、8166

馮自珆 7276

馮自興(弘起)7883

馮宗 1300

馮左弼 4194

夫

夫儉 4267

夫因 4267

夫元(嗣)4267

伏

伏琛 8764、8765、8767

扶餘

扶餘德璋 3697

扶餘豐 3214

扶餘隆 3697

扶餘氏(嗣號王妃)3697

扶餘氏(趙因本妻)3214

扶餘義慈(帶方王)
　3214、3697

符

符寶 2018

符澈(里仁)7254

符方回 7254

符方冀 7254

符方簡 7254

符方可 7254

符方立 7254

符方燧 7254

符方準 7254

符鳳子(栖桐)2018

符暉 7254

符簡球 8429

符諒 7190

符璘 7254

符令奇 7254

符明嶠 4654

符澔 7190

符虔休 8429

符榮寂 7190

符氏 8988

符氏(祁惠妻)2788

符氏(王瑋母)7190

符義通 2018

符載 5859

輔

輔本 2262、2540

輔藏耀 6617

輔超仙 7129
輔澄 2262、2540
輔導 3602
輔法成 2349
輔公祐 0067、0431
輔果(義餘)3602
輔和 2349
輔恒(常有)2349
輔簡(易從)2262＊、
　　2540
輔君(内常侍)4698
輔啓(子開)1157
輔榮 3602
輔尚 2349
輔勝 2262
輔氏(吳懷實妻)4650
輔氏(張懷玉妻)6316
輔思讓 2262、2540＊
輔仙達 4698
輔仙進 4698
輔仙玉 4698
輔遜 2349
輔延光 3602
輔延政 3602

傅

傅阿歡 9204
傅寶 3556
傅弼 3556
傅伯和 7709
傅朝 6933
傅琛 6933
傅承規 6629
傅冲 2511
傅醜□ 6933
傅處廷 7024、8233
傅瓘 2511
傅道駿 2960
傅德 3163
傅東美 5216
傅封義 3686
傅夫 7390

傅伏(行)3686
傅公亮 7127
傅光賓 3517
傅瓛 8354
傅鵠 8004、8005
傅護 1052
傅懽 7024
傅黃中 3469
傅鍠 3556
傅惠明 5186
傅交益 2511
傅嶠 3556
傅傑 4826
傅瑾 7024、8223
傅景從 8354
傅居和 5058
傅君(惠)3163
傅君(思景父)2960
傅君和 6933
傅楷(智藏)1052
傅良弼 7941
傅靈均(思廉)3556
傅略 4826
傅南季 5216
傅仁確 3556
傅融 7657
傅融 8002
傅昇華 4826
傅氏 6825
傅氏(郭元禎妻)8790
傅氏(賀蘭淹妻)0612
傅氏(賈文賢妻)3119
傅氏(李敏妻)8780
傅氏(李瓚妻)8223
傅氏(馬直妻)8570
傅氏(任亮妻)4277
傅氏(孫随妻)4993
傅氏(王春妻)8863
傅氏(王生妻)2514
傅氏(王思誨妻)4426
傅氏(吳旻母)5709
傅氏(張瀆妻)7479

傅氏(長孫顗妻)4553
傅氏(趙諗妻)9186
傅守節 4553
傅守彝 7941
傅守章 7941
傅壽 1052
傅叔清 6114
傅叔義 6933
傅叔整 6933
傅思景 2960
傅泰 4826
傅庭(見傅處廷)
傅庭芝 3517
傅瑋 6933
傅文 2960
傅文才 3556
傅文静 7024
傅文宗 8354
傅文祚 8354
傅西平 5216
傅希 3686
傅俠 3517
傅仙望 8023
傅小郎 6933
傅小容 3517
傅孝珍(士若)5216
傅效則 3163
傅諧 4826
傅興 3517
傅興(傅瓛父)8354
傅休仙 4826
傅玄勖 5186、5216
傅亞 6595
傅延壽 5709
傅宜郎 6933
傅易 8354
傅翊 3556
傅義 1052
傅懿 2960
傅鑾 6114
傅遊藝(元綜)2511
傅元 3517

傅元(文祚父)8354
傅元直(正夫)7024＊、
　　8223
傅喆 2960
傅珍寶 5186
傅貞慶 5216
傅植 7024
傅忠順 6933
傅仲和 6114
傅宗 3686

干

干氏(秦宗妻)8800

甘

甘晧 2904
甘華 7849
甘暉 2272
甘基 2272、2904
甘儉(珍)2272、2904
甘覽(玄覽)2272、2904
甘璉 7849
甘羅 3480
甘蒙 7849
甘氏(難元慶妻)3480
甘氏(向群妻)7316、
　　7849＊
甘氏(張樹生妻)1681
甘氏(周胡兒妻)3952
甘世達 0146
甘思齊 2861
甘曉 2272
甘玄覽(見甘覽)
甘乂 7239
甘瑜(師範)2904
甘元柬 2272
甘昭 2272
甘珍(見甘儉)

乾

乾氏(任萬妻)5759

高

高阿蘇 8737
高岸 5363
高昂 2126
高八娘 2942
高霸郎 8408
高寶郎 8408
高韑 7551
高弼 9045
高璧 7217
高弁 8737
高表(思禮)2158
高斌 3012
高賓説 4655
高伯 1850
高伯堅 2120
高伯起 3321
高才 1698
高才(高表父)2158
高參 5023、5227、5294
高曹八 8395
高岑 2026
高察 8408
高超 4422
高琛 3955
高陳 6759
高承恭 7585、7588、
　7763、7892
高承簡 7518、7588
高承礼 5950
高承信 4843
高承悦 4843
高冲(思□)2596
高重誨 8986
高重玘 8986
高重千 8986
高崇德 3790、3857、
　3955
高崇貴 4026
高崇暉 7434
高崇節 4092
高崇禮 4026

高崇文 2832
高崇文(南平郡王)
　6149、6325、6400、
　6453、6535、7588、
　7763
高綽 8003
高慈(志睦)3470＊、
　4485
高從 7048
高從兒 8395
高從禮 7760
高從雅 7228
高琮 5997
高存義 7217
高大器 3321
高德 2824
高德(高軌父)2942
高德源 6662
高德正 2120
高定問 2140
高端 1698
高端(高武父)2596
高二娘 2942
高翻 1490
高璠 3236、3321
高璠(高綽子)8003
高方 6355
高邡 7434
高昉 5485
高鳳 1473
高仏來(玄象)1472
高扶 8071
高扶仁 1014
高孚 2026
高輔 5950
高盖 4441、4669、4779
高感 2027
高幹 6662
高固 5771、6149
高光復 3470
高廣濟 4422
高龜年 7991

高瓘 4272
高軌 2942
高虯 6878、7991
高漢子 7772
高瀚 7629
高晗 4655
高弘 7763、8312
高弘(良微父)6662
高弘本 6037
高弘宣 7763
高弘言 7763
高弘彝 8203
高宏 7763
高洪謹 8986
高鵠 8042
高懷 4092
高懷義(仙客)1490
高懷政 6012
高歡(神武皇帝)0089、
　0098、0289、1427、
　1490
高熿 8163
高暉(光遠)9100
高惠 6515
高惠(有則,楊思止妻)
　2461
高會 1748
高及 7217
高佶 6662
高集 7991
高季輔 1560
高季卿 5593
高繼蟾(紹輝)8737
高繼昇 9045
高繼嚴 8737
高濟物 4655
高嘉福 5052
高暕 2942
高儉 2461
高簡 5328
高夆 8003
高晈 6642

高傲 6662
高嶠 1427
高嶠 2120
高節 1043
高節(高瓘父)4272
高金胤 3888
高瑾 5328
高近 5000
高進德 1106
高進玉(郭佛會母)8296
高覲王 3264
高敬言 2120、3470
高敬源 1473
高敬源(高感子)2027
高静 7075
高迴 8203
高潁 0026、0052
高鞠仁 1942
高君(常侍)8222
高君(高端父)2596
高君(黄州刺史)3202
高君(開州刺史)8930
高君(吏部郎中)8024
高君(益府參軍)3789
高君(鄭王傅)5000
高君(子莘子)6355
高君緒 1106、2604、2948
高俊 7289
高郡諤 4655
高峻(崇節)1473
高濬 2027
高鍇 6952、8016
高侃 0937、3074、3790、
　3857、3955
高偘(秀峰子)6662
高廓 1106、2604、2948
高朗照 9071
高樂(信)4026
高稜 1472
高李八 8737
高李七 8737
高澧 9054、9141

高禮 2942

高力範 4438

高力牧 3236、3321＊、4438

高力士（馮元一）4843

高立 8737

高利用 4422

高連（朝鮮郡王）4978

高良 7217

高良微 6662

高亮 9100

高量 1942

高諒（貞信）6734

高琳（高欽父）6012

高琳（力牧子）3236

高鄰 6515

高陵 2439

高留范 8955

高路 1748

高潞 7772

高履行 1094、1427、1567、5328

高勱 0289、1427、1490、2345、5328

高枚 8889

高秘 3264

高緬 8203

高旻 5593

高明俊（珍）4272

高模 7772

高默郎 8203

高牟（仇）1922

高鐃苗 0999

高農 1748

高沛（隱喦）6012

高駢 8117、8889、9253

高溥 8874

高栖鸞 7772

高栖梧 4141

高期光 3977

高岐 1427

高奇 5593

高琦 5479

高齊物 5363

高千 4092

高遷 5328

高遷娘 7991

高前 1942

高虔恭 2461

高虔禹 8737

高悏娘 8408

高欽 6012

高欽德 4092

高清 8607

高瓊 3236、3321

高璆 8889

高璩（瑩之）7319、7347、7991＊、8054、8532

高全義 9100

高孃子 9100

高仁裕 8889

高任九 8986

高若思 2522

高尚 1472

高少逸 7991、8015、8019、8131

高紹 7146

高紹廣 8930

高紹綸 8930

高紹嵩 8930

高紹岳 8930

高鄒郎 8203

高神師 4141

高審 3470、4485

高審行 1225、1609、2116

高慎行 2345

高昇 4778

高昇（高瑾子）5328

高昇（高瑗子）6314

高昇（高静父）7075

高嵃 4655

高師仁 4272

高師政 2439

高詩孫 7772

高十八娘 6662

高湜 8358、8394、8395、8431、8514

高寔 7434

高士鍇 5997

高士廉 0289、0564、1094、1427、1490、1567、2345、3494、4655、5328、5363、6884

高士寧 0784

高士平 5997

高士評 6734

高士瑕 5997

高士訓 3264

高士詹 5997

高士准 5997

高氏 4945

高氏 6058

高氏 6241

高氏（安崇禮妻）9011

高氏（白奉林妻）8689

高氏（白公貴妻）8607＊、8665

高氏（白令光妻）8689

高氏（承恭女）7763

高氏（崔華妻）2491

高氏（董釗母）8380

高氏（段伯陽妻）0781

高氏（段充妻）8561

高氏（段師妻）3181

高氏（傅伏妻）3686

高氏（廣濟女）4422

高氏（高金胤妻）3888

高氏（高松女）7834

高氏（高琁女）1094

高氏（古英妻）7551

高氏（關欽裕妻）8998

高氏（郭紀妻）1591

高氏（郭威制妻）7183

高氏（郭滋妻）5993

高氏（郝湊妻）7922

高氏（胡師愻母）7075

高氏（皇甫德參妻）7907

高氏（李慶妻）8628

高氏（力範女）4438

高氏（劉朝逸妻）7825

高氏（劉感義妻）4784

高氏（劉寄妻）2235

高氏（劉遂妻）7825

高氏（盧守默妻）3207

高氏（馬炬妻）5619

高氏（馬謙妻）4383

高氏（馬榮妻）6584

高氏（毛瑩妻）8927

高氏（慕容政妻）8548

高氏（裴光朝妻）3857

高氏（裴兼妻）6049

高氏（任茂弘妻）8801

高氏（任萬興妻）8657

高氏（邵陝妻）4978

高氏（史憲誠妻）7013

高氏（士寧女）0784

高氏（蘇孝英妻）1628

高氏（孫承嗣妻）2683＊、3563

高氏（孫忠進妻）7938

高氏（王弁妻）8915

高氏（王瓌妻）9035

高氏（王延卿妻）9061

高氏（王之操妻）1079

高氏（韋鶠妻）5490

高氏（武士穆妻）6051

高氏（武言妻）6597

高氏（辛廣妻）5479

高氏（邢超俗妻）5205

高氏（徐履道妻）4446

高氏（徐唐妻）7588

高氏（玄宗婕妤）3733

高氏（嚴士則妻）6642

高氏（殷膚敏妻）5606

高氏（尹旺妻）8237

高氏（于尚範妻）3264

高氏(元咄妻)6961
高氏(元琇妻)6878
高氏(元政諫妻)8672
高氏(元子建妻)6961
高氏(張滌妻)8889
高氏(張季澄妻)8887
高氏(張友妻)3576
高氏(趙鍔妻)6666
高氏(周令武妻)8926
高氏(周以悌妻)4755
高氏(周諲妻)6271、
　6515＊
高氏(朱遠妻)6939、
　6948
高世文 2461
高世嶷 2461
高式 1942
高適 5404、5584
高柬 2439
高守信 4102
高受益 1567
高叔驥 5663
高順 7834
高順順 6662
高碩 7636、7637
高思莊 1698
高松 7834
高松年 7991
高嵩 4422
高竦 5619
高遂 7183
高態(淑,寶銓妻)
　3494＊、4294
高滔 6568
高提昔 1014
高璡 6012
高珽(秀玉)3790
高頤邏 0307
高萬金 8930
高萬興 8930
高王臣 2120、3470
高望琮 5052

高望璿 5052
高惟運 4272
高惟正 9071
高涓 6012
高偉 1850
高緯(齊後主)0574
高渭 9121
高文弁 6734
高文讓 5950
高文協 1014
高文益 5950
高文義 6734
高文英 6726
高文約 6734
高文貞 3204
高翁健 8408
高無待 1106
高無悔 4383
高無極 3335
高武 2596
高晤 4655
高西巒 7588
高希俊 6314
高希鸞 7075
高奚奚 6662
高錫 5665
高喜子 9100
高霞寔 7588、7772
高霞寓 7588、8071
高仙(瞻奴)5997
高仙光 7434
高仙芝 4623、5248
高暹(日用)2345
高獻 1680
高獻 1845
高湘 8694、8763
高小福 8986
高小慶(元㚟)2824
高星星 6012
高興 6568
高行本 9100
高行暉 7763

高熊 4655、8203
高秀 6314
高秀峰 6662
高秀巖 4870、5512
高岫 3494
高須 0781
高勖 2439
高續 8203
高續(奉先)1567
高玄景 1106＊、2604、
　2948
高琁 1094、1567
高勛 7763
高訓 6568
高訓 8003
高雅 7928
高延福 4843
高延貴 5363
高延昭 8589
高延祚(鍾馗)4141
高巖嵩 4092
高衍 5363
高衍兒 8395
高演 6734
高彥 9121、9141
高彥弘 8689
高場 4141
高楊六 8986
高楊五 8986
高敫庭 4077
高乙德 2026
高釱 6718、7523、7629
高逸(衡)3955
高裔 7217
高義福 3204
高義隆(文峻)1850
高誼 8408
高磤 5606
高胤 5950
高胤(高峻父)1473
高胤(弘度)5950
高英(俊翁)7434

高英淑 1748
高盈 2126
高瑩 4141
高郢 8222
高穎 2824
高顥 6734
高幼卿 5593
高祐 3790、3857
高瑜 6734
高瑀 6737、6928、7061
高聿 7763
高昱(至行)0289
高元(德道)1698
高元道 0930
高元經 8539
高元紹 1472
高元術 7772
高元思(思道)1106、
　2604＊、2948＊
高元思
高元鄖 7588
高元英 6355
高元裕 7373、7991、
　8016
高元宗 8986
高遠望(幼敏)4092
高瑗 6314
高瑗 6314
高願 2120
高約弟 8222
高岳 6049
高岳(高勖父)0289、
　0784、1427、1490
高越 9089
高允貞 8887
高宰郎 8203
高瓚 8003
高藏(朝鮮郡王)4978
高擇 7772
高甑 1698
高湛 1106
高章 6642

高章(高立子)8737

高哲 1043

高哲(齊物父)5363

高貞 8408

高貞筠 1850

高真行(處道)1427 *、
　3494、4655

高振 5997

高震 4978

高徵 7606

高正表 3321、4438

高正貫 6600

高政 1472

高支于 1014

高植 2604、2948

高至 1490

高旺 8203

高智周 1228

高智周 6415

高質(性文)1942

高仲父 6314

高仲逸 7434

高仲章 7434

高銖 6587、7529、
　7860、8264

高莊嚴 1043

高子金 5328

高子莘 6355

高子休 2027

高子猷 2027

高宗 2126

高宗簡 5950

高宗雅 5950

高宗彝(表正)7629、
　8203 *

高纘(崇業)2120

高遵 1473、2027

高遵彝 8203

潁娘 8499

郜

郜氏(馬文舉妻)0903

郜氏(王玄德妻)3497

郜氏(許懷敬妻)2939

郜氏(羊鄰妻)9160

哥舒

哥舒曇 6553

哥舒道元 6553

哥舒翰 4760、4831、
　4962、5522、5812、
　6015、6460、6553

哥舒峘 6060、6212

哥舒晃 6777

哥舒洩 6553

哥舒曜 6460、9304

哥舒穎 6553

格

格承恩(思復)3766

格輔元 3766、8525

格君(涼州總管)3766

格儒 8525

格氏(李燭母)8525

格遐 3766

格先進 3766

格信 3766

盖

盖綵 8111

盖琛 3421

盖崇□3379、3606

盖㑛 8338

盖泚 3379、3606

盖達 1789

盖大節 3379

盖定超 3421

盖衡 7482

盖弘 3421

盖弘(盖凝子)8111

盖厚 8111

盖惠景 3421

盖嘉延 6425

盖嘉運 3882

盖景昌(重陽)3379

盖居誨 8338

盖居訓 8338

盖巨源(匡濟)8338

盖君 7894

盖課郎 7894

盖凌 6425

盖六斤 7894

盖羅鳳(閣羅鳳)見盖
　羅鳳

盖敏 8111

盖凝 6425、8111 *

盖欽 3421

盖十二娘 7894

盖十一娘 7894

盖氏(程儉妻)1994

盖氏(定公慶母)6751

盖氏(劇僧光妻)3024

盖氏(劉君雅妻)1749

盖壽 1789

盖孫 6293

盖天奴 7894

盖庭佺 8338

盖同恩 1789

盖萬郎 7894

盖玄 8111

盖璿 6425

盖彥舉 3379

盖義寬 3573

盖義信 1789

盖政 3379

盖子 3421

盖自正 8338

盖□6353

葛

葛寶 3666

葛朝宗 5651

葛從周 8766、8769

葛福順 3666

葛球 8257

葛榮 8257

葛氏(顧彥博妻)8876

葛氏(郭保嗣妻)8690

葛氏(王傅妻)8626

葛氏(張繼昇妻)8908

葛珽 8257

葛威 3666

葛物 8257

葛秀 8257

葛巽 8257

葛延昌 3666

葛仲 8257

葛嘬 5514

閣羅鳳(見盖羅鳳)

耿

耿長(嘉順)4421

耿車 4306

耿重琇(星)4306

耿貴 4421

耿琳 4421

耿欽 5340

耿卿(欽明)1192

耿氏(晉思悰妻)9096

耿氏(張仕文妻)1826

耿堂構 4306

耿庭葩 4306

耿湋(公利)5340

耿暹 5340

耿琇 5340

耿藏 4306

耿宅相 4306

耿哲 4306

耿政 4421

弓

弓鳳兒(李炯妻)3268

弓恭懿 3022

弓美(花德,許崇藝妻)

1186
弓彭祖 1186
弓師盛 3022
弓氏（宋晟妻）8794
弓氏（陽儉妻）1991
弓溫進 3022
弓逸 2333
弓昭（淑婉，武承嗣妻）
　2333
弓哲 3268
弓之美 1186
弓之義 2333、3268
弓志弘 1991、2333
弓志元 3268

公孫
公孫處晉 0627
公孫道育 2197
公孫封 5126
公孫翰 6162
公孫皓 8262
公孫宏 6162
公孫君（處晉父）0627
公孫俊 5126
公孫康 2197
公孫平 5126
公孫氏（郭敬妻）0498
公孫氏（蔣義妻）7638
公孫氏（劉端妻）1035
公孫氏（劉師魯母）
　8376
公孫氏（任威妻）4418
公孫氏（王瑢母）8262
公孫氏（王神授妻）
　2116
公孫氏（趙戩妻）1327
公孫威 5126
公孫尣 1035
公孫武達 2197
公孫仙 5126
公孫雄 1035
公孫瑒 2197

宮
宮斌 5886
宮誠 5406
宮汎 5886
宮房 0100
宮國 0100
宮洪 5886
宮惠（伏愛）0100
宮洌 5886
宮令節 5886
宮佺 5886
宮十六娘 5886
宮思敬 5886
宮行基 0100
宮趙四 5406
宮自勸（有媚）5886

龔
龔成甫 6820
龔季誠 7321
龔嶠 7321
龔珂 6820
龔璘 8412
龔旻 5519
龔清晈 5519
龔潤古（和中）6820
龔山甫 6820
龔師本 6820
龔師貞 6820
龔松談 5519
龔文琛 5519
龔行存 8577
龔行貞 8577
龔玄受（道該）5519
龔雅 8577
龔演 7321
龔野鸞 5519
龔盈 6820
龔永寧 5519
龔幼甫 6820
龔元慶 7321
龔遠稱 5519

龔昭顏 6820
龔仲甫 6820

句
句方賢 4554
句君瑞 4554
句君武 0938
句龍 4554
句龍（子雲）0938
句善建 4554
句善貞 4554
句氏 8964
句疑 0938
句欽真 4554
句原 0938

句龍
句龍昂 6293
句龍和 6293
句龍華 6293
句龍素 6293
句龍仙齡 6293
句龍玄 6293
句龍易 6293
句龍岳 6293
句龍運 6293
句龍哲 6293

緱
緱景 8754

苟
苟白女（賢行）1480
苟朝公 6822
苟從建 6822
苟從岳 7956
苟璠 7956
苟哥郎 6822
苟胡僧 6822
苟華 0369
苟寰 6822＊、7956
苟訥 3535

苟氏（司馬崇敬妻）
　3535
苟氏（殷平妻）1945
苟太象 4486
苟惟達 7956
苟緯 0369
苟襲 0369
苟小僧 6822
苟行岳 6822
苟暄（乾禧）0369
苟璵 1480
苟宗 6822

古
古寶 2501＊、2502
古偲 4597
古金 7551
古匡 2501、2502
古少豐 7551
古少清 7551
古少溢 7551
古少貞 7551
古十四娘 7551
古十五娘 7551
古十一娘 7551
古氏（張瓊妻）3196
古威 2501、2502
古英 7551
古瞻 7551
古哲（彥丘）2502

谷
谷超俊 5314
谷誨（知誨）2943、
　5314＊
谷嘉祐 5314
谷無準 6043
谷業 2943
谷運（知命）2943＊、
　5314
谷則 2943
谷知誨（見谷誨）

歸延矩 8426
歸彦範 8426
歸遵範 8426

歸誠王 5174
歸仁公（楚州刺史）
　0577

桂

桂仲武 6671

郭

郭阿鶴 8373
郭愛 1505
郭曖 5693＊、6023、
　6719、7145、7227、
　8389
郭安 0815
郭岸 7556
郭褒 0068
郭保嗣（昌期）8690
郭寶 2875
郭寶兒 7113
郭寶山 5470
郭寶寶 2907
郭泌 5642
郭婢婢 8690
郭弼 5150
郭弼（虛己子）4359、
　6800、8690
郭弼（匡政）8904
郭璧 6950
郭辯言 1337
郭摽 8495
郭表 4358
郭柵 0039
郭賓 6146
郭播 8495
郭伯 1601
郭伯（郭會父）3785
郭伯（郭政子）9292
郭跋跋 7113

郭才（郭師父）4627
郭才（郭懿父）1664
郭才（郭遠父）1591
郭儵（懿夫）7458
郭粲（公義父）0874
郭粲（郭義父）0713
郭藏 4358
郭操 2581
郭岑 4151
郭蟾（瑤之）8083
郭長 8280
郭常住 8902
郭鏅 5436
郭昶（郭澄父）2318、
　4359、5889
郭昶（郭通父）5009、
　5248、5346、5512、
　5693、6299、7116
郭暢 1570
郭巢亦 7771
郭巢穎 7892、8373
郭朝 6477
郭朝（郭遘子）6497
郭徹 2208
郭徹（郭威父）4143
郭澈 7094
郭琛 2513
郭琛（郭仙父）7183
郭諶 6209
郭成子 7152
郭承（繼祖）1644
郭承碬 6633、6719、
　6807、6859、6921、
　7892、7928
郭承台 6859
郭承遇 8618
郭承運 8533
郭誠 7950
郭澂 9064
郭澄 2318、4359、5889
郭持誠 3305
郭埕 6800

郭熾 6800
郭崇 0192
郭崇光 4457
郭崇嗣 4457
郭崇韜 8830、8884
郭崇先 2585
郭崇獻 4358
郭醜 0644
郭處範 5344
郭處膏 5425
郭楚 1664
郭楚璧 3427
郭鏦 5693、6023
郭從規 6851
郭從簡 6851
郭從矩 6800、7094
郭從諒（復言）7070、
　7403＊
郭從實（郭鏷子）8235、
　8373
郭從實（郭元子）8854
郭從義 8970
郭從義（郭太子）7565
郭從郁 7070、7403
郭從真 7070
郭從□ 7565
郭琮 3305
郭湊 6950
郭璀 2160
郭達（郭解父）0674
郭達（郭廉子）3689
郭達（郭珍子）0733
郭達（利博）1301
郭達（元略子）1481
郭大洪 7169
郭大基 1224
郭待舉 5018、5344
郭待貞 2755
郭憺 5272
郭讜 7892、8373
郭蕩 9292
郭蕩（僧護）1601

郭道融（文通）0733
郭道元 7853
郭德（郭安父）0815
郭德（郭生父）3917
郭德（郭智父）3000
郭德（希有父）0472
郭德元 6578
郭迪之 5425
郭睇 6633
郭豆 3315
郭都師 7981
郭度 0039
郭端 6475
郭鍴 5436
郭敦一 4577
郭多多 7169
郭二娘 3785
郭法琛 5470
郭法順 5470
郭法悟 5689
郭法□ 5470
郭璠 6107
郭璠（潤之）8340
郭方 0815
郭鈁 5454、5512
郭昉 4870
郭芬（令芬）6306
郭豐 5889
郭逢吉 8904
郭馮 8219
郭奉仙 6330
郭奉憲 8340
郭鳳 3783
郭佛會 8296
郭孚 5396
郭福 3834
郭福（弘簡父）8902
郭福該（上品）4276
郭福善 1931
郭復珪 6906
郭感兒 8280
郭幹 0943

郭幹(郭真父)1374
郭剛 7483
郭剛(子强)0363
郭耕 7304
郭公謹 7169
郭公義 0874
郭功(玄每)2513
郭恭 2034
郭珙 6124、6299
郭遘 6497
郭穀 7268
郭顧(仲翔)2168
郭觀 4273
郭歸仁 5167
郭貴(郭愛子)1505
郭貴(郭嵩子)1669
郭貴(郭業子)1969
郭果(犬子)2812
郭韓七 8790
郭漢温 8911
郭漢子 4985
郭翰(郭恒父)4911
郭翰(郭貞父)8790
郭翰(奕冲)9307
郭晧(幼明子)5407、
　6851
郭晧(善寂)4577
郭暤 5010、5407
郭訶 3782
郭何 6290、6578
郭和 0498
郭和(郭略子)1181
郭黑 0059
郭恒 4911
郭恒貴(常勝)0836
郭衡(從權)5936
郭弘(立道)6497
郭弘範 8421
郭弘簡 8902
郭弘亮 7020
郭弘素 8911
郭弘業 8235、8247、

8373
郭弘裕(用恕)8235、
　8373 *
郭洪本 4985
郭洪鐸(聲遠)8904
郭鋠 5454、5512
郭侯 1664
郭厚 6480
郭胡 0734
郭瑚 5167
郭旿 5010
郭華 6141
郭華(郭彦父)1301
郭華(自新父)7152
郭懷道 1969
郭懷仁 4025
郭懷乂 4901
郭懷則(思法)3917
郭寰(郭璠子)8340
郭寰(郭榮子)8096
郭黄 3093
郭鍠 6209
郭暉幹 3782
郭徽 0022、1931
郭晦 5346
郭惠 1301
郭惠郎 7458
郭惠儼 0874
郭會 3785
郭會郎 7183
郭誨 4164
郭繢 8389
郭機(行本)2448
郭集 0363
郭集 2394
郭鎌 5454、5512、
　8235、8373
郭季恒 6090
郭季靈 6619、6671
郭紀 2169
郭紀(慎禮)1591
郭勸 5650

郭繼洪(紹溥)8096
郭冀 9205
郭嘉諒 4627
郭嘉延 4973
郭嘉胤 5470
郭暕 5187
郭暕(幼冲子)5346
郭簡 6209
郭建 6235
郭降 5941
郭角 5044
郭皎 7483
郭傑 3689
郭解 0674
郭謹 2108
郭進 2208
郭進乾 7565
郭景 2509
郭景初 7268
郭景胤 6629
郭儆 7892
郭敬(敬善)0022
郭敬(君才)0498
郭敬符 2061
郭敬之 4870、5009、
　5010、5248、5346、
　5512、5693、5715、
　6299、6633、6719、
　7116、7403、7407、
　8435
郭靖實 8533
郭静 8618
郭静(真洪)0039
郭迥 5042、5390
郭九太 3588
郭舉 6141
郭舉(郭磨父)1618
郭舉(郭岳子)2476
郭捐之 7760
郭君 2513
郭君 5969
郭君 7397

郭君 7915
郭君 8578
郭君 8929
郭君(代州長史)5176
郭君(郭播父)8495
郭君(郭璠父)8340
郭君(郭剛父)0363
郭君(郭麗父)0875
郭君(郭象父)5758
郭君(建安尉)1043
郭君(九太父)3588
郭君(良鄉公)2111
郭君(靈泉公)4044
郭君(秘省正字)5453
郭君(秦州刺史)0363
郭君(秋浦丞)2394
郭君(少府監丞)3306
郭君(慎辭父)6859
郭君(隋并州刺史)2448
郭君(隋懷州長史)0875
郭君(太初父)3701
郭君(元鏃父)7152
郭君楚 7196
郭君定 3689
郭君節 1301
郭君賞 6477
郭君雅 7169
郭鈞 5454、5512、5715、
　6921、7892、7928
郭俊(郭仁父)1337
郭俊(郭雙父)0642
郭俊容 7169
郭康(郭信父)2002
郭康(郭哲父)4276
郭抗 7556
郭珂 8434
郭恪 4457
郭客子 3588
郭空偲 8643
郭匡 5470
郭逵 7861
郭揆 4359

郭昺 5346

郭郎郎 4075

郭郎郎(郭儇子)7458

郭老萊 5936

郭稜 7162

郭利貞 2907

郭麗(華義)0875

郭廉 3689

郭鍊 5454、5512

郭鏈 5248

郭良(承遇父)8618

郭良(文慶父)8533

郭良(文用父)7113

郭良貴 6306

郭良坦 6306

郭良汶 6306

郭良穎 6306

郭亮 0472

郭璙 7116

郭林宗 5689

郭璘 7247

郭璘(孟祥)6146

郭令詢 4577

郭留九 8790

郭留頃 1664

郭留慶 3785

郭鏐(剛美)8435＊、
　8439

郭六 5167

郭龍 5470

郭龍興 1947

郭隴 4457

郭鸞 6475

郭綸 4276

郭羅善(見郭善)

郭略 1181

郭買 1765

郭蠻 1374

郭滿 3157

郭滿娘 7169

郭茂 2034

郭茂褘 2585

郭梅子 5936

郭美娘 6330

郭密 2168

郭密之 4164

郭旻 7169

郭旼 6633

郭珉(楚□)3782

郭明(士文)1586

郭明岸 6146

郭明遠 4790

郭模 5936、6290、6578

郭摩(孟仁)0059

郭磨 1618

郭鉾 5248、5373

郭謀 6209

郭那耶大恩 1481

郭納 5173、5936、
　6290、6578

郭難及 6128

郭寧哥 8904

郭奴奴 1669

郭呥 3305

郭珮(泠然)5715

郭彭壽(平謀)6141

郭丕 6128

郭鈺 6230、7116＊、8434

郭品(大品)2503

郭平哥 8911

郭評 6544

郭婆連 8854

郭婆奴 8854

郭婆女 8854

郭期 3305

郭奇 2289

郭齊宗 1609、6619、
　6671

郭玘 7212

郭玘 9015

郭遷 5650

郭遷(慶先子)7483

郭謙 2160

郭謙(郭倚父)6128

郭謙光 2946

郭騫(子騫)7867＊、
　7981、8544

郭虔瓘(湛)3107＊、
　3824、3977

郭虔友 4168、4790

郭乾(杞直)5167

郭潛 8690

郭魁 4498

郭鐈 7532

郭峭 8995

郭愜郎 7981

郭欽 1359

郭欽(行感)2061

郭欽達 3499

郭欽仁 4577

郭卿 2812

郭卿(叔長)0642

郭卿(郭胄子)1891

郭清 7904

郭慶(郭俊父)1337

郭慶(郭密父)2168

郭慶(郭通父)7867

郭慶(善志)3107

郭慶先 7483

郭瓊 8435、8439

郭瓊 8643

郭瓊(韞之)7556

郭瓊(鄭鎮郎母)7480

郭球 7070

郭鉥 5454、5512

郭全穆 8343

郭全式 8343

郭全錫 8343

郭全周 8343

郭權 8911

郭群 8340

郭讓 1374

郭仁(玄謹)2476

郭仁(郭達父)0674

郭仁(郭俊子)1337

郭仁(郭彝父)0644

郭仁(郭義父)2061

郭仁表 3157

郭仁立 1947

郭仁魯 8911

郭日榮 6544

郭戎 8340

郭容子 7152

郭榮(福善父)0022、
　1931

郭榮(郭寰父)8096

郭鎔 5454、8942

郭如姞 8373

郭儒 0836

郭銳 5248、5373

郭潤 7175

郭三師 7458

郭沙門 7458

郭山松 4168

郭山惲 3689

郭善(承嘉、羅善)0846、
　0874＊

郭善會 1947

郭善積(寶)0713

郭善思 7113

郭善政 4985

郭善志 4168、4790

郭少還 6629

郭少輝 9206

郭少連 6629

郭少汶 6475

郭少迎 6629

郭紹 8690

郭伸 6629

郭深 7110

郭深(郭威父)2907

郭紳 7556

郭什六 8854

郭神鼎 3389

郭神符(沖子)1891

郭諗 6544

郭昚 4151

郭慎(密)3107

郭氏(閻晉母)3885　　郭恕 4359　　郭堂哥 8911　　郭偉(仁軌)8904

郭氏(嚴約妻)1713　　郭鉌(郭暄子)7407　　郭濤 7094　　郭暐 5346

郭氏(楊公政妻)8559　　郭鉌(郭盈子)6800　　郭騰 1224　　郭味賢 5272

郭氏(元乘寶妻)4025　　郭雙 0642　　郭天德 8790　　郭渭 5993

郭氏(元祐然妻)8317　　郭爽 0874　　郭天奴 8296　　郭渭(哥子)6330

郭氏(元智方妻)2470　　郭順清(崇化)8904　　郭鐵牛 8911　　郭焆 5425

郭氏(袁義全妻)2509　　郭思 0713　　郭鐵子 6330　　郭文(文興)3499

郭氏(張恩母)4085　　郭思(楷)3427　　郭亭 2532　　郭文度 2448

郭氏(張逢妻)8965　　郭思愛 4457　　郭庭美 8911　　郭文感(踈己)1570

郭氏(張恭妻)8492　　郭思敬(懷恭)2318　　郭庭倩 4247　　郭文恭 8280

郭氏(張立妻)8684　　郭思九 4645　　郭偅 5780　　郭文惠 8523

郭氏(張卿妻)3986　　郭思禮 5689　　郭珽 8435、8439　　郭文嶠 5650

郭氏(張仁倫妻)3474　　郭思審 2812　　郭通(處膏父)5425　　郭文岷 5650

郭氏(張仁嗣妻)9030　　郭思興 3157　　郭通(貴達)1224　　郭文慶 8533

郭氏(張紳妻)7514　　郭思義 3157　　郭通(郭黑父)0059　　郭文喜 4358

郭氏(張廷鎬妻)9182　　郭思詔 0874　　郭通(郭欽子)1359　　郭文獻 6141

郭氏(張文敬妻)7490　　郭思珍 2208　　郭通(郭慶子)7867、　　郭文岫 5650

郭氏(張義妻)7902　　郭思貞 0846、0874　　　7981、8544　　郭文緒 6475

郭氏(趙廣興妻)6622　　郭肆才(弘器)0503　　郭通(敬之父)4870、　　郭文義 3782

郭氏(趙溥妻)9007　　郭嗣本(隆基)0192　　　5009、5248、5346、　　郭文益 6475

郭氏(趙宗妻)7163　　郭嗣本 0324、3564、7212　　　5512、5693、6299、　　郭文嵫 5650

郭氏(鄭逢妻)9276　　郭松 9060　　　6633、7116、7407　　郭文應(瑞之)6290、

郭氏(周神旺妻)8791　　郭嵩 1669　　郭通微 5113　　　6578＊

郭氏(周葉妻)0829　　郭素 1360　　郭同 3305　　郭文用 7113

郭氏(□約言妻)8651　　郭素(郭觀子)4273　　郭圖 7175、7454　　郭文約 6475

郭世静 4577　　郭素(静)1669　　郭搏 8495　　郭碩 1570

郭恃 0192　　郭素絜(杜徽妻)0068　　郭綰(郭晧子)4577　　郭烏娘 8373

郭守俊 3093　　郭遂 7183　　郭綰(郭瓊子)7556　　郭五(王緒母)2174

郭守文 6633　　郭遂良 8280　　郭萬(善)9292　　郭仵 3588

郭守恂 2503　　郭燧 6629　　郭汪仁 3499　　郭晤 5436、7116、8434

郭守渝 2503　　郭太 7565　　郭威 4273　　郭寤 9064

郭授 2876　　郭太(郭福子)3834　　郭威(郭徹子)4143　　郭希倩 5689

郭綏 7556　　郭太初 3701　　郭威(郭和子)1181　　郭希仙 5235

郭叔 3785　　郭太易 3701　　郭威(郭深子)2907　　郭希有 0472

郭叔綽 0327　　郭泰 0503　　郭威(周太祖)9007、　　郭晞 5248、5346、

郭叔瑜 5902　　郭泰初 5936、6578　　　9028　　　5512＊、5454、5715、

郭淑 1931　　郭泰素 5344　　郭威制 7183　　　6921、7892、8235、

郭舒 1765　　郭泰仙 5018　　郭嵓(孝忠)4151　　　8373

郭舒(文政)1765　　郭談江 3499　　郭惟良(惟進)6090　　郭錫 5454

郭樞 4359　　郭壇 0503　　郭惟政 5689　　郭襲古(茂先)3564＊、

郭璹 6124、6299　　郭曇 0733　　郭維贊 8969　　　6619、6671

郭曙 5576　　郭鋑 5436　　郭偉 7297　　郭襲珪 5150、5193、

郭胤(郭龍父)5470

郭英俊 6146

郭英奇 4627

郭英乂 4971、5210、
　5398、5402

郭盈(損之)6800＊、
　7094、8690

郭穎 1969

郭暎 3564

郭友(順)2169

郭友勵 2592

郭友諒 1181

郭友順 8854

郭友誼 7085

郭幼沖 5346＊、6633

郭幼明(郭晟子)6330

郭幼明(仲遠)5009＊、
　5407、7268、7403

郭幼儒 5010＊、7407、
　8435

郭幼賢 4870＊、6142、
　7487

郭圅 6962

郭瑜(郭鍠父)6209

郭瑜(連城)5042

郭瑜(無瑕)3689

郭遇 5042

郭裕(寬)2208

郭煜 5425

郭元(慶先子)7483

郭元(友順父)8854

郭元弼 8911

郭元琮 7867、7981

郭元光 6544

郭元貴(冠卿)7867、
　7981、8544＊

郭元鎬 7152

郭元鐵 7152

郭元鐵(仲恭子)8389

郭元寂 6948

郭元謹 8790

郭元景 5489

郭元敬 8790

郭元諒 6950

郭元略 1481

郭元慶 7950

郭元讓 4074

郭元武(郭湊子)6950

郭元武(守文)7867、
　7981＊

郭元益 7867

郭元贇 1591

郭元哲 9292

郭元禎 8790

郭元振 3144、3233、
　3466、6544

郭元宗(惟良父)6090

郭元宗(襲古父)3564

郭圓 5936

郭遠 7970

郭遠(郭才子)1591

郭遠(郭仙父)1601

郭遠(文岫父)5650

郭約 7556

郭岳(郭舉父)2476

郭岳(仙舟父)5780

郭悦 6141

郭贇 5042

郭雲 2002

郭惲 6209

郭載 4364

郭再榮 9022

郭再興 6125

郭再興 8343

郭再興(君楚父)7196

郭在徽 8942

郭在生 7820

郭在微 8942

郭在巖 8942

郭贊 6108

郭愭 3499

郭湛(見郭虔瓘)

郭張 6633

郭張八 8790

郭樟 6800

郭釗(克成)5693、
　6023、6719＊、7073、
　7145、7227、8212、
　8389

郭哲 4381

郭哲(郭康子)4276

郭哲(郭才父)4627

郭珍(郭達父)0733

郭珍(郭度父)0039

郭貞 8790

郭貞幹 3782

郭真 7867

郭真(處真)1374

郭真行 3782

郭積 6497

郭正業 2318

郭正一 2522、4997

郭正則 5732

郭正則(郭同父)3305

郭政(郭伯父)9292

郭政(郭舒父)1765

郭知禮 8435、8439

郭知密 8892

郭知什 1337

郭知微 8373

郭知運 3146、3582、
　3592、4627

郭植 4790

郭徵(志順)3093

郭政 7483

郭志(寬)2755

郭志道 8096

郭晊 5010、5346

郭智(及)3000

郭智積 1301

郭實 6475

郭中和 5425

郭忠 4377

郭忠(郭冀子)9205

郭忠(郭鸞父)6475

郭忠信 8144

郭仲詞 6719、8212

郭仲恭(德卿)6719、
　7227＊

郭仲禮 6719

郭仲素 7058

郭仲文(翊周)6719、
　7145＊

郭仲武 6719、7145

郭仲殷 5650

郭仲則 7122

郭仲宗 5167

郭重 8942

郭周長 8096

郭周暢 8096

郭周穆 8096

郭伷 4075

郭胄 1891

郭洙 7094

郭竹林 2002

郭鑄 5693、6023

郭莊 6477

郭晫 5407

郭滋 5993

郭子騫(見郭騫)

郭子喬 3305

郭子武 2503

郭子休 1947

郭子儀 4831、4870、
　5009、5010、5023、
　5153、5173、5248、
　5255、5269、5325、
　5346、5373、5407、
　5496、5512、5693、
　5715、5947、6015、
　6023、6137、6175、
　6222、6230、6299、
　6475、6633、6719、
　6921、6975、7058、
　7070、7116、7145、
　7227、7236、7268、
　7403、7532、7892、
　7928、8212、8235、

韓海 7482、8414

韓漢(德)2543

韓瀚 3816

韓浩 3816、4275

韓暤 6392

韓亨 4098

韓恒貴 0593

韓弘(韓嵩父)1485

韓弘 5796、5885、
　　7072、7482、7785、
　　8414

韓泫 3816、3898、
　　4275、4711、5060、
　　5808＊、5809

韓洪(韓休子)3709、
　　3816、3990、4275、
　　7154

韓洪(韓哲父)2543

韓洪貴 1235

韓翃 5885

韓胡女 8749

韓護(季宗)1411

韓懷哲 0574

韓黄七 7698

韓鍠 4813

韓晃 2331

韓滉 3816、3990、
　　4275、5206、5609、
　　5614、5636、5699、
　　5724、5896、6474、
　　7383、7885、8337

韓暉 6791

韓徽(見韓承徽)

韓洄(韓休子)3816、
　　4275、6884、7473、
　　8543

韓洄(南盛子)4102

韓惠昭(婉順)0593

韓惠貞 4744

韓渾 3816、4275、
　　5864、6007、7224、
　　7473、7838

韓季 7121

韓泉 7154

韓濟 4102

韓郟 7644

韓陳(宣明)1703

韓儉(處約)1294

韓建 8700、8884

韓建(韓善父)4813

韓建兒(建建)5601、
　　5864

韓建榮 4923

韓建業 0914、2062

韓漸 4098、4550

韓漸餘 8848

韓踐忠 4120

韓晈 5240

韓矯 6528

韓傑 6007

韓解 5601、5864、6294、
　　6377、6663、7473

韓金英 6278

韓津 6153

韓進 5063

韓景 6998

韓景倩 8418

韓景仁(静之)7644

韓景休 8506

韓憬 5828

韓璥 5924

韓净識(令妃)0852

韓敬徽 7785

韓敬嶠 4199、4813＊

韓敬密 8177、8337

韓敬仁 8506

韓敬文(子章)6886、
　　8414＊

韓敬源 8506

韓昃 5828

韓洞 3816

韓九師 9029

韓舅弟 7838

韓居晦 7154

韓居實 7154

韓居志 7154

韓涓 5369

韓君 6009

韓君 7858

韓君 8786

韓君(都監軍使)6153

韓君(撫王司馬)6498

韓君(懷州録事)1843

韓君(文慶父)7555

韓君(右羽林將軍)
　　7785

韓君(中使)5467

韓鈞 7698

韓俊 0940

韓濬(深)0792

韓可方 7375、7398、
　　8199

韓迷 6886

韓昆 5019

韓璃 2677

韓禮 8940

韓璉 8848

韓良 8986

韓潾 4102

韓璘 6528

韓令兒 7838

韓令名(德興)0914

韓令英(克秀)2062

韓令真 0974

韓隴(元福)3637、
　　4531＊

韓盧七(李積中妻)
　　7838

韓倫 4120

韓洛 1216

韓履 5369

韓履霜 8418

韓履霜(欽泰)4098＊、
　　4550

韓滿 3145

韓密 5640

韓邈 4570

韓旼 6392

韓南盛(昌)4102

韓娘子(持界)2157

韓宁 6884

韓寧(元度)5900、6435

韓平 1876

韓平 2331

韓普賢 1294

韓洽 3816、4275、4359

韓遷(韓達父)0798

韓遷(韓濟父)0792

韓遷(韓訓子)2087、
　　3948

韓遷(韓延父)0701

韓虔裕 8414

韓倩 4275、4742、5206

韓卿 5436

韓清 4744

韓慶 6845

韓珍 7698

韓衢 6585

韓去惑 5369

韓全 7555

韓詮 4102

韓確 2157

韓讓 0715

韓讓(韓胄父)2878

韓仁(韓陳父)1703

韓仁(韓遊父)1116

韓仁師(子敬)0974

韓如山 4923

韓鋭 4813

韓三牛 6377

韓三猪 8414

韓山海 1235

韓山藏 1235

韓山則 1235

韓善 4813

韓善行 2764

韓尚賢 3816

韓邵陵 5900

韓仙明 6278

韓賢 0552

韓憲奴 4593

韓獻 6153

韓獻之 4454

韓相 0552

韓相(乾琮)1216

韓相貴(見韓建業)

韓相國(繼叔)0378

韓珣 5209

韓逍遙 4699

韓小牛 6377、7473

韓小雅 5240

韓曉(柔遠)2087＊、
　3948

韓孝恭(行先)7785

韓孝威 0914、2062

韓協 7644

韓興 0574

韓興(韓俊子)0940

韓興泰 2216

韓行(玄)2878

韓行方 6483

韓休(韓讓子)0715

韓休(良士)2665、
　3301、3393、3816＊、
　4275、5060、5808、
　5864、6007、6884、
　7154、7224、7473、
　7838、7885

韓秀弼 5065、5240、
　5369、5426

韓秀寬 6524

韓秀榮 5227、5240、
　5248、6392

韓秀實(孟堅)5240＊、
　6115

韓緒(元由)0940

韓愃(中則)6337

韓暄 8506

韓玄 4813

韓玄卿 6272

韓玄紹 8506

韓絢 8536

韓尋 6683

韓訓 2087

韓巽 6411、6498

韓巽 6659

韓雅(韓) 0852

韓延 0701

韓延密 8908

韓延遇 8860

韓言 4058

韓言(韓止子)1485

韓晶 6791

韓巖 8506

韓儼 3637、4531

韓彦 4102

韓彦博 6524

韓彦能 9096

韓彦昇 8848

韓晏 4948

韓要兒 7838

韓曅 5640、5809、
　6884、8543

韓怡道 8414

韓挹(敬仲)7154

韓益 4098、4550

韓益(道裕、住兒)
　5601、5864、6377、
　7224＊、7473、7885、
　8337

韓義 3713

韓義(韓護父)1411

韓義昌 5604、5801

韓義誠 6387

韓義方 6153

韓義孫 7154

韓廣 6939

韓鎰 7698

韓繹 6337、7310

韓陰(何仁)2216

韓盈子 6294

韓郢 8729

韓穎 8543

韓應 5369

韓邕奴 6294

韓廓 8543

韓永吉 6791

韓永興 1294

韓泳 4102

韓遊 1116

韓遊瓌 5521

韓幼簡 6336

韓幼平 6336

韓餘慶 4710

韓玉(仁質)2677

韓郁 7644

韓愈(退之)5719、
　6401、7175、7584、
　8310

韓元 6880

韓元度(見韓寧)

韓元福(見韓隴)

韓元壽 0852

韓元嗣 4923

韓元哲 4098

韓遠 6153

韓苑 6528

韓瑗 6337、7310、7644

韓約 6506、6663

韓悅(韓寶父)0574

韓悅(韓震父)8972

韓越 2550

韓贄(玄懿)0552

韓雲卿 5031

韓宰 8414

韓贊忠 8972、8987

韓瓚 3875

韓則 1235

韓擇郎 5900

韓擇木 4382、4787、
　5240、6115、6392

韓章 9141

韓章(韓洪子)5601、
　5808、5640、7154

韓昭元 4570

韓照 5240

韓哲 2543

韓珍 1411

韓貞瓛 7816

韓振 6153

韓震 8972

韓鎮 5635

韓拯 4424

韓政(韓嵩子)1485

韓政(韓通子)0974

韓鄭(深)0715

韓知微(端郎)7885

韓止(基)1485

韓止水 2062

韓志操 6115

韓志忠 4792

韓智(見韓大智)

韓智(見韓威智)

韓質 1642

韓質(韓素父)2898

韓中和 5828

韓忠(孝慈)0574

韓忠節(仲子)3948

韓仲舉(漢臣)8749、
　8750、8847＊、8848

韓仲良 7310

韓仲通 6524

韓仲宣 4570

韓仲宣(韓恭子)8749、
　8848

韓仲英 8848

韓仲瑜 6185

韓仲昭 8848

韓胄 2878

韓住兒(見韓益)

韓準 5808、5809

韓卓(元直)5060、
　5808、5809＊

韓鎰 6886

韓子儀 4120

韓宗穗(秀之)8506

郝祖（文相）1077
韓遵 0732
韓祚 1843

杭
杭式 7849、8362

郝
郝北叟 1206
郝璧（見郝璋）
郝常照 7922
郝承嘏 7883
郝初郎（郝憨子）6760
郝初郎（郝章子）8778
郝處俊 1206
郝從義 7922
郝湊 7922
郝達 0283
郝德 0835
郝德娘 8778
郝鳳（龍仁）0283
郝根 0454
郝公建 5422
郝公素 5764
郝關七 8778
郝貴 1206
郝貴客 7330
郝和 0835
郝恒 6844
郝歡 3237
郝澣 7045
郝季山 7330
郝將 2293、4146
郝嶠琳 4146
郝戒 5763
郝瑝（文愛）1050
郝進華（莘）7689
郝覺 1050
郝君 7922
郝君（公素父）5764
郝君（濟州司馬）0796
郝俊俊 7922

郝科 2293、4146
郝克俊 1991
郝良 2293
郝六六 7922
郝盧（師）3237
郝茂光 6242
郝明 7794
郝默（静思，許景妻）
　1206
郝謙 8778
郝倩 7922
郝愜 6242
郝憨 6760
郝慶鸞 7330
郝榮 0835
郝三端 6784
郝善德 8778
郝尚 0454
郝尚仙 5764
郝師静 5376
郝十三娘 7330
郝十四娘 7330
郝十一娘 6514
郝士恒 7689
郝士良 7794
郝士縉 7689
郝士政 7689
郝氏 8661
郝氏（陳師上妻）7045
郝氏（陳縱妻）5419
郝氏（范懵妻）6395
郝氏（傅俠妻）3517
郝氏（高暕妻）2942
郝氏（高小慶妻）2824
郝氏（盖巨源妻）8338
郝氏（郭法悟妻）5689
郝氏（韓定德妻）1116
郝氏（韓思榮妻）8940
郝氏（赫連簡妻）3132
郝氏（劉少議妻）8194
郝氏（劉珣妻）9183
郝氏（秦仁昉妻）3850

郝氏（任進妻）4277
郝氏（田延敏妻）9034
郝氏（王廣珍妻）8058
郝氏（王君卿妻）3802
郝氏（衛元宗妻）7592
郝氏（武興妻）6163
郝氏（武剑妻）5376
郝氏（臧允恭妻）8146
郝氏（趙廣興妻）6622
郝氏（周少誠妻）7271、
　7432
郝世義（德）0454
郝叔元 6784
郝叔政 6784
郝順 7922
郝四（科）4146
郝坦 2293
郝庭秀 7689
郝庭玉 5171
郝同美 8338
郝温 8828
郝文 3237
郝文冀 6242
郝文制 6242
郝仵 0283
郝先 1050
郝昕 6395
郝休 1050
郝宣 8778
郝晏晏 7922
郝義 0454
郝義誠 5764
郝懿 4111
郝胤 3237
郝幽 6514
郝譽（善襃）0835
郝元液 7330
郝元佐 7922
郝悦 0283
郝再清 6514
郝章 8778
郝璋（璧）2293＊、4146

郝哲 6784
郝整 8778
郝智 3693
郝□榮 7330

浩
浩斌 2955
浩操 2207
浩昌 0753、1412
浩冲 0753、1412
浩弟（路君德妻）0758
浩範 1983、2902
浩福 8896
浩胡兒 2993
浩胡子（嘉賓）2993
浩輝 2207
浩惠 0350、0408
浩兼 0758
浩景協 2955
浩君（浩禮子）2902
浩寬（文饒）0408
浩覽 3712
浩禮 2902
浩廉（士貞）0350
浩令忠 1983
浩鸞超 2993
浩略 0767
浩買 0408
浩明（見浩昭）
浩摩 0767
浩齊（元整）2955
浩綺節 2207
浩欽（浩範父）1983
浩欽（浩輝父）2207
浩欽（浩寬子）0408
浩頃（萬頃）1983
浩瓊藏 4474
浩毅 2955
浩善 3712
浩紹□3712
浩氏（邊朝偘妻）5791
浩氏（陳通妻）2466

浩氏(宋熾妻)3599
浩氏(邢運妻)0870
浩氏(趙敬賞妻)8815
浩天留 8896
浩巍巍 2955
浩仙 5552
浩賢 0767
浩羨 3225
浩休 0350
浩玄 0767
浩義 5552
浩義(成)1412
浩義(浩福父)8896
浩胤□3712
浩約(奉先)2207
浩瓚 2902
浩載 5552
浩則 2993
浩璋 8896
浩昭(明)0753＊、1412
浩貞 8896
浩志仙 4474
浩□貞 1412

何

何阿小 2140、3313
何昹 5342
何鮑 8384
何賁(公賁)8632
何彪 7462、8577
何伯建 4971
何伯述(叔良)4971＊、
　5342
何伯遇 4971、5002、
　5342
何才通 9108
何璨 6220
何昌構 6479
何昌浩 5476
何昌系 4264
何昌裔 4614
何樫 8384

何承璀 3438
何承裕(德豐)9108
何澄 5722＊、6079
何澄(何璨父)6220
何重度 8903
何重進 8907
何稠 4011
何聰 2374
何從榮 8907
何琮(子玉)8632
何達 2355、2356
何大師 1278
何德璘(光隱)8934
何德尼(楊琮妻)0246
何兜兒 8907
何端 5244
何鳳 2355、5476、
　6479、6908
何扶 7311
何撫(庶安)6479
何杲 4971、5342
何公簡 6376
何公貞 8632
何恭 3438
何拱 6479、6695、6908
何觀 5342
何光 0975
何洸 7445
何貴文 9108
何袞 5184
何海 8903
何憨哥 8907
何韓十九 8907
何漢超 9108
何漢規 9108
何漢宏 9108
何漢求 9108
何漢威 9108
何漢興 9108
何漢甐 9108
何漢宗 9108
何弘敬 7366、7918、

　8183、8308、8632
何渙(千里)5184
何暉 6376
何悔 2877
何基(孝仁)2374
何季川 5342
何堅 5244
何竇 4439
何晉 4936
何景 2355、2356
何敬超 8907
何敬方 8907
何敬千 8907
何敬審 9183
何敬文 8907
何敬仙 7576
何敬之 4971
何敬周 8907
何巨玲 7576
何巨玹 7576
何巨瑨 7576
何巨殷 6180
何巨源 6180
何巨□6180
何據 5576
何君(黃州刺史)9065
何君(齊卓郡太守)1278
何君(隋朝請大夫)1278
何君(遂州長史)1813
何君(許州刺史)8941
何君政 8907
何堪 9080
何揆 5002、5342
何亮 2374
何嶙 5082
何鸞 2355、2356、
　3118、6479
何洛(通達)1278
何敏 8934
何彭老 6908
何千里 4262
何芊 6220

何虔範 8632
何虔規 8632
何虔禮 8632
何虔嗣 8632
何丘 8236
何榮 0975
何叡冲(少海)5184
何僧 8384
何賞 7165、7199
何紹倫 8934
何紹文 8934
何詵(承業)0975
何神忠 6499
何士幹 5721、6454、
　6479、6908
何士衡 5184
何士季 6220
何士喬 4264
何士式 5576
何士邕 4264
何士用 5476
何士元 4264
何氏 8085
何氏(安萬金妻)
　8903＊、8906
何氏(安元超妻)8903
何氏(崔周輔妻)6908
何氏(江弘□妻)9065
何氏(李楫母)4011
何氏(李景暉妻)5098
何氏(李叔卿妻)8948
何氏(李珍妻)4959
何氏(劉元妻)7669
何氏(馬岑妻)5716
何氏(米仁慶妻)1752
何氏(穆秀實妻)6910
何氏(權令詢妻)8920
何氏(王廷範妻)9125
何氏(王興滿妻)5830
何氏(王珍妻)5898
何氏(魏仲卿妻)7569
何氏(袁繼諲妻)9154

賀拔希參 3153
賀拔希周 4920
賀拔諧 0294
賀拔玄一 3153、4920
賀拔裕 3153
賀拔止 4920

賀蘭

賀蘭安石 2357
賀蘭表 1169
賀蘭操 6575
賀蘭莨 3966
賀蘭澄 0302、0612
賀蘭調 2005
賀蘭蕃 0302、0612、
　2357
賀蘭諷 6575
賀蘭恭 0302
賀蘭鞏 8331
賀蘭廣 4803、4855
賀蘭曷(成壽)0302
賀蘭和 3275
賀蘭洪 8230
賀蘭暉 1169
賀蘭諫 7042
賀蘭晉 3722
賀蘭敬 0568
賀蘭君(元琰父)1670
賀蘭邟 6575
賀蘭抗 7042
賀蘭敏之(常住)2357
賀蘭慶 2005
賀蘭師 3275
賀蘭師仁 2357
賀蘭氏(賀蘭誼女)
　0170
賀蘭氏(蔣王孺人)
　1169
賀蘭氏(李道師妻)
　1505
賀蘭氏(楊慎知妻)
　5254

賀蘭氏(義本女)3966
賀蘭氏(左政妻)7616
賀蘭叔時 4560
賀蘭淑(獨孤脩禮妻)
　0568
賀蘭遂(德仁)6575
賀蘭琬 2357
賀蘭文裕 1169
賀蘭希莊 2735
賀蘭行敏 3966
賀蘭緒 7042
賀蘭絢 0568
賀蘭淹(天德)0612
賀蘭義本 3966
賀蘭誼 0170
賀蘭英 8331
賀蘭譽(欽上)3275
賀蘭元琰 1670
賀蘭元瑜 2005
賀蘭元振 4630
賀蘭遠 7042
賀蘭貞 3275
賀蘭正元 8331
賀蘭知禮 0612
賀蘭植説 3275
賀蘭實悔 0949
賀蘭□範 8331

賀妻

賀妻善安 0166
賀妻善積 0166
賀妻善柱 0166
賀妻坦 4626
賀妻餘潤(成名)4626
賀妻子幹 0166

賀魯

賀魯庭之 5352
賀魯欲谷 5352
賀魯忠孝 5352
賀魯子琦 5352

賀若

賀若弼 0825、2289、
　2963
賀若德儼 0825
賀若敦 0597
賀若懷良 2963
賀若懷武 2289
賀若簡 0597
賀若瑾 2963
賀若景忱(友諒)0597
賀若氏(柳則妻)0101
賀若氏(乙速孤行儼
　妻)2289
賀若統 0009
賀若突厥(獨孤羅妻)
　0009
賀若祥 0101
賀若孝義 0597
賀若協 2963
賀若禕之 0825
賀若誼 0009、0101、
　2963
賀若載 4717
賀若貞亮(信)0825
賀若震(玄震)2963
賀若子信 2963

賀遂

賀遂氏(裴璿妻)3526

赫連

赫連昂 3265
赫連寶毅(金剛)0287
赫連梵 3265
赫連杲 3265
赫連弘 3132、3133
赫連簡(知進)3132
赫連景 3132、3133
赫連静 3132、3133
赫連權 7707
赫連山(思泰)3133
赫連昇 3265

赫連師亮 3265
赫連叔諧 0287
赫連萬通 3132
赫連協 0287
赫連諧 3265
赫連欽若(惟臣)3265
赫連知悌 3133

黑

黑定郎 8650
黑惠娘 8650
黑少安 8650
黑元武 8650

衡

衡濟 5796
衡琳(智瑒)0182
衡審 4341
衡氏(弥姐亮妻)4725
衡氏(趙元符妻)7623
衡守直 2727、2858*、
　3042、4341
衡挺 2858
衡喜 3042
衡義整 2858、3042、
　4341
衡懌 2858、4341*、
　4342
衡長孫 2858、4341
衡招 6871
衡之奇 6168
衡準 5756
衡寇 4341

弘

弘氏(王叔寧妻)7346

洪

洪粲 3151
洪經綸 5141
洪蘭(茂芳)3151
洪氏(李公亮妻)7192

侯知一(惟一)
　2497＊、4365、8589
侯智策 1773
侯智方 1984
侯智一(見侯知一)
侯忠(爲德)1486
侯子(休德)1773
侯宗劍 5904

侯莫陳

侯莫陳昌 6620
侯莫陳超 5413、5871、
　6620
侯莫陳崇 0321
侯莫陳大裕 2134
侯莫陳忥 6620
侯莫陳暉 0321、2567
侯莫陳惠 0321
侯莫陳惎 6620
侯莫陳濟 5871
侯莫陳君 3544
侯莫陳龕 2567
侯莫陳洌 6620
侯莫陳憬 6620
侯莫陳敏 7372
侯莫陳惥 5604、6620
侯莫陳厦 6620
侯莫陳涉 7104
侯莫陳昇 4741
侯莫陳氏(侯莫陳謂
　女)7104
侯莫陳氏(橋岳珍妻)
　0108
侯莫陳氏(徐浩妻)
　5413
侯莫陳氏(宇文瑗妻)
　2134
侯莫陳恕 5871＊、
　6620
侯莫陳思義(山奴)
　2567
侯莫陳曇 5413、5871、

6620
侯莫陳通 6620
侯莫陳謂 7104
侯莫陳文寔 5871
侯莫陳協 6620
侯莫陳興 0321
侯莫陳休徵 2567
侯莫陳愻 6620、7372
侯莫陳遙 6620、7372
侯莫陳倚 7104
侯莫陳裔 2567
侯莫陳毅(小苟)0321
侯莫陳穎 6620
侯莫陳應 6620
侯莫陳愿 6620
侯莫陳約(湯貢妻)
　5427、6620＊
侯莫陳暈 6620
侯莫陳哲 0321
侯莫陳知節 5413、
　5871、6620

呼延

呼延昉 1080、1295
呼延士振 1080
呼延氏(和善妻)3291
呼延雲漢 1080
呼延宗(承嗣)1080＊、
　1295
呼延族 1080

胡

胡阿參 8297
胡愛客 4838
胡安 1901
胡安壽 0209
胡寶寶 8325
胡寶興 8325
胡弁 8573
胡晢 0618
胡不干 6526
胡才 2756

胡裳吉 8739
胡超 5207
胡朝 8597
胡琮 0532
胡達 2756
胡大閏 8597
胡道感 3106
胡道光 7827
胡道興 6839
胡冬冬 8325
胡端 5207
胡公願(願)3072
胡恭 0209、1139
胡苟苟 8597
胡光朝 5638
胡廣 0618
胡歸僧 8325
胡國珍 1536
胡海連 4459
胡晧 2684、3019
胡季昂 4838
胡嘉隱 4705
胡堅 8173
胡緘 8419
胡建 7286
胡江 8173
胡進 3975
胡菊菊 8597
胡君 1140
胡君 4766
胡君(胡秀父)4792
胡君(尚客父)1207
胡濬 8201
胡偘 1536
胡珂 8297
胡恪 3106
胡揆(禀度)7068
胡立弘 8227
胡立義 3072
胡林(阮之)8297
胡買 2792
胡邁 7286

胡曼倩 4679
胡茂 4838
胡蒙 8273
胡濛 8479
胡南遂 7806
胡閙閙 8597
胡倪 1536
胡霈然 4399
胡潘 8440
胡璩 7034、8297
胡仁傑 9074
胡仁友 2792
胡榮 6706
胡濡然 4600
胡銳 8597
胡善果 0618
胡善友 8325
胡尚客 1207
胡少遷 5638
胡深 4792
胡師復 7630
胡師懃 7075
胡十三娘 8173
胡士穆 5304
胡氏 7180
胡氏 8346
胡氏 9120
胡氏(程思泰妻)4824
胡氏(儲德充妻)8767
胡氏(崔登妻)0230
胡氏(崔駕仙妻)6011
胡氏(段會妻)1349
胡氏(郭機妻)2448
胡氏(賈伏感母)3169
胡氏(李聰妻)0532
胡氏(李進妻)2217
胡氏(劉符妻)8440
胡氏(劉瓊妻)8440
胡氏(劉秘妻)9016
胡氏(劉讚妻)8086
胡氏(柳信妻)6034
胡氏(羅公受妻)9136

桓德相 2411

桓法嗣 2249、3757

桓貴和 2411

桓弘仁(知微)2249

桓暉紹 2411

桓君(河東令)0759

桓陸 3945

桓平 4295

桓士立 2411

桓氏(陳思禮妻)4379

桓氏(吳揚吾妻)2472

桓樹 0762

桓思簡 2249

桓思敏 3757

桓思貞(藥樹)2411

桓素 0759

桓庭璋 3757、4103

桓文静 4295

桓休明 0759

桓諂 4295

桓玄義 4295

桓彦範 2440、2460、
3032、3757、4103、
4954

桓哲 3945

桓執珪 4295

桓子玉 3757

環

環尊 7518

環襟 7518

環利 7518

環平 7518

環思質 5112

環武 7518

皇

皇氏(崔重進妻)8922

皇氏(張彦暉妻)8952

皇甫

皇甫阿虫 8015

皇甫瑗(伯玉)1625

皇甫安石 5896

皇甫敖 5484

皇甫彼岸(裴惓妻)
4312＊、4473＊

皇甫冰 7907

皇甫鏄 6023、7742

皇甫藏 3378

皇甫廛(肅之)6276＊、
7753

皇甫長立 1385

皇甫澈(徹)5492、
5747＊、7934、8015

皇甫郕(美政)7447

皇甫純 2224

皇甫從兒 7907

皇甫濴 7907

皇甫湊 2224

皇甫達 7447

皇甫誕 0255、0977、
1174

皇甫德參 2775、7907

皇甫鼎 0291

皇甫度 3378

皇甫端 5896、6616

皇甫端(皇甫璠父)
8554

皇甫對 2287

皇甫多相 8015

皇甫鍔 6997

皇甫二娘 6761

皇甫藩 7288

皇甫璠(皇甫誕父)
0255、0977、1174

皇甫璠(皇甫端子)
8554

皇甫昉 4450

皇甫奉源(抱一)5113

皇甫復 5023

皇甫盖 5113

皇甫寡過 5484、5667、
5747、7907

皇甫盥 7907

皇甫瓘 6761、7288

皇甫廣 0291

皇甫廣津 4450

皇甫珪 7742、7993

皇甫貴 1151

皇甫袞 8178

皇甫袞兒 7907

皇甫果 1837

皇甫合兒 8015

皇甫弘(啓之)6594、
6761＊

皇甫華(皇甫歡子)0118

皇甫華(皇甫陶子)0545

皇甫懷静 9208

皇甫歡 0118

皇甫涣 7907

皇甫惠(義賢)1837

皇甫佶 5116

皇甫繼勳 9085

皇甫簡(直史)7288

皇甫瑾 7907

皇甫晉卿 4445、4631

皇甫堚 6276

皇甫鏡幾 3144

皇甫穎 3393

皇甫涓 7288

皇甫君(潁州刺史)
7529

皇甫君(左散騎常侍)
7928

皇甫堪 6276

皇甫昆 7229

皇甫廉 5113

皇甫洌 5113

皇甫鄰幾 1377、1523、
3520

皇甫令孫 8015

皇甫隆 1837

皇甫巒 3144

皇甫邁 5865

皇甫卯娘 8015

皇甫明 1377、1522、
3144

皇甫凝 8015

皇甫潘娘 6594、6761

皇甫鉌(昭文)7907

皇甫憑 7934、8281

皇甫岊 3144

皇甫乾遂 5484、5667、
5747、7907

皇甫欽節 5896

皇甫求 6761、7288

皇甫儒 7522

皇甫僧 1151

皇甫埤 6276、6375

皇甫侁 6276、7907

皇甫慎名 4371

皇甫師 2224

皇甫湜 7352

皇甫寃 5484

皇甫氏(程咸妻)2403

皇甫氏(鄧淦妻)3050

皇甫氏(杜佝妻)5667

皇甫氏(侯子妻)1773

皇甫氏(賈濟妻)1385

皇甫氏(庫延安妻)
1612

皇甫氏(李寧妻)0118

皇甫氏(李其妻)3378

皇甫氏(李全節妻)2775

皇甫氏(劉公慶妻)7766

皇甫氏(柳儒妻)3393

皇甫氏(柳子陽妻)
1174＊、1308

皇甫氏(仇存妻)8729

皇甫氏(王寶德妻)
0566

皇甫氏(王柔妻)9026

皇甫氏(王招妻)1923

皇甫氏(魚行贊妻)
1977

皇甫氏(張頵妻)8756

皇甫氏(長孫良妻)

黃衆寶 0489

黃□(右金吾倉曹) 2164

黃□慶 2164

惠

惠表節 3880

惠達 8184

惠弘(奭)3880

惠平定 3880

惠權 7764

惠氏(俞彦方母)8346

惠希莊 3880

渾

渾鎬 7073

渾瑊 5512、5549、 5850、6145、6328、 6399、6708、7143、 9177

渾君(皋蘭州都督) 2441

渾偘 7663

霍

霍翱 8043

霍八娘 8864

霍才 0848、3502

霍粲 0848

霍璨 8352

霍承暉 3502

霍承訓 9152

霍道長 0967

霍度 9152

霍端 2278

霍方瑾(德光)8727

霍方琪 8727

霍方璩 8727

霍光 2311

霍光祐 6313

霍璟 2107

霍韓世 7739

霍弘 1645

霍晃 7739

霍惠 2818

霍瑨 7739＊、8588

霍景旦 1645、2107

霍景倩 2107

霍敬(見霍玄)

霍敬禮 2818

霍九娘 8864

霍君(方瑾父)8727

霍僎 0546

霍克儉 0848

霍尅 3502

霍良(臘仁)2278

霍洺 8864

霍七娘 8864

霍慶 0848

霍仁福 9152

霍仁禮 9152

霍僧 1054

霍師 2818

霍師德 9152

霍十娘 8864

霍氏 7531

霍氏(陳警妻)0967

霍氏(郭文恭妻)8280

霍氏(劉良信妻)8025

霍氏(牛文誼妻)8224

霍氏(龐令圖妻)8962

霍氏(吳延魯妻)9110

霍氏(元守鷺妻)3533

霍氏(袁公和妻)6107

霍叔并 8352

霍順義 4889

霍思 0546

霍思恭 1645、2107

霍松齡 1645＊、 2107＊

霍孫 0546

霍滔 8864

霍韜 0546

霍脁(嗣光)1645

霍庭璀 3502

霍庭玉 3502

霍惟恭 7739

霍孝恭 2278

霍興朝 4889

霍行簡 8352

霍行儒 7739、8588＊

霍行實 8352

霍行釗 8352

霍休 0546

霍秀 7739、8588

霍宣道 1645、2107

霍玄(敬)0848＊、3502

霍玄琛 4889

霍巖 8864

霍鷗 7056

霍儼 8864

霍彦球 9152

霍彦威 8898

霍彦珣(蘊玉)9152

霍鄴 9152

霍義 2278

霍雍 8864

霍遊盛 4889

霍元貴 4889

霍則 8864

霍曾 9152

霍張七 8588

霍召達 3094

霍子 2818

霍自謹 8588

姬

姬寶柱 2123

姬承宗 1563

姬崇嶠 2123

姬崇宗 1563

姬處真 1562

姬德(兒)0375

姬鶴(崇裕)2517

姬敬本 2123

姬敬友 2123

姬君(汾源公)0191

姬慕 0375

姬權 0706、1562、1563

姬如璿 2517

姬士安 2517

姬氏(謝統師妻)0191

姬思義 1562、1563＊

姬威 0706、1562、1563

姬玄範 2123

姬詢 0375

姬肇(元震)0706、1563

姬志寧 2517

姬揔持(李義餘妻) 0706

嵇

嵇氏(靳濯華妻)5746

嵇氏(王搏妻)8626

吉

吉表 4809

吉藏諸 4809

吉昌胤 8911

吉琯(叔玉)2063

吉光(義臻)4809

吉弘楷 4284

吉琚 2166

吉旼 7202

吉寧 1001

吉謙 2063、2181

吉潛 4284

吉慶 1001

吉善才 1965

吉氏(郭弘妻)6497

吉氏(王寶妻)7536

吉氏(文哲女)2181

吉氏(文哲女)4677

吉氏(邢德昭妻)8982

吉氏(張海仙妻)5203

吉思忠 1001

吉韜 8982

吉威 4809

4270＊

賈溉 2822

賈幹 0867

賈岡兒 7793

賈剛 3803

賈歌兒 8466

賈公彦 4458

賈軌 1395

賈國寧 7231

賈國清 7231

賈海 1476

賈鎬 6360

賈合 3803

賈恒 4527

賈洪禮 4708

賈護 9210

賈暉 3119

賈惠端 8568

賈惠元 8755

賈集 3169

賈季禮 1385

賈季卿 3316

賈暨 0431、9209

賈濟(利涉)1385

賈儉 2129

賈簡 6103

賈節(懷操)1395

賈謹 8602

賈進 3803

賈進和 7700

賈進琳 2715

賈景 3119

賈敬 7700

賈敬道 1395

賈靖 2751

賈静 4949

賈九娘 7231

賈君 2974

賈君 3642

賈君(伏感父)3169

賈君(河南尉)3224

賈君(賈集父)3169

賈君(賈煒父)8796

賈君(内侍)5974

賈君(厭次令)5214

賈君(潁上丞)9212

賈君(永年令)1246

賈君(御史)3166

賈君才 1099

賈克良 6138

賈匡 8721

賈夔 8484

賈廓 2974、4270

賈稜 5534

賈勱言(恒)4458＊、
　9298

賈廉 3337、3647

賈瞵 5819

賈靈 0220、1700

賈令宗 7793、7901

賈鸞(鳴謙)4527

賈掄 5214

賈旻 7793

賈旻 9211

賈敏 6103

賈明俊 7700

賈鳴謙 2974

賈薯 6126

賈牧謙 2974

賈廿娘 6637

賈寧 6637

賈鵬 4798

賈七 3803

賈玘 8757

賈謙 2308

賈乾興 8568

賈欽 1700

賈欽惠 4458

賈慶 8602

賈全 5585、6907

賈榮 5582

賈榮(從周父)7654

賈榮郎 6794

賈榮樂 3388

賈嵾 8755

賈僧進 8568

賈僧苕 8568

賈僧武 8568

賈山奴 7901

賈善 4949

賈善法 7962

賈善法 8602

賈少清 7700

賈少遇 8158

賈紹(文興)1476

賈神福 1395

賈審 8602

賈生 4587

賈昇祐 4949

賈勝 4458

賈師(善德)0220、
　1700＊

賈師苟 0778

賈師留 8568

賈十八娘(國清女)7231

賈十八娘(進和女)7700

賈十兒 8568

賈十二娘 8466

賈十娘(賈芬女)7793

賈十娘(賈慶女)8602

賈十七娘 7700

賈十五娘 7700

賈十一娘 8466

賈氏 2751

賈氏 3943

賈氏 5907

賈氏(班景倩妻)5398

賈氏(班思簡妻)5398

賈氏(曹惲妻)3193

賈氏(柴寧妻)8008

賈氏(程歸妻)3168

賈氏(崔茂宗妻)
　3647＊、3853

賈氏(段道超妻)5241

賈氏(馮暉妻)9049

賈氏(苟澈妻)7254

賈氏(高表妻)2158

賈氏(郭解妻)0674

賈氏(郭宣妻)4645

賈氏(郝從義妻)7922

賈氏(侯忠妻)1486

賈氏(孔玄策妻)2961

賈氏(李敖子)2240

賈氏(李德釗妻)8857

賈氏(李繼忠妻)8953

賈氏(李目妻)1508

賈氏(劉京妻)8360

賈氏(劉君和妻)7869

賈氏(劉珂妻)9131

賈氏(劉素妻)4094

賈氏(馬文静妻)3388

賈氏(牛陵妻)1711

賈氏(牛義備妻)4712

賈氏(潘襄妻)8971

賈氏(裴思會妻)9031

賈氏(秦審言妻)8853

賈氏(丘球妻)8681

賈氏(任福妻)6382

賈氏(申珍妻)2187

賈氏(沈嶷妻)2761

賈氏(王昌鋭母)6463

賈氏(王幹妻)8452

賈氏(王明妻)2478

賈氏(王愻妻)8158

賈氏(王幼卿妻)3802

賈氏(王運妻)1403

賈氏(王祚妻)3224

賈氏(楊景球妻)8356

賈氏(楊亮妻)1989

賈氏(姚罗妻)8463

賈氏(尹思儀妻)4301

賈氏(張騷妻)0296

賈氏(張庭美妻)9010

賈氏(張興順妻)8788

賈氏(張彦璆妻)4769

賈氏(趙基妻)3283

賈氏(趙儼妻)3283

賈式 0431、2822、9209

姜公復 5410、5576

姜亨 1898

姜化 1225

姜會 1225

姜簡 5568

姜薦 7201

姜晈 2872、4108、9196

姜進誠 6317

姜璟 3984

姜九□ 2395

姜君(邢州司馬)7251

姜開(玄廓)0928

姜恪 0115、2825

姜立 1049

姜立祐 5568

姜苗裔 6317

姜敏從 5517

姜明 0115

姜薯 1282

姜韶 5568

姜神翊 6204

姜師度 4183

姜士幹 6317

姜氏(馮敦睦妻)7704

姜氏(馮孝約妻)1282

姜氏(郭澂妻)9064

姜氏(韓國信妻)6524

姜氏(姜亨女)1898

姜氏(姜挺女)6204

姜氏(晉匡文妻)9096

姜氏(李堪妻)8590

姜氏(李瞿老母)7251

姜氏(梁善妻)1049

姜氏(辛玄挺妻)2020

姜氏(閻寶妻)8945

姜氏(尹寘妻)6564

姜氏(袁繼榮妻)9154

姜氏(張全義妻)
　8757＊、8819、8887

姜世遠(太冲)0115

姜挺 6204

姜瞳 7266

姜威 0295

姜温(柔,王承憬妻)
　2825

姜文 5139

姜汶 0115

姜希晃 5410

姜希僑 0434

姜暹(元方)2757

姜相女 3447

姜協 1898、2757、3984

姜信 3447

姜行本 1282

姜琇 2757、3984

姜玄亮 4313

姜彥範 6564

姜邑高(季封)5568

姜邑慶 5568

姜義貞 3320

姜懿 1225

姜綱(紀)0434

姜元頃 3447

姜蘊 2211

姜勖 6204

姜湛 0434

姜長儒 0434

姜質 1225

姜子榮(敬宗)6317

姜自勸 7550

姜宗儉 5568

蔣

蔣安兒(范素妻)2010

蔣渤 5064

蔣修 8184

蔣璨 5094

蔣岑 3828、4942、6909

蔣晁 4942、6909

蔣郝 6384、7980

蔣達(蔣容父)8184

蔣達(蔣真父)2046

蔣凡(仙舟)4104

蔣防 6380、6416

蔣鋒 4911

蔣逢 7638

蔣肱 8431

蔣冠峰 3892

蔣滬 6349

蔣渙 3992、4911、5094、
　5168、7638

蔣埨 4690

蔣繪 4911、5064、5094

蔣渾 7593

蔣鎮 9213

蔣楫 8184

蔣建 9090

蔣建(景餘父)7638

蔣鑒玄 9125

蔣景餘 7638

蔣静 1030

蔣聚 8184

蔣均 4690

蔣君(成州刺史)4942

蔣君(都監)9179

蔣君(蔣湛子)9213

蔣君(秘書丞)4942

蔣君(睦州刺史)9162

蔣立 4104

蔣勵己 3125

蔣鍊 4911

蔣亮 2010

蔣洌(清源)4470、
　4911＊、5094

蔣滿 2046

蔣慢慢 7638

蔣秘 7603

蔣鈕 9213

蔣珮 5094

蔣鉒 9213

蔣洽(蔣鋭父)5094、
　5533

蔣洽(蔣珣父)2010

蔣倩(王高妻)6384

蔣鐍 4911

蔣欽結 6384

蔣欽緒 4242、5392、
　5695

蔣卿 4104

蔣清 6384

蔣全 8184

蔣權 5064

蔣容 8184

蔣溶 4695

蔣鋭(真道)5094＊、
　5533

蔣少卿 0453＊、1030

蔣邵(釋智遠)4296

蔣伸 7151、7629、7740、
　7850、8700

蔣師敬 8184

蔣師雅 8184

蔣師遇 8184

蔣十娘(李嘉妻)7638

蔣士幹 5533

蔣士約 5533

蔣氏(李公諫妻)7192

蔣氏(盧涀妻)5392＊、
　5695

蔣氏(王无悔妻)6909

蔣氏(俞彥珠妻)9161

蔣碩尚 0453

蔣璲(允忠)5094、
　5533＊

蔣天寶 0453

蔣挺 4911、5094、5533

蔣畏之 4690

蔣武 6245

蔣珦 5094、5533

蔣續 9213

蔣玄同 6954

蔣鉉 4911

蔣塤 4690

蔣珣(蔣洽子)2010

蔣珣(蔣鋭子)5094

蔣涯 6611

蔣延勳 9162

蔣儆 0453、1030

靳公榮 5746
靳貴 2242
靳貴郎 8273
靳和 8482
靳恒 4435
靳弘 2686
靳弘亮 8482
靳弘實 8482
靳稽(長謬)0518
靳進 7007
靳敬之 5746
靳恪(仁恪)2745
靳琳 2242
靳買 0380
靳謬 0518
靳謨 0410
靳能 5654
靳廿三娘 8273
靳寧(德安)2242
靳寧哥 8482
靳屼 8292
靳起(文興)0380
靳倩 8482
靳秦娘 8273
靳賞師 8273
靳紹 0518
靳審 7905
靳聖哥 8482
靳師(允文)0410
靳十二娘 8482
靳十四娘 8482
靳十五娘 8482
靳氏 8334
靳氏(盖璿妻)6425
靳氏(郝順妻)7922
靳氏(胡□謹妻)8597
靳氏(裴擇妻)4435
靳氏(王能妻)0407
靳氏(王英妻)1478
靳氏(韋嶙妻)5654
靳氏(曾忠義母)8013
靳守貞 2745

靳順 8273
靳嵩 0410
靳庭 4435
靳庭詮 7007
靳庭瑗 7007
靳萬誠 7007
靳萬通 7007
靳頎 5746
靳文演 7905
靳文貞 7905
靳協 7905
靳宣 2745
靳玄道 2745
靳夷吾 0410
靳隱兒 2686
靳邕 4435
靳廊 8273
靳愿 8273
靳貞 7007
靳貞郎 8273
靳積 8482
靳濯華(仲隨)5746

荊

荊賓 2258
荊儔 9080
荊德 6849
荊倫(金倫)2258
荊慶 6849
荊氏 8644
荊壽 6849
荊義倧 2258

經

經氏 7812

井

井君(黎陽侯)2074
井慶(懷慶)3799
井師 3799
井氏(宋濟妻)2074
井義泉 3799

井義璋 3799
井真成 3461

景

景保忠 3518
景大名 3639
景德本 3518
景璠 8483
景伏 1434
景公直(頎之)8259
景恭 8483
景瓛 6464
景瓛(公直子)8259
景和 1434
景會 8259
景進 8483
景俊 3639
景晙 3646
景蘭 3639
景邈 5737、6011、6357
景謙 0417
景慶 8259
景瓊 8483
景生 1434
景氏(劉良妻)6464
景氏(馬捷妻)6252
景氏(任思慶妻)4277
景氏(韋祥妻)6600
景氏(張弘志妻)7902
景氏(張匡美妻)8965
景受 8483
景順 3639
景他(仁)1434
景通 8259
景萬 6140
景羨 3518
景孝琮 1434
景秀才 1434
景玄明 6600
景珣 8483
景運 3639
景璩 8259

景莊 8483

景皇帝(見李虎)

敬

敬安 6029
敬昌 5775
敬崇 5775
敬悱 7149
敬奉(玄奉)4125
敬廣清(公綽)5775
敬浩 7149
敬暤 7078
敬弘 5826
敬暉 2440、2460、4954
敬晦 7907、8015
敬居貞 6504
敬君(巴陵令)1719
敬君(慈丘令)1719
敬君(營繕監丞)1719
敬君(豫州參軍)2050
敬君命 4125
敬括 3473、4576、5255、
　5617、5702
敬寧 7149
敬謇 5412
敬仁方 5826
敬氏 2170
敬氏(王諗虔妻)8666
敬氏(楊宙妻)7760
敬氏(張居翰妻)8842
敬氏(張宗慶妻)7976
敬氏(趙純妻)3283
敬守信 4125
敬曙 7976
敬樣 7263
敬損之(道行,崔元夫
　妻)7149＊、9193
敬太芝(興)5826
敬昕 6283、7884
敬行基 5826
敬煦 7120、7263

康融簡 2879

康卅 6221

康善義 2871

康韶 4514

康申 4514

康晟 8988

康勝(法因)0696

康十三娘 7262

康石 5223

康氏 1390

康氏(安文光妻)5223

康氏(曹秀蘭妻)5876

康氏(熾俟汕妻)4617

康氏(何縮妻)6079

康氏(李少贊妻)6976

康氏(劉士忠妻)6052

康氏(劉彥融妻)9008

康氏(穆君信妻)2526

康氏(史道洛妻)0495

康氏(史伏寶妻)1917

康氏(史訶耽妻)0899

康氏(史弘恕妻)8970

康氏(史建志母)6745

康氏(宋感妻)2311

康氏(王季初妻)8509

康氏(王智勝母)1158

康氏(武君晟妻)8060

康氏(薛德師妻)0740

康氏(袁彥進妻)9035

康氏(張亮妻)6974

康氏(趙弘武妻)7538

康壽 1674

康叔良 7805

康叔諒 6221

康叔詣 6221

康叔源 6221

康叔証 6221

康淑(貞姿)3094

康庶 6221

康思敬(務真)2871

康太和(金磚,本名琮)
4667

康天□6745

康瑱 4339

康文朗 0444

康文通(懿)1867

康錫 6860

康仙昂(昂)4339

康孝通 2871

康孝義 4921

康孝義 6976

康孝臧 6816

康校尉 5223

康頡斤 4858

康頡利發 4858

康昕 6221

康行儒 9035

康緒 6860

康玄寂(叔良)2906

康玄植 1867

康延孝 8938

康延願 0588

康演 5164

康晏崇 8988

康晏琮 8988

康晏琦 8988

康養 2871

康業相 0135

康宜德(有鄰)1674

康儀 1158

康裔 6221

康英 4514

康英俊 4858

康英賢 7631

康英玉 4858

康佑 7631

康元崇 7538

康元信 8988

康元宗 7538

康遠(遷迪)2880

康媛 5164

康贊 8904

康贊美(翊聖)8829

康張兒 8322

康昭(德明)6221

康昭郎 7262

康貞固 2880

康植 6976

康志睦 6919、7288、
7524

康忠 7631

康忠信 6927

康忠義 6927

康仲榮 3094

康銖 7996

康子相 0444

康子元 2761

可

可久 7229

可突于 3824、4867

可朱渾

可朱渾定遠 3107

可朱渾氏(郭湛妻)
3107

可朱渾秀 3107

孔

孔寶寧 6783

孔伯魚 4646

孔楚 2994

孔存碬 6979

孔得魚 4646

孔德紹 2093

孔端 8793、8804、8830

孔昉 8793、8804 ＊、
8830

孔甫謙 6783

孔構 2215

孔果 2821

孔恒汎 6783

孔恒清 6783

孔恒榮 6783

孔懷憲 2961

孔晦 8532

孔惠元 2821

孔佶 8793、8804、8830

孔戩 6572

孔嘉運 2961

孔堅(真陁,徐承先妻)
2215

孔謹 8793、8804

孔敬元 2254

孔克敵 4397

孔羕 7439

孔立 8793＊、8804

孔謙(執柔)8793、
8804、8830＊

孔欽憲 4397

孔仁福 9161

孔若思 2215

孔紹安 2215

孔脊言 2821

孔師藻 4646

孔史魚 4646

孔氏(董鉉妻)3162

孔氏(李思都妻)9013

孔氏(駱玄運妻)1846

孔氏(秦千妻)9014

孔氏(守元女)5222

孔氏(田廣妻)8566

孔氏(王譚母)7972

孔氏(韋貽範妻)9107

孔守元 5222

孔素 2961

孔圖 6935

孔萬摠 4646

孔威 7716

孔惟熙 8830

孔惟貞 8830

孔緯 8762、8831

孔行諶 2198

孔績 8747

孔玄策 2961

孔玄寂 6783

孔玄慶 2198

雷海 6116

雷恒 6091

雷華 1115

雷鍠 8769

雷渾 6091

雷景從(歸禮)8769

雷景中 7343

雷敬安 8769

雷敬崇 8769

雷敬存 8769

雷敬暉 8769

雷敬全 8769

雷君(内侍)4105

雷況 8692

雷廓(亮)1115

雷勛 8769

雷球 8769

雷閏 6567

雷善 2471

雷師因 8754

雷士制 6567

雷氏(郭潛妻)8690

雷韜 8769

雷惟達 6567

雷文 8769

雷霞 6567

雷咸 2589

雷協 6091

雷行 8692

雷彦稠 8754

雷彦實 8754

雷彦慍 8692

雷業 2471

雷愭 6091

雷英 6567

雷遇 6116

雷嶽 9113

雷贊 6091

雷貞 2471

雷貞(嘉憲)6567

雷振 6091

類

類氏(崔宗涉妻)9102

黎

黎幹 5083、5568、6647

黎基 0439

黎景遷 6171

黎景延 6171

黎景運 6171

黎敬仁 3012

黎紹美 9104

黎氏(鄭翔母)6858

黎信智(廣誠)6171

黎埕 6647

黎埴 6647、6883、7100、7101、7585

黎燭(幾明)6647

李

李阿葛羅 3090

李阿護 7787

李阿六 7787

李阿敏 8549

李阿師 7876

李歕 0050

李藹 4391

李藹(范陽王)3687

李愛兒 7102、7298

李安(安德令)0954

李安(李璧子)5608

李安(李恭子)2033

李安(世壽,遂安郡王)0062、0150*、0473、1514、3971、5881

李安(西平王)1362、2251、2703、4262

李安(休寧)0353

李安定 1911

李安瓊(見李瓊)

李安諫 8594

李安期 0232、4318、5846、6364

李安慶 6329

李安仁 3288、3906、4390、5280

李安儒 8594

李安瑜 8594

李安遠(見李譽)

李郔 7230

李岸 7639

李黯 8024

李黯 8514

李黯(李静子)4601、4648

李昂 3316

李昂(季江)3830、4781、4925、5022、5117、5162*、5238、5371、5933、6154

李昂(景獻子)4228

李昂(侍御史)3882

李昂(唐文宗、江王)6589、7070、7153、7222、7227、7304、7424、7452、7453、7795、7813、7847、8099、8289、8291、8389、8396

李昂(行匡父)4233、5122

李敖 2375

李敖(尚隱子)6982

李敖(思恭)2240

李崴 4982

李翱 6264、6896、6952、7352

李澳(致川)8201

李八八 7198

李八八 8293

李八娘 6485

李霸 6687、8300

李霸兒 9033

李白 5453、7754

李百藥(重規)0232*、

0553、0557、4318、5846

李佰(隴)3206

李栢 4797、6766、6836、6894、6895、7079、7398、7622

李斑 7416

李伴哥 9033

李伴猳 9150

李包 5680

李褒(寶會子)3537

李褒(浙東觀察使)7375、7991、8051、8186

李褒(祝阿主簿)3212

李保(吉王)8690

李保合 8535、8549

李保權(翼化)8535

李保玄 7813

李保殷 8752

李保真(崔元略妻)6403*、6715、6718

李埰 7604

李寶 6774

李寶(敦煌宣公)1064、1726

李寶(李胡父)1019

李寶(李明子)3361

李寶(李辱父)1968

李寶(李仙子)5726

李寶(李羽父)0584

李寶(李遠子)5816

李寶(李忠父)6510

李寶(明允子)3001

李寶(思儉)2038*、2039

李寶(田行達妻)0351

李寶臣 4868、5123、5396、5833、5961、7097、7363、7957

李寶光(庭遠)5954

李寶會(藥師)3537

李禪奴 5863
李蟾 7822
李闡 7084
李昌 5705
李昌(承宗子)6066
李昌(李緒子)2044
李昌(李淮子)4746
李昌(適之)4183、4262、4601＊、5274、5619、6417
李昌(唐臣)8500
李昌(孝禕子)4314
李昌福 2240
李昌岠 5018、5528、6156、6472
李昌巙(李昌夔)5254、5603
李昌奴 1728
李昌慶 8110
李昌嗣 8226
李昌庭 4827、5318、6172、6539、6892
李昌汶(子之)6611
李昌峴 5018
李昌嶢 5018
李昌嶷 8153
李昌幽 5018
李昌幽 5489
李昌虞 8133
李昌源 6993、8622
李昌□8399
李瑁(壽王)3862、4185、4726、4741、4742、4779、4881、4905、5206、6614
李長(李貴子)0886
李長(李惟子)3957、4914
李長(元龜)8507
李長吉 7853
李長文(承業)8705
李長雄 3313
李長源 5762
李萇 7931
李常(李暄父)7494
李常(李憲父)7804
李常住 8776
李常住 8981
李袒(李厥子)2334、5150、5193、5732、6848
李敞 7826
李敞 8222
李超(會昌子)5389
李超(李晦父)8581
李超(李會子)6284
李超(義琰子)3324、3584＊、4250、5149
李超榮 7508
李巢 2218、2559、2799
李朝(李清父)8067
李朝(李暹子)6160
李朝弼 4781＊、5144、5338、5731
李朝清 5954
李朝興 5678
李朝興 5816
李朝義 7033
李朝隱 3500、3627、4193、4781
李潮 6744、8016
李徹(李禮父)3970
李徹(李那子)7851
李徹(李實子)0645
李徹(李懿子)0139
李徹(濮陽郡王)3694
李徹(武幹父)1139
李徹(訓)0822
李徹(延通)1020
李澈 8217
李琛 2772
李琛(襄武郡王)2251、7211
李臣(祐臣)4230
李忱 7438
李忱(唐宣宗、光王)6919、7304、7611、7811、7832、7946、7967、7991、8016、8099、8235、8373、8421
李陳八 8780
李陳老 6767
李諶(崇德子)4447
李諶(通王)5460、5467、6229、6368、6386、6493、6633、7134、7157、7254、7304
李偁 4597
李偁(齊周子)5734
李成 0964
李成 6790＊、7541
李成公 5620
李成岌 6546
李成已 4844、5393
李成績 2035、3617、4460、5731、6672、8461
李成鈞(安國)5981
李成美(陳王)6646
李成式 2035、3617、4745、5434
李成汶 6546
李成務 3904、3906
李成性 4965
李成休 2035、3617、5588、6687、6730、8300
李成毅 4188
李成毅 6946
李成裕 2035、3617、5381、6495、6905
李成質(守素)5155＊、7100、7101
李丞仙 6548
李承 1064
李承寀(敦煌王)5311
李承承 8240
李承寵 9163
李承聃 6579
李承恩 5074
李承範(演)3115
李承風 2536、2537
李承葛 4010
李承龜 8456
李承奐 6368
李承家 2872、3910＊
李承家(承嘉)3361
李承嘉 3992、4664
李承敬 8001
李承俊 4369
李承晙 3697
李承禮 0854
李承乾(高明，恒山愍王)2334、2996、3658＊、4601、4893、5150、5732、6667、6848、7008
李承慶 3293
李承嗣 4221
李承嗣 7350
李承嗣(道亮子)3837
李承嗣(李訶子)9163
李承嗣(李儼子)4767
李承嗣(壹夏子)2536
李承嗣(仲方子)9060
李承素 8001
李承泰 4228
李承悌 4519
李承曦 3697
李承仙 7204、7257
李承先 0854
李承先(傳)3270
李承憲 3596
李承宣 8226
李承業 1369
李承鄴 9163

李承義 9042

李承懿 7851

李承胤 5261

李承祐 8319

李承悦 8149

李承昭 3697、5614、
　6362

李承晊 3697

李承重 3287

李承宗 3259

李承宗(李絢子)4521

李承宗(孝義子)6066

李珵 3424

李程 6304、6718、
　7072、7424

李誠 4303

李誠 5271

李誠(崇德子)4447、
　5195

李誠(惠林子)6983

李誠(李漢父)1220

李誠昌 7580

李誠昌 8606

李澄 5193

李澄 5522

李澄(紀王)4646、5990

李澄(李本子)9020

李澄(李福父)4988

李澄(李諒父)1718

李澄(李泰子)5409、
　5622＊、6078

李澄(鄭滑節度)5530

李澄(知新子)3538

李澄霞(淮南大長公主,
　封言道妻)1590＊、
　1933、3590

李橙 4679、7674、8041、
　8347

李逞 4929

李熾 3266、5165

李充 5708

李充(李紹父)6265

李充(孟德子)3956

李充節 1422、1671、
　2226、9219

李冲(大受)6667

李冲(瑯琊王)2717、
　3874、5123

李冲(李慕子)1343

李冲(孝諧父)2479、
　5132、6539

李冲寂(李璟子)2723、
　4262

李冲寂(李護子)2578

李冲柔 2578

李冲玄(漢陽公)1362、
　2323、2703、3125

李忱(澶王)7199、8337

李玧 7964

李玧(德温,嚴謇妻)
　7073、7277、7554＊

李重(休烈)1537＊、
　1538、5380

李重(道堅子)3687

李重(李冑子)5242、
　5546

李重安 8780

李重昂 6671

李重兒 7345

李重福(譙王)2460、
　2604、2948、3084、
　3465、3889、4186、
　4205

李重廣 3942

李重吉(保榮)8881

李重晴 7186、8193

李重建 8995

李重謹 8913

李重進 8858

李重俊(從璋子)
　8954＊、9021

李重俊(衛王、節愍太
　子)2566、2264、
　2268、3084、3854、

4197、4213

李重茂(温王、襄王)
　2246、2626、2684、
　2707、3140、3722、
　4871

李重旻 7659

李重謙 8881

李重榮 5608

李重潤(邵王、懿德太
　子)2534、3897、4279

李重晟 7334

李重遂 8947

李重泰 8954、9021

李重喜 8776

李重喜(福德女)8981

李重忻(諶)7090

李重興(從璋子)8954、
　9021

李重興(李寶子)5816

李重興(行恭子)8955

李重秀 6572

李重廣 3942

李重殷 8606

李重遇 9092

李重裕 8955

李重贇 8780

李重直(表正)8954、
　9021＊

李重□8780

李崇(李高父)6320

李崇(李師子)2030

李崇(李仙子)5726

李崇□3085

李崇導 4392

李崇德 2920、3243、
　4447、5195

李崇尊 6318

李崇暉 4392

李崇玠 6790、7541

李崇禮 2145

李崇禮(茂先)1807

李崇默(藏用)4132

李崇霈 6318

李崇嗣 2419

李崇嗣(平原郡王)
　1239、4108

李崇嗣(世緯子)3672

李崇嗣(元度子)3139

李崇望 1788

李崇信 6033、6270

李崇興 6318

李崇義(永康公)0386、
　0050、0051、1954、
　2561、3269

李崇義(孝恭子)3808、
　5501

李崇悦 4392

李崇惲 2038

李崇貞 6373

李崇正 3696

李寵 5990

李綢 7664

李儔 7523

李籌 6611

李醜 1503

李醜兒 7786

李醜漢 8780

李醜奴 8865

李初 5393

李初有 3727

李處冲 3774

李處冲 7150

李處恭 8563、8593

李處暕 0373

李處鑒 1915、2649、
　2650＊、2840

李處廉 2728、3270

李處仁 6921

李處玄 4655

李處一 2486、3463、
　3503、3655

李處巤 2740＊、3538

李處贇 2619

李處寂 2049

李楚 8219

李楚(李唐父)8983

李楚(李温子)7188

李楚(叔秀)0459

李楚(夷玉女)6837

李楚璨 4711

李楚楚 5767

李楚璣 2443

李楚璟 4711

李楚客 2145

李楚老 6894

李楚琳 5884、6349

李楚卿 8538

李楚瓊 1966

李楚珍 7659

李琡(德昭,孟啓妻)
　8254

李偓 5132

李偓(杞王)5161、
　5458、5790、6759、
　7427

李偓(淑嫻)3544

李春(叔政子)6760

李春(鉌,崔從妻)
　6730 * 、6986 *

李春卿(榮)4380

李椿 9101

李純(唐憲宗、廣陵王、
　章武皇帝)5693、
　6364、6399、6459、
　6472、6516、6556、
　6572、6697、6698、
　6718、6719、6807、
　6815、6831、6857、
　6919、6987、7070、
　7078、7210、7262、
　7347、7539、7548、
　7610、7811、8099、
　8389、8421、8461

李純緘 5554

李淳(景直)3976

李淳(汝陽郡王,見李

　璀)

李淳(稚川子)5082

李淳風 6759

李綽 9150

李綽(翼王)6257、
　7124、7279、7398、
　7807

李綽(友之,杜光乂妻)
　8656 * 、8897

李慈(體仁)1766

李慈暉 3991

李慈同 1217

李玼 4893、6667

李玼(義王)4047、
　4374、4430、4607、
　4741、4837、4881、
　4900、5019、5065、
　5240、5341、5490、
　5750、6028、6753

李次方 7674

李次劉 7541

李次言 1063

李聰 2203

李聰 7349

李聰(德吒)0532

李從 8253、8273

李從 8585

李從長 4893

李從昶 8827、8946

李從初(謙)8240

李從方 7504、7681

李從厚(鄂王、愍帝)
　8949

李從簡 7126、7644

李從諫 7033

李從諫(叔誼子)8293

李從誠 6816

李從珂(唐末帝)8881、
　8893、8915

李從禮 6263

李從茂 6195

李從敏 8962

李從慶 7165、7199、
　7821、7822、7998

李從晟 7238

李從汶 8293

李從訓 3206

李從偓(景哲)4250、
　4666、5149 * 、8077

李從曠 8827、8933、
　8946、9041

李從乂 8254

李從易(久之)6975 * 、
　7126、7338、7507

李從誼 8293

李從游 5237

李從遠 2457

李從約 6988

李從璋 8954、9021

李從昭 8827、8946

李從召 4547

李從政 6081

李從証 6816

李從直 7742

李從質 8103

李悰 7750

李悰(儒宗)2725

李悰(深王)8373

李琮 8950

李琮(克璋子)2274

李琮(李辯子)2839、
　3999

李琮(李高子)1021

李琮(李儉子)1387

李琮(郯王、慶王、靖德
　太子)2599、2600、
　3045、3095、3115、
　3190、3218、3265、
　3288、3317、3675、
　3709、3859、4033、
　4097、4149、4187、
　4318、4352、4363、
　4387、4388、4488、
　4534 * 、4547、4584、

　4641、4726、4787、
　4929、4938、5018、
　5063、5065、5135、
　5252、5271、5430、
　5626、5636、6648、
　6742

李琮(秀謙父)6685

李琮(玉)2726

李賔 8746

李賔(李巘子)6212

李崔九 7701

李濯(唐懿宗、鄆王)
　7631

李濯之 3981

李瓘(李表父)4521

李瓘(元順父)8551

李粹 4601、4893 *

李村郎 7821

李存(成績子)5731 * 、
　6672、7937、8461

李存(李郁子)7248、
　7582

李存霸(端端)8776

李存誠 5933

李存範(醜漢)8776

李存規(歡郎)8776

李存貴(黠戞)8776

李存紀 8808

李存進(見孫存進)

李存矩(迭子)8776

李存美(順師)8776

李存順(索葛)8776

李存璲(喜郎)8776

李存勖(唐莊宗)8776、
　8830、8831、8842、
　8849、8852、8875、
　8893、8895、8901、
　8904、8907、8926、
　8930、8943、8953、
　8996、9099

李存質 6611

李達 0905

李達 8993

李達(李昃子)4060

李達(李康子)1065

李達(李卿子)1508

李達(李贍子)0622

李達(李壽子)1592、
1593

李達(李獻父)4010

李達(李淹子)3953

李達磨(難陁)1063

李大 0159

李大辯 9219

李大大 8948

李大德 8575

李大都 3085

李大觀 1419

李大鴻 2839

李大惠 2780

李大進 3487

李大客作 8981

李大攬 4361

李大亮 2226、6744、
8016

李大留 8981

李大娘 2489

李大娘 4409

李大醋 2848

李大侁 7580

李大讓 3939

李大師 7322

李大通 1671

李大駢 8776

李大心 6467

李大隱 4228

李大圓 7198

李大志(見李器)

李岱 7211

李待(珪)3970

李待旦 7443

李眈(司明)7885、
8337 *

李儋 5148

李儋 5011、5142

李儋 6946、6987

李亶(景信)2035 *、
3617、4460、5381、
5588、5731、6672、
6687、6730、8300、
8461

李亶(豫章郡王)1736、
3544、7242

李旦 2521

李旦(見李亶)

李旦(唐睿宗、殷王、豫
王、冀王、安國相王、
聖真皇帝)0783、
1291、1319、1367、
1377、1688、1941、
1961、1962、1991、
2045、2109、2243、
2267、2337、2370、
2412、2455、2457、
2486、2500、2740、
2758、2869、2982、
3019、3043、3180、
3327、3504、3609、
3674、3871、4023、
4108、4382、4461、
4577、4597、5155、
5923、5942、6975、
7100、8488

李誕(李梗子)4390

李誕(李生父)1710

李誕(審度子)8201

李澹 8190

李憺 4011

李憺(衢王)6736、
7325、7545、7556、
7628

李當(子仁)6672、
7937、8402、8461 *

李當仁 6790

李璫 8435、8439

李党八 6154

李党十 6154

李擋 6618

李讜(李遼子)7072

李讜(叔汶子)8581

李悼 7165

李道 0916

李道 8287

李道(見李元道)

李道(李才子)4225

李道(李感父)2784

李道(李貴父)0727

李道(李郡子)5707

李道(李開子)2556

李道(李穆子)2199

李道(李通子)1971

李道(李洗子)7978

李道(李于父)3249

李道(夷玉女)6837

李道恩(會稽郡王)
2388、2805、9215

李道兒 7204

李道璠 0034

李道廣 3137、3489、
5828、6173

李道貴 8323

李道和 5881

李道堅(嗣魯王)3687

李道禮 1063

李道立(高平王)2698

李道亮(懷德)3837

李道明(李胡子)1019

李道明(李由子)2038、
2039、2040

李道薈 8193

李道娘 7477

李道謙 1968、3513

李道全 6158

李道師(惠慈)1505

李道素 0555

李道彦(膠東郡王)
5018

李道裕 1422、1671

李道元 8594

李道源 7481

李道周(依蒙)7549、
7787 *

李道宗(江夏王)1081

李德 3250

李德(静、廉平縣主)
0977

李德(李鍔子)6448

李德(李炭子)3595

李德(李其父)3255

李德(李獻子)4010

李德(李章子)9184

李德(滿慶父)2578

李德(敏)3373

李德(緒)4299

李德(玄泰)1592 *、
1593

李德冲 1638

李德方 5929

李德鋒 8857

李德哥 8556

李德基 2419、2570、
2791

李德獎 5480、6580

李德良(新興郡王)
0143、1684、1859、
2740、3538

李德林 0232、4318

李德茂 8369

李德懋 1518、5613、
6993、8110

李德敏 7278、7804

李德名 1020

李德薈 3270

李德卿 0221

李德師 7251

李德樞 7263

李德休(表逸)8850、
8869 *

李德脩 6869、8103

李德義 3870

李德瑛 2605
李德穎 1265
李德餘 7185
李德裕 7049、7452、
　7461、7533、7673、
　8035、8042、8061、
　8140、8415、8461
李德元 6720
李德釗 8857
李德□ 8857
李登(懷直子)3331
李登(李範子)7661
李登(李麟子)5857
李登儔 5813
李迪 4369
李覿 5880
李覿 7103
李帝臣 1819
李第 1592、1593
李典 7198
李甸 8042
李鈿 6225
李丁老 7008
李鼎 4778
李鼎 7544
李鼎(李聳子)5501
李鼎(李雪子)4601、
　5274、6417
李鼎(李芝子)5545
李鼎(全璞子)4283、
　4478
李鼎鼎 6284
李定 0702
李定(李皋子)8500
李定(李舉子)6145、
　6639
李定(宗正卿)8489
李定師 7188
李冬榮 4634
李東(夷德)0823
李董娘 5629
李侗 3287

李峒 6525
李洞文 6363
李洞真 7129
李洞真(王鍊妻)7117
李洞□ 6177
李恫(孝晟)0854
李都 7345
李都 8051、8616、8763
李都 9244
李度(非羆子)2579
李度(李福子)3942
李度(李景子)1016、
　1798
李剬 5259
李剬 8780
李端 6864
李端 8156
李端(李策父)3942
李端(李聰父)0532
李端(李瀚子)5846
李端(李叔子)1452
李端(李鐔子)8827
李端(李震子)5022、
　6921、7928
李端(茂成子)6228
李端(正)0858
李端(仲甫子)7238
李端娘 6894
李端士 4965、5400
李端淑 3202
李端素 7150
李端友(子諒)7150、
　7582＊
李惇(踐曾子)7586
李惇(李玗父)8556
李敦 2775
李敦實 7929
李頓 4950
李多 5668
李多多 7931
李多宜 6154
李多祚 2537＊、3204、

　3835
李鐸 7388
李鐸(李愚子)8884
李鄂 6154
李蕚 6245
李粵 8110
李諤 1419
李諤(成鈞子)5981
李鍔 6448
李鍔(李瓚子)8223
李鍔(李璋子)1968
李恩 2001
李恩 7436
李恩(彥回子)8163
李恩達 4269
李恩兒 8067
李恩光 4886
李二娘 3683
李發 7826
李法 3255
李法岸 8405
李法祥 1239
李藩 6245
李飜 1064
李璠 7306
李璠(伯璵)4675、
　4747＊
李璠(禮臣子)5858
李汎 3957
李泛(崔儒妻)5324、
　5609＊
李梵 5274
李範(得之)7661
李範(弘則)0129
李範(李齊子)3170
李範(衛王、岐王、惠文
　太子)2671、3061、
　3449、3534、3707、
　3737、3808、3871、
　4106、4360、4598、
　4937
李範丘(見李睿)

李方 5084
李方(李瀚子)5846
李方(李蘭子)8191
李方大 4390
李方古 5625
李方何 6579
李方惠(志敏)1064＊、
　2533
李方寄 7033
李方簡(次雍)8685
李方流 6646
李方叔(李洽子)5794、
　8186
李方叔(李緗子)5554
李方外 4390
李方义(安道)6154
李方元 0153
李方中 8016、8017
李方舟 6068
李方著 8269
李芳 5613
李芳(道源父)7481
李芳堅 3266、5165
李芳時 6465、7220
李仿 4781、5144
李昉(李冽父)6158
李昉(李沼子)8993
李昉(思文子)2570、
　3067
李昉(祥)3876
李紡 8162
李放之 2054、4391
李非羆 2579
李朏 5649
李芬(芳)4142
李蚡 6797
李蚡 7822
李賁 8772、8773
李封 6837
李風(景光父)6055
李風(李相子)3522
李峰 4982

7933

李公納 8370

李公榮 6676

李公受 8575

李公素 8344

李公素(誠昌子)7580

李公素(李包子)5680

李公瑋 2619

李公渭 6136

李公武 7681

李公武 8575

李公憲 7580

李公信 5938

李公秀 7187

李公雅 7192

李公淹 2054、4391

李公儀(谷陽令)3609

李公儀(宛丘尉)7617

李公彝 7489

李公誼 7127

李公殷 8551

李公贊 7192

李公則 7489

李公召 5734

李公政 7127

李公佐 5836

李肱 7748

李恭(李安子)0954

李恭(李陁子)2033

李恭(文蔭父)3935

李恭仁 7653、7895

李恭□9020

李拱 6190

李拱 8219

李拱(良僅子)6618

李琪(豐王)4085、
　4534、4832、4893

李琪(濟源尉)6916

李琪(李成子)6790

李琪(六安公)4507

李琪(璵)4653

李貢 5143

李貢 8302

李苟苟 8323

李狗兒 7429

李遘 8488

李遘(簡王)7242、
　7694、7756、7944、
　8072

李嗀 8041、8240

李構 5132

李構(李獎子)3956

李古 7983

李骨骨 8776

李穀 8998

李轂(德用)8041

李固言 6929、6946、
　7034、8162

李顧行 7933

李寡悔 7661

李寡言 7661

李寡尤(遵化縣主,張
　浣妻)7488、7813＊

李官兒 7365

李官郎 6993

李官郎 7745

李官娘子 6081

李關師 7401

李觀 5903

李觀音奴 8683

李琯 8015

李琯(李範子)7661

李琯(讓皇帝子)3905、
　6975、7675

李琯(士華子)6202

李瓘 6705

李瓘 6952、7965

李瓘(李登子)5857

李瓘(李範子)7661

李瓘(嗣許王)2772、
　2773、2774、2776、
　2777、2778、2779

李光 6670

李光(德充)1068

李光(李麄父)8208

李光(李璘子)7710

李光(孟德子)3956

李光弼 4858、4901、
　5023、5092、5162、
　5171、5174、5210、
　5397、5442、5604

李光琮 8984、8995

李光進(李會子)9092

李光進(延昌子)6291

李光俊 6953

李光璉 8984、8995

李光璘 8984、8995、
　9027

李光期 2333

李光嗣 3765

李光嗣(李璀子)2013

李光嗣(恬德子)3276、
　3406

李光嗣(子□)8758

李光泰 3994

李光庭 5082

李光緯 8850

李光先 5957

李光憲 9101

李光休 2580

李光琇 8984、8995

李光顏 6708、6795、
　6873

李光耀 5332

李光義 8984、8995

李光昱 6014、7117

李光遠(承宗子)3259

李光遠(李會子)9092

李光遠(李璇子)
　3347＊、8169

李光愿 8869

李僙(襄王)5173、
　5271、5317、5353、
　6015、7201

李廣(李神子)3528

李廣(李液子)4676

李廣(棲孟父)2746

李廣達 0083

李廣兒 8186

李廣業 6102

李圭 6027、7910

李邦 8497

李飯兒 8780

李珪 8419

李珪(陳王)4028、
　4091、4360、4779、
　4960、5040、6625

李珪(李禮子)3970

李珪(李韻子)6730

李珪(李貞父)5556

李珪(潛光)8488

李珪(子璋)5937

李珪(宗師子)7622

李規 2218

李傀(蜀王)5276＊、
　5418、5837

李瑰 7489

李龜長 8217

李龜符 8217

李龜齡 8217

李龜蒙 8217

李龜謀 8324

李龜圖 8217

李龜錫 8217

李歸歸 8344

李歸厚 8160

李歸厚(德元)6833＊、
　7773

李歸郎 6894

李歸老 8641

李歸明(敬回子)8208

李歸明(李晏子)2161

李歸仁 5442

李歸僧 3877

李歸一 9216

李歸一(仙童子)2016

李歸中 8208

李弘操 7470
李弘道 1065
李弘度 6975、7338
李弘福 5913、6014、
　7117
李弘基 0432
李弘簡 8507
李弘節 1968
李弘亮 7012
李弘略 6975
李弘敏 9062
李弘慶 7625
李弘慶(善餘)7545
李弘實(李翺子)9111
李弘實(讓和子)9033
李弘爽 2200
李弘歲 7198
李弘武 8141
李弘武 8344
李弘休 6993
李弘易(簡之)7953
李弘毅 6975、7338
李弘裕 8141
李弘澤 7716
李弘正 6975
李泫 6793
李宏(定襄公)3180、
　3697
李宏(李會父)6284
李宏(李彭子)8347、
　8508
李宏(李禎子)0119
李宏(仲卿子)6663
李玨 5136＊、6342
李洪 6210
李洪(李虔父)1967
李洪(李惟子)3957、
　4573
李洪(李制父)0001、
　0002
李洪(智泉)2044
李洪安 9042

李洪晉 7725
李洪積 5389
李洪爽 3080
李洪仙 4225
李洪貞 7725
李紘 6468
李紘(撫王)6423、
　6611、7212、7304、
　7682、7818、8068、
　8108
李厚 7813
李後己 1064、2533
李胡 4992
李胡(景)1019
李胡(盧繪妻)7100＊、
　7101＊、7278
李胡(思元子)4160
李胡(萬齡)5970
李胡女 8981
李胡子 9013
李毅 8041、8240、8389
李虎(景皇帝)0046、
　0122、0603、0725、
　0953、0977、1289、
　1387、1517、1590、
　1684、1760、2247、
　2740、2999、3135、
　3538、3590、3706、
　4108、4337、4860、
　5045、5501、5572、
　5981、6663、6993、
　8110、8169
李旿 8993
李旿(李經子)6665、
　7353
李岵 8705
李祜 8522
李鄂 7150、7171、7172、
　7582
李嬥娘 7714
李護 2316
李護(守潔)2578

李護兒 7204
李花山(令則,淮陽公
　主,王承慶妻)
　2457＊、3674
李華 4320
李華 4634
李華 4927
李華 6945
李華(李懷父)1306
李華(李亮子)1417
李華(李睦子)6145
李華(李遷父)8993
李華(李仙子)7725
李華(虔州別駕)5629
李華(退叔、叔文)
　3874、4188、4808、
　4809、4814、5023＊、
　5125、5211、5588、
　5619、5649、6387、
　6390＊、6401、6465、
　6807、6989、7244
李華(宣城縣主)2611
李華(則政子)6829
李華(子英)8685
李華宗 7296
李淮 7186、8193
李淮岌 7023
李懷(徹)3250
李懷(待旦父)7443
李懷(李昶子)5150、
　5193、5732＊
李懷(李讓父)0411
李懷(李琬父)1306
李懷策 0858
李懷德(李剛子)4314
李懷德(隱之子)3727
李懷度 3988、4665
李懷豐 6605
李懷光 5315、5467、
　5498、5652、5671、
　5696、5743、5763、
　5792、5903、6145、

　6460、6704
李懷節 4547
李懷敬 3070
李懷敏 3727
李懷讓 6175
李懷讓(博乂子)5178
李懷讓(李揖父)7150、
　7171
李懷仁 3329
李懷仁(博乂子)4561
李懷慎 6318
李懷式 0858
李懷暑 6605
李懷順 7241
李懷溫 6605
李懷文 4597
李懷仙 5589
李懷信 6605
李懷言 1237
李懷一 7554
李懷遠 2522、3988、
　4716、5124、6228
李懷直 3331
李懽 6946、6987、
　7418、7493、7499
李歡 1513
李歡(成立妻)2156
李歡(衆歡)0050、
　0051、3269
李峘 4888
李桓山 2388
李還 5571
李寰 5178
李寰 6669
李寰 7065
李寰 8118
李寰(李舉子)6145、
　6639
李寰(惟友子)5318
李寰(洋王)6113
李環 6599
李環(比德,裴賓妻)

7211

李環(濟王)4035、
　4091、4133、4314、
　6212、6360、7263

李環(誠初子)3971

李環(李良父)8423

李闐 4337

李兔 5439

李換 6066

李渙(慈暉子)3991

李渙(簡如)3808

李渙(群之)7401、
　7933＊

李渙(真瓊子)4582

李瀚 5230

李瀚 7887

李瀚(潔源)4318、
　4965、5846＊、6364、
　7225

李黄 6203、6279

李黄文 7811

李瑝 8749

李瑝(信王)4091、
　4212、4235、4318、
　4414、4430、4523、
　4607、4684、4815、
　4905、4911、4954、
　5416

李鍠 3046

李晃 6050

李晃(充穎)0094

李晃(李紹子)5416

李晃(思穆子)4228

李眈 4984

李棍 6465

李揮 7369

李暉(崇信父)6033

李暉(睿交子)3293

李暉(像恩子)5608

李暉(元球父)7545

李輝兒 7931

李撝(恒王、申王、惠莊

太子)2672、2822、
　3058、3095、3273、
　3619、3631、3757、
　3814、4386、4971、
　5592、7681、9111

李撝(季□)1086

李麾 8208

李徽(李岑父)4445

李徽(李休子)1809

李徽(新安郡王)0536

李回 7288、7337、
　7447、8355

李回(勿疑)7012

李回(延祐子)3865

李晦 8268

李晦(慧炬)1552＊、
　2113、4254

李晦(李超子)8581

李惠(李賓父)1687

李惠(李逸父)3426

李惠(琰之子)0091

李惠(彦忱子)5554、
　6579

李惠(義珙子)3603

李惠本 0532

李惠琛 7508

李惠老 7545

李惠林 6983

李惠琳 3522

李惠滿 7198

李惠清 8955

李惠珍 2720

李惠貞 7023

李惠真(許八)3507

李會(李宏子)6284

李會(李政子)9092

李會昌 5389

李會哥 7638

李誨 8461

李慧 1760

李遡(嗣澤王)8163、
　8369、9242

李翽(鵠)2521

李繪 0555

李渾 4741

李渾 5150

李渾金(全真)2419

李混 4155

李混 8050

李基 0731

李幾道 4653

李緝 7102

李機 4620

李積(善)4951

李積中 7838

李及 5919

李及(光遠)1684

李及(李金子)6381

李吉 0173

李吉(李襲子)1315

李吉(神禧)1798

李吉甫 5320、5322、
　6391、6698、8103

李吉甫(福謙父)0300

李吉甫(李崏子)3655

李芨 3595

李芨(昇榮父)7923

李汲 3991

李佶 7376

李佶(李華子)6390

李佶(蜀王)8072

李佶(自正)6160

李集 9259

李楫(柏舟)4011

李濈(懿文)3513

李己(省躬)4507

李季 3206

李季(李楚子)8983

李季長 7824

李季成 7033

李季範 7621

李季洪 8683

李季節(慕札)7467

李季平(子均)8001

李季卿 4380、4623、
　4641、5521、5626、
　5731、6342

李季順 6210

李季隨 7824

李季孫 6982

李季推(韓益妻)
　6377＊、7224

李季琬 1614

李季武 7033

李季英 4228

李季英(金城縣主,慕容
　忠妻)2222、2805＊、
　6303

李季則 6210

李季準 6210

李季宗 8955

李季宗(李洽子)6320

李珀 5366

李計 6003

李計(彦藻子)7124

李洎 4223

李洎(李滋父)7876

李記(李江父)8341

李記(李猷子)2854

李寂 6308

李寂(李貴子)8466

李寂(李昇子)5990

李寂(李怡子)5613

李寂(李陟父)8871

李寂(善同)0139

李寂(自然子)8050

李基(李餘子)5154

李基(李約子)5207

李勣(大理丞)7326

李勣(客師父)2240

李勣(英國公)0937、
　1149、1151、3912、
　6936、8830

李繼 8865

李繼崇 9091

李繼儔 8953

李繼達 8953
李繼徽 9050
李繼岌(魏王)8842、
　8884、9104
李繼能 8953
李繼鎔 8953
李繼叔(李緒父)1020
李繼叔(李珍子)3954
李繼韜 8953
李繼暐 8946
李繼襲 8953
李繼先 6649
李繼遠 8953
李繼筠 8827
李繼忠(化美)8953
李繼宗(武陽郡王)
　2999
李櫻 4741
李暨 6560
李暨 7365
李暨 7821、7822
李稷 4076
李髻珠 7621
李濟 4068
李濟(成岌父)6546
李濟(李翰父)5779
李濟(李壽父)0150、
　0473、1514
李濟(仁裕子)8641
李濟(師)1503
李績(欽王)7215、7611
李加順 8405
李家福 0706
李家裔 2317
李嘉 7638
李嘉(慶)1727
李嘉(修善)2574
李嘉禮 2802
李嘉獻 3935
李嘉祥 2746
李嘉興 6953
李嘉義 6058

李嘉隱 9302
李嘉胤 3469
李嘉運 5953
李嘉祚 2481
李嘉□ 2802
李賈 5767
李駕琪 4160
李兼 6211
李堅(李景子)6083
李堅(李鵬父)7868、
　8514
李堅(庭堅)6510
李堅(義琛子)4076
李堅郎 7477
李緘 3773
李緘 5695
李緘 8988
李暕(李昂父)3830、
　4682、5162、5238、
　5371、6154、6921、
　7661
李暕(李洽子)4402
李暕訓 4132
李戩 7090
李儉(李琛子)2251
李儉(李俱子)1966
李儉(李苔子)5211
李儉(孝廉)1387*、
　3706
李謇 3349
李簡 7604
李簡(李侃父)4711
李簡(李礼子)9150
李簡(李通子)4680
李簡(易從)4060
李簡初 6362
李簡齊 7605
李簡休 7518
李見 1129
李建 6557
李建 6685
李建昌 7090

李建成(隴西公、隱太
　子)0010、0048*、
　0204、0550、0598、
　1095、1160
李建生 3338
李荐 8050
李健(凉王)8337
李漸 4600
李踐方 5813、5915、
　8016
李踐曾 5443、7438、
　7586
李諫 2725
李諫(政詞)6619、
　6671*
李諫忠 1798
李鑒(仁鑒)2200
李江 8341
李江(李静子)4601、
　4648
李將順 5495
李獎 3956
李絳 6536、6704、
　7365、7701、8034、
　8206、8207、8869
李絳(雲將子)2161、
　4950
李絳郎 7821
李晈 1807
李璬(潁王)3733、
　3981、4235、4314、
　4748、5286、5413、
　5627、5636、5685、
　5871、5942、6346、
　6427、6493、6660、
　6833
李璬(孝義子)3347、
　8169
李嶠 1645、2321、3164、
　3816、4120、4925、
　4974、7302
李嶠(河東令)5087

李嶠(嗣濮王)3010
李皆 6772
李桔 5299
李捷(李岱父)7211
李捷(李容父)6999
李傑(李璡子)4807
李傑(李英子)1704
李傑(武威公)3355、
　4814、5980
李傑(行儒父)8670
李結(明中,見李茂昌)
李結(宋王)6614、7694
李楬 7765
李楬(玄嬰,苗綆妻)
　6127、7765*
李節 3765
李節 3934
李節(崇禮)3292
李節(李存子)5731
李節(李遷子)3537
李節(李求父)4369
李節(行滿)2000
李節(元節、獨孤節)
　5273、5916
李節(貞範,趙慶之妻)
　1855
李節郎 6814
李碣 7731
李潔 1320
李潔(李衆子)7826
李戒之 4441
李齊 6816
李玠(李暹子)3054
李玠(雲卿子)4262
李誠 4580
李誠初 3971
李今 8427
李金 6381
李金才 2802、3870
李金藏 5868
李津 8201
李津 9259

李敬遇 7717

李敬元 3953

李敬直 4390

李敬止 0519

李敬止 2839、4051

李敬忠(李豐子)5787

李敬忠(思諒子)0533、
　4682、5162、5238、
　5371、6154

李敬仲 6151

李敬宗 8575

李敬宗(李禮子)4886

李敬宗(李貞子)3935

李敬族 0232

李靖(藥師,衛國公)
　0051、0937、2561、
　3287、5399、5480、
　6320、6580

李靜(李隆子)2485

李靜(李絢子)1255

李靜(正真)2996 *、
　4648

李靜容(孟姜)2456

李靜儀(五兒,盧習善
　妻)1392

李鏡玄 1718

李競 7413

李駉 5133

李炅(李達父)4060

李炅(知約子)4807

李迥 6192

李迥(韓王)5263、
　5418、6160

李迥(李冔子)7404

李迥(李鷯子)5971、
　6836

李迥(美秀)3243 *、
　5195 *

李迥秀 2294、3301、
　3515

李炯(光遠)2486 *、
　3268

李洞之 6536

李昊 8347、8508

李昊 8493

李穎(李卞子)8077

李穎(義瑛子)2218、
　3947

李九定 0847

李九皋 3012

李九皋(李裕子)5937

李九江 7012

李九九 7365

李九娘 6485

李居士 7438

李居心 3860

李琚 3956

李琚(李遵父)0185

李琚(嗣趙王)2933、
　2992

李椐 5474

李菊兒 7365

李莒(李元子)7057

李莒(幼卿子)5122

李矩(李群子)7345

李矩(雄飛子)7653

李舉 4305

李舉 5344

李舉(徹)0731

李舉(宣直)6145 *、
　6639、7344、7423

李舉(仲思父)5213

李巨(虢王)3180、3697

李巨臣 1593

李巨元 8171、8172

李巨源 1064

李句 5854

李俱 1966

李倨 3287

李倨 5438

李鉅 8514

李據(李緝子)7102 *、
　7298

李據(良僅子)6618

李涓 4200

李涓(李靜子)2996、
　4648

李儁之 8213

李玨 7621

李玨(宰相)6936、7365

李厥 2334、5150、5732

李均 5366、6377、7224

李君 0886

李君 1454

李君 1461

李君 3381

李君 4305

李君 4700

李君 5677

李君 6529

李君 8823

李君 9217

李君(寶應丞)5452

李君(長洲令)7102

李君(常州刺史)2580

李君(常州司士)3831

李君(常州司□)2560

李君(陳州司功)7202

李君(成都士曹)5531

李君(承憲父)3596

李君(從晟父)7238

李君(坊州司法)2005

李君(奉天主簿)7621

李君(鳳州刺史)1907

李君(高密公)3818

李君(高邑公)5176

李君(工部侍郎)3668

李君(光祿少卿)5856

李君(廣武令)1918

李君(歸僧父)3877

李君(歸政公)2104

李君(桂林廉使)8484

李君(漢州刺史)5193

李君(河南法曹)6190

李君(弘操父)7470

李君(華亭令)8742

李君(華州司馬)3210

李君(惠滿父)7198

李君(家令丞)1285

李君(家令丞)5705

李君(江都尉)2410

李君(江寧尉)4348

李君(江州刺史)3879

李君(金吾將軍)3376

李君(金鄉公)3912

李君(進芬父)4659

李君(敬讓父)8450

李君(君寧父)8141

李君(李播父)5540

李君(李楩父)4011

李君(李昕父)4943

李君(李興子)8575

李君(李儼父)5545

李君(李業父)8728

李君(李愉父)8574

李君(李約子)8931

李君(李湛父)6685

李君(李忠子)3987

李君(李柷父)7105

李君(涼王)7058

李君(臨海令)1918

李君(麟遊令)2471

李君(陵川令)1482

李君(洛州長史)3056

李君(南部令)1085

李君(內門承旨)9075

李君(平山鎮遏使)
　8796

李君(平陽博士)4392

李君(普州刺史)2580

李君(平州刺史)1439

李君(譙縣尉)8153

李君(清菀主簿)3479

李君(瞿老父)7251

李君(汝州司法)6625

李君(剌縣令)3596

李君(少府少監)5978

李君(少沂父)6033

李君(深州刺史)8827
李君(師諒兄)6767
李君(士溫父)6882
李君(士溫祖)6882
李君(壽州錄事)6494
李君(叔建父)7783
李君(思沖父)2809
李君(思業父)8796
李君(蘇哥父)8751
李君(臺登令)0519
李君(太常博士)9218
李君(太谷令)5213
李君(太和令)3054
李君(太子宮門丞)4387
李君(太子家令)5856
李君(太子少師)8402
李君(唐安令)2796
李君(唐昌丞)4428
李君(唐州參軍)4747
李君(滕縣主簿)3791
李君(通州刺史)8525
李君(衛州刺史)4532
李君(魏博推官)7605
李君(文幹父)1458
李君(文貞父)9259
李君(犀浦尉)2665
李君(咸陽令)8217
李君(襄州別駕)3507
李君(相國)9065
李君(新繁尉)8153
李君(興朝父)6270
李君(宣城令)3046
李君(巡察使)3166
李君(燕州刺史)5029
李君(延景父)3238
李君(陽武丞)7029
李君(揚州司馬)3450
李君(葉縣主簿)6894、6895
李君(益昌郡王)5436
李君(鄆州刺史)8328

李君(右監門衛將軍)5017
李君(右領軍長史)2826
李君(右清道錄事)1744
李君(御史中丞)6467
李君(元溫父)3348
李君(元質父)0178
李君(越州長史)1918
李君(雲中太守)4392
李君(張掖令)2826
李君(真源令)5151
李君(知制誥)8520
李君(涿州刺史)8459
李君(梓州刺史)9195
李君(左金吾大將軍)6975
李君(左武衛監軍)4392
李君(左贊善)4668
李君楚 8528
李君範 1064
李君房 5571、5684、5956
李君何 5776
李君何 8018
李君勣 3349
李君濟 5039
李君績 1313、6329
李君廓 4415
李君寧 8141
李君平 7188
李君慶 8090
李君慶(安定子)1911
李君求 5045
李君球 4283
李君實 6953
李君奭 5885
李君素 7188
李君武 2013、2015、2016

李君賢 1911
李君羨(遵禮)1967
李君雅 8678
李君异 5082
李君巽 1556
李君誼 7747
李君藝 2001
李君郢 7453
李君則 7188
李君質 6953
李君贄 6953
李鈞(李推子)5590、6140、7708、8229
李鈞(李愚子)8884
李俊(公佐父)5836
李俊(見李重俊)
李俊(令問子)3287
李俊素(明中)7337＊、7676
李郡 5707
李峻 8575
李峻(杞王)7070
李峻哲 3595
李浚(明源)5399、5480＊
李晙 8993
李晙德 7029
李儁 0159
李儁(李珍父)4959
李儁 2579
李駿(駉騄)0019＊、1537、2588
李濬 3450
李濬 5081
李濬(思遠子)5857
李濬(元琮子)5098
李開(昌源子)6336、6993、8622
李開(李樓子)2556
李開明 3970
李開物 7959
李楷 6133

李楷(德謨)0386
李楷固 3074
李堪 8590
李堪(景儉子)8488
李堪(李昄子)5366
李戡 6438
李戡 6856
李戡 7429
李戡(李表子)6946、6987
李戡(李行父)3292
李龕 0624
李侃(李幹子)5041
李侃(鄆王、威王)8063、8690
李偘(敬彝子)7960
李偘(李懷子)5732
李偘(李簡子)4711
李偘(李抗子)7953
李偘(李湛子)3947
李偘(彥之)5668、6014＊、6971
李偘(宗慶父)8467
李衎 8054
李康 5997
李康(李達子)1065
李康仁 8368
李亢 6048
李亢直 8742
李抗(播)4701＊、4702
李抗(李曜子)7953
李抗忙 4119
李忼 6283
李珂 6992
李珂 8487
李珂(李雍子)1596
李柯兒 8556
李可(無替)5854
李可封 8700
李可久 7787
李可舉 8539
李可娘 6381

李克恭 7142
李克亮 6074
李克讓 6184
李克戎 7541
李克紹 7072、8063、8115
李克成 7541
李克脩 8763
李克遜 6184
李克用(翼聖)8539、8672、8718、8776*、8842、8901、8943、8953、9021、9060、9099、9100
李克璋 2274
李克正 0177
李恪(漢中郡王、蜀王、吴王)0284、0335*、0833、1722、2091、2188、2490、2497、2611、2758、3296、3418、3831、4888、6212
李恪(守仁子)4701、4702*
李客兒 7622
李客師(李勣子)2240
李客師(李詮子)0386、2561、2728、2780、3270、3287
李寬(李是父)3992
李寬(孟德子)3956
李寬(裕)1147*、3115、3137、4767
李寬中 6868、7206、7410
李款 7319
李匡 5846
李匡符(東序)7186*、8193
李匡禪 9060
李匡威 8822
李匡文 7369
李匡堯 8933
李匡義 3994、4142
李匡祐 9060
李匡祚 9060
李況 3288
李貺 7832
李曠 5084
李逵(李昕子)4647
李逵(李愿子)6465
李逵(思惠子)5122
李逵(原王)5739、6440、6990、8115
李逵(遵之)7072*、8115
李馗 0913
李揆 5381、5558、5561、6495、6905、7693、7750、7893
李夔 4927
李巋 8760
李坤 7277
李崑崙 5315
李琨(李炯子)3268
李琨(立則子)7008、7160、7168
李琨(嗣吴王)4888、6212
李鯤 6988
李适(唐德宗、雍王)4846、4906、5239、5265、5275、5276、5864、6023、6062、6097、6212、6229、6257、6325、6459、6507、6516、6630、6698、6807、6901、6907、7247、7254、7405、7413、7472、7502、7813、8461
李廓(茂莊子)8827
李廓(殺鬼子)3378
李臘 3170
李來王(歸道)0533、2000、2325、6154
李蘭 2863
李蘭 5770
李蘭(李方父)8191
李郎 2043
李朗(九皋子)5937
李朗(李述子)3596
李朗(茂昌子)8556
李浪 5609
李樂(李伯父)2316
李樂(李堪子)8590
李樂仙 7872
李楞 1287
李稜 6795
李孋(甄寀妻)6362*、6365
李礼 9150
李禮(伯恭)4054
李禮(承仙父)7257
李禮(李徹子)3970
李禮(李福子)4230
李禮(李仁子)4886
李禮(惟孝)2402
李禮(仲儀)1593
李禮賓 1030
李禮臣 5858
李禮成 5132、5366
李禮誠 3683、4982
李力士 7438
李立 8858
李立則 6417、6848、7008、7160、7168
李利 2536、2537
李利兒 7964
李利方 5039
李利王 5315、5717、6369
李勵 6083
李勵己 3484
李麗儀(崔仲方妻)0105
李連(恩王)5369、5426、6064、6440
李連(文懃子)5680
李連城 2388
李廉 0868
李廉(李祐子)5409、5622、6603
李廉(思廉)3487
李璉 5857
李煉(嗣道王)5042
李練(李悦父)8147
李練(昭明子)7211
李鍊 6938
李良 7335
李良 6641
李良(李邯父)9140
李良(李環子)8423
李良(李俱父)1966
李良(李士父)1310
李良(潤之子)6192
李良寶 7580
李良弼 5280
李良劍 7508
李良僅 6618
李良俊 4750
李良閏 7580
李良汶 8606
李良問 7580
李良佐 4750
李亮(伯達子)2688
李亮(李華父)1417
李亮(李喬子)3487
李亮(李慶子)0118、0119、3653
李亮(孝諧子)2479、3472、3662
李亮(玄器子)4415、4584
李亮(貞節父)4659
李亮(鄭王)0953、0955、1387、1518、3135、3590、3706、

4337、4860、5018、
5231、5572、5613、
6102、6836、6993、
7622、7933、8110、
8169、8268
李亮(□思)3070
李諒(李澄子)1718
李諒(李璟子)8590
李諒(李行子)2153、
2733
李諒(美信)0548
李諒(虔王)5556、
5567、5750、5834、
5944、6138
李諒(義立)0473
李寮 5990
李寮 6621
李洌(李昉子)6158
李洌(元雄子)3288
李烈(遺訓)1362＊、
2323
李林 6482
李林(道林)0954
李林(李殷子)8171、
8172
李林甫 3355、3514、
3854、4337、4470、
4601、5087、5324、
5609、6006、6771
李林宗(李瑾子)5087
李林宗(李協子)6869、
6987、7182、8267
李琳(李高子)1021
李琳(李衡父)2200、
2584
李琳(叔琳)1439、
1441、1810
李琳(庭秀子)5039
李琳(同安郡王)5311
李璘 6550
李璘(李光子)7710
李璘(守宗子)4675

李璘(永王)4187、
4601、4623、4684、
4726、4788、4844、
5340、5346、5393、
6006、6687、6730、
9195
李麟 5857、5881
李凜 3067
李伶 4788
李靈 3060
李靈龜(繼楚王)1369
李靈鈞 5045
李靈夔(燕王、魯王)
0369、0420、0783、
1320、1334、1560、
1646、1647、2118、
2197、2830、3514、
3525、3687、4223
李靈壽(見李壽)
李靈順 3269
李靈素(內德,王翊元
妻)7383
李靈曜 5684、5889、
7383
李令(淑絢,新野縣主,
裴重暉妻)0603＊、
2239、2398
李令賓 3821
李令珪 6145
李令暉(襄城縣主,柳
彦妻)2446
李令璀 2001
李令峻 4017
李令詮 3821
李令思 2365
李令問 2561、3287＊、
4108
李令仙 3821
李令則 2145
李令哲 2561
李令□6634
李劉八 7824

李劉八 7158
李劉婆 7582
李劉三 4535
李鏐 5980
李柳哥 8500
李六姑 9020
李隆(李術子)2485
李隆(李行子)0909
李隆基(唐玄宗)2394、
2407、2412、2458、
2758、2772、2773、
2774、2776、2777、
2778、2779、2806、
3331、3392、3465、
3491、3821、4033、
4108、4178、4254、
4337、4382、4575、
4758、4760、4843、
4854、4858、4881、
4954、4962、4967、
5145、5254、5320、
5341、5497、5512、
5554、5571、5734、
5923、5942、6006、
6062、6099、6101、
6213、6360、6540、
6614、6707、6848、
7525、7720、7892、
8018、8373
李隆悌(幼明,汝南郡
王)2045
李隆業(見李業)
李龍郎 7171
李樓 2556
李盧 3528
李魯卿 6017
李鷺 6037
李巒(弘實子)9111
李巒(仲珪子)4982
李樂 5136、5847、6342、
6742
李鑾(李珙子)4653

李鑾(李愚子)8884
李鸞 7920
李鸞 8874
李鸞(李翼父)6711
李倫(鳳起子)2040
李倫(高平尉)6448
李倫(李琮子)2726
李倫(仲殷父)7768
李論(李弘子)6225
李論(貞固)3836
李羅漢 2043
李羅呼祿 6864
李羅師 7251
李洛仁 1807
李洛師 2021
李侶 4619
李履濟 4688
李買 0831
李滿 0464
李滿(李感父)3877
李滿(李貴子)4054
李滿(李翼子)6711
李滿藏 1513
李滿兒 9163
李滿慶 2578
李毛 0823
李毛兒 4652
李茂(李基子)0731
李茂(李潔子)1320
李茂(李彦父)0822
李茂(李遵父)0112
李茂曾 8118
李茂昌(李結)8556＊、
8557
李茂成 6228
李茂初 5881
李茂林 7443
李茂琳 4647
李茂謙 4547
李茂升(李賓)8556、
8557
李茂勳 8506

李茂元 7133
李茂貞(正臣)8827＊、8946、9041、9050、9091
李茂禎 3694
李茂莊 8827
李瑁(壽王,見李瑁)
李懋道 3650、3755
李枚 6172、6852
李美 4810
李美美 8981
李美玉 2635
李美玉 5500、6202
李妹哥 9013
李昧兒 9033
李門郎 5813
李蒙 7640
李蒙(李宏子)6663
李蒙(李韶子)4051
李濛 5619
李濛 8189
李濛(鼎奴)5141
李濛(公敏子)7933
李濛(李興子)7318
李濛(子泉)3999
李猛 1690
李孟博 6619、6671
李孟犨 5045、6453
李孟德(伯夏)3956
李孟真 1149
李孟顒 7040
李宓 5174、6460
李密 0010、0057、0161、0183、0216、0451、1665、1726、2055、7074
李密(李怡子)5613
李謐 4170、5141
李沔 5193
李沔 5262
李沔(勵己子)3484
李勉 5254、5428、5556、5684、5866、5903、5963、6493、6588、7102、7298
李勉(李詳子)6711
李苗客 1809
李苗隱 1809
李邈(繼叔子)3954
李邈(昭靖太子)5000、5083＊、5188、5597
李妙娘 8163
李妙娘 8751
李妙娘兒 8683
李旻 4317
李旻(栖梧子)7124
李旻(英華子)6570
李岷 7298
李珉 5022
李敏 9176、9177
李敏(道彦子)5018
李敏(李邕父)3682
李敏(元則父)8780
李敏脩 8035、8041、8137、8138
李敏中 8063
李敏仲 6369
李閔 4337
李明(曹王)0255、0394、0726、1076、1177、1356、1713、1835、2008、2319、2320、2321、2323、2454、2654、4056
李明(公亮)1255
李明(見丙明)
李明(見李道明)
李明(李寶父)3361
李明(李武子)0516
李明(李勖子)0645
李明(李遠父)5816
李明(仁爽)3298
李明(善瑗)1343
李明(四朗)1809
李明高(王璲妻)3142
李明郎 8981
李明奴 7192
李明泰 1817
李明允 3001
李鳴鶴 1810
李銘 5138
李銘 5885
李摸 6618
李摩呼禄 6864
李摩會 0129
李謨 8063、8115＊
李沫 7454
李莫遮 5450
李默 4450
李默 6772
李牟 8341
李目(高明)1508
李沐道 4274
李沐之 3981
李睦 6145
李睦 7423
李慕 1343
李慕勳 8822
李穆 9030
李穆(李寶父)1019
李穆(李辯父,隋太師)2839、3142、3266、3999、4323、4574、5165
李穆(李道父)2199
李拏(竇思仁妻)3102
李那吒 8190
李納 5477、6027
李納娘 7477
李迺(万榮子)5556
李迺(益王)5423
李南(崇懿)2039
李南宫 6767
李喃兒 8405
李難 4361
李鬧哥 9013
李訥 2563
李訥 7130
李訥(李寀子)6539
李訥(李利父)2537
李訥(嗣韓王)4290
李訥(文寂子)2316
李内恭 7438、8593
李能 0587
李能 2827
李輗 7301
李廿二娘 6804
李廿娘 6058
李廿娘 7602
李廿娘 8551
李廿娘 9163
李廿三娘 7057
李廿五娘 7248
李廿五娘 8625
李廿一娘 8551
李念兒 2810
李娘(劉孝節妻)1760
李涅禮 3090
李宁 7622
李宁(李舉子)6145、6639
李宁(李渭子)7674
李寧(惠林子)6983
李寧(李潮子)6519、6744、8016
李寧(李衡父)8594
李寧(李義子)1639、2006、2574
李寧(李顒子)4754
李寧(李政父)9092
李寧(士安)0118
李寧(惟友子)5318
李寧兒 8581
李凝 7914
李凝(成用)8042
李凝(武恭妻)7065、7404＊
李凝庶 8656

李乾祐(李禎子)
　0119、1608、3653
李乾昱 5311
李乾貞 3477
李潛 2082
李潛 7542
李潛 8242
李潛 8689
李潛(德隱)7626
李潛(晏)9218
李倩 4788
李倩之 4532
李倩之(見李蒨之)
李蒨 0854
李蒨之(曼容)0464、
　2218、3589、3957
李强 5368
李喬 3487
李喬(義瑛子)2218
李喬八 8776
李喬兒 6539
李喬年(壽卿)4602、
　4716 *
李喬卿 3706
李僑 6036、7587
李翹(李估子)6160
李翹(正卿子)7626
李伽(李儒父)2733
李伽(李遠子)1581
李伽(仲剛)0185
李悏 6232、6417、6805、
　6848、7008、7168
李欽 3311
李欽(處一子)2486、
　3463
李欽魯 8869
李欽仁(奉訓)0831
李欽叡 8954
李欽賢 3319
李欽友 0886
李欽説 8279
李欽贊 8954

李秦 6066
李秦郎 7821
李秦佐 5645
李禽 0702
李勤道 3288
李卿 1508
李卿郎 8507
李清 5132
李清(道)4225
李清(晉王子)8387
李清(李朝子)8067
李清(李成子)6790
李清(李仙子)5726
李清(李釗父)8424
李清(茂知)8685
李清朝 3682
李清漢 2036
李清心 7012
李清堯 3682
李勣 6197
李勣 8754
李勣(道平)8728
李勣(李眈子)8337
李頃曾 4017
李慶 6766
李慶 7767
李慶 8628
李慶 8913
李慶(李端子)7238
李慶(李嘉父)1727
李慶(李壽子)0118、
　0119
李慶(李鐵父)8981
李慶(善權子)6579
李慶(昭烈)2746
李慶初 5649、5906
李慶娘 6814
李慶業 5649
李慶遠 1954
李瓊 4834
李瓊 7882
李瓊(平原郡王)1239

李瓊(仲甫子)8350
李瓊輝 7322
李瓊琳 4647
李仇 1639、2006
李仇八 7696、7876
李求 4369
李虯 0353
李虯(見丙虯)
李俅 8619
李球 8993
李球(盧望回妻)7587
李絿(冀王)6363、
　6814、6951、7016、
　7611
李珗(褒信郡王)5232
李珗(李絳子)8206、
　8207
李珗(李遊父)5954
李區 3831
李麹□1146
李劼 8337
李璩(懷讓子)5178
李璩(李渙子)7933
李璩(李經子)7701
李瞿老 7251
李衢 8217
李衢郎 7545
李取 3821
李去泰 5501
李峯 4832
李全 2251
李全備 3347
李全璧 2314
李全德 7923
李全度 7923
李全範 8953
李全皋 7923
李全貢 7923
李全節(好古子)7923
李全節(李汪子)2775
李全敬 7923
李全伉 7923

李全禮(具儀)4391 *、
　4634
李全略 6612、7013、
　7304
李全明 8953
李全朋 8953
李全璞 4283
李全確 2054、4391
李全眘 3347
李全盛 8953
李全爽 7923
李全渥 8953
李全一 6815
李全義 8807
李全藝 3347、8169、
　8358
李全遇 8953
李全則 5141
李全質 7183
李全忠 8822
李佺 8556
李詮(楚哀王)1369
李詮(季琬父)1614
李詮(金吾將軍)3831
李詮(君濟父)5039
李詮(延喜子)3906
李詮(永康公)0050、
　0051、0386、1954、
　2561、2780、3269、
　3270、3287、5480
李權 5074
李權 5182
李權 7288
李權章 7301
李勸(李眈子)8337
李勸(幼卿子)5122
李勸(擇言子)7369
李愨(義肅父)6104
李愨(自下子)6644
李確 1441、2149
李群(處一)7052、
　7073、7140、7345 *

李瞻(李達父)0622
李商 7498
李商隱 7383
李賞 7202
李上德 4119
李上公 5912
李上金(杞王、澤王)
　1680、1746、1856、
　2213、2384、2427、
　4641、5065、5252、
　5430、5626、5636
李上義 3350
李上義 5500、6202
李尚(李相子)0002
李尚(李鶍子)5971、
　6836、6894、6895
李尚(鄭敞妻)2226
李尚賓 3808
李尚辭 5443、7438、
　7586
李尚道 5501
李尚古 5099、6976
李尚金(見李上金)
李尚客 3682
李尚善(李上善)4214
李尚微 7150
李尚隱 3655、4717、
　5136、6342、6982
李梢雲 3840
李韶 8472
李韶(李承子)1064、
　1726、1728、3095、
　3589、3957
李韶(李繪子)0555
李韶(李震子)5022
李韶(問政子)2839、
　4051
李韶(義琮)4031
李韶(右樂)8186
李少程 7710
李少誠 7710
李少侗 6482

李少恭 7090
李少恒 7710
李少弘 7602
李少環 6482
李少君(許輔乾妻)
　3939
李少康 6184
李少璘 6482
李少平(李榮子)7710
李少平(李坦子)5630
李少清 7710
李少清 8170
李少榮 7322
李少微 6482
李少文 7978
李少沂 6033
李少誼 6482
李少用 6482
李少遊 5099
李少喻 7602
李少贊(元佐)6976
李少知 5881
李少直 7602
李少植(見李操)
李少宗 7580
李邵 6154
李邵南 6600、6674、
　6877
李劭 8337
李紹 8462
李紹(方元子)0153
李紹(李霸子)8300
李紹(李充子)6265
李紹(李晃父)5416
李紹(義璋子)2301
李紹仁(壽之,吳降妻)
　6938
李紹孫 8193
李紹孜 5881
李紹宗 6271
李紹宗(義深父)0019
李畬(王田)2588

李社兒 7365
李涉 5201
李申(見李伸)
李申甫 5912
李伸 5052
李伸 5645
李伸 6513
李伸(李昂子)5162、
　5371
李伸(李申)5285、5466
李侁 4619
李莘 5498、7185
李深 5168
李深 8041
李紳 7263、7844、8231
李紳(李恬子)5315
李紳(袁王)7091、
　7481、7556、7569、
　7707、7770、7884、
　8135
李姃 3007
李姃 3994
李詵(李察子)6892
李詵(李廣子)3836
李詵(太初父)6494
李詵(彦回子)8163
李神(靈巖)2556
李神(知)3528
李神策 0548
李神德(貞)3682
李神符(襄邑王)0953、
　1518、3590、5086、
　5613、6836、6993、
　7622、8110
李神福 8913
李神會 7936
李神劍 2043
李神奴 8776
李神素 7936
李神通(淮安王)0397、
　0464、0955、1112、
　1387、2203、3135、

　3347、3706、4337、
　4860、5018、5182、
　5572、5981、6102、
　6156、6453、6663、
　7822、8169
李神祐 1016
李神植 0071
李審(李岵子)8705
李審(李舉子)6145、
　6639、7423
李審(李良子)8423
李審(李玭子)8758
李審(李昇子)5990
李審度 8201
李審柔(茂淑,崔鄖妻)
　6946＊、6987
李審漳 8467
李甚夷 8389
李昚交(貞)3293
李昚名 4472
李慎 5732
李慎(紀王)0373、
　0571、0578、0637、
　1177、1386、1450、
　1522、1611、1856、
　1980、2712、2807、
　2903、3007、3554、
　5084、5581
李慎(盧翹妻)5280
李慎名 3411、3810、6644
李慎儀 8773、8881、8889
李生 3373
李生(李才子)3696
李生(李誕子)1710
李生(李買父)0831
李生(李善父)1786
李生(李同子)0548
李昇(李洽子)6320
李昇(李宿父)5990
李昇(李憲父)7602
李昇(李哲子)2519
李昇(知敬子)4620

李昇平(昇平公主,郭暧妻)5693、6023*、7227
李昇期 3095
李昇榮 7923
李聲娘 9184
李睍(元緘子)5828
李睍(元懿子)5366、5630
李晟(洪基)2274
李晟(李南子)2039
李晟(李蕭父)0710
李晟(西平王)5302、5311、5346、5361、5554、5561、5671、5702、5743、5818、5871、6097、6447、6821、7664、8758
李晟(孝恭子)1228
李晟茂 7198
李盛孫 5629
李勝 6856
李勝仁(解愁)3113
李師 4136
李師(策)3080
李師(道)1971
李師(感)2784
李師(李弘子)2030
李師(李濬子)3450
李師道 6027、6145、6572、6697、6753、6872、6919、7304
李師福 3313
李師感 2001
李師古 6027、6572
李師回 6992
李師誨 7202
李師稷 6403、7342
李師静 4071
李師禮 7202
李師諒 6767
李師睦 6992

李師娘 8163
李師閭 2802
李師尚 6579
李師蕭 6992
李師損 6942
李師學 7345
李師訓(安遠子)1855
李師訓(李泳子)6992
李師政 0221
李師政 3998
李師中 6160
李師仲 6954
李師子 1030
李詩(歸義王)5055
李十 8067
李十八娘(崔庭晦妻)3847
李十八娘 6448
李十八娘 7470
李十八娘 9163
李十二娘 3847
李十二娘 5836
李十二娘 5856
李十二娘 8171
李十二娘 8575
李十九 4652
李十九娘 6058
李十九娘 7602
李十九娘 8551
李十九娘 9163
李十六娘 5149
李十六娘 7470
李十六娘 7747
李十娘 6485
李十娘 8625
李十七娘 3463
李十七娘 7470
李十七娘 9070
李十三娘 4422
李十三娘 7033
李十三娘 8171
李十三娘 8625

李十三娘 9070
李十四娘 7033
李十四娘 8427
李十四娘 8467
李十四娘 8678
李十四娘 9070
李十五娘 3847
李十五娘 7033
李十五娘 7747
李十五娘 8141
李十五娘 8467
李十一姐 8981
李十一娘 5149
李十一娘 5836
李十一娘 7604
李十一娘 8575
李十一娘 9070
李石 6965、7074、7157、7224、7868
李石(黃石)2006
李湜 7554
李宧(重昂子)6671
李宧(重謹父)8913
李實(伯)0645
李實(李粲子)6066
李實(思溫子)8948
李實(嗣道王)7824
李實(惟友子)5318
李史魚 4623
李使娘 7158
李駛 7936
李士(李良子)1310
李士(李仁子)1889
李士安 7238
李士操 1313
李士達 0112
李士方 5399、5480
李士幹 4898
李士衡 5155
李士華 5500、6202*
李士儉 4898
李士良 7545

李士龍 7100、7101
李士明 4898
李士倩 4898
李士清 7209
李士仁 0112
李士式 4898、5099*
李士通 0112
李士温 6882
李士雍 8219
李士悅 7702
李士則 4898、6976
李士宗 0586
李氏 0234
李氏 0537
李氏 1432
李氏 1779
李氏 1943
李氏 2148
李氏 3246
李氏 4472
李氏 4770
李氏 5054
李氏 5403
李氏 5417
李氏 5471
李氏 5495
李氏 6177
李氏 6206
李氏 6566
李氏 6954
李氏 7943
李氏 8123
李氏 8251
李氏 8277
李氏 8329
李氏 8578
李氏 8734
李氏 8964
李氏 9018
李氏 9090
李氏(阿史那悉純妻)2971

李氏(安承訓母)8654
李氏(安德縣主,陸景澄妻)1450
李氏(安定縣主,劉孝臣妻)6646
李氏(安康郡長公主)4600
李氏(安樂公主)2412 * 、4370
李氏(安陵縣主)4345
李氏(安鄉縣主,王自勉妻)5942
李氏(安陽縣主,劉承康妻)0725
李氏(班宏妻)6432
李氏(班縊妻)6519、6744 *
李氏(班滋妻)7016
李氏(寶安縣主,崔思古妻)1600
李氏(寶應縣主)8271
李氏(畢虔妻)8777
李氏(渤海縣主)1999
李氏(蔡國公主)5663
李氏(曹斌妻)2299
李氏(曹從諫母)8309
李氏(曹顯妻)0551
李氏(曹孝佶妻)7949
李氏(昌樂公主)3733
李氏(長廣大長公主、桂陽公主,楊師道妻)1670
李氏(長樂公主,長孫冲妻)3386、5454
李氏(長寧長公主,蘇彥伯妻)4082、4199
李氏(長沙大長公主)1552
李氏(長壽縣主,郭俊實妻)8373
李氏(常恪妻)3036
李氏(常名可妻)1636

李氏(常讓妻)1415
李氏(暢庭詵妻)5383
李氏(陳蕃妻)2104
李氏(陳範妻)1717、1718 *
李氏(陳公誼妻)8635
李氏(陳朗妻)2573
李氏(陳令光妻)5874
李氏(陳留公主)7811
李氏(陳明則妻)6017
李氏(陳晟妻)9019
李氏(陳士寧妻)8368
李氏(陳守禮妻)5311
李氏(陳帥妻)8658
李氏(陳嵩妻)6778
李氏(陳太丘妻)4917
李氏(陳文才妻)2888
李氏(陳雅操妻)1546
李氏(陳宗武妻)6778
李氏(成安公主)4228
李氏(成日遷母)8511
李氏(成士元妻)6419
李氏(成子杲母)5893
李氏(城陽公主,薛瓘妻)0706、3104、3722
李氏(程昌胤妻)5262
李氏(程綱妻)6175
李氏(程仙貴妻)6440
李氏(程孝岳妻)6941
李氏(程延妻)6773
李氏(楚卿女)8538
李氏(慈丘縣主)1169
李氏(爨子華妻)5303
李氏(崔安潛妻)8820
李氏(崔安儼妻)3755
李氏(崔成務妻)6151
李氏(崔承休妻)1859
李氏(崔陲妻)7452
李氏(崔大義妻)0221
李氏(崔汾妻)7510
李氏(崔逢妻)6298 * 、6441

李氏(崔復妻)8035
李氏(崔感妻)3786
李氏(崔杲之妻)5338
李氏(崔恭妻)8402
李氏(崔灌妻)7157
李氏(崔浩妻)8493
李氏(崔合妻)6283
李氏(崔和妻)3680
李氏(崔涣妻)5416
李氏(崔惠妻)1454
李氏(崔葳妻)6304、6829 * 、7074
李氏(崔潔妻)8694
李氏(崔郢妻)8402
李氏(崔立方妻)6890 * 、7692
李氏(崔亮母)8035
李氏(崔亮妻)7716
李氏(崔林妻)7168
李氏(崔琳妻)8914
李氏(崔邁妻)5956
李氏(崔芃妻)7157
李氏(崔璞妻)7693
李氏(崔容妻)4695
李氏(崔侁妻)5086
李氏(崔審文妻)7881
李氏(崔宲妻)1045
李氏(崔寔妻)4184
李氏(崔叔律妻)8920
李氏(崔璹妻)7653 * 、7895
李氏(崔思恭妻)2464
李氏(崔思行妻)4282
李氏(崔泰妻)8035
李氏(崔泰之妻)6211
李氏(崔迢妻)7906、9304
李氏(崔萬貴母)8922
李氏(崔萬貴妻)8922
李氏(崔緯妻)6737
李氏(崔秀妻)5082
李氏(崔玄亮妻)1638

李氏(崔玄泰妻)1865
李氏(崔絢妻)4283
李氏(崔巖妻)7464
李氏(崔彥昌母)7287
李氏(崔羿妻)6830
李氏(崔元式妻)8394
李氏(崔元直妻)8156
李氏(崔徵妻)5524
李氏(崔志德妻)1313
李氏(崔陟妻)7034
李氏(崔仲蕚妻)7157
李氏(崔周楨妻)6502
李氏(崔子妻)1455
李氏(崔宗之妻)4746
李氏(崔綜妻)3152
李氏(崔瑝妻)8200
李氏(崔□晟妻)8512
李氏(大國公主)4263
李氏(德陽郡主)5693
李氏(鄧周南妻)8542
李氏(定安公主、新寧郡主,韋濯妻)2460、5490、9242
李氏(東方海妻)5469
李氏(東光公主)3978
李氏(東光縣主,裴仲將妻)3591
李氏(東陽公主)5328
李氏(東陽公主,崔杞妻)8156
李氏(董訥妻)1046
李氏(董明妻)1028
李氏(董榮妻)3387
李氏(董文蕚妻)6328
李氏(董義妻)2980
李氏(董元德妻)8686
李氏(豆盧項妻)4912
李氏(豆盧愿妻)4941
李氏(竇承家妻)9195
李氏(竇繰妻)7326
李氏(竇元方母)1400
李氏(竇佐妻)7742

李氏(獨孤士衡妻)
6256

李氏(獨孤盈妻)3495

李氏(杜節妻)0359

李氏(杜旻妻)6926

李氏(杜式方妻)6412、
6815＊、6823

李氏(杜爽妻)4567

李氏(杜縮妻)6590

李氏(杜威戎妻)6474

李氏(杜雅妻)7106

李氏(杜佑妻)5881

李氏(杜元陽妻)7516

李氏(杜壯楯妻)4478

李氏(段洧妻)6913

李氏(段文楚妻)8536

李氏(段延勳妻)9048

李氏(尔朱義琛妻)
1419

李氏(法祥女)1239

李氏(樊定紀妻)8397

李氏(范楚尹妻)7717

李氏(范筠端妻)7235

李氏(汾陽公主,韋讓
妻)7539＊、7610

李氏(封嗣道妻)0034

李氏(馮鏄妻)8174

李氏(馮胡師妻)1556

李氏(馮晉妻)9202

李氏(馮審妻)7220＊、
7944

李氏(馮葯妻)8174

李氏(馮藝妻)3092

李氏(馮元妻)3927

李氏(馮自琜妻)7276

李氏(福慶長公主,孟
知祥妻)9099

李氏(傅伯和妻)7709

李氏(傅黃中妻)3469

李氏(傅元直妻)7024

李氏(盖子妻)3421

李氏(高安公主,王遂

古妻)2990、4108

李氏(高濟物妻)4655

李氏(高仙妻)5997

李氏(高英妻)7434

李氏(高元裕妻)7991

李氏(高約弟母)8222

李氏(高績妻)2120

李氏(公秀女)7187

李氏(龔嶠妻)7321

李氏(姑臧縣主,慕容
宣超妻)6303

李氏(顧彥博妻)8876

李氏(館陶公主)3687

李氏(光進女)6291

李氏(光先女)5957

李氏(歸德縣主)1095

李氏(歸政縣主)1169

李氏(郭弼妻)8690

李氏(郭倏妻)7458

李氏(郭達妻)1301

李氏(郭嘉延妻)4973

李氏(郭匡妻)5470

李氏(郭良妻)7113

李氏(郭謙妻)6128

李氏(郭瓊妻)8643

李氏(郭湜妻)4927＊、
5344

李氏(郭文义妻)3782

李氏(郭文用妻)7113

李氏(郭信妻)2002

李氏(郭雄妻)5230＊、
5272

李氏(郭毅妻)0132

李氏(郭懿妻)1664

李氏(郭元妻)8854

李氏(郭元武妻)7981

李氏(郭貞妻)8790

李氏(韓重華妻)6336

李氏(韓恭妻)8749＊、
8848

李氏(韓漢妻)2543

李氏(韓汯妻)5060＊、

5808

李氏(韓憬妻)5828

李氏(韓濬妻)0792

李氏(韓守鈞妻)9029

李氏(韓挹妻)7154

李氏(韓義方妻)6153

李氏(漢南縣主,冉仁
才妻)0413

李氏(漢陽公主,郭鏦
妻)6023、6975

李氏(漢陽縣主,趙偕
妻)8291

李氏(郝慤妻)6760

李氏(郝幽妻)6514

李氏(浩頏妻)1983

李氏(何賁妻)8632

李氏(何邕妻)5184、
5576＊

李氏(和順縣主,韋徵
妻)3920、4093、
4308、4599

李氏(和正公主,柳潭
妻)6975

李氏(河間縣主,獨孤
演妻)4654、6266

李氏(赫連山妻)3133

李氏(衡懌妻)4341

李氏(弘化大長公主、
西平大長公主,慕
容諾曷鉢妻)1620、
2222、6303

李氏(侯存慶妻)7982

李氏(侯良佐妻)5673

李氏(胡弁妻)8573

李氏(胡超妻)5207

李氏(胡樹禮妻)1139

李氏(胡文叙妻)8325

李氏(胡行言妻)8597

李氏(胡志寬妻)8325

李氏(斛律權妻)8675

李氏(華亭縣主,丘玄
素妻)6614、7807

李氏(淮陽公主)8389

李氏(懷德縣主,楊緘
妻)1112

李氏(環平妻)7518

李氏(皇甫液妻)6761

李氏(皇甫悦妻)4450

李氏(霍璨妻)8352

李氏(霍國公主,裴虛
己妻)6772

李氏(霍玄妻)0848

李氏(霍遊盛妻)4889

李氏(霍子妻)2818

李氏(賈徹妻)8466

李氏(賈芬妻)7793、
7901

李氏(賈儉妻)2129

李氏(賈驎妻)5819

李氏(賈元敬妻)2974

李氏(建寧縣主)4345

李氏(江芳妻)9065

李氏(江弘裕妻)9065

李氏(江華縣主,郭從
真妻)7070

李氏(蔣建妻)7638

李氏(金城公主)3538

李氏(金城縣主)0623

李氏(金華縣主)1169

李氏(金明公主)4180

李氏(金明縣主,羅儼
妻)1821

李氏(金堂長公主、晉
陵公主,郭仲恭妻)
7227、8389＊

李氏(金鄉縣主,于隱
妻)1589、2999＊

李氏(晉暉妻)9096

李氏(晉思武妻)9096

李氏(靳屺妻)8292

李氏(靳起妻)0380

李氏(靳郿妻)8273

李氏(荆山縣主、鄖國
長公主,薛儆妻)

2869

李氏(景舒女)4035

李氏(景羨妻)3518

李氏(鞠志直妻)8075

李氏(康璀母)7262

李氏(樂陵縣主,于善詢妻)0826

李氏(樂壽縣主,于盧呵妻)0122

李氏(李林女)8172

李氏(李評女)7868

李氏(李聽女)6722

李氏(李湝女)6173

李氏(李鵠女)6766

李氏(梁廣妻)1218

李氏(梁國長公主,涼國公主,温曦妻)3112

李氏(梁國忠妻)7241

李氏(梁嵩妻)4489

李氏(梁志遷妻)7032

李氏(林秘妻)7305

李氏(臨川長公主)3010

李氏(臨海公主,裴律師妻)1523、3053

李氏(臨晉公主,鄭潛曜妻)4255

李氏(臨邑縣主)4345

李氏(零陵縣主,裴利見妻)4533

李氏(劉伯芻妻)6245

李氏(劉超俗妻)7179、8081

李氏(劉冲妻)3578

李氏(劉重進妻)8194

李氏(劉從素妻)6821

李氏(劉待惠妻)5566

李氏(劉德妻)0669

李氏(劉方妻)2845

李氏(劉復妻)5453

李氏(劉公祖妻)5849

李氏(劉顥妻)5571

李氏(劉和妻)7004

李氏(劉江潤妻)7394

李氏(劉敬瑭妻)8935

李氏(劉敬文妻)8379

李氏(劉良信妻)8025

李氏(劉令問妻)3066

李氏(劉倫妻)6342

李氏(劉榮妻)1134

李氏(劉士準妻)7414

李氏(劉叔則母)8119

李氏(劉文鋭妻)8088

李氏(劉希妻)3253

李氏(劉相殷妻)6610

李氏(劉珣妻)9183

李氏(劉彦謀妻)8225

李氏(劉倚妻)9015

李氏(劉永妻)5084

李氏(劉郁妻)4720

李氏(劉元鼎妻)8164

李氏(劉仲獎妻)4415 *、4584

李氏(劉仲麘妻)5348

李氏(劉莊妻)5267

李氏(柳翰妻)7749

李氏(柳機妻)0091

李氏(柳岳妻)4573

李氏(隆山縣主,崔大方妻)1600

李氏(盧弼妻)5558

李氏(盧播妻)8162

李氏(盧承基妻)1608

李氏(盧承禮妻)1482

李氏(盧重母)7826

李氏(盧重妻)8508

李氏(盧俦妻)8266

李氏(盧處約妻)7182

李氏(盧大道妻)1614

李氏(盧大琰妻)6495 *、6905

李氏(盧得一妻)8050 *、8627、8746

李氏(盧方回妻)7586

李氏(盧敷妻)2481

李氏(盧溉妻)4460

李氏(盧瓘妻)5866

李氏(盧廣妻)6329

李氏(盧弘止妻)8320

李氏(盧繪妻)7278、7804 *

李氏(盧獲妻)8206、8207

李氏(盧濟妻)4745

李氏(盧景初妻)4461

李氏(盧憬母)5812

李氏(盧璥妻)1985

李氏(盧敬彝妻)6720

李氏(盧倫妻)5261

李氏(盧詵妻)2605

李氏(盧慎俌妻)8162

李氏(盧首賓妻)4201

李氏(盧辣妻)4285

李氏(盧肅敬妻)5392、5695

李氏(盧遂妻)6534

李氏(盧台妻)6470

李氏(盧滔妻)4687

李氏(盧同慶妻)3509

李氏(盧岫妻)4003

李氏(盧循友妻)4571

李氏(盧延慶妻)1924

李氏(盧彦方妻)8213 *、8276

李氏(盧貽殷妻)8567

李氏(盧義符妻)4231

李氏(盧義高妻)7617、8357

李氏(盧隱妻)8682

李氏(盧有鄰妻)3349

李氏(盧元裳妻)6393

李氏(盧援妻)6916

李氏(盧昭道妻)1265

李氏(盧沼妻)5588

李氏(盧貞妻)8089

李氏(盧正勤妻)2344

李氏(盧正權妻)2968

李氏(盧正容妻)3350

李氏(盧正言妻)3282

李氏(盧志安妻)2376

李氏(盧仲文妻)6638

李氏(盧晝妻)8746

李氏(盧宗和妻)6792、8197 *

李氏(陸守謙妻)5284

李氏(鹿裕妻)0046

李氏(論惟貞妻)5210、5329 *

李氏(吕德妻)0905

李氏(吕懷肅妻)2247

李氏(吕汶妻)6988

李氏(吕俠妻)7218

李氏(馬楚妻)6197

李氏(馬考顔妻)6086

李氏(馬宷妻)5178、5397

李氏(馬庭妻)5753

李氏(馬岳妻)6265

李氏(馬岳妻)6388

李氏(馬貞妻)4922

李氏(馬仲申妻)8429

李氏(毛璋妻)8852、8871 *

李氏(茂貞女)9091

李氏(孟弘敏妻)8796

李氏(孟君集妻)7496

李氏(孟琳妻)5903

李氏(孟涉妻)5671

李氏(孟祐妻)7496

李氏(米千鈞妻)7422

李氏(苗儉妻)5980

李氏(苗順妻)8145

李氏(明丞妻)1579

李氏(慕容義妻)4990

李氏(牛敬福妻)4877

李氏(牛鸞妻)6550

李氏(牛慶妻)8282

7708 *

李氏(王旻妻)7367

李氏(王舉妻)2642

李氏(王君和妻)7778

李氏(王俊妻)6044

李氏(王郎妻)1114

李氏(王里奴妻)1580

李氏(王倩妻)6585

李氏(王逈妻)7822

李氏(王浦妻)5487 *、
5586

李氏(王琦妻)3406

李氏(王清妻)6776

李氏(王慶詵妻)2635

李氏(王求母)7005

李氏(王璩妻)6901

李氏(王鎔妻)8807

李氏(王師謹妻)8735

李氏(王師妻)1502

李氏(王士真妻)5961

李氏(王思徵妻)4466

李氏(王泰妻)6635

李氏(王綰妻)6771

李氏(王溫妻)3587

李氏(王興妻)8516

李氏(王行淹妻)2338

李氏(王修義妻)3549

李氏(王栩妻)8178、
8310

李氏(王玄起妻)3147

李氏(王詢妻)8510

李氏(王訓妻)7069

李氏(王延福妻)8956

李氏(王延美妻)9177

李氏(王彦珂妻)8939

李氏(王彦球妻)8863

李氏(王禕妻)0526

李氏(王埏妻)7313

李氏(王永妻)6536

李氏(王元鼎妻)1913

李氏(王元方妻)8782

李氏(王元寶妻)8863

李氏(王元緒妻)3802

李氏(王朝日妻)5351

李氏(王真妻)7600

李氏(王之咸妻)4582

李氏(王志妻)6432

李氏(王制妻)8059

李氏(王柱妻)0754

李氏(韋都賓妻)5528、
6156 *

李氏(韋汎妻)6188

李氏(韋寰妻)6654

李氏(韋甫妻)5733

李氏(韋光庭妻)4705

李氏(韋浩妻)2320

李氏(韋鋏妻)6324

李氏(韋迕妻)5231

李氏(韋静妻)0233

李氏(韋居寶妻)7350

李氏(韋虔晃妻)
3503 *、3534

李氏(韋少華妻)5561

李氏(韋曙妻)7731

李氏(韋溫妻)8053

李氏(韋希美妻)4510

李氏(韋庠妻)6493

李氏(韋虚舟妻)3227

李氏(韋巽妻)4360、
5770

李氏(韋燕妻)8489

李氏(韋堯儉妻)3912

李氏(韋直妻)6102

李氏(韋宗禮妻)8481

李氏(韋縱母)5485

李氏(衛巨論妻)8537

李氏(魏進妻)6735

李氏(魏湘妻)7605

李氏(魏行周母)6796

李氏(魏儼妻)7097

李氏(魏懿文妻)6417

李氏(魏友恭妻)5796

李氏(魏遠望妻)5028

李氏(溫輔國妻)6936

李氏(溫朗母)8294

李氏(溫邈妻)6936

李氏(溫任妻)5380

李氏(溫惟幹妻)6537

李氏(吳藹妻)8931

李氏(吳長文妻)6525

李氏(吳德應妻)8134

李氏(吳弘簡妻)6373

李氏(吳懷實妻)4650

李氏(吳紹妻)8039

李氏(吳士平妻)
5474 *、5975

李氏(五郡主)3273

李氏(武平妻)8252

李氏(武儒衡妻)8361

李氏(武萬秋妻)6754

李氏(武秀榮妻)8244

李氏(武元益妻)7719

李氏(西方希顒妻)
8849

李氏(西方鄴妻)8849

李氏(西華郡主)6432

李氏(夏侯審妻)6683、
7557 *

李氏(咸安公主)6023

李氏(咸寧縣主,王武
英妻)3868

李氏(賢月公主,唐珹
妻)2520

李氏(襄城長公主,蕭
鋭妻)2454、3031

李氏(襄陽長公主)
0927

李氏(向昌鍠母)4849

李氏(蕭韶章妻)4936

李氏(蕭希仲妻)4090

李氏(蕭徵妻)6504

李氏(謝玄侗妻)5669

李氏(辛景祚妻)4278

李氏(新昌公主,蕭衡
妻)3634

李氏(新城長公主)

0621

李氏(新鄉縣主,源建
妻)6062、6213 *

李氏(新野縣主,見李
令)

李氏(新政縣主,張弘
規妻)6854、7146 *

李氏(行超女)3870

李氏(邢播妻)8813

李氏(徐弇妻)8326

李氏(徐朝妻)6967

李氏(許度妻)8835

李氏(許榮妻)6826

李氏(許行真妻)2033

李氏(許宗播妻)9098

李氏(續璋母)8868

李氏(薛崇允妻)4254

李氏(薛珀妻)6232、
6805 *

李氏(薛融妻)6466

李氏(薛勝妻)8747

李氏(薛偉妻)7929

李氏(薛晤妻)9250

李氏(薛銚妻)8199

李氏(薛元龜妻)7957

李氏(雅王參軍)7745

李氏(延安長公主,竇
澣妻)7742、8389

李氏(延陵縣主,蕭宏
妻)7611

李氏(閻彪妻)6649

李氏(閻汶妻)6599

李氏(閻説妻)5527

李氏(嚴昌裔妻)8703

李氏(嚴立德妻)3913

李氏(嚴愈妻)6848 *、
7160

李氏(陽修己妻)4111

李氏(楊梀妻)1422

李氏(楊敬千妻)8967

李氏(楊君同妻)3341

李氏(楊倫妻)7387

李氏(楊韐妻)7853
李氏(楊去甚妻)8128
李氏(楊柔妻)4482
李氏(楊晟妻)7336
李氏(楊魏成妻)
　2703＊、3125
李氏(楊元嗣妻)0555
李氏(楊執瓊妻)5080
李氏(楊植妻)2695
李氏(楊仲嗣妻)4447
李氏(楊卓妻)6507、
　6634＊
李氏(姚公衡妻)1204
李氏(姚袞妻)6793
李氏(姚匡裕妻)9075
李氏(姚密妻)8610
李氏(姚涉母)5634
李氏(姚文諗妻)8610
李氏(姚裕妻)9069
李氏(姚詹妻)8610
李氏(宜都縣主,崔嘉
　賢妻)4130
李氏(義安郡主,宜城
　公主,裴巽妻)3122
李氏(義豐公主)7743、
　8389
李氏(義章縣主,竇臨
　妻)3392、3931、4752
李氏(殷秀誠妻)7358
李氏(永昌公主,邊大
　士妻)0925、3923
李氏(永昌郡主,張渾
　妻)3871＊、4598
李氏(永穆大長公主,
　王瑤妻)6056、6767、
　9242
李氏(永壽公主)3810
李氏(永泰縣主,格儒
　妻)8525
李氏(永陽縣主)7488
李氏(游通妻)1540
李氏(于漢濱妻)9259

李氏(于謙妻)0955
李氏(于汝錫妻)7342
李氏(餘姚縣主,慕容
　嘉賓妻)3491
李氏(宇文弁才妻)
　9299
李氏(宇文子貢妻)
　4970
李氏(庾承歡妻)6343、
　7675＊
李氏(庾仲畚妻)6104
李氏(玉真公主)2673、
　3838、4544
李氏(元恭女)2479
李氏(元谷妻)7208
李氏(元季汶妻)8672
李氏(元諫妻)5179
李氏(元釋妻)3653
李氏(袁偅妻)5029
李氏(袁亮妻)5801
李氏(袁齊妻)5662
李氏(袁千鈞妻)6130
李氏(袁惟承妻)6437
李氏(袁俠妻)6625
李氏(袁翼妻)1388
李氏(袁擇交妻)6167
李氏(樂超妻)6461
李氏(雲遂妻)4574
李氏(員正郎妻)7066
李氏(張弼妻)1228
李氏(張測妻)8693
李氏(張崇妻)4822
李氏(張坺妻)4636、
　5381＊
李氏(張春妻)8840
李氏(張福妻)1677
李氏(張福妻)9185
李氏(張感妻)2721
李氏(張恭妻)8492
李氏(張瓈妻)0078
李氏(張弘宗妻)7893
李氏(張惠方妻)3780

李氏(張積妻)2969
李氏(張季宣妻)8917
李氏(張繼洪妻)8840
李氏(張金剛妻)4445
李氏(張進妻)8925
李氏(張景慎妻)4047
李氏(張涓妻)6397、
　7494＊
李氏(張君遇妻)8170
李氏(張令暉妻)6024
李氏(張濛妻)8018
李氏(張明妻)8932
李氏(張謙妻)7847
李氏(張山岸妻)6503
李氏(張師慶妻)7469
李氏(張爽妻)2358
李氏(張爽妻)8745
李氏(張四胡妻)4672
李氏(張唐妻)8862
李氏(張陁妻)2100
李氏(張惟直妻)1990
李氏(張偉妻)2671
李氏(張佒朗妻)3167
李氏(張信妻)8684
李氏(張行存母)8655
李氏(張邕母)3571
李氏(張玉妻)6326
李氏(張元可母)7103
李氏(張元晟妻)8477
李氏(張珍妻)8761
李氏(張正則妻)7380
李氏(張政妻)8196
李氏(張知仁妻)4469
李氏(趙琛妻)4762
李氏(趙璠妻)8815
李氏(趙涪妻)7201、
　7363＊
李氏(趙古妻)8866
李氏(趙敬存母)7091
李氏(趙敬良妻)8815
李氏(趙克弼妻)1668
李氏(趙禮仁妻)4704

李氏(趙諒妻)8815
李氏(趙令望母)4834
李氏(趙洛妻)0558
李氏(趙喬卿妻)3155
李氏(趙瓊璨妻)6819
李氏(趙師武妻)7481
李氏(趙仕良妻)7503
李氏(趙適妻)6529
李氏(趙思妻)3159
李氏(趙途妻)8153＊、
　8268
李氏(趙外妻)3688
李氏(趙惜妻)8712
李氏(趙餘妻)8112
李氏(趙昭妻)1220
李氏(真定長公主,崔
　恭禮妻)4486
李氏(真源公主)7133
李氏(鄭道邕妻)2563
李氏(鄭方妻)7713
李氏(鄭杲妻)5497
李氏(鄭鉷妻)5590、
　8229＊
李氏(鄭季遠妻)4293
李氏(鄭濟妻)4119
李氏(鄭潔妻)7947
李氏(鄭令同妻)6351
李氏(鄭魯妻)6321
李氏(鄭鵬妻)5990
李氏(鄭齊望妻)4864
李氏(鄭健妻)5935
李氏(鄭璩妻)8736
李氏(鄭溶妻)8052
李氏(鄭沩妻)8215
李氏(鄭舒華妻)4885、
　5717＊
李氏(鄭樞妻)7928
李氏(鄭滔妻)5391
李氏(鄭惟金妻)8138
李氏(鄭鮪妻)8162
李氏(鄭習妻)8215
李氏(鄭行妻)8961

李氏(鄭脩妻)7449
李氏(鄭嚴妻)8409
李氏(鄭曜妻)5132
李氏(鄭液妻)5158
李氏(鄭闓妻)5724
李氏(鄭永妻)7459
李氏(鄭元叡妻)2563
李氏(鄭□吉妻)8961
李氏(支元亨妻)2261
李氏(周承遂妻)8791
李氏(周大立妻)3609
李氏(周行敏妻)3891
李氏(周義妻)2051
李氏(朱可璋母)8387
李氏(朱瞻妻)8117
李氏(朱壽妻)1750
李氏(竹俊臣妻)5467
李氏(□彥洪妻)9090
李世(殷)1710
李世都(濟南王)3019
李世規 3683、4982
李世基(見李正基)
李世亮 5132、5366
李世民(唐太宗、秦王)
　0041、0044、0150、
　0155、0167、0168、
　0212、0307、0326、
　0331、0335、0348、
　0356、0404、0444、
　0507、0557、0571、
　0574、0598、0603、
　0621、0623、0630、
　0688、0725、0743、
　0861、0863、0888、
　0889、0937、0950、
　0956、0970、0971、
　0976、1016、1025、
　1062、1070、1076、
　1112、1113、1131、
　1225、1330、1490、
　1550、1590、1651、
　1726、1736、1766、

　1865、1873、1967、
　1969、2035、2048、
　2190、2251、2446、
　2454、2457、2490、
　2561、2604、2611、
　2758、2772、2773、
　2774、2776、2777、
　2778、2779、2894、
　2971、2996、3007、
　3010、3084、3115、
　3190、3491、3492、
　3658、3831、3989、
　4013、4394、4441、
　4507、4509、4601、
　4758、4950、5083、
　5084、5091、5474、
　5572、5599、5732、
　6006、6212、6245、
　6362、6667、6730、
　6841、6859、6901、
　7693、7972
李世壽(見李安)
李世琬 3348
李世緯 3672
李世文 1760
李世業 0034
李仕峻 3578
李仕秀 2443
李式(濮陽侯)6154
李式(貞固)5858
李式方 5399、5480
李式微 7741
李拭 7467、7627、
　7847、7928
李是 3992
李適(李津子)7242
李適(思惠子)4380
李適之(見李昌)
李奭 6203、6279
李釋之 5680
李釋子(爽)3313
李收 8619

李收(滏陽尉)5773、
　5776
李收(明德)0445
李收(仲舉)5124＊、
　5162
李守(仙娥)0584
李守禮(邠王)2617、
　3190、3529、3676、
　3831、4149、4185、
　4194、4231、4345、
　4779、5148、6210、
　6368
李守梗 9043
李守仁 4701、4702、
　6351
李守榮 8950
李守柔 6368
李守素 4864
李守興 8950
李守延 3603
李守一 2489
李守義 2145
李守約(待旦子)7443
李守約(李恂子)3956
李守真 4653
李守直 2393
李守宗 4675、4747
李壽(伯固子)7429
李壽(李達父)1592
李壽(靈壽)0118、0119
李壽(遂安王,見李安)
李壽諦 2014
李綬 6074
李叔(李端父)1452
李叔(李淑)8557
李叔(李緒父)2044
李叔敖 6977
李叔度 8240
李叔會 7783
李叔寂 6614
李叔濟 6284
李叔霽 4040

李叔建 7783
李叔建(李竦父)6381
李叔建(士清子)7209
李叔建(元宗子)8424
李叔徹 4950
李叔鈞 7783
李叔良(長平王)3484
李叔良(李堅子)6510
李叔良(李玉子)6136
李叔良(知古子)2580
李叔琳(見李琳)
李叔明 2161
李叔明(鮮于叔明)
　5990
李叔南 5775
李叔齊 7978
李叔遷 8424
李叔卿 3513
李叔卿 6890
李叔卿 8948
李叔清 6284
李叔慶 8067
李叔璩(嗣韓王)4290
李叔仍(見李仍叔)
李叔𢙢 0019、2588、
　3755
李叔文 7209
李叔汶(得源)8581
李叔武 6144
李叔珣 4290
李叔夷 6144
李叔瑰 4290
李叔誼 8293
李叔殷 7978
李叔璵 4290
李叔元 2619
李叔沇 7815
李叔政 6735
李叔政(李何子)6760
李殊 8728
李紓(季舒)4837、
　4954、5036、5124、

6516、6540、7070、
7472、7813、8156
李蘇哥 8751
李素(晧)0147
李素(惠珍父)2720
李素(景位父)6426
李素(玄德)4299
李素節(雍王、郇王、許
王)0653、2446、
2772、2773、2774、
2776、2777、2778、
2779、3757、4242、
4682、5232、5238、
6154
李素立 1537、5380
李素王 2365、3052
李素誼 6670
李速 5179
李宿 6863
李宿(李淮父)7186、
8193
李宿(李昇子)5990
李遡(蜀王,見李傀)
李肅 5232
李肅(見李子肅)
李肅(李晟子)0710
李愬 6505、6704、
6821、7013、7518、
7795、8758
李愬(李恒子)7714
李礎 8337
李遂(從偃子)5149、
8077
李遂(李紘子)6468
李遂(行元子)3683
李遂廞 7002
李遂顯 9021
李遂廠 7002、7199
李遂麻 7002、7199
李遂晏 7165
李遂貞 9021
李歲(李才父)1720

李歲(李智子)3679
李璇 8038
李璇(李虔父)7762
李璇(綿谷令)4258
李璇(嗣業父)5429、
6102
李璇(儀王)4187、
4445、4814、5553、
5613
李邃 8073
李隼 4701
李損 8215
李損(李範子)7661
李損(元璥子)3839、
3847
李他仁(孟真子)1149
李他仁(素弼)4392
李台符 7683
李邰(元平)5572
李太 7725
李太賓 7257
李太冲 2916、3874、
4810、5023、5211
李太初(海清子)5450
李太初(李詵子)6494
李太德 6494
李太恭 7204、7257 *
李太胡 5315
李太華 5450
李太均 7204
李太素 6494
李太真 6494
李泰(惠褒,越王、魏
王、濮恭王)0253、
0331 *、0332、0382、
0414、0480、0585、
0638、1132、1847、
2130、2850、3010、
5143
李泰(見李重泰)
李泰(義珙子)5409、
5622、6078

李泰弘 6510
李泰來子 7171
李泰興 6510
李泰筠 5657
李倓(朝弼子)4781、
5144
李倓(李憲子)5843
李談經 5050
李潭 5193
李壇護 9070
李壇女 9070
李曇 3871
李曇(孝禕子)4314
李曇(允望子)3589
李檀 8217
李譚 7124
李坦 7931、8049、8094
李坦 9096
李坦(處一子)2486
李坦(德平)5366、
5630 *
李坦然 4837
李湯 8065
李湯(楚州刺史)5107
李唐 4428
李唐 7953
李唐(李楚子)8983
李唐臣(懷璧)2776
李唐齊 5559
李唐年 5332
李唐宇 5559
李唐宙 5559
李堂兒 8405
李棠(李益子)6672
李棠(作源)8287
李弢 8556
李滔(李瑤子)7072、
8115
李滔(元繹子)3489
李瑤 2826
李濤 9056
李韜 8488

李韜(李涿子)8149
李韜(延祐子)3865
李陶 4860
李綯 1255
李駒騄(見李駿)
李藤(遂高)6066
李綈 5524
李逖 5041
李悌 5158
李悌(茂林)4233
李遏 7716、8035
李天賜(光皇帝)2805
李天蓋 4561
李天老 8041
李天娘 7429
李恬(全真)5971、
6836、7079、7398 *、
7622
李恬(元古子)5315、
5717、6369、7047、
7572
李恬德 3276
李鍖 4337
李琪(恒王)3706、
3807、3847、4047、
4173、4322、4758、
4781、4843、4980、
5051、5136、5144、
5164、5170、5173、
5188、5212、5272、
5293、5338、5362、
5423、5619、5639、
5642、5652、5826、
5896、5998、6386、
6620、7097
李琪 8497
李琪(禮賓子)1030
李苕(季茂)3874、
4810、5023、5211 *
李岩 4982
李條 6982
李眺 7768

李鐵 8981

李鐵兒 8780

李聰 6722、6724、
　　6816、7139

李廷珪 8737

李廷規 9070

李廷戩 9070

李廷夢 7811

李廷敏 7811

李廷詮 8948

李亭 6715

李庭(李才父)4225

李庭(玄訥子)6027、
　　7910

李庭芳 4521

李庭珪 6318

李庭暉 5678

李庭堅(李佽子)8619

李庭堅(李勛父)4090

李庭劍 7127

李庭金 4711

李庭進 6307

李庭秀(丞仙子)6548

李庭秀(懷讓)2916

李庭秀(虔秀)5039

李庭訓 6128

李庭訓 7002、7165

李庭芝(鄰幾)4076

李淳 6066

李侹(涇王)5179、
　　6617、7636、7637

李侹(李訓子)4619

李挺 5657

李挺(成性子)4318、
　　4494、4965＊、5400

李挺(世緯父)3672

李挺(文陳子)3590、
　　6766、6836、7398、
　　7622

李珽 1387

李通 7768

李通(恭王)5782、

5821、6229、6468、
　　6681、7124、7242

李通(江夏公)7626

李通(李道父)1971

李通(李簡父)4680

李通(李儆子)2402

李通(李禽子)0702

李通(李友父)3200

李通(李羽子)0584

李通(汝州司戶)5439

李通(遐觀)2388

李通(忠務子)4572

李通靈 8416

李通子 8186

李同(從質子)8103

李同(李生父)0548

李同(李相子)3259

李同福 3683、4982

李同捷 6612、6919、
　　7013、7304

李同仁(公節)0110

李同師 1614

李同昕 1966

李同元 7188

李童 3998

李種 7626、8474

李禿兒 8369

李禿禿 7931

李途 8169、8358

李湍 4448

李推 3839、3847、
　　5590、7708、8229

李推賢 8147

李債 4781、5144

李託 6539

李陁 2033

李外端 8776

李外兒 8948

李玩 9259

李玩(孝銳子)5231

李婉(惠真,趙仙舟妻)

3329

李琬(靈琬)3752

李琬(榮王)4077、
　　4318、4654、4684、
　　5144、5368、7625

李琬(素節子)2777

李琬(彥琮)1306

李晼 7876

李綰 4781

李綰 4807

李綰(福王)6803、
　　7611、8135

李綰(義琛子)3202、
　　3957、4017、4914

李万迪 5450

李万迪 5953

李万榮 5556＊、5885、
　　7398

李萬 4205

李萬 5063

李萬(伯盈)3874、
　　4810＊

李萬(李隆子)0909

李萬德 4071

李萬國 3991

李萬石 1807

李汪(李述子)2775

李汪(尚道子)5501

李王十 8865

李網(脩羅)0727

李旺郎 8551

李望回 6472

李威 4060

李威感 4711

李威礧 1306

李微(逸少,嗣道王)
　　1517、3465＊、6177

李微明 2161

李爲 6175

李爲式 5132

李韋六 2916

李韋五 2916

李唯誠(存之)7659

李惟(成務)3957＊、
　　4573、4914＊

李惟(嘉運子)5953

李惟(李璿子)3139

李惟(李珝父)5487

李惟城 4925

李惟芳 6983

李惟幹 6048

李惟簡 7201、7363、7957

李惟良 2580

李惟寧 7238

李惟詵(詵)6605

李惟慎 5513、5813、
　　5915

李惟微 4337

李惟友(睦)4827、
　　5318、6172、6539、
　　6892

李惟嶼 4337

李惟岳 4337、4510

李維 7716

李維(雲將子)2161

李偉節(見李禎)

李瑋(彥英,朗陵郡王)
　　2758＊、3831、9304

李暐 4337

李暐(旮交子)3293

李頎 4898、5099、6976

李緯(大本)8217

李緯(均王)6680、
　　7100、7151、7278

李鮪 6184

李位 5975

李位 6667

李胃 5162、5242、5371、
　　5481、5546、6154

李渭 7674

李蔚 7860、8659、8705

李蔚 8263

李蔚(蔡王)0977、
　　1552、4262

李魏陵 3991

李魏留 9033

李魏六 7582

李魏相(齊舒、楚瓊) 2570＊、3067

李溫(端、韓皐妻)6663

李溫(李楚父)7188

李溫(思泰子)6816

李溫范 7910

李溫計 1146

李溫讓 8423

李溫慎(居士)2251

李溫溫 2156

李溫玉 3115

李溫玉(成質父)5155、 7100、7101

李溫玉(李雲子)7910

李文 3089

李文(開化郡王)2805

李文(李彦父)4539

李文(李有子)8427

李文(善文)1016＊、 1798

李文(秀)3477

李文保 0351

李文德 9140

李文度 3269

李文幹 1458

李文幹 2456

李文惠 1458

李文寂 2316

李文暕 2788、3590、 6836、7622

李文儉 5705

李文簡 1285

李文簡(少贊子)6976

李文建 7409

李文謹 8427

李文經 7182

李文靖 8871

李文同 7182

李文舉(李道子)2199

李文舉(李通子)4572

李文舉(神符子) 0953＊、2732

李文楷 2021

李文楷 5280、5368

李文楷 6135

李文禮 2968、3001

李文立 7023

李文洌 6976

李文沔 7023

李文冕 2199

李文卿 9140

李文紹 6058

李文師 6397

李文懃 5680

李文遂 8678

李文通 8865

李文通(榮益子)8427

李文通(智明)8683

李文憲 2199

李文獻 1065

李文修 8678

李文緒 6058

李文演 6468

李文陽 6468

李文益 6790、7541＊

李文義 2240

李文蔭 3935

李文穎 5364

李文友 4701、4702

李文約 7234、7891

李文悦 6816

李文貞 9259

李文貞(少贊子)6976

李文正 2393、4003、7365

李文質 6976

李文縱 6058

李汶 7731

李汶 9062

李問政(就列)2156、 2839＊、3999、4051

李翁 4400

李翁子 5498

李渥 8843

李郘 8337

李琪(李涣子)3808

李琪(守宗子)4675

李無或(守真)1441＊、 2149

李無譴 4535、4580

李無虧(有待)1810

李無爲 1441

李無畏 2015

李五(崇業)2485

李五兒 9163

李五哥 9013

李五娘 6485

李五五 7335

李五住 9184

李伍 7334

李武 6320

李武 7257

李武 8948

李武(李明父)0516

李武伯 6597

李武幹 1139

李武機 2199

李武亮 2199

李武六 9020

李武七 8514

李武卿 1865、3584

李武四 9020

李物外 7066

李悟 7409

李悟(絳王)7070、7613

李務潔 5136

李夕 8041

李西伏 4285

李希 1503

李希嶠 4054

李希騫 4701、7365

李希禮 0533、2365、 3874、6154

李希烈 5391、5428、

5442、5453、5641、 5684、5880、6014、 6058、6153、6337、 6369、6460、6831、 8162

李希倩(都水使者)7016

李希倩(李橙子)7674、 8347

李希倩(李正子)6048

李希贍 1684

李希順 6482

李希遂 4664

李希祥 2485

李希言(申甫)5190、 6579

李希敫(待問)3994

李希元 2485

李希遠 5380

李希曾 5554

李晞(李治父)5794、 7742

李晞(曲周令)6486

李翕 4664

李熙(宣皇帝)2805

李熙伯 4665

李礐 7928、8705、8762

李隰 7701

李襲(李休子)1315

李襲(李冑子)5242、 5481、5546

李襲道 3836

李襲慎 1139

李襲譽 4547

李襲志 0373、1915、 2486、2649、2650、 2840、3503、3655

李洗 7978

李喜 5630

李喜娘 8341

李喜娘 8981

李喜娘 8984

李係 5232

李係 8514

李係(李山兒)7438、
　8563、8593

李係(李誠子)4597

李係(趙王)4893

李俠 2809

李遐 5086

李遐叔(見李華)

李霞 3627

李夏 4597

李仙 5472

李仙(李才子)1596

李仙(李顥子)5726

李仙(李華父)7725

李仙(李玄子)4988

李仙(像恩子)5608

李仙家 5948

李仙茂 2456

李仙童 2016

李仙玉 3348、3529

李仙舟 2217

李亼 5178

李先(開物)2635、
　4017 *

李先(孟德子)3956

李先譽 5278

李銛 6102

李暹 4427

李暹(李玠父)3054

李暹(玄英子)6160

李纖誠(嗣紀王)9242

李咸 6667

李咸 7024

李咸(李洽子)7742

李咸(義瑛子)2218、
　3981

李咸仁 1452

李咸若 2839

李咸一 7452

李閑 3962

李閑 4337

李閑 5531

李賢 7861

李賢(崇貞子)6373、
　6602

李賢(伏護)1042

李賢(河西桓公)0351

李賢(潞王、沛王、雍
　王、章懷太子)0706、
　0841、0851、0924、
　1076、1137、1195、
　1229、1321、1340、
　1560、1609、1950、
　2035、2109、2204、
　2294、2497、2522、
　2711、3457、4037、
　6210、6368

李賢(李正父)3410

李賢善 2203

李誠(李乾子)4597

李誠(延喜子)3904、
　3906

李誠(珍王)6886

李銑 5572

李銑(李琪子)4653

李銑(若冰子)6102

李銑(思文子)2570

李顯(唐中宗、周王、英
　王、廬陵王、應天皇
　帝、孝和皇帝)0512、
　0632、0638、0690、
　1137、1147、1183、
　1296、1321、1334、
　1340、1513、1725、
　1743、1918、2008、
　2284、2320、2322、
　2357、2388、2407、
　2412、2440、2460、
　2566、2593、2640、
　2717、2944、3115、
　3122、3144、3164、
　3180、3229、3465、
　3484、3714、3757、
　3800、4173、4254、

　4370、4600、4644

李顯達 6579

李峴(延鑒)4618、
　4888 *、4956

李峴(益王)7424

李現(韋翻妻)5238 *、
　5933

李僩 6324

李僩(充王)5290

李縣 5707

李憲 5856

李憲(成器,寧王、宋
　王、讓皇帝)3034、
　3317、3405、3504、
　3533、3619、3631、
　3741、3757、3763、
　3831、3862、3905、
　4263、4272、4970、
　5663、5850、6972、
　6975、7675、7756、
　8488

李憲(俛)5843

李憲(李常子)6479、
　7804

李憲(李澄子)5409、
　5622

李憲(李昇子)7602

李憲(濮陽伯)2563

李憲(文静公)6154

李憲祥 5881

李獻(李達子)4010

李獻(全一父)6815

李獻誠(歸義王)5055

李獻郎 6894

李獻直 5055

李獻忠(信骨)4369

李相 0002

李相(春卿子)4380

李相(李風父)3522

李相(李恭子)0954

李相(李遜父)5041

李相(李休子)3259

李相柱 4017

李湘 6698、7226

李湘 8690

李湘(李鶴子)8337

李緗(集王)6636

李緗(希曾子)5554

李襄 5122

李襄 5980

李庠 8341

李祥(瓊王)8746

李詳 6711

李向(昌慶子)8110

李向(万榮子)5556

李向(正己)8685

李珦 5151

李象(承乾子)2996、
　4601、4893

李象(李銳子)6833

李象之 4532

李傢 5726

李像恩 5608

李逍 7279

李脩 8062

李脩(浙西觀察使)
　7452、7718

李小寶 8776

李小曹 9020

李小德 8575

李小登 6993

李小兒 8913

李小哥 8751

李小狗 7786

李小歸 8344

李小韓 8981

李小惠 8776

李小姐 9033

李小進 3487

李小經 7171

李小可 6381

李小客作 8981

李小郎 7604

李小憐 9184

李小律 6767
李小閙 8780
李小求 3865
李小師 7322
李小師 7933
李小師 8955
李小廝兒 8948
李小停 6993
李小靜 8776
李小馳 8758
李小喜 8141
李小圓 7198
李小招 7365
李小珠 7872
李小猪 8300
李小住 8776
李小最 8217
李小佐 8556、8557
李晶(李巢子)2799
李晶(李起子)4951
李曉 3910
李曉 7960
李曉(李沼子)8993
李孝(許王、原王)
　0924、0984、1367、
　1708、1737、2113
李孝斌 3484
李孝詧(高密郡王)
　2203、3135
李孝常(義安王)0532、
　0706
李孝徹 4807
李孝誠 6338
李孝崇 2055
李孝端 1766、1767、
　2314
李孝恭(道禮)8191＊、
　8378
李孝恭(李晟父)1228
李孝恭(仁廓子)1572
李孝恭(趙郡王、河間
　元王)0131、0212、

0431、1552、3808、
　4254、5501
李孝軌 0351
李孝衡 2365
李孝基(永安王)2698
李孝節 5572
李孝廉 2140
李孝廉(見李儉)
李孝廉(李寬子)1147、
　3115
李孝卿 3728、5554、
　6579
李孝鋭 4337、5231
李孝聖 4832
李孝孫 4618、4888
李孝同(淄川郡王)
　0955、2869
李孝威 2916、3874、
　5023、5211
李孝温 7923
李孝諧 1265、2479
李孝儼 1572
李孝禕 4314
李孝逸 2128、2737、4860
李孝義(李實子)6066
李孝義(神通子)3347、
　5045、6453、8169
李孝則 1289
李孝貞(元操)0533、
　2000、2325、6154
李孝正 3873
李孝止 0519
李效 8337
李協(貽謀子)5819、
　7182、8267
李協(淄王)6430、
　6854、8316
李偕 7704
李纈 0129
李偃 4807
李辛 4262
李辛生 4071

李忻(洋王)6507
李昕 4295
李昕 4943
李昕(李逮父)4647
李昕(李敏子)5018
李欣(伯悦,嗣濮王)
　3010
李歆 3874、4810
李鐔 8827
李信(福德子)8981
李信(李撫子)0337
李信(李讓子)4750
李信(友直)6670
李信道 5734
李信復 7947
李興(昌胤)4665
李興(成己子)5393
李興(見李重興)
李興(李備父)3070
李興(李才子)2738
李興(李幹子)7318
李興(李衡子)3987
李興(李啓子)8575
李興(李璪子)4860
李興(贊善大夫)6881
李興朝 6033、6270
李興郎 8323
李興禮 3250
李興晟 6033、6270
李興宗 4200
李興宗(徽温)3831
李行 3312
李行(李裁子)3292
李行(李隆父)0909
李行(李英子)2153、
　2733 ＊
李行(智)1503
李行表 1315
李行博 5978
李行才 3239
李行超 3870
李行崇 6983

李行初 6510
李行楚 6983
李行純(元固)5719
李行敦 7554
李行方 6672
李行恭 8067
李行恭(重興父)8955
李行恭(李寧子)6983
李行恭(叔度子)8240
李行規 8535、8549
李行機 1441、1810
李行簡 5718、6028
李行荐 8067
李行謹 8865
李行匡 4233、4380、
　5122
李行立(李誠子)6983
李行立(同福子)4982
李行廉 1985
李行滿 4572
李行敏(中明)5719
李行默 6704
李行儒 8670
李行師 2376、2881、
　3282、3847、4571
李行思 9033
李行素(乘之)8193
李行同 6895
李行威 0112
李行偉 1315
李行詡 2725
李行宣 7532
李行淹(悁)3007
李行言 4982
李行殷 6983
李行邑(居簡)6816
李行元 3683
李行源 6510
李行約 6792、8197
李行者 7787
李行正 4523
李行之 1726、2035、2161

7438

李玄義 5500

李玄意 3910

李玄英(李暹父)6160

李玄英(仲恭子)3227、
3876

李玄應 5913、6014

李玄裕 6364

李玄約 2881

李玄氲(建德縣主)
8072

李玄運 2344、3847、
4571、6833

李玄蘊 1915、2486、
2649、2650、2840、
3463、3503、3655

李玄則 3571

李玄璋 6671、8193

李玄正 5263

李玄植 1651

李玄□ 2619

李旋 6373

李璿(輔德)3139

李璿(涼王)3839、
3847、4337、4832、
5139、5455、6062、
6213、8178、8310

李晅(李慈子)1766

李晅(子華)5366*、
5630、6377

李選 5774

李選娘 6894

李玥 5487

李絢(衡王)5941、
6050、6681、7242

李絢(弘實子)9111

李絢(李表子)4521

李絢(李韻子)6730

李鉉 7875

李鉉(李鼎子)5274

李勛 6507、6634

李勛(李眈子)8337

李勛(擇言子)7102

李塤 5685、7073、
7554、7892

李薰 8271

李薰(李雲子)7910

李巡 8625

李郇(子宣)7714

李峋 7369

李洵美 7773

李恂 3956、4653

李恂(沔王)6739、
6759、7210*

李珣 2826

李珣(方义子)6154

李珣(李儉子)1387、
3706

李珣(守玉)2791

李珣(同安郡王)5663

李珣(韞玉)3672

李循(頤晦)7591、
7621*

李循忠 3672、3673

李詢 8347

李詢(間道)1517*、
3465

李詢甫 3584

李詢貢 4363

李詢古 7583

李詢軌 1064、2533

李詢會(十先)3324*、
4250*、5149

李詢友 3479

李詢仲 3584

李潯 6515

李潯 9163

李潯(禮源)7158、
7824*

李迅(李謨子)8063

李迅(日敏)2920

李侚 3287

李訓 7590、7717

李訓(福德子)8981

李訓(恒)3472*、4619

李訓(李芝子)5545

李巽(吏部尚書)6145、
6263、6279、6454、
7222、7629

李巽(敏脩子)8041

李遜(李震子)7795、
8140、8442

李遜(陽曲令)7947

李愻(知本子)1767、
2314

李愻(自下子)6644

李鴨(鴨兒,鄭沼妻)
4170

李雅(李貴父)4054

李雅(李穆子)3142

李雅娘 8319

李亞(李郤)5572

李亞兒 8500

李亞封(周啟)8054

李淹 3953

李燕 9101

李燕卿 7933

李延 6761

李延(李貴父)2043

李延(李瀚、李革)8358

李延(塞多父)5498

李延安(茂初子)5881

李延安(彥璋子)9050

李延保(李本子)9020

李延保(行思子)9033

李延昌(光進父)6291

李延昌(彥璋子)9050

李延疇 9050

李延楚 9050

李延奉 9050

李延哥 9033

李延厚 9050

李延暉(李夔子)4927、
5344

李延暉(李逸子)3426

李延暉(李祐子)6329

李延輝 8739

李延輝(李頊子)5572

李延晦 7693

李延會(君平子)7188

李延會(彥璋子)9050

李延僅 9050

李延景 3238、3240

李延偁 9050

李延明(昱)3135*、
3591

李延年 4445

李延念 9050

李延鐵 9050

李延卿 9050

李延賞 9050

李延晟 9050

李延宴 5132

李延實 9050

李延世 2013、2015、
2016

李延受 8776

李延壽 8950

李延壽(李岑父)4445

李延順 9050

李延嗣(續)2365

李延叟 8931

李延通 7188

李延威 9050

李延錫 9050

李延習 9033

李延喜(光)3904、
3906*

李延禧 9070

李延新 9050

李延信 9050

李延休 2688

李延葉 8820

李延宬 9050

李延懿 8016、8017

李延祐 3865

李延瑀 9050

李延貞 9033

1684、2740、3484、3538
李禕(信安王)3646、3948、4242、4262、4888
李漪 5141
李毉 7368
李夷道 6203
李夷道 8128
李夷簡 6099、6393、6718、7390
李夷肅 7383
李夷吾(興國)4318＊、5846、6364、7225
李夷玉 6837
李夷遇 8281、8389
李夷則 6190
李沂(慶王)7832
李怡(李芳子)5613
李怡(李烈子)2323
李怡(李鵲子)6836
李宜奴 7322
李桋 9111
李貽謀 5819、7182、8267
李貽孫 6539、7663、8289、8355
李貽休(垂裕)7937＊、8402、8461
李遺 6913
李儀(李楹子)5491
李儀(令問子)3287
李儀鳳 7040
李頤(德卿父)0221
李頤(上元令)5929
李嶷 4543
李嶷(伯光父)4031
李嶷(承胤子)5261
李嶷(仲珪子)4982
李彝(李粹子)4893
李彝(李遂子)6468
李彝超 8923、8934、8935、8995
李彝謹(令謙)8923、8995＊、8984、9027
李彝瑨 8851
李彝璘 8851
李彝愍 8851
李彝嗣 8851
李彝温 8923、8995
李彝殷 8923、8995
李彝雍 8851
李彝玉 8851
李彝氲 8923
李彝震 8851
李乙孫 1149
李倚 4807
李倚(睦王)8659
李乂 4348
李乂(李才子)1668
李乂(隴西郡王,見李博乂)
李佾(魏王)7994
李益(君虞)5731、5774、6672＊、7937、8461
李益(李鍔子)6448
李益度 8776
李釴 7964
李逸(李杲父)6605
李逸(雅王)5361、5508、6308、6943
李逸(元禮)3426
李翊 3139
李裔(修之)8162、8514＊
李裔孫 8193
李意期 4448
李義 2548、2549
李義 2726
李義 8723
李義(公則父)7489
李義(見李崇義)
李義(李仇子)1639、2006
李義(李福父)5050
李義(李胡父)5970
李義(李鍊子)6938
李義(李遷父)3537
李義(李虬子)0353
李義(李雍父)1596
李義(李珍子)6618
李義(肆朗)0909
李義(忠)3696
李義本(仁楷)1315
李義琛 0464、1728、2635、3095、3202、3957、4017、4076、4293、4746、4914
李義臣 1313、4336
李義冲 0727
李義方 1065
李義方(李珪子)5937
李義方(仲弘)0160＊、0608、0851、3102
李義芳 5893
李義府 1298、1923、4287
李義珙 1217、3603、5409、5622
李義瓘 2670
李義基 1720
李義堅 3348
李義節 2489
李義璡 4170、5141、7182
李義郎 7582
李義廉 6329
李義隆 6014
李義深 0019
李義璹 0464
李義肅 6104
李義諧 1913
李義玄 3469
李義琰 2670、3324、3584、4250、5149、5912
李義挹 7701
李義瑛(叔琬)2218＊、2799、3947、3981
李義餘 0706
李義元 1967
李義藏 1704
李義璋(大讓子)3939
李義璋(琬)2301＊、9218
李義徵 3349
李義宗 4225
李義揔 1514、3971
李廙(李詵父)3836
李廙(李位父)4601、6667
李潩 6790
李黓 7707
李誼(普王、舒王)5880、7313
李嶧 6351
李嶧 6493
李嶧(德王)8429
李懌(李璿子)3139
李懌(婺王)7070、7610、8036
李燡 1169
李翼(汾州司兵)2320
李翼(李鸞子)6711
李翼(李顒子)7626
李翼(希遂子)4664
李翼(宗正卿)6375、6453
李懿 3570
李懿(僧養子)0139
李懿(行機)1439
李鷁 5971、6766、6836＊、6894、6895、7079、7398、7622
李因 3373
李茵 8409
李殷 7981

李殷(李林父)8171、
　8172
李殷(李生子)1710
李殷(延安子)5881
李殷甫 5863
李殷輔(正綸)8670
李殷正 5645、6268
李殷佐 5858
李惜 4011
李憕(茂王)6611、
　6992、7425、7548＊
李憕(蜀王)0981、2194
李禋(沂王)8725
李諲(縉雲郡王)4906
李諲(鄱陽公)4644
李諲(喬年子)4602、
　4716
李崟(李琪子)4653
李崟(仲珪子)4982
李寅 6145、6639
李隱 4946
李隱 7813
李隱之(大取)3727
李胤 7545
李胤(孝孫)0432
李胤之 7661、8556、
　8557
李英 4051
李英(楚琳父)6349
李英(李傑父)1704
李英(李儒子)2733
李英(雄)0147
李英華 6570
李英英 2156
李英哲 4845
李瑛(李暄父)7467
李瑛(素節子)2779
李瑛(郢王)2802、
　3413、3670、5592、
　9267
李嬰甫 6772
李盈 4844

李楹 8700
李楹(嗣申王)5491
李楹(藻文子)7369
李塋 8341
李瑩 5957
李瀛 6580
李鄈 7556
李穎 8773
李穎(道堅子)3687
李穎(李嗣父)0110
李穎(庭芝子)4076
李穎兒 7365
李映 7416
李應 5621
李應 7702
李應(承昭子)6362
李應規 8042、8147
李應玄(陽城縣主,丘
　運妻)6614
李邕 6225
李邕(李敏子)3682
李邕(李善子)3296、
　3297、3413、4468、
　4969、5068、5162、
　5980、6403、6718、
　7626
李邕(釋子子)3313
李邕(嗣虢王)2320、
　2321、2322、2323、
　3180＊、3697、6362
李邕穆 9033
李廓 5763、5976、
　6258、6322、6391
李雍 1596
李雍 2726
李雍門 7554
李瀟(廣王)8275、8418
李顒 1671
李顒 8443
李顒(李翼父)7626
李顒(叔徹子)4950
李顒(太常少卿)4754

李永(魯王)6879
李永粲 9041
李永幹 9041
李永固 9041
李永浩 9041
李永吉 9041
李永濟 9041
李永勝 9041
李永嗣 9041
李永嵩 9041
李永熙 9041
李永義 9041
李永載 9041
李永忠 9041
李泳(長文子)8705
李泳(河陽節度)6992
李泳(李靜子)4601、
　4648
李泳(李興子)7318
李詠(景莊子)8162、
　8347
李詠(李遜子)8140、
　8442
李詠(文吟)3998
李詠(雅言)6349
李幽 3046
李優鉢(盧師丘妻)
　2881
李由 8347
李由(道明父)2038
李由禮 5315
李遊 5954
李猷 2854
李猷道 2145
李友(李通子)3200
李友(貞諒)4845
李友誠 7204、7257
李友良 6579
李友謙 5480、6580
李友淑 7929
李友貞 4845
李友直 6737

李友仲(李戎子)6268
李友仲(李綜子)6369、
　7572、8200
李有 8427
李有偁 7244
李有方 7443
李有亮 5836
李有慶 6644
李有有 8067
李有裕 6814、8149
李栯 8226、8488
李又玄(通微)8169＊、
　8358
李幼昌 5662
李幼昌(抗忭子)4119
李幼成 4013
李幼方 6577
李幼復 6390
李幼公 7750、8773
李幼良 1289
李幼平 5937
李幼奇 2579
李幼卿(長夫)5122
李佑(元吉,嗣郢王)
　7242
李佑君 6027
李佑之 7421
李侑(贊)1328
李宥 5613
李祐 8330
李祐 9092
李祐(安慶子)6329
李祐(涇原節度)6594、
　8118
李祐(鏡微)5409＊、
　5622、6078
李祐(太僕卿)8054
李祐(燕王、齊王)
　0167＊、0321、0640、
　1701、1736、2659
李祐郎 8341
李祐奴 5858

李淤子 4652

李于 3249

李玗 8556

李峿 7369

李崳 4982

李嶇 7154

李逾(丹王)5617、
　6212、6608、7141

李渝 5738、5779

李愉 8574

李瑜 2570

李瑜 7541

李瑜(進芬子)4659

李瑜(如玉)1915

李虞(李萬子)4810

李虞(李縱子)6579、
　7966

李虞仲(見之)6124、
　6154、6268、6299、
　6719、6921＊、6981、
　7661、7928

李愚(子晦)8884＊、
　8933

李餘(李誔子)8201

李餘(元昌子)5154

李餘福 0119

李餘僆 4448

李瑛(李成子)6790

李瑛(李暕子)4402

李瑛(李詮父)1614

李宇 3687

李羽 8494

李羽(李寶子)0584

李羽(思古子)5734

李羽賓 3054

李庾 8382

李瑀 7893

李瑀(漢中郡王)5299、
　6782、7765、8488

李嶼 4982

李玉 6482

李玉(叔良父)6136

李玉芳 3338

李聿(放之父)2054

李聿(景詢子)6417

李郁(子文)7150＊、
　7172、7248、7582

李昱(弘福子)5913

李昱(李亢父)6048

李彧 7786

李彧(延寔子)5132

李遇 7153

李遇(端王)5551、6803

李遇(敬言子)6894

李遇(御史中丞)4544

李寅 8500

李裕(德王)8690、8884

李裕(公敏父)3988

李裕(湖南觀察使)
　8593

李裕(九皋父)5937

李裕(李迅子)3095

李裕(李敬父)3860

李裕方 6580

李隩 7365

李遹(循王)6045、
　6493、6616、7667、
　8131、8271

李豫(唐代宗、廣平王)
　4854、4888、4893、
　4906、5210、5275、
　5276、5290、5321、
　5402、5512、5693、
　5694、5731、6023、
　6102、6618、6719、
　6975、7081、7472、
　8072、8212、8271

李燠 8347、8508

李譽(安遠)0083＊、
　1855

李淵(唐高祖、太武皇
　帝、獻武皇帝、神堯
　皇帝)0041、0046、
　0067、0076、0077、

　0140、0144、0150、
　0233、0283、0326、
　0329、0331、0335、
　0431、0496、0501、
　0507、0512、0532、
　0598、0603、0621、
　0859、0892、0893、
　0899、0937、0951、
　0971、0976、1081、
　1095、1177、1299、
　1311、1369、1400、
　1408、1517、1590、
　1726、1933、1979、
　2048、2118、2430、
　2758、2775、2789、
　2894、2999、3010、
　3041、3053、3180、
　3448、3465、3491、
　3544、3687、3694、
　3697、3831、4290、
　4337、4601、4758、
　4865、5083、5201、
　5275、5276、5402、
　5572、5599、5957、
　6104、6362、6453、
　6581、6772、6836、
　7472、7824

李元 3900

李元 6816

李元(李哲子)7057

李元(仲昌子)6078

李元賓(李韶子)4031

李元賓(佐公子)7693

李元操(見李孝貞)

李元昌(李餘父)5154

李元昌(魯王、漢王)
　0131、0168＊、0949、
　0983、1504、2664

李元長 0432

李元淳 5472、5771、
　5807、6284、6467、
　6547

李元琮 5098

李元道 3925、3976、
　4133

李元度 3139

李元發 8780

李元倣 6548

李元福 4652

李元甫 6083

李元輔 8190

李元皋 6444、6456、
　6687

李元恭 2479、3472、
　3662、5132、5563

李元古 6426

李元古(利王子)5315、
　5717、6369

李元軌(吳王、霍王)
　0308、0554、1334、
　2622、2837、3164、
　3448、4013、4657、
　5651

李元和 5663

李元亨(叔通，鄖王)
　0077＊、1139

李元亨(彥世子)5318、
　6172

李元亨(義方子)0851、
　3102

李元會 0608

李元吉(齊王)0021、
　0160、0553、0561、
　0603、0645、0693、
　0795、0903、1145、
　1147、1843、2153、
　2210、2542、3296、
　4577

李元佶 8625

李元嘉(徐王、韓王)
　0095、1137、1139、
　1298、1323、1451、
　1465、3277、3344、
　3593、3653、3866、

4290、4562、4935、
5300
李元緘 5828
李元儉 0464、1217、
1728、2218、2301、
2635、3095、3589、
3603、3957
李元簡(首禮)6953
李元絜(齊王)4747
李元節(見李節)
李元謹 8780
李元景(李惠子)3426
李元景(趙王、荊王)
0079、0214、0257、
0404、0564、0574、
0972、1366、1726
李元儆 8229
李元璥 3839、3847＊、
4571、6833、7708
李元禮(李福父)5712
李元禮(李平子)4955
李元禮(徐王)1242、
1263、2254、3654、
4056、4663、5957
李元亮(李伏子)3679
李元亮(庭秀子)6548
李元諒(駱元光)5498、
5541、5762、6226、
7185
李元茂(李岸子)7639
李元茂(庭秀子)6548
李元名(舒王)0571、
0833、1292、1314、
1547、3008、3525、
3572、3606、7242
李元慶(道王)0109、
1335、1517、1621、
2628、3465、7824
李元慶(行詡子)2725
李元球 7545
李元善 7353、7365、
7557、7701、8869

李元紹 3257
李元適 3595
李元奭 1727
李元順 8551
李元順(公殷父)8562
李元嗣(子續)8300
李元素(戶部尚書)
6304、6588、6829、
7074
李元素(孝卿子)6579
李元璲 6548
李元悌 4336
李元挺 7508
李元通 7335
李元温 3348
李元温(李瑝子)8749
李元温(李敏子)8780
李元暹 3595
李元祥(許王、江王)
0404、0405、0491、
1128、1299＊、1838、
2650、2916、3492
李元晶 4496
李元曉(密王)0578、
0969、0984、1477、
2316、2554、2622、
2736、2737、2865、
2944、3412、3492、
3644、3858、4086、
4223
李元效 4556
李元雄 2949、3288＊
李元弈 6083
李元翊 6672
李元裔 8266、8773
李元繹 3137＊、3489、
6173
李元懿(鄭王)0187、
0345、1551、1821、
2125、2921、6104、
6581、7369
李元懿(知機子)5132、

5366、5630、6377
李元嬰(滕王)1213、
1961、2633、2999、
4657、5201
李元膺 8105
李元祐(李敏子)8780
李元祐(李紹子)6265
李元餘 6454
李元瑀 8441
李元裕(鄧王)0663、
1132、1460、1537、
1746、3156、3691
李元裕(李敏子)8780
李元約 8780
李元則 8027
李元則(荊王、彭王)
0204、0215、0297、
0693、1340
李元則(李才子)4012
李元則(李敏子)8780
李元哲(李敏子)8780
李元哲(李善父)7626
李元貞 7672
李元貞(段孝敬妻)
1417
李元政 6548
李元質 0178
李元贄 8700
李元中 0177
李元仲 7776
李元周 7591
李元子 8054
李元宗(李軌子)0126
李元宗(李釗子)8424
李元□6284
李垣 7074
李原 6634
李員 0527
李圓通 2055
李源 4648
李譓 5207
李遠 5098

李遠(李福子)3942
李遠(李明子)5816
李遠(李伽父)1581
李媛(姚彝妻)4323
李瑗(崔沆妻)7572
李瑗(廬江王)0554、
1863
李愿(處鑒子)2650、
2840＊
李愿(李逵父)6465、
7220
李願(房願)9297
李約(誠盈)2780
李約(李楚子)7188
李約(李勉子)7102
李約(李諝子)5207
李約(李珍子)4959
李約(邵王)6580
李約(延叟子)8931
李約儒 7978
李岳 2419
李岳郎 7621
李悅 7786
李悅(李懷子)5732
李悅(李練子)8147
李悅(李鵲子)5971
李悅(瓊王)6681、
6755、7016、7078＊
李悅(庭訓子)7002、
7165
李越奴 5854
李說 3455
李說(河東節度)6277
李嶽 7572、8593
李量 6570
李煜(李昕子)5018＊、
6156
李煜(襄王)8700、8774
李賓 3837
李雲(從龍)7910
李雲將 2161、4950
李雲娘 7365

419

李雲卿(獻)4261、
　　4262 *
李郎 7456
李郎 7589
李郎(伯成子)5572
李郎(李郎子)6363
李允(孟德子)3956
李允(諧道)2588
李允恭 5621
李允光 2570
李允王 2920、3243
李允望 3589
李允文 5621
李允脩 8169
李允弈 6842
李允中 7228
李鄆 7467、7494
李惲(蔣王)0554、
　　1169、1373、1734、
　　2261、2304、2522、
　　2871、3122、3313、
　　3392、4446、4507、
　　5474
李惲(峻哲子)3595
李惲(李僑子)6036、
　　7587
李運 8439
李運 8700
李運(嘉王)5604、
　　6037、6702、6990、
　　7327、7974、8234、
　　8515
李運(李節子)3292
李緼 8572
李韞(李静子)2996、
　　4648
李韞(李涿子)8149
李韻(成休子)6730
李韻(虛己子)3874、
　　4810
李宰(李怡子)5613
李宰(卓然子)5201

李載 4959
李載義 7073、7304、
　　8021
李再誠 8405
李再莒 8405
李再明 8981
李再榮 6467
李償 4781、5144
李贊(李政子)3298
李贊(齊運子)5474
李贊(孝諧子)1265
李瓚 9259
李瓚(李鍔父)8223
李瓚(宗閔子)8065
李璪 5151
李璪(孝逸子)4860
李藻(李當子)7937、
　　8402、8461
李藻(李適子)7242
李藻文 7369
李造(忻王)6345、
　　6800、7369
李則 6412、6815
李則政 4142、6829
李擇 8850、8869
李擇行(行)4767
李擇言 7102、7369
李澤(李昶子)5150、
　　5193、6848、7008、
　　7168
李澤(莆田令)6720
李澤(濮王)7994、
　　8074、8418
李剒 1027
李曾 5613
李翱(遐舉)6099、
　　6581 *、7208、7223、
　　8397
李雪 4601
李詹 1320、2838
李瞻 8884
李偨 3735

李湛 6685
李湛(劉鎬澄妻)5131
李湛(蜀王)0485、
　　1400、2768、3331、
　　4561、6644
李湛(唐敬宗)6618、
　　6718、6990、7081、
　　7109、7142、7146、
　　8099、8289
李湛(萬頃)3947
李章(李德父)9184
李章(李簡子)9150 *、
　　9151
李章(文約子)7891
李張婆 9150
李璋 6725
李璋 8754
李璋 9259
李璋(畢王)0122、6988
李璋(方乂子)6154
李璋(李絳子)7365、
　　8358、8869
李璋(李條子)6982
李璋(仲京)1968 *、
　　3513
李樟 6175、6504
李侶 3287
李昭 2863
李昭(李襃子)8186、
　　8461
李昭(李操父)1047
李昭(李景父)1016
李昭(李仙子)5726
李昭(李邕子)3180
李昭(李芝子)5545
李昭(嗣許王)6023
李昭(孝則子)1289
李昭(義雄子)4170、
　　5141
李昭(元名子)7242
李昭(子千女)5165
李昭德 3653

李昭甫 6664
李昭嘏 8535、8549
李昭明 7211
李昭圖 8361
李昭文 8989
李昭遠 8739
李釗 7336
李釗(李璠子)5858
李釗(李清子)8424
李釗(李嵩父)8520
李鉊 8190
李沼 5757
李沼(潤之)8993
李沼(義瑛子)2218
李趙八 8279
李趙八 8500
李趙八 8780
李趙九 8279
李趙九 8780
李趙七 8500
李趙七 8780
李趙十 8279
李肇 6368
李肇 6704、6718、6786
李肇(普慶父)3313
李肇福 1971
李哲(常州録事)7549
李哲(濟南王)0212、
　　0977
李哲(李昇父)2519
李哲(李元父)7057
李哲(屑于)3821
李哲(智滿)1146
李珍 8538
李珍(獨孤珍)5273、
　　5916
李珍(繼叔父)3954
李珍(李儁子)4959
李珍(李義父)6618
李珍(李震子)8140
李珍(李志父)1021
李貞 6727

李貞(李珪子)5556
李貞(李濟父)0150、1760
李貞(元貞)3935
李貞(越王)0434、0436、0550、0806、0984、1126、1228、1296、2282、2807、3146、3491、3874、3956、4933、5605
李貞(允王父)2920
李貞(宗)4773
李貞度7423
李貞績8108
李貞簡4003、7365、7557、7701
李貞節(李亮子)4659
李貞節(李實子)7824
李貞亮2726
李貞明2726
李貞庶(三保)2393
李貞素6493
李貞信2726
李貞志2726
李真8188
李真(盧從雅妻)6845、7047*
李真(守榮父)8950
李真(守慎)2768
李真(圓虛,元子長妻)5035、6036*
李真瓊4582
李真瓊9219
李禎(偉節)0119*、1608、3653
李臻6062
李積(李寧子)4754
李積(李融子)5819、7182
李振8884
李振(李評子)6892
李振(李賡子)3837

李振(孝聖子)4832
李振(元璹子)3839、3847、6833
李震3772
李震(成都戶曹)5008
李震(恒堅)4634
李震(李暕子)3830、4682*、5022、5645、6921、7661、7928
李震(李興子)4665
李震(李珍子)8140、8442
李震(濮州別駕)4984
李震(蜀郡功曹)4601
李震(仲京父)6772
李鎮7096
李鎮(洪州倉曹)5662
李鎮(李華子)7244
李鎮(李璵子)4402
李鎮(李緇子)7345
李鎮(思溫子)2907
李鎮奴6302、6465
李郎6363
李鉦7423
李拯8402、8461
李憁(李邈子)3954
李整(萬端)0516
李正(李賢子)3410
李正(通王)6048
李正(玄貞)0934
李正本(虛源)2579
李正臣6403、6718
李正初7142
李正辭6214
李正規7398
李正姬6945
李正基2035、4460、4844、4965、5381、5731、6687
李正己5332、5467、6027、6399
李正朗3269

李正禮7142
李正明1954、4258
李正卿7626
李正雅7142
李正言6513
李正一(摩訶薩,王暉妻)4108
李正因1671
李政(李寧子)9092
李政(李宣子)3298
李政(李友子)3200
李政覺7580
李政娘7365
李政期1537
李政藻2588、3755
李鄭九7150
李鄭娘7821
李鄭鄭(全慶)6081
李之芳3931
李芝3963
李芝8912
李芝(李鼎父)5545
李芝(李福子)3942
李知本(辯源)1767
李知本(那兒)0485*、2768
李知道6993、8110
李知方5399、5480
李知古3074
李知古(李迪子)7337
李知古(如意)2580
李知機5132、5366
李知節4572
李知進8990
李知敬(大廣)4620
李知朗9020
李知讓7001
李知讓8134
李知人0118
李知柔4476
李知順2479、3472、3662

李知顯9020
李知新2740、3538*
李知玄1817
李知言1552、4254
李知鄲9020
李知隱1766、1767、2314
李知遠(福德子)8981
李知遠(殷輔子)8670
李知約4807
李知章8501
李知知8514
李知止(謙永)7821、7822
李知至8749
李祗(嗣吳王)3667、6212
李直6249
李直6504
李直(見李重直)
李直(李敬子)3727
李直(智通子)3060
李直方6493
李直方(李浚子)5399、5480
李直方(貞白)5484、5719、6296
李執方7924、8149、8411、8463
李執儀8776
李徵(大心父)6467
李徵(李簡子)4680
李至遠1537、1538、1609
李志(固業)2314
李志(李珍子)1021
李志安7033
李志超8141
李志暕3180
李志覽1954*、4258
李志廉5649、5906
李志清6055

421

李志梯 4013
李志訓 6001
李志貞 3269
李志忠(懷禮)4750
李志忠(景光子)6055
李制(李岑子)8625
李制(禮度)0001、
　　0002＊
李治(唐高宗、晉王、大
　　帝)0473、0485、
　　0621、0725、0953、
　　1400、1427、1550、
　　1552、1590、1760、
　　1784、1787、1863、
　　1870、1925、1941、
　　1962、2035、2045、
　　2113、2307、2407、
　　2446、2457、2579、
　　2740、2758、2772、
　　2773、2774、2776、
　　2777、2778、2779、
　　2892、3392、3465、
　　3659、3814、4012、
　　4111、4251、4362、
　　4382、5232、6210、
　　6368、6385、6859、
　　6975、8163、8369
李陟 6863
李陟 8871
李致堯 9101
李晊(伯明)3751、
　　3925＊
李晊(馴)4832
李智 8643
李智(李藏子)1027
李智(李盧子)3528
李智(李歲父)3679
李智通 3060
李智玄寂(劉從義妻)
　　6074
李智員 0358
李智雲(楚哀王)0971

李稚川 5082
李寅(李開子)6993＊、
　　8622
李寅(司農少卿)6723
李質 4881
李質(李神子)3528
李質(太僕卿)6468、
　　7716
李贊 6078、6603、6996
李鷟 7824
李中孚 6351
李中和 5631
李中立 7015
李忠 2032
李忠(陳王、梁王)
　　0850、1834、2588、
　　4644
李忠(李寶子)6510
李忠(李榮子)8511
李忠(李興子)3987
李忠(仁)3410
李忠(志)4299
李忠臣 5575
李忠誠(交河郡王)
　　4867、5568
李忠敬 5621
李忠順 7745
李忠務 4572
李忠義 6816
李忠誼 7335
李忠允 7489
李鍾(李安父)0954
李鍾(李才父)3696
李鍾馗 1513
李種 8301
李仲(聞暢)6999
李仲襄 6772
李仲粲 0021＊、0321、
　　0645、0854、1147、
　　3115、3137、6066
李仲昌(令緒)5409、
　　6078＊、6996＊

李仲長 4893
李仲犨 5981
李仲楚 7040、8350
李仲方 9060
李仲甫(李榮子)7040、
　　8350＊
李仲甫(李曄子)7443
李仲甫(惟寧子)7238
李仲概 4832
李仲恭 3227、3876
李仲珪(獻)4982
李仲和 7768
李仲暉 3836
李仲誨 8942
李仲建 7040
李仲將 5409、5622
李仲進 6036、7587
李仲京 6772
李仲舉 5997
李仲舉(行師父)2344、
　　3282、3847
李仲良 6225
李仲麟 6837
李仲模 7121
李仲仟 9062
李仲遷 7177
李仲卿(李宏父)6663
李仲卿(李溉子)3513
李仲卿(文友父)4702
李仲卿(文正父)2393、
　　7365
李仲山 4448
李仲舒(益之)8190
李仲思 5213
李仲思(文舉子)2732
李仲思(延宗子)3052
李仲素 6650
李仲通 1766、1767、
　　2314
李仲通(見鮮于仲通)
李仲文 6772
李仲栩 4864

李仲宣 6772
李仲宣 8162
李仲璠 3953
李仲言 6202、6772
李仲殷 7768
李仲邕 7307
李仲遠 5881
李仲昭 0432
李仲宗 4845
李衆 6158、7826
李衆歡(見李歡)
李舟 5041
李周 8970
李周 9020
李周(李鶚子)5971、
　　6836
李周輔 5858
李周南(浩初)5511、
　　5794＊
李周師 5645
李周史 5736
李宙(季長)5318、
　　6172＊、6852
李宙(嗣吳王)6212
李胄 1817
李洙 7714
李洙 8591
李銖(惟簡子)7363
李銖(文通子)8683
李燭 8347、8508
李燭 8525
李燭(宗古子)8341
李助 6644、6836
李住住 8776
李杼(成章)7438＊、
　　8563、8593
李柷 7105
李著 3668
李紵 7718
李薵 4231
李薵 7653、7895
李專美 8772

李撰 1467
李篡 7914
李肶(子肶)0898
李准(幼均)1728＊、4746
李準 3288
李準 4741
李準(玄則)5498
李涿(燕卿)8134、8149＊
李卓 4051
李卓然 5201
李擢(李憬子)6793
李擢(志超子)8141
李仔 4807
李鄘 6614
李滋(夔王)7553、7558、7707、7946＊、7989、8247、8426
李滋(李泊子)7876
李滋道 6449
李緇 7345
李子(玄及)3060
李子昌 3873
李子春 7747
李子琼 5039
李子羔 3873、4879
李子和 1505、2317
李子華 3873
李子俊 3873、4879
李子牢 3609
李子烈 7853
李子木 3873
李子年 5540
李子千 5165
李子遷 6058
李子遷(行儒子)8670
李子卿 4233
李子榮 7192
李子蕭 1439、1441、1810
李子譚 2419、2570、

2791
李子同 2120
李子羽 6859
李子遠 2013、2015、2016
李子雲 4781
李子智 2456
李自昌 5381
李自弘 6381
李自良(朗寧郡王)5522、6033、6361、7124
李自勤 6381
李自然 8050、8746
李自下 6644
李自仙 6393、6581
李自虛(普安長公主、梁國大長公主,鄭何妻)5923、6516、7472＊
李自勖(脩己)2054＊、4391
李自正 5621
李宗 2679
李宗(李剛父)4314
李宗(李猛子)1690
李宗本 6470
李宗本(承祐子)8319
李宗本(李泌子)8213、8276
李宗本(茂成子)6228
李宗本(子源)7079
李宗初 7398
李宗垂 7124、7221
李宗範 8619
李宗古(殷)8341
李宗何 6430、8018
李宗衡 5919
李宗衡(李恬子)7398
李宗回 5963
李宗晦 8447
李宗儉 2968

李宗簡 6580
李宗經 7398
李宗立 8641
李宗閔 6099、6188、6277、6412、6581、6764、6879、7046、7102、7223、7345、7352、7357、8065
李宗墨 4318、5846、6364
李宗默 4111
李宗慶 8467
李宗冉 6099、6581
李宗邵 6579
李宗師 6894、6895、7398、7622＊
李宗嗣 5794
李宗文(李恬子)7398
李宗文(仲昌子)6078
李宗武 8467
李宗緒 8467
李宗裔 6228
李宗義 6769
李宗游 7416
李宗元 6228
李宗長 7398、7622
李宗直 7881
李宗志 7574
李㯻(崇默子)4132
李㯻(仲珪子)4982
李綜(郇王)5901
李綜(李恬子)5315、6369＊、7047、7572
李揔 6798
李惣(自下子)6644
李縱(佩弦)6579
李縱(淑王)7611
李縱(自正子)5621
李祖光 4556
李纂 0459
李寂惠 4108
李尊賢 6580
李遵 4999

李遵(李琚子)0185
李遵(李毛子)0823
李遵(李茂子)0112
李遵(李讓子)0411
李遵(李順父)0858
李遵(李信子)4750
李遵甫 8884
李遵武 1149
李撙 6190
李撙(李恪子)4702
李琢 6722
李左姐 9020
李佐 8867
李佐(成鈞子)5981
李佐(李慶父)8913
李佐(李順子)8323
李佐次 6782
李佐公 6495、6905、7693
李□6409
李□7993
李□安 3910
李□頵 6332
李□昌 5060
李□道 2854
李□度 8742
李□古 6192
李□華 5929
李□回 6265
李□倩 5652
李□僧 7345
李□夏 3324
李□行 8912
李□顯 6882
李□直 8865

里

里皇迷訛移 8984
里氏(李彝謹妻)8984＊、8995

力

力行剛 8201

423

栗

栗寶順 7233
栗賁 7233
栗誕 1167
栗德(行德)0596
栗定真 7233
栗劓 7233
栗幹 7233
栗光 5182
栗瓌 7114
栗簡 7114
栗君(常山長史)1832
栗君(栗幹父)7233
栗婁 7233
栗鵬 3655
栗銓 7233
栗山章 4078
栗氏 1832
栗氏(陳士寧妻)8368
栗氏(董春妻)8620
栗氏(段師本妻)7243
栗氏(關智妻)1919
栗氏(李寔妻)8913
栗氏(牛唐妻)9012
栗氏(任謹妻)8825
栗氏(史弘泉妻)8445
栗氏(鄭朝尚妻)5909
栗文建(仲遷)7114
栗息伯 1167
栗仙鶴 3124
栗褖(君彔)1167
栗享 7114
栗義 7233
栗雍 0596
栗仲 1167

厲

厲氏(丁良妻)6925
厲氏(蔣傪妻)8184
厲玄 6722

酈

酈僐河 3154

連

連霸 3700
連寶積 6460
連重瑨 9040
連存 9040
連方 1832
連高 1832
連軌 3684
連海江 6460
連海潭 6460
連胡醜 9040
連金岳 6460
連進 3700
連三喜 9040
連神祐 3700
連十一娘 6460
連氏(李寔妻)8913
連氏(李佐妻)8913
連氏(王駕妻)5623
連氏(王彦球妻)8863
連氏(王元真妻)8863
連氏(雍福妻)1082
連氏(張恭妻)8845
連氏(張俊妻)5256
連思本 9040
連庭訓 3700
連小喜 9040
連英 3700
連哲 3700
連仲安 6460

廉

廉察(仲平)4014
廉重玘 7528
廉重胤 7528
廉重悦 7528
廉重允 7528
廉哥兒 7528
廉光俗 4504

廉景初 7581、7914
廉均 6947、7528
廉栖華 7745
廉氏 8251
廉氏(賈擬妻)2308
廉氏(李伍妻)7334
廉氏(牛敬福妻)4877
廉氏(張進妻)9010
廉天錫 4014
廉文液(仁本)6947、
　7528 *
廉汶 6947 *、7528
廉孝忠 6947
廉休璿 2548、2549
廉貽訓 7745
廉元裕 6947、7528

梁

梁阿耨 2335
梁襃 2986
梁寶威德 6217
梁弼 2964
梁標 2964
梁賓 0816
梁賓實 3714
梁伯誠 5076、5077
梁伯倫 5077
梁才(弘哲)1998
梁璨 4833
梁承嗣 3723
梁承政(拱之)8248
梁澄清 6865
梁重操 7032
梁重尊 7032
梁重立(顯英)8785
梁重玘 7032
梁崇牽(見梁牽)
梁崇義 5076、5077、
　5684、6511
梁處貞 4802
梁琮 2487
梁存敬 7577

梁存質 7577
梁達 1218
梁達(梁廣子)1998
梁大寧 5025
梁大義 2970
梁待辟 2858
梁德 4046
梁德高 0450、0575
梁德浚 8912
梁德乂 8912
梁德昭 8912
梁迪 3851
梁恩 8938
梁二娘 1606
梁汾 7848
梁奉先(林英)4117
梁扶 0524
梁福 1131
梁甫平 8785
梁公頵 6064
梁光弼 8938
梁光朝 5046
梁光輔 5046
梁光進 5046
梁廣 1998
梁廣(君才)1218
梁珪 6659
梁珪(梁宗子)7032
梁歸朝 5025
梁瓌(楚臣)8912
梁國朝 6865
梁國臣 6865
梁國成 6865
梁國興 6865
梁國政 6865
梁國忠 6865
梁國忠 7241
梁漢顒(慕傑)8938
梁和 1218
梁弘道 7577
梁弘嗣 3088
梁弘武 8938

梁洪雅 0575

梁護 2986

梁懷道 2140

梁汲 5088

梁季成 4537

梁季華(李制妻)0002

梁季連 4989

梁寂 5088

梁繼璘 8938

梁繼批 8938

梁繼珣 8938

梁緘 1731

梁見存 1998

梁建 0524

梁建方 5088

梁誠非 4489

梁金鶯 5025

梁進 5025

梁進超 5025

梁景 2335

梁璟 8938

梁迴 6366

梁舉(嘉會)1131

梁覺(安福)4489

梁君 0816

梁君 8612

梁君(承嗣父)3723

梁君(恒州刺史)1472

梁君(涼州録事)2351

梁君(龍驤軍使)8774

梁君(渭州司馬)5046

梁君(無極令)1731

梁君(宣徽使)8232

梁君(中常侍)5131

梁君(淄州刺史)2970

梁君洽(訶奴)0570

梁峻 1606

梁愷(濟美)3714

梁夔 3851

梁楞 0816

梁禮 1049

梁利用 4630

梁鄰 6659

梁六哥 8938

梁倫 2351

梁妹哥 8912

梁濛 7919

梁孟連 4989

梁珉 0002

梁敏行 2947

梁明達 0035

梁摩 1049

梁謨 8367

梁泥 1218

梁寧 5287、5453、5544

梁寧(梁景父)2335

梁牽(梁崇牽)5500

梁謙 1775

梁欽礼 4046

梁卿 1131

梁慶 4046

梁慶(大寧子)5025

梁慶(梁實子)8912

梁去斤 0153

梁全方 8232

梁全略 8232

梁全柔 8232

梁全禧 8248

梁全褐 8248

梁全意 1998

梁全裕 8248

梁全鎮 3714

梁讓(梁夔子)3851

梁讓(梁泰子)4459

梁仁欽 1049

梁榮 1998

梁如意 3088

梁睿 0153、0570

梁善(善才)1049

梁善見 1998

梁贍用 7216

梁少連 4989

梁涉 3124、3495、3697、
　4076、4105、4468

梁昇卿 3380、4537

梁晟 6990

梁師 0689

梁師(梁意子)5048

梁師都 0044

梁師古 3714

梁師娘 0689

梁十九娘 7032

梁實 8912

梁士 4459

梁氏 3188

梁氏 8751

梁氏 8818

梁氏(艾演妻)6956

梁氏(常清妻)7437

梁氏(陳仁順妻)2591

梁氏(成光潤妻)7261

梁氏(程進瓛妻)8269

梁氏(馮希悅妻)5170

梁氏(高仏來妻)1472

梁氏(郭保嗣妻)8690

梁氏(郭仁妻)2476

梁氏(郭文幹妻)7861

梁氏(郭行妻)1969

梁氏(郭元貴妻)8544

梁氏(敬太芝妻)5826

梁氏(李方元妻)0153

梁氏(李進芬母)4659

梁氏(李思恭妻)8995

梁氏(李元質母)0178

梁氏(李知敬妻)4620

梁氏(李仲妻)6999

梁氏(柳璧妻)1731

梁氏(麻元泰妻)5229

梁氏(馬良妻)8612

梁氏(弥文逸妻)7284

梁氏(牛榮妻)3025

梁氏(牛行殷妻)8282

梁氏(任海曇妻)7088

梁氏(申屠解妻)2844

梁氏(史表妻)0522

梁氏(宋山妻)5220

梁氏(蘇慶寰妻)7856

梁氏(蘇証妻)8824

梁氏(眭頗妻)7999

梁氏(孫无尋妻)4833

梁氏(田敬福妻)1948

梁氏(王茂章妻)9059

梁氏(王贍妻)2099

梁氏(王思徵妻)4466

梁氏(王玄度妻)2351

梁氏(王約妻)0184

梁氏(熊允韜妻)9114

梁氏(陽玄基妻)2140

梁氏(楊獻廷妻)4903

梁氏(張采妻)3851

梁氏(張簡妻)9103

梁氏(張師遇妻)8991

梁氏(張穎母)9044

梁氏(趙度妻)8112

梁氏(鄭宣遠妻)6366

梁世積(克昭)0427

梁仕貴 1606

梁式(令儀)2986

梁守諒 6217

梁守謙 6217、6471、
　6990、7673、7861、
　8232、8248

梁守徵 8938

梁守志(行實)6990＊、
　7425

梁淑(崔侁妻)5048

梁淑(李景舒妻)3751

梁雙 0427

梁思度 8785

梁思恩 8785

梁思景 8785

梁思善 2335

梁思玄 0450

梁四朗 1998

梁嗣 4117

梁嵩 0427

梁嵩(子儒子)4489

梁肅 6579

梁泰 4459

梁坦 1606

梁天真 6659

梁鐵牛 8912

梁庭 6990

梁庭光 5088

梁庭暉 5088

梁庭進 5088

梁庭許 5088

梁縉 1131

梁萬頃 2672

梁望 0524

梁文嫌 4046

梁文絢 2964

梁務儉 1095

梁希幹 8785

梁希景 6366

梁希倩 6990

梁僖 4117

梁憘 1626

梁獻 3120

梁興都 0524

梁行褒 4489

梁行滿 1626

梁行儀(後己)0450、
　0575＊、1874

梁脩 7945

梁秀(定秀)4241

梁玄本 1626

梁玄疑 3751

梁玄隱 1049

梁烜 4555

梁暄(鍠)4459＊、4989

梁偓 6366

梁洋 0570

梁要奴 7032

梁遺 6865

梁意 5048

梁義 3088

梁誼 7577

梁翼端 3088

梁胤 2964

梁遊古 2672

梁猷 1775

梁幼成 4057

梁祐 5048

梁玉 1775

梁玉(君昂)1775

梁育 1948

梁禦 0153、0570

梁元礼 4046

梁園客 4833

梁願 0689

梁悦 2964

梁越客 1775

梁頵 4620

梁載玄 3714

梁再清 5088

梁再興 6948

梁再□5088

梁藏 3749

梁昭演 8774

梁知誨 3751

梁知節 0570

梁知廣 4117

梁直 1626

梁志遷 7032

梁智(聰愍)4046

梁智崇 4833

梁忠 6366

梁仲連 4989

梁子喬 2986

梁子儒 4489

梁子寔 0450、0575

梁子雲 2986

梁宗 7032

梁宗師 6990、7425

遼

遼氏(張琚妻)5543

廖

廖伯元 6777

廖從正 6777

廖芬 6777

廖閣老 6777

廖懷恩 6777

廖梁七 6777

廖劉七 6777

廖律律 6777

廖評評 6777

廖衢 9084

廖群 6777

廖游卿(秦都,本名有
　方)6777

廖正正 6777

林

林賁 5568

林暢 7672

林存古 8037

林撮兒 8037

林佛奴 8037

林肱 5938

林歡 9177、9178、9179

林敬賓 7305

林敬賢 7305

林敬用 7305

林敬宗 7305

林君(高平令)2395

林秘(詣)7305

林仁璋 4352

林紹蓮 9180

林兟 6087

林氏(姜邑高妻)5568

林速 8040

林習宗 6338、6545

林小評 8037

林有鑒 4352

林招德 4352

林招隱 4352

林□9180

藺

藺岑 8104

藺楚珍 3251

藺從素 6002

藺從則 8104

藺大辨 1261

藺大方 1261

藺大基 1261

藺二洛 0462

藺冐 5641

藺經郎 8104

藺君(藺慶父)4174

藺謙 1261

藺慶 4174

藺三胡 8104

藺三經 8104

藺紹 2387

藺氏(塞脩行妻)7764

藺氏(呂君晟妻)8553

藺氏(冉遠妻)3899

藺氏(荀仁會妻)4872

藺守愛 1261

藺叔良 6221

藺愬 8104

藺武敵(子威)1261

藺興 4174

藺元琛 1990

藺元亮(有信)4174

凌

凌重綺 6047

凌重秀 6047

凌存 8647

凌敬 8647

凌氏(呂元悦妻)5946

凌氏(錢錄妻)9162

凌氏(羊漕妻)9160

凌氏(卓俗妻)9135

凌爽 8647

凌太 8647

凌倜 8647

凌通(明議)6047

凌習 8647

凌則 8647

劉昌 5527

劉昌（劉先子）1830

劉昌（劉璿子）7053、
　8527

劉昌（仕和）5121

劉昌裔 6809

劉昌溢 5030

劉昌源 7612

劉長均 8521

劉長彝 8521

劉長璵 8521

劉常 0793、2586

劉常名 2373、2680 *

劉昶（居士父）1122、
　1123

劉昶（劉豐父）0083

劉昶（劉儉父）3908

劉敞 4414

劉超 2769

劉超（國清父）6053

劉超岸 6301

劉超俗 7179 * 、
　8081 *

劉超義 6416

劉朝 5497

劉朝（超俗父）7179、
　8081

劉朝（感義子）4784

劉朝（繼誠父）7877

劉朝（劉萬父）7050

劉朝（劉章子）6677

劉朝逸 7825

劉琛 7330

劉成元 8081

劉承福 4302

劉承光 4302

劉承康 0725

劉承清 8524

劉承慶 8379

劉承嗣 4302

劉承泰 2829

劉承休 4016、4302

劉承宣 8050

劉承雍 8044

劉誠 6416

劉澄 5030

劉澄瀾 3110

劉熾 2235

劉冲（德筠子）3578

劉冲（劉珍父）6069

劉重楚 8311

劉重暉 8311

劉重謹 8194

劉重進 8194

劉重舉 7414

劉重慶 8194

劉重鋭 8311

劉重紹 7414

劉重喜 9183

劉重先 1451

劉重穎 8311

劉重遇 8759

劉重諭 8311

劉重約 7414

劉崇（北漢世祖）9183

劉崇（明）2935

劉崇龜 8129

劉崇魯 8440、8762

劉崇望 8211、8440

劉崇先 6739

劉崇憲 5628

劉醜漢 8454

劉處珪 4591

劉處節 3555

劉處泰 4661

劉處行 0878

劉處毅（文彊）3578

劉楚 8812

劉楚（劉昌子）8527

劉楚（劉謠子）8194

劉楚臣 4784

劉俶 5800

劉傳經 8068

劉婼（順之、徵徵）7269

劉從 6583

劉從㮇 7585

劉從長 4891

劉從詰 6855

劉從合 7864

劉從儉 7585

劉從諫（劉凝子）6855

劉從諫（劉悟子）6572、
　6599、6689、6821、
　7541、7588、7707、
　7743

劉從謹 6855

劉從侃 8524

劉從倫 6802

劉從謙 5760

劉從人 7585

劉從素 6572、6821、
　7673

劉從一 1942

劉從一（孫之子）4891、
　4984、5521、5610、
　5880 *

劉從義 5815 * 、6074

劉從益（德訓子）7585

劉從益（劉宗子）7864

劉從約 6572

劉從兆（道衡）8521

劉從政（昇玄先生）
　6679、7129、7610

劉從周 6097

劉琮 8645

劉琮禮 8665

劉湊 4961

劉催 7669

劉璀 4359

劉存 8119

劉存實 7338

劉達 4009

劉達慶 6645

劉大曹 4981

劉大和 8388

劉大名 2455

劉大塞 8025

劉大三 8371

劉大時 3078

劉大喜 6464

劉大智 0718

劉待惠（尚微）5566

劉待遇 6473

劉戴 9000

劉丹 1334

劉單 4467、4891

劉扰 5675

劉淡海 5564

劉淡交 5564

劉誕 8119

劉憺 6525

劉道 1711

劉道（劉光子）8924

劉道誠 5267

劉道貫 8193

劉道進 6301

劉道洛 0950

劉道謙 2829

劉道融 2829

劉道祥 7973

劉德（本）2759

劉德（寬）0669

劉德（劉壽父）1793

劉德（劉澤子）1267

劉德（劉政父）1527

劉德昌 6451

劉德臣 1002

劉德冲 1002

劉德潤 9022

劉德威 0769、1128、
　1654、4020、4669、
　5571

劉德行 1003

劉德訓（行朗）7585 * 、
　8521

劉德裕 1941

劉德筠（仕龍）3578

劉德智 2797、4344、

5195
劉登 5382
劉迪 6646
劉定 0488
劉定寶 8388
劉定戎 8025
劉董 7439
劉豆豆 8960
劉都 1144
劉杜杜 5771
劉端 7800
劉端(嚴)1975
劉端(正平)1035
劉端夫 6245
劉敦行 4720
劉敦質 6277
劉鄂 6739
劉恩 2759
劉恩泰 8388
劉二娘 4378
劉二十娘 8258
劉蕃 6708、6903
劉繙 7097
劉汎 8232
劉方(德政)2845＊、
　3614
劉方(果員)1342
劉方博 0809
劉方老 7625
劉方平 6342
劉方因 8688
劉芳 4488
劉胐 8960
劉芬 7898
劉汾 8024
劉蕡 7171
劉峰娘 7918
劉豐 0083
劉諷 7304
劉奉進 4846
劉伏(劉遷父)4041
劉伏(劉琪子)0841

劉伏安 1749
劉符(劉常父)0793
劉符(劉早子)8129＊、
　8440
劉福 0478
劉福(洪)4041
劉福郎 8814
劉福娘 8360
劉福娘子 8194
劉福興 7179
劉復(公孫)5154、
　5173、5453＊
劉馥 4488
劉干(知退)7729、
　7918＊
劉感 4139
劉感兒 8640
劉感感 7943
劉感義 4784
劉幹 4020
劉幹(劉寶子)6069
劉幹(劉瓌子)8379
劉幹(劉琨子)1451
劉幹(忠誼子)7695
劉綱(海羅)0664
劉綱(劉翼子)1200
劉綱(文軌父)4584
劉杠 7918
劉高 5239
劉公達 5766
劉公達 8194
劉公兒 8960
劉公輔 5938
劉公濟 5609、5766、
　6673
劉公建 8194
劉公近 8194
劉公亮 8088
劉公奴 7898
劉公慶(何仁)7766
劉公賞 5964
劉公適 8194

劉公素(劉漸子)6739
劉公素(劉榮子)7943
劉公素(劉涗子)5938
劉公隨 8194
劉公遂 8194
劉公迕 8194
劉公迅 8194
劉公易 5938
劉公遇 8194
劉公制 6968
劉公祖 5849
劉公佐 5938
劉肱 3597
劉恭(劉定子)0488
劉恭(劉華子)7690
劉恭(劉鐲子)6616
劉恭(劉直父)4883、
　5771
劉拱 5675
劉琪 8908
劉貢 5897
劉觀(慧覽)1723
劉光(劉道父)8924
劉光(劉何父)6301
劉光(劉胤子)0669
劉光(劉章子)6677
劉光(行賓)2936
劉光程 9016
劉光庭 4633
劉光義 0152
劉光贊(顯國)9015
劉廣 8514
劉廣(廣濟)5174
劉廣(劉志父)6750
劉廣威(守琪)5212
劉珪(劉才女)1871
劉珪(劉貞女)8924
劉規 9016
劉歸安 1524
劉歸政 3100
劉瓌 8379
劉瓌(比德)8440

劉溪 6473
劉貴(劉略子)0664
劉貴(劉榮子)0878
劉貴(劉約子)8997
劉貴(文舉)0538
劉郭長 4721
劉國(劉康子)2192
劉國(義方子)0871
劉國進 5573
劉國老 2797
劉國清 6053
劉國士 2797
劉海(劉催子)7669
劉海(劉清子)1830
劉漢 1975
劉远 8291
劉曷(劉適父)5675
劉曷(仲奬子)4415、
　4584
劉皞 8938
劉鎬澄 5131
劉顥(太冲)5571
劉灝 5684
劉何 6301
劉和 8119
劉和(韜光)7004
劉和娘子 6525
劉荷(亞都)6422
劉黑兒 8388
劉黑闥 0018、0071、
　0083、0140、0148、
　0250、0307、0556、
　0665、0903、0944、
　1147、1345
劉恒敬 7050
劉衡 8960
劉弘霸 8474
劉弘規 6430
劉弘規 8311
劉弘基 1072、1978、
　1979、2603、3376、
　3538

429

劉弘寂 0852

劉弘濟 8997

劉弘節 1144

劉弘敬 8937

劉弘晟 8076

劉弘泰 6610

劉弘益 8088

劉弘誼 7943

劉弘遠 6473

劉弘璋 8088

劉弘至 8206

劉弘智 1143

劉珝 8225

劉洪 7973

劉洪(遵古子)8047

劉洪簡 7973

劉洪禮 7973

劉洪義 4550

劉胡兒 7766

劉胡仁 1894

劉鵠 7063

劉虎德 7869

劉華(德秀,王延鈞妻)
　9176、9177、9178﹡

劉華(君尊)0895

劉華(劉由子)7690

劉懷 1389

劉懷德 9008

劉懷古 2935

劉懷古 3769

劉歡 0143

劉渙 5901

劉煥章 7624、8281

劉鍠 3787

劉鍠(劉京子)7918

劉鍠(劉穆子)2538

劉鍠(劉愔父)6422

劉晃 6708

劉暉(嘉慶子)3284

劉暉(劉俊子)5964

劉暉(劉亮子)5239

劉暉(劉洛子)0655

劉暉(嗣宗)2011

劉暉宗 0950

劉晦 8993

劉惠(劉善父)1707

劉惠(思諫父)2652

劉惠長 4961

劉會 0730

劉會 3949

劉會(劉舉父)2458

劉會(劉慶父)0513

劉會(劉珍子)3253

劉會德 5212

劉會娘 6422

劉會如 4550

劉彙 6277

劉誨 7307

劉慧騫 1226

劉繪 3928

劉繪(劉源子)5897

劉基 2067

劉積中 6298、6441

劉季述 8884

劉季仙(懷素)2279

劉垍 6516

劉泊 4720

劉寄(懷義)2235

劉繼誠 7877

劉繼元 6416

劉冀(兼金子)4984

劉冀(劉岸子)6159

劉冀(王四)7766

劉濟 5330、5897、
　5904、6066、6328、
　6346、6430、6473、
　7097、7304

劉加備 8522

劉嘉賓 5628

劉嘉慶 3284

劉嘉祥 3578

劉嘉音 7869

劉櫃 7918

劉駕 7683

劉駕 8017

劉兼金(鑁)4984

劉堅 6855

劉儉(劉昶子)3908

劉儉(劉沼父)4633

劉見 6386

劉建 1334、2188

劉建充 5573

劉建鋒 8762

劉建昇 5628

劉漸 6739

劉漸 7557

劉鋼 6616

劉江 8523

劉江(劉永子)5084

劉江潤 7394

劉江子 5564

劉劫 3911

劉結 7097

劉節(叔夜)3583

劉金光 0563

劉瑾 1550

劉謹 8014

劉晉 1555

劉晉 8960

劉晉卿 7439

劉進 8232

劉進(進朝)6583

劉進(山兒)5169

劉進郎 8688

劉京 6525

劉京(劉鍠父)7918

劉京(劉嵩子)8360

劉經 3555

劉景 5382

劉景 8754

劉景(光時)3339

劉景(劉斌父)2303

劉景(劉昇子)7269

劉景丘 2846

劉景哲 2846

劉景曾 2846

劉景宗(萬基)1226

劉憬 6020

劉敬(劉恩父)2759

劉敬(劉經子)3555

劉敬存 8228

劉敬福 6429

劉敬銓 4721

劉敬瑭(瑩夫)8935

劉敬同(良俊父)4860

劉敬同(野王父)
　0783﹡、2406

劉敬萬 8984、8995

劉敬文(遵古)8379

劉敬習 9009

劉敬玄 8376

劉敬玄(劉騰子)0513

劉敬璋 8360

劉敬璋(士平子)8649

劉敬直 1602

劉静(劉通子)3002

劉静(劉言子)4372

劉静(子安)0488

劉静温 1555

劉炅 4584

劉迥 5063

劉迥(劉獻子)5304

劉洞 6473

劉潁 7705

劉九思 2586

劉九章 7179

劉居復 7414

劉居簡 4937

劉居善 7439

劉居士 1122、1123

劉莒 5560

劉舉 2458

劉巨麟 4663

劉巨卿 7018、7612

劉涓 6422

劉睄胤 3911

劉均 6645

劉君 1821

劉君 3215

劉君 4560

劉君 5417

劉君 5907

劉君(汴州刺史)5675

劉君(汴州司馬)4042

劉君(代州都督)2886

劉君(丹州刺史)8227

劉君(多田丞)0965

劉君(坊州司馬)2073

劉君(瓜州司户)0890

劉君(冠軍將軍)5339

劉君(河内令)1711

劉君(户部侍郎)2375

劉君(華原丞)2560

劉君(懷州司法)2652

劉君(懷州司馬)6110

劉君(劍州司馬)3276

劉君(將作丞)4042

劉君(晉城令)5212

劉君(敬玄父)8376

劉君(君集父)8258

劉君(君慶父)7695

劉君(劉安父)0569

劉君(劉道子)1711

劉君(羅山令)0418

劉君(洛州司户)1723

劉君(馬邑太守)0400

劉君(濛陽參軍)4488

劉君(孟芬父)3121

劉君(綿州司馬)3284

劉君(明堂主簿)1828

劉君(平棘丞)5212

劉君(普閏令)2073

劉君(洴源令)3966

劉君(乾陵丞)1793

劉君(慶王典軍)4449

劉君(曲江丞)5657

劉君(申王倉曹)2672

劉君(叔則父)8119

劉君(舒州刺史)9058

劉君(宋州刺史)0418

劉君(太原令)4042

劉君(泰清父)6111

劉君(滕國公)7414

劉君(武進尉)4171

劉君(徐國公)3949

劉君(延陵郡守)1451

劉君(營州都督)0043

劉君(澤州别駕)5960

劉君(子良父)0152

劉君(左驍衛將軍)8232

劉君楚 7877

劉君從 8258

劉君德(德龕)0878

劉君和 7695

劉君和(嘉音子)7869

劉君集 8258

劉君亮 7877

劉君買 3100

劉君茂 0950

劉君慶 7695

劉君儒(堯叟)8327

劉君晟 8371

劉君雅 1749

劉君穎 2692

劉君育 1342

劉君政 7973

劉君直 7877

劉俊 5197

劉俊 5964

劉峻 8438

劉浚 3578

劉儁 1002、1003

劉濬 6708、8164、8522

劉開 0038

劉楷 7918

劉康 0478

劉康(劉國父)2192

劉康(劉穎子)2829

劉康(劉元子)0490

劉伉 6929

劉抗 6536

劉珂 9131

劉可度 7732

劉可復 6429

劉可瞻 5571

劉可宗 6429

劉克恭 7870

劉克恭(劉涉子)6081

劉克儉 6081

劉克勤 5964

劉克讓 6081

劉克瑜 7973

劉客 0664

劉客初 0669

劉客僧 2672

劉寬(肆海)9221

劉寬夫 6245、7934、8281

劉匡 7705

劉匡復 7414

劉匡舜 9058

劉匡業 9058

劉匡禹 9058

劉匡遠 9058

劉匡祚 9058

劉揆 5675

劉夔 8211

劉琨(崇先父)6739

劉琨(劉幹父)1451

劉蘭 7307

劉蘭之 1749

劉郎仁 1942

劉勞詳 9131

劉樂 0143

劉樂(劉略子)1602

劉李八 8960

劉李九 2759

劉李七(劉衡子)8960

劉李七(劉運子)8522

劉李七(文暉子)4591

劉李五 8522

劉理 7766

劉立芝 6094

劉利貞 2759

劉廉 2846

劉良(季良)6464

劉良俊 4860

劉良客 5573

劉良信 8025

劉亮(劉高子)5239

劉亮(劉華子)7690

劉亮(劉蒨父)1506

劉亮(劉善父)2845

劉洌 4270

劉林甫 1378、4891、5815、9015

劉凌 6855

劉令問 3066

劉令彝 1318

劉令植 4891、5283、5880

劉令梓 1527

劉留八 7294

劉六兒 7877

劉六姑 8814

劉隆 1389

劉龍 0244

劉龍(匡弼)1342

劉嫂 4016

劉璐 6708

劉璐 7758

劉掄 5675

劉倫(劉昂子)3272

劉倫(劉同子)4152、6342 *

劉倫(劉暘子)6645

劉羅八 8649

劉羅九 8649

劉洛 0655

劉履慶 2560

劉略(劉貴父)0664

劉略(劉樂父)1602

劉略(劉遷父)1143、1144

劉略(野夫)7307、8164 *

劉滿 1549

劉曼 4415

劉表奴 0538

劉茂復 7414

劉茂孫 6277

劉茂宗 5901

劉濛（劉憲子）2458、3690

劉濛（談經子）6929

劉睢（休觀）2846

劉孟 4488

劉孟芬 3121

劉孟卿 4710

劉孟行 3100

劉夢符 8984

劉秘（太初）9016

劉密 9009

劉沔 7326、7337、7370

劉沔（孝臣子）6646

劉勉 5566

劉緬 1510

劉邈 5304

劉妙哥 8960

劉旻 4415

劉敏 0871

劉敏（劉昭子）8523

劉敏行 1537

劉明 1227

劉明達（禎雅）2192

劉明允 6954

劉暮 6451

劉默（慎言）1941

劉穆（穆之）2538

劉那羅延（曹乾琳妻）6073

劉迺（冰夷）5023、6390、7934、8281

劉迺郎 7004

劉蝻蝻 8960

劉訥言 2522

劉能 4363

劉廿娘 7869

劉寧 7399

劉凝 6855

劉奴子 0757

劉潘 6988

劉沛 4682

劉霈 6625

劉怦 5330、5897

劉辟惡（文備）0478

劉闢 5744

劉闢 5859、5888、5889、6024、6400、6453、6535、6807、7588

劉朴 7918

劉浦 6059

劉七娘（平等）3614

劉栖楚 6612、6683、7352

劉栖嶠 3555

劉栖梧（彥保）6612

劉棲巖 4431

劉奇（劉托父）6081

劉奇（劉演子）6222

劉奇（玄意子）4152、6342

劉祈 5146、5684

劉耆婆 8440

劉琪 8838

劉琪（潤之）8997

劉琦 4784

劉齊敬 5815

劉齊客 3555

劉齊賢 2736

劉屺 6610

劉玘 8252

劉起伯 6612

劉器之 5283

劉洽（見劉玄佐）

劉千金 6447

劉千仞 3854

劉遷（劉粲子）2147

劉遷（劉伏子）4041

劉遷（劉略子）1144

劉遷（劉生父）1543

劉遷（劉嵩子）2405

劉遷郎（安平子）6429

劉遷郎（劉和子）7004

劉謙（內光）9178

劉虔 0841

劉虔（劉璿父）8527

劉乾宗 2692、2936

劉潛 6422

劉蒨 1506

劉喬 0366、1550

劉翹 7705

劉翹 8225

劉巧師 5771

劉欽（劉福子）4041

劉欽（劉義父）4981

劉欽明 5896、6616

劉欽奭 2011

劉秦 4711、4818、4819、5675

劉勤 9015

劉勤（克己）8688

劉卿 2935

劉清 7125

劉清（劉霸子）9008

劉清（劉喬子）0366、1550

劉清（劉收子）1830

劉清（劉宗父）7864

劉慶 7765

劉慶（定寶子）8388

劉慶（劉華子）7690

劉慶（劉會子）0513

劉慶長 5560

劉慶餘 7439

劉全誠 4152

劉全福 5131

劉全經 4883

劉全綏 7690

劉全晏 8814

劉全義 6291

劉詮 7034

劉詮（弘文、希詮）6069、6165 *

劉銓 2538

劉闕 8360

劉然 7294

劉讓（劉寶子）0627、1035

劉讓（劉粲父）0920

劉讓（劉生子）7898

劉仁 7844

劉仁（洪）2586

劉仁（劉樂子）1602

劉仁（神裔）1200

劉仁範 7439

劉仁方 3753

劉仁恭 8842

劉仁恭（劉寔子）2769

劉仁規 8075

劉仁軌 0956、6708、6903、8164、8522

劉仁貴 7585

劉仁果 1811

劉仁濟 8997

劉仁景 1944

劉仁靖 6277

劉仁濬 8997

劉仁廓 1215

劉仁素 1979

劉仁偉 2279

劉仁緯 5560

劉仁行 1978、1979、2603、3376

劉仁易 6159

劉仁遇 8893

劉仁元 0793

劉仁則 4721

劉仁智 1979

劉仁重 2769

劉日進 5564

劉日新 5560

劉日用（文濤）4869

劉日正 2797、4495、

8665

劉氏(鮑才妻)5536

劉氏(曹乾琳妻)5575

劉氏(柴閱妻)4663

劉氏(萇高妻)2656

劉氏(常昌妻)1244

劉氏(陳去惑妻)6928、
6985

劉氏(陳善妻)1345

劉氏(陳宥妻)6187、
6985 *

劉氏(崔鄷妻)6179

劉氏(崔繼妻)4969

劉氏(崔日新妻)3769

劉氏(崔協妻)7034

劉氏(啖憲玉妻)5253

劉氏(鄧成妻)2727

劉氏(董士妻)0810

劉氏(董脩禮妻)2676

劉氏(竇璟妻)7742

劉氏(杜傳慶妻)8040

劉氏(杜大督妻)0145

劉氏(杜方妻)3117

劉氏(杜浩妻)6944

劉氏(杜暄妻)4289、
4431

劉氏(段履謙妻)5283

劉氏(段延勳妻)9048

劉氏(段宗妻)8351

劉氏(范漢妻)9073

劉氏(方禮妻)5221

劉氏(封建母)6123

劉氏(馮通妻)1166

劉氏(輔啓妻)1157

劉氏(傅君妻)3163

劉氏(高玄景妻)1106

劉氏(高章妻)6642

劉氏(宮斌妻)5886

劉氏(顧德昇妻)8876

劉氏(郭渭妻)6330

劉氏(郭晤妻)5436

劉氏(郭幸璋妻)8854

劉氏(郭彥瓊妻)8911

劉氏(郭友妻)2169

劉氏(韓平妻)1876

劉氏(韓文慶母)7555

劉氏(何璨妻)6220

劉氏(何重度妻)8903

劉氏(侯從玘妻)7982

劉氏(侯良佐妻)5673

劉氏(華封興妻)7304

劉氏(華廓妻)4059

劉氏(皇甫懷静妻)
9208

劉氏(皇甫琪妻)5113

劉氏(皇甫煥妻)7934

劉氏(紀暉妻)2657

劉氏(賈蔡妻)2129

劉氏(賈長妻)1246

劉氏(靳稽妻)0518

劉氏(孔謙妻)8830

劉氏(李安妻)5608

劉氏(李寶光妻)5954

劉氏(李貢妻)6676

劉氏(李長妻)0886

劉氏(李成鈞妻)5981

劉氏(李重吉妻)8881

劉氏(李從易妻)7338

劉氏(李登妻)5857

劉氏(李附光妻)6611

劉氏(李杲妻)4336

劉氏(李國忠妻)7334

劉氏(李和母)5531

劉氏(李衡妻)5045

劉氏(李吉妻)1798

劉氏(李景妻)0622

劉氏(李迥妻)5195

劉氏(李俊妻)5836

劉氏(李克用妻)8776

劉氏(李匡符妻)7186、
8193

劉氏(李茂貞妻)8827、
8946 *

劉氏(李清妻)8067

劉氏(李俅妻)8619

劉氏(李球妻)8993

劉氏(李璲妻)4258

劉氏(李恬妻)7079、
7398

劉氏(李興妻)4860

劉氏(李脩妻)7718

劉氏(李岫妻)6474、
6611

劉氏(李延禧妻)9070

劉氏(李揚妻)0411

劉氏(李隱之妻)3727

劉氏(李譽妻)0083

劉氏(李元則妻)4012

劉氏(李政妻)3200

劉氏(李知新妻)3538

劉氏(李知鄰妻)9020

劉氏(李佐妻)8323

劉氏(梁全柔母)8232

劉氏(梁行褒妻)4489

劉氏(梁胤妻)2964

劉氏(劉恂女)4344

劉氏(柳小閱母)6675

劉氏(婁妻)8707

劉氏(盧承福妻)0769

劉氏(盧榮妻)7935

劉氏(盧義妻)6022

劉氏(路幾妻)6363

劉氏(路景祥妻)5869

劉氏(羅曷妻)9136

劉氏(羅倫妻)8969

劉氏(羅紹威妻)8893

劉氏(呂神亮母)8646

劉氏(呂行安妻)8944

劉氏(呂遠母)8976

劉氏(履貞女)2560

劉氏(馬德妻)9002

劉氏(孟存妻)8068

劉氏(孟佺妻)9032

劉氏(苗惲妻)7627

劉氏(明琰妻)3737

劉氏(莫德堯妻)5505

劉氏(牛陵妻)1711

劉氏(牛緒妻)2085

劉氏(牛貞妻)4639

劉氏(裴德妻)8951

劉氏(裴怦妻)4730

劉氏(裴奭妻)6445、
8301

劉氏(裴中孺妻)6837

劉氏(裴遵慶妻)8063

劉氏(秦賓妻)9014

劉氏(秦恭妻)8800

劉氏(秦洽妻)4661

劉氏(秦思謹妻)9014

劉氏(秦嚴芝妻)7430

劉氏(曲述妻)9017

劉氏(曲詢妻)9017

劉氏(任承胤妻)3967

劉氏(任季榮母)6746

劉氏(商元建妻)8882

劉氏(商在吉妻)8882

劉氏(邵玄妻)3788

劉氏(申屠崇妻)0966

劉氏(守節女)2997

劉氏(司馬榮妻)8458

劉氏(司馬璋妻)7833

劉氏(宋君政妻)8122

劉氏(宋師妻)1577

劉氏(宋恕妻)4032

劉氏(宋樹生妻)0771

劉氏(宋珣妻)3352

劉氏(宋彥筠妻)9045

劉氏(蘇益妻)7519

劉氏(蕭明皇后)3406、
7612

劉氏(孫莒妻)8748

劉氏(孫知節妻)2073

劉氏(索道莊妻)5197

劉氏(譚從周妻)7084

劉氏(唐末帝皇后)
8881

劉氏(田嗣周妻)8189

劉氏(田義方妻)1062

劉氏(王得一妻)8260
劉氏(王杲妻)3753
劉氏(王光庭妻)4952
劉氏(王皈政妻)8516
劉氏(王傑妻)1072
劉氏(王君才妻)1199
劉氏(王清妻)5982
劉氏(王璆妻)9000
劉氏(王饒妻)9026
劉氏(王仁求妻)1880
劉氏(王守忠妻)4268
劉氏(王託妻)1211
劉氏(王興妻)8516
劉氏(王宣妻)0127
劉氏(王延浩妻)9061
劉氏(王彥澄妻)8939
劉氏(王彥瓊妻)8939
劉氏(王顓妻)7355
劉氏(王玉妻)9177
劉氏(王鎮惡妻)2447
劉氏(王正因妻)1654
劉氏(韋全直妻)6919
劉氏(韋汶妻)6059
劉氏(韋咸妻)4020
劉氏(韋玄真母)0950
劉氏(魏欽慎妻)5330
劉氏(吳令祥妻)6129
劉氏(伍穎妻)1227
劉氏(武昌進妻)8252
劉氏(武湛妻)3076
劉氏(西方景妻)8937
劉氏(西方鄴母)8937
劉氏(西方再遇妻)8849
劉氏(夏魯巖妻)8963
劉氏(夏侯濟妻)6481
劉氏(解成妻)0657
劉氏(謝彥璋妻)8766
劉氏(辛尚遠母)2303
劉氏(行忠女)3729
劉氏(邢德昭妻)8982
劉氏(徐大和母)7679

劉氏(徐伽仁妻)0313
劉氏(徐昇妻)6739＊、6759
劉氏(徐暹妻)7025
劉氏(閻嘉妻)4596
劉氏(閻莊妻)1128
劉氏(顏烹妻)6386
劉氏(嚴昌辭妻)8703
劉氏(嚴逢妻)8225＊、8703
劉氏(嚴逵妻)6750
劉氏(陽合妻)1121
劉氏(楊操妻)2115
劉氏(楊壽妻)2886
劉氏(楊位妻)9174
劉氏(楊志廉妻)5793
劉氏(姚崇妻)2692
劉氏(姚從著妻)8524
劉氏(姚信妻)8610
劉氏(姚懿妻)2307
劉氏(尹博綜妻)5901
劉氏(尹士貴妻)0686
劉氏(尹剗妻)6313
劉氏(俞備妻)9124
劉氏(俞文實妻)9124
劉氏(虞照乘妻)2414
劉氏(宇文忩妻)7018、7612＊
劉氏(元秀妻)0993
劉氏(元再誠妻)8600
劉氏(袁傑妻)5604、5800＊
劉氏(翟守懿妻)4154
劉氏(張存方妻)9182
劉氏(張存妻)7821
劉氏(張達妻)8608
劉氏(張德妻)0045
劉氏(張季英妻)7976
劉氏(張建封妻)5146＊、5684
劉氏(張匡義妻)8965
劉氏(張亮妻)6974

劉氏(張令琛妻)5778
劉氏(張僧瑗妻)0330
劉氏(張思恭妻)9082
劉氏(張忌妻)6447
劉氏(張曜妻)1267
劉氏(張鄴妻)8991
劉氏(張穎妻)9044
劉氏(張衆妻)1457
劉氏(張卓妻)6279
劉氏(張子康妻)7061
劉氏(趙寶山妻)6819
劉氏(趙朝妻)8699
劉氏(趙琛妻)4762
劉氏(趙崇之妻)3717
劉氏(趙奉忠妻)5522
劉氏(趙鳳妻)9022
劉氏(趙或妻)2234
劉氏(趙儉妻)0775
劉氏(趙居晦妻)9007
劉氏(趙美妻)8866
劉氏(趙希玩妻)7374、8699
劉氏(鄭忠妻)4865
劉氏(周必妻)6402
劉氏(周復母)6954
劉氏(朱模妻)0181
劉氏(朱素妻)6939、6948
劉氏(朱元妻)8663
劉氏(鄒英妻)2630
劉氏(□鈞妻)2135
劉世明 2011
劉世文 3100
劉世雄 4489
劉仕 2235
劉仕廉 5573
劉適 6199
劉適(劉暠子)5675
劉收 1830
劉守光 8792
劉守節 2997
劉守敬 2797

劉守眘 4344、5195
劉守素 2538
劉守志 5793
劉壽(劉德子)1793
劉壽(劉康子)2829
劉叔豐 7399
劉叔滉 5566
劉叔節 4591
劉叔瑾 6108
劉叔亮 7399
劉叔諒 7943
劉叔平 6968
劉叔卿 5566
劉叔素 7399
劉叔淑 5964
劉叔雅 6968
劉叔羞 6677
劉叔元 6677
劉叔源 5566
劉叔則 8119
劉叔真 4721
劉叔真(待惠子)5566
劉叔真(劉義子)6108
劉叔直 8119
劉舒 0478
劉舒光(皇甫燠妻)8281
劉翛 7334
劉樞 7918
劉述古 6873、8193
劉恕 4730
劉恕己 4042
劉涗 5938
劉稅 6855
劉順 1244
劉順(劉夒子)4016
劉思賓 1749
劉思冲 8946
劉思悔 1389
劉思諫 2652
劉思敬 8814
劉思空 3253

劉思立 2458、3690

劉思溫 8845

劉思賢(順)4139＊、7093

劉思逸 8835

劉思貞(猜)2930＊、3907

劉思忠 8640

劉四兒 8454

劉四興 7179

劉嗣 9080

劉嗣仙 4862

劉嗣元 0871

劉嗣宗 7053

劉嵩(慧騫子)1226

劉嵩(劉康子)0490

劉嵩(劉遷父)2405

劉嵩(劉吟子)8360

劉蘇兒(令淑，范履忠妻)2233

劉素 4094

劉素(英俊父)5339

劉溧 7294

劉遂 7825

劉遂(君儒父)8327

劉遂清 8838

劉損之(思謙)1334

劉闥(見劉黑闥)

劉太和娘子 6968

劉太真 5268、5340

劉泰 5938

劉泰清 6111

劉談 5030

劉談經(弘濟)5771＊、6929

劉潭 7585、8521

劉唐宗 7924

劉棠 8649

劉璃賓 8814

劉璃暉 8814

劉璃殷 8814

劉韜 1528

劉陶□0730

劉騰(孝逸)0513

劉體微 2608

劉遏 6429

劉天 3339

劉瑱 0841

劉庭 2936

劉庭賓 5564

劉庭芬 5564

劉庭光 3272

劉庭玲 4665

劉庭秀(敬銓子)4721

劉庭秀(劉約子)3272

劉庭玉(行達子)2962

劉庭玉(玄意子)1842

劉庭玉(劉珍子)5030

劉庭芝 3911

劉挺(文秀)1188

劉通 2560

劉通(劉英子)3002

劉通國 2930

劉通經 4883

劉通明 5823

劉通隱 0783、2406

劉同(和光)4152＊、6342

劉同昇 2948、3278、3957、4327、4657

劉肜 5320

劉肜(旭日)8227

劉潼 7993

劉慟兒 8388

劉屯興 0664

劉托 6081

劉陁奴 8960

劉外進 6222

劉灣 6445

劉琬(房濟妻)2188

劉万保 7943

劉万成 7943

劉万德 7943

劉万興 7943

劉萬(季成)6781、7050＊

劉萬誠 6583

劉萬興 7877

劉萬鐘 5304

劉瓛 6069

劉汪 3606

劉汪(談經子)6929

劉王九 8360

劉王七 8360

劉王興 7179

劉威 6708

劉威(振遠)1506

劉爲 3949

劉爲幹 4808

劉爲麟 7502

劉惟超 3376

劉惟汎 5628

劉惟俛 6464

劉惟怜 2483

劉惟清 5675

劉惟晟 6081

劉惟正 6081

劉惟証 6464

劉惟直 6081

劉偉 1062

劉渭(叔規)6708

劉温 7097

劉温(潤玉)7766

劉温(感義子)4784

劉温之 2188

劉文璨 8327

劉文操 1002

劉文度 6616

劉文鍔 7027

劉文耿(見劉莊)

劉文軌 4584

劉文暉 4591

劉文建 6052

劉文舉 1605

劉文俊 4289、4431

劉文楷 1035

劉文況 8327

劉文亮 1035

劉文清 6165

劉文鋭 8088

劉文晟 8814

劉文師 1003

劉文壽 6052

劉文遂(成之)7093

劉文泰 6052

劉文哲 8649

劉文喜 5311

劉文褘 1550

劉文義 8232

劉文翼 6429

劉文瑩 1035

劉文友 0664

劉文昭 2727

劉文哲 8649

劉文貞 7165、7199

劉文政 8430

劉文中 7585、8521

劉聞喜 5884

劉翁勃 2930

劉翁憐 9183

劉吳客(行恭)0920

劉無玷 5121

劉五兒(何彦則妻)3118

劉五姑 8814

劉五娘 8960

劉午巴 8371

劉武(伯英子)6110

劉武(劉偉子)1062

劉武(元成)1389

劉武周 0044、0083、0140、0307、0478、0532、0645、2894

劉悟(玄芝)6475、6510、6572＊、6636、6689、6821、8075

劉西華 8227

劉希(智)3253

劉希光 5564
劉希光 9290
劉希光(居善子)7439
劉希金 5564
劉希詮(見劉詮)
劉希望 2759
劉希文 5282
劉希顔 8275
劉希逸 5282
劉晳 8012
劉溪 7459
劉羲 0890
劉曦度 9101
劉騽 6531、6646＊、8021
劉襲 8104
劉襲吉 8818
劉喜哥 9183
劉喜如 8025
劉喜子 7943
劉系 2797
劉系 3708
劉係 6110
劉仙朝 8086
劉仙鶴 7093
劉先(漢)1830
劉暹 4984
劉暹(士衡)4883＊、5771、6929
劉暹(仲奬子)4415、4584
劉咸乂 7439
劉賢(劉適子)5675
劉賢(玄一子)6059
劉賢壽 6108
劉諴 8164
劉顯 0783
劉憲(劉華子)7690
劉憲(劉逸父)6108
劉憲(元度)1885、2018、2232、2322、2458＊、3690、4091
劉獻(涣)5304
劉獻臣 1378、4984
劉獻遷 5282
劉相 3118
劉相(公孫處晉母)0627
劉相殷 6610
劉湘 8078
劉祥(文祥)3908
劉祥道 4891、5815
劉詳 7307、8164
劉詳古 4657
劉響 2538
劉小伴 9183
劉小和 8388
劉小會 6422
劉小娘子 8688
劉小奴 8194
劉小塞 8025
劉小三 8371
劉小喜 6464
劉小喜 7943
劉小喜 8025
劉小興 7179
劉小燕 6531
劉孝臣 6646
劉孝幹 0730
劉孝恭 2011
劉孝基 0513
劉孝節(悌誠)0725＊、1760
劉孝孫 1334、2188
劉孝約 2538
劉協 4931
劉謝留 8814
劉昕 2846
劉信 9058
劉信(弘敬父)8937
劉信(劉康子)0490
劉興(劉伯子)0895
劉興(劉操父)1069
劉興(劉遷子)4041
劉興(劉閏子)7027
劉興紹 1226
劉興守 8025
劉興宗 2455、3737
劉行 2586
劉行存 8081
劉行達 2962
劉行感 2233
劉行經 7669
劉行遼 1506
劉行敏(公達)1143、1144＊、2997
劉行深 7717、8311、8461
劉行師(延族)2829
劉行穜 7669
劉行紃 7669
劉行餘(子郁)7439
劉行之 3078、3536
劉行忠 3729
劉行宗 5560
劉秀 6069
劉秀(君□)0418
劉秀(紹宗)1342
劉琇 6020
劉頊 6708
劉頊 7204
劉珝 6929
劉緒 2935
劉緒(劉嵩子)8360
劉軒 8068
劉玄德 0895
劉玄寂 8228
劉玄暕 0725、1760
劉玄静(廣成先生)7269
劉玄敏 0725
劉玄慶 4550
劉玄一 6059
劉玄意 1842
劉玄意(政會子)4152
劉玄翼 0725
劉玄應 1188
劉玄惲 2414
劉玄章 8015、8138、8281
劉玄智 0895
劉玄佐(劉洽)5427、5556、5588、5684、5711、5885、6007、6714、6907、6936、7010
劉璿 8092
劉璿(劉虔子)7053、8527
劉炫 7053
劉荀 6422
劉恂 1956、4344、5195
劉珣 8982
劉珣(仲諮,何廷斌)9183
劉循忠 5800
劉鄩 8830、8838、8928、8963
劉迅 3928
劉訓 8888
劉遜 6361
劉雅 6020
劉雅(再興父)8454
劉迓 5304
劉延 1062
劉延德 9183
劉延福 9183
劉延貴 9183
劉延吉 9043
劉延景 4020、4669
劉延慶 4212
劉延榮 9183
劉延嗣 8703
劉延祐 3078、3536
劉言 4372
劉嵒 6464
劉嵒 7695
劉嚴老 9058

劉巖 9110

劉巖夫 6245

劉郾 8014

劉偃 6110

劉演(劉奇父)6222

劉演(劉筠父)4139

劉龑(南漢高祖)
　9112＊、9113

劉儼 4961

劉彥參(孝伯)2797

劉彥冲 6333

劉彥復 7414

劉彥衡 1933

劉彥回 2797

劉彥謀 8225

劉彥能 8935

劉彥融(子明)9008

劉彥柔 8935

劉彥若 7918

劉彥温 8935

劉彥頵 8935

劉彥貞 3376

劉彥之 1318

劉彥□ 5304

劉晏 4883、4902、4966、
　5140、5145、5161、
　5234、5254、5292、
　5343、5375、5439、
　5442、5527、5534、
　5684、5733、5771、
　5887、6342、6929、
　8068、8935

劉晏(劉霸父)9008

劉燕子 6531

劉揚名 2455

劉瑒 9136

劉楊七 8960

劉謠 8194

劉藥藏 6572

劉野尚 0783

劉野王(希逸)0783、
　2406＊

劉業 3339

劉曄 5174

劉鄴 7933、7991、8320

劉禕之(希美)2455＊、
　2522

劉漪 4725

劉漪 6422

劉漪 8209、8473

劉漪(劉賓父)5174

劉沂 6473

劉宜哥 9016

劉儀 7338

劉嶷(劉遷子)2405

劉嶷(英會子)2279

劉倚(劉洸子)5938

劉倚(劉奕子)9015

劉乂 1871

劉易從 5571

劉弈 9015、9016

劉益 5675

劉益 6289

劉益(廣威子)5212

劉益(若虛子)8688

劉異 7970、8164、8355、
　8522

劉異名 2455

劉逸(劉晶子)5675

劉逸(劉憲子)6108

劉逸海 6572

劉逸淮 7398

劉暘 6645

劉義 5690

劉義(德讓)6108

劉義(嘉慶父)3284

劉義(劉欽子)4981

劉義本 1134

劉義方 0871

劉義弘 1134

劉義基 1134

劉義玄 5880

劉義□ 1528

劉誼 7896

劉誼(劉儁父)1002、
　1003

劉翼(劉綱父)1200

劉翼(劉泰子)5938

劉繹 5252

劉懿孫 6277

劉懿武 6888

劉懿之 2455、3737

劉憕 6422

劉諲 1954

劉諲(劉瑜子)5531

劉諲(元適子)4009

劉吟 8360

劉隱 9110

劉隱(劉洤子)5901

劉隱(昭賢)9178

劉隱之 8047

劉胤 0669

劉英(光庭女)4633

劉英(弘規父)8311

劉英(慧風)1793

劉英(劉通子)3002

劉英會 2279

劉英俊 5339

劉瑛(爽)1555

劉迎兒 8649

劉盈(玄滿)1069

劉穎(劉康父)2829

劉穎(元適子)4009

劉應 9049

劉應道 1378、4891、
　4984、5283、5880

劉應明 3907

劉應期 2930、3907

劉邑容子 6525

劉雍七 8960

劉永 5084

劉永吉 8119

劉泳 5885

劉泳之 6525

劉詠 7079

劉幽求 5084、8232

劉由 7690

劉猷(君意)1215

劉有名 2455

劉幼芬 5283

劉幼復 6488

劉祐之 9016

劉愉 4171

劉瑜(劉博父)6612

劉瑜(劉諲子)5531

劉璵 6451

劉羽 8852

劉禹錫(夢得)5719、
　6928、9304

劉郁(江)4720

劉遇 2769

劉遇(劉獻子)5304

劉遇娘 8440

劉預 1334

劉通 5304

劉淵 1215

劉元 0490

劉元(文教)7669

劉元察 6445

劉元旦 1723

劉元鼎 7742、8164、
　8522

劉元度 5560

劉元方 7113

劉元和 8522

劉元亨 4042

劉元惠 2829

劉元矩 7053

劉元楷 0841

劉元亮 8232

劉元晟 7179、8081

劉元實 7869

劉元適(金剛)4009

劉元緯 7179

劉元武 8454

劉元敫 8232

劉元益 7170

劉元益(劉詮子)6165

劉衆 3376

劉胄 4720

劉住哥 7898

劉鑄 9107

劉璩 6708、7511、7759、
　8267、8522

劉莊 5267

劉莊（文耿）1122、
　1123 *

劉準 3670

劉準 6855

劉準 8747

劉滋 5442

劉子長 0706

劉子房 6422

劉子高 1528

劉子暉 6222

劉子建 0725

劉子將 2797

劉子良 0152

劉子玄（見劉知幾）

劉子翼 2455、3737

劉子芝 8164、8522

劉自恭 6646

劉自勉 6646

劉宗 8754

劉宗（劉才父）0890

劉宗（劉清子）7864

劉宗甫 5597

劉宗厚 8119

劉宗建 7825

劉宗立 8119

劉宗立（劉遂子）7825

劉宗慶 7943

劉宗紃 8191

劉宗偃 8164

劉宗益 7825

劉宗意（賁）6020

劉宗直 6612

劉宗周 8935

劉總 6346、6430、6473、
　6535、6736、7097

劉祖（紹先）1524

劉宬 2846

劉祥 3583

劉遵古 6905、8047、
　8193

劉遵睿 2723

劉遵素 4984

劉遵誼（才子）1378

劉佐堯 5121

劉佐中 8524

劉□ 0484

劉□敬 8524

劉□謙 6111

劉□荃 5573

劉□喜 8688

劉□正 7304

柳

柳藹 3798

柳安仁 1338

柳昂 6034

柳保隆 1731、1732 *、
　1733

柳寶積（見柳積）

柳弼 7974

柳弼（仁秀子）4373

柳璧（楚珪）1731

柳珌 2427

柳晉 1250、1468

柳辯 0032

柳玢 5432

柳斌 4275

柳勃 0707、1173、3300

柳才 1032

柳彩 7749

柳蔡年（修期）0136、
　1731、1732、1733、
　3031

柳察躬 4259

柳滙 6267

柳鋋 5754

柳昌（柳倩子）5432

柳昌（柳澤子）3542、
　5910

柳長榮 7656

柳常 3542

柳澈 5593

柳承業 2042

柳承□ 5635

柳珵 6354、6682

柳逞 0091

柳冲（楚賢子）3229、
　4330

柳冲（柳嶷子）1173 *、
　1338、3300

柳崇 7757

柳崇敬 3659

柳崇巽 4391

柳處默 6267

柳楚賢 4330

柳俶 4500

柳慈明 4373

柳泚 4251

柳泚（若絲子）5432

柳從俗 4259

柳從心 5415、5754、
　6577

柳存 5219

柳大順（得一）0502 *、
　1575

柳大贇 1029

柳帶韋 0502、1575、3393

柳旦 0101、1174、1308、
　3542、4251、4259

柳當 6918、8036

柳讜 7749、7933

柳道茂 0589、3709

柳道娘 6902

柳道玉 1619

柳德□（禮盛）0136

柳登 7474

柳迪 6436

柳貂蟬 7457

柳鼎 7818

柳惇（依仁）2052 *、
　2569、2737

柳諤之（公肅）1731、
　1732、1733

柳二娘 2426

柳藩 7749

柳範 4420

柳方明 5754

柳方叔 5754

柳方義 5754

柳方貞 5754

柳芳 3515、7474

柳房 6335、6906

柳匪躬 4259

柳芬 4172

柳豐（博物）5390

柳佛娘 1174

柳姟 6577

柳幹 3393

柳艮 2052

柳公綽 5446、5864、
　5880、6476、6556、
　6675、6902、7939、
　8494

柳公濟 6918、7177、
　8036

柳公矩 3930

柳公溥 6049

柳公器 7838

柳公權 6506、6902、
　7473、7742、7782、
　7838、8046

柳固 5754、6577

柳顧言（見柳晉）

柳光 4330

柳光道 5509

柳光暉 2569

柳光倩 6709、7249

柳光俗 5390

柳璟 6905

柳檜 0489

柳國子 4166

柳氏(蕭諼妻)3980

柳氏(薛鋭妻)3704

柳氏(嚴昌業妻)8703

柳氏(楊瑾妻)4467

柳氏(楊居實妻)2691

柳氏(楊休烈妻)5415

柳氏(楊自廉妻)4905

柳氏(宇文不爭妻)2042

柳氏(宇文曜妻)3778

柳氏(元方劼妻)8377

柳氏(元止妻)5660

柳氏(袁景昭妻)5365

柳氏(袁雄妻)1250

柳氏(張眙玘妻)4939

柳氏(昭王母)8421

柳氏(趙偁母)4420

柳氏(趙徽妻)8712

柳氏(鄭乾意妻)0123

柳氏(朱延度妻)1619

柳世弼 3930

柳㚣 0101

柳述 0091

柳爽 0032

柳思敬 1468

柳素 0717

柳蕭 1029

柳遂亮 7749

柳臺臺 6693

柳太霞 7816

柳潭 6975

柳棠(子邵)8036

柳侗 4500

柳逖 2042

柳鐵娘 1174

柳庭誥(茂莊)3930

柳庭實 7487

柳挺 3031

柳圖 7816

柳婉(令儀)3411

柳萬 3798

柳萬齒 4467

柳惟政 7656

柳維讓 2737

柳文素 7249、7280 *

柳文貞 7249

柳汶 6267、6901、7816

柳無量力(韋整妻) 1575

柳務邕 3930

柳希隱 4753

柳喜 4420

柳喜(蟠樂)6693、7208、7223、7749 *

柳相 5280、6322、6398

柳象 5219

柳小閏 6675

柳孝斌 0589、1834、3561、3709、3898

柳孝謙 7816

柳孝讓 7816

柳信 6034

柳興 3542

柳行滿 0717

柳行滿(無溢)2426、2427

柳省躬 4259

柳雄亮(信誠)0489

柳秀誠(守信)2426、2427 *

柳詡 7929

柳續(帶韋子)0502、1575

柳續(柳朗子)0717

柳萱庭 8036

柳玄璋 1731、1732

柳旋之 4467

柳繻 5933

柳循 3798、6267

柳遜 8742

柳嫣 3659

柳嚴 7757

柳彥 2446

柳彥初 2569

柳曇 4753

柳宜滔 3561

柳巖 0707、1173、3300

柳裔 7544

柳意 1032

柳義 1032

柳義全 6034

柳億 6918

柳懿 4577

柳懿(柳敏父)1366

柳愔愔 6902

柳胤 5390、5509

柳胤 6398

柳應 5325

柳應元 5509

柳雍門 5589、6049

柳永 3542

柳彧 1619、5432

柳譽 3079

柳元宏 3031

柳元貞 3930

柳瑗(德元)4118

柳岳 4573

柳雲彩 0707

柳則 2454

柳則(成象)0101

柳澤(廣成)3411、3542 *、5910

柳張老 6918

柳璋 1733

柳震 4166

柳震(光道子)5509

柳正封 6918

柳正勗(自勵)3709 *、3898

柳正訓 3561 *、4166

柳政(裴單妻)5335、5910 *

柳知仁 4172

柳知微 6902、7457

柳止戈 0123、2052、2569

柳徽 4756

柳至至 6693、7223

柳志默 3704

柳陟 8263

柳仲愛 2426、2427

柳仲禮 1619

柳仲敏 7838

柳仲年 7420、7473

柳仲郢 6902、7759、8051、8267、8473、8613

柳著 6267

柳僕 4500

柳篆 5219

柳鷟 0502

柳子産 2454

柳子房 1308

柳子貢 4251

柳子華 5864、7838

柳子南 3709

柳子尚 8331

柳子溫 5446

柳子夏 4259、5754、6577

柳子陽(明遠)1174、1308 *、3278、3411、3542、4118、6385

柳自清 5432

柳自然 1847

柳宗元 5719

柳遵 7474

柳祚 4420

柳□協 3930

柳□量 5635

柳□(柳崇子)7757

龍

龍達 3886

龍君(都苑總監)3616

龍明奴 3616

龍氏(白守忠妻)4196

龍庭瑋 3886

龍團兒 3616

龍曦 3886

龍智 3886

妻

妻崇訓 2189

妻漢夫 6376

妻顥 8707

妻君 2189

妻俊 1329

妻潛 8707

妻强 1329

妻師徹 3578

妻師德 2858

妻十娘 8707

妻氏(劉處毅妻)3578

妻氏(張催妻)8974

妻文纂 2189

妻頊 8707

妻顯 8707

妻筠(茂貞)8707

妻政 2189

樓

樓君(處州刺史)8227

樓湲 8346

盧

盧阿大 4806

盧阿胡 8046

盧阿彭 5199

盧阿王 4806

盧晤 2882

盧安丘 2911

盧安石 3773

盧安壽 2282、2782、
　2968、3164、3405、
　4285、4532、4745、
　4815、5313、5695

盧安易 7839

盧霸(見盧海相)

盧白桐 2399

盧伴兒 7529

盧褒 8116

盧寶素 2282、2376、
　2782、2968、3282、
　3349、3350、3405、
　4200、4205、4285、
　4461、4462、4532

盧抱素 3929

盧賁(盧混子)5439

盧賁(昇明子)5640、
　6277

盧本立 4799

盧必聞 5439

盧泌(澄之)4186

盧泌(元衡子)2377

盧畢師 7529

盧婢子 4546

盧弼(佐元)5558

盧汴 3009

盧昇 7329

盧綎 7373、8116

盧辯方 5915

盧辯光 2700

盧彪 1272、1273

盧彪兒 7715

盧玢 3969

盧賓 8249

盧賓一(見盧全)

盧并 6496、6807

盧播(藏密父)8162

盧播(友裕子)4176、
　6172、6852

盧伯成 6638、7329

盧伯初 5445

盧伯明 3840

盧伯卿 7738

盧伯珣(元贊)2700

盧渤 8361

盧博 6501

盧彩 7108

盧粲 1614、4779

盧藏金 5074

盧藏密 8162

盧藏用 1985、2272、
　4410

盧鋌 8682

盧昌衡 2282、2376、
　2782、2968、3282、
　3350、3405、4205、
　4452、4461、4462、
　5313、6263、7041、
　7278、7448

盧昌期 8605

盧昌容 4602、4716、
　6329、6989

盧昌裕 0065

盧長慶 7392

盧長諧 1924、2700、3804

盧超 7418

盧徹(盧序子)6704、
　6786

盧徹(正道子)3405

盧琛 2375

盧陳九 8449、8469

盧俌 6484

盧稱 5439

盧成德(都都)8399

盧成軌 5261、6501

盧成節 6072

盧承福(子祐)0769 *、
　3840、5445

盧承基(子構)0571 *、
　1608、2377、4228

盧承禮(子敬)1482 *、
　1985

盧承慶 2967

盧承嗣 7529

盧承泰 5138、5261

盧承業 3969

盧承宗 7529

盧程 8850

盧澂 3009

盧澂 5912

盧持 8556

盧埠 8682

盧赤松(子房)0248 *、
　0571、0749、0769、
　1482、1985、2377、
　2911、3840、5138

盧充符 1265

盧重(見盧重明)

盧重(子言)7390

盧重明 3220、4388

盧崇貴 7959

盧崇本 7265

盧崇道 3038

盧崇恪(光濟)2950

盧崇嗣 2389

盧儔 6942、7324、7373、
　7529、8116、8266

盧初慶 5439

盧處勘 3479

盧處訥 6215

盧處義 4404

盧處約(得之)6869 *、
　7182、7375、7517、
　7711、7897、8042、
　8267、8604

盧楚 0082

盧楚玉 3603

盧琄 6638

盧傳 7543

盧傳素 7696、7876

盧倕 5437、5875

盧詞 7937、8402、
　8461、8826

盧慈龍 1272、1273

盧樅 6989

盧從 5371

盧從度(子彝)6680、
　7278、7357、8179 *、
　8215

盧從範 6215、8155

盧從顥 9089

盧從吉 9072

盧從矩 6215、8449

盧從謙 9089

盧從史 6370、6401、
　7302、7383

盧從信 6886

盧從雅(子法)6845＊、
　7047、7855

盧從業 9072

盧從胤 9072、9089

盧從愿 5731、6094、
　7826

盧從筠 9089

盧從昭 9072

盧從稚 6456

盧從贊 5887、7438、8563

盧叢壁(杜才幹妻)0688

盧崔六 5681

盧崔娘 5811

盧崔七 5681

盧璀 4850

盧淬 8515

盧存庶 7181

盧達 0156

盧大寶 1924、2700、3804

盧大道(行方)1614＊、
　4186、4653、4779

盧大璟 6905

盧大琰(子玉)6495、
　6905＊

盧大真 4799

盧岱 3207

盧待進 3350

盧軌 8169

盧旦 3009

盧澹 8361

盧澶 7860

盧道 8949

盧道兒 8046

盧道將 0983、1614

盧道亮 0248、0571、
　0749、1482、1985

盧道虔 0065、2376、
　3282、4205、4461、

　4462

盧道夷 8312

盧道助 0017

盧得一(子正)8050、
　8627＊、8746

盧德基 1673

盧德膺 0116

盧德元 9132

盧德貞 5887

盧登 5016

盧鼎 5138

盧鼎 6896、8359

盧冬官 7713

盧東序 8567

盧侗 5866

盧棟 8213

盧端 7324

盧多寶 8207

盧鐸 8773

盧諤 7750、8267

盧耳 5138

盧法師 0749

盧法壽 0688

盧法童 3207

盧法自然 5189

盧藩 8758

盧輔 6869、7182、7711

盧蕃 6329、7193

盧璠 5357

盧璠 7693

盧方 6393

盧方(盧滿子)3804

盧方(盧瑗子)6792

盧方回 7448、7449、
　7512

盧方慶 4604

盧方壽 2882

盧斐 6638、7329、7384

盧汾 8361

盧丰 5138

盧逢時 6635

盧馮 7750

盧諷 7390

盧敷(子布)2481

盧服 8402、8826

盧琈 4194

盧福 8402

盧輻(子固，又名軒)
　6869、7182、7375＊

盧俌 2228

盧輔 1924

盧復 6769

盧妓(稚娥，寇弘妻)
　0116＊、0236

盧溉 4460、4462、4806

盧感 1868

盧鋼 6833、7319、7773

盧皋 7741

盧杲 7226

盧槀 3453

盧告 7839、8502

盧格 7398

盧公寀(韋行立妻)
　6705、6942＊

盧公賈 5588

盧公慧 2588

盧公及 6387、6664

盧公亮(子佑)6680、
　6764＊、7500、8267

盧公孺 7844

盧公賞 5588

盧公石 7637

盧公實 6764

盧公憲 7839

盧公燮 6387、7801

盧公廙 6764

盧公誼 7935

盧公友 6387、6664

盧公贊 5588

盧公貞 5588

盧公政 7935

盧公質 5384、5588

盧公贊 5384、5588

盧公贊 9222

盧公佐 7935

盧拱 6721

盧珙 5434

盧珙(盧融父)1868

盧貢娘 5813、5915

盧構 5074

盧古 5398

盧嘏 7438、7586

盧嘏(懷寧主簿)7348

盧觀光子 6875

盧盥 6387

盧瓘 7787

盧瓘(承禮子)1482

盧瓘(盧立子)8361

盧瓘(盧暄子)5866

盧光濟 8730

盧光俗 3350

盧光庭 2377

盧光懿 3350、7716

盧光裕 3350

盧光遠 3350

盧光遠 7298

盧廣(元表)6329＊、
　7193

盧廣儉 8361

盧廣敬 2911

盧廣明 7094

盧廣慶 3516、3643

盧廣全 5237

盧廣微 3997

盧珪 7860

盧袞 8154

盧國遷 7396

盧海相 1265、1286、
　2605、6329

盧邯 9192

盧含 8143

盧含光 2911

盧罕 6664、6764、7440

盧漢封 6769

盧翰 5866、5915

盧翰(見盧之翰)

盧琚 6277

盧巨寶 3467

盧巨源 7826

盧涓 8177

盧涓 8361

盧均芳(德宗)3350、
　4200 *

盧君 3511

盧君(博平令)3270

盧君(曹州刺史)8487

盧君(丞相)6606

盧君(鳳州刺史)7826

盧君(高平司馬)4348

盧君(郊社丞)2484

盧君(晉州刺史)8451

盧君(京兆尹)8075

盧君(京兆尹)8234

盧君(吏部郎)3166

盧君(盧漳父)4540

盧君(魯山尉)5812

盧君(泉州司功)8312

盧君(潤州長史)4944

盧君(守悌子)4559

盧君(叔英父)4177

盧君(太子僕)3862

盧君(滕州長史)5233

盧君(同州司兵)6680

盧君(韋嘉娘夫)3127

盧君(許州留後)7225

盧君(伊闕丞)5495

盧君(永嘉令)8312

盧君(永州錄事)8312

盧君(御史中丞)3585

盧君(中牟尉)7761

盧君(宗伯)0105

盧君楚 3690

盧君度 8046、8502

盧君胤 4485

盧鈞 6921、6981、7073、
　7171、7319、7329、
　7396、7541、7924、
　7959、8073、8075、

8556

盧峻 5426

盧浚 4462

盧濬 5622

盧濬(盧立子)8361

盧楷 8240

盧愷 0553、0688、
　2375、3929

盧愷 1814

盧鍇 7094、7226

盧堪 5068、5069、5496

盧亢 2700

盧抗 6769

盧珂 5590

盧克明 7108、7860

盧克義 5384、5588 *

盧寬 3405

盧寬中 5189

盧匡 6569、7065、8240

盧崑 8181

盧朗閏 2911、3997

盧老老 1265

盧李建 5681

盧禮禮 6495

盧立 8361

盧立之 6661

盧利 5439

盧利涉 2605

盧利貞(盧昺子)5445

盧利貞(士綸子)3245

盧麗娘 7715

盧礧 7959

盧廉貞 2375

盧亮 6769

盧麟 8773、8820

盧令娘 7278

盧令儀(趙真齡妻)
　6989

盧劉娘 7101

盧劉婆 7100、7278

盧劉七 5558

盧鑾 6905

盧倫(子溫)5261 *、
　6147

盧綸 5548、5985、
　7715、8320、8809

盧羅千 7617

盧駱回 7715

盧履謙 2882

盧律師 2375、3734、
　3929

盧買臣 3207

盧邁 5810、7067、
　7108、7761、8621

盧滿(季瑾)3804

盧滿(義符子)4687

盧茂 7716

盧茂冲 6185

盧茂禮(見盧旭)

盧眉 7711

盧猛(文雄)1800

盧秘丘 7830

盧冕 8837

盧邈 8605

盧珉(盧昭子)1924

盧珉(子琨)2625

盧敏 7348

盧明逸 6720

盧沐 5225 *、6444、
　6456 *

盧那兒 7617

盧軨(見盧鍼)

盧廿三娘 8682

盧念之 6393

盧寧 6772

盧凝 7701

盧穋 7750

盧潘 6845、7855

盧槃(子隱)8046、
　8502 *

盧佩方 7357

盧珮 5199、5277

盧朋龜 7660、7713

盧彭 7108

盧鵬 8197

盧丕 8763

盧鈺 7197

盧闢 7895

盧軿(子飛,見盧輻)

盧蘋(子瑞)7617

盧璞 7773

盧普德(寶王)1272 *、
　1273、2213

盧溥(子光)7529

盧栖霞 3349

盧期(萬)3005

盧琪 9253

盧齊卿 4414、5261、
　6072、6501

盧齊物 6916

盧乞得 5813

盧岊 4815

盧杞 5082、5453

盧起 4571、5767、6158

盧綺(姚合妻)7175、
　7454 *

盧契郎 8361

盧洽 4285

盧千金 5074

盧謙 1814

盧虔 5965、6897

盧虔 9101

盧虔壽 2360、3453

盧虔懿(子逢,韋審己
　妻)8320

盧潛 6444

盧翹 5280

盧翹 5368

盧鐈 6720

盧伽娘 6263

盧欽顏 6495、6905

盧嵌 4653

盧勤 6946

盧勤國 1272

盧勤敬 4559

盧勤禮(崇敬)1273

447

盧氏(崔融妻)5497

盧氏(崔紹妻)2984＊、
3403

盧氏(崔申伯妻)7906

盧氏(崔勝妻)8359

盧氏(崔收妻)4815

盧氏(崔壽光妻)8850

盧氏(崔璹妻)6534

盧氏(崔縮母)7591

盧氏(崔俠妻)5563、
5664＊、6046

盧氏(崔協妻)8826＊、
8850

盧氏(崔行模妻)3156

盧氏(崔行脩妻)7324

盧氏(崔鉉妻)7448

盧氏(崔沆妻)7388

盧氏(崔彥方妻)9101

盧氏(崔義妻)7418

盧氏(崔鄘妻)7396

盧氏(崔有鄰妻)9101

盧氏(崔元弈妻)2967

盧氏(崔元膺妻)8391

盧氏(崔岳妻)2092

盧氏(崔煜妻)9043

盧氏(崔詹妻)8837

盧氏(崔震母)6660

盧氏(崔仲方妻)0105

盧氏(崔仲暮妻)
6067＊、7157

盧氏(達奚撫妻)5850

盧氏(董元毅妻)8686

盧氏(杜讓能妻)8656

盧氏(段嗣基妻)3344

盧氏(段彝妻)7637

盧氏(房受妻)8487

盧氏(房彥詡妻)0065

盧氏(封隨妻)7844

盧氏(高慈妻)4485

盧氏(高晊妻)8203

盧氏(廣慶女)3643

盧氏(郭文應妻)

6290＊、6578

盧氏(郭盈妻)6800、
7094＊、8690

盧氏(韓昷妻)6791

盧氏(何撫妻)6479

盧氏(衡懌妻)4341、
4342＊

盧氏(靳妃妻)8292

盧氏(康贊美妻)8829

盧氏(李霸妻)6687

盧氏(李宷妻)6539

盧氏(李長妻)8507

盧氏(李承先妻)3270

盧氏(李澄妻)5622

盧氏(李冲妻)6667

盧氏(李存妻)5731

盧氏(李亶妻)3617

盧氏(李端妻)6228

盧氏(李端妻)8827

盧氏(李範妻)7661

盧氏(李豊妻)7438

盧氏(李復妻)7586

盧氏(李格妻)8042

盧氏(李公綽妻)8622

盧氏(李琪妻)4653

盧氏(李歸厚妻)7773

盧氏(李華妻)6390

盧氏(李惠妻)3603

盧氏(李佶妻)6390

盧氏(李絳妻)8869

盧氏(李景邊妃)9081

盧氏(李景溫妻)8347

盧氏(李景獻妻)4228

盧氏(李景莊妻)8347

盧氏(李穎妻)8077

盧氏(李據妻)7102、
7298＊

盧氏(李濟母)3450

盧氏(李六直母)8742

盧氏(李六直妻)8742

盧氏(李恪妻)4702

盧氏(李立則妻)7008

盧氏(李茂昌妻)8556、
8557

盧氏(李濛妻)5141

盧氏(李齊之妻)4337

盧氏(李喬年妻)
4602＊、4716

盧氏(李戎妻)5645、
6268＊、7661

盧氏(李潤妻)8240

盧氏(李僧妻)7198

盧氏(李紹妻)8300

盧氏(李晭妻)5630

盧氏(李守宗妻)4675

盧氏(李叔度妻)8240

盧氏(李聳妻)5501

盧氏(李泰妻)6078

盧氏(李荅妻)5211

盧氏(李希曾妻)5554

盧氏(李象之母)4532

盧氏(李岫妻)5609

盧氏(李頊妻)7365

盧氏(李宣妻)8054

盧氏(李玄就妻)
5767＊、6158

盧氏(李詢會妻)3324、
4250

盧氏(李益妻)6672

盧氏(李裔妻)8514

盧氏(李友仲妻)7572

盧氏(李幼卿妻)5122

盧氏(李佑妻)7242

盧氏(李祐妻)5409、
6078

盧氏(李元皋母)6444

盧氏(李說妻)3455

盧氏(李允妻)2588

盧氏(李璋妻)8869

盧氏(李震妻)6772

盧氏(李正卿妻)7626

盧氏(李知本妻)1767

盧氏(李志妻)2314

盧氏(李宙妻)6172、

6852＊

盧氏(李燭妻)8341

盧氏(李杼妻)7438、
8563＊、8593

盧氏(李宗本妻)6470

盧氏(李宗本妻)8213

盧氏(李綜妻)6369

盧氏(梁子儒妻)4489

盧氏(劉伯端妻)7669

盧氏(劉敬福妻)6429

盧氏(劉憲妻)3690

盧氏(劉遵古妻)8047

盧氏(盧脩女)7410

盧氏(盧直女)6596

盧氏(裴寶妻)8515

盧氏(裴定妻)6965

盧氏(裴晃妻)3997

盧氏(裴迥妻)8154

盧氏(裴謙妻)7741

盧氏(裴向妻)6786＊、
7064、8063

盧氏(裴誚妻)5384

盧氏(裴周南妻)3467

盧氏(喬弁妻)6555

盧氏(任榦妻)4635

盧氏(宋玄之妻)3867

盧氏(蘇冲妻)9028

盧氏(蘇份妻)5508

盧氏(孫揆妻)8763

盧氏(孫諒妻)5611

盧氏(唐鑒妻)3760

盧氏(田授妻)7382

盧氏(庭芳女)4353

盧氏(同盛女)4263

盧氏(王承榮妻)8108

盧氏(王大器妻)4138

盧氏(王鋌妻)7652

盧氏(王咎妻)7909

盧氏(王寧妻)8816

盧氏(王融妻)8302

盧氏(王守禮妻)2334

盧氏(王守真妻)1673

7278、7373、7529、8179
盧鐵婆 7373、8116
盧汀 6721
盧庭芳 4353
盧庭珪(子獻)8124、8206＊
盧庭彦 8829
盧侹 2782、2968、2983、2984
盧珽 5594
盧仝(賓一,玉川先生)6520、7906
盧同愛 1392
盧同德 3156、4559
盧同吉 3479、4353、5409
盧同慶 3509
盧同盛 4263
盧同休 4815
盧摶 8622
盧推 6072
盧宛兒 7373
盧婉(季方女)8116
盧婉(盧鉉女)3794
盧婉(妹妹,蕭寡尤妻)1814＊、3124
盧琬 7591
盧萬 8197
盧萬石 1673
盧萬石 5594、5866、7410
盧望回 7448、7449、7587
盧威 7108
盧威光 7094
盧微明 1985
盧濰 6665、7041、7440
盧隗 4779
盧頠 2399
盧頠 9267
盧緯 8627
盧位 5130
盧文澂 2154
盧文達 5392
盧文度(子澄)8809
盧文渙 8746
盧文機 4342
盧文紀 8809
盧文進 9072＊、9089
盧文舉 7191
盧文勵 1673
盧文敏 5695
盧文明 5942
盧文洽 0576
盧文式 4279、4675
盧文挹 3690
盧穩 7750
盧汶 8502
盧吴 7855
盧吴郎 4806
盧吴老 5558
盧五兒 8267
盧西華(崔翹妻)5313＊、5497
盧希 7935
盧希宗 8213
盧谿 6894、7079
盧習誠 3509
盧習善(子樂)0553＊、1392
盧禧 4663
盧俠(毅夫)6665
盧仙壽(子英)0983＊、1469、2484
盧仙冑 3607
盧仙宗 3607、6741
盧先之 3282、5225、5887、6845、7449、7597、7855、8276、8563
盧暹 6638、7384
盧賢賢 7617
盧顯娘 8682
盧峴 5862
盧涀 5392、5695＊
盧獻 1427、1912
盧湘 9276
盧湘(鏡源)5887＊、7597、8124、8206、8207、8276、8563
盧庠 7972、7987
盧祥玉 5548、5985、7715
盧詳 3607
盧向 5081
盧象 3467、6006
盧小伴 7529
盧小寶 7500
盧小昌 7830
盧小侯 8567
盧小匠 7586
盧小娘子 8207
盧小倩 7375
盧小書 6393
盧小巡 7586
盧小鄭 7529
盧曉 3405
盧孝山 7587
盧孝孫 5588
盧携 8440、8514
盧諧(見盧長諧)
盧歆 1868
盧信 8143
盧興 6022
盧行表 3819
盧行嘉 4201
盧行詢 8347
盧行質(子義)5887、7597＊、8124、8206、8207、8276
盧行周 7298
盧滎 7855
盧雄(猛)3005
盧敻 3862
盧休彩 6617
盧休藏 6124、6299
盧脩 7410
盧脩媛 3479
盧岫 4003
盧岫(盧約子)8073
盧虚景 4147
盧虚舟 4604
盧頊 5381
盧頊 5393
盧頊 5848
盧頊 6772
盧頊 7626
盧頊(盧衍子)7696
盧旭 5548、5985
盧序 6786
盧緒 4571、5767
盧宣兒 7375
盧暄 5594、5866
盧玄 0769
盧玄璧 8124
盧玄成 1814
盧玄範 3038
盧玄明 2360、3453＊
盧玄晏 4342
盧玄祐 8312
盧絢 3350、3403、5558
盧鉉(盧瓊子)3794
盧鉉(卿遠子)6208
盧雪 5915
盧巡兒 7586
盧洵 6687
盧洵(克明子)7108
盧珣 5199
盧珣(盧嬰子)2360、3453
盧珣(盧政子)6596、7390
盧循友 4571、5767
盧詢 4491、4602、4716、6329、6989
盧巽 5439
盧愻(子順)7801
盧燕 5931
盧延度 3467

盧悦(子儒)3607＊、
　6741

盧越 4571

盧嶽(子川)8621

盧雲 7319

盧允載 6617

盧允貞 2564

盧允忠 5002

盧惲 5016

盧緼 8116

盧蘊 8177

盧載(子蒙)5966、
　6769、6772、7357＊

盧瓚(子珪)2399

盧早 5138

盧藻 4737

盧造 8413

盧則 5558

盧澤(盧立子)8361

盧澤(盧佽父)7500

盧曾參(賢和)3819

盧瞻兒 8502

盧占(子從)7713、
　8046＊

盧章 7826

盧彰 7716

盧漳 4540

盧璋 7860

盧佋 6501

盧昭(季方女)7373、
　8116

盧昭(盧偃子)1924

盧昭(萬石子)7410

盧昭道(子真)1265＊、
　4231、4687

盧昭度 1286、2605、
　4491、4602、6329、
　6989

盧昭價 5409、6916

盧昭諒 3607

盧昭文 6092

盧昭祚 8312

盧昭□4604

盧釗(盧旭子)5548、
　5985

盧釗(明遠子)6720

盧沼 4188、5588

盧照乘 3009

盧照己(昃之)3009

盧照鄰 3009

盧照容 3009

盧肇 7175、7454、7993

盧喆(士喆)8046、8502

盧轍 6869、7182

盧貞 7507、7585、7760、
　7958、8089

盧貞(愛，魏協妻)5247

盧貞晦 8266

盧真惠 3038

盧真啓(子光)8627、
　8746＊

盧鍼(盧輓)6869、7182

盧積(承慶子)2967

盧積(盧巽子)5439

盧賑 2154、4279、4675

盧震 8267

盧鎮(盧絢子)5558

盧鎮(盧隱子)8682

盧鎮(貽殷子)8567

盧鎮(仲臻子)7161

盧正道 3405＊、4285、
　4532、4745

盧正紀 5313、6769

盧正鈞 5002

盧正禮 2154

盧正薈 4675

盧正勤(子勵)2282＊、
　2344、5392、5695

盧正權 2782＊、2968

盧正容(休昭)3349、
　3350＊、4200、7716

盧正山 0105

盧正肅 4279

盧正玄(子默)0576

盧正言(履貞)2376、
　3282＊、3350、4205、
　4452、4461、4462、
　4806、4972、5225、
　5681、5812、5887、
　5915、6263、6369、
　6387、6413、6535、
　6680、6845、7278、
　7449、7597、8276

盧正儀 6665

盧政 4964、6596、
　6792、7390、7591、
　8154

盧鄭六 7750、8267

盧鄭五 8449、8469

盧之道 1767

盧之翰 3828、4081、
　5548＊、5985、7715、
　8320

盧之信 2625、6290

盧知猷 8809

盧知遠 4201

盧直(盧珣子)6596

盧直(望回子)7587

盧執顏 3282

盧徵 4779

盧徽 6064

盧志安(安國)2376＊、
　3282、3349、3350、
　4200、4205、4452、
　4461、4462、4806、
　4972、5225、5887、
　8276

盧志道 0116

盧志寧 3038、3375

盧志汝 5558

盧陟 8574

盧晊 8413

盧智 7100

盧智首 5681

盧質 8807

盧中 8504

盧中山 7713

盧忠肅 7959

盧鍾葵 0043

盧仲賓 0116

盧仲方 4944

盧仲矩(世規)7329

盧仲俊 2625

盧仲權(子興)4972、
　5225、5681、5811、
　5812、5814、5915、
　6263、6413、6664、
　6680＊、7100、7278、
　8179

盧仲容 6124、6299

盧仲文 6638＊、7384

盧仲誐 5931、7839

盧仲臻 7161

盧重(子威)7826＊、
　8508

盧周史 6845

盧晝 8050、8627、8746

盧諸 7390

盧竹兒 7801

盧躅 8747

盧渚 7716、8035

盧著(士舉子)5513、
　5915

盧著(義高子)7617

盧僕 2959、4183、4414

盧莊 6579

盧莊道 2314、2399、
　2481、2983、7226

盧莊慶 4183

盧倬 7373

盧濯(盧漪子)6268

盧濯(盧昱父)6520

盧仔 6072

盧子(朗)4126

盧子復 7547

盧子撝 3455

盧子佩 8206

盧子讓 3136

1450

陸鍊師 6405
陸諒 8071
陸琳 6651
陸璘 7740
陸齡齡 5343
陸令儀 6113
陸羅三 5343
陸濛 6113
陸秘 3084
陸穆 3084
陸普賢 6842
陸溥 6476、7523
陸玘 6357
陸翹(子楚)5682
陸欽 6113
陸卿 6415
陸慶 0130
陸慶叶 3084
陸裘老 6405
陸珍 7740
陸全勝(姚伯成妻)
　2958
陸仁瑱 2107
陸容 6900
陸榮奴 6802
陸融 0052、1450
陸儒 5682、6900
陸汭 6900
陸僧景 0130
陸山仁 5061
陸善 1202
陸贍 1203
陸少端 5851
陸紹(德祖)7523
陸師貢 8071
陸十娘 5038
陸士季(南容)0130
陸士倫(德彝)4679、
　5343 *
陸氏(崔琳妻)8914
陸氏(歸融妻)8426

陸氏(霍松齡妻)2107
陸氏(李伯成妻)5572
陸氏(李俊妻)8954
陸氏(李彥思妻)9150
陸氏(呂遇妻)8706
陸氏(倪漢章妻)9087
陸氏(錢云脩妻)9165
陸氏(滕躬妻)9149
陸氏(王昕之妻)2467
陸氏(王子賢妻)8560
陸氏(韋河妻)6101、
　6808
陸氏(吳顗妻)6327
陸氏(席夔妻)6240
陸氏(蕭晉妻)5577
陸氏(蕭章妻)9130
陸氏(顏允南妻)5061
陸氏(元建妻)7920
陸氏(袁繼能妻)9154
陸氏(張康妻)9052
陸氏(張萬頃妻)4837
陸氏(鄒朗妻)9166
陸氏(鄒知建母)9159
陸守謙(相如)5284
陸庶 7025、7523
陸爽 0052、1450、4679
陸思第 5284
陸思罕(得徽)6582
陸俟 0052
陸宋七 6405
陸頌 2320、2321、2322、
　2323
陸泰 4424、4679、5343
陸騰 0052、0180
陸恬 6357
陸珽 6357
陸娧(娧兒,韋恂如妻)
　2765
陸万歲 5343
陸萬昭 4226
陸威 7740
陸瑋 6357

陸位 6240
陸希倩 5284
陸希玉 5284
陸咸 6909
陸咸 7740
陸象先 3056、3146、
　4443、5038、5068、
　6476、7523、8426
陸蕭八 6405
陸小娘 0062
陸孝斌 2765
陸脩 6900
陸珝 7523
陸旭 0180
陸緒恭 6582
陸宣猷 0861
陸宣哲 0861
陸玄 0062、0180
陸玄之 3056
陸薛三 6405
陸巽(希言)6740、
　6802 *
陸言遠 6857
陸演 5038
陸彥伯 5061
陸彥恭 2667
陸彥衡 0180
陸彥術 0062
陸陽陽 6405
陸瑤 6357
陸瑤(陸紹子)7523
陸野老 6900
陸倚 6101
陸戾 8843、8898
陸邑 5168
陸益郎 5343
陸鷹兒 7740
陸盈盈 6802
陸郢客 2958
陸雍 0861
陸埔 6857
陸郵 8706

陸瑜 6357
陸餘慶 4451、5572
陸瑀 4896
陸域 6857
陸愈 7523
陸元方 2555、3056、
　4443、5038、6476、
　7523
陸元明 6857
陸元士 0410
陸元瞻 0619
陸氳 7605
陸雲奴 6405
陸璪 7740
陸愭 6476
陸貞慧(阿難)1009
陸積 3084
陸振 4443
陸正正 5343
陸質 6327
陸贄 8426
陸衆 4359、4443、5038
陸璩 7523
陸子野 7740
陸遵楷 0861、1009
陸佐 5168

鹿

鹿善 0046
鹿氏(梁世積妻)0427
鹿曉 0046
鹿衍 8727
鹿晏宏 9096
鹿永吉 0046
鹿裕(法藏)0046

逯

逯福 3811
逯敬存 7986
逯氏(侯端妻)7982
逯氏(張逢妻)8965

454

禄

禄廣收 7063
禄氏(袁義成妻)7063

路

路安蒙 7415
路泌 8415
路璧 6295
路賓 5869
路蔡婆 7415
路操 7874
路承景 1705
路崇 0249
路大娘 2529
路讜 8048
路德准 1926、1927、
　1928、2453
路杲 2529
路哥 5518
路光遠 5518、6134
路珪 5952
路洪(張興妻)6295
路晃 2529
路徽芝 1856
路畿 6363
路季登 8182
路季琳(玄璈)1404
路繼元 6446
路江 5518＊、6134
路景祥 5869
路景秀 5952
路敬仁(貴德)1705
路敬順 5952
路敬溫 8891
路敬章 8891
路君(敬溫父)8891
路君(同文寺丞)1926、
　1927、1928
路君(右金吾騎曹)
　7415
路君德 0758
路君儒 1927、2453

路勵節 2453
路廉 8048
路梁客 5785
路陵 8415
路旻 2529
路齊暉 6363、8182
路啓 8316、8415
路啓還 3915
路欽默 1926
路欽穆 2453
路欽昚 1928
路欽恕 1927
路欽質(法邕)1928
路群 6363
路群 6704
路仁玄 8182
路榮 7874
路三寶 8048
路三才 0249
路三昧 8048
路善 0249
路審中 8622
路昇裕 5869
路十一娘 5952
路氏(柏義深妻)1825
路氏(陳克奇妻)5209
路氏(陳思禮妻)4379
路氏(傅釜妻)6114
路氏(孔元寶妻)2994
路氏(李超妻)6284
路氏(李崇禮妻)1807
路氏(李茂林妻)7443
路氏(李郎妻)6363
路氏(劉然妻)7294
路氏(路縚女)8415
路氏(龐重立妻)8485
路氏(裴札妻)5463、
　5784、5785＊
路氏(王行實妻)9003
路氏(韋勞謙妻)7533
路氏(武慶妻)7951
路氏(顏標妻)8182

路氏(趙輔妻)1657
路思令 2453
路嗣恭 5292、5463、
　5762、5785、5952
路隋 7264、7673、8415
路太一 5785
路曇 2529
路通 7874
路通(子明)0249
路灣 6295
路縚 7227、8415
路網 8489
路文才 0249
路文昇 1404、5785
路文遇 6576
路心兒 8091
路秀華 5869
路秀林 5869
路秀琳 7874
路秀清 5869
路秀珍 5869
路玄 6862
路巖 8048、8182、8451
路兗 1404、5785
路縝 1926
路諲 8091
路應 5785、7398
路友交 6295
路元亮 2529
路元叡 1404
路元哲 5785
路遠(見路光遠)
路嶽 8182、8451
路政(路崇子)0249
路政(路榮子)7874
路植 7785
路□心 8589

樂

樂氏(李德休妻)8869
樂氏(劉孝幹妻)0730

論

論博言(知遠)8021
論布支 8021
論傪 5210、5329、8021
論誠節 5210
論從禮 8021
論鍔連 8021
論弓仁 5210
論陵 5210
論仠 5210
論綺心兒 5131
論佽 5210
論氏(崔戢妻)8504
論惟明 5810、8021
論惟貞(瑀,本名仙芝)
　5210＊、5810、8021
論位 5210
論悉頰藏 5131
論欽陵 8021

羅

羅表正 9134
羅伯(康信)0620
羅成 6418
羅承嗣 1584
羅承緒 1584
羅冲(道真)0564
羅儔 9118
羅達 0620
羅道琮 3326
羅道郎 7880
羅德源 9126
羅鐸 8969
羅福延 4180
羅公受 9136
羅觀照 1263
羅邦 7445
羅晧 1584
羅合志 0620
羅何含(敬之)7143
羅曷 9136
羅弘 7143

455

羅弘坦 9136
羅弘信 8893
羅懷文 0564、3326
羅郇 7445
羅寄(阿寄)9223
羅濟 9105、9107
羅㫰 4180
羅諫 8969
羅介 9136
羅進通 8936
羅炅 3974
羅巨集 7026
羅君 3772
羅君(安仁丞)2489
羅君(羅郇父)7445
羅君副 1584
羅君聽 7446
羅曠 1584
羅禄娘子 7880
羅倫 8969
羅茂廣 6979
羅茂進 6979
羅茂京 6979
羅茂仟 6979
羅茂貞 6979
羅茂真 6979
羅摩 3974
羅娘子 3974
羅期 7035
羅祁斯 7143
羅千介 6762
羅千企 6762
羅千俞 6762
羅千念 6762
羅阡 7173
羅遷 7143
羅倩 7035
羅清 6418
羅清湛 6979 *、7026
羅然 5550
羅讓 5899、7380
羅讓(弘信父)8893

羅榮 1821
羅塞翁 9115
羅紹威 8893
羅昇 1821、4180
羅昇炅 7880
羅十二娘 9170
羅十一娘 9170
羅氏 9054
羅氏(李公操妻)7192
羅氏(李坦妻)9096
羅氏(劉榮妻)7395
羅氏(戚公汶母)7560
羅氏(任暉妻)9176
羅氏(唐洪妻)8261
羅氏(童彦怡妻)9172
羅氏(王公亮妻)7136
羅氏(王元和妻)6914
羅氏(王源母)5999
羅氏(魏靖妻)9128
羅氏(徐大和妻)7679
羅氏(周宥妻)8697
羅氏(左至孝妻)7616
羅守素 8969
羅守忠 3974
羅受 9170
羅叔玠(魯珪)7880
羅䀼 9118
羅順 0564、3326
羅思 0620
羅四無量 1821
羅素(秉忠)9118
羅肅 6966
羅坦 9170
羅廷規 8893
羅通達 8936
羅通信 8936
羅團哥 8969
羅婉順(嚴正,元大謙妻)3741、4180 *
羅萬寧 7880
羅韋伍 6763
羅惟恭 5550、5822

羅惟良 5550、5822
羅惟謙 5550、5822
羅惟顒 5550、5822
羅惟忠 5550
羅蔚 8297
羅文達 6966
羅文達 8936
羅文舉 6966
羅文申 6966
羅文窴 7173
羅文則 7173
羅希携 6762、6763
羅希招 6763
羅細 6979、7026
羅仙(童知)9115
羅携 9136
羅興 9118
羅興宗 7445
羅脩古 9115
羅玄楚 6826
羅玄佐 5822
羅延 0564
羅延(羅然子)5550
羅延魯 9011
羅延賞 8893
羅延緒 8893
羅延宗 8893
羅延□8893
羅儼 1821、4180
羅彦 5550
羅逸 3974
羅藝 0192、0598、0749
羅殷 7143
羅隱(昭諫)9115
羅盈達(勝遷)8936
羅餘慶(休徵)1584
羅元杲 8500
羅元誨 9118
羅元景 3326
羅元賞 9118
羅郎 7445
羅造 5966

羅璋 9118
羅璋(珪璋)5550 *、5822
羅璋(韋伍父)6763
羅貞 7026
羅真 7026
羅志 6979、7026
羅智朗 8969
羅仲方 7143
羅仲瓊 7143
羅仲則 7143
羅仲釗 7143
羅周輔(國華)8969
羅周翰 8893
羅周敬(尚素)8893 *、8949
羅周胤 8893
羅子鳳 3326
羅子虹 3326
羅子鷗 3326
羅子鸞 3326
羅宗 7026
羅□幹 6418

駱

駱寶 0925
駱本(道生)1695
駱粲 1846
駱璨 6592
駱長素 0925
駱暢 1846
駱從吉 9169
駱琪 5959
駱光朝 5959
駱貴 2658
駱國 1695
駱弘 1695
駱弘義 2658
駱建 5959
駱炅 5772
駱俱 1695、1696
駱君(駱炅父)5772

呂略 0745　　　　呂氏 7003　　　　呂文達 0876　　　　呂玄和 6679
呂買 2545　　　　呂氏(成仁妻)4101　呂文貴 8646　　　　呂玄慶 0905
呂買 4915　　　　呂氏(杜儼妻)1406　呂文莒 7245　　　　呂玄晤 5271
呂茂璡 4915　　　呂氏(范堅母)4975　呂文亮 8218　　　　呂言(智)2545
呂孟雍 7263　　　呂氏(高繼蟾妻)8737　呂文強(武幹)0745　呂咼 6095
呂妙妙 8274　　　呂氏(高力士妻)4843　呂文奘 5946　　　　呂琰 0745
呂明 1022　　　　呂氏(龔玄受妻)5519　呂文□6095　　　　呂彦珂 9106
呂明哲 5618　　　呂氏(李孝褘妻)4314　呂汶(若冰)6988　　呂彦祖(齊卿)4594
呂寧 7310　　　　呂氏(劉汎妻)8232　呂翁歸(弘美)7263　呂遙(季武)5271
呂平 7218　　　　呂氏(劉照璧妻)0152　呂五哥 8924　　　　呂液 5245
呂七哥 8924　　　呂氏(羅弘信妻)8893　呂武 2247　　　　　呂暉 1022
呂期 3936　　　　呂氏(任恭妻)0617　呂希 6997　　　　　呂漪 3903
呂錡 1861　　　　呂氏(任衡妻)0319　呂希言 5844　　　　呂沂 6988
呂伽 0997　　　　呂氏(任行禮妻)8674　呂俠 7218　　　　　呂義全 3175
呂清 6988　　　　呂氏(王宗諫妻)8098　呂先古 6095　　　　呂義忠 7370
呂慶 8338　　　　呂氏(徐履冰妻)5810　呂咸 7310　　　　　呂英昢 8553
呂慶(呂岫子)5202　呂氏(陽承訓妻)4297　呂獻臣 3903　　　　呂鎣 1309
呂讓 6975　　　　呂氏(楊從魯妻)9174　呂向 3123、3733、　呂友哲 6095
呂仁(會)3175　　呂氏(張德妻)1861　　3897、4013　　　呂幼復 7263
呂如全 5641　　　呂氏(張居詠母)9082　呂小姑 8555　　　　呂魚魚 8274
呂如佺 5641　　　呂氏(張彦敏妻)8503　呂孝嗣 1734　　　　呂遇 8706
呂如雅 5641　　　呂氏(張有才母)6255　呂孝元 3175　　　　呂遇師 5271
呂潤 6696　　　　呂氏(張自謹妻)6696　呂歆 3021　　　　　呂裕 3021
呂善感 0381　　　呂世瓚 1309　　　　呂信 0905　　　　　呂元 3095
呂善娘 8555　　　呂叔德 3028　　　　呂信天(玄静)3028　呂元第 3028
呂少瓊 6068　　　呂淑(子仁)6600、　呂興 0997　　　　　呂元璀 3175
呂邵隆 4594　　　　6997＊　　　　　呂興(元悦子)5946　呂元爽 3936
呂什 5618　　　　呂爽 4915　　　　　呂行安 8944　　　　呂元膺 5961、6228、
呂神警 3028　　　呂舜 0905　　　　　呂行璋 8553　　　　　6263
呂神亮 8646　　　呂思哲 3903　　　　呂行宗 8553　　　　呂元穎 5924
呂神素 8646　　　呂思貞 2545　　　　呂休璟 1734　　　　呂元悦 5946
呂睿交 5245　　　呂嵩 6913　　　　　呂秀 6948　　　　　呂元貞 3028
呂師璟 6997　　　呂太汶 8555　　　　呂秀(呂期子)3936　呂遠 8976
呂師珝 6997　　　呂太玄 6554　　　　呂秀實(茂貞)5641　呂再晟 7245
呂十八娘 7218　　呂太一 6777　　　　呂秀順 5641　　　　呂瓚 6554
呂十二娘 7218　　呂太貞 5245　　　　呂秀英 5641　　　　呂哲 4915
呂十娘 7218　　　呂庭蘭 4907　　　　呂岫 5202　　　　　呂貞(勛)3936
呂十四娘 7245　　呂同長 5258　　　　呂頊陽 5202　　　　呂真 2247
呂十一娘 7245　　呂婉娘 8555　　　　呂宣政 6554　　　　呂整 2247
呂時 5946　　　　呂琬(見呂德彝)　　呂玄 8402　　　　　呂政 8218
呂士明 7218　　　呂渭 6450　　　　　呂玄德 6988　　　　呂芝 8924
呂士源 5202　　　呂温(和叔)5719、5923　呂玄福(元祐)1309　呂知誨 6572

馬繼業 8996

馬繼祖 8142

馬驥(康伯)3619、
　4937＊、4962、5192、
　5397

馬嘉端 8547

馬嘉隱 3075

馬簡 8547

馬建 0318

馬建 8754

馬建(馬宷子)5397

馬澗 5753、6388

馬皆 5159

馬捷 6252

馬節 1341

馬晉 3967

馬晉(馬駿子)3619

馬進 6752

馬進潭 6778

馬净行 6060

馬敬收 8587

馬駒 3388

馬舉 8411

馬巨源 6497

馬炬(繼美)5619

馬君 1440

馬君 6566

馬君 6824

馬君 8192

馬君 8444

馬君(重進父)9002

馬君(晉陵別駕)4049

馬君(涇州刺史)0590

馬君(涇州録事)2492

馬君(朗州長史)5902

馬君(馬育父)2616

馬君(上洛令)2492

馬君(什邡令)3108

馬君(舒州司馬)2492

馬君才 5619

馬俊 6060

馬郡 1583

馬駿 3619

馬開(馬昭父)3619、
　4937

馬開(文舉父)0903、
　2350、4703

馬楷(馬澹子)4087

馬楷(虔叙子)4039

馬考顔 6086

馬克庵 2498、3458

馬克忠(見馬烈)

馬寬(柞)1135

馬覬 4758

馬曠 1507

馬坤 8949

馬郎 4922

馬立 8612

馬利 3902

馬連(馬澗子)5753、
　6388

馬連(馬詢子)8547

馬廉 6265

馬良 8612

馬良驥 4518

馬良瑜 8429

馬亮(友亮)6688

馬烈 7090

馬烈(克忠)1541＊、
　5159

馬琳 0947

馬鄰(承宗子)6070

馬鄰(馬詮父)6197

馬璘 8598

馬璘(仁傑)4937、
　4962、5104＊、5159、
　5163、5269、5294、
　5302、5397、5721、
　6328

馬綾綾 9002

馬令圖 8925

馬劉五 8949

馬茂 1507

馬孟子 5159

馬密(道山)1715、
　1716＊

馬緬(河漢)1249

馬妙喜 8587

馬敏 3631

馬謨 3388

馬睦胡 8429

馬洒武 2801

馬難過 6876

馬娘兒 8598

馬寧 6633

馬平陽 5902

馬平□8192

馬乞女 9002

馬豈 6844

馬千金 8547

馬遷(馬立子)8612

馬遷(馬萬子)6688

馬遷(馬威父)2800

馬遷(士貴父)3075

馬謙(光宗)4383

馬虔(操文)6197

馬虔(馬詮父)5716

馬虔(馬興子)8724

馬虔叙 4039

馬翹 8142

馬欽 1135

馬欽儁 2492

馬慶 1249

馬瓊 4752＊、5958

馬去非 9044

馬全紡 7842

馬全慶(休復)7325

馬全繡 7842

馬詮(馬虔子)5716

馬詮(馬鄰子)6197

馬仁軌 4039

馬榮 1135

馬榮 6584

馬鋭 4752

馬僧兒 9002

馬山 6000

馬善(□朗)1341

馬少岌 6876

馬少寧 6876

馬少殷 5228

馬紹(德嗣)5159

馬畬 5619

馬深 1356

馬神禮 2801

馬神智 1341

馬宷(公直)4937、
　5178＊、5397＊

馬審 4937

馬慎暉 6876

馬昇(馬尋子)7524

馬昇(馬彰子)4962

馬晟(承宗子)6070

馬晟(馬璘父)5104、
　5163、5302

馬晟(馬深父)1356

馬師(元禮)2492

馬十八娘 8429

馬十二娘 6688

馬十二娘(馬直女)
　8570

馬十一娘 6688

馬十一娘(馬直女)
　8570

馬實 8547

馬士長 5958

馬士端 7673

馬士貴 3075

馬氏 0536

馬氏 8680

馬氏(暴仁妻)3256

馬氏(陳懷妻)3732

馬氏(樊思瑾妻)8496

馬氏(范江妻)8026

馬氏(范忠弁妻)7925

馬氏(馮暉妻)9049

馬氏(馮少連妻)5958

馬氏(馮唐渭妻)5870

馬氏(高洪謹妻)8986

461

馬義(馬惠父)5188

馬義襃 1135

馬鎰 4752

馬殷 8762、8888、9074

馬英 8949

馬英粲 6002

馬英華 3619

馬穎 6252

馬用 5897

馬遊 6086

馬猷 3388

馬有 8680

馬幼昌 9245

馬幼郎 7908

馬宥 5192

馬宇 5461、6672、7751

馬玉 3974

馬聿 7325

馬郁 5870

馬育 2616

馬豫 1135

馬元(馬殷父)9074

馬元(馬岳子)6265

馬元醜 0058

馬元寂 3902

馬元景 3902

馬元客 2937

馬元穆 6186

馬元慶 3458

馬元曉 3902

馬元瑒 4703

馬元曜 3902

馬元翼 2350

馬元胤 5870

馬元哲 4846

馬元贊 7842

馬元□ 4846

馬岳 6265

馬岳(及中)5753、6388 *

馬頎 8459、8475

馬蘊 7851

馬載 7720

馬駟 3619

馬造 6252

馬則 1356

馬擇 2505、4049、5159

馬翺 8142

馬瞻 5384、5966、5486

馬湛(玄式)1356

馬彰(君明)4937、4962 *

馬璋 5587

馬侶 4383

馬昭 6265

馬昭(正會父)3619、4937、4962、5104、5192

馬釗 4752

馬珍 2193

馬貞 4922

馬貞(思正)2003

馬禎 9074

馬振之 6488

馬拯(道濟)8949

馬正會 3619、4937、4962、5104、5163、5192、5302、5397

馬政 8598

馬直 8570

馬植 6698、7113、7405、7933、8178

馬志誠 6086

馬智 3631

馬寔 5192

馬忠 8724

馬忠孝 8660

馬仲莒 6752

馬仲申 8429

馬周 6197

馬助 7748

馬住兒 9002

馬子建 0643

馬宗 8587

馬摠 6232、7145、7325、7906

馬縱 5159

馬縱 8429

馬族 0903

麥

麥氏(馮君衡妻)4843

麥鐵杖 4843

毛

毛璧 8396

毛伯良 5793、5967

毛伯通 6736、6816

毛伯貞 7109、7210、7556、7585

毛重暉 8286

毛崇厚 8927

毛琮 8286

毛季平 6190

毛君 7003

毛孟安(太山)8286

毛婆姐 8871

毛瓊 8286

毛讓 8852

毛十二哥 8871

毛氏(杜晉母)3267

毛氏(張宗楚妻)7777

毛叔鄉 8286

毛遂古 1811

毛廷翰(見毛庭翰)

毛廷誨(見毛庭誨)

毛廷魯(見毛庭魯)

毛廷美(見毛庭美)

毛庭翰 8852、8871

毛庭誨 8852、8871

毛庭魯 8852、8871

毛庭美 8852、8871

毛庭蘊 8871

毛文璨 8927

毛文徽 9093

毛文慶 9098

毛文瞻 8927

毛聞禮 3267

毛汶(延泳)8923、8927 *

毛憙 3267

毛信 3267

毛巡郎 8286

毛言 8852

毛瑩 8927

毛璋(玉華)8852 *、8871

毛貞遠 8927

毛知儔 7946、7970、7994

毛知儀 8396

梅

梅琮 2523

梅端(同客)2523

梅氏(柳若絲妻)5432

梅政 2523

門

門頎 5044

門道(弘獎)2072

門和(弘偘)1545

門滿 1545

門齊 1545

門仁 1545

門氏(高元宗妻)8986

門威 1545

孟

孟愛 7608

孟堡 8335

孟抱劍 5263

孟抱珍 5263

孟弁 7176

孟標 9114

孟表微 8386

孟邨(柳鼎妻)7818

孟彬 7818

孟泰(山)4136
孟壇 7031
孟挺 4371
孟通(孟海子)7608
孟通(孟義子)6738
孟通微 8386
孟潼 8068
孟屯仁 2834
孟威 0253
孟惟讓 7608
孟暐 6907
孟蔚 7818、8335
孟溫 2872、3919
孟文德 8796
孟文亮 6235
孟文亭 7640
孟五娘 3302
孟峴 8068
孟相 0426
孟小齋 7818
孟曉 3919
孟孝德 3919
孟緒 8796
孟玄機 3302、7818、
　8068
孟荀 5983
孟珣 3663
孟亞孫 8335
孟延古(習風)7640
孟延意 9099
孟洋 7818、8068
孟曄 7704
孟貽範 9099
孟貽矩 9099
孟貽鄴 9099
孟貽邕 9099
孟倚 6738
孟義 1221
孟義(孟忠子)6738
孟翼 0426
孟懿 3663
孟永安 7496

孟祐 7496
孟裕 8754
孟豫 4628
孟元 0183
孟元長 0354
孟元琛 1902
孟元奉 3937
孟元環 3937
孟元簡 8366
孟元諒(彝倫)6738
孟元琦 3937
孟元祥 3937
孟元陽 6153、6689、
　7640
孟雲 0426
孟齋 7818
孟璋(師)2151
孟貞幹 5671
孟真老 6738
孟知祥 8930、9100、
　9104、9106
孟騭 8068
孟忠 3937
孟忠(孟式子)5903
孟忠(孟義父)6738
孟仲康 0038、0253
孟柱娘 7640
孟莊 8068
孟子周 5497
孟滓 5510
孟自然 7608
孟縱 5510
孟纂 4030
孟遵古 8676
孟佐 9032
孟□4631

弥

弥寶 7284
弥進朝 7284
弥氏(康思敬妻)2871
弥文逸 7284

弥元約 7284
弥元政 7284
弥岳 7284
弥仲宣 7284

弥姐

弥姐弼 4725
弥姐慈藏 4725
弥姐君(安東都護)
　1481
弥姐亮(元亮)4725
弥姐能 1481
弥姐氏(韓忠妻)0574
弥姐通 0574
弥姐□4725

祢

祢福 1178
祢軍(溫)1178
祢仁徽 2315
祢仁傑 2315
祢仁俊 2315
祢仁秀 2315、4362＊
祢仁彦 2315
祢善 1178、2315、4362
祢寔進 0945＊、2315、
　4362
祢適 4362
祢思善 0945
祢素士(素)2315＊、
　4362
祢譽 0945、1178
祢譽多(見祢譽)
祢真 2315

米

米氏 4698
米八兒 8432
米斌 3632
米稟那 5822
米慈封 1752
米存簡 7366

米存實 7366
米存賢 7366
米存遇 7366
米副侯 6469
米剛 3632
米公弁 8432
米公亮 8432
米公慶 8432
米公喜 8432
米君(河西節度副使)
　4698
米君(右驍衛郎將)
　4698
米君亮 7422
米君受 7422
米君用 7422
米琳 3632
米婆奴 7422
米乞得 7422
米千鈞 7422
米欽道 3632
米慶 1752
米仁慶 1752
米閏郎 7422
米尚 1752
米神通 3323
米生 1752
米十二娘 8432
米十七娘 7422
米十一娘 8432
米士炎 4617
米氏(安萬金妻)8906
米氏(安孝臣母)3364
米氏(康榮妻)7996
米氏(羅萬寧妻)7880
米氏(羅璋妻)5550、
　5822＊
米氏(閻叔汶妻)7492
米王什 7422
米溫 3632
米文辯 7366
米興 8432

明崇業 1238

明奉世 1237、1238、
　3737

明復 4463

明懷愻（見明愻）

明闓 4581

明君 1239

明開 4581

明克讓 1238

明愻（懷愻）2386、
　2889、4581

明愻（敬）1237、
　1238 *、3737

明闍 4581

明婉 3199

明晤微 4581

明暹（辯或）4463、
　4581 *

明暹（子文）2386

明信 2386、4581

明雄 2386、4581

明脩本 2386、2889、
　4581

明虛己 3737

明虛心 3737

明琰 3737

明餘慶 1237、1238

明昱（若冰）2386、
　2889 *

明震 4463

明止 3199

万俟

万俟鳳節（獻師）1193

万俟進 1193

万俟君 0629

万俟君（利州刺史）
　0469

万俟廉 1193

万俟略 1113

万俟齊莊 3858

万俟枰 1193

万俟鎔 7297

万俟紹 0469

万俟氏（裴文明妻）
　3858

万俟氏（錢執素母）
　5420

万俟署 5338

万俟肅（子敬）1113 *、
　1609

万俟滔 5420

万俟玄道 1113

万俟雅 1113

万俟弇 5420

万俟應元 5420

万于

万于氏（劉德妻）2759

莫

莫藏珍（湊）4343

莫朝隱 5505

莫崇節 5505、5506

莫德堯 5505 *、5506

莫弘儁 4343

莫嶠 7476

莫麗芳 0003

莫麗支 5091

莫氏（莫曇女）7476

莫仕通 5506

莫仕湍 5506

莫蘇子 5506

莫曇 7476

莫希昂（道遠）5505、
　5506 *

莫希藏 1958

莫孝恭 0003

莫行愔 4343

莫休（雲）1958

莫玄秀 4343

莫耀 4343

莫影龍 0003

莫元卿 7278

莫智希 1958

莫遮

莫遮氏（王元節妻）
　4538

默啜 3195、4858

沐

沐達 0965

沐道生 0965

沐立言 0965

沐氏（趙勖妻）3530

慕容

慕容寶節 2629

慕容斌 4990

慕容鉢（見慕容諾
　曷鉢）

慕容昌 3416

慕容莨 6303

慕容敞 4342

慕容琛（良玉）2666

慕容承福 3702

慕容春 7135

慕容華 7135

慕容環（琢璧）6303

慕容嘉賓 3491

慕容敬崇 8548

慕容敬能 8548

慕容敬思 8548

慕容君 4990

慕容君政 7135

慕容儁 0665

慕容克誠 3793

慕容驊 2629

慕容輪（曦輪）4416

慕容羅侯 2629

慕容緬 2666

慕容那何拔（見慕容
　諾曷鉢）

慕容諾曷鉢 0817、

　1620、2222、2805、
　6303

慕容潘 8548

慕容沛 6918

慕容琦 3416

慕容慶 3793

慕容璩 3416

慕容讓 6918

慕容讓（徽謙，柳當妻）
　6918

慕容融 2222

慕容三藏 2097

慕容煞鬼（宣昌）2222

慕容紹宗 2097

慕容實 8548

慕容士政 7135

慕容氏（成月公主）
　0817

慕容氏（郭元慶妻）
　7950

慕容氏（盧友愻妻）
　5138

慕容氏（慕容慶女）
　3793

慕容氏（席庭誠妻）
　3776

慕容氏（尉亮妻）2629

慕容氏（尉義誠妻）
　2124

慕容氏（張世師妻）
　2340

慕容氏（張孝才妻）
　1075

慕容順 1620

慕容思觀（崇亮）2097

慕容湯 6303

慕容萬石 3793

慕容曦光（晟）3702

慕容孝儁（見慕容儁）

慕容相 3416

慕容相（千尋）6303

慕容興 7135

倪廿五娘 8601

倪凝 0486

倪評 8125

倪浦兒 8601

倪若水 3124

倪少遷 8125

倪氏(畢宗妻)8777

倪氏(賈文變妻)1934

倪氏(李迥妻)6192

倪氏(戚恭妻)9087

倪氏(張行簡妻)8109

倪氏(朱泳妻)6064

倪叔平 8601

倪素(貞)0486

倪琬 0486

倪章 8835

念

念生 2409

念思泰 2409

念通 2409

念子(祿)2409

聶

聶臣 2925

聶誠 8028

聶和 8857

聶寂 8028

聶進 6549

聶牢 8028

聶亮 8857

聶令賓 2925

聶令琬 2925

聶慕閭 8857

聶師道(問政先生)
　9071

聶氏 5867

聶氏(任秀江妻)8657

聶氏(王寂妻)8513

聶氏(張匡凝妻)8965

聶泰 2925

聶五經 8028

聶休 2925

聶宰 8028

聶□6144

甯

甯長真 3395

甯承元 1251

甯道務(惟清)3395

甯公度 7115

甯公雅 7115

甯君(朔州刺史)1251

甯猛力 3395

甯岐发 3395

甯岐蘭 3395

甯岐雄 3395

甯璪 3395

甯叔良 7115

甯有義 7115

甯裕 0346

牛

牛保 4712

牛保興 4877

牛寶 3241

牛寶 4217

牛寶(幹)1325

牛寶僧 7889

牛弻 0805

牛玠 6550

牛斌 6223

牛綵綵 7889

牛粲 1361

牛粲(牛和子)2236

牛昶 4877

牛暢(牛成父)1604

牛暢(牛遵父)1877

牛成 1604

牛承徽 4901

牛熾 1160

牛崇 8894

牛崇(信高)1087

牛純洪 3026

牛從實 8673

牛藂 7108、8358、8567

牛存節 8774

牛大名 2404

牛待(詮)3644

牛丹 5998

牛就 5998

牛道昇 8224

牛德(牛積父)2655

牛德(牛仁子)3063

牛德(牛威子)1762

牛德(文範)1336

牛定 3025

牛度(師)0805

牛尊 6223

牛恩郎 7889

牛方 4877

牛方智 0345

牛芬 8282

牛奉憲 4877

牛奉允 8637

牛奉貞 4712

牛佛保 8894

牛福 6843

牛福貴 8282

牛福亮 8282

牛福子 4029

牛感(智員)1361

牛高 3025

牛公玤 6550

牛公素 6550

牛公信 8673

牛公誼 6550

牛公琚 6550

牛苟苟 8595

牛光進 7889

牛光耀 4516

牛光祐 7230

牛光昭 4516

牛貴 3241

牛貴 4217

牛貴(牛聯子)2288

牛貴(牛仙子)1711

牛貴興 7147

牛海 3330

牛和 2236

牛恒 8637

牛衡(正臣)8422

牛弘 3893

牛弘(奇章公)0201、
　0232、0345

牛弘敬 7889

牛弘禮 8224

牛弘真 8289

牛洪(鄒穆)3512

牛洪實 8992

牛胡子 6550

牛護 1435

牛華 6223

牛懷敬(俊奴)4516

牛懷倩 7147

牛懷素 7147

牛懷誼 7147

牛懷玉 5998

牛暉 0805

牛暉(牛文子)3027

牛茴茴 8595

牛惠 3512

牛會 2787

牛積 2655

牛繼奴 7147

牛間 4038

牛建 3330

牛建 4516

牛進 6489

牛進(道生)2477

牛景(毅)4029

牛景(張育)2236

牛景倩 7230、8422

牛徑 2687

牛敬 1336

牛敬福 4877

牛敬唐 8173

牛君 2615

牛順 6827
牛順郎 8595
牛思慶 2085
牛四四 8282
牛聳 4901
牛素 4516
牛太華 8673
牛太寧 8673
牛太悅 8673
牛曇超 0523
牛唐 9012
牛通 2787
牛萬 6223
牛王德 0544
牛威 1762
牛威 2615
牛惟彥 4901
牛蔚 8494、8694
牛溫 1325
牛文 3027
牛文寬 1361
牛文欣 1361
牛文義 2288
牛文誼 8224
牛文宗(法師)0345
牛渥 8846、8927、8935
牛武 8894
牛喜哥 8173
牛喜喜 7889
牛仙 1711
牛仙客 2787、3842、
　4748、6550
牛顯 0544
牛相 4029
牛相仁 0698
牛相仁(體哲)0698
牛祥 3330
牛小福 4029
牛小瑪 6550
牛諧 4603
牛興(牛貴子)1711
牛興(牛儒子)0837

牛興(元起)2404
牛行殷 8282
牛休克 6923
牛脩楷 1877
牛緒(守業)2085
牛暄 7123
牛玄(武)3241
牛玄真 8595
牛絢 3644
牛勳 5998
牛勳(牛武父)8894
牛延私 8894
牛延韜 8894
牛延蘊 8894
牛延祚 8992
牛研 2687
牛晏 5853
牛敭 1160
牛意仁(行恭)2787
牛義 0794
牛義(牛寶子)4217
牛義備 4712
牛義貞 3025
牛翼 3698
牛藝(季才)0523
牛諲 8422
牛英(處)3026
牛顥 8595
牛詠 5998
牛游(方會)1160
牛右恩 7147
牛幼聞 6923
牛玉 1325
牛遇(行遇)1877
牛元 6223
牛元偘 3644
牛元略 4901
牛元翼 7222
牛元宗 6827
牛遠 2085
牛悅 7230、8422
牛越(意)1435

牛允 1160
牛再豐 8282
牛再興 8282
牛瓚 2404
牛奘(期)3027
牛則(奉允子)8637
牛則(牛唐父)9012
牛曾 8173
牛章 5998
牛璋 3330
牛昭 8751
牛趙 4639
牛哲(牛保父)4712
牛哲(牛粲父)1361
牛哲(牛老子)2477
牛珍 0703
牛珍(僧寶)2288
牛貞(逸)4639
牛震 2722
牛鎮 5893
牛知亶 4639
牛知人 4639
牛知什(牛貞子)4639
牛知什(牛智子)4050
牛知業 8774
牛徵(感)3063
牛徵(牛徵子)1877
牛徵(牛綴子)3644
牛志高 3026
牛志高(牛康子)0837
牛志寬 7889
牛志明(朗)2655
牛志用 7889
牛志宗 7889
牛郅 8894
牛智(善最)4050
牛仲將 0698
牛綴 3644
牛自清 5998
牛宗(牛弼子)0805
牛宗(牛楷父)2143
牛宗(牛瓚子)2404

牛尊(陳宗)0544
牛遵 1877
牛□秀 3330

紐

紐重建 7535

鈕

鈕昕 5518

怒厥娘 3824

歐陽

歐陽梴 1722
歐陽誠 7593
歐陽端 7593
歐陽紇 2940
歐陽暉 9070
歐陽伋 6173
歐陽俊 7593
歐陽壽 9081
歐陽嵩 7593
歐陽瑤 7593
歐陽瑤(玄規)7593
歐陽通 2940
歐陽小娘 7593
歐陽興 7593
歐陽雄 7593
歐陽詢 2940
歐陽偃 7684
歐陽瑤 4581
歐陽正遍知(姚珽妻)
　2940

潘

潘襃 2219
潘寶(允珍)0446
潘超 8971
潘承嗣(承祚)3138
潘崇貞 2896
潘從志 9131
潘存約 8095

龐瑜 2149

龐玉 1038、4479

龐元豐 8485

龐元素 4479

龐元約(儉)1038

龐悦 4890

龐説 5325

龐暈 6263

龐昭 2149

龐鎮 2149

龐志信 1699

龐周陁 4475

龐遵 8495

龐□ 4890

龐□義 1036

裴

裴阿龍 8053

裴阿儒 8725

裴阿朱 7339

裴愛師 7754

裴安期 5692、5763

裴安石 2711、4465

裴昂之 2355

裴敖 6886

裴八兒 9031

裴伴叔 8951

裴寶 8515

裴寶符 7344

裴本 2113

裴本立 8414

裴璧 8348

裴弁 5751

裴標 0510

裴玢 3526

裴伯鳳 3423

裴伯仁 1039、1605

裴伯義 3123

裴不願 5910

裴采 3852

裴藏兒 7791

裴藏之 5989

裴操之 3759

裴察 7624

裴茝 7691

裴昌 5246、5932、7629

裴昌兒 5375

裴昌宗 3857

裴常棣 5140、7811

裴常憲 5140、7207

裴澈(裴昌子)5246、

　5932、6016、7629

裴澈(裴俅子)8348、

　8622

裴郴 8768

裴忱(信)3852

裴成甫 7754、7795、

　8526

裴成則 5589

裴承鳳 0250

裴承家 3496、4797

裴承節 2667

裴承榮 2728

裴承嗣 3591、4189、

　4743

裴宬 6704、6786、8063

裴乘 5093

裴澄 5885

裴澄(裴峰父)4757

裴趙玄 5208、6076

裴遅 6579

裴重暉 0603、1692、

　2239、2398、2728

裴儔 7644

裴醜牢 8738

裴初 7431

裴處弼 6835

裴處雍(崔咸妻)6371

裴處約 7345

裴楚璧 5299

裴楚才 2019

裴俶 7953

裴琡 6765

裴琡(子玉,李渙妻)

7401 ＊、7933

裴春卿 3224、5140、

　7207

裴慈明 2348、3524

裴慈仁 2530

裴次元 5658、5702、

　5780、6371、8080

裴從實 6366

裴淙 7344

裴寶 6445、7211

裴崔奴 7791

裴漼 2705、3015、3500

裴達 7624

裴大辯 3852

裴大成(大覺)0290

裴大方 3061、6772

裴大亮 5686

裴大同 1408、3333

裴大同(裴炎父)4001、

　4311

裴大猷 3759

裴單 4465、5335＊、

　5910

裴儋 6901

裴誕 8370

裴澹 8127

裴澹微 5460

裴瑞 8712

裴讜 7893

裴導 4106、5595

裴道保 6795

裴道衡 1408

裴道生 5784

裴道□ 4178

裴德 8951

裴鄧兒 7211

裴滌 7720

裴棣(韋慶復妻)5976、

　7282＊

裴鼎 4753

裴鼎(子重)6972、

　7207＊

裴定 3423

裴定(山立)6965

裴冬日(尹元緯妻)

　3296、3297＊

裴洞兒 7791

裴杜老 8348

裴度 6211、6215、

　6380、6617、6718、

　6764、6831、6905、

　6959、7024、7038、

　7072、7117、7139、

　7337、7388、7506、

　7967、8190、8361

裴敦復 4087、4371

裴鐸 7741

裴鐸(裴塤子)7720

裴鍔 5711

裴鶚 4533

裴恩 3524

裴翻 7424

裴翻 9222

裴鐇 6901、6959

裴範(盧克乂妻)

　5384＊、5588

裴方興 0402

裴芬 4533

裴峰 4757

裴鄷 7384

裴鋒 5711

裴諷 8515

裴奉高 0887

裴奉禮 3901、4968

裴鳳雛 5910

裴仏奴 8951

裴佛婢 9230

裴鈇(子重)9230

裴敷 4875

裴桴 8229

裴福兒 9031

裴復 5321、6032

裴扞 7340

裴綱 5711

8154

裴迥(清朝)4533

裴迥(仲將子)4727、
　4743、4982、6453、
　6644

裴炯 5551

裴炯(含光)3365、
　3496 *

裴九兒 9031

裴居道 5190、5375、
　5589、6331

裴居默 4730

裴居士 6772

裴居素 3219

裴居業(立成)3858

裴居一 5534

裴矩 0082、0887、
　2255、2455、3334

裴巨卿 4106

裴句 7652

裴具思 2711、5011

裴具言 2711

裴炬(幼明)3205

裴娟(玉式,韋廑妻)
　6562

裴珏 8113

裴均 5862、5919、
　6267、7502、7743

裴君 5054

裴君(安州長史)1694

裴君(亳州刺史)2521

裴君(登州刺史)2066

裴君(光禄寺主簿)
　3143

裴君(河南尹)8515

裴君(戶部侍郎)8050

裴君(江州刺史)7784

裴君(錦州參軍)2361

裴君(吏部尚書)9218

裴君(盧婉夫)3794

裴君(密縣令)5214

裴君(莫州司馬)3519

裴君(裴淑父)4100

裴君(裴褘父)2353

裴君(歙州司馬)4589

裴君(侍御史)7754

裴君(太子詹事)3232

裴君(萬年縣尉)2521

裴君(夏縣主簿)5156

裴君(邢州刺史)8699

裴君(宣州刺史)4855

裴君(伊闕令)8050

裴君(贊善大夫)7538

裴君(鄭縣令)2022

裴君範 5457、5458

裴君遘 0510

裴俊 3428

裴峻 8884

裴堪 5384、5588、
　5989、6387、6635

裴軻 7201

裴克諒 5866

裴恪 7506

裴觳(藏輝)5739

裴寬 4679、4701、
　5384、5588、7344

裴況 7349

裴曠(允升)3554 *、
　5320 *、5321

裴括 4465、4892 *

裴蘭(見裴元蘭)

裴朗 1408

裴楞伽 7720

裴稜 5927

裴里(幾)3524

裴利見 4533

裴礪 8747

裴廉 5763

裴練 6049

裴鍊 8301

裴良瑾 5457、5458

裴亮 8408

裴諒 6965

裴潾 6186、6228、

6240、6562、6686、
　7352

裴璘 7791

裴臨 7811

裴陵 5947

裴令臣 3428、5440

裴令臣(裴挺子)4797

裴令光(趙文昉妻)
　0032

裴暉(見裴重暉)

裴令簡 3428

裴令先(柳爽妻)0032

裴令儀 3428

裴令昭 3428

裴六兒 9031

裴龍臣 0032

裴龍虔 0032、0250 *、
　1646、1647

裴龍顔 0032

裴盧十三 6795

裴魯 6657

裴露(潤芝,鄭抱素妻)
　7543、7624 *

裴鷥 4533

裴倫 4001

裴綸 6314

裴羅 3514、3519

裴履順 5299

裴履直 4556

裴律師 0076、1523、
　3053

裴馬兒 7791

裴邁 3759

裴邁(裴榮子)5751

裴曼 5581

裴茂 3448

裴濛(源明)6145、
　6639、7344 *

裴孟堅 3123

裴勔 2682、4221

裴冕 4787、4873、
　4956、4967、5125、

5616、5702、5739、
　6401

裴敏 5927

裴穆 3526

裴穆先 4311

裴那 8515

裴訥之 0887、2255、
　3334

裴霓卿(謝六)8187

裴念 0402

裴寧 6704

裴凝(裴寰子)7064

裴凝(裴讓子)8515

裴葩 3519

裴磐 5702

裴盼 7974

裴怦(如琨)4730

裴鵬 4533

裴評 5665

裴憑 6944

裴婆兒(四德)3061

裴浦 6331

裴溥 7967

裴七兒 9031

裴頎 6766

裴綦 3894

裴齊丘 5991

裴起 6870

裴榮 8358

裴千鈞 4730

裴汧(伯源)4776

裴遷 3852

裴謙 0199

裴謙(子深)6786、
　7741 *

裴騫 6704、7643

裴虔 9031

裴虔兒 7791

裴虔構 8478

裴虔誨 7795

裴虔餘 7754、7795、
　8053、8140、8563、

8738

裴虔裕 7795、8526
裴虔章 7795
裴乾夫 7581
裴倩(裴奐子)5067
裴倩(裴積子)4052、
　5862
裴倩(行節子)5551
裴蒨 6110
裴僑卿 3371、4052、
　4776
裴篋 4967
裴潗 7171
裴卿 8515
裴清 5214
裴清(李震妻)6772
裴清(裴晷父)6635
裴清(裴卓子)6562
裴慶娘 5739
裴慶之 4388
裴瓊 9031
裴瓊(楚材父)2019
裴虯(深源)3554、
　4847、5320、5321＊、
　5322
裴俅 8348
裴璩 7991、8500、8532
裴璩(裴綱子)5711
裴瞿曇 4730
裴佺期 2728
裴倦 4312、4465、
　4473、4892、5053、
　5335、5463、5784、
　6358、6411、6445、
　6704、6795、6965、
　7064、7431、7643、
　7741、8063、8301、
　8347
裴詮(成之)8370
裴犬子 6445
裴礭 5817
裴讓 6870

裴讓(周叟)8515
裴仁基 3423、6076
裴仁紹 2355
裴仁□3148
裴戎 5927
裴肜 6112
裴榮 9031
裴榮(裴弁子)5751
裴榮宗 3857、3894
裴融(居道子)4713、
　5190、5375、5589、
　6049、6331
裴融(裴韜子)0076、
　1523
裴融遠 3428
裴如海(鄭豫妻)3333
裴潤 5222
裴潤(文質)5460
裴若冰 4730
裴若思 4730
裴卅四娘 6358
裴三兒 9031
裴三姐 9031
裴三烏 7339
裴僧寶 9230
裴挾 2667
裴善政 3554
裴埤 7850
裴賞 6837
裴少烈(悟微)4189
裴少林 3428
裴紹 5798
裴紹(裴謇子)7643
裴紹昌 9101
裴紹兒 8053
裴紹光 8541
裴紹莊 8541
裴莘 7741
裴深 8301
裴深(巨源)6331
裴詵 6638
裴審虔 8951

裴昚 4106、4776、
　5093、5140
裴昇(大同子)4001、
　4311
裴昇(裴賞父)6837
裴昇宗 3857
裴晟(好古子)5458
裴晟(文明子)3858
裴勝 8703
裴師(弘義)1039＊、
　1605
裴師姑 9031
裴師義 0199、2096、
　2353
裴實 5910、6385
裴實 8187
裴識(通理)7396、
　7967＊、8399
裴使貞 6210
裴士安(孝寧)5093
裴士藉 5458
裴士信 3554
裴士淹 4849、5551
裴氏 2066
裴氏 6904
裴氏 8107
裴氏(陳元素妻)8658
裴氏(崔綽妻)6280
裴氏(崔槶妻)7158、
　7758
裴氏(崔儉妻)2255
裴氏(崔仁縱妻)2019
裴氏(崔璿母)4875
裴氏(崔元彦妻)3334
裴氏(崔知之妻)3368、
　3887＊
裴氏(竇牟妻)6401
裴氏(杜表政妻)3148
裴氏(范傳正妻)7077
裴氏(馮貞懿妻)3944
裴氏(高察妻)8408
裴氏(高錫妻)5665

裴氏(郭在巖妻)8942
裴氏(何彦先妻)2355
裴氏(侯顏則妻)6026
裴氏(皇甫文房妻)
　1523
裴氏(賈掄母)5214
裴氏(江都郡王妃)
　3053
裴氏(李承家妻)3910
裴氏(李符聖妻)8369
裴氏(李公敏妻)7933
裴氏(李公受妻)8575
裴氏(李光遠妻)8169
裴氏(李郃妻)7171
裴氏(李洪妻)6210
裴氏(李翩妻)2521
裴氏(李桔妻)5299
裴氏(李敬忠妻)5787
裴氏(李浚妻)5399＊、
　5480
裴氏(李倡妻)7953
裴氏(李可妻)5854
裴氏(李旻妻)4317
裴氏(李寧妻)6744
裴氏(李謙妻)4496
裴氏(李群妻)7345
裴氏(李嗣先妻)2728
裴氏(李脩妻)7337
裴氏(李延明妻)3591
裴氏(李夷玉妻)6837
裴氏(李翼妻)6453
裴氏(李禎妻)0119
裴氏(李鎮妻)7345
裴氏(李仲舒妻)8190
裴氏(李自然妻)8050
裴氏(李自下妻)6644
裴氏(梁思玄妻)0450
裴氏(令狐鈞妻)8476
裴氏(劉賁妻)6123
裴氏(劉伯英母)6110
裴氏(劉肱妻)3597
裴氏(劉敬習妻)9009

裴氏(劉損之妻)1334

裴氏(劉獻妻)5304

裴氏(劉禕之妻)2455

裴氏(柳頻妻)8263

裴氏(盧曷妻)5445、
　5862 *

裴氏(盧瑀妻)7384

裴氏(盧鎮妻)8682

裴氏(魯炅妻)4757

裴氏(陸軏妻)7740

裴氏(羅周輔妻)8969

裴氏(馬文通妻)6688

裴氏(牛名俊妻)5998

裴氏(裴迥女)4743

裴氏(秦晙妻)3958

裴氏(司馬濟妻)6624

裴氏(蘇徹妻)6867

裴氏(陶貢妻)5067

裴氏(王澄妻)5776

裴氏(王琮妻)6901

裴氏(王鼎妻)2133

裴氏(王九功妻)1609

裴氏(王客卿妻)0245

裴氏(王碕妻)5603、
　6901 * 、7816

裴氏(王諗璠妻)8666

裴氏(王師禮妻)9023

裴氏(王暾妻)6585

裴氏(王沼妻)6635

裴氏(王佁妻)5173、
　5287

裴氏(韋端妻)5246

裴氏(韋颯妻)5989

裴氏(韋瓘妻)7533、
　7614

裴氏(韋鋏妻)6324

裴氏(韋鍊妻)7743

裴氏(韋魯妻)8332

裴氏(韋逯妻)5932 * 、
　6016

裴氏(韋審己妻)8320

裴氏(韋太賓妻)6449、

7629 *

裴氏(韋佽妻)3143

裴氏(韋同則妻)8616

裴氏(韋夏卿妻)5979

裴氏(韋信卿妻)5616

裴氏(韋應妻)6765

裴氏(韋餘慶妻)2398

裴氏(韋知道妻)2269

裴氏(魏釗妻)7427

裴氏(吳湊妻)5456

裴氏(吳毗妻)8818

裴氏(吳卓妻)5947

裴氏(蕭澈妻)6893

裴氏(孝敬哀皇后)
　3858、4730、5375

裴氏(辛澄妻)1145

裴氏(辛玫妻)7236

裴氏(徐超妻)6226、
　6508 *

裴氏(薛弘休妻)7506

裴氏(薛廷望妻)8747

裴氏(閻智妻)1692 * 、
　2239

裴氏(嚴弘亮妻)8703

裴氏(楊鉽妻)5614、
　5692 *

裴氏(楊務本妻)2348

裴氏(楊湑妻)4112

裴氏(楊元亨妻)2125

裴氏(楊仲膚妻)3219

裴氏(雍璟妻)5596

裴氏(于庭謂妻)5031

裴氏(庾敬休妻)6879

裴氏(庾游方妻)7788

裴氏(元殆庶妻)5073

裴氏(元義方妻)5806

裴氏(張楚潤妻)6915

裴氏(張景尚妻)3854

裴氏(張瑤妻)5440

裴氏(張正甫妻)5991

裴氏(張正玄妻)7979

裴氏(趙公素妻)8699

裴氏(趙毅妻)8712

裴氏(趙惠伯妻)6753、
　7036

裴氏(趙玄應妻)1605

裴氏(趙裕妻)8880

裴氏(鄭群妻)7948

裴氏(鄭無倦妻)8374

裴氏(鄭秀喦母)5316

裴氏(鄭擇言妻)3232

裴氏(朱澄妻)6939 * 、
　6948

裴世則 7795

裴適 4968

裴奭(允南)4465、
　6411、6445 * 、6704、
　7974、8301

裴守義 1646

裴守貞 9031

裴守真(守忠)4106、
　4776、5093、5140、
　5595

裴壽 7974

裴壽兒(楊初妻)0032

裴叔莊 3123

裴淑 4100

裴淑(令儀,陸彥恭妻)
　2667

裴舒 4968

裴樞 5140、5744

裴樞 8725

裴恕 4311

裴鈇 8725

裴爽(承嗣父)3496、
　3591、4797

裴爽(裴義子)0956

裴爽(裴緼子)2459

裴況(德源)5190、
　5375 *

裴順 1334

裴順(齊丘子)5991

裴順昭(王孝倫妻)
　0510

裴思會 9031

裴思簡 4214

裴思進 3122

裴思齊 6881

裴思謙 8337、8541

裴思乂 2459

裴思猷 8541

裴思莊 0603、1692、
　2239、2398

裴竦 5322

裴慫 4556

裴頌 4797

裴素 9031

裴肅(裴侠子)0290

裴肅(裴宣子)8348

裴遂 4317

裴遂 5694

裴遂(光嗣)4713、
　5190 * 、5375、5589、
　6049

裴璲 5776

裴邃 6704、6965

裴孫八 7791

裴損 7811

裴損(濟川,李彥溫妻)
　7811

裴泰章 7811

裴坦 7850、8305、
　8358、8370、8391、
　8613、8705

裴探微 4831

裴紹 2705

裴韜 0076

裴陶 4855

裴騰 7344

裴悌 2711 * 、2856、
　5011

裴天倫 3222

裴腆 5149、5858、5887

裴眺(子躍)0032 * 、
　0250、1646

裴挺 4797

裴謡(承化)8347、8515、8725＊
裴謡(裴騫子)7643
裴耀卿 3514、3991、4106、4242、5093、5140、5384、5744、5806、7207、7401、7933、8476
裴耶女 9230
裴也可 7211
裴曄 7754、7795
裴禕 2353
裴夷直(禮卿)6975、7754、7795＊、8140、8478、8526、8738
裴怡 4968
裴宜(子通)5053＊、6385
裴彝 7344
裴彝亮(承鳳)1646＊、1647
裴翊 7401、7933
裴裔 6371
裴義 0956
裴義弘 4465、4892、5463、6445、6704、8063
裴義實 2711、2856、3296、3297、5011
裴義暹 1408
裴義祥 4533、5067
裴誼 7050、7716
裴誼(裴貞子)8408
裴鎰 7236
裴殷 7479
裴殷(裴正子)5739
裴殷裕 8736
裴寅 6704、6786、6795、7339、7643、7691、8006、8115
裴尹 3901
裴尹九 7974
裴引弟 7791
裴隱 4855
裴隱兒 8347、8725
裴嬰(裴紀子)5399、5702
裴嬰(士淹子)5251、5551＊
裴膺 5927
裴纓(見裴嬰)
裴迎 6786
裴穎 4106
裴應 6881
裴邕 6727
裴雍 7821
裴墉 5551
裴顒 0603
裴泳(裴遂子)5190
裴泳(子餘子)4106
裴詠 7741
裴尤簡 3554
裴沇五 8053
裴友讓 5011
裴友順 2711
裴友直 2125、2130、3123
裴有常 2530
裴有鄰 7967
裴侑 6772
裴宥 7741
裴祐之 6628
裴瑜(見裴孝瑜)
裴庾 8476
裴聿 5045
裴育 4386
裴育 7282
裴昱 7791、8541
裴裕 7073
裴裕(奉禮子)4706＊、4968＊
裴豫 4875
裴元亨 3910
裴元蘭(具瞻)2856＊、3222
裴元儒 0119
裴元璹 1039、1605
裴元素 5958
裴元質 1986
裴援 6276
裴援(承家子)3496
裴圓 5093
裴約(思最)0652
裴約禮 7230
裴雲客 6411
裴筠(東美)8738
裴允初 3333
裴惲 7141
裴緼 2459
裴載(熙載)2133、5190
裴澡 5976、7282
裴造 5751
裴則 2130
裴擇 4435
裴澤(令姜)0970
裴鼒 2530
裴札 5071、5463＊、5784、5785
裴章 8523
裴璋 3496
裴璋兒 8053
裴長孺 8169
裴佋(裴教子)3514
裴佋(裴識子)7967
裴昭 5711
裴昭復 3205
裴釗 8063
裴貞 8408
裴貞(貞琬,韋悰妻)0887
裴真實 5927
裴診 2530
裴稹 3423、4052、5862、6765、6901、7720、9230
裴振 7344
裴震 5947
裴鎮 5251、5551
裴正 4106
裴正(裴冕子)5616、5739
裴正臣 5073
裴之隱 3122
裴知本 0956
裴知道 2856、3297
裴知機 0956
裴知久 5763
裴知裕 8736
裴埴 5445
裴徵 5551
裴志(景略)4311
裴制 6835
裴陟 4855
裴陟(懷感子)2096、3597、4967、5399、5702
裴晊 3061
裴智(崇彥)4178
裴寘 6704、6786
裴質 8370
裴贄 8730、8752、8831、8843
裴中孚 6769
裴中孺 6837
裴中行 6769
裴中庸 3887
裴鍾仁 5457、5458
裴仲謇 3123
裴仲將 3591、4189、4743
裴仲堪 7754、7795
裴仲連 5299
裴仲穆 2530
裴仲通 5460
裴仲延 1408
裴周南 3467
裴伷先(係宗)4001＊、4311、4478

祁讓 3184
祁仁祐 5001
祁日進 5183
祁榮 5183
祁氏(李光嗣妻)8758
祁氏(李弘歲妻)7198
祁氏(李彝謹妻)8995、9027＊
祁氏(祁崇女)3184
祁氏(田日倫妻)7442
祁氏(王文琛妻)8000
祁氏(□欽恕妻)4513
祁守道 1347
祁順之 4821
祁嵩 0633、1347
祁坦 8609
祁文隆 0633、1347＊
祁興 5183
祁行 2788
祁行恭 7671
祁巽之 5001
祁胤 8609
祁沼 5001
祁振(慕高)8609
祁直 5183
祁縱心 5001

岐

岐達 4800
岐懷素 4800
岐元冏(守直)4800
岐運 4800

歧

歧珪 6119

綦毋

綦毋諶 5310
綦毋楚珪 5310
綦毋氏(張就妻)1936
綦毋倜 5095、5310
綦毋岫 5088
綦毋誼 5095、5310＊
綦毋知節 5310

齊

齊漢之 8283
齊鄱(東魯)7270
齊澣 4974、5162、6006、7270
齊渾 6866
齊洎 6866
齊嶠 8947
齊景胄 3224、4574
齊敬餘 6866
齊曳 5472
齊君(内侍)7153
齊君(天平節度)8545
齊抗 5319、5539、5549、5577、6057、6175、7270
齊克標 7878
齊克侗 7343
齊克儉 7878
齊克建 7878
齊克諫(能靖)7343、7446＊
齊克讓 7343
齊克信 7343
齊克邕 7878
齊夔 6944
齊辟 8099
齊溥 7781
齊玘 6866
齊權 7270
齊榮 7343、7446、7878
齊氏 3809
齊氏(樊澤妻)8397
齊氏(李昌岠妻)6156
齊氏(李哲妻)1146
齊氏(劉崇妻)2935
齊氏(劉陁奴妻)8960
齊氏(王傳之妻)8240
齊氏(殷欽惠妻)5424
齊氏(袁景立妻)8308
齊氏(卓從妻)9135
齊餗 6057、7270
齊文節 7446
齊孝孚 6944
齊孝均(睦夫)6866
齊孝曾 6866
齊栩 7343、7878
齊翊 7270
齊璿 1315、2458
齊涯 7157
齊演 7157
齊演(齊栩子)7343、7446、7878
齊藥師 7270
齊英(見齊志英)
齊映 6866
齊祐(阿珣)7270
齊真娘 7446
齊正則 7594
齊知玄 7270
齊志蕚(茂之)7343、7878＊
齊志英(弘敷)7343＊、7446

乞伏

乞伏度 2179
乞伏基(克構)2179
乞伏諗 2179
乞伏暹 2179

乞扶

乞扶惠(令和)0042
乞扶周 0042
乞扶纂 0042

契苾

契苾拔延 0720
契苾挌(契苾葛)2441
契苾光 3425
契苾何力 2140、2441、3425
契苾梁賓 3425
契苾明 2441
契苾嵚 3425
契苾尚賓 3425
契苾氏(契苾明女)2441
契苾嵩 2324

騫

騫徹 0721
騫朏 3303
騫高 4144
騫基 3303
騫君(餘杭録事)4144
騫朗 1679
騫禮 3303
騫榮 1679
騫如璋 3303
騫劭 4144
騫氏 8307
騫氏(李君素妻)7188
騫氏(田濟妻)5963
騫氏(魏德壽妻)1777
騫思玄(□虚)3303
騫曇 4144
騫味道 5963
騫襄 4144
騫欣 1679
騫興 1679
騫暄 3303
騫遜(謙)1679
騫養 1648
騫翼 4953
騫昱 2156
騫智明 1679

鉗耳

鉗耳君 3973
鉗耳君(涇州別駕)3973
鉗耳君(鉗耳暄父)

481

喬氏(任珪妻)2742
喬氏(張元妻)8417
喬氏(趙運妻)6935
喬氏(周佐妻)8447
喬素(沈中庸妻)6555
喬文愕 5075
喬相 1501
喬萱 7349
喬玄貞 6557
喬珣 6512
喬言(士諤)1501
喬元昌 5075
喬正己 6512
喬知慎 1344
喬知之 1344

橋

橋寶明 1117
橋剛 0108
橋君 8709
橋氏(趙仁本妻)1117
橋嗣之 0108
橋岳珍 0108
橋政 0108

且

且華 8056
且詮 8056
且勝 8056
且元芳 8056
且元杲 8056
且元政 8056

秦

秦阿保 8800
秦阿歸 8800
秦阿六 9014
秦阿七 9014
秦阿三 9014
秦阿四 9014
秦阿五 9014
秦阿玆 9014

秦阿□ 9014
秦愛(季養)0049＊、
　0308、2789、3958
秦安 1526
秦八姐 9014
秦佰 2281
秦寶(董栖梧妻)2535
秦寶(秦弘父)1558
秦寶(秦琳父)8624
秦寶(秦珦子)2535
秦貴(驥)3685
秦貴(秦琳子)8624
秦誓 3685
秦賓 9014
秦伯來姐 9014
秦伯隴 2121
秦伯喜 9014
秦昌舜 3660
秦朝讓 5646
秦徹(眾)1296
秦琛 4333
秦成(義就)1741
秦成什 8669
秦承恩 5877
秦承福 7574
秦秤 1741、3612
秦處謙 9090
秦純孝 5012
秦琮(義珍)1730
秦湊 3958
秦達 4393
秦大姐 9014
秦大勝 9014
秦道 1182
秦德 1763
秦德(秦立父)4403
秦德(玄宗)0460
秦鼎 2201
秦定真 8853
秦端 1853
秦粤 7871
秦二哥 9014

秦二姐 9014
秦方太 0049
秦奉珪 4403
秦佛(單義妻)1252
秦福進 8669
秦福慶 8624
秦福閏 8624
秦幹 8669
秦公衡 5872
秦恭 8669
秦恭 8800
秦貢(秦瓚父)5455
秦貢(秦真子)1730
秦谷封 1296
秦轂鹿車 9014
秦管 7574
秦貫 7605
秦光鄴 8768
秦珪(枰瑜)1526
秦瓚 5455
秦韓留 9014
秦鎬 4333
秦黑兒 9014
秦弘(秦寶子)1558
秦弘(洪，秦秤父)
　1741、3612
秦弘感 1296
秦洪(見秦弘)
秦懷道(理)2789
秦懷隱 6571
秦寰 4661
秦璜 3685
秦迴 0460
秦惠 3208
秦惠 3612
秦惠滿 1559
秦基 3107
秦季(見秦愛)
秦季元 6934
秦簡 5012
秦節 1182
秦誠 6177

秦進 1061
秦進 2651
秦進(秦希子)6973
秦進舉 8853
秦景 7430
秦景倩 2789
秦景嗣 4661
秦靖 0460
秦九姐 9014
秦舉(仁秤)1558
秦舉(英彦)0738
秦君 5957
秦君 8800
秦君(隋魏州刺史)
　1258
秦君(宜州刺史)8768
秦君捷 8853
秦君行 2300
秦晙(景嗣)3958
秦楷 1741
秦客 4393
秦匡謨 8206
秦朗 1438
秦力士 1258
秦力士 1559
秦立 4403
秦立信 3340
秦利 3850
秦烈 7574
秦琳 8624
秦靈 1316
秦令(瓊威)2582
秦留九 9014
秦龍基 1772
秦龍慶 1772
秦隴 1559
秦魯 7574
秦陸 7430
秦滿 1853
秦茂 0460
秦妹子 9014
秦猛 0738

秦□暉 8800
秦□威 8800

青

青才 2122、3866
青德源 2122
青定 2122、3866
青端 8329
青敬乾 3866
青利濟 3866
青利涉 2627
青伽奴 8329
青善德 2627
青士 2627
青氏(崔士政妻)7240
青素 8329
青文紹 8329
青文佑 8329
青源(如岳)2627
青陟霞 8329
青住 2122 * 、3866

清河公(河南尹)8816

丘

丘常 8490
丘從儉(處厚)7807
丘丹 5557
丘法主(王伯禮妻)
　2835
丘福哥 8779
丘和 0140、0165、
　1842、2370
丘鍠 7807
丘會郎 8585
丘佶 5056
丘季札 6614
丘嘉賓 2688
丘嘉祥 2688
丘就 1201
丘翚 3724
丘君 2741

丘君(陳倉令)2688
丘君平 8585
丘俊良 7164
丘珂 8681
丘禮 8779
丘滿滿 8585
丘猛 1307
丘平 8779
丘清(丘猛子)1307
丘清(文恭父)8585
丘球 8681
丘全仁 3724
丘神儼 0140
丘審言 8779
丘昇 4789
丘晟 7164
丘師(行則)0140 * 、
　0165
丘氏 7846
丘氏(陳庶妻)8234
丘氏(馮禮本妻)1842
丘氏(義提妻)1201
丘氏(張季友妻)3429
丘氏(卓會妻)9135
丘壽 0140、0165
丘叔平 7164
丘術 3724
丘樹生 3724
丘太 1175
丘庭□ 7164
丘萬友 8779
丘惟慎 4789
丘文恭(章問)8585
丘文寓 7164
丘文寅 7164
丘文實 7164
丘文宗 7164
丘五兒 5845
丘小善 8585
丘孝恭 0594
丘恊(會)1307
丘行昌 8585

丘行方 8585
丘行淹 1842、2370
丘秀 5845
丘宣 8681
丘玄楚 6614
丘玄素 6614、7807
丘玄咸 6614
丘玄穎 6614
丘淹(見丘行淹)
丘延 1201
丘延哥 8585
丘益 8681
丘意子 8585
丘藝 3724
丘英起 0140、0165 *
丘遠遠 5845
丘顗 8681
丘運 6614、7807
丘貞泰 2370
丘知幾(晤道)2370
丘志 8779

仇

仇昶 2525
仇存(在仁)8729
仇大恩(恩泰)2490 * 、
　2957
仇伏保 0897
仇谷 8729
仇弘鐸 8729
仇華 1980
仇懷節 1980
仇懷忠 1980
仇景(君友)0897
仇君(嶺南監軍使)
　7842
仇濬 1815
仇克義(忠烈)2490、
　2957 *
仇寬 2490
仇立本(行基)1980
仇鄰 7862

仇那 1895、3285
仇欽 0897
仇欽(孝成子)3285
仇欽泰(待賓)1895 * 、
　2525 *
仇慶 0897
仇仁 1381
仇仁暕 1895、2525
仇日新 2957
仇慎(伏保)1381
仇師(仁慶)3285
仇師正 2488
仇士良 6990、7153、
　7531、7923
仇氏(班叔妻)2253
仇氏(董禮妻)2712
仇氏(李好古妻)7923
仇氏(李混妻)4155
仇氏(趙善妻)2910
仇仕詮 2490、2957
仇守信 2488
仇守忠 2488
仇叔遷 7159
仇叔源 7159
仇叔詹 7159
仇遂 7159
仇通 5600
仇惟珍 5600
仇惟忠 5600
仇文遠 2488
仇武 1980
仇仙期(雲舉)7159
仇孝成 1895、3285
仇孝松 2490、2957
仇信 0897
仇信 1381
仇逸 1815
仇網 7159
仇瀛洲 8249
仇友 1381
仇郁 8729
仇遠 8729

權萬紀 2594
權文變 5290
權文成 5290
權文獎 0218
權文异（山客）0630
權西轄 6652
權象 5034
權詢 5034
權瑒 5034
權易容 6652
權意旻 5034
權誼 8920
權寅獻 3918、4742

闕裴羅可汗 5005

冉

冉乾 3189
冉仁才 0413
冉師忠 3189
冉氏（李道恩妻）9215
冉威 3189
冉暹 3899
冉玄期 3899
冉遠 3899
冉知微 3189

若干

若干達 0141
若干麟 0141
若干祁陁 4362
若干氏（祢仁秀妻）
　4362
若干氏（薛元蝦妻）
　0743
若干整 0743
若干志定 0141

熱瓛 3271

任

任愛（友仁）2760

任昂 1533
任敖 4417
任翱 8064
任寶寶 7769
任寶兒 8657
任本 8771
任弼（忠彦）1153
任弅 9228
任彪 2326
任表 4629
任賓 2326
任才（任道子）3343
任才（任雅子）4384
任才（師利父）5031
任粲 0701
任粲 4868
任璨 0605
任操 1992
任迊 7088
任禪郎 8657
任超 7912
任超（任慶子）9176
任臣 1126
任承胤 3967
任承運 2742
任熾 5072
任重華 7769
任重莒 7912
任重遷 7769
任崇（任素子）2634
任崇（任協子）3897
任崇順 4418
任崇藝 8486
任仇己 7769
任疇 6777、7097
任楚璿（待璧）4629
任綽 9145
任從濟 5473
任從實 8859
任從瑗 8486
任存閭 8928
任道（任才父）3343

任道（任方父）2742
任德 4417
任德 4418
任德（任如父）3977
任德充 8283
任德璋 8283
任迪簡 6850、7177
任侗 8128
任端 2934
任惇 3977
任敦 9176
任諤 9228
任恩郎 7841
任二郎 2685
任二郎 7769
任方 2742
任奉 3922
任鳳 0605
任忿 4882
任扶 1125
任福 6382
任福（任德子）4417
任干 6746
任幹（任景父）4635
任幹（任興父）8825
任高播 3977
任高揚 3977
任高擇 3977
任杲（謙之子）3967
任杲（任暉子）3897
任杲（彦博）6740
任公慶 8859
任公叔 5207
任公素 8136
任恭 2760
任恭（文禮）0617
任珙 8043
任遘（逢吉）8771
任光德 9102
任光嗣 8756
任光俗 2743
任廣齊 0882

任廣謙（沖逸）1125
任珪 8928
任珪（任方子）2742
任瓛 2228
任貴珍 8064
任國 0611
任海曇（公述）7088＊、
　8657
任韓暉 4277
任黑胡 8674
任衡（處權）0319
任弘慶 7344
任宏 1048
任洪文 8859
任虎（見任津育）
任懷慎 2760
任懷嗣 2760
任圜 8801
任黃中 7662
任滉 4635
任暉（伯達）3897
任暉（任超子）9176
任回 8801
任惠 2864、4277
任惠寶 8486
任惠超 8486
任惠明 8486
任惠謙 8486
任惠興 8486
任會會 7769
任季 8283
任季才（少明）0675
任季榮 6746
任祭 0929
任際 5043
任繼崇 8928
任濟（中正）8064
任建（任舉父）4394
任建（任康子）2634
任津育（鐵虎）0882＊、
　0922
任瑾 2302

任謹 8825
任進 2864＊、4277＊
任縉 7360
任經 3343
任景(任幹子)4635
任景(任宏父)1048
任景(仙)5473
任景述(美宣)8928
任景仙 5072
任景芝 5072
任敬 0676
任敬(任賢子)2864、
　4277
任敬琮 7912
任敬存 9231
任敬懷 7912
任敬協 7912
任敬瑜 7912
任静 4277
任囧 8801
任舉(蘭誠)0929
任舉(任建子)4394
任君 0776
任君 3140
任君(光德父)9102
任君(懷州録事)2685
任君(季榮父)6746
任君(荆州録事)2743
任君(敬存父)9231
任君(魯山令)4882
任君(豫章令)2743
任君贊 8498
任鈞 8839
任俊 1126
任愷愷 7599
任康(任建父)2634
任康(任俊子)1126
任恪 4417
任恪 4418
任客僧(奴奴)3539
任寬 5072
任匡寀 9134

任匡宥 9134
任昆 4629
任利賓 1048
任利貞 1048
任璉 8771
任璉(任翼子)9134
任鍊(周仁)8283
任亮 2864、4277
任寮 9134
任龍 0675、1138、1153
任鸞同 5473
任洛 5043
任畧 1006
任茂弘 8801
任蒙 7599
任莫 8657
任默 4384
任穆 1442
任内明(昭華,王審知
　妻)9176＊、9177
任怦 7730
任婆心 8859
任祈 2934
任齊 0129
任齊閔(孝恭)4882
任齊雅 5043
任洽 4629
任千嬌 8928
任遷(任畧子)1006
任遷(任謙子)3922
任謙 3922
任謙之 3967
任倩 7841、8674
任强 5072、5473
任嶠 1125
任青 7730
任清 0882、0922
任慶 4635
任慶(從瑗子)8486
任慶(任超父)9176
任慶(任如子)3977
任球 8043

任全 8064
任全立 8859
任全勖 9096
任仁 0319
任仁(忠庶)2685
任榮(任咸父)7730
任榮(正彬父)7131
任鎔 6077
任如(任德子)3977
任如(任寬子)5072
任如意 2934
任葰(延芳)6740
任瑞 6802
任閏 2864、4277
任閏 7730
任三十娘 7841
任僧兒 7841
任山河 7599
任善 2934
任繕 9176
任贍 4277
任邵 7599
任紹芳 6381
任神保 8839
任慎 6746
任生 0929
任晟 4629
任勝姑 7841
任勝嬌 8928
任爔 5473
任師進 8754
任師利 5031
任師祚 4417
任十姑 8674
任十五 8657
任氏 5032
任氏 5478
任氏 7922
任氏 8349
任氏(安士和妻)8057
任氏(陳子綽妻)0668
任氏(鄧通妻)0117

任氏(傅光賓妻)3517
任氏(郭威妻)4273
任氏(郭幸滿妻)8854
任氏(韓甚妻)0701
任氏(和誠妻)6443
任氏(侯法懲妻)4224
任氏(侯行實母)8726
任氏(李誠昌妻)7580
任氏(李剷妻)8780
任氏(李侶妻)8467
任氏(李良閏妻)7580
任氏(李良汶妻)8606
任氏(李良問妻)7580
任氏(李論妻)3836
任氏(李庭堅妻)8619
任氏(李章妻)9184
任氏(陸巽妻)6802
任氏(吕春交妻)5245
任氏(孟鄰妻)5510
任氏(南僧寶妻)9228
任氏(牛公信妻)8673
任氏(龐令謹妻)8962
任氏(丘協妻)1307
任氏(屈貢妻)5607
任氏(申通妻)8353
任氏(石公政妻)8401
任氏(宋洞陽妻)5840
任氏(宋感妻)1655
任氏(宋政妻)8794
任氏(王貴妻)0961
任氏(王建侯妻)8128
任氏(王日俊妻)4681
任氏(王孝祥妻)5465
任氏(武慶妻)8615
任氏(武元直妻)8615
任氏(相里伏妻)2895
任氏(辛節妻)2302
任氏(徐摯妻)6743
任氏(徐仲良妻)7019
任氏(閻壽妻)1804
任氏(閻質母)7567
任氏(嚴重謹母)7189

任氏(羊岳妻)5049	任太素 4277	任行滿 3967	任巍 4277
任氏(楊協妻)6250	任曇(楚璿子)4629	任行敏 7553、7989	任乂(道敷)2326
任氏(姚昌演妻)3045	任曇(見任海曇)	任行虔 8674	任乂(任暉子)3897
任氏(尹八仁妻)2473	任濤 8839	任行允(德孚)1048	任意 0675
任氏(于君德妻)8425	任添嬌 8928	任行章 8486	任義方 5031
任氏(于庭謂妻)5031	任廷貴 8283	任省撫 5473	任誼從 7841＊、8674
任氏(張朝清妻)5987	任圖 8801	任秀琛(奇彌)8064	任翼 9134
任氏(張成妻)8908	任團 8801	任秀春 7088	任英 5465
任氏(張誠妻)8819、8887	任託 0675、0676、1138、1153	任秀江(德豐)7088、8657＊	任英(任迦父)7088
任氏(張重興母)8214	任玩仁(文義)0922	任秀榮 7088	任英秀 8057
任氏(張琮妻)8668	任縮 9228	任秀儀 7088	任沈 4635
任氏(張居詠妻)9082	任萬 5759	任秀宗 7088	任幼華 5473
任氏(張惟晟妻)7899	任萬進 8657	任頊 4629	任昱 4629
任氏(張文慶妻)8668	任萬興 8657	任緒(任胄子)3967	任譽 1442
任氏(趙啓妻)7360	任威 4418	任緒(續)0604＊、0605	任元寶 7769
任氏(鄭延昌妻)8342	任文亮 8064	任緒(胤)0676	任元朗 4882
任氏(鄭彥妻)0863	任文政 8064	任續(見任緒)	任元順 7769
任守一 3539	任五娘 7599	任萱 6802	任元信 7599
任守一 7769	任武 8595	任愃 4882	任瑗 4254、4303
任守□ 3539	任武(任亮父)2864	任玄播(文徹)1442	任瑗(涽)4635
任壽 2864、4277	任勿矜 4394	任玄果 2685	任約(德業)4394
任璹 4292	任希古 1228	任玄藏 2685	任悅義 8064
任順娘 7599	任希望 8486	任循超 5072	任説 9176
任思煇 4277	任意 0675	任愻(慈明)1126	任贇 9145
任思晈 4277	任仙喬 2326	任雅 4384	任允貞(表則)8839
任思經 4277	任咸 7730	任雅順 0604	任載 6778
任思敬 3977	任閑閑 7599	任雅相(公輔)0604、0605＊、0937	任鄑 7841
任思禮 4277	任賢 2864、4277	任延暉 5043	任讚 8674
任思禮(任祈子)2934	任賢奴 8839	任言 4277	任藻 8771
任思明 0319	任相 2864、4277	任顏 8283	任造 8771
任思慶 2864、4277	任相(弘毅)1006	任偃 9176	任則 2864
任思忠 4277	任象兒 7841	任琰(任經子)3343	任增嬌 8928
任四寶 8825	任小暉 5795	任琰(任協父)3897	任張十 7662
任四姑 9231	任小樂 5032	任彥回 8825	任昭理 2666
任松齡 4635	任小勝 8928	任彥威 1442	任哲 4277
任嵩 3922	任協 3897	任彥溫 9176	任質 4277
任素(任超子)7912	任信 2634	任彥章 9176	任質(任建子)2634
任素(任舉子)4394	任信天 7769	任彥□ 8825	任鷙(惠昇)1138
任素(無悶)2634	任興 8825	任晏 4629	任忠(慶)5072＊、5473
任蕭(履冰)2743	任行 2685	任業 8749	任鍾 1125
任遂良 3343	任行禮(德豐)8674		任仲初 6746

尚虔煦 8737
尚欽 1187
尚慶 8975
尚慶宗 7059
尚瓊器 4991
尚瓊芝 4991
尚氏(陳綬妻)7748
尚氏(張進妻)8925
尚守恩 8975
尚守忠 8975
尚守□ 8975
尚淑 8975
尚信 7059
尚興(晟)4991
尚玄恪 4991
尚延壽 7059
尚嚴 1187
尚彥從 8975
尚彥暉 4991
尚依 7748
尚義 7059
尚政 7059
尚纂 1187

召

召承賓 2366
召承禮 2366
召達 2366
召弘安(靖)2366
召明 2366
召邕 2366

邵

邵安志 7857
邵黯 5837
邵寶 8358
邵賁 5523
邵斌 3788
邵搏 7253
邵才偉 3111
邵岑 5837
邵承鼎 4164

邵初 4857
邵處珣 3110、3111
邵淳 3788
邵鼎 4578
邵法玉 4786
邵防 5744
邵封(令環)4857
邵峰 7857
邵奉 7762
邵伏 4857
邵幹 7253
邵肱 8358
邵光 7782
邵光(邵封子)4857
邵鄂 7762
邵季參 7253
邵建初 7368、7782、
　7832、8311
邵建和 7782
邵靖照 6300
邵炅 2604、3110、
　3111＊、3675
邵君(禮部尚書)7511
邵俊(邵封子)4857
邵俊(邵其子)7782
邵稜 8390、8491
邵戡 8358
邵諒 6006
邵琳 5937
邵六奇(子昇)5523
邵滿 4578
邵蒙(子蒙,李又玄妻)
　8169、8358＊
邵其 7782
邵契 6060
邵陝 4978
邵慎 7762
邵昇 3110
邵師古 5837
邵十娘 6300
邵士彥 5837
邵氏 7381

邵氏(達奚撫妻)5850
邵氏(劉貴妻)8997
邵氏(劉忠讓妻)6416
邵氏(喬元昌妻)5075
邵氏(唐隱妻)1987
邵氏(韋無愕妻)4578
邵氏(吳化平妻)8491
邵氏(苑咸妻)6006
邵氏(張惟鋒妻)7279
邵壽 2808
邵順 4857
邵肅 7585
邵損 6325
邵太初 4978
邵太福 4978
邵太虛 4978
邵唐儼 6300
邵庭晈 4578
邵庭訓 6300
邵万莊 7253
邵緯卿(邵軫)6807
邵祥 8358
邵雄 7762、8358
邵緒 2808
邵玄 3788
邵儼 3111
邵翼 3111
邵膺 5373
邵説 4578、4890、
　5160、5173、8169、
　8358
邵章 7084
邵貞一 8358
邵軫 3111
邵知一 5837
邵仲容 8169、8358
邵子真 3788
邵自政 6300
邵宗厚 7782
邵宗簡 7420、7782、
　8503
邵宗立 7782

邵宗祐 8336、8479

佘

佘元仙 5015

折婁

折婁幹 1274
折婁惠(文)1274
折婁雄 1274

庫

庫氏(宋度妻)2644

庫狄

庫狄密 1275
庫狄氏(范志玄妻)
　4040
庫狄氏(裴行儉妻)
　3423
庫狄氏(張須陁妻)
　2437

憍舍提暾(攝舍提暾)
　4204

申

申岸 7444
申重興 7988
申崇俊 5111
申處顗 8565
申楚璧 2897
申萃 1428
申德 3567
申德 4501
申迪 5062
申端 2187
申鄂(秀封)8898
申諷臣 3540
申富 2390
申公 0969
申固清 8898
申光遜 8872
申衡 0839
申弘雅 8898

沈

沈昂 5821

沈寶 6958

沈伯儀(崇善)2008＊、
　9233

沈長(子楚)5821

沈暢文 2008

沈朝(憲忠)6526

沈承慶 1025、1529

沈承休 8096

沈楚珪 3636

沈傳師 6406、6593

沈從道(希言)4077

沈德 3951

沈迪 7537

沈東美 4642

沈法興 6262

沈璠 8754

沈房 5182、5202

沈昉 5821

沈崿 3951

沈扶 7136

沈甫 3755

沈恭 2008

沈浩源 9233

沈暉 3416

沈和(内則)3660

沈弘爽 2008

沈鍈 6547

沈懷古 3660

沈回 7268

沈既濟 6556

沈佳 9174

沈湔 8160

沈角(啓明)5268

沈介福 1025、1529、
　3875、5268、5769

沈君(朝邑尉)4068

沈君高 2761

沈俊之 3416

沈峻 1529

沈亢 5423

沈克明 2762、3190

沈客卿 7537

沈良 6526

沈琳 1529、3875、
　4077、5423、5769

沈妙娘 5925

沈寧 6958

沈齊文 9233

沈杞 5990

沈洽 6262

沈喬 2008

沈欽 6526

沈欽禮 1405

沈慶 6958

沈虬之 7537

沈全交(密)3951

沈佺期 2395、4091、4642

沈權(仲謨)5769

沈仁儒 6958

沈鋭 6547

沈閏娘 8160

沈十八娘 6547

沈十四娘 6547

沈士衡(伯機)1025、
　1529＊、3875、4077、
　5268、5769

沈氏 6231

沈氏 6269

沈氏(白全周妻)8846

沈氏(何玉妻)5244

沈氏(程旭妻)7663

沈氏(豆盧鶚妻)6262

沈氏(甘世達妻)0146

沈氏(郭瑜妻)3689

沈氏(霍彦珣妻)9152

沈氏(李遵妻)4999

沈氏(劉彤妻)8227

沈氏(劉行餘妻)7439

沈氏(羅韋伍妻)6763

沈氏(羅文舉母)6966

沈氏(羅希携妻)6762

沈氏(羅隱妻)9115

沈氏(慕容知廉妻)
　3416

沈氏(王仁安妻)1405

沈氏(吳璘妻)6877

沈氏(徐弇妻)8326

沈氏(虞愻妻)1331

沈氏(郁久閭延妻)
　3190

沈氏(張從師妻)4072

沈氏(張僧妻)1661

沈氏(趙師文妻)2225

沈氏(卓從妻)9135

沈守義 6547

沈叔安 0282、3416

沈樞 7439

沈崧 9115

沈竦 7537

沈素(郭釗妻)6719、
　7227、8212＊

沈素誠 5821

沈隨 3875

沈損 3875

沈太 8160

沈廷 7372

沈廷威 8736

沈通 8160

沈微 4543

沈微(沈欽子)6526

沈胃 5268

沈渭 5769

沈務光 4077

沈希旦 3660

沈希逸 3689

沈仙 5244

沈顯忠 1025

沈庠 7070

沈庠(浩源子)9233

沈庠(沈湔子)8160

沈小娘 5925

沈緦 1529、3875

沈興宗 3863

沈叙 6958

沈鉉 6547

沈珣 1747

沈詢 7972、8103、8267

沈遜 8160

沈兖 7537

沈琰 2761、2762

沈巗(挺秀)2761＊、
　2762

沈易從(慎言)3875

沈易直 5268、5423、
　5769

沈應 8160

沈雍 7979

沈用 4328

沈愉 5821

沈餘慶 1025、1529、4077

沈宇 3603

沈宇(見沈羽)

沈羽(沈宇)5268、
　6719、7227、8212

沈嶼 6256

沈豫 5268、6719

沈元方 3660

沈遠 8160

沈瑗 6262

沈悦 2225、2761、2762

沈雲翔 8135

沈瓚(季玉)2762

沈釗 6547

沈貞松 3951

沈震 5423、5769

沈鎮子 9233

沈中雅 5925

沈中庸(知止)6555

沈仲高(中政)5925

沈仲康(中泰)5925

沈重 1405

沈莊(文敬)5925

沈孜 3416

沈子昌 4642

沈宗儒 5769

沈纂 3951

石小意 8401
石信 6148
石雄 7673、7707、
　8219、9276
石休光 3212
石叙 5362
石玄英 5941
石演 6148
石彦辭(匡臣)8739
石異(仲連)5362
石意 2954
石意二 8401
石藝 5444
石瓚 0307
石瞻瞻 9024
石招 5356
石珍 4858
石貞 8739
石鎮 4196
石智 4257
石智晉 2954
石仲良 3212
石仲文 5686
石渚 5469
石宗攸 5941
石最憐 8401
石最要 8401

時

時貫 8518
時君(萊州長史)5701
時俟(鑑)5823
時良鍔 5823
時氏(關準妻)5701
時元佐 7398
時忠誼 7774

史

史寶 1721
史朝 7553
史朝義 4890、4919、
　5049、5173、5210

史承式(遵度)5605
史崇(漢)5605
史崇禮 0853
史處場 5605
史從及(齊之)7126
史達漫 0157
史大德 1917
史大奈 3565
史大興 0901
史道 6025
史道德 7013
史道洛 0495
史德 0495
史德僧 0496、0670
史德威 0496、0670
史侗 6880、7303
史多(北勒)2798
史多(史嗣子)0496
史多思(史思)0899、
　0901
史多悉多 0495
史法僧 0496、0670
史芬 7095
史諷 8445
史伏寶 1917
史伏念(阿史那伏念)
　2991
史孚 3565
史幹 0917
史公素 6075
史公素(元著)8362
史公義 6075、6143
史公佐 6075、6143
史瑾 4167、4300 *
史光烈 4621
史歸 2055
史好直 5708
史鎬 5614
史訶耽(説)0899
史衡 5641
史弘度 8970
史弘篋 8362

史弘泉(應天)8445
史弘恕 8970
史弘塡 8362
史怗(杜鍠妻)7303
史護羅 0899
史華 4726、7782
史懷儉 3841
史懷慶 0899
史懷慎 5708
史懷訓(仲晦)2055
史環 6075
史焕 7013
史溎球(瑞光)8970
史翩 3840
史渾 7553
史繼叔 0917
史建斌 6745
史建豐 6745
史建志 6745
史金 4398
史近 5094
史緄誠 3841
史静 2055、3841
史君 1470
史君 1869
史君(達官)2798
史君(荆州司馬)9234
史君(司農主簿)3989
史君□ 0917
史俊 5605
史揆 7553、7989
史蘭 0917
史浰 6025
史羅 0496
史曼 7553
史表 0522
史昧 2798
史蒙 6039
史旻 7037
史明(公幹)1721
史謨 8445
史尼 0899

史諾匹延(義本)2853
史槃陁 0899、0901
史琦 5708
史乾康 1917
史乾祚 4901
史清 8195
史慶 1721
史詮 6025
史群 7553、7989
史然 6039
史仁基 3565
史日 2798
史日朝 8362
史融(行純)1119
史三藏 9234
史善應(智遠)0157 *、
　0853
史射勿(盤陁)0495
史神義 0496
史宷 6880、7303
史十三娘 7013
史十四娘 6745
史十五娘 6745
史實 7126
史實(褥檀特勤)0157、
　0853
史實(仲莒子)7553、
　7989
史氏 3439
史氏 8290
史氏(安思温妻)4427
史氏(安元進妻)8903
史氏(曹洽妻)6757
史氏(崔愛妻)5962
史氏(董誼妻)7420
史氏(范懷立妻)0933
史氏(傅思景母)2960
史氏(郭思敬妻)2318
史氏(郭祖妻)2423
史氏(劇誨妻)8049 *、
　8094
史氏(康老師妻)1470

史氏(李榮益妻)8427
史氏(李万榮妻)5556
史氏(李曄妻)7443
史氏(李沂母)7832
史氏(劉景妻)3339
史氏(劉詮妻)6165
史氏(路景秀妻)5952
史氏(馬從徽妻)8996
史氏(馬幹妻)8471
史氏(馬恭妻)3075
史氏(苗悉達妻)5541
史氏(牛惟彥妻)4901
史氏(龐賢妻)3466
史氏(任行虔妻)8674
史氏(孫希進妻)5728
史氏(陶公義妻)7798
史氏(田公遠妻)7942
史氏(王斌母)5441
史氏(王晦妻)8687
史氏(王稷妾)6701
史氏(魏庭暉妻)5700
史氏(張文妻)1492
史氏(張英妻)1525
史氏(張再清妻)8022
史氏(趙鄴妻)6666
史氏(趙敬孚母)7091
史氏(趙若丘妻)3229
史氏(趙玄敏妻)2945
史守珍 5994
史壽 3229
史叔濟 8362
史叔齊 5708
史思(見史多思)
史思光(昭覺)3565
史思敬 6025
史思明 4854、4865、
　4885、4890、4941、
　5049、5094、5171、
　5173、5400、5535、
　5731
史思貞 4300
史思莊 3989

史嗣 0496
史嗣忠 2653
史索巖(元貞)0496＊、
　0670
史太 7553
史天願 1917
史鐵棒(善集)0901
史庭賓 6075
史通 2653
史通(史雲子)1119
史統 3565
史象 8362
史陁(見史槃陁)
史萬寶 2055
史萬壽 3841
史惟良 4699
史惟清(文演)6075＊、
　6143
史惟則 4221、4913、4974
史偉 8970
史汶 7553
史務本 5605
史務約 7126
史務滋 3229、5605
史仙英 8445
史涀 6025
史憲誠 7013
史憲忠 7013
史獻 7303
史獻(齊望)3841
史庠 7553
史祥 2254、2264、2332
史孝義 0901
史孝章(得仁)7013＊、
　7156
史孝忠 0901
史行節 8445
史行言 5708
史叙 3647
史緒 8462
史宣 6373
史玄亮 1119

史玄巖 1310
史瑤 8185
史曜(慕伶)3989
史謁 8445
史貽列 3989
史益 8970
史誼 7734
史嬰齊 5708
史映 7553、7989
史應 8362
史用誠 7126
史幼耽 7095
史幼都 3989
史幼明 7095
史幼寧 7095
史幼信 7095
史佑輔 3448
史元幹 7126
史元暕 4300
史元一 3565
史元璋 2055
史元忠 7304
史越興 5868
史耘 7328
史雲 1119
史筠 8970
史璋 7126
史昭 8049
史昭誠 3841
史沼 3989
史詔 8445
史肇 7553
史珍 7095
史震 6880、7303
史政 1119
史忠 4300
史忠勇 5210
史仲莒 7553＊、7989
史仲薈 5605
史仲容 7037
史周洛 7013
史濯 7553

史子進 4049
史宗本 7126
史宗衡 6697
史宗禮 7126
史宗揚 7126

始波羅可汗(見乙史波
　羅可汗)

釋

釋愛道(法多)2387
釋安(慧信)1430
釋安立 4828
釋寶懿 9049
釋寶智 5552
釋報恩 4660
釋遍照 9229
釋辨章 8289
釋辯音 5232
釋彪上人 2788
釋波兒 1430
釋波□ 1430
釋不動智 5078
釋禪提 4257
釋常璨 6181、6588
釋常惠 6588
釋常寂 7413
釋常清 5163
釋常潤 6501
釋常實 9113
釋常信 6547
釋常省 6114
釋常用 6961
釋常悦 5109
釋超果 8870
釋超惠 8870
釋超寂 6115
釋超覺 7918
釋超明(清演大師)8910
釋超聖(崇教大師)8910
釋乘如 5128＊、5585
釋澄和尚 5097

釋澄堅 8502
釋澄沼 5232
釋澄真 5314
釋持操 6872
釋崇簡 3464
釋崇俊 4772
釋崇壽 9086
釋崇昭 8870
釋楚巒 9109
釋純一 5816
釋慈和 3365 *、
　　3366 *
釋從意 8959
釋從志 9145
釋大光明 3187
釋大通 3915
釋大愚 8823
釋大雲 0188
釋大照(見釋普寂)
釋大智 3798、4738
釋大智 9086
釋道聰 9113
釋道法 4922
釋道弘 9055
釋道開 3014
釋道林 2018
釋道明 5606
釋道融 6501
釋道秀 5105
釋道玄 5107
釋道嚴 7740
釋道振 6576
釋道蹤 9113
釋第信 9083
釋定賓 4694
釋端甫 6040、6697
釋端惠 7156
釋遁熙 8762
釋頓寂 5388
釋法愛 4398
釋法乘 2010
釋法燈 8871

釋法燈(周泰欽)9086
釋法進 5788
釋法空 5860
釋法輪 3915
釋法明 4853
釋法素 8828
釋法通 5070
釋法琬 1518
釋法悟 4440
釋法相 7151
釋法興 4762
釋法言 5941
釋法義 2394
釋法穎 6910
釋法雲(俗姓苗)5541
釋法雲(俗姓王)2594
釋法真 1554
釋法真(俗姓裴)6112
釋法振(蕭智宏)4738
釋梵海 3366
釋方禪師 1430
釋飛錫 5128
釋奉明 8828
釋奉一 2394
釋弗福 1430
釋弗景 1430
釋福禪師 4792
釋福和上 4792
釋福和尚 3643
釋高□1430
釋廣果 6006
釋廣詮 5443
釋廣素 7203、7733 *
釋飯道 8900
釋歸則 9166
釋歸真 4846
釋還浦 7606
釋海晏 8878
釋含潤 6279
釋衡祝 8450
釋弘超 8828
釋弘粵 8828

釋弘昉 8828
釋弘皋 8828
釋弘惠 8828
釋弘濟 6085
釋弘濟 6518
釋弘鑒 8828
釋弘起 8828
釋弘遷 8828
釋弘讓 8828
釋弘深 8828
釋弘史 8828
釋弘泰 8828
釋弘悟 8828
釋弘省 8828
釋弘緒 8828
釋弘宣 8828
釋弘雅 8828
釋弘一 6518
釋弘幽 8828
釋弘遇 8828
釋弘釗 8828
釋弘正 4410、4463、
　　4550、5173
釋弘志 8828
釋洪諲(興國大師)
　　9145
釋鴻漸 5844
釋懷道 6194
釋晦機(超惠大師)
　　9063
釋惠澄 8959
釋惠崇 4613
釋惠楚 6650
釋惠公 8900
釋惠光 8754
釋惠寂 4572
釋惠進 8956
釋惠敬 1430
釋惠空 5873
釋惠寬 8900
釋惠林 4761
釋惠琳 1219

釋惠挺 1430
釋惠通 8955
釋惠性 7250
釋惠業 1430
釋惠圓 8910
釋惠照 5545
釋惠真 8979
釋慧才 0327
釋慧澄 4897
釋慧明 3915
釋慧能 4478
釋積禪師 1158
釋寂常 9076
釋寂公 5287
釋寂照 6518
釋嘉會 5544
釋見用 6112
釋戒定 2682
釋界幽 7105
釋金剛三藏 5098
釋金公 6036
釋净海 0327
釋净空 6105
釋净樂 1894
釋净照 9083
釋覺大德 5097
釋覺常 8823
釋覺塵 8823
釋覺達 8823
釋覺豐 8823
釋覺瓌 8823
釋覺海 8823
釋覺寂 8823
釋覺朗 8823
釋覺靈 8823
釋覺明 8823
釋覺儒 8823
釋覺實 8823
釋覺嵩 8823
釋覺通 8823
釋覺希 8823
釋覺降 8823

釋行□9083
釋省超 9147
釋省乾 9086
釋省勤 9147
釋省善 9147
釋省希 9147
釋省行 9147
釋省緣 9147
釋省貞 9147
釋省□9147
釋性无相 5012
釋性貞 6074
釋性忠 6074
釋虛受 8828
釋玄布 1430
釋玄廣 8870
釋玄寂 8870
釋玄寂(俗姓張)6089
釋玄誠 8870
釋玄静 8870
釋玄相 8870
釋玄一 6501
釋玄義 1430
釋玄奘 1351
釋玄宗 4738
釋玄□1430
釋玄□3523
釋玄□8870
釋雪峰 9113
釋雅□6891
釋巖和尚 4257
釋彦昉 3014
釋晏 7606
釋一行 3464、4476、6759
釋意滿 2536、2537
釋義成 4478
釋義空 4613
釋義朗 5037
釋義琳 5023
釋義昇 1430
釋義顯 9083
釋義真 1430

釋義宗 9083
釋隱超 5107
釋幽遠 6501
釋有則 5105
釋幼靈 7336
釋昱 7606
釋元信 7413
釋元一 5236
釋元真 6518
釋圓寂 5892
釋圓鏡 3299
釋圓契 6501
釋湛然 3958、4165、
　　4211、4366、4602、
　　4648、4747
釋貞舉 6236
釋貞素 7635
釋貞迅 4750
釋貞一 6501
釋真如(俗姓李)5779
釋真如(俗姓麴)1074
釋真一 5269
釋真意 1303
釋正因 6778
釋正和上 4792
釋證果 8313
釋證惠 9049
釋知聖 9113
釋知璋 6420
釋至辯 6225
釋志澄 9113
釋志憕 5326
釋志弘 5232
釋志庠 9113
釋志真 4707
釋智岑 5566
釋智超(妙果大師)
　　8915、8977
釋智成 3915
釋智明 8981
釋智默 4508
釋智詮 5443

釋智深 1430
釋智神 2136
釋智通 5756
釋智詳 3871、4584
釋智嚴 8895
釋智用 5917
釋智遠(蔣郡)4296
釋智周 4772
釋舟濟 7413
釋舟律師 4738
釋子朋 9083
釋自智 5843
釋揔持 0949
釋□9145
釋□初 6891
釋□基 1430
釋□亮 1430
釋□仁 1430
釋□逸 3299
釋□照 6521
釋□貞 1430
釋□貞 1430

首□0272

叔孫
叔孫觀 4068、4367
叔孫君(江陰主簿)
　　4367
叔孫萬頃(千尋)4367

舒
舒誕 3545
舒氏(錢元志妻)3545
舒休 8626
舒義齡 3545
舒元興 6831

水丘
水丘氏(錢寬妻)8711、
　　8714＊

司空
司空氏(劉筠妻)6353
司空圖 8763

司馬
司馬安上 2903
司馬昂 3535
司馬偲(含章)2324
司馬蒼 4814
司馬晁 3535
司馬冲冲 6100
司馬崇寂 2607
司馬崇敬(子莫)
　　2701＊、3535
司馬崇仙 6100
司馬垂(工卿)4359、
　　4814＊
司馬道 2436
司馬德璋 2903
司馬袞 4814
司馬昊 3535
司馬恒 7833
司馬弘度 1587
司馬弘謹 7833
司馬弘慶 7833
司馬洪業 2701
司馬胡子 6731
司馬懷本 6100
司馬鍠 2640、4814
司馬惠 6731
司馬基 2607
司馬季良 2628
司馬季文 2628
司馬濟(通濟)6624
司馬將(淑)2584
司馬瑅 2628
司馬進 6100
司馬兢 5259
司馬景業 2048
司馬敬瑫 9129
司馬敬臻 9129
司馬君(邯鄲令)5259

宋徹（文宗）0198
宋琛 4105
宋乘兒 8794
宋程九 8731
宋程十 8731
宋熾（敏盛）3599
宋重旼 6024
宋重昕 6024
宋重晏 6024
宋崇超 6452
宋崇望 7843
宋崇義 9045
宋儔 8794
宋處秀 4095
宋錘 4095
宋淳 5713
宋慈力 0334
宋辭玉 2848
宋次初 5840
宋璀 2848
宋達（宋達子）3599
宋達（宋康父）0198
宋達（宋滿子）4303
宋大辯 3352、3867
宋大圭 6871
宋大僧 3599
宋大師（見宋思真）
宋大昭 8794
宋待聘 4983
宋儋 3123
宋儋 7678
宋道 1516
宋道感（玄應）0891
宋德（安）1753
宋德（宋師父）1292
宋德方（知久）2445
宋德敏 4095
宋德元 4983
宋德遠 2815
宋鼎 4937、5839
宋洞陽（抱金）5840
宋度 2644

宋端（李茂貞父）9091
宋端（宋顯子）1753
宋敦（行德）0293
宋鐸 8759
宋撝（去伐）1758、
　2029＊
宋撝（守敬子）4871
宋方（閬）3638
宋方（宋滿子）1491
宋昉（玄英）1448
宋胐 7379
宋風雲 0572
宋仏進 8122、8731＊
宋仏住 0259＊、0263
宋伏建 0092
宋福（元□）1292
宋福郎 8455
宋倪娘 6169
宋輔 1363
宋感（符禎）2311
宋感（宋昂子）1655＊、
　3510
宋幹（宋達父）3599
宋幹（宋貞子）6323
宋公霸 5264
宋公弼 1758、2029、
　2248
宋恭 0865
宋琯 6761
宋琯 7074
宋光 5408
宋歸 0572
宋歸歸 8528
宋瓌 7274
宋貴 2311
宋國榮 7568
宋釬 4095
宋釬 5408
宋和 2212
宋和仲 4095
宋弘（宋矩子）2763
宋弘（宋泰父）6452

宋弘道 0572
宋弘端 1955
宋弘方 8455、8529
宋弘實（志堅）8455＊、
　8529
宋宏 6528
宋洪暹 3715
宋侯 7232
宋胡胡 8895
宋祜 2248
宋華 4563
宋華（崇超子）6452
宋華（元茂）6323
宋懷儉（貞明）0572
宋懷金 5908
宋懷靜 1363
宋懷順 1363
宋懷言 1363
宋懷義 4732
宋懷哲 1363
宋懷真 1363
宋懷忠 1363、4054
宋黃裳 5627
宋迥 4831
宋惠師 4222
宋渾 4366、4679
宋基 1857
宋炭 2077
宋寂 8528
宋繼光（裴五）8759
宋禊 6630
宋濟 5713
宋濟（綺）2074
宋績 9045
宋嘉隱 3600
宋姜三 8886
宋姜四 8886
宋姜五 8886
宋降 2815
宋捷 3985
宋傑 0285
宋金剛 2971

宋錦錦 8731
宋晉 7274
宋進（崇超子）6452
宋進（宋明父）2070
宋景昇 6332
宋景思 3638
宋璥 2060
宋璟 2130、2460、2806、
　3928、4108、4183、
　4202、4366、7274
宋敬德 5220
宋敬福 8886
宋敬璋 8886
宋靜（宋感子）3510
宋靜（宋珍子）0528
宋靜儀 2764
宋九娘（宋晏女）7579
宋九娘（庭珍女）5917
宋琚 2848
宋矩（守敬父）4871
宋矩（宋亮子）2763
宋舉 3600
宋均（宋利父）2445
宋均（宋文父）2229
宋君 3579
宋君 4945
宋君 8886
宋君 9142
宋君（弘端父）1955
宋君（户部侍郎）3585
宋君（皇化主簿）1499
宋君（火井丞）7232
宋君（平州刺史）2195
宋君（士睦父）1093
宋君（宋輔父）1363
宋君（幽州太守）1655
宋君（右龍武將軍）
　4678
宋君（淄青監軍）6024
宋君明 3985
宋君評 7164
宋君政 8122

宋楷 2848

宋康(宋達子)0198

宋康(宋静子)0528

宋康(宋慶子)0857

宋珂 6790

宋可言 9045

宋克從 8617

宋克儉 8617

宋寬 5914

宋夒 1499

宋适 3288

宋癩子 8794

宋朗 1084

宋老生 1979

宋楞 7799

宋李 4732

宋李李 8528

宋利 2445

宋良輔 8617

宋亮 2763

宋洌 3613

宋林(宋粲子)0334

宋林(宋明子)2070

宋林(宋師父)1577

宋麟 0572

宋令光 3510

宋令文 6243

宋令璋 3510

宋留佳 8886

宋劉師(弘哲)0857

宋隆 2074

宋隴德 6452

宋履(承禮)2060

宋略 2212

宋買 1794

宋滿(宋達父)4303

宋滿(行充)1491

宋茂 1479

宋茂臣 5579

宋茂誠 8122

宋美(玄志)1479

宋緬之(允琛)2077

宋敏 6630

宋明 2070

宋默 0891、0892、0893

宋南容 5063

宋鬧鬧 8455

宋廿娘 6169

宋凝 8529

宋彭彭 8895

宋鈹 4095

宋平 0666

宋期(仁期子)4222

宋期(宋寶子)2060

宋期(宋粲父)1577

宋琦 3867

宋玘 5917

宋遷 8528

宋遷郎 8528

宋謙 1491

宋虔 2074

宋虔(見宋虔陁)

宋虔陁 1758、2248

宋乾基 3352

宋乾勗 2077

宋乾懌 2077

宋乾惲 2077

宋喬 4372

宋欽(敬光)2070

宋欽道 4095

宋青 2763

宋清姑 8794

宋慶(洪暹父)3715

宋慶(宋粲父)0334

宋慶(宋康父)0857

宋慶(宋舍子)0092

宋慶(宋偉子)7964

宋慶賓 2848

宋慶禮 2848

宋瓊(國榮子)7568

宋瓊(宋默子)0891、
0892、0893

宋讓(仲謙)1448、
1449 *

宋仁 0273

宋仁安 1955

宋仁果 2077

宋仁期 4222

宋仁永 6630

宋容 2311

宋容□9142

宋榮(崇超子)6452

宋榮(宋鐸父)8759

宋榮(宋光子)8731

宋榮(宋秀子)0286

宋儒 8794

宋若思 4935、5476

宋若斯(見宋若思)

宋若昭 6630

宋僧(芬)6169

宋山(小何)5220

宋善福 2004

宋善子 8731

宋贍 2144

宋上 1088

宋尚 3221

宋少真 4249

宋舍 0092

宋申錫 6630

宋神慶 4105

宋神太 1655

宋昇 5570

宋晟 8794

宋晟(朝清子)8455、
8529 *

宋晟(庭珍子)5917

宋勝 1057

宋師(老師)1577

宋師(宋德子)1292

宋師(宋志父)5570

宋師道 1753

宋師師 8794

宋十九娘 6169

宋十三 8731

宋十一娘 6169

宋十一娘 8529

宋石保 5308

宋石十 8895

宋實 8528

宋士良 6169

宋士睦 1093

宋氏 4638

宋氏 7486

宋氏 8546

宋氏 8644

宋氏(白文亮妻)8846

宋氏(陳國清妻)5855

宋氏(陳節本妻)3358

宋氏(程國榮母)6991

宋氏(程晏妻)8009

宋氏(程宰妻)7646

宋氏(崔公㻏妻)8131

宋氏(達奚撫妻)5850

宋氏(狄林妻)5264

宋氏(董秀妻)2597

宋氏(杜劉十母)7362

宋氏(杜士嵬母)6205

宋氏(馮基妻)1300

宋氏(馮猛妻)3179

宋氏(高胤妻)5950

宋氏(郭威妻)1181

宋氏(浩天留妻)8896

宋氏(懷金女)5908

宋氏(克從女)8617

宋氏(李敖妻)2240

宋氏(李成妻)6790

宋氏(李琓妻)7964

宋氏(李道亮妻)3837

宋氏(李禮妻)4054

宋氏(李仁剗妻)8822

宋氏(李叔建母)7783

宋氏(李庭秀妻)5039

宋氏(李同仁妻)0110

宋氏(李憲妻)5843

宋氏(李行妻)1503

宋氏(李行思妻)9033

宋氏(李玄妻)0710

宋氏(李正妻)0934

宋氏(劉德昌妻)6451
宋氏(劉善妻)1451
宋氏(劉泰清母)6111
宋氏(劉文暉妻)4591
宋氏(魯簡母)3983
宋氏(陸鑒母)7727
宋氏(羅讓妻)8893
宋氏(馬伯仁妻)0058
宋氏(牛英妻)3026
宋氏(牛越妻)1435
宋氏(秦客妻)4393
宋氏(秦秀妻)8669
宋氏(任濟妻)8064
宋氏(任鷟妻)1138
宋氏(桑道妻)1171
宋氏(神慶女)4105
宋氏(石盛妻)8739
宋氏(宋朝女)6332
宋氏(王端妻)5898
宋氏(王日政妻)
　　7247＊、7590
宋氏(王延豐妻)9177
宋氏(王延禎妻)9077
宋氏(王元貴妻)8782
宋氏(王在璋妻)8978
宋氏(王政妻)8687
宋氏(王智寬妻)5841
宋氏(衛璟妻)2931
宋氏(衛雲郎母)7274
宋氏(夏侯正符妻)
　　8613
宋氏(辛謙妻)1078
宋氏(徐宥德妻)9104
宋氏(楊敏妻)9035
宋氏(庾何妻)6879、
　　7668
宋氏(元敬皇后)9081
宋氏(元揚妻)2470
宋氏(袁恒妻)4983
宋氏(張思及妻)2637
宋氏(張珽妻)8888
宋氏(鄒英妻)2630

宋世文(叔儒)0892
宋世則(叔軌)0891、
　　0893＊
宋守度 3352
宋守恭 3867
宋守儉 0893
宋守敬 4871
宋守義 7843
宋守貞 6332
宋叔(紹先)0092
宋叔謙 6169
宋叔卿 2212
宋叔儀 6169
宋叔政 8180
宋述 5840
宋恕 4032
宋術 0892、0893
宋樹生(齊聃)0771
宋爽(玄門)1857
宋思 1479
宋思九 2229
宋思禮 2815
宋思太 3638
宋思勖 4222
宋思隱 1292
宋思遠 2848
宋思真(大師)1758＊、
　　2029、2248、4831
宋嵩 1794
宋嵩奴 4032
宋素 0865
宋蕭 5713
宋蕭 6338
宋台 7045
宋太兒 8122
宋泰 6452
宋檀 1449
宋天 1655
宋廷浩(漢源)8895
宋庭兒 2229
宋庭芬 6630
宋庭誨 5914

宋庭珍 5917
宋通 4105
宋綰 9142
宋万光 8122＊、8731
宋微 4831
宋惟儼 7379
宋偉 7964
宋顏 6104
宋尉 1491
宋溫禮 2848
宋溫璵 2782、2789
宋文(宋均子)2229
宋文(文政)1363
宋文弁 5570
宋文成(武遂)0334
宋文幹 7568
宋文建 7568
宋文舉 8617
宋文誼 7873
宋問 2229
宋吳七 8759
宋武 8759
宋武 8921
宋武歡 0416
宋喜娘子 8895
宋喜喜 8895
宋仙客 2074
宋仙童 2074
宋銛 4095
宋賢秀 5308
宋顯(宋恭父)0865
宋顯(宋端父)1753
宋憲 8794
宋祥(思真子)1758、
　　2029
宋祥(宋幹子)6323
宋相(鳳卿)1794
宋小福 8455
宋小哥 8759
宋小姑 8794
宋小何 5220
宋小李 8528

宋小量 8455
宋小眄 8794
宋小喜子 8895
宋小昭 8731
宋曉操 1794
宋興 5908
宋行成 5308
宋行段 8794
宋行謹 8794
宋行起 0666
宋行逸 2311
宋行哲 2311
宋修空 5308
宋秀 0286
宋琇(秀)4303
宋勛 8794
宋淑 5713
宋宣遠 3985、5713
宋玄處 2848
宋玄茂 5917
宋玄藝 2077
宋玄之(崇道)3867
宋玄卓 2764
宋巡 4831
宋珣 3352
宋訓 0666
宋延朗 8895
宋延慶 1449
宋延韜 8895
宋延休 8038、8126
宋炎 7783
宋嚴 6169
宋巖 2195
宋琰(玄同)0666
宋儼然 2848
宋彥 2004
宋彥瓚 7843
宋彥牟 7843
宋彥暉 7843
宋彥勛 9045
宋彥瑜 7843
宋彥筠 9045

蘇君(長子令)0653

蘇君(頓丘主簿)4237

蘇君(揚州參軍)4743

蘇君(左金吾將軍)
　0653

蘇濬卿 8824

蘇楷 1628

蘇康 1697

蘇可娘 5592

蘇克貞 5407

蘇恪 8011

蘇恪(潭府司馬)5341

蘇夔 2194

蘇禮 4325

蘇禮文 6891

蘇浰 8190

蘇良琪 4963

蘇良嗣 4082、4441

蘇亮 4963

蘇悷 2978

蘇令望 3215

蘇令望 5407

蘇隆 1628

蘇倫 4707

蘇羅(蘇沙羅)1697

蘇履章 5009、5407

蘇枚郎 7856

蘇冕 7039

蘇名稅 8843

蘇明 0336

蘇丕 7544

蘇玭 5478

蘇平倫 0024

蘇憑 6729

蘇縷 7544

蘇洽 3641

蘇虔儒 7544

蘇虔信 7544

蘇虔休 7544

蘇清 8715

蘇慶夫 7856

蘇慶寰 7856

蘇逎 4442

蘇全紹 8459

蘇全泰 8459

蘇全藝 6787

蘇確 7715

蘇仁 3215

蘇日俊 8108

蘇榮 3842、5095

蘇如林 8459

蘇銳 8462

蘇閏哥 8462

蘇三 3215

蘇三哥 9028

蘇沙羅(見蘇羅)

蘇善 4325

蘇善柱 3739

蘇涉(遂珪)3739

蘇深 7544

蘇詵 4701

蘇晟 5923

蘇十二娘 8459

蘇十三娘 8459

蘇氏 8824

蘇氏(陳九妻)5127

蘇氏(崔時用妻)5508

蘇氏(竇誠盈妻)4441

蘇氏(高俊妻)7289

蘇氏(高元鄲妻)7588

蘇氏(郭偉妻)7297

蘇氏(郭信妻)2002

蘇氏(郭幼明妻)5009、
　5407 *

蘇氏(賈琛妻)6103

蘇氏(雷景從妻)8769

蘇氏(李長文妻)8705

蘇氏(李承乾妃)3658

蘇氏(李光璉妻)8984

蘇氏(李抗妻)4701

蘇氏(李榮妻)7710

蘇氏(李庭劍妻)7127

蘇氏(李元輔妻)8190

蘇氏(梁重立妻)8785

蘇氏(劉琪妻)8838

蘇氏(盧子昇妻)4546

蘇氏(苗悉達妻)5541

蘇氏(牛道昇妻)8224

蘇氏(王甫妻)6729

蘇氏(嚴世妻)1712

蘇氏(楊表妻)2819

蘇氏(楊若妻)5651

蘇氏(楊綰妻)5108

蘇氏(元仁楚妻)2194

蘇氏(元庭堅妻)5341

蘇氏(元銛妻)5633

蘇氏(張表察妻)5987

蘇氏(張斌妻)1574

蘇氏(張荷妻)8752

蘇氏(張遵妻)6601

蘇世長 4082、4441

蘇世威 0024

蘇守忠 1697

蘇叔節 2504

蘇叔岊 7039

蘇淑(綦毋誼妻)5095

蘇順 5592

蘇太 8462

蘇太素 4707

蘇檀 0653

蘇探微 7270

蘇特 7039、7716

蘇倜 3858

蘇敗 8943

蘇庭仙 7856

蘇頲 2119、2133、2263、
　2355、2806、2858、
　2861、2983、3655、
　3765、3883、7627

蘇縮 3851

蘇萬金(寶玉)0952

蘇汪 0843

蘇汪 0843

蘇汪(經)0843

蘇威 0082、2194

蘇威(蘇表父)3562

蘇味道 3514

蘇味玄 3842、5095

蘇魏□4707

蘇文釗(子明)7598 *、
　8462 *

蘇猧 4237

蘇僖 3741

蘇繫 6104

蘇咸 3308

蘇峴 7039

蘇獻 4723

蘇箱哥 8462

蘇翔 6867

蘇珣 1944、3308

蘇小貴 8459

蘇小牛 7544

蘇孝義 3739

蘇孝英 1628

蘇協 8715

蘇協(蘇順子)5592

蘇興(文始)0336

蘇行簡 7216

蘇行立 8459

蘇行友 8459

蘇行真 8462

蘇行□8459

蘇休 7216

蘇勛 4963

蘇緒(光業)8715

蘇玄頊 8715

蘇雪 6867

蘇顏 4701

蘇彦 0843

蘇彦伯(興)4082

蘇晏 9028

蘇頤 4707

蘇頤 0336

蘇义 5731

蘇益(院)7519

蘇翼 5592

蘇隱 3562

蘇隱甫 7039

孫弘進(十善)0790　　孫景商 8762　　孫崙 0760　　孫氏(柏玄楚妻)7153

孫弘瑞 0583　　孫景仙 4291、4569　　孫履方 7052、7140　　孫氏(畢思溫妻)8330

孫宏 4993　　孫景脩 5378　　孫履昇 4715　　孫氏(邊楨妻)1665

孫翃 2790　　孫景宗 4569　　孫履虛 5611　　孫氏(蔡墨妻)1509

孫胡兒 8916　　孫敬 1322　　孫閔 5658　　孫氏(車良妻)5788

孫華 8233　　孫敬超 5602　　孫莫 3391　　孫氏(陳仁允妻)8367

孫懷質 2098　　孫敬新 5602　　孫默識 3529　　孫氏(陳曜妻)7837

孫瑝 8763、8831　　孫敬芝 5602　　孫迺 9053　　孫氏(崔侮妻)8270

孫惠兒 9053　　孫敬直 5658　　孫婆奴 3082　　孫氏(崔賾妻)8966

孫會(公乂父)8763、　　孫苣(繼昌子)8748　　孫溥 8762　　孫氏(戴公幹妻)2518

　　8831　　孫苣(孫諒子)5611　　孫衹 0760　　孫氏(戴義妻)0599

孫會(彥道子)0391　　孫毅 7210、7511、7759　　孫起 8762　　孫氏(董知劍妻)3062

孫會娘 8916　　孫君 6206　　孫遷 7221　　孫氏(郝茂光妻)6242

孫寂 4993　　孫君(比部員外郎)　　孫欽(嗣)4569　　孫氏(侯元弘妻)8589

孫繼 7013、7134　　　　1940　　孫綠 7575、8382　　孫氏(晉和妻)9096

孫繼(孫濟子)6826　　孫君(南城主簿)3151　　孫珬(少漢)2941　　孫氏(晉休景妻)3081

孫繼昌 8748　　孫君(思原令)2098　　孫佺 3529　　孫氏(孔昉妻)8793、

孫繼和 7000　　孫君(惟瑾父)7411　　孫仁貴(處藝子)5602　　　　8804、8830

孫濟 6453、6826、7000　　孫君(幽州司馬)5984　　孫仁貴(士稜)1976　　孫氏(李楚卿妻)8538

孫霽 9059　　孫君(雲州別駕)9106　　孫仁師 1261　　孫氏(李高妻)1021

孫嘉賓 4592　　孫君(昭郎父)7767　　孫容 5749　　孫氏(李克恭妻)7142

孫嘉之 5300、5388、　　孫君(周冀州刺史)　　孫榮宗 5316　　孫氏(李守禮妻)6368

　　8381、8382、8762　　　　0582　　孫融 2012　　孫氏(李彥藻妻)7124

孫簡 7018、7892、8019　　孫君(左金吾大將軍)　　孫如玉 5602　　孫氏(廉汶妻)6947

孫建崇 8909　　　　5707　　孫軟奴 5530　　孫氏(劉少議妻)8194

孫建高 8909　　孫君慶 7411　　孫三姐 8748　　孫氏(劉士準妻)7414

孫建興 8909　　孫君素 7411　　孫三吳 8708　　孫氏(劉宗意妻)6020

孫建勳 8909　　孫鈞 8804　　孫尚客(鼎)1536、　　孫氏(盧肇妻)8605

孫建鄴 8909　　孫晙 4833　　　　2079 *　　孫氏(魯季初妻)7309

孫江 5728　　孫尅紹 8221　　孫師從(大順)8233　　孫氏(陸少端母)5851

孫絳 5255　　孫達 2079　　孫師均 1569　　孫氏(駱本妻)1695

孫結 8605　　孫揆 3470　　孫師師 5530　　孫氏(駱暹妻)5959

孫金 2474　　孫揆 5304　　孫師直 9236　　孫氏(呂彥祖妻)4594

孫謹 8361　　孫揆 9217　　孫十八娘 5984　　孫氏(馬唐贇妻)9002

孫謹(孫廣子)4592　　孫揆(聖圭)8763　　孫十九娘 5984　　孫氏(馬希尊妻)9074

孫進 7000　　孫朗 1976　　孫寔(孫随子)4993　　孫氏(孟介妻)6907

孫繕 5611　　孫立(士建)0090　　孫寔(宥顏子)5658　　孫氏(穆從直母)7848

孫京奴 7575　　孫勵楚 8289　　孫士林 8221　　孫氏(裴昱妻)7791

孫荆山 3563　　孫璉 9053　　孫士彥 5236　　孫氏(權順妻)5290

孫兢 7221　　孫亮 3082　　孫士愔 7108　　孫氏(沈仁儒妻)6958

孫景璘 8916　　孫諒 5611　　孫氏 1097　　孫氏(盛瑹妻)6748、

孫景球 8916　　孫靈臺 5530　　孫氏(柏道妻)4150　　　　6749 *

孫氏(宋弘方妻)8529
孫氏(孫遷女)7221
孫氏(王公政妻)7633
孫氏(王叡倫妻)7205
孫氏(王晟交母)4334
孫氏(王守强妻)6889
孫氏(王行恭妻)5323
孫氏(王則妻)8696
孫氏(韋涵妻)5388
孫氏(韋彭壽妻)6541
孫氏(韋向妻)5255、
　5300＊
孫氏(薛偓母)3608
孫氏(嚴庭金妻)5394
孫氏(楊律妻)1423
孫氏(袁從章妻)9154
孫氏(張諒妻)8005
孫氏(張太素妻)3746
孫氏(張義琛妻)4821
孫氏(趙鳳妻)9022
孫氏(趙明妻)4190
孫氏(趙約妻)0636
孫守謙(進忠)3529
孫叔 1055
孫叔武 5398
孫叔羽 5271
孫淑 2012
孫淑良 1509
孫思暢 8916
孫思侃 5658
孫思邈 2012
孫思讓 4821
孫思晉 5611
孫思玄 4993
孫思儼 4995
孫思忠 6020
孫四娘(樊行淹妻)
　4456
孫嗣堅 8916
孫頌 5530
孫宿 4693、4870、4913、
　8381、8382

孫随(昚滿)4993
孫泰 0090
孫態兒 9053
孫逖 2904、4468、4935、
　5065、5300、5388、
　8381、8382、8762
孫替否 5255
孫天養 5792
孫庭□8069
孫通 2073
孫通兒 9053
孫婳娘子 8748
孫琬 2941
孫縮 8381、8382
孫萬斬 2306、3313
孫威 2079
孫惟杲 5838
孫惟瑾 7411
孫惟沙 5838
孫惟淑 5838
孫惟政 8428
孫溫禮 3394
孫文澄 5792
孫文湊 5792
孫文幹 5984
孫文滔 5792
孫偓(龍光)8708、
　8762＊
孫无夐 4833
孫仵 5792
孫希進 5728
孫希莊(嘉之父)5300
孫希莊(仁貴子)1976
孫暹 5288
孫峴 9068
孫晛 7050
孫獻 3082
孫珣 3529
孫小合 8220
孫小僧 8916
孫孝冰 2012
孫孝昌 8428

孫孝恭 8428
孫孝敏 8381
孫孝晟 8221
孫孝員 0582
孫訢 3082
孫信(孫道子)2185
孫信(无夐子)4833
孫興玄 3082
孫行(元一)2012＊、
　3081
孫行楚 8220
孫行琛 8220
孫行立 8220
孫行寶 2185
孫休(承慶)1055
孫休(孫容父)5749
孫休祥 6035
孫珝 8762
孫緒 2941
孫玄 4718
孫玄策 0391
孫玄成 0391
孫玄崇 8069
孫玄珪 6035
孫玄巖 0391
孫玄巍 0391
孫玄之 8071
孫絢(佩之)8382
孫延福 8748
孫延之 8233
孫延祚 8748
孫偓 5530
孫琰 1976
孫彥道 0391
孫彥思 9053
孫晏 6035
孫晏琮 9106
孫晏珪 9106
孫晏玟 9106
孫晏琦 9106
孫晏珍 9106
孫耶 3151

孫液 5984、6478
孫伊奴 7575
孫宜郎 8428
孫貽慶 8763
孫巗 0692
孫義藩 8382
孫義藻 8382
孫溢 5728
孫翼 7205
孫英 8221
孫英俊 2683、3563
孫英奇 3563
孫英習 8719
孫英秀 3563
孫英彥 3563
孫英逸 2683
孫英友 3563
孫盈 3394
孫穎 0692
孫詠 8069
孫宥顏 5658
孫玉 8233
孫玉汝 7523
孫遇(孫貞父)4569
孫遇(惟沙父)5838
孫愈 8288
孫通 8762
孫元亨 2941
孫元見 3943
孫元慶 6478
孫院 8719
孫願遂 2277
孫岳 8830
孫允子 5984
孫宰 3151
孫藏(寶藏)0760
孫造 8762
孫則(孝振)0391
孫尉 0692
孫張六 8428
孫璋 8151
孫招哥 8748

孫昭翰 8916
孫昭郎 7767
孫昭敏 8916
孫昭琬 8916
孫沼 8838
孫哲(元貞)3391
孫貞 4569
孫貞甫 6538
孫震 8605
孫徽 5807
孫徽(孫叔父)1055
孫正 8381、8382
孫正言 6224、6305、
　　6350、6365、6467、
　　6475、6510、6599
孫政(文行)1322
孫政道(見孫道)
孫鄭 5851
孫知節(忠孝)2073
孫知密 8748
孫志直 5896
孫智果 4456
孫智榮 9053
孫質 2185
孫質(師)2185
孫忠(孝緒)0583
孫忠進 7938
孫書 8831
孫拙(幾玄)8763、
　　8831＊
孫子昌 3391
孫子成(成)5792
孫子建 3627
孫子起 3529
孫子嗣 2474
孫自豐 8221
孫□丕 9065

娑葛(欽化可汗)2413

索

索超 5196＊、5198

索誕 1172
索道莊 5196、5197＊、
　　5198
索端 5196、5198
索富邊 9005
索富進 9005
索富通 9005
索戈仙 5615
索君(富進父)9005
索海(君懿)0719
索弘 1172
索徽 1318
索繼昭 9042
索柬 0719
索景蕘 9042
索靖師 0719
索蘭(劉令彝妻)1318
索倫 1318
索森 5198
索神珞(文璧)6137
索氏(郝四妻)4146
索氏(弘之女)1172
索氏(晉明妻)1890
索氏(李湛妻)3947
索氏(王華妻)7215
索氏(王瓊妻)8980
索氏(張義潭妻)8135
索万進(德翔)9042
索文燦 5615
索文瓊 5615
索文琇 5615
索玄愛 4352
索延昌 9042
索延勗 9042
索義忠 5615
索雲 1172
索貞 0719
索直 5198
索智明 6137
索智盈 6137
索自通(得之)9042

覃

覃僧臣 0284
覃氏(陳景仙妻)4793

談

談峰 6493
談君(侍御史)6204
談孺直 6057、6204

檀

檀肱 8653
檀建初 8653
檀建鄴 8653
檀建顒 8653
檀清 8653
檀慶 8653
檀卅二娘子 8653
檀卅一娘子 8653
檀珣 8653
檀震□8653
檀之爽 8653

譚

譚從建 7084
譚從禮 7084
譚從周 7084
譚峰 5971
譚亘 6182
譚季安 6182
譚季文 6182
譚堅 0219
譚簡 7084
譚景歆 0219
譚毗郎 7084
譚麒麟 0219
譚氏(畢義弘母)0219
譚氏(支竦妻)8539
譚倠 7084
譚銛 7084
譚勗 7084
譚用之 8965
譚緼 6524

湯

湯賁(文叔)5427＊、
　　6620、6714、8142
湯布 6620
湯遲郎 6620
湯琮 8142
湯珙 6714、8142
湯瓖 6714
湯璟 6714、8142
湯居簡 5427、6620
湯居敬 5427
湯居易 5427
湯珂 6714
湯珂(鳴玉)8142
湯夔 8397
湯玫 6714
湯孟子 5427
湯頎 5427
湯器郎 5427
湯虔章 8142
湯師儒(行質)6620、
　　6714＊、8142
湯氏(高奭妻)2439
湯思齊 5427、6714
湯綰 5307
湯尉遲郎 5427
湯項 6714
湯允 5427
湯張四 8142
湯子融 5427、6714
湯宗儒 6620
湯遵儒 6620

唐

唐白澤(弘猛)0437
唐抱珍 2088
唐波若 4803
唐不占(思勇)4107
唐徹 2520
唐承嗣 2155
唐持 7609
唐充 6302、6465

陶

陶播 7665
陶從諫 7940
陶從偘 7940
陶存古 7532
陶大舉 3432、4237、
　7532
陶待虔(俟志)7491
陶範 7526
陶仏婢 7532
陶剛奴 7532
陶公義 7798
陶貢(玄英)3432
陶翰 4575
陶厚古 7532
陶懷感 4825
陶鍠 6250
陶垍 7532
陶勛 8217
陶冀 7268、7532
陶君(弘化丞)1161
陶君(湖城令)1161
陶君(隋徐州刺史)
　1161
陶君(陶鍠父)6250
陶君悦 7491
陶老彭 7532
陶樂 0449
陶履順 1161
陶普慈 0449
陶栖遠 8303
陶啓(又名璟)3432、
　5067
陶清涓 7491
陶鋭 4043、5625、
　7268、7403、7532
陶氏(陳庶元妻)8303
陶氏(顧達母)6500
陶氏(寇太珪妻)3431
陶氏(李檀妻)8217
陶氏(秦養祖妻)0158
陶氏(楊善妻)3129

陶氏(貞禹女)4237
陶涗 4043
陶思判 7491
陶通(怜)1161
陶温 7070、7403、
　7532、7665
陶文 0449
陶聞信 4825
陶咸(又名詠)3432、
　5067
陶小婢 7532
陶孝古 7532
陶雄 0449
陶瑄(圓之)7665
陶玄審 4825
陶玄政 6500
陶懋(彦恭)7268、
　7532 *
陶雅 9060
陶延祥 4825
陶延祚 4825
陶詠 7665
陶祐 3432、5067
陶禹(貞禹)4043、
　4237、7268、7532
陶昱 3432
陶媛(郭從諒妻)
　7268 *、7403
陶説 4043
陶瓚 3432、7532
陶貞禹(見陶禹)

滕

滕躬 9149
滕邁 6229
滕仁鑐 9160
滕氏(吳禹妻)9149
滕氏(朱儉妻)8038、
　8126
滕綏 9149
滕携 9149

藤

藤達 7460
藤國興 7460

逷

逷超 6224
逷奉進 6224
逷華 6224
逷懷亮 6224
逷懷順 6224
逷懷誼 6224
逷茂林 6224
逷榮 6224
逷如海 6224
逷山山 6224
逷顏 6224

田

田黶 7810
田益 0351
田寳(師)1948
田寳(田禎父)2938
田寳受 8552
田晉 3652
田賓 6149
田賓庭 3626、3814、
　6190
田布 7013
田才 1816
田璨 4454
田漕 6106
田岑 8147
田昌 8484
田長貴 1948
田超 8792
田超(田賓子)6149
田臣文 5963
田成寳 4173
田承嗣 5257、5467、
　5604、5694、6323
田珵 6591
田熾 1576

田崇璧 3670
田存(守信)8566
田達 1948
田大弁 5123
田大姐 9034
田大收 7942
田道(紫微)2450
田定哥 7442
田端(仁幹子)6399
田端(田静父)5115
田法惠 2938
田法明 2938
田方 2450
田芳 8364
田斐 4454
田奉禮 5799
田奉榮 7942
田福郎 7442
田福仙 4354
田敢郎 8552
田賡 8566
田公球 8189
田公泰 8189
田公問 8189
田公遠(子迴)7942
田恭 4173
田恭(田調子)8472
田恭仁 7382
田珙 7892
田光 7442
田光(充明)1816
田歸道 3626、6190
田貴賢(貴)5123
田好古 5939
田滈(泌之)5677、
　6106、6399 *
田和(田建子)0305
田和(田顯子)0951
田弘劼 0819
田弘义 5799
田弘正 6572、6736、
　6872、7175、7357、

510

8177

田洪 6591
田洪 6190
田涣 5890
田涣 7382
田輝庭 3626
田惠澄 5803
田惠芬 5803
田惠清 5803
田季安 6078
田濟(巨川)5963
田暕 3555
田建 0305
田建(田瑜子)8484
田璩 5963
田傑 6297
田姐兒 9034
田瑾 4454
田晉 4609
田晉 6021
田進 7199
田進(子興)6297
田京 8177
田景進 7942
田璟 4454
田敬福 1948
田敬璘 7942
田敬球 7942
田敬瑜 7942
田敬則 1948
田敬璋 7942
田靜 5114、5115
田囧 0560
田居紹 8589
田君 0111
田君 1191
田君 1943
田君(定川郡王)6149
田君(坊州別駕)2744
田君(青州帥)8484
田君(田元父)2744
田君(田韞父)8592

田君(孝義令)4609
田君儒 6399
田鈞 9034
田俊 5114、5115
田可封 6960、6988、
　7004、7066、7159
田寬 1576
田廓 5114、5115
田蘭 0560
田蘭(漢師)0560
田老老 8472
田立 7364
田鄰 2938
田令德 3652
田令孜 8659、9095
田茂璋 8977
田明簡 6297
田默 5123
田牟 7993、8046、
　8149、8177
田南砳 3355
田南薰 3355
田南鷗 4477
田鵬 7382
田丕 8566
田普賢 0819
田琦 4370
田蕲兒 6591
田乾珪 6021
田翹 6678、7382
田卿 8472
田慶 7442
田全操 6572
田全玘 7942
田讓路 8566
田仁操 3355
田仁幹 6399
田仁會 3626
田仁亮(彥)4454
田仁訓 9034
田日倫 7442
田儒 0351

田閏 6297
田潤 5799
田三姐 9034
田僧(伽)1576
田善集 2199、4454
田少卿 6611
田紹 1816
田紹德 8484
田紹荊 8484
田紹康 4749
田紹能 8484
田紹顏 8484
田紹宗 8189
田神功 4938、5049、
　5980
田沈 6106
田審從 8566
田審言 8566
田審志 9034
田慎非 8189
田生(文會)0819
田盛 7879
田盛(長孫儇妻)7879
田勝 3670
田師 1302
田師(田藏父)2841
田師簡 6149
田師閔 6149
田師闢 6149
田師循 6559
田師巽 7854
田師閱 6149
田十七娘子 7290
田拾得 9034
田士廣 5799
田士賢 3355
田士則(田濟子)5963
田士則(田潤子)5799
田氏 8031
田氏 8290
田氏(薄可扶妻)8999
田氏(畢宗妻)8777

田氏(曹生遷妻)8314
田氏(崔承顏妻)5175
田氏(崔重茂妻)8922
田氏(崔建妻)2432
田氏(段巇妻)8536
田氏(關謙妻)8998
田氏(郭乾妻)5167
田氏(郭元鍼母)7152
田氏(郭元敬妻)8790
田氏(郭仲則妻)7122
田氏(侯端妻)7982
田氏(景他妻)1434
田氏(靖寔妻)7836
田氏(李從瑄妻)9021
田氏(李從璋妻)8954
田氏(李國清妻)7002、
　7199 *
田氏(李縉妻)7369
田氏(李敬妻)3338
田氏(李少榮妻)7322
田氏(李遂晏妻)7165
田氏(李太恭妻)7257
田氏(李應規妻)8147
田氏(李仲甫妻)8350
田氏(李搏母)6190
田氏(栗德妻)0596
田氏(連重瑨妻)9040
田氏(梁光弼妻)8938
田氏(劉德訓妻)7585
田氏(劉福妻)4041
田氏(劉滿妻)1549
田氏(劉齊客妻)3555
田氏(劉清妻)9008
田氏(劉元亨妻)4042
田氏(路榮妻)7874
田氏(馬敬收妻)8587
田氏(孟海妻)7608
田氏(任從瑗妻)8486
田氏(孫貴禮妻)8719
田氏(唐立潜母)7810
田氏(王繼宗妻)8333
田氏(王建立妻)8915、

511

8977＊

田氏(王寂妻)2496

田氏(韋蕃妻)5402

田氏(韋璘妻)6960

田氏(韋攸妻)5161

田氏(韋莊妻)3178

田氏(武平妻)8252

田氏(晏曜妻)7705

田氏(楊靖妻)3341

田氏(楊幼妻)1236

田氏(張立妻)8684

田氏(張邵妻)9030

田氏(張佑明妻)7177

田氏(張喆妻)1849

田仕(世進)0305

田授 7382

田壽 0864

田姝(子柔)8177

田述(道古)6149

田思順 3992

田寺寺 8472

田嗣周(敬普)8189

田隨(田端子)6106、

　6399

田隨(田頊子)6190

田泰(德融)0508

田濤(菩提)0951

田庭玠 8177

田通(田盎子)0351

田通(田宛子)1062

田同 2450

田同華 5123

田同秀 5123

田債(道立)4173

田灣 6190

田宛 1062

田萬 5630

田萬同 2157

田文超 4354

田文通 5123

田文通(田進子)6297

田文質 4354

田汶敷 7836

田翁留 9034

田無量壽 2022

田無易 3959

田希賓(進)5114＊、

　5115

田犀牛兒 8592

田俠郎 8472

田仙 5114、5115＊

田仙童(羽客)3355

田先明(南宮爽妻)

　1981

田諴(昌言)3670

田顯 0951

田憲 7242

田小印 7442

田孝胤 3329

田忻 4454

田信(貴)1066

田行(謙)2938

田行(田通子)1062

田行達(文通)0351

田行源 7836

田行哲 3355

田秀 1576

田頊 6190

田潊 6106

田玄敏 1882

田巽 6190

田雅 0508

田延寶 9034

田延璟 9034

田延美 9034

田延敏 9034

田琰(溫玉,長孫守素

　妻)3626

田揚名 2140

田敫庭 3722、4254

田遙兒 9034

田謁 8472

田宜郎 7442

田倚 3670

田義琮 0951

田義方 1062

田義延 0351

田義弈 5963

田印郎 7442

田英(妊姒)0242

田用 8552

田玗 7836

田瑜 8484

田瑀(仁亮子)4454

田瑀(田藏子)2841

田育 6021

田元(大雅)2744

田元豐 4173

田遠 1066

田遠 2028

田悅 5467、6709、

　7254、7392

田悅悅 9034

田運遷 8189

田韞 8592

田藏 2841

田造 6149

田占(士元)6021

田僙 3670

田章 6962

田璋 8472

田沼 5398、5939

田肇 7181

田哲 4173

田珍 0819

田禎 2938

田政 1943

田知古(田卿子)8472

田知古(垂範)8484

田知退 8484

田植 8177

田智臣 3670

田智則 1576

田仲舉 4609

田璟 8472

童

童伴姐 9173

童達輝 9172

童德 7308

童翰 7308

童玠(瑩之)9172＊、

　9173

童寧兒 9173

童慶 7308

童氏(翁齊殷妻)7802

童興兒 9173

童彥昇 9172

童彥怡 9172、9173

童彥□ 9173

童瑜 9172

童璵 9172

童□國 9172

突騎施奉德可汗 4863

突騎施光緒 4863

突騎施娑葛(欽化可

　汗)2413

屠

屠瓌智(寶光)9121

屠龍驤 9121

屠晟 9121

屠昱 9121

吐突

吐突承璀 6636、7383

吐突氏 7785

吐突氏(杜英琦妻)

　6697

吐萬

吐萬緒 2407

暾欲谷 3423

拓拔

拓拔澄瀾 3620

亡宮九品 9240
亡宮九品 9241
亡宮六品 0834
亡宮六品 2342
亡宮六品 2396
亡宮七品 0384
亡宮七品 0616
亡宮七品 1155
亡宮七品 1691
亡宮七品 2180
亡宮七品 2186
亡宮七品 2266
亡宮四品 0338
亡宮五品 0424
亡宮五品 0470
亡宮五品 2172
亡宮五品 2329
亡宮五品 2362
亡宮五品 3086
亡尼 0840
亡尼 1288
亡尼 1822
亡尼 2171
亡尼 2347
亡尼七品 0862
亡尼七品 0963
亡尼七品 1109
亡尼七品 1163
亡尼七品 1208
亡尼七品 1254
亡尼七品 1264
亡尼七品 1398
亡尼七品 1778
亡尼七品 2023
亡尼七品 9237

王

王阿福 6502
王阿貴 7080
王阿凝 9244
王阿奴 3374
王阿陸 4466

王愛親 6155
王愛子 2794
王安(朝倩父)7633
王安(王遷子)3289
王安國 7011
王岸兒 9244
王黯 8750
王昂 3158
王昂(王志子)2351
王昂(王茂子)3317
王昂(刑部尚書)5201、5658
王敖 1506
王八仁 2795
王佰 1103
王頒(僧辯子)3774
王頒(王宰子)7707
王褒(王規子)0396、0684、1303、3073、4900
王褒(王仁父)4859
王褒(文寬)0397
王褒(志兼子)3442
王保德(探玄)2110
王葆 7313
王寶(里買)1379
王寶(紓)7526
王寶(王業子)0540
王寶(貞順子)7536
王寶德 0566
王寶貴 2672
王寶郎 8098
王寶閏 8260
王寶授 2499
王豹 8849
王本 3223
王本立 6868
王本清 5841
王本貞 8000
王瑲 7190
王必 6097
王庇(王緯子)5488、

6345、6758、7907
王泌 7799
王瑹 0842、1905、2447
王弼 5022、6161
王閟(見王瑹)
王璧 4545
王弁 5706
王弁(王感子)0735
王弁(王喜子)8915
王昇 7652
王辯釋 4193
王彪(王忴子)5324、5609、7134、8302
王彪(遵業子)0383
王標 8510
王儦 7600
王表(見王德表)
王表(王道子)2794
王表(王基子)3549
王表(王榮子)1323
王表(王信子)3039
王表(允行子)4083
王表仁 5773、5776
王邠(處直子)8808
王邠(王諒子)5232
王斌 5441
王斌(王雄子)2176
王斌(王嶠子)6118
王斌(王同子)4796
王斌(王漳父)6843
王斌哲 0814
王賓 0960
王賓(光國)2998
王賓(守貞子)6044
王賓(王迴子)0635
王賓(王會父)8178、8310
王賓(王逸父)1072、1420
王賓(秀華父)5679
王秉 0041
王播 6145、6277、6322、

6441、6743、6753、6869、6952、7533、7972、8219
王伯 4315
王伯德 3982
王伯惠 4900
王伯莒 7590
王伯禮 2835
王伯鸞 1033
王伯倫 6598
王伯仁 3497
王伯榮 7247
王伯耀 7247
王伯儀 9125
王伯釗 7247、7590
王伯貞 7247、7590
王勃(子安)0937、2498、2604
王博達 5597
王博古 7340
王搏 8626
王不博 6424
王不羨 6424
王才(王貴子)2998
王才(王暕子)1478
王才(王普子)2478
王才(王雙子)0754
王才(王蕭子)3587、3711、4373
王才(顯宗子)1860
王參 3478
王參元 7383
王慘 6096
王倉 6140、7206、8843
王策(見王玄策)
王策郎 6909
王剎 6200
王鋋 6769
王昌 7871
王昌 8754
王昌(德表子)2498
王昌(陸渾丞)5439

王春(王誠子)4861

王春燕(信的鈴)6463

王綽(弘道)1805

王綽(王亮子)1838

王慈兒 8435

王辭 6912

王次卿 8108

王次宗 7707

王從規 8509

王從龜 8509

王從矩 8509

王從禮 7827

王從順 4033

王從叙 7827

王從訓 7616

王從訓(仁哲子)3317

王從祐 7827

王從章 7425

王從佐 7827

王琮(弘實父)9038

王琮(王潛父)2697

王琮(王碕父)6901

王琮(王山子)8787

王琮(王泰父)4315

王琮(相才子)3442

王琮禮 7419

王賓 6037

王湊 8696

王崔八 7381

王崔五 6700

王灌光 4425

王瑾 6914

王存 7292

王存古 8242

王存龕 8832

王存約 7472

王達(少仁)2435

王達(王貴子)0565

王達(王諒子)0328

王達(王榮父)1323

王大賓 5642、5643

王大鼎 1213

王大方 0979

王大觀 2294

王大光 2979

王大黑 8844

王大禮(王朗子)3147、
6118

王大禮(王直子)0859

王大平 1154

王大器(見王郁)

王大僧 7911

王大訓 1908

王大隱 4548

王大憚 1072

王大忠 4366

王岱 5058

王待封 5761

王待貢 6253

王待進 4466

王待禮 8666

王待憲 4466

王戴兒 8302

王丹 7242

王統 4890

王淡 2400

王誕 3504

王澹 1103

王瑠 8262

王璽 4681

王道(師貴)1105

王道(王表父)2794

王道(王禕子)0526

王道(王摯子)4509

王道(王子父)3895

王道光 5738

王道弘 2173

王道濟(承宗)3478

王道仁 1033

王道玄 1213、2024、
2133、2408

王道業 7827

王道源 8776

王得一 8260

王德 9080

王德(公詞子)8059

王德(王琛子)1295

王德(王達子)2435

王德(王端父)2132

王德(王貴父)1298

王德(王婁子)8782

王德(王雄子)2795

王德(王意父)4681

王德(王玉子)1597

王德(王貞子)4588

王德(王枝子)0566

王德(文經)1194

王德(仲寶父)2990

王德本 3674

王德表(寶貴子)2672

王德表(王表，文安令)
2498、4582、5488

王德表(顯)0554＊、
0813、1736

王德徹(小成)1988

王德成 8994、9008

王德兒 8696

王德衡 3868

王德徽 4302

王德儉 1903

王德進(讜言)6779

王德濬 4084

王德倩(倩)2622

王德文 4061

王德孝 0694

王德行 2505

王德璠 9103

王德源 8666

王德真 2594、2735、
2944、6238、7073

王迪 3726、5173

王滌 8730

王覿 5467

王覿(思齊子)2400

王淀 0545

王調 8178、8310

王鼎(世鼎)2024、
2133＊

王鼎(王襃子)0396

王鼎(王懷子)0961

王鼎(王暉子)4108

王定 1241

王定(王鸞父)0772

王定(王遠子)3286

王定(仲周父)8905

王定和 8517

王定簡 8517

王定禮 8517

王定難 5373

王鋌 7512

王鋌 7652、8077

王洞玄 7596

王動己 8852

王都 8808、8904

王都娘 8302

王度 0926

王度(王靜父)1194

王端 3554、3647、
4679、4816

王端 4051

王端(道弘父)2173

王端(履宜)1921

王端(王德子)2132

王端(王惠父)1102

王端(王英父)3621

王端(王珍子)5898

王端(文端)6096

王端端 6424

王端章 7824、8461

王敦 4164

王敦禮 3802

王鐸 7991、8155、
8271、8705、8730

王鐸(奉天尉)5661

王鄂 5232、6056、
6428、6767

王崿 9105、9107

王愕 2642

王苟仁 2431

王邁(會之)8419

王邁(王壽子)6458、
　7972

王古 2335

王谷 4538

王顧 7707

王寡言 7206、7708、
　8843

王關兒 8787

王觀(王玘子)4187

王觀(王智子)1214

王觀玉 7941

王琯 7161

王琯(翊元子)7383

王貫 7814

王瓘(伯儀子)9125

王瓘(王禮子)3676

王光(王涵父)7055

王光(王蕢父)4109

王光(王嵩子)5646

王光(王玉父)1597

王光賓 2635、3831、
　4329

王光旦 3569

王光輔 5332

王光輔(方慶子)5233、
　6478

王光輝 4340

王光進 5830

王光滿 4340

王光玘(仲叔)5334

王光謙 5500、6140、
　6202、6881、7676

王光詮 4340

王光乘 4340

王光嗣 3224

王光庭 2869

王光庭(大忠子)4366

王光庭(思莊子)4340

王光庭(王環子)4952

王光續 6861

王光乂 8985

王光乂 8990

王光贊 8990

王廣(王瀚子)6536

王廣(王奇父)7099

王廣(王綰子)5488、
　6133

王廣業 5776

王廣珍 8058

王皈 8698

王皈兒 8696

王皈政(王何子)7385

王皈政(王興子)8516

王珪 1471

王珪 7463

王珪(侍中)3830、
　4008、5371、6458、
　6536、7972、8985

王規(松年子)1467、
　1726

王規(王騫子)0396、
　0684、3073、4900

王規(仵通)1059

王歸厚 7018

王歸厚(居實)8336

王歸鄉 9003

王環 9035

王環(處義父)2334

王軌 0105

王軌 2842、2843

王軌(範)1701

王桂華(何樛妻)8384

王桂郎 7980

王貴(德行父)2505

王貴(妃)0961

王貴(王才父)2998

王貴(王德子)1298

王貴(王漢父)1379

王貴(王虔子)2275

王貴(王讓父)0711

王貴(王仁子)0565

王貴(王吳父)1988

王貴(顯宗父)1860

王貴(子建父)0448

王貴娘 8666

王貴通(通)7014

王袞 7980

王國(王呆子)7601

王國(王郎子)2642

王國(王廉子)8516

王國(王雅父)3468

王國寶 6308

王國良 6308

王國寧 6832

王國清 8470

王國實 6308

王國文 6308

王國興 6350

王國宥 6308

王國悅 5830

王國珍 6350

王果 2678

王果(大賓父)5642、
　5643

王果(雄誕子)1487

王海 8787

王海賓 6522

王海貴 0383

王憨兒 8803

王含 7134

王涵 7055

王罕 7786

王漢(方)3895

王漢(王貴子)1379

王翰 3096

王翰 4470

王頏 7707

王好 6478

王浩 9306

王晧(王雲子)0976、
　1330、1654、3406

王晧(王祚子)7051

王曷(王智子)4801

王曷(王祚子)3224

王鎬 3793

王合子 8943

王何(王剛子)7385

王何(王滔子)5166

王何(興)6312

王何清 8258

王和 0429

王和寶 8545

王和尚 7206

王郤 8435、8439

王黑檔 8863

王黑豬 8863

王恒 5745

王恒(王壽父)3761

王恒(王義父)4084

王恒湊 5832

王恒嚴 5832

王恒□ 5832

王珩 7129

王衡 4759

王弘(王成父)6424

王弘(王迪子)5156、
　5173

王弘(王好父)6478

王弘(王質子)0237、
　0245

王弘(文寬)1033

王弘安 3009

王弘安(公淑子)7497

王弘楚 7633

王弘道(公淑子)7497

王弘道(王鼎子)0396

王弘德 7497

王弘寂 0976、1330、
　1654、3406

王弘儉 9097

王弘禮 7393

王弘禮(王叔子)7799

王弘立 7633

王弘敏(依智)0238

王弘納 2306

王弘慶(公淑子)7497

王弘慶(王繕父)6097

王弘讓 1303、2717、
　　4900

王弘實(公頎子)8599

王弘實(彥珣父)9038

王弘爽 7497

王弘順 7497

王弘蕭 3789

王弘遂 6126

王弘信 7497

王弘業(行成)2883

王弘裕(公淑子)7497

王弘裕(廣美)8803

王弘約 6126

王弘約 7271

王弘貞 1566

王弘直 3073

王弘質 8411

王弘宗 7707

王宏(承鼎子)4024

王宏(叔平子)5930

王宏(王儁父)7600

王宏(王敞子)4202、
　　4804

王宏(王暉子)4108

王洪 8754

王洪(王邵子)2435

王洪(相,李茂妻)0112

王洪璧 4239

王洪集 4239

王洪簡 6068

王洪諫 8292

王洪攬 4239

王洪羆 0080

王洪嗣 4674

王翊 5500、6881、
　　7337、7676

王翊(王融子)8302

王鍫 4843、5439

王鴻儒(大師)1323

王厚(昭業)8626

王後熾 1407

王乎 3569

王斛斯 4459、4693、
　　4752、5076

王鵠 7861

王岾 8843

王祐 4960

王鄂 5232

王娉(崔佚妻)5057

王護 4529

王花兒 9003

王華(魯復父)7352

王華(王硤子)7215

王華(王環父)8307

王華(王秀父)8735

王化文 8905

王話 6710

王淮 6406

王懷(思莊父)4340

王懷(王鼎父)0961

王懷本 0639

王懷璧 5583

王懷德 6431

王懷恩 7911

王懷幹 4033

王懷儉 1213、1913

王懷恪 1399

王懷良 3515

王懷邈 5681、6680

王懷遷 8930

王懷順 4801

王懷素 1875、2338

王懷勛 3889

王懷義 7723

王懷誼 7911

王懷玉 5327、6037

王懷珍 6178

王懷直 2133

王懷智 2099

王懷忠 3676

王懷□6155

王歡 0639

王歡悅 0791

王郇 8808

王環(太冲)5418

王環(王華子)8307

王環(王紀子)4952

王渙 4290、4817

王渙 8183

王渙(王昉子)8803

王渙(文吉)8730

王瀚 4759

王瀚(王旭子)6536

王晃 3754

王晃 3515

王暉 8870

王暉(時明)2990 *、
　　4108

王撝 1650

王撝(德本子)3674

王徽 8468

王回(潛之)8545

王回(王慶父)0554、
　　2622

王迴 0635

王晦 4204

王晦 8521

王晦 8687

王惠(善智)1102

王惠(王齊父)4218

王惠(王遠子)8260

王惠感 5100

王惠慶 4061

王惠珍 7790

王會 6800

王會(王興子)2209

王會(玄隸父)5586、
　　8178

王會(雲卿)7134 *、
　　7961、8302

王會郎 7799

王誨(諫)1964

王誨(王潤子)3577

王誨(義宣子)4900

王誨之 2460

王慧慧 9244

王繽 7339

王翮 6202

王基 0619

王基(王敦子)4164

王基(王明子)3549

王基(王正子)3859

王基(孝昂父)2467

王幾 4587

王幾龜 8687

王緝 3213

王積善 0237

王積薪 2825、4726 *

王及 5402

王岌 6669

王汲 3017

王即 8986

王佶 3570

王佶(王坦子)9000

王佶(王瑗子)6176

王級 1019

王集 7021

王季(王簡子)7021

王季(王泰女)4315

王季昌(慕興)4329

王季昌(王寶子)7536

王季成 5797

王季初(復元)8509

王季芳 5797

王季哥 8990

王季和 7011

王季良 5797

王季良(王華子)8307

王季文 5296、5526

王季武 5820

王季則 5363

王季則(王寶子)7536

王季則(志清子)7011

王計 5961

王計 9217

王泊 5643

王紀 2493

王紀 4952	王嘉鳳 2565	8977	王謹 8437
王徛 4326	王嘉祥 2110	王建榮 9061	王謹 8576
王寄和 1409	王嘉訓 6068	王建業 9061	王謹(王政子)8687
王寂 8513	王嘉貞 6576	王建璋 8315	王近澄 8873
王寂(洪弁)4856	王櫃 7658	王建宗 7707	王近貴 8873
王繼 6838	王駕 5623	王踐慶(仙鼎)4759	王晉 4213
王繼安 8977	王肩吾 6427	王踐義 4202、4804	王晉(薛襄妻)4008
王繼寶 9177	王兼濟 3774	王潤 8705	王進 8835
王繼昌 9011	王兼金 3774	王諫 6463	王進(王休父)7655
王繼昌 9177	王堅 5972	王江(淮清)6957	王進(王遠父)8513
王繼澄 8980	王暕(見王玄暕)	王江(幾甌子)8687	王進國 7911
王繼恩 9038	王暕(遂古子)3673	王江(王倩子)6609	王進威(德和)8990
王繼皋 8977	王暕(王才父)1478	王姜嫄(大願成,李問	王進喜 8977
王繼恭 9178	王暕(王道子)4509	政妻)2156＊、2839	王進玄 8509
王繼朗 8977	王暕(王瑨子)3753	王絳 6598	王瑨 3753
王繼璘 9038	王戬 4598	王郊(文秀)9242	王縉 3483、3757、
王繼倫 8977	王戬(王連子)7497	王憍梵(李厥妻)2334	3853、4787、5003、
王繼美 8977	王儉(僧綽子)1303、	王嶠(弘肅子)3789	5083、5174、5340、
王繼能 8980	3073	王嶠(王蕭子)6118	5344、6504
王繼鵬 9178	王儉(王濬子)2697	王嶠(義宣子)4900	王涇 5278
王繼全 8977	王簡(紀正)8437	王階 7827	王涇 6130
王繼榮 8915、8977	王簡(見王士儉)	王捷 5228	王經 1298
王繼榮 9038	王簡(敬文)7021	王絜 5191	王兢 7948
王繼榮(王瓊子)8980	王簡(王江子)6957	王傑(叔平子)5930	王景 2380
王繼韜 9178	王簡(王邵子)2635、	王傑(王澄子)1805	王景 6882
王繼勳 8977	7676	王傑(王亮父)4426	王景(德表子)2498、
王繼勳(延禎子)9077	王簡(王用子)8530	王傑(王隆父)3710	4582、5488
王繼嚴 9178	王簡兒 6155	王傑(王平子)6077	王景(弘景)3017
王繼業 8977	王簡中 7960	王傑(王信父)2498	王景(王絳子)6598
王繼真 9177	王建 0179	王傑(雄昶)1072	王景(王銳父)7355
王繼之 6505	王建 6078	王節(王定子)3286	王景(王慎子)2116
王繼宗 8333	王建 6721	王節(王建子)4127	王景(王興父)1083
王稷 5776、6699、	王建 6741	王介 4580	王景昌 4302
6700、6701、6702	王建 7601	王玠 6137	王景初 8165
王濟 2458	王建(前蜀高祖)8843、	王玠 7917	王景芬 8545
王濟(奉璘子)6282	9095、9096、9102	王誡 6458	王景良 9023
王濟(克俊子)7011	王建(王柱子)0754	王金 7317	王景倩 1649
王濟(王陵子)6922	王建(王節父)4127	王金剛藏 4796	王景山 6174
王濟(王協子)1393	王建初 7346	王金婆 7909	王景肅 4539、5586、
王績 3710	王建侯 8128	王瑾 2975	8178、8310
王霽 4861	王建郎 8510	王瑾 8262	王景先(常道)3515＊、
王嘉 4490	王建立(延續)8915＊、	王瑾(王埦子)7313	3806

王君楚 7385
王君德 1580
王君和 7778
王君懋 1194
王君卿 3802
王君慶 8307
王君儒 2117、3492
王君晟（皈政子）7385
王君晟（王袁子）7778
王君維 6831
王君雅 6604
王君用 7385
王君章 6410
王鈞 9102
王俊 1044
王俊（希俊）6044
王浚 3753
王晙 2379、2380、3233、4242
王晙（方慶子）4932
王儁 3039
王儁（昕之子）2467
王濬 3954
王濬（王琮子）2697
王濬（王騫父）4900
王開 0639
王楷（王秀子）4490
王楷（王璋子）1964
王暟（光）3073
王鍇（鈞化）8843
王侃 5819
王侃 6005
王侃 8158
王衎 6978
王康 0958
王康（王綰子）5488
王伉 6097
王珂 8510
王軻 7980
王可封 7398
王可復 7030
王可立 6992

王可訥于 5961
王可□ 3328
王克 7778
王克從 7339
王克恭 7368
王克俊 7011
王克禮 7081
王克清 6609
王克讓 1330
王克溫 5761
王恪（王靖父）3277
王恪（王聞父）4066
王客（賓庭）2275
王客卿（敬仲）0245
王寬（誨之父）2460
王寬（王喜子）1405
王寬（知玄父）4557
王寬（知章父）3504
王曠 3800
王逑（王儔子）8985
王逑（王逢子）7589、8419
王揆 0175
王崞 0159
王琨 2493
王廓 1893
王萊哥 8990
王郎 1114
王郎 2642
王郎子 1036
王朗 4128
王朗（大禮父）3147
王朗（士暉）0540
王朗相 2431
王勞謙 8874
王樂 0694
王倰 6585
王李八 9003
王李七 8735
王里奴 1580
王澧宗 7707
王禮 2434

王禮（定難父）5373
王禮（駙馬都尉）2132
王禮（王剛子）3628
王禮（王瑾父）3676
王禮（王護子）4529
王禮（王通子）2341
王禮元 6978
王立 8437
王利（王卿父）2979
王利（王遠子）0138
王利賓（待舉）4109
王利濟 6161
王利器 3957、4017
王怜（一）0175
王連 7497
王廉（守廉）4509
王廉（王寶子）7526
王廉（王國父）8516
王憐兒 3674
王璉 3570
王㳎 5793
王㳎 8504
王鍊（弘範）5698＊、7117
王良 5138
王良（王迪子）3726
王良（王他子）0238
王良（王暐子）6838、8128
王良輔 4609
王良士 5733、5747
王良鄠 9003
王亮 6874
王亮 8307
王亮 8603
王亮（承威父）5583
王亮（王綽父）1838
王亮（王會子）2209
王亮（王傑子）4426
王亮（王連父）7497
王亮（義亶子）4900
王量先 2306

王諒（王恭父）0328
王諒（王緜子）4349、5232、6056、6428、6767
王諒（王枕子）6174
王遼 7652
王寮 8808
王烈 4899
王林 7017
王林 7367
王林 8863
王琳（寶真，徐嶠妻）3868
王琳（懷勖子）3889
王琳（王岱父）5058
王琳（王俱子）0184、0237、0245、2944
王鄰 8307
王璘 6077
王臨 4108
王鱗 8920
王廩 5488
王陵 7520
王陵（王旻子）6922
王陵（文暢）0628
王零娘 8599
王靈漸 4468
王靈曜 2944
王令賓 3764
王令賓（進）3859
王令伯 6868
王令德 1044
王令豐 9049
王令金 6238
王令謀 9064
王令順（麗淑）2053
王令思 3213
王令望 5995
王令望（揚名）2505
王令溫 9049
王令珣 3869
王令忠（王方子）4218

王令忠(孝祥子)5465
王留八 8452
王留兒 8642
王留七 8452
王留生 3802
王留生(王足子)1519
王留五 8452
王流謙 7197
王劉兒 6912
王劉六 9003
王劉肆 6889
王六郎 7190
王六娘 8452
王六仁(英表)2979
王隆 0511
王隆(王傑子)3710
王隆(王樂子)0694
王龍(孔虬)2795
王隴 0383
王婁 8782
王瀘 8233
王魯復(夢周,知道先
　生)7352
王櫓 7722
王陸 2359
王禄 0458
王禄 1413
王禄盈 5465
王輅 4563
王輅(敬仲子)6140
王路俱 5961、6459
王麓 8874
王鷺 5968
王鷺(王定子)0772
王倫 3219
王倫(王簡子)7021、
　7279
王倫(王暄子)3073
王倫(希庭子)7790
王綸 4582、7909
王論 9125
王羅(王相父)1351

王羅(王周父)0779
王羅俊 5311
王洛 1020
王洛客(炅)2498
王洛浦(密妃)1214
王洛喜 8977
王落 0407
王履仁 1467
王履貞 6278
王履貞 8000
王履貞(政平)2343
王履直 4900
王略 7513
王馬留 8980
王馬六 8980
王馬三 8980
王馬四 8980
王馬五 8980
王買 1403
王勘 6601
王勘(福祚子)3710
王邁(子超)7652
王滿 6155
王滿(王福父)6522
王滿(王慶父)4761
王毛仲 3920
王茂(王昂父)3317
王茂(王舉子)0011
王茂弘 0814
王茂時 4008、6458、
　7972
王茂玄 8000
王茂元 7383、7707、
　8063、8411
王茂章 9059
王茂昭 4761
王玟 5297
王玟 6783
王莓 5888、6296
王美 2312
王美(張宜)0811
王美暢(通理)1905

王美□4529
王蒙 4972、5812
王蒙 7067
王蒙(崔邸妻)7067、
　9192
王蒙(方策)6238
王盟 6999
王猛 3406
王夢奇 8938
王秘 7814
王秘 8874
王密(恪)0635
王免 6883
王沔 4890
王沔 5561
王沔(王杲子)3753
王冕 7144
王緬 4202
王邈 8545
王旻 6922
王敏 4918
王敏(王仵父)3569
王名 2290
王明(朗)2478
王明(王海父)8787
王明(王基父)3549
王明(王詵父)3235
王明(王通父)1923
王明(王雅子)1738
王明鶴 5293
王明鑒 6178
王明郎 8696
王明亮 6178
王明信 6178
王明琰 3497
王模 5056
王薵(王光子)4109
王薵(王彦子)2175
王譓 6729
王譓(景詢)0639
王默 4199
王默(孝傑子)4619

王牟 5820
王木兒 8939
王沐 5101
王慕光 7600
王穆 1183
王那 1660
王那羅 7722
王乃道 1597
王迺 7822
王迺 8162
王鼐 6772、7337、7676
王南華 8843
王南金 8843
王南勝 8843
王南史 8843
王南薰 7782、7880、8299
王南薰 8843
王訥(師魯子)6458
王訥(守忠子)5563、
　6046
王内則(寳希瑊妻)
　3147
王能(文才)0407
王寧(王顯子)0811
王寧(王現子)8816
王寧(王瑤子)7368
王寧(王瑜父)5334
王寧貞 4110
王凝 8073
王凝(王質父)3017
王凝 8040、8441、8843
王牛八 8782
王牛九 8782
王牛牛 8437
王牛十 8782
王牛十二 8782
王牛十一 8782
王奴子 8901
王女節(脩儀,陳叔達
　妻)0099
王潘安 6037
王磻 6635

王脖兒 9003

王沛 6913、6928

王珮 5751

王珮 8262

王佃 8934

王鵬 8977

王鵬(王淵子)7265

王丕 4108

王罷 0859、0979

王闢 5630

王玭 9029

王頻 7707

王平(王璘子)6077

王平(王欽父)2636

王平(王栩子)8178、8310

王憑 7513

王憑(王晧子)7051

王蘋(惠)1566

王婆子 9125

王裒 3452

王浦(巨源)4539、5487、5586＊、7917

王普 2478

王普功德(盧仲權妻)5681＊、5811、5812、5814＊、6680

王溥 8843

王譜 0099

王栖曜 7383

王奇(王廣子)7099

王奇(王譽子)4541

王奇光 5076

王祇玄 4726

王淇 5655

王琪 6523、7558

王琦 3367

王琦(光國)3406

王琦(王昇女)3226

王琦(王漳父)6843

王碕 5603＊、6901、7816

王齊 4218

王齊望 6536

王齊休 6579

王諶 3277

王乞住 8863

王玘(守節子)4187

王玘(王駕子)5623

王起 6391、6952、7138、7222、7626、8071、8231、8310

王啓南 6388

王洽(王杲子)3753

王洽(王瓘子)3676

王千石 5433

王千運 6907

王千知 2514

王遷 2883

王遷(大運)1399

王遷(王安父)3289

王遷(王楚父)8175

王遷晟 7367

王遷延 7367

王遷宰 7367

王謙 0016、0094

王謙 9003

王謙(師魯子)6458

王謙(同皎子)2460

王謙(王温子)5565

王謙(益友)0429

王騫 8763、8831

王騫(思靖)0684、3073、4900

王虔 8938

王虔(王恭父)4861

王虔(王湛子)2275

王虔福 8787

王虔古 8242

王虔休 6464、6510、6599

王虔章 8787

王虔貞 8787

王虔真 9023

王虔宗 7707

王乾(張瓊母)0677

王乾寵 1154

王乾明 4739

王乾泰 1154

王乾挺 1154

王乾劂 1154

王乾禎 1154

王潛 7139、7405

王潛(昌)4683

王潛貞 5614

王錢婆 9125

王倩 6181

王倩(公舉子)5160

王倩(利賓子)4109

王倩(王汾父)8437

王倩(王江父)6609

王倩(王温子)3587

王倩(王昕子)6604

王倩(王堰子)6545

王倩娘 8302

王翹 7810

王翹(踐義子)4202＊、4804＊

王翹(王略子)7513

王欽 3506

王欽(王平子)2636

王歆(紹文子)1930

王歆(孝倫子)0510

王勤道 2116

王勤禮 2116

王勤貞 2116

王勤止 2116

王青 7726

王青溪 4856

王卿 9070

王卿(王利子)2979

王卿兒 7658

王清 8863

王清(嘉紹)4505

王清(師警父)6776

王清(叔政父)5982

王清(王寶父)7526

王清(王醜父)0803

王清(王用父)6957

王清(王制子)8059

王清範(陳明妻)1534

王清貴 0662

王清净觀 4545

王頃 7707

王慶(見王傳慶)

王慶(王回子)0554、2622

王慶(王滿子)4761

王慶詵(嘉盛)2635＊、4017

王慶賢 6881、7676

王慶玄 4329

王慶遠 0080、0859、0979

王瓊 8843

王瓊(洪簡父)6068

王瓊(繼榮父)8980

王瓊(遵業父)0383

王瓊娘 8901

王丘 3282、3500、4242、5320

王秋 8915

王求 7005

王求 7917

王求古 5642

王求烏 5643

王虯 6253

王球 8754

王球(王冲子)2093

王逎 2828

王璆(王坦父)9000

王璆(王卓父)2689

王璩 6901

王恮 8302

王全德 8452

王全敬 7854

王全武 8748

王全一 1838

王全義 8808
王佺(守真子)1673
王佺(王温子)3587
王佺(王郁子)2451
王佺(昕之子)2467
王詮 0099
王詮(景孝子)2806
王詮(休遠)1823
王銓 4187
王權 7317
王權 8494
王權 8837
王權(重明子)7313
王權(王釗父)8642
王勸 6729
王闕 7389
王確 2132
王礭 7542
王然 7205
王讓(王舉子)2699
王讓(王顗子)7355
王讓(義深)0711
王饒(受益)9026
王人傑(見王英)
王仁(慶)4761
王仁(王褒子)4859
王仁(王貴父)0565
王仁(王紹父)0128
王仁(王義父)3628
王仁安(孝靜)1405
王仁表(王冲父)3770
王仁表(文義子)4505
王仁長 7589、8419
王仁端(士正)1083
王仁福 1420
王仁軌 3802
王仁鎬 9167
王仁惠 5603、7816
王仁建 8802
王仁咬(鳴鶴)2704、
　2806 *
王仁節 7943

王仁俊 8808
王仁求 1880
王仁銳 9167
王仁嗣 5433、5584
王仁蕭 3868
王仁遇(望卿)9061
王仁哲(文達)3317
王恁 9077、9177
王日孚 4412
王日機 2883
王日簡 6816
王日進 4426
王日俊 4681
王日謙 7021
王日新 6574、6779
王日休 4426
王日雲 5132
王日政(東陽)7247、
　7590 *
王戎 8178、8310
王容 2175
王容(照，楊福延妻)
　2636
王榮(王達子)1323
王榮(王宰父)1701
王榮(王智子)0224
王融 7480
王融(令望父)5995
王融(内朗)7134、
　7961、8302 *
王融(王坦父)9061
王鎔 8807
王柔(來遠)9026
王柔(李師諒妻)6767
王柔(裴思齊妻)6881
王如賓 7589、8419
王儒 7279
王儒宗 7707
王濡 7201
王汭 8849
王汭(王銷子)6200
王銳(王泛父)9175

王銳(王貫子)7814
王銳(王景子)7355
王叡(洛誠)2379、2380
王叡倫 7205
王閏 5661、6019
王閏娘 8452
王潤(王誨父)3577
王潤(王諒子)4349
王卅八娘 7542
王三哥 8990
王三姐 8978
王三姐 9003
王三朗 1502
王三良 1572
王僧辯 0842、1905、
　2704、2806、3774
王僧綽 3073
王僧脩 2806
王僧智 2431
王僧住 8939
王山(王成子)7389
王山(王海子)8787
王山賓 4239
王山哥 7913
王山秀 4239
王山鶴 4239
王山岳 4239
王善從 0662
王善貴 0814
王善慶 4187
王善述 0662
王膳 4033
王繕 6097
王瞻 3756
王瞻(名德)2099
王賞 6037
王上意(崔璨妻)4163
王尚(存龕子)8832
王尚(仁尚)4588
王尚代 5323
王尚恭(知禮)1875
王尚客 3853

王尚老 8048
王尚穆 8319
王尚品 5648
王尚逸 3830
王尚珍 3621
王尚準 8517
王韶(懷禮)2024 *、
　3570
王少寂 6118
王少良 6118
王少庭 8721
王少儀 6463
王邵 2435、2635、
　4541、6881、7676
王紹(王仁子)0128、
　0379
王紹(玄質父)6421、
　6505、7658、7722
王紹基 1233
王紹璘 8687
王紹文(義藻)1930
王紹仙(應臣)9179
王紹業 1233、1234
王紹預 4557
王紹子 6384
王紹宗 1311
王紹宗 1482
王紹宗(進玄子)8509
王畲 0144
王申伯 5943
王申伯 7313
王申甫 7234
王深 7658
王詵 3235
王神鼎 2408、5285
王神感(武英子)3868
王神感(玄覽子)2354
王神貴 8802
王神授 2116
王諗 9059
王諗璠 8666
王諗虔 8666

王諗容 8666	王師儒 6838	王士儉 5285、5466	王氏（鮑從師母）7463
王審從 4811	王師順（克從）1870	王士良 3868	王氏（畢琮妻）8777
王審邽 9077、9177	王師諗 8626	王士列 5353	王氏（畢武妻）8777
王審禮 4132	王師正 7972	王士倩 3406	王氏（邊緯母）5743
王審琪 8803	王師忠 0144＊、3478	王士倩 4303	王氏（柴晦妻）3098
王審瓊 8803	王十二 7367	王士清 7141、8108	王氏（常賁妻）7283
王審知（信通，閩太祖）9077、9176、9177＊、9178、9179	王十二娘 7014	王士猷 3328	王氏（車良妻）5788
	王十二娘 7385	王士約 5285、5466	王氏（陳阿胡妻）3289
	王十二娘 9061	王士真（公一）5961＊、6271、6459、6488、6643、8242	王氏（陳承業母）1952
王慎（履禎）1597	王十六娘 5297		王氏（陳感妻）1776
王慎（王敬子）2116	王十六娘 9061		王氏（陳瑾妻）7511
王生（王闐子）7389	王十娘（徐十郎妻）8345	王氏 0591	王氏（陳景仁母）8321
王生（王詢子）1199		王氏 0615	王氏（陳君賞妻）7141、8108＊
王生（王珍子）0458	王十三娘 6463	王氏 0629	
王生（秀）2514	王十三娘 7205	王氏 1790	王氏（陳朗妻）2573
王昇 4664	王十三娘 7385	王氏 2672	王氏（陳仕安妻）9156
王昇 8460	王十三娘 9061	王氏 3188	王氏（陳嗣通妻）6557
王昇（朝陽）6068	王十四娘 7011	王氏 4376	王氏（陳文況母）8375
王昇（王鍇子）8843	王十四娘 7389	王氏 4899	王氏（陳子綽妻）0668
王昇（王協子）1393	王十四娘 7911	王氏 5499	王氏（成鐸妻）8095
王昇（王宣子）4239	王十四娘 9061	王氏 5742	王氏（成殷妻）8393
王昇（遺式子）3226	王十五娘 7011	王氏 6009	王氏（成如璋妻）6439、7049
王睰 4683	王十五娘 9061	王氏 6543	
王晟（景先子）3806	王十一娘 7014	王氏 6585	王氏（成公瑤妻）8519
王晟（王信子）7099	王十一娘 7385	王氏 7162	王氏（承宗女）6643
王晟（王胤子）6155	王十一娘 8530	王氏 7546	王氏（程才妻）1957
王晟交 4334	王十一娘 9061	王氏 7596	王氏（程昌胤妻）5262
王勝 7558	王湜（李昢妻）8319	王氏 7687	王氏（程琛妻）5683
王師 5014	王實 8250	王氏 7812	王氏（程達妻）1133
王師（君胡）1738	王實（王呆子）5327、6037	王氏 7912	王氏（程德妻）3037
王師（可法）1502		王氏 7915	王氏（程翰林妻）5805
王師（王文子）4529	王實（王江子）6957	王氏 7927	王氏（程鸞妻）2094
王師會 6776	王實（王用子）8437	王氏 8329	王氏（程仁妻）3003
王師積 6922	王實（王則子）8696	王氏 8865	王氏（程叔絢妻）6595
王師簡 8165	王實（王政子）3224	王氏 8950	王氏（程玄封妻）4197
王師謹 8735	王實（知仁父）5057	王氏（安萬金妻）8906	王氏（程晏妻）8009
王師警 6776	王士 2576	王氏（安玉妻）6030	王氏（程元寂妻）3003
王師穎 6964	王士安 5788	王氏（安元審妻）8903	王氏（神曜妻）1197
王師禮 9023	王士才 0328	王氏（安昭妻）8057	王氏（崔藏之妻）5563＊、6046
王師魯（孝威）6458	王士方 6814	王氏（白文亮妻）8689	
王師閌 6458	王士和 4792	王氏（班翼妻）6432	王氏（崔從禮母）2117
王師虔 8735	王士華（子秀）3406	王氏（暴敏妻）2430	王氏（崔恭伯妻）7071

王氏(李榮妻)7335

王氏(李韶妻)4031

王氏(李少榮妻)7322

王氏(李實妻)8948

王氏(李士華妻)6202

王氏(李收妻)5773

王氏(李叔良妻)6136

王氏(李叔慶妻)8067

王氏(李思溫妻)8948

王氏(李蘇哥母)8751

王氏(李遂晏妻)7165

王氏(李唐妻)8983

王氏(李庭芝妻)4076

王氏(李惟詵妻)6605

王氏(李文憲妻)2199

王氏(李希言妻)6579

王氏(李仙妻)4988

王氏(李先妻)4017

王氏(李興妻)7318

王氏(李行恭妻)8240

王氏(李行邕妻)6816

王氏(李脩妻)8792

王氏(李玄道妻)1726

王氏(李珣妻)5663

王氏(李循忠妻)3673

王氏(李訓妻)4619

王氏(李延禧母)9070

王氏(李延貞妻)9033

王氏(李儼母)5545

王氏(李彥崇妻)8865

王氏(李彥璋妻)8619

王氏(李彥貞妻)8948

王氏(李禕妻)1503

王氏(李夷吾妻)4318

王氏(李彝妻)6468

王氏(李義妻)3696

王氏(李翼妻)4664

王氏(李殷甫母)5863

王氏(李泳妻)6992

王氏(李渝妻)5738

王氏(李餘儁妻)4448

王氏(李璵妻)4402

王氏(李元裕妻)8780

王氏(李元宗妻)8424

王氏(李章妻)9184

王氏(李貞妻)4773

王氏(李真妻)8188

王氏(李震妻)4682、

　5022＊、7661、7928

王氏(李愨妻)3954

王氏(李仲珪妻)4982

王氏(李卓然妻)5201

王氏(酈僴河母)3154

王氏(涼國夫人)4783

王氏(梁瓌妻)8912

王氏(梁慶妻)8912

王氏(梁興都妻)0524

王氏(梁晅妻)4989

王氏(梁義妻)3088

王氏(梁誼妻)7577

王氏(凌敬妻)8647

王氏(劉干妻)7729＊、

　7918

王氏(劉公制妻)6968

王氏(劉光贊妻)9015

王氏(劉廣妻)5174

王氏(劉莒妻)5560

王氏(劉君和妻)7869

王氏(劉君集母)8258

王氏(劉君儒妻)8327

王氏(劉匡祚妻)9058

王氏(劉凝妻)6855

王氏(劉榮妻)1134

王氏(劉叔諒妻)7943

王氏(劉素妻)5339

王氏(劉璠殷妻)8814

王氏(劉挺妻)1188

王氏(劉威妻)1506

王氏(劉惟直妻)6081

王氏(劉文遂妻)7093

王氏(劉文翼妻)6429

王氏(劉獻妻)5304

王氏(劉信妻)0490

王氏(劉緒妻)8360

王氏(劉儀妻)7338

王氏(劉元貞妻)4302

王氏(劉約妻)3272

王氏(劉再興妻)8454

王氏(劉振母)8012

王氏(劉志清妻)5964

王氏(柳頻母)8263

王氏(柳澤妻)3542

王氏(盧構妻)5074

王氏(盧晃妻)6092

王氏(盧礒妻)7959

王氏(盧猛妻)1800

王氏(盧巽妻)5439

王氏(盧瑗妻)8746

王氏(盧願妻)1868

王氏(盧照己妻)3009

王氏(陸敬道妻)0619

王氏(陸恬妻)6357

王氏(陸質妻)6327

王氏(路安蒙母)7415

王氏(路敬仁妻)1705

王氏(路通妻)0249

王氏(羅弘信妻)8893

王氏(羅諫妻)8969

王氏(羅倩妻)7035

王氏(呂孚妻)5783

王氏(麻素妻)1380

王氏(麻周妻)9039

王氏(馬重進妻)9002

王氏(馬光贊妻)9074

王氏(馬坤妻)8949

王氏(馬連妻)8547

王氏(馬難過妻)6876

王氏(馬同武妻)7908

王氏(馬惟愻妻)2800

王氏(馬貞妻)2003

王氏(馬仲莒妻)6752

王氏(馬摠妻)7325

王氏(孟君威妻)2834

王氏(孟蒲妻)0883

王氏(穆路妻)0807

王氏(穆玄嵩)8741

王氏(牛懷敬妻)4516

王氏(牛進妻)6489

王氏(牛相仁妻)0698

王氏(牛祥妻)3330

王氏(牛意仁妻)2787

王氏(牛遇妻)1877

王氏(牛則妻)9012

王氏(潘庸妻)8971

王氏(裴廣迪妻)6076

王氏(裴士安妻)5093

王氏(裴寅妻)7339

王氏(彭仲甫妻)4608

王氏(普慈公主，李繼

　崇妻)9091

王氏(齊克諫妻)7446

王氏(喬萱妻)7349

王氏(秦朝讓妻)5646

王氏(秦成妻)1741

王氏(秦承恩妻)5877

王氏(秦定真妻)8853

王氏(秦舉妻)1558

王氏(秦延嗣妻)9014

王氏(丘太妻)1175

王氏(仇大恩妻)2490

王氏(權順妻)5290

王氏(任弼妻)1153

王氏(任公慶妻)8859

王氏(任謹妻)8825

王氏(任景述妻)8928

王氏(任敬妻)4277

王氏(任舉妻)0929

王氏(任祈妻)2934

王氏(任素妻)2634

王氏(任行允妻)1048

王氏(任忠妻)5072

王氏(茹全妻)4630

王氏(上官禮妻)4552

王氏(尚洪遷妻)8975

王氏(邵封妻)4857

王氏(邵壽妻)2808

王氏(邵仲容妻)8358

王氏(申重興妻)7988

王氏(申臨妻)8070
王氏(申再豐妻)7988
王氏(申屠元禮妻)2716
王氏(施遂妻)7478
王氏(史明妻)1721
王氏(史孝章妻)7013
王氏(宋仏進妻)8731
王氏(宋績妻)9045
王氏(宋滿妻)1491
王氏(宋慶禮妻)2848
王氏(宋晟妻)8529
王氏(宋石保妻)5308
王氏(宋素妻)0865
王氏(宋文幹妻)7568
王氏(宋憲妻)8794
王氏(宋元逸妻)2815
王氏(蘇誠妻)7856
王氏(蘇全紹妻)8459
王氏(蘇文剗妻)8462
王氏(蘇子秒妻)6627＊、7216
王氏(孫冲妻)2474
王氏(孫楚珪妻)5984、6478＊
王氏(孫綵妾)7575
王氏(孫行琮妻)8220
王氏(孫玄妻)4718
王氏(孫彥思妻)9053
王氏(孫英妻)8221
王氏(孫知密妻)8748
王氏(索超妻)5196
王氏(拓拔思泰妻)3620
王氏(唐明宗淑妃)8956
王氏(田晉母)4609
王氏(田進妻)6297
王氏(田仁訓妻)9034
王氏(田知古妻)8484
王氏(萬齊岳妻)5336
王氏(王岱女)5058

王氏(王杲女)6038
王氏(王嶠女)3789
王氏(王廓女)1893
王氏(王實女)8250
王氏(王悟女)6883
王氏(王祥女)4512
王氏(王愻女)7852
王氏(王攸女)5233
王氏(王佁女)5156
王氏(韋長妻)6520
王氏(韋承光妻)4406
王氏(韋傑妻)1736
王氏(韋儆妻)6573、6574＊、6920
王氏(韋揆妻)5591、5943
王氏(韋璘妻)6960
王氏(韋令弼妻)9105
王氏(韋彭孫妻)4778
王氏(韋維妻)2736、3883
王氏(韋玄祐妻)1746
王氏(韋衍妻)7921
王氏(衛胡王妻)0509
王氏(衛思九妻)4777
王氏(魏文偏妻)1198
王氏(魏哲妻)0888
王氏(溫神智妻)3261
王氏(烏元守妻)8634
王氏(吳江朝母)4994
王氏(吳令珪妻)5160
王氏(武敏妻)9001
王氏(武平妻)8252
王氏(武閏妻)7930
王氏(奚道妻)1421
王氏(奚陟妻)5656
王氏(夏侯顏妻)6862
王氏(蕭安親妻)5003、6504
王氏(蕭符妻)8774、9036
王氏(蕭茂本妻)3213

王氏(蕭讓妻)3532
王氏(蕭璟妻)2717
王氏(謝光符母)9084
王氏(項承光妻)5755
王氏(徐觀妻)8411
王氏(徐頲妻)5995
王氏(徐延佳妻)9076
王氏(許仁傑妻)9098
王氏(許太清妻)7735
王氏(許童妻)8835
王氏(許孝義妻)0682
王氏(許朱婆母)7138
王氏(續璋妻)8868
王氏(玄宗廢后)2704、4664
王氏(薛重晟妻)7285
王氏(薛臨妻)7670
王氏(薛憲豐妻)7285
王氏(薛臻妻)7017
王氏(閻茂元妻)8315
王氏(嚴復妻)4818
王氏(嚴希莊妻)4819
王氏(晏仲穎妻)7823
王氏(羊藪妻)9160
王氏(羊岳妻)5049
王氏(陽簡妻)3492
王氏(陽裕妻)8183
王氏(楊從彥妻)5833
王氏(楊殿乘妻)7987
王氏(楊奉妻)0343
王氏(楊貴妻)2885
王氏(楊簡端妻)7685
王氏(楊舉妻)2601
王氏(楊謙仁妻)9132
王氏(楊去甚母)8128
王氏(楊審規母)7831
王氏(楊士才母)0750
王氏(楊随妻)6420
王氏(楊文妻)4455
王氏(楊行密妻)9058
王氏(楊玄珪妻)5614
王氏(楊彥妻)1426

王氏(楊寓妻)6831
王氏(姚崇妻)9068
王氏(姚嗣騑妻)9068
王氏(姚信妻)1260
王氏(姚行慈妻)4811
王氏(姚勖妻)7558
王氏(姚嚴母)8579
王氏(姚源妻)8024
王氏(藥言妻)2557
王氏(殷亮妻)5442
王氏(尹暢妻)0374
王氏(尹審則妻)7302
王氏(應汕妻)6586
王氏(游柱妻)1324
王氏(于榮德妻)2842、2843
王氏(俞讓妻)9161
王氏(元份妻)5934
王氏(元華妻)8672
王氏(元僧保妻)4298
王氏(元素妻)8600
王氏(元禧妻)0985
王氏(元鏽妻)5278
王氏(元雲妻)5891
王氏(元載妻)5269
王氏(袁繼忠妻)9035
王氏(袁邕妻)7351
王氏(袁宗慶妻)9035
王氏(源至妻)5117
王氏(樂坤妻)6428
王氏(樂談妻)3823
王氏(翟思隱妻)4853
王氏(張岸妻)7406
王氏(張楚賢妻)0684
王氏(張瓘妻)6181＊、6588
王氏(張大振妻)4413
王氏(張道妻)1317
王氏(張道遠妻)8477
王氏(張德妻)1883
王氏(張獨步妻)4067
王氏(張奉妻)5503

王氏(張公素母)5968

王氏(張洪妻)3986

王氏(張洪妻)4542

王氏(張還妻)2849

王氏(張暉妻)9010

王氏(張鑒妻)2739

王氏(張琚妻)5543

王氏(張君偖妻)1370

王氏(張亮妻)6974

王氏(張仁嗣妻)9030

王氏(張紳妻)7514＊、
7777

王氏(張師兒妻)0267

王氏(張式妻)1598

王氏(張廷裕妻)9037

王氏(張庭琇妻)9264

王氏(張珽妻)4099

王氏(張頤妻)7559

王氏(張琬妻)3764

王氏(張威妻)4586

王氏(張行本妻)8702

王氏(張行果妻)1651

王氏(張行周母)8101

王氏(張迅妻)4530

王氏(張彥琳妻)7863

王氏(張懿妻)1603

王氏(張英敏母)8100

王氏(張禎妻)8576

王氏(張質妻)7581＊、
7914

王氏(張仲群妻)7970

王氏(趙才林妻)4637

王氏(趙大行妻)1656

王氏(趙幹妻)8291

王氏(趙炭妻)8480

王氏(趙敬福妻)8815

王氏(趙令望母)4834

王氏(趙迺妻)8364

王氏(趙詵妻)9271

王氏(趙師實妻)8815

王氏(趙思虔妻)9059

王氏(趙威妻)0939

王氏(趙溫妻)7561

王氏(趙賢妻)1653

王氏(趙行章妻)8815

王氏(趙懿妻)1305

王氏(趙貞妻)9022

王氏(鄭保玄妻)8052

王氏(鄭季和妻)7306

王氏(鄭交妻)7948

王氏(鄭君佐妻)8420

王氏(鄭虔妻)4932

王氏(鄭師妻)1051

王氏(鄭洵妻)4956、
5125

王氏(鄭侑妻)6338、
6545＊

王氏(朱庭琳妻)4615

王氏(卓叔向母)5504

王氏(卓宗賞妻)9135

王氏(自勤女)6978

王世充 0007、0010、
0044、0082、0083、
0088、0140、0161、
0192、0203、0307、
0321、0326、0478、
0507、0665、0861、
0889、0893、0903、
0937、0950、0971、
1016、1081、1117、
1137、1147、1734、
2055、2894、2985、
3041、3423

王世卿 3802

王世則 1893

王仕 4024

王仕 8873

王仕德 2306

王仕寬 1241

王式 7453、8234

王式微 5093

王適 1838、2512

王釋題(獨孤述妻)
0216

王守敫 4960

王守道 2338

王守道 9279

王守恩 8915、8977

王守恭 8803

王守恭(王約子)1671、
3800

王守儉 7340

王守節(景行子)4187

王守節(王脩子)1930

王守禮 2334

王守禮 5761

王守凝 8985

王守謙 8803

王守強(仁望)6889

王守慎 1671

王守信 3676

王守一 2704、2806

王守貞 6044

王守真(元政)1673

王守志(志)7215

王守忠(同人子)5563

王守忠(王宏子)4202、
4804

王守忠(惟肅)4268

王壽(茂時子)4008

王壽(王緒子)0908

王壽(王詢子)8510

王壽(王璋子)3761

王壽記 4066

王壽餘 1211

王壽子 6664

王綬 5942、6193＊

王叔(英)0662

王叔驥 6037、6038

王叔璘 5323

王叔寧 7346

王叔平 5930

王叔齊 5982

王叔清 6292

王叔通 3665

王叔文 6042

王叔向 5982

王叔异 6480

王叔義 6424

王叔因 5947

王叔邕 5658、5733

王叔源 5323

王叔則 5323

王叔詹 5235

王叔政(王朝子)6424

王叔政(王清子)5982

王叔仲 6387、6664

王俞 5232

王淑 7069

王淑(田七,崔廠妻)
5661＊、6019

王淑(魏基妻)0735

王淑(姚偁妻)6523、
7558

王樞 7714

王樞(仲舒子)8178、
8310

王璹 9001

王璹(積薪子)4726

王曙 5154

王述 0080、0859、0979

王沐 5125

王沐(求古子)5642

王恕 6432

王恕(日謙子)7021

王霜兒 8642

王雙 0754

王順(王柔子)9026

王順(王意子)4681

王順郎 8098

王舜(匡時)8985

王舜臣 7340

王朔脩 2294

王碩度(元節)1233

王鑠 4257

王鑠(王遐父)0969、
1609、1649

王司禮 5368

王思(懷端)0011
王思(王昇子)4239
王思本 6729
王思賓 3802
王思福 4674
王思揮 7419
王思誨 4426
王思賈 8219
王思静(守安)3982
王思禮 4901、5210、5290、5522
王思禮(阿奴子)3374
王思齊 2400
王思謙 2351
王思慶 3223
王思讓 5418
王思昚 1875
王思慎 4466
王思泰(知約)0842＊、1905、2447
王思殷 8930
王思貞 8000
王思政 0041、0175
王思徵 4466
王思質 1323
王思忠(德徹子)1988
王思忠(王運子)1403
王思莊 4340
王斯 7055
王四兒 9003
王四哥 8874
王四姐 8990
王四姐 9003
王四朗 1502
王四娘 1251
王嗣本 6702
王嗣宗 7707
王松年 1467、1726、2294、2435、6881、7676
王崧 8949
王嵩 5349
王嵩(王光父)5646
王嵩(王禄子)1413
王嵩(王嵒父)7514
王嵩(王允父)1870
王嵷 3277
王素(王仙子)5173、5287＊
王素(元實父)8863
王速 7676
王肅 3587、3711、4373
王随 4108
王遂 5985
王遂 7959
王遂(王政子)6408
王遂賓 5166
王遂初 5100
王遂古 2990、3673
王璲 3142
王璲(待封子)5761
王璲(王政子)8687
王邃 8545
王孫師 7352
王他 0238
王拓 3235
王台 5500
王太惠妃 9187
王太堪 6090
王泰 2273
王泰(崇敬)4315
王泰(王沼子)5584、6635
王泰(玄通)2594、2735、2944＊、4615
王倓 9177、9178
王覃 8996
王壇 6932
王曇 8545
王曇選 1233、1930
王檀 7822
王譚(大受)7972
王坦(王瓌子)9000
王坦(王融子)9061
王滔 5732
王滔(遂賓子)5166
王滔(王杲子)3753
王燾 6458、7972
王韜 8843
王洮 8905
王桃(文楷)0080
王桃枝 1519
王縢 6912
王騰 6523、7558
王逖 4541
王悌 4130、5101
王逷 7652
王惕 6758
王田 8178、8310
王瑱 3239
王瑱(王敞父)4202
王汀 7987
王聽思 3868
王廷藹 8832
王廷璧 9097
王廷範 9125
王廷規 9097
王廷規(彦回子)9125
王廷翰 8938
王廷浩 9075
王廷暉 9125
王廷徽 9097
王廷誨 8985
王廷誨 9097
王廷矩 9097
王廷浦 8985
王廷謙 8985
王廷讓 8832
王廷熙 9097
王廷頊 9097
王廷訓 8985
王廷乂 9097
王廷胤(紹基)8943
王廷祐 9097
王廷裕 8924
王廷裕(王鄴子)8943
王廷裕(彦回子)9125
王廷璋 9125
王亭 3442
王庭(庭光)6350
王庭湊 6689、6930、7013
王庭光 7014
王庭玉(超幹父)5824
王庭玉(王昭子)3328
王庭玉(仲舒子)5228
王庭璋 7419
王珽(待封子)5761
王珽(瓌)4960
王通(舉)2341
王通(叔達)0433
王通(王明子)1923
王通(王業子)6431
王通(文中子)3710、6336、7134、8263、8302
王同(王斌父)4796
王同(知章子)3504
王同晈 2460＊、4349、9242
王同人 1299、2294、5563、6779
王穜 6701
王湍 9175
王彖 5999
王退 8843
王暾 6585
王屯 5824
王託(君寬)1211
王陁師 0448
王外臣 2825
王灣 2783
王灣 7822
王玩 3277
王晚金 5373
王婉(邵承鼎妻)4164
王綰 6771
王綰(雅卿)4582、

5488＊、6133
王萬 6957
王萬誠 6861
王萬春(光續子)6861
王萬春(王綱子)1420
王萬端 6861
王萬榮 8956
王萬歲 5459
王萬宇 9071
王威 1738
王微(王晉子)4213
王微(王騰子)6523
王惟度 6861
王惟釵 7911
王惟識 7827
王惟汶 5820
王惟雅 5898
王惟政(王偘子)8158
王惟政(興滿子)5830
王維 6006
王暐 6838
王緯 5488、6211、
6412、6413、6474、
6758
王渭(八流)7340
王渭(王福子)9175
王蔚 7313
王衛 8344
王魏八 7980
王魏生 3628
王溫 8754
王溫(王杲子)3753
王溫(王謙父)5565
王溫(彥溫)2998、
3587＊
王溫舒 3774
王文 8321
王文(仁際)1103
王文(王感父)3762
王文(王師父)4529
王文黯 6775
王文璧 6407
王文頒 7385
王文琮 7030
王文琛 8000
王文度 0128、0379
王文端 8452
王文恩 6238
王文貴 7385
王文祜 9103
王文惠 8479
王文佶 7385
王文洎 2704、2806
王文濟 1746、5603
王文建 7385
王文建(王朝子)7655
王文獎 6161、6932
王文進 7385
王文峻 8479
王文楷 0303
王文亮 7385
王文亮(王本子)3223
王文慶 8452
王文詮 7655
王文晟 9096
王文晟(貴通子)7014
王文式 2199
王文殊(敬本)1791
王文素 7385
王文素(懷良父)3515
王文喜 7014
王文象 6775
王文秀 7190
王文秀 8895
王文義(仁表父)4505
王文義(王雅子)3468
王文誼(良鄄子)9003
王文誼(王朝子)7655
王文用 7014
王文郁(蔚宗)1241
王文約 8479
王文則(儒範)7368
王文正 7014
王文政 7190
王文政(王朝子)7655
王文直 8717
王文徵 2175
王文仲 5848
王文□7190
王文□8717
王聞 4066
王汶 5642
王問 5353
王翁兒 9125
王翁奴 9096
王翁慶 6574、6779
王翁喜 9061
王翁信 7352
王无悔 6412、6581、
6909
王吴 1988
王吴九 8799
王吴七 8799
王無璘 5930
王無難 4683
王無擇 6193
王五五 8470
王仵(文亨)3569
王仵朗 3982
王武 0306
王武 4939
王武安 0184、2594、
2944
王武俊 5467、5961、
6459、6643、6907、
7141、8108、8242
王武英 3868
王武用 6161＊、6932
王物 3758
王悟 6083
王悟(處俊子)3761
王悟(王免子)6883
王晤(承璟子)7340
王晤(王昇子)7652、
8730
王晤(希價子)3800
王晤(行淳子)2379
王晤微(曉之)2865
王婺(從天)1782
王希古 3753
王希價(卓然)3800
王希傑 1673
王希晉(紹僁)2209
王希雋 1673
王希朋 8823
王希遷 6308
王希倩 5841
王希喬 4350
王希庭 7110
王希庭 7790
王晞 3859
王晳 9244
王熹 3497
王錫 0545
王襲興 2478
王喜(王寬父)1405
王喜(王秋子)8915
王喜郎 8098
王喜郎 8803
王係 4899
王硤 7215
王遐 0969、1609、
1649、2865
王遐濟(利涉)1838
王遐泰 5441
王瑕 3223
王仙(道源)4412
王仙哥 8901
王仙鶴(勁)5433＊、
5584
王仙客(禮元子)6978
王仙客(王哲子)3452
王仙期 6868
王仙童 5583
王仙之(趙郢妻)6551
王仙芝 8500、8503、
8700
王先 1797

王秀(王華子)8735
王秀(王藝父)4490
王秀誠6522
王秀誠7536
王秀誠(王華子)8307
王秀誠(王政子)7419、
　8599
王秀弘7536
王秀華5679
王秀亮7536
王秀林5679
王秀明8012
王秀榮7536
王秀榮(忠晏子)7419
王秀義7536
王琇4318
王琇(積薪子)4726
王虛明7816
王虛真4786
王虛中8925、8945、
　8963
王頊6934
王頊6951
王頊8437
王頊(王宰子)7707
王珝5056
王栩(莊己)8178＊、
　8310＊
王詡4685
王旭6536
王序(王晉子)4213
王序(王縮子)6133
王序(志兼子)3442
王勗4163
王勗(王愔父)4268
王叙7799
王潊5238
王緒5504
王緒6279
王緒6286
王緒(承基)0383
王緒(虔緒)2174

王緒(王壽父)0908
王薈9097
王續0434、1903
王宣(暉粲)0127
王宣(王昇父)4239
王宣(王賢子)0590
王宣舉1409
王玄(仁藏)1154
王玄(遺式父)3226、
　4213
王玄策(世卿子)3802
王玄策(王才子)
　1860＊、2998、3587、
　3711、4373
王玄成2493
王玄道0429
王玄德3802
王玄德6750
王玄德(爽)3497
王玄德(王遐子)0969、
　1609、1649、2736、
　2865
王玄度(清遠)2351
王玄觀4062
王玄璀0979
王玄珪3468
王玄基1033
王玄及1033
王玄暕5586、7917、
　8178、8310
王玄簡5465
王玄節2768
王玄謹1921
王玄敬2478
王玄恪(王道子)1105
王玄恪(王端子)1921
王玄覽2354
王玄亮3802
王玄起3147
王玄慶3468
王玄泰5353
王玄晤1083

王玄相1033
王玄運0859
王玄讚4538
王玄貞7557
王玄真7022
王玄之6703
王玄之(李暨妻)7822
王玄質7071、7658、
　7722、9303
王玄鍾5459
王璿5074
王璿(韋)2697
王烜5334
王暄3800
王薛五6155
王勛(重)6598
王勳4202
王薰7232
王曛4412
王紃8337
王珣2872
王珣4982
王珣(弘裕子)8803
王珣薈8336
王珣球8336
王珣玨8336
王詢(王生父)1199
王詢(子問)8510
王訓(王幹子)7069
王訓(王公子)2341
王訓(王繇子)9242
王瑟(敬恭)7852、
　7913、8158＊
王涯(廣津)5719、
　6866、6894、7222、
　7585
王雅(鳳廬父)4538
王雅(王國子)3468
王雅(王江子)6957
王雅(王明父)1738
王軋1572
王延(相才父)3442

王延(志仁)2408＊、
　5285、5466
王延保9177
王延稟9176、9177
王延昌5117、5145
王延豐9176、9177
王延福8666
王延福(萬榮子)8956
王延福(王言子)8844
王延哥8666
王延瓌8844
王延貴8666
王延翰9176、9177
王延浩9061
王延景0429
王延鈞9176、9177、
　9178、9179
王延鍇8816
王延齡2883
王延美(審知子)9177
王延美(王言子)8844
王延密9003
王延卿9061
王延壽8666
王延壽9096
王延壽(王言子)8844
王延嗣9003
王延望9177
王延武9177
王延義9176、9177
王延喜9177
王延祥2883
王延休4894
王延訓7546
王延義7247、7590
王延昭9105、9107
王延禎9077
王延政9177
王延資9177
王延祚4989、6897
王言8844
王言(士云)0803

王言(思忠)1183

王喦 7514

王顔 5371

王顔 5625

王顔 5989

王顔(承福子)6176

王顔(王宰子)7707

王嚴 3735

王嚴曉 2554

王巖 2451

王弇 7597

王郾 7092

王偃 4109

王偃 5453

王琰(王冲子)0216、
　0631、1673、4412

王琰(王㑇子)1875、
　2338

王演 3577

王演 4268

王演宗 7707

王儼(文成)1693

王儼(王政子)2053

王巘 8905

王彥(道倫)2175

王彥(王寶子)7526

王彥賓 8000

王彥璨 3286

王彥澄 8939

王彥範 8000

王彥方 2093

王彥夫 6847

王彥瓊 7746

王彥回(茂玄子)8000

王彥回(仲顔)9125

王彥鈞 8000

王彥珂 8939

王彥龍 1183

王彥琪 7746

王彥琦 8990

王彥瓊(弘寶子)9038

王彥瓊(王譔子)7746

王彥瓊(行寶子)8939

王彥球 8863

王彥式 8000

王彥威 8687

王彥威(宣武節度)
　6585、7050、7204、
　8305

王彥溫 8687

王彥溫(玄策子)1860

王彥溫(元寶子)8863

王彥珣 9038

王彥瑤 7746

王彥雍 8000

王彥由 8000

王彥賮 8863

王彥章 8830、8842

王彥昭 8000

王彥真(道符)8000

王彥珠 8863

王彥宗 7707

王晏 4751

王晏 8843

王晏 8989

王晏(重立子)9000

王晏(符寶郎)5504

王晏(景先子)3515、
　3806

王晏(玄觀子)4062

王堰 6545

王陽 6350

王陽烏 3224

王瑒 5160

王瑒(王鐸父)5661

王暘 3800

王瑶 7368

王瑶(見王縡)

王繇 4349、6056、
　6767、7092、9242

王曜(王晏子)4062

王曜(希價子)3800

王耀(光)0590

王液 5287

王液(景山子)6174

王業(王寶父)0540

王業(王通父)6431

王鄴 8943

王依 8638

王揖 1650

王褘(璧□)0526

王褘(王銓子)4187

王漪(豫)4801

王沂 5643

王怡 5174

王怡則 6096

王怡政 7594

王宜孫 8730

王疑謙 8666

王遺 7589

王遺式 3226

王遺恕 4213

王頤 7707

王嶷(紹文子)1930

王嶷(王雲父)1330、
　3406

王嶷(孝遠子)4683

王彝 7799

王彝訓 9021

王倚(王秘子)8874

王倚(王郁子)2451、
　4138

王倚(玄質子)7658、
　7722

王顗 0842、1905、2447

王乂 9106

王乂(友札父)1213、
　2133、2117

王易從 4811

王抱 2865

王益(王恭子)8626

王益(王罃子)5681、
　5811、5812、5814、
　6680、7278

王逸(王賓子)1072、
　1420

王逸(王澄父)1805

王逸(王何子)7385

王逸(王義子)4211

王逸客 3789

王翊 4783、6140、
　7206、8843

王翊元(子慎)7383

王意 4681

王義 6196

王義(王恒子)4084

王義(王仁子)3628

王義(王相父)1693

王義(相才子)4211

王義宣 4900

王義方 2355

王義方 3478

王義豐 7099

王義均 6775

王義康(孝友)1298 *、
　2554

王義立(宇道)2176

王誼 0105

王毅 5961

王懌(王景子)2380

王懌(王翹子)4804

王翼 3554

王翼 5698

王翼(承宗子)4211

王藝 4490

王懿 8843

王懿宗 7707

王殷 6983

王殷(公贍)7312

王殷古 8242

王殷説 6915

王埋 7313

王憕(王琛父)1295

王憕(王侃父)8158

王憕(王勛子)4268

王憕(王鎰子)8730

王澈 5475

王澈 7176

王諲 3144
王闇(居忝)6253
王吟 7707
王隱朝 8336
王隱貞 2354、2976
王胤 6155
王胤寶 5459
王胤寶(山珍)5459
王英(人傑)3711＊、
　4373＊
王英(王才子)1478
王英(王端子)3621
王英達 6308
王英幹 6161
王英翰 6161、6932
王英建 6308
王英舉 1502
王英素 1502
王英藝 6308
王嶜 3570
王嶜(懷邈子)5681、
　5814、6680
王膺 6286
王膺(王寶子)7526
王膺(王縮子)6133
王盈 1900
王盈 7581
王籯金 3651
王郢 8500
王穎 1868
王穎(王栩子)8310
王穎(王翼子)5698
王應 1782
王應郎 8307
王邕 4608、4753、4919
王顒(王膳父)4033
王顒(王宰子)7707
王顒(宗可)7355
王永(誠叔)6536
王永(遙)4685
王永福 1114
王永順 9097

王永則 1114
王詠 5160
王用 7532
王用(王汾子)8437
王用(王簡父)8530
王用(王江子)6957
王用(湛然父)6775
王攸 5233
王幽貞(高行,趙聞妻)
　0562
王由禮 0099
王郵 5232
王友(王興子)1083
王友(王彥子)2175
王友(王玉父)9177
王友方 2156
王友鸞(崇業)3726
王友賢(令暉)4722
王友札 1213、2024、
　2133、2408
王有道 2156、2839
王有方 2379、2380
王幼 4202、4804
王幼鈞 7538
王幼卿 3802
王佑 5982
王宥 4024
王祐 0175
王玕 8994
王於簡 7215
王於肇 7215
王愉 3232
王瑜 5297
王瑜(德儉子)1903
王瑜(王昉父)8803
王瑜(王寧子)5334
王璵 4778
王興 7368
王宇(克從子)7339
王宇(王用子)8437
王宇子 8530
王禹(端己)8824、

8874＊
王庾 8874
王瑀 4726
王瑀 5454
王瑀(王坦子)9061
王玉(王光子)1597
王玉(王託父)1211
王玉(王賢父)0750
王玉(王友子)9077、
　9177
王玉虛 7917
王聿俶 4685
王郁(處直子)8808
王郁(大器)2451、4138
王昱 4102
王昱 8843
王昱 9096
王遇(王驤子)5327＊、
　6037
王遇(元通)1413
王裕(長弘)0041
王裕(王諗子)9059
王裕(王宗子)2514
王愈 8178
王預 3726
王豫 4078
王譽 4541
王鬱 8757、8819
王淵 7265
王元(王副子)0526
王元(足)4728
王元愛 6463
王元俶(守初)7030
王元典 1020
王元鼎 1213＊、1913
王元度 6096
王元方(王諶子)8782
王元方(王規子)1467
王元方(王儼子)1693
王元福 4409
王元感 8307
王元固(果)4084

王元光 4722
王元珪 5346
王元貴 8782
王元和(清貴父)0662
王元和(王賫子)6914
王元季 2379、2380
王元勖 2431
王元濟 6576
王元獎 5100
王元節(王哲子)2828
王元節(先操)4538
王元謹 8863
王元敬 6480
王元迤 7382
王元亮 6576
王元遷 8782
王元謙(真)4033
王元慶(王幹子)6576
王元慶(王遂子)6408
王元實 8307
王元實(王素子)8863
王元壽 3213
王元順 8782
王元嗣 8336
王元素 1660
王元玭 1660
王元心 4409
王元緒 3802
王元勳 7759
王元意 4409
王元祐 5433、5584
王元遇 8717
王元裕 7134、7961
王元譽 0554、0813
王元章 4859
王元貞 7814
王元真 8863
王元振 5930
王元直 8990
王元忠(晶)2354＊、
　2976
王元重 8863

王貞鎰 9242
王貞遠 4538
王真 5427
王真(王僊子)7600
王真(王卓子)2031
王真郎 7136
王偵 6068
王枕 6174
王振 9271
王振(王旻父)6922
王朕 2431
王震 5998
王震 9039
王震(師順子)1870
王震(興滿父)5830
王震奴 3142
王鎮 7801
王鎮惡(延祖)2447
王整(王嘉子)4490
王整(王剛父)1875
王正(思維)5148
王正(王基父)3859
王正(王逸子)1072
王正誠 6097
王正詞 6097
王正誥 6097
王正惠(伏恩)1330
王正見 5776
王正諒 6097
王正讓 6097
王正謐 6097
王正謂 6097
王正詡 6097
王正詢 6097
王正雅 6881
王正言 6868
王正因(惊師)0976＊、
　1654＊、3406
王政 7726
王政 8687
王政(見王忠政)
王政(景肅子)5586、

8178、8310
王政(王鍔子)6408
王政(王幹子)8452
王政(王琦子)6843
王政(王士子)2576
王政(王儼父)2053
王政(陽烏子)3224
王鄭卿 2408、5285、
　5466
王證昌 6044
王證議 6044
王之操 1079
王之恒 2498
王之咸(受之)4582＊、
　5488、6758、7909
王枝 0566
王知(閭)3762
王知道(斌哲父)0814
王知道(誨之子)2460
王知迴 6308
王知敬 0414
王知禮 3802
王知命 1543
王知仁 5057
王知悌 3802
王知悌(惟孝)2794
王知微 6714
王知文 3802
王知新 6290
王知信 8242
王知玄 4557
王知言(無擇)3774
王知章 3504
王直(抱愨)2576
王直(王述子)0859、
　0979
王直(王玄父)4213
王直(王巖父)2451
王直(員正)1409
王直方 7044
王直言 2839
王埴 5353

王執珪 8358
王執瑤 7021
王徵(紹業子)1234
王徵(王頒子)3774
王徵(王騰子)6523
王至璘 6775
王至凝 5442
王志 6432
王志(王敬子)2351
王志(王郇父)1660
王志誠 5898
王志道 2642
王志皋 7346
王志兼 3442
王志堅 8509
王志潔 4490
王志清(王濟子)7011
王志清(智寬子)5841
王志仁(見王延)
王志悌 7980
王志悟 3853
王志隱 2642
王志員 1194
王志遠 2636
王志忠 2338
王豸郎 6384
王制 8059
王治(正宰)0224
王陟 8889
王陟(王甫子)6729
王智 1701
王智(王觀父)1214
王智(王嵓父)4801
王智(王榮父)0224
王智成 3960
王智福 1823
王智靖 3802
王智寬 5841
王智勝 1158
王智興 6869、7683、
　7707、7740、8071
王摯 4509

王質 5287
王質(王杲子)5327、
　6037
王質(王琳子)0237、
　0245
王質(王凝子)3017
王質(王則子)8696
王質(宣州觀察使)
　7523、7742
王贄 7707
王中孚(履信)1903＊、
　2884
王忠 4685
王忠達 6889
王忠誨 9092
王忠親(子芬)5820
王忠嗣 4416、4679、
　5177、5269、5522
王忠獻 5565
王忠晏 7419
王忠義 8100
王忠政 7419、8599
王鍾 2576
王仲寶 2990
王仲初 5972
王仲達 3711、4373
王仲輔 4142
王仲亨 1453
王仲均 6077
王仲康 5972
王仲崟 7055
王仲卿 0237
王仲丘 4106
王仲儒 6542
王仲舒 5228
王仲舒(王政子)5586、
　8178、8310
王仲武 7117
王仲暄 6077
王仲玄(知道)2306
王仲言 7117
王仲友 6523、7558

韋彬 4261

韋斌 5481、5539、
　5989、6006、6458、
　7319、7691、8616

韋冰 5699

韋并 6438

韋播 2320

韋伯鎔 7808

韋伯瑜 6980

韋博 5398

韋博 6753

韋博(韋旻子)7585、
　7958、8332

韋博古 5699

韋博雅 6919

韋博義 6705

韋才(見韋材)

韋才絢 0512、4037、
　5817、6324

韋材 2246、2264、
　2319、2320、2321、
　2322、2323、2332

韋參 7502

韋粲 4839

韋操 5026

韋策 7611

韋岑 2659

韋察 4837

韋蟾 7301、8212、
　8311、8474

韋昌 8363

韋昌霍 7562

韋長 6520、7453、7683

韋長詮(隴)0120 *、
　0210

韋長孝 5943

韋昶(韋戩子)1759

韋昶(獻雅父)1504

韋昶(孝基父)3691

韋昶(玄福子)4488、
　4931

韋昶(執誼子)6496、

6807、7731、7939 *

韋琛 8053

韋諶 3044

韋偁 3721

韋成季 5093、5230

韋成式 6471

韋成叔(纂服)6471

韋丞弼 7502

韋承光 4406

韋承慶 1560、1673、
　1942、2522、3079、
　4370

韋承素(見韋荀)

韋承素(受采)7319 *、
　7339、7347、8532 *

韋承休 8332

韋承閱 8332

韋誠美 3429

韋澄 0176、1132、
　2119、2850、3192、
　3810、5143、7808

韋逞(思言子)4286、
　4510

韋逞(少華子)5561

韋逞(楚望子)7487

韋持盈 4920

韋冲 4044

韋冲(見韋世冲)

韋重規 4977

韋崇操 1504

韋崇節 7533

韋崇禮 1504

韋崇先 6484

韋初 2512

韋處厚 6572、7502

韋處凝 5377

韋處仁 7743、7801

韋處義 2387

韋楚材 6142、6283、
　6434

韋楚客 6142

韋楚老 6142、6434

韋楚卿 6142

韋楚望(宣遠)6434、
　7487 *

韋楚相(得臣)6142、
　6283、6434 *

韋俶 3398

韋傳經 6835

韋輓 8099

韋詞(默用)5719、
　5770、7502、8363

韋泚(清規)2319

韋聰 6600

韋從古 3645

韋從禮 7921

韋從敏 8267

韋從實 8034、9276

韋從武 7921

韋悰 0859、0887、1834

韋琮 7337、7876

韋琮(見韋悰)

韋漼 4510

韋達 4044

韋大寶 1866

韋大明 6099

韋大通(李静妻)2996、
　4648 *

韋待價 2349、3127、
　3360、4006、5096、
　5246、5557、6449、
　7743

韋丹 6671

韋單 6496、6807

韋澹 5847、8306、8481

韋道冲(用之)5528、
　6156、6261、6472 *

韋道力 7319

韋道昇 7009

韋道欽 0859

韋德軌 1940

韋德鄰 7977

韋德倫 1560

韋德敏 4523、4974、

5371、6573

韋德倩 3004

韋德蒨 5654

韋德正 2205、3645、
　3905、7929

韋登 4247

韋登 5769

韋登 8439

韋迪(楚望子)7487

韋迪(景駿子)5492、
　6261

韋帝臣 3503、3534

韋調 4195、6959

韋定郎 8332

韋定言(寡尤)7618

韋東真(楊收妻)8305、
　8306 *

韋都賓(洛客)5528 *、
　6156、6472

韋端 5246、5557、
　6449、8203

韋端符 6705、6942、
　8285、8363、8659

韋多郎 6808

韋多聞 6705

韋遷 7487

韋法保 1940

韋法寶 2512

韋法儔 0061

韋蕃 6919

韋璠 5377

韋汎 5071、6188

韋範 5485

韋範 5699

韋範(韋儁父)0013

韋範(孝基子)3691

韋範(元禮)6244

韋方(無隅)6684

韋方直 1401

韋方質 1537

韋訪 6356

韋放 7610

3079

韋稔 6346

韋任 8156

韋肜 5165、7620

韋榮茂 0013

韋榮奴 4543

韋儒(脩賢)0120、0210

韋若虛 3192

韋三從(四德，杜温妻)0959

韋三娘 6198

韋僧耆 8433

韋山甫 4931

韋山壽 5943

韋善才 6099

韋扃 7219

韋尚 5591、5943

韋韶 7089

韋韶 7620

韋少華(維翰)3883、5561 *

韋紹 2736

韋申甫 5654

韋詵 5435

韋審規 8305、8306

韋審己(韋循)8320

韋慎惑 5402、7683

韋慎名(藏器)3166 *、3536

韋慎樞 7808

韋慎知 5255、5591、5943

韋昇 1736

韋昇卿 3356

韋省郎 5919

韋晟 0671

韋師(韋儆子)6944

韋師(韋瑱子)5654

韋師(玄模)1504 *、2269、3754

韋師敬 2740

韋師睦 7921

韋師素 6520、7015、7683 *

韋師玄 5945

韋師哲(景章)5945

韋師莊 3178

韋十八娘 4308

韋湜 5685、6427、6493

韋實 8480

韋識(不惑)6573、6944、7625 *

韋士仅(見韋士文)

韋士儒 6476

韋士文(文宗，本名韋士仅)5414 *、5817 *、5818 *、6324

韋士勖 6471

韋氏 1140

韋氏 5978

韋氏 6131

韋氏 7784

韋氏 8357

韋氏(班圖源妻)8087

韋氏(邊聘妻)3923

韋氏(蔡鄭客妻)3881、5143 *

韋氏(崔藏潤妻)5414

韋氏(崔昶妻)7264

韋氏(崔日用妻)2959

韋氏(崔壽妻)8694

韋氏(崔絢妻)4693、7178 *

韋氏(崔周衡妻)7264、7780

韋氏(達奚晃妻)0054

韋氏(狄兼謩妻)7424

韋氏(豆盧液妻)3754

韋氏(竇時英妻)3961

韋氏(杜懷古妻)1866

韋氏(杜陟妻)7945

韋氏(樊偘偘妻)2857

韋氏(樊禎妻)1624

韋氏(夫元妻)4267

韋氏(高璩妻)7991

韋氏(高琁妻)1567

韋氏(高元思妻)2948

韋氏(高宗彜妻)8203

韋氏(恭甫女)7745

韋氏(光庭女)4449

韋氏(郭重妻)8942

韋氏(郭逸古妻)7892

韋氏(韓滁妻)5206

韋氏(何朵妻)5342

韋氏(賀拔希周妻)4920

韋氏(侯知一妻)2497

韋氏(侯莫陳恕妻)5871

韋氏(皇甫胤妻)5667

韋氏(紀國太妃)0706

韋氏(賈伯卿妻)2822

韋氏(強寶質妻)0164

韋氏(寇南容妻)4093

韋氏(李昂妻)5371

韋氏(李珺妃)6614

韋氏(李處巖妻)2740

韋氏(李悰妻)2725

韋氏(李福嗣妻)1369

韋氏(李佶妻)6160

韋氏(李景倫妻)8488

韋氏(李敬讓母)8450

韋氏(李克遜妻)6184

韋氏(李逢妻)6727

韋氏(李齊俗妻)3962

韋氏(李怡妻)5613

韋氏(李邕妻)3180

韋氏(李翱妻)6099 *、6581

韋氏(李涿妻)8149

韋氏(李宗閔妻)6188

韋氏(劉愉母)4171

韋氏(柳保隆妻)1732

韋氏(柳晉妻)4330

韋氏(柳警微妻)2268

韋氏(柳明逸妻)1834

韋氏(柳循妻)3798

韋氏(柳譽母)3079

韋氏(盧偶妻)6484

韋氏(盧暉妻)4183

韋氏(盧珉妻)2625

韋氏(盧之翰妻)4081 *、5548

韋氏(陸達妻)6900

韋氏(陸士倫妻)5343

韋氏(陸庶妻)7523

韋氏(陸愒母)6476

韋氏(路諲妻)8091

韋氏(吕淑妻)6997

韋氏(馬全慶妻)7325

韋氏(馬滔妻)4585

韋氏(苗黯妻)8355

韋氏(苗懷妻)8355

韋氏(裴澈妻)5932

韋氏(裴儆妻)6901

韋氏(裴敬妻)7401

韋氏(裴炯妻)3496

韋氏(裴寬妻)5384

韋氏(裴蘭妻)3222

韋氏(裴璘妻)7791

韋氏(裴曼妻)5581

韋氏(裴濛妻)7344

韋氏(裴沔妻)4776

韋氏(裴融妻)4713

韋氏(裴武妻)0402

韋氏(裴塤妻)7720

韋氏(裴寅妻)7339

韋氏(裴元蘭妻)2856

韋氏(裴札妻)5071

韋氏(裴子餘妻)4106

韋氏(平儀母)4411

韋氏(沈權妻)5769

韋氏(史好直妻)5708

韋氏(叔卿女)3744

韋氏(順天翊聖皇后)2264、2268、2319、2320、2321、2322、

韋通理（黃中）2624、
　4045＊
韋同 7015
韋同（彥方子）5561
韋同靖 5989
韋同恕 6520
韋同休 7319
韋同鉉 5989
韋同彝 5989
韋同翊 5989、6458
韋同則 5989、8616
韋彤 3920、4308、
　4599、5561
韋曈 7731、8065
韋搏 7563
韋退之 7282
韋娩（季柔，李塤妻）
　5685
韋琬 4037、4648、5989
韋綰 5026
韋萬（崇節）2245
韋汪 0859
韋王九 5919
韋望（濴）3795
韋望之 2205
韋維（文紀）2736＊、
　2959、3407、3883
韋溫（韋綏子）6356、
　7447、7523、8053
韋溫（玄儼子）2320、
　2321、2322、2323、
　2412
韋溫文 7502
韋文壽（永）0120
韋文行 3795
韋文宗 4974
韋汶 5933
韋汶 6059
韋無愕 4578
韋無惕 3754
韋無逸 1531
韋五郎 3514

韋武 5557、6476、8488
韋武當 7273
韋武威 2659
韋武仲（學山）7273
韋悟 5569
韋悟微 3721、4386
韋務靜 7178
韋晤玄 0678
韋晤真 0678
韋希緘 3645、5847
韋希美 4286、4510
韋希先 4771
韋希與 5342
韋希札 6101、6808
韋希仲 4447
韋錫 4261
韋義 6438
韋襲 2512
韋係 4705
韋霞 4585
韋夏卿（雲客）5305、
　5449、5606、5979、
　7533
韋先（見韋令先）
韋咸 4020
韋咸（景林子）6496
韋咸（令悌子）5071、
　6188
韋咸貞 8876
韋銑（籛金）2850
韋況 4023
韋羨 6438
韋憲 7828
韋獻 4286
韋獻雅 1504
韋庠（成均）6493
韋庠（韋廣子）7433
韋祥 6600＊、6997
韋祥（玄泰子）5161
韋向（從道）5255＊、
　5300、6541
韋相儒 5753

韋珣 5708
韋蕭十 8320
韋小多 6808
韋小歡 6705
韋小鴉 6254
韋孝惇 1759
韋孝基 3691
韋孝騫（天際）0061＊、
　2387
韋孝敬 7977
韋孝恪 4171、6472
韋孝寬 0014、0057、
　0086、0233、0420、
　0512、0515、0690、
　0824、0959、1401、
　2593、3044、3166、
　3721、3882、4249、
　5557、5817、6324、
　7319、7683
韋孝立 8439
韋孝思（敬餘）7020
韋孝孫 3798
韋孝忠（寡悔）0850＊、
　1141、1531
韋諧 2830
韋諧（韋儆子）6573、
　6944
韋忻 4771
韋訢 6920、6944
韋信初（趙宗儒妻）
　6496＊、6807
韋信卿 5616、6016
韋興宗 4023、5071、
　6835
韋行誠 7562
韋行敦 5919
韋行規 7044
韋行檢 5919
韋行矩 5485、6705
韋行立（中明）6244、
　6705＊、6942
韋行茂 6705

韋行全（靈寶）6244
韋行詮 2322、2323
韋行素 5733、5919
韋行脩 5919
韋行餘 5919
韋行者 7350
韋行質 7044
韋硏 8705
韋雄（韋保子）2659
韋雄（韋覺子）1878
韋夐（逍遙公）0018、
　0211、0648、0678、
　0850、1732、2245、
　3127、3143、3360、
　3795、4006、4023、
　4599、5071、5557、
　5561、6102、6835、
　8332
韋休業 0631、2850、
　3178
韋修之 7629
韋怵業（見韋休業）
韋秀（玄宗順妃）3810
韋虛受 4839
韋虛心（旡逸）2736、
　2803、2959、3227、
　3407、3883＊、4087
韋虛舟 2736、3227、
　3883、5368
韋頊 3810
韋諝 7610
韋翊 7620
韋旭（韋傑子）1736、
　4171
韋旭（孝寬父）0018、
　0057、0233、0678、
　1401
韋旭（執誼子）7731
韋勖（尚六）7504、7681
韋滑 3862
韋緒 2736
韋續 8065

韋儇 7610

韋鶠 5490

韋玄操 6261

韋玄存(平仲，杜濟妻)
　5492

韋玄福 3263、4488、
　4931

韋玄獎 4449、4705

韋玄泰(韋順子)4249

韋玄泰(源懸子)5161

韋玄晤(玄獎)2332＊、
　5490

韋玄儼 1835、2264、
　2268

韋玄祐(休貞)1746

韋玄昭(明遠)2246＊、
　2287

韋玄貞(酆王)2246、
　2319、2320、2321、
　2322、2323

韋玄真 0950

韋玄之 7629

韋玄珠 7350

韋玄祚 1495

韋絢 7009、7731、
　7939、8178、8310、
　8316

韋鉉 2813

韋塤 8169

韋繡 6102、6698、
　7450、7583

韋巡 4543

韋荀(承素)8169、8358

韋洵(深規)2319、
　2321＊

韋恂如 2765、3721＊

韋珣(慶植子)2850

韋珣(韋鶠子)5490

韋詢(溫己)7796、
　7797、8481＊

韋迅 3721、4386

韋巽(紛若)4360＊、

5770＊

韋遜 4771

韋愻 1096

韋鶠兒 6254

韋涯 7620

韋衙 4308

韋衙兒 6920

韋淹 0631、3178

韋燕 7609、8489

韋延 1177

韋延嗣 6427

韋言 7683

韋炎 7562

韋巖芳 4195

韋沇 4360、5770

韋兗郎 7539

韋衍(韋應子)5798

韋衍(夷中)7921

韋弇 4966

韋偃 5402

韋偃松 4713

韋縯 6261

韋儼(見韋玄儼)

韋彥 7020

韋彥方 3920、3962、
　4308、4599、5561

韋陽 6919

韋陽曦 2899、3360

韋堯臣 3503、3534

韋堯儉(餘韶)1544＊、
　3912

韋遙光 2245、3143

韋瑤(嘉善子)3004

韋瑤(韋獻子)4286

韋繇 6654、6856、7273

韋液 9230

韋曄 4223

韋鄴 8223

韋宜新 7977

韋貽範 9107

韋彝 4966、5945、7239

韋顗 6698

韋昇 4966

韋弈 4966

韋瑰 5490

韋把(克讓)1835

韋益謙 7533

韋逸 6160

韋詣 7610

韋義 1878

韋義勛 0671

韋義節 0824、3166、
　5402、7683

韋廙 6241

韋誼 5888

韋誼府 7618

韋毅(致文)9105、
　9107＊

韋翼 3721、4386

韋翼商(殷翰)6541

韋藝(世文)2398、5561

韋議 2246、2332

韋懿 3419

韋懿兒 8481

韋殷卿 5932、6016＊

韋殷裕 8391

韋諲 6261

韋隱兒 8481

韋胤微 8324

韋英(慎習)4386

韋嬰 5817、6324、6901

韋嬰齊 5492

韋膺 4006

韋瑩 2813

韋贏金(見韋簳金)

韋鑒(伯明)2899、
　3360＊

韋簳金 3798、5631

韋郢 7326

韋映賢 0028

韋應(士榮)5798

韋應(希聲)6765、
　6959＊

韋應物(義博)5096、

5557＊、5976、9299

韋庸 6056、7554、7892

韋廓 7020

韋顓 8386

韋永 6684

韋攸 5161

韋友直 6101、6808＊

韋有方 3883

韋有鄰 3407

韋有翼 8267、8613

韋幼奇 5933

韋幼卿 5888、7681

韋宥 5265、6654、
　6856、7273

韋瑜(季玉)1401

韋餘慶(伯林)2398

韋餘慶(韋機子)4081、
　4242、4543、4966、
　5492、5528、5699、
　5733、5744、6261

韋羽(季鷥)5888＊、
　6150、6296＊、7681

韋禹 3503、3534

韋庚 7819

韋玉斧 5096

韋玉虛 6283、6434

韋聿 5632、5919

韋郁 6324

韋昱(照容)1453

韋遇 3798、5631

韋通 5561

韋元 6322、6398

韋元貢 6573、6920、
　7625

韋元晨 4649、5388、
　8439

韋元旦 1495

韋元方 8541

韋元方(韋珙子)4523

韋元方(韋或子)2398

韋元甫(宣憲)4925、
　4974＊、5371、6029、

6131、6579

韋元珪 4429

韋元規 8450

韋元簡 6960

韋元老 8153

韋元禮 0054、0171、
　　1453、1544、1736、
　　1759、3534

韋元茂 6131

韋元清 4261

韋元實 7350

韋元同 4406

韋元誡 7620

韋元昭(惠海)3192

韋元貞 2924

韋原(王處暢妻)7563

韋倜 4705

韋圓成 0085

韋圓照 0014、0086 *

韋源愻 5161

韋源 3245

韋遠 1866

韋遠奢 5402、7683

韋媛 6520

韋媛(楊漢公妻)8051、
　　8616 *

韋媛娘 5806

韋瑗 1560

韋約 0211

韋岳(見韋岳子)

韋岳子 4073、4081、
　　4966、5733、5945、
　　6244、6705、7502

韋悦 3044

韋稦 4018

韋雲表 3178

韋雲童 4543

韋湏 8201

韋惲(欽道)0018

韋惲(韋倫子)0827

韋韞中(裴處弼妻)
　　6835

韋蘊 6635

韋宰 4006

韋瓚(景略子)1746、
　　2624、2736、2737、
　　3883、3938、4045、
　　4705、4839、5770、
　　5888、6296、7610、
　　7681

韋瓚(乂符)7819

韋早 5026

韋造 5561

韋澤 3198

韋䞋 0678

韋曾 6438

韋曾 6556

韋翶 5162、5238、
　　5933 *

韋詹 8222

韋展(韋琨子)2725、
　　3882

韋展(韋應子)5798

韋偡 5388

韋湛 5377

韋章(韋冕子)6540、
　　7781

韋章(韋祥子)6600

韋張張 7610

韋長卿 4023

韋昭 8226

韋昭 6608

韋昭度 8730、9095、
　　9096

韋昭序 8843

韋昭訓 5685、6427、
　　6493

韋釗 6175

韋沼 7625

韋沼 8481

韋趙賓 1991

韋趙娘 7625

韋肇 4887、5108、
　　5632、7450、7583、

8053

韋貞(見韋玄貞)

韋貞(師素子)7683

韋貞伯 6411

韋貞範(季姜)3905

韋真君(李胄妻)5481

韋縝 2736、5888、
　　5933、7681

韋振 2264

韋震(承素子)7347

韋震(令賓子)6142、
　　6434、7487

韋拯 2047

韋整(思齊)0690 *、
　　1575、2593、2682

韋正貫(公理,本名臧
　　孫)6635、7502 *、
　　8046、8201

韋正己 5711

韋正己(勵初)4037

韋正倫 5377

韋正履 2119

韋正名 3192

韋正卿 5206、7533、
　　7614

韋正武 6245

韋之晉 5684

韋知常(尹季和母)
　　5569

韋知道 1504、2269、
　　2822、3754

韋知誨 2857、3905

韋知人 2624、2736、
　　2959、3407、3883、
　　3938、4045、4360、
　　4839、5888、5933

韋知雄(幾玄)8065

韋知藝(執禮)2205

韋知遠 3356

韋知止 2737

韋直 5871

韋直 6102

韋執誼 5231、7731、
　　7939、8065

韋執中 5457、6198、
　　7089

韋徵(韋鑒子)6856、
　　7273

韋徵(彦方子)3920、
　　3962、4093、4308、
　　4599、5798、7563

韋志 2948

韋志冲 4778

韋志潔(泚)2512

韋志仁 1394、3245

韋陟 4173、4679、
　　4974、5344

韋致遠 6156

韋旺 0648

韋智者 7350

韋鷹 6493

韋中孚(月尚)1394

韋中立 7808

韋忠 4330

韋仲昌 7089、7731、
　　7939

韋仲丘 1401

韋仲宣 1544、3912

韋周卿 7974

韋胄 1866

韋書 7945

韋著 3707

韋著(遠奢子)5402、
　　7683

韋犫 4966

韋琢 7542

韋譔 3503、3534

韋莊(師莊)3178

韋準 7433

韋倬 3848

韋卓 7433

韋濯 2332、5490

韋嶷(仰之)6937、
　　7563 *

衛元慶 0679

衛元宗 7292

衛元宗 7592

衛元□ 0801

衛遠 0088

衛瑗 2410

衛悅 4777

衛雲郎 7274

衛藏師 0341

衛增 7667、7876

衛璋 0549

衛昭福 5535、6655

衛政（衛榮子）1339

衛政（休晤子）5535

衛志靜 2410

衛智達 0679

衛中行 6258、6519、
　　6924、7667、7972

衛仲卿 7196

衛沐 8080

衛祖 0549

魏

魏藹 5019

魏安（文偘）1198

魏寶 0888

魏寶（利貞子）5027、
　　5028

魏鑣 7427

魏玢 3661

魏參 3908

魏操 5027、5028

魏昌能 9096

魏長裕 4375

魏昶 1487

魏超 5330、7097

魏朝進 5700

魏成 1777

魏成仁 0365

魏承規 9055

魏承嗣 9055

魏承休 2297、3406

魏承休（廣微子）7471

魏崇信 7605

魏寵（魏曉子）9128

魏寵（魏中子）6344

魏初兒 5796

魏處厚（匡時）6853

魏處明 9245

魏楚 6344

魏綽 7475

魏從簡 6990

魏達（五郎）0354

魏丹 7605

魏讜（廷言）7475

魏德 1462

魏德理 0203

魏德壽 1777

魏鼎 7471

魏度（魏榮父）0137

魏度（魏喜子）8638

魏端 5027 *、5028

魏粵（處明父）9245

魏粵（魏昱子）5729

魏蕃 6724

魏方 4437

魏方回 6150、6296

魏方進 3591

魏防 2429、5247

魏奉古 3134、3136、
　　4153

魏敷 0137

魏扶 8474

魏撫 5247

魏陔 2429、5247、5507

魏感（徹）1808

魏感（魏買子）4191

魏綱之 0144

魏恭 1198

魏固本 5468

魏光謙 5729

魏光俗 4437

魏光裕 4437

魏廣微 7471

魏廣之 5028

魏歸厚 7569

魏歸仁 7569

魏貴 1948

魏緄 7952、8131

魏黑奴 1462

魏衡甫 7471

魏弘 2922

魏弘度 6344

魏弘簡 6791

魏弘簡（萬成子）6884

魏弘嗣 6644

魏洪 5729

魏華（茂實）2917

魏奐 4562

魏奐（魏昶子）1487

魏暉 5181

魏惠奴 4321

魏基（孝業）0206 *、
　　0735

魏季衡（楚規）7569

魏季随 2429

魏季武 4813

魏季彥 6853

魏記子 6724

魏嘉 0206

魏兼愛（平）4153

魏兼慈（宅相）3134

魏兼金（辭玉）3136

魏堅（魏喆子）5019、
　　6853

魏堅（遠望子）5027、
　　5028

魏節 2922

魏潔（盧遵妻）6796

魏僅 9055

魏晉娘 7427

魏進 4437

魏進（良璀父）6735

魏景 6724

魏靖（少遊父）5796

魏靖（魏寵子）9128

魏駉 5145

魏崛 5028

魏蠋 4799

魏珏（子玉）4829

魏君（汝州別駕）9055

魏君（太常博士）3661

魏君（鄭連夫）8638

魏君（著作郎）4799

魏揩 5247、5507 *

魏可度 6344

魏可名 5302、5306、
　　5397

魏克勤 7569

魏匡仁 8112

魏禮 3908

魏利貞 5028

魏良璀 6735

魏鐐 7427

魏林 0206

魏凌 4153、4829

魏留買 1462

魏劉七 6724

魏倫 0137

魏綸（執言）7054、
　　7097 *

魏買 3385

魏買 4191

魏滿行 3661

魏表 1198

魏猛 0354

魏孟老 7605

魏孟馴 7475

魏沔 5729

魏緬 5330、5904

魏敏 5027 *、5028

魏暮 7749、7860、
　　8474、8494

魏沫 6855

魏平 9055

魏齊 3110

魏啓心 2887、3412、
　　3675、3830

魏謙(光謙)9245

魏快 1808

魏欽慎 5330、7097

魏慶(神祐)4191

魏瓊 5302

魏礭 1184

魏仁礭 0735

魏仁素 0206

魏日用(克儉)5729

魏溶(鄭諶妻)6796

魏榮 0137

魏榮度 6344

魏少賓 6724

魏少遊 4321、5568、
　5796、6724

魏伸伸 6724

魏深 6724

魏師騫 0398

魏氏 9116

魏氏(邊胡妻)3230

魏氏(陳湛妻)7511

魏氏(崔淑妻)6150

魏氏(崔循母)7118

魏氏(鄧瓌妻)8011

魏氏(竇誕妻)1613

魏氏(段卿妻)1542

魏氏(樊昭妻)1520

魏氏(范元瓌妻)7235

魏氏(高力牧妻)3236

魏氏(郭元謹妻)8790

魏氏(騫愻妻)1679

魏氏(孔萬摠妻)4646

魏氏(李綱妻)4013

魏氏(李景詢妻)6417

魏氏(李緯妻)8217

魏氏(劉祥妻)3908

魏氏(馬國誠妻)8410

魏氏(馬亮妻)6688

魏氏(戚訓妻)8720

魏氏(青敬乾妻)3866

魏氏(丘珂妻)8681

魏氏(邵處珣妻)3110

魏氏(宋寓妻)5840

魏氏(孫公瞻妻)8748

魏氏(索森妻)5198

魏氏(田寶妻)1948

魏氏(王弘禮妻)7799

魏氏(王師忠妻)0144

魏氏(王雄誕妻)1487

魏氏(魏恃女)2494

魏氏(項仕忻妻)9144

魏氏(薛崇妻)8474

魏氏(羊郇妻)9160

魏氏(楊志礭妻)5468

魏氏(庚齊仁妻)6879

魏氏(袁異度妻)0203

魏氏(張文寶姬)8875

魏氏(張整妻)4375＊、
　5890

魏氏(趙簡妻)0398

魏氏(趙聿妻)7688

魏氏(鄭崇道妻)2562

魏氏(左環妻)8817

魏氏(左智爽妻)3914

魏世 1777

魏式(大中)6724

魏恃 2494

魏壽郎 8638

魏叔琬 2727、5145

魏叔瑜 2917、4013

魏淑(阿訶)3849

魏碩 0354

魏蘇婆 9055

魏唐 0888

魏悌(朱光)3661

魏朓 5019

魏庭暉 5700

魏通 4829

魏圖 6796

魏萬 7605

魏萬 8638

魏萬成 6884

魏暐 5145

魏文偘 1198

魏文中 6556

魏希彥 7569

魏喜 8638

魏銑(令璿)1184

魏銑(魏鎰子)7427

魏系(景宗)5145

魏仙 1462

魏賢 5019

魏湘(子源)7605

魏庠 9128

魏象 6724

魏小達 5507

魏曉 9128

魏孝 3134、3136、4153

魏孝藹 4829

魏孝虔 0144

魏協(處靜)2429＊、
　5247、5507

魏信忠 7471

魏行表 1462

魏行覽 4829

魏行周(鄭注妻)6796

魏雄 3110

魏勖 7118

魏玄覺 2922

魏玄同 2429、2562、
　3236、4375、5507

魏烜 2530

魏峋 5028

魏延豐 6735

魏琰 1777

魏琰(令珪,韓豐妻)
　6884

魏演 5028

魏儼 7054、7097

魏銚 9253

魏業 1184

魏揖 5247

魏乂 2429

魏挹(牧謙)2922

魏義 4437

魏義通 6869

魏懿文 6417、7118、
　7413

魏殷 5145

魏憎 4375

魏瑛 3661

魏應 3134、3136、4153

魏應物 7427

魏遊梁 2429

魏友方 5796

魏友恭(顧貞)5796

魏友正 5554

魏幼卿 3690

魏昱 5729

魏元初 4191

魏元凱(法尚)0137

魏元楷 4191

魏元忠 2700、5416

魏遠望(雲期)3849、
　5027、5028＊

魏願 1184

魏賛 9055

魏再榮(偲)5330＊、
　5904

魏再昇 7097

魏漳 5729

魏昭 0206

魏剣(中遐)7427

魏炤 7118、7413

魏哲 3011

魏哲(知人)0888

魏喆(子泉)5019＊、
　6853

魏貞 5700

魏貞珣 7427

魏槙之 7447

魏拯 5247

魏正恭 7475

魏正見 3661

魏之湯 6884

魏知古 2113、4829、
　5019、6853

魏提 4109

魏直 5028
魏徵 0656、0956、2494、2917、4013、5145、5442、7605、9055
魏至倫 3110
魏陟 2429、5247
魏誌仁 0203
魏中 6344
魏中庸 6417、6805、7413
魏忠 1487
魏仲 1462
魏仲卿 7569
魏住住 6853
魏鎡 7427
魏子 1808
魏子騫 6315
魏□文 4437

温

温保乂 6421
温崈 8294
温伯良 4004
温伯玘 4004
温伯陽 4004
温崇祚 2602
温初 3342、5380
温處一 2700
温綽(處琨)0889＊、1806
温大雅 2533、5341、6936
温待舉 3261
温道冲 3342
温德彝 6703
温鐸集 7886
温輔國 6421、6936
温公政 6982
温琯 8755
温環 6936
温惠 8294
温紀 3481
温江石 4004
温璡 3124
温晉冲 6936
温景倩 6421、6936
温敬 2475
温君 2751
温君(離狐丞)3261
温君(洺州刺史)3481
温君(温朗父)8294
温君卿 3261
温君攸 1367
温君胄 2533
温朗 8294
温亮 4004
温璙 6936
温璘(子)6936
温邈(順之)6936
温明 0889、1806
温倩(見温景倩)
温璩 3121、3342
温仁禮 6421、6936
温任(次卿)3342＊、5380＊
温商 5773、5776
温紹先 5341
温神智 3261
温氏 9031
温氏(别智福妻)2602
温氏(崔武妻)6703
温氏(范日斌妻)6817
温氏(郝盧妻)3237
温氏(賈洮妻)8755
温氏(李方惠妻)2533
温氏(李福妻)3942
温氏(劉孟芬母)3121
温氏(牛山妻)8282
温氏(王回妻)8545
温氏(王舜母)8985
温氏(蕭讓妻)3532
温氏(薛力妻)3049
温氏(閻滜妻)1496
温氏(元庭堅妻)5341
温氏(張群妻)6841
温氏(趙孺妻)9007
温氏(鄭惟弘母)6236
温沭 3342
温思暕(藥王)0889、1806＊
温松 4004
温速 6421
温庭晧 8540
温庭筠 7853
温惟幹 6537
温暐 6703
温翁歸 2355、3112
温翁念(敬祖)1367
温無隱 6936
温西華 3112
温曦(曜卿)3112
温孝標 6421
温孝謙 6421
温孝山 6421
温協 1806
温褏 3342、5380
温續 3112
温遜(隱之)6421＊、6936
温雅 5502
温延賞 3121
温兖 3342、5380
温複 3342
温彦博 1367、2533、3112、3481
温彦將 2533、3121、3342
温義 4004
温嶧 4004
温潁 8294
温瑀 6936
温圓 0889、1806
温造 6089、6421、6780、6913、6936、7031、7171
温璋 8115、8287
温裖 3342、5380
温振 1367、3112、3481

文

文澾 6292
文氏(吴德鄘妻)8099

聞

聞氏(俞從慶妻)9168
聞氏(□祖真妻)7331

聞人

聞人十四 6216
聞人氏(屠龍驤妻)9121
聞人氏(朱元杲妻)9141

翁

翁承贊 9176、9177
翁道弘 9118
翁恪 3310
翁齊殷 7802
翁齊臻 7802
翁慎名 5281
翁氏(范行恭妻)3310
翁文建 7802
翁錫 9141
翁延壽 9123、9124

卧龍相國 8583

巫

巫氏 8865

烏

烏承洽 7016
烏重玘 7016、8505、8634
烏重胤 6839、7383、7972、8071、8500

吳林 8284

吳璘 6877

吳令珪 5160、5456、
　5975

吳令珂 8491

吳令璬 6015

吳令祥 6129

吳盧八 8931

吳鷥 5477

吳羅 1780

吳滿郎 7835

吳茂才 3656

吳茂先 3656、4245＊

吳秘 5834

吳旻 5709

吳明 0120

吳明徹 0105

吳明簡 4751＊、5044

吳莫（雄）1446

吳沐 7423

吳耐 7200

吳年 0231

吳娘珠 9110

吳裴八 6938

吳霈 3953

吳毗 8818

吳婆喜 8284

吳七娘 4245

吳譙 9025

吳慶 2684

吳丘 4910

吳球 9119

吳全 7200

吳全德 7266

吳全續 8099

吳全略 8099

吳全紹 8099

吳全諗 7266

吳全綏 8134

吳全懇 7266

吳全憽 7266

吳全綱 8099

吳全應 7266

吳全正 8099

吳詮 7200

吳讓 5354

吳讓（思明父）6129

吳讓（士平子）5975

吳讓子 7959、7966

吳仁敬 4219

吳榮 7337

吳儒 7200

吳儒 9025

吳潤 7059

吳僧娘 9119

吳善經 6679、7129

吳善郎 9025

吳上政 2684

吳少誠 6129、6153、
　6453、6556、6831、
　6930

吳少陽 6129、6831

吳邵（鼎臣）8385

吳紹（係之）8039

吳神劍 6129

吳慎微（基）1780

吳生 1780

吳昇 9126

吳昇（懷寶子）4650

吳師 9119

吳師盛 2078

吳師雅 7919

吳士恒 7552

吳士衡 5975

吳士矩 5456、5975、
　6721

吳士偘 8099、8134

吳士龍 5975

吳士平（貞之）5474、
　5975＊

吳士雄 5160

吳士則 5975

吳士質 6100

吳氏 0768

吳氏 5044

吳氏 7477

吳氏 8580

吳氏 9126

吳氏（蔡勖妻）8219

吳氏（成元亮妻）7049

吳氏（段嘉貞妻）7081

吳氏（范彥妻）6755

吳氏（高崇文妻）2832

吳氏（郭渭妻）6330

吳氏（蔣全妻）8184

吳氏（李建生妻）3338

吳氏（李莒妻）7057

吳氏（李審妻）7423

吳氏（李滋母）7946

吳氏（梁歸朝妻）5025

吳氏（劉道進妻）6301

吳氏（劉暘妻）6645

吳氏（劉泳之妻）6525

吳氏（劉元政妻）7766

吳氏（羅清湛妻）6979

吳氏（閭表妻）3018

吳氏（馬琮妻）2193

吳氏（孟景璋妻）7496

吳氏（甯有義妻）7115

吳氏（齊榮妻）7343

吳氏（秦奉珪妻）4403

吳氏（秦思溫妻）9014

吳氏（任黃中妻）7662

吳氏（尚義妻）7059

吳氏（史濯妻）7553

吳氏（蘇涉妻）3739

吳氏（王承宗母）6488

吳氏（王公淑妻）7497

吳氏（王恭妻）8626

吳氏（王遂妻）6408

吳氏（王廷規妻）9125

吳氏（王廷祐母）9097

吳氏（王廷義妻）7590

吳氏（韋長詮妻）0120

吳氏（衛簡能妻）7759

吳氏（吳湊女）5456

吳氏（辛之諤妻）3543

吳氏（薛維翰妻）4327

吳氏（羊岳妻）5049

吳氏（楊晟妻）6712

吳氏（楊希玉妻）5395

吳氏（姚侑妻）5721

吳氏（姚仲然妻）6984

吳氏（殷秦州妻）0205

吳氏（袁綬妻）9154

吳氏（章敬皇后）5160、
　5456、6015

吳氏（張季陽妻）6015

吳氏（張繼美妻）8860

吳氏（張梂妻）8090

吳氏（張遠助妻）1863

吳氏（趙貫妻）7789

吳氏（趙瑩妻）9007

吳氏（鄭玄妻）3177

吳仕邦 2684

吳守恭 8099、8134

吳守一 1745

吳守忠 1745

吳淑（贏金）3616

吳璹 9025

吳順（吳朝子）6806

吳順（吳信子）1745

吳思明 6129

吳思訓 5456、5975

吳誦 5474

吳蘇郎 6373

吳素 2472

吳隨□ 9246

吳遂 7966

吳損 5521

吳太楚 9110

吳太玄 3543、4165

吳泰 6877

吳駒 7037

吳廷藻 8842

吳挺 8385

吳通微 4788、4903、
　5251、5265、9109

武恭(諡)7065＊、7404

武恭(武穆子)2583

武恭(攸歸子)1839

武軌 1820

武貴 0722

武國寧 6051

武號 7267

武和讜 8615

武弘初 7065

武弘景 7404

武弘廓 7404

武弘泰 7065

武弘宣 7065

武弘宗 7404

武華(太原王、文穆皇
帝)0309、1495、
1564、1722

武懷道(楚王)3604、
4719

武懷運(九江郡王)
1564、1722、4048

武會 3574

武基 6450

武炭 2583

武汲 4078

武季元 5740

武濟 7250

武儉(金城王)0309、
1495

武諫言(見武言)

武江朝 5483

武進 8244

武進朝 5483

武進興 8060

武緒 6450

武經奴 6051

武敬琛 6163

武敬先(陳王)1962

武九兒 8252

武九娘 8060

武居常(北平王)1495

武舉 2231

武君 3943

武君亮 8252

武君晟 8060

武浚之 6051

武客 2583

武客(崐玉)2206

武寬 4658

武臘仁 3076

武廉 6051

武亮 0309

武亮(武則子)5360

武烈 7267

武令珪 3633

武令昇 9102、9103

武令珣 5483

武令玉 3633

武令璋 4658

武留 3633

武履貞 4078

武滿堂 8615

武敏(德美)9001

武模 2231

武穆(武安父)2206

武穆(武恭父)2583

武廿娘 5376

武毗 6450

武平 8252

武平立 8361

武羿 6753

武謙(見武士讓)

武青 5483＊、5836

武清 6597

武清(武昭子)9001

武慶(和讜子)8615

武慶(武雅子)3574

武慶(元緒父)7951

武伶 7930

武讓(見武士讓)

武仁(武保子)4089

武仁(武儉子)0309

武仁永 9104

武儒衡 7065、8361

武閏 7930

武潤 4078

武若訥 9001

武若拙 9001

武三思(梁王)1944、
2132、2366、2440、
2460、2919、3104、
3122、3180、3470、
3757、3854、4052、
7930

武僧寶 8244

武山寶 6754

武山山 8244

武少儀 5242、6450

武深 8252

武神神 7930

武昇朝 5483

武勝姑 7930

武師(直)4089

武十一娘 7951

武士季(楚王)4048

武士穆 6051

武士讓(謙,楚僖王)
0309＊、1564、1722、
4719

武士逸 1494、1495、
2263、4078

武士穎 6597

武士護(太原王、孝明
皇帝)1839、1944、
2254、4052、5560

武士則 6597

武士政 6597

武氏 1564

武氏(蔡滔母)4210

武氏(段實妻)9181

武氏(方城縣主,薛崇
簡妻)3104

武氏(郭元妻)8854

武氏(韓祖妻)1077

武氏(賀蘭安石妻)
2357

武氏(冀榮進妻)6234

武氏(静樂縣主,劉莊
妻)1123

武氏(李重進妻)8858

武氏(李渙妻)3808

武氏(李平鈞妻)5182

武氏(李文蔭妻)3935

武氏(劉克恭妻)7870

武氏(劉密妻)9009

武氏(劉日進妻)5564

武氏(盧立妻)8361

武氏(裴光庭妻)4052

武氏(丘禮妻)8779

武氏(任洪文妻)8859

武氏(任誼從妻)7841、
8674

武氏(石玩妻)8401

武氏(蘇逢吉妻)9028

武氏(唐玄宗妃、貞順
皇后)4048、6614

武氏(王儔妻)8901

武氏(武慶女)3574

武氏(嚴丹妻)4908

武氏(永和縣主,崔瑤
妻)3629＊、4346

武氏(永樂縣主)1722

武氏(元君楚妻)8317

武氏(翟表妻)1610

武氏(張本妻)3231

武氏(張君素母)7267

武氏(張元照妻)7990

武氏(趙敬安妻)8815

武氏(趙讓妻)9186

武氏(鄭元應妻)8420

武守珪 9001

武叔政(進興子)8060

武叔政(武詳子)7951

武思元(善長)1494、
1495＊

武思貞 4658

武嗣宗 2263

武嵩 1820

席才 0088
席承恩 6240
席崇 0357
席處節(師)1164
席德 0436
席輔 5163
席衮 6240
席海 0984、3775、3776、3777、3843
席弘 0436
席伎(藝本)0436
席玠 5354
席舉 0357
席君(秦州刺史)1164
席夔(謨明)6240
席禮 5354
席力 0357
席隆 5354
席綸(龍)0357
席履冰 3843
席穆之(崇休)3592
席伽 0984
席慎 1164
席勝 2405
席氏(陳昭妻)9164
席氏(程晦妻)3274
席氏(劉保妻)2405
席氏(唐履信妻)2088
席氏(衛恪妻)0088
席氏(張恒母)4269
席氏(張軫妻)7645
席世文 3775、3776、3777、3843
席守節 0984
席思禮 1164
席泰 4269
席惕 3592
席田七 6818
席庭誨(脩己)3775
席庭誠(秦客)3776
席庭訓(羅漢)3777、3843＊
席洧(良洧)6818
席玄舉(元昇)0984
席巽 3938、4047
席延賓 5354
席演 4269
席郁 4269
席豫 3489、3816、3853、3938、4019、4047、4152、4247、4439、4476、4495、4814、6240
席淵 0357
席元明 3592
席摯 6240
席棁 8659
席子産 3775、3776、3777＊、3843
席遵 3592

習

習緩 6672
習緷 6328

郄

郄湊 5263
郄漢賓 9085
郄令瑜 5464
郄倫 5263
郄清沼 5353
郄氏(劉李七妻)8960
郄氏(孟抱劍母)5263
郄氏(孫思暢妻)8916
郄氏(王承稀妻)5353
郄氏(徐漪妻)5464
郄氏(楊慎言妻)6420
郄守則 6930
郄惟恭 8364
郄文貞 6930
郄逌 8134
郄秀琮 6930
郄秀璡 6930
郄秀珍 6930
郄玄表(通玄先生)7129、8289
郄玄寂 5464
郄英 6930
郄邕 4295
郄遇 5263
郄雲端 6930
郄至澄 5464

夏

夏亍 7814
夏存 8963
夏光鋭 8963
夏光遜 8963
夏光懿 8963
夏光胤 8963
夏光贊 8963
夏光祚 8963
夏金 8558
夏進 8558
夏魯奇 8839、8898、8963、9101
夏魯巖 8963
夏孟武 5865
夏啓聚 8558
夏謙 8558
夏氏 9283
夏氏(范行德妻)8558
夏氏(李庭進妻)6307
夏氏(易戎妻)8383
夏氏(俞從德妻)9168
夏氏(祝巽妻)7328
夏相 8963
夏鄴 9057

夏侯

夏侯敖 7557
夏侯長幹 6352
夏侯陳胡 6352
夏侯澄 6697
夏侯种 3889
夏侯楚 6505
夏侯椿 6579
夏侯鄲 6438
夏侯德 1902
夏侯端 4599
夏侯放 8190
夏侯封 6683、8034
夏侯幹 6998
夏侯高陽 6396
夏侯顧 8613
夏侯華娘 8613
夏侯濟 6481
夏侯建 6481
夏侯金 6505
夏侯京之 6480
夏侯敬 6341、7557
夏侯君(奚官令)8407
夏侯夔 6862、6998＊
夏侯亮 1902
夏侯靈運 3194
夏侯玫(崔貞道妻)6341、8034＊
夏侯冕 6862
夏侯敏(好古)6396、6683＊、7557
夏侯寧 6862
夏侯頗 8613
夏侯遷 6481
夏侯讓 1368
夏侯審 6341、6683、7557、8034
夏侯昇 6505
夏侯省師 6683
夏侯盛 3194
夏侯勝 6481
夏侯師佶 8407
夏侯師侔 8407
夏侯氏(崔仁縱妻)2019
夏侯氏(李侑妻)1328
夏侯氏(孟模妻)1902
夏侯氏(韋衡妻)4599

1340＊、3043

蕭承禧 8487

蕭諴 3525

蕭澄之 2506

蕭重夢(元亨)3332

蕭寵 4068

蕭處珪 8774

蕭處鈞 8774

蕭處謙 8774

蕭處仁(正己)8774、
9036＊

蕭澂 7010

蕭俶 5539、6606、
7270、7691

蕭淳 5577

蕭琮 2297、6102

蕭瑳 0106

蕭大圜 4936

蕭大通(來景暉妻)
3043

蕭大心(當陽王)0016

蕭大忠 0663

蕭岱 2749、3525、
3532、3980、4068、
4242

蕭丹 8386

蕭眈 6900

蕭憺(始興王)0056

蕭道成(齊高帝)2690、
2717、3332、4748

蕭道濟 1813

蕭德琮 2717

蕭德珪(少遊)2693

蕭德亮 3124

蕭德言 1340、3043

蕭德昭 2717、4748

蕭定 5988

蕭棟(豫章王)0228

蕭盾(高唐郡王)2749、
3525、3532、3980、
4242

蕭發暉 1629

蕭法師 4520

蕭蕃 7132

蕭蕃 7781

蕭放 6651

蕭放言 1973

蕭胐 4090

蕭汾 5003

蕭汾(守德)0202

蕭奉壹 4090

蕭鳳 1477

蕭岋 4896＊、5940＊

蕭敷 5003

蕭浮丘 5003、6504

蕭符(瑞文)8774＊、
9036

蕭甫 4748

蕭俛 5539、6541

蕭復 5319、6540、7525

蕭綱(梁簡文帝)0016、
4936

蕭杲 3074

蕭珙 7611

蕭遘 8694

蕭寡尤(脊言、慎詞)
1814、3124＊、7058、
7611

蕭灌 5539、5577、
7525、7691

蕭瓘 7058

蕭光鄴 4242

蕭廣喬 5938

蕭廣照 0409

蕭珪(行璪)1629

蕭袞 7781

蕭緄 5940

蕭暠 2454

蕭昌 5142

蕭訶 1259

蕭部 7058

蕭亨 1629、2690

蕭恒(公岳)5016、
5539＊、6541、7691

蕭衡 3634、5319、
6057、6102、6540、
7525

蕭弘義 0663

蕭弘藝 2693

蕭宏 7525

蕭宏(臨川王)0409、
0800

蕭宏(裕之)7611

蕭華 3634、5173、
5539、6230、7691

蕭懷犖 1259

蕭歡(豫章安王)0228

蕭濣 6050、6540、7039

蕭晃(長沙王)0578、
2717、4748

蕭恢(鄱陽王)0248、
1477

蕭暉 2454

蕭晦 7450

蕭誠 2749、3500＊

蕭混之 2506

蕭吉 1013

蕭藉 6803、6651

蕭季淮 7172

蕭紀(梁武陵王)0155、
0420、2563

蕭珹 2506、3213

蕭鑒 2893

蕭鑒(玄明)0332＊、
1108

蕭蔣老 6606

蕭絳 6651

蕭傑 6541

蕭介 1340

蕭金 3414

蕭瑾 0202、1393

蕭晉 5577、6354、7549

蕭兢 6893

蕭景 6756

蕭景猷 5374

蕭儆 0311

蕭憬 2749、3500、
3525、3532、3980、
4068、4242、4590、
4896、5940、6651

蕭璟(梁臨海王)0332

蕭璟(蕭寧子)7058

蕭敬同 3074、5142

蕭炅 4015、4476、
4582、7818、8386

蕭玨 6893

蕭均 4590

蕭君(恒州司功)2479

蕭君(華州參軍)6050

蕭君(華州刺史)0576

蕭君(荆州士曹)2558

蕭君(盧順夫)4147

蕭君(永州刺史)6606

蕭鈞 5539、5577、7525

蕭俊 3332

蕭晙 2454

蕭濬 8774、9036

蕭戡 5319、6057

蕭康 3074

蕭珂 9130

蕭克濟 5433

蕭寬 7450、7691

蕭巋(梁世宗明皇帝)
0332、2297、2367、
2454、4738

蕭朗 7611

蕭立 4242

蕭立言 2080

蕭良 2620

蕭良甫 4748

蕭良紹 5370

蕭良童 4748

蕭良緒 4748

蕭良胤 4748

蕭良貞 4748

蕭亮 1259

蕭諒(子信)3525、
4242＊

蕭昕 3699、3881、
　4657、4738
蕭行贄 5585
蕭行璪 2690
蕭行之 6504
蕭雄 4556
蕭复 5815
蕭休之 5933
蕭俏 1477
蕭頊 7058
蕭諺 2749、3980＊、
　4068、4590
蕭玄（表）2620
蕭玄（蕭金父）3414
蕭玄徹（虔明）0106
蕭玄裕 4721、4786
蕭璿（待價）2717＊、
　4748
蕭鉉 2297
蕭珣 5539
蕭詢 4896、5940
蕭愻（元將）2367
蕭延昌 5370
蕭延年 2648
蕭延嗣 3414
蕭言 7781
蕭巖 0026、2506、3213
蕭衍（梁武帝）0106、
　0228、0800
蕭拿 7380
蕭儼 1629、2690
蕭晏 3074
蕭仰之 6504
蕭鄴 7502、7548、
　8016、8219、8338、
　8377
蕭褘（令臣）2690
蕭怡 8386
蕭儀 3008
蕭儀（蕭鉉子）2297
蕭巍 3074
蕭倚（蕭昌子）5142

蕭倚（蕭諺子）3980
蕭巽 5880、7347、
　7549、9244
蕭鈗 2367、4738
蕭義 2693
蕭誼（敦信）4748
蕭誼（元祐子）4130、
　5544、6651
蕭繹（湘東王、梁世祖）
　0008、0321
蕭懿（長沙王）3525、
　3980、4242
蕭憴 1108
蕭譚 2717
蕭引 1340、3043
蕭隱（德夫）7058、7611
蕭隱（蕭儧子）7691
蕭隱之 2506
蕭穎 2690
蕭穎士（茂挺）3874、
　6807、6989
蕭泳 6385
蕭有賓 8219
蕭祭 4195、5374、6175
蕭愉 2506、3213
蕭瑀 0420、2328、
　2367、2454、4738、
　6541
蕭昱 3074
蕭遇（同人）5016、
　5577＊、6354、6893
蕭淵明（梁閔帝）3525、
　3532、4242
蕭元 8774、9036
蕭元福 3532
蕭元亨 4223
蕭元景 4223
蕭元禮（令恭）2749＊、
　3500、3980、4068、
　4590
蕭元亮 4223
蕭元奭 4223

蕭元祐 6651
蕭元祚 3525＊、4242
蕭緯 4223
蕭儧（思本）5539、
　6893、7450、7691＊
蕭鄫 5988
蕭造 1477
蕭愷 2297
蕭澤 1393
蕭占 4327
蕭章 9130
蕭喆 6893
蕭貞（王協妻）1393
蕭槙 1477
蕭禎 4896、5940
蕭震 6651
蕭正表（吳郡王）0409、
　0800
蕭正德（臨賀王）0155
蕭知義 3414
蕭直 4242
蕭執珪（含璞）3074＊、
　5142
蕭微（公辟）6504
蕭至忠 2321、5392、
　9218
蕭晊 2454
蕭寘 7753
蕭質夫 8178、8310
蕭中和 5585
蕭中立 7357
蕭仲豫 5577
蕭佇 5319
蕭璩 8386
蕭子賢 0451、4748
蕭宗順 4493
蕭縱 6651
蕭琢 7611
蕭佐 5539

頡利可汗（見阿史那
　咄苾）

纈傑娑那可汗 0157

解

解昂 0657
解寶俊 0894、1676
解貴 4015、4048
解才（文才）0680
解藏 4524
解成（智才）0657
解成妃 3415
解承嗣 9096
解大威 2905
解黨 0657
解道道 9096
解恭 1676
解護 1676
解歡 4524
解紀 3731
解君（鹽州參軍）3731
解君（御史大夫）3731
解略 4048
解沐 7029
解人奴 0197
解搔奴 9096
解沙門（宣遠）0197
解什得 9096
解士相 0197
解氏 8295
解氏（陳希英妻）7511
解氏（馮師英妻）0506
解氏（馮自興妻）7883
解氏（高表妻）2158
解氏（賈哲妻）2129
解氏（李林妻）0954
解氏（柳光倩妻）6709
解氏（呂文强妻）0745
解氏（呂信天妻）3028
解氏（石公政妻）8401
解氏（王權妻）8642
解氏（王仁建妻）8802
解氏（吳士恒妻）7552
解氏（張繼業妻）8819、

8887

解氏(張友誼母)7744

解淑 3949

解舜(正己)4524

解随 4048

解談楊 4524

解萬迪 7883

解喜喜 9096

解顯 0680

解小喜 9096

解休昶 5118

解玄 0680

解延朗 9096

解延壽 6489

解衍 0506

解挹 3949

解顗(解黨子)0657

解顗(解挹子)3949

解有忠 3731

解豫 4048

解昭 4524

解昭德(□志)0894、

　1676*

解子路 3949

謝

謝褒 0191

謝賁 5694

謝詧 5694

謝當 7340

謝登 5903

謝鐸 8766

謝鶚 9141

謝恩 0191

謝防 8034

謝朏 1241

謝逢 6614

謝伏運 3883

謝輔 2141

謝復 5669

謝高高 8766

謝光弼 9084

謝光符 9084

謝光襲 9084

謝光業 9084

謝惠 2863

謝譓 1241

謝疆 0191

謝君 6733

謝君(光符父)9084

謝君(直羅鎮過使)

　7214

謝良弼 5036、6579

謝良輔 5585

謝良器 5174

謝令婉 1918

謝洛 2141

謝欽讓 5210

謝慶哥 8766

謝全志 9281

謝仁規 8844

謝生 0200

謝晟 9275

謝氏(傅休仙妻)4826

謝氏(韓漸餘妻)8848

謝氏(劉中禮妻)8311

謝氏(盧鎔妻)8682

謝氏(任愛妻)2760

謝氏(任津育妻)0882

謝氏(王居遇妻)9167

謝氏(王文郁妻)1241

謝氏(蕭德珪妻)2693

謝氏(趙□昇妻)6195

謝氏(竹玄妻)2468

謝叔方 1918

謝舜恭 8766

謝舜卿 8766

謝統師 0191

謝文(長立)0200

謝文智(明略)2141

謝晰 1918

謝相 0200

謝孝忠 5694

謝爕 1241

謝信 3355

謝玄侗 5669

謝彥璋(光遠)8766

謝夷甫(方平)4935

謝貽謀 8758

謝逸 5079

謝祐 1918

謝運 3744

謝澤 0882

謝詹(弘景)5694

謝哲 1241

謝縝 3983

謝正簡 5694

謝正素 5694

謝正則 5694

謝徵 6512

謝莊 1241

辛

辛昂 2830

辛寶 1145

辛弁 0461

辛伯鸞 0461

辛昌 4234

辛承恩 2830

辛澄(育明)1145

辛崇禮(令望)4234

辛崇秋 6756

辛處廉 4179

辛慈(兆仵)0121

辛從立(不群)7998

辛從礭 7998

辛從實 7998

辛從訓 7998

辛從易 7998

辛到年 4192

辛道瑜 3691

辛德晟 0681

辛登 4720

辛迪 5479

辛芬 4234

辛鳳 0813

辛孚(少微)2866

辛福 4278

辛公儀 7236、7540

辛顧友 2976

辛廣 5479*、5593

辛國 1078

辛翰 7998

辛弘納 2830

辛弘泰 7998

辛懷節 4913

辛滉 6756

辛暉 5479

辛徽之(乾胄)2020

辛誨(守誨)3558

辛季慶 0136

辛冀 7404

辛儉(處儉)0204

辛漸 4913

辛節(令儀)2302

辛京杲 4913、5598、

　6598、7236、7540

辛景湊 4260

辛景祚 4278

辛璩 7540

辛璦(見辛玫)

辛昃 4179

辛俱羅 4192

辛君(曹州參軍)4260

辛君(静州刺史)5859

辛君(閬州刺史)3782

辛君(餘杭令)2303

辛利涉 5859

辛良 2866、3109

辛諒(不約)6756

辛臨 4057、4179

辛靈 0204

辛茂將 0121

辛玫(茂華)7236*、

　7540

辛祕 5692、6263、7073

辛旻 4913

辛謙(道光)1078

辛謙(履仁)0461
辛璩 3622
辛全規 6756
辛詮 0762
辛日韋 5859
辛榮 6613
辛榮(辛暉父)5479
辛銳 7236、7540
辛潤 4913
辛尚遠 2303
辛韶 0681
辛少誠 7141
辛生 0154
辛珪 4234
辛晟 7236、7540
辛晟之 8412
辛時明 5660
辛氏 0315
辛氏 0520
辛氏 4083
辛氏(陳君賞妻)7141
辛氏(崔仲蔔妻)7157
辛氏(郭珉妻)3782
辛氏(劉重進妻)8194
辛氏(柳德□妻)0136
辛氏(裴爽妻)0956
辛氏(王絳妻)6598
辛氏(王元忠妻)2976
辛氏(韋翰妻)3691
辛氏(衛藏師妻)0341
辛姝 0762
辛淑(淑媛)2462
辛爽 0681
辛思廉 4913
辛庭芳 4278
辛陁 1078
辛威 0154、2462
辛惟紹 4179
辛文□ 0121
辛襲 0813
辛係 7998
辛杕 2302

辛珫 0762
辛咸 2866
辛曉 2302
辛孝立 0154、2462
辛孝舒 0204、0956
辛興 1145
辛興 3109
辛玄道 2866、3109
辛玄節 3558
辛玄恪 2830
辛玄素 5859
辛玄挺 2020
辛延 4192
辛儼 2020
辛彦(見辛彦之)
辛彦之 0204、0956
辛養 4913
辛堯卿 0204
辛怡諫 2711
辛倚 5859
辛義 4234
辛義安 2976
辛義感(毗羅)0681
辛義良 0121
辛義詮 7998
辛藝 3558
辛穎 3543
辛永達 0154、2462
辛有道(沙門)0154 *、
　2462
辛有孚 8370
辛璵 6756
辛郁 3558
辛遇 7412
辛元 4192
辛元賁 2020
辛元覽 4278
辛元譽(仁表)2830
辛元貞 0461
辛媛(王德表妻)0813
辛越石(翹)4179
辛雲京 4901、4913、

　5522、7141、7540
辛雲景 7141
辛贊 7141
辛長孺 2866
辛昭 4278
辛哲 2302
辛之諤 3543
辛知道 2976
辛陟(文陵)0849
辛仲龕 4179
辛仲略 0121
辛仲平 3109
辛自立 0461

新羅和上 4619

信都
信都氏(戴襲妻)0081
信都希金 6042
信都希莊 6042
信都曜(元曜)6042

興唐觀主 4173

邢
邢汴(迴派)8784
邢邠 6874
邢彬 6874
邢播(揚芳)8813
邢册 5705、5896
邢昌 6874
邢超然 7383
邢超俗 5205
邢朝幹 5205
邢楚 9304
邢綽 6874
邢待封 6275
邢德昭(義遠)8982
邢汎 6874
邢公素 7078
邢鞏 3699
邢歸一 7816

邢迴娘 6782
邢蒔秀 2666
邢繼議 6907
邢敬存 7728
邢矩 3699
邢舉 6275
邢巨 3164、3699 *
邢君 4656
邢君(長平功曹)0870
邢君牙 7185
邢朗 8982
邢良 5205
邢良(邢昇子)7728
邢諒(秉之)8784
邢鸞 0870
邢韂 8784
邢瓊 8784
邢群 6275、6782
邢仁寶 8982
邢仁矩 8982
邢仁鄆 8982
邢邵 6154
邢紹 6874
邢昇 7728
邢師 3699
邢氏(李莘妻)7185
邢氏(梁崇義妻)5077
邢氏(盧珉妻)2625
邢氏(王思妻)4239
邢氏(王行豐妻)8735
邢氏(信都曜妻)6042
邢氏(楊邠妻)7760
邢氏(趙敬儒妻)8815
邢氏(至和女)6275
邢恕(寬仁)8813
邢思孝 2625
邢滔 8813
邢體華 5205
邢暐 5077
邢行諶 3699
邢玄助 2625
邢璀 5077

徐浩 3550、4323、
　4351、4439、4447、
　4468、4476、4537、
　4618、4636、4741、
　4888、4891、5210、
　5413、5529、5899、
　6620
徐皞 9122
徐鶴 5516
徐弘建 8349
徐弘休 6878
徐弘毅 5531
徐玥 5486
徐華 8349
徐懷 4000
徐歡 0649
徐環 7128
徐黃正 5810
徐輝 8326
徐晦 7547
徐惠（太宗賢妃）1076
徐翽 3585、5486
徐繪 6759
徐渾 6258
徐機 1783
徐佶 5899
徐繼 6739
徐堅（令堅）1076、
　1225、2972、3928
徐簡 8550
徐簡栖 4446
徐漸（履道子）4446
徐漸（徐詮子）6759
徐降 5397
徐絳 6739、6759
徐嶠（仲山）3757、
　3868、3928＊、3965
徐嶠之 3413、4439、
　5529、5899
徐瑾 5464、5529
徐進芝 6226
徐景暉（重明）3585＊、

5486
徐景榮 2048
徐景威 6191
徐景遜 9062
徐敬遷（仲節）8411
徐敬業 1517、2239、
　2737、2878、4214
徐炯 5000
徐毅 5786、5995
徐君 7162
徐君（北海令）4000
徐君（邠王參軍）5148
徐君（蘭溪鎮使）9162
徐君（南唐曹王）9075
徐君（萬安令）4000
徐君（象州刺史）8227
徐君（徐沛父）7060
徐君（徐勤父）7509
徐君（徐容子）9248
徐君（徐雍父）4000
徐君（彥昭父）7600
徐君（左藏署丞）4399
徐君賓 4140
徐君誠 8349
徐君敷 1232
徐君進 5176
徐俊 8316
徐峻 3012
徐浚（孟江）4439＊、
　5899
徐克中 7588
徐匡祐 9076
徐匡祚 9076
徐逵 4140
徐崐 4894
徐蘭 3868
徐倰 5705
徐立 8577
徐良 7180
徐良甫 7128
徐良玘 6191
徐潾 3814

徐令輝 1232
徐令堅（見徐堅）
徐令王 0134
徐令珣 6759
徐令釗 9104
徐鸞 0089
徐倫 6532
徐愉 5786
徐綸 6739、6759
徐論（厚言）6951
徐洛 7025
徐履冰（伯哉）5810
徐履道（沖虛）4446
徐買（仁裕）1818
徐滿 7019
徐滿喜 8349
徐茂真 8326
徐玫 5413
徐謐 6743
徐勔 7509
徐旻 3868、3928
徐明敬 4884
徐南金 5134
徐廿娘 7162
徐笆 6706
徐沛 7060
徐霈 5148
徐邢 6743
徐頠 9138
徐璞 7498
徐朴 6258
徐齊 8411
徐齊聃（希道）0482、
　1076＊、1225、3928
徐齊嬰 1225
徐齊莊 1225
徐玘 5464
徐啓期 2541
徐乾昌 5745
徐倩 5995
徐喬 7128
徐魁 3585、5486

徐伽仁 0313
徐欽（徐守子）9076
徐欽（徐陟父）5922
徐欽道 5282
徐欽明 0313
徐秦 7025
徐勤 7509
徐卿 7025
徐清 5148
徐慶 7060
徐慶（欽道父）5282
徐丘節 1547
徐球（茂荆）9088
徐詮 6759
徐熱郎 8345
徐仁（則）0193
徐仁嗣 8421、8433
徐戎 5000
徐容 9248
徐容（表儀）9088
徐容（徐觀父）8411
徐榮 7445
徐僧 5148
徐僧珍 0482
徐山冲 4216
徐善通 0318
徐埕 6258
徐商 7533、8051、8481
徐少□ 6191
徐劭 7509
徐申 5413
徐深（敬義）0089
徐神佐 8326
徐審唐 9104
徐昇（景玄）6739、
　6759＊
徐勝 7128
徐師（徐願子）2183
徐師（徐嚴父）4419
徐師成 7679
徐師道 5529、5899
徐師魯 6951

徐師師 7679

徐師泰 6951

徐師易 6951

徐師毅 6951

徐師瑗 8345

徐十二娘 8349

徐十郎 8345

徐十郎 9076

徐十一娘(徐弁女)
　8326

徐十一娘(徐政女)
　8349

徐寔(徐遠父)2048

徐寔(玄福父)3287

徐士安 4140、5133

徐士和 6226、6508

徐士良 7019

徐氏 0935

徐氏(董弘義妻)0752

徐氏(范容妻)9073

徐氏(房守獻妻)3965

徐氏(馮安都妻)7756

徐氏(龔雅妻)8577

徐氏(郭龍妻)5470

徐氏(韓仲宣妻)8749、
　8848

徐氏(蔣容妻)8184

徐氏(康行儒妻)9035

徐氏(孔克敵妻)4397

徐氏(李包妻)5680

徐氏(李訶妻)9163

徐氏(李君誼妻)7747

徐氏(李令問妻)3287

徐氏(李韶妻)4031

徐氏(劉忤妻)5897

徐氏(劉獻遷妻)5282

徐氏(劉瑜妻)5531

徐氏(劉臻妻)5573

徐氏(羅周敬妻)8893

徐氏(孟景仁妻)3302

徐氏(穆循妻)2678

徐氏(彭紹妻)3921

徐氏(戚魯妻)8720

徐氏(錢休妻)6492

徐氏(任咸妻)7730

徐氏(蘇緒妻)8715

徐氏(太宗賢妃)1225

徐氏(滕携妻)9149

徐氏(王公直妻)6914

徐氏(王光續妻)6861

徐氏(王彦回妻)9125

徐氏(危德圖妻)
　9138 *、9157

徐氏(韋友直妻)6808

徐氏(項仕殷妻)9144

徐氏(徐琮女)7767

徐氏(徐澹女)7239

徐氏(徐毅女)5786

徐氏(薛平母)6651

徐氏(閻寶妻)8945

徐氏(楊發妻)7958

徐氏(楊素妻)2059

徐氏(姚承鈞妻)9075

徐氏(姚彦洪妻)9088

徐氏(俞彦璋妻)9161

徐氏(虞脩妻)9146

徐氏(元壽妻)8316

徐氏(袁泰寶妻)7647

徐氏(樂知節妻)9122

徐氏(張達妻)8246

徐氏(張孚妻)8318

徐氏(鍾儉妻)8236

徐氏(鄒知建妻)9166

徐氏(鄒知□妻)9159

徐守 9076

徐守謙 9295

徐守素 8872

徐守貞 4884

徐守忠 1818

徐綬 6739、6759

徐璹 4439、5413

徐爽 5282

徐思倩(納)5745

徐思言 9104

徐思忠 7782

徐太玄 2048

徐曇 3868、3928

徐倜 5899

徐苔 3868

徐庭光 4399

徐庭俊 4399

徐庭芝 4399

徐庭芝(元偕子)5810

徐珽 5786

徐頲(和源)5995

徐通 7019

徐婉(文心)5000

徐綰 9121

徐偉(徐謐子)6743

徐偉(徐頊子)5899

徐瑋 5464

徐焻 6258

徐謂 7730

徐溫(東海王)9061、
　9065、9082

徐溫(君敷子)1232

徐文言 7025

徐文遠 4140

徐文整 0481、0482

徐翁諒 7142

徐務成 5611

徐仙 7239

徐暹 7025

徐顯 7025

徐顯和 7025

徐顯己 7025

徐顯徒 7025

徐現 5413、5529

徐獻 6258

徐小恩 8411

徐小和 7679

徐孝(敬臣)3493

徐孝德(見徐德)

徐孝珪 4884

徐孝軌 4000

徐孝嗣 1232、4140

徐協 0313

徐偕 5899

徐心 8550

徐新 1547

徐信 1547

徐興進 8326

徐復 7239

徐頊(玄德)4439、
　5413、5486、5810、
　5899 *

徐玄 0318

徐玄福 3287

徐玄之 3585

徐巽 5516

徐延 5000

徐延範 9104

徐延佳 9076

徐延矩 9104

徐延楷 9104

徐延瓊 8893

徐延瑤 9104

徐延勛 9089

徐延蘊 9104

徐延禎 9104

徐瑄 5464

徐顔 5810

徐嚴 4419

徐彦伯 1980、1985、
　2012、2457、5413

徐彦若 8240、8556、
　8659、8705、8730、
　8738、8762、9178

徐彦昭 7600

徐晏 3585

徐瑒 4439、6342

徐養(阿)0649

徐堯 7128

徐揖 6258

徐漪(文沼)4595、
　5464、5529 *

徐褘 3921

徐倚 5529

徐翊 5486

徐懿(德容)7445

徐絪 6951

徐諲 4446

徐隱泰(蕭然)4030、
　4096

徐盈 1127

徐穎 5000

徐應機 1127

徐雍 4000

徐顗(履冰子)5810

徐顗(徐倩子)5995

徐顗(徐諲子)4446

徐有道 4140、5133

徐有功 5786、5995、
　6476

徐有信 5745

徐幼文 6630

徐佑 5899

徐宥德 9104

徐祐(慶師)5995

徐聿之 4140

徐遇 7060

徐遇(延佳子)9076

徐諭 9076

徐元偕 5810

徐圓朗 0083、0140、
　0307、0556

徐遠 9096

徐遠(徐寔子)2048

徐願 2183

徐越 6951

徐量 3868、3928

徐瓚 1547

徐雲 8411

徐惲(輯)4140 * 、
　4974、5133

徐韻 3317

徐宰 6878

徐再輝 8550

徐再珍 8550

徐澤 7060

徐澤 7788

徐湛之 4140

徐張九 8411

徐沼 8411、8500

徐趙孝 7128

徐滇 6861

徐震 5148

徐鎮 2729

徐政 7060

徐政(君誠父)8349

徐之才 4446

徐知誥 9062、9082

徐知諫 9062

徐知人 4881

徐知仁 4287、6258

徐至 6193

徐陟(徐觀子)8411

徐陟(徐欽子)5922

徐摯(啓封)6743

徐仲良 7019

徐仲倫 6706

徐冑(良胤)7076

徐晝 6743

徐助 7509

徐璩 7239、8278

徐郜 6516

徐子昱 5745

徐宗(德衆)9088

徐綜 0481、0482、1076

徐宬 8151

徐佐 9122

許

許岸 2617

許昂 1621

許保 3335

許昇 0932

許伯通 9098

許伯遇 9098

許藏 1795

許藏 1799

許朝 6247

許承誨 9093

許承韜 9093

許承瑤 9093

許承釗 9093

許澄(重光)3993

許崇 0192

許崇藝 1186

許寵(孫濟妻)6826

許初 8120

許楚 9093

許楚玉 3884、3993

許傳擎 1795

許詞 3939

許泚 3884

許存(王宗播)9093

許存德 6248

許存亮 6248

許存武 6248

許存□ 6248

許達(覽)0362

許待徵 2939

許道敬 8118

許德(弘亮子)6121

許德(許藏子)1799

許德(許賢子)1561

許德固 1477

許德廣 2033

許濆 8407

許度 8835

許諤 3939

許璠(韜光)9093

許豐 6575

許孚 3301

許輔乾(安國)3032 * 、
　3939、4103

許幹 4436

許崗 2617

許高陽(桓臣範妻)
　3757、4103 *

許杲(見許景先)

許管珪 3335

許瑾 6247

許歸 4015

許亨 0932

許恒陽 4132

許弘感 1799

許弘亮 6121

許弘政 2939

許洸 3884

許懷敬(知禮)2939

許懷秀 4015

許黃(洪爽)4401

許珵 5017

許晃 7735

許及 7900

許岌 2617

許季方 5999

許稷 6121

許霽 6248

許驥兒 7724

許建昇 0682

許諫 3939

許傑 8641

許緒 6121

許景 1206

許景深 0682

許景先(杲)2232、
　2692、2946、2749、
　3301 * 、3498、4099、
　5040

許景休 3301

許敬宗 0414、0444、
　0932、1206、4436、
　5560

許洞 3884

許九言 9041

許毅 8308

許君(絳州司户)2816

許君(景先子)5040

許君(羅城使)9065

許君(商洛尉)1214

許君(少直父)8120

許君(豫州刺史)3382

許濬 1561

薛氏(梁昇卿妻)4537
薛氏(梁行儀妻)1874
薛氏(令狐覽妻)7181
薛氏(柳鋌妻)5754
薛氏(柳庭誥妻)3930
薛氏(盧得一妻)8627
薛氏(盧槃妻)8502
薛氏(陸邑妻)5168
薛氏(陸子野妻)7740
薛氏(路璧妻)6295
薛氏(吕言妻)2545
薛氏(穆詡妻)6872、
　7174*
薛氏(裴虬妻)5321
薛氏(裴佚妻)8348
薛氏(裴思進妻)3122
薛氏(裴澡妻)7282
薛氏(鉗耳暄母)4292
薛氏(史瓘妻)4167*、
　4300
薛氏(唐象願母)4612
薛氏(王逢妻)7589
薛氏(王紹預妻)4557
薛氏(王師虔妻)8735
薛氏(王正惠妻)1330
薛氏(韋承素妻)7319、
　7347*、8532
薛氏(韋輅妻)7619*、
　7808
薛氏(韋僧耆母)8433
薛氏(韋師妻)1504
薛氏(韋識妻)7625
薛氏(韋萬妻)2245
薛氏(韋玄晞妻)2332
薛氏(韋長卿妻)4023
薛氏(韋知止妻)2737
薛氏(韋縱妻)2624
薛氏(衛景弘)7667
薛氏(武公素妻)6450
薛氏(熊執易妻)7301
薛氏(徐現母)5413
薛氏(薛凌女)7796

薛氏(薛凌女)7797
薛氏(薛汶女)7119
薛氏(嚴厚本妻)
　6691*、7222
薛氏(嚴戒妻)7222
薛氏(宇文倩妻)4494
薛氏(袁殷妻)9035
薛氏(張奉林妻)8957
薛氏(張欽泰妻)5920
薛氏(張惟鋒妻)7279
薛氏(張須陁妻)2437
薛氏(張知實妻)7380
薛氏(趙俊妻)1023
薛氏(鄭常妻)7947
薛氏(鄭逍妻)7378
薛氏(鄭琰妻)4522
薛氏(鄭韞辭妻)8199
薛氏(鄭智妻)1787
薛世雄 0623
薛守一 7929
薛叔度 6606
薛樞 6232
薛曙 6906
薛述(無擇)0256*、
　2868、4167、4300
薛恕 4714
薛順先 7619
薛思行 2440、3074
薛思貞 2660
薛嵩 4591、4970、
　5085、5350、6651、
　7018、7648、7673
薛泰 5092、6361
薛潭(惟悌子)2924
薛潭(薛琛子)5177
薛紹 4943
薛悌 4537、7957
薛廷範 7319、9244
薛廷珪 8747
薛廷淑(子柔)9244
薛廷望 7347、8747
薛通 1330

薛同 6374
薛途 8149
薛萬備(百周)0598
薛萬徹 1279
薛萬淑 0623
薛萬述(無爲)0215*、
　1279
薛汪 6374、6453
薛惟悌 2924
薛維翰 3348、4327*
薛偉(虚受)7929
薛暐 8433
薛緯(修輔)6361
薛文會 7484、7485
薛文立 4327
薛文休(仲良)1811、
　2663*
薛文約 7484、7485
薛文□2437
薛汶 7119
薛務道 2868、4167、
　4300
薛晤(正言)9250
薛希昌 3263、4289
薛暹 6955
薛峴奴 9250
薛羨 7181
薛僴 5754
薛憲豐 7285
薛獻 0743、5734
薛湘 7474
薛襄 4008
薛祥(見薛翔)
薛向 4662
薛小□8451
薛雄 0215、0598、1279
薛休光 4023
薛庥 8127
薛脩裕 4327
薛繡 1874
薛鏽 2869、4758
薛緒 3722

薛萱 6872、7174
薛玄嘉 3704
薛玄模 3826
薛玄暮 8199
薛玄祐(見薛乾祐)
薛玄育(道茂)1279
薛玄則(燕客)0623
薛絢 3861
薛鉉 2707
薛循中 6491
薛潯 6375
薛延伯 4208
薛偃 3608
薛琰(亮之子)0440、
　1253
薛琰(令儀,韋暎妻)
　6254
薛演 5177
薛儼 3704
薛巇 6254
薛彦 6466
薛彦舉 5092、6361
薛揚名 4424
薛樣奴 9250
薛銚 8199
薛藥師 7957
薛宜 6691、7222
薛宜子 5918
薛移風 5748
薛貽矩(熙用)8747
薛顥 1811
薛易知 7957、8501
薛義 2786
薛義(尼岳)2786
薛義忠 4088
薛毅 1874
薛因 3722、4254
薛憎 0833
薛引弟 8812
薛英 8199
薛英集 0256
薛瑛郎 6232

閻弘讓 8945

閻弘儒 8945

閻弘威 8945

閻弘遇 8945

閻弘祚(德餘)8945

閻胡 0493

閻胡兒 6599

閻胡僧 6599

閻晃(孃奴)2237

閻惠儀 4596

閻季蓉 7706

閻濟美 5527、6413

閻嘉(隱)4596

閻嘉賓 2328

閻建方 7596

閻江 6649

閻晉 3885

閻晉 7706

閻敬愛 5527

閻奴(季奴)2238

閻巨源 6149、6278

閻巨源(閻遼子)4881

閻君 8695

閻君慶 7492

閻君壽(考)1804

閻儁 1496

閻可方 8256

閻寬 4183

閻逑 8210＊、8315

閻郎兒 6599

閻李白 7596

閻禮 1070

閻立本 1841、2328、
　4881、6599

閻立德 1128、1557、
　1737、1962、2237、
　2238、2239、4881

閻立言 2373

閻良 8210

閻洛 1804

閻履(柔明,戴恭紹妻)
　1802＊、1950

閻茂元 8315

閻孟子 7596

閻旻 4561

閻敏 1314

閻敏(德)2102

閻寧 4881

閻丕 8949

閻毗 1128、1557、
　1737、1841、2239、
　2328

閻慶 1804

閻慶(閻毗父)0094、
　0140、1128、1557、
　1737、1802、1841、
　4881

閻慶子 6599

閻仁 2874

閻少均 8945

閻少珍 8671

閻深 0333

閻慎 0953

閻慎(文才)0493

閻慎從 1321

閻師壽 1706

閻十三 4596

閻十四娘 6613

閻十五娘 6613

閻識微(見閻智)

閻氏 1034

閻氏 4775

閻氏 5765

閻氏(白休徵妻)2874

閻氏(畢父妻)2571

閻氏(董液妻)7370

閻氏(豆盧欽肅妻)
　1962

閻氏(竇德宗妻)2373

閻氏(杜昌妻)4389

閻氏(杜闕疑母)1841

閻氏(杜嗣儉妻)2495

閻氏(康太和妻)4667

閻氏(李珏妃)4881

閻氏(李晃妻)0094

閻氏(李諒妻)0473

閻氏(李喬卿妻)3706

閻氏(李仙妻)5726

閻氏(李延習妻)9033

閻氏(聶進妻)6549

閻氏(裴深妻)6331

閻氏(裴思乂妻)2459

閻氏(秦季元妻)6934

閻氏(丘師妻)0140

閻氏(申亮妻)3567

閻氏(史瑤妻)8185

閻氏(宋儔妻)8794

閻氏(宋華妻)6323

閻氏(孫行楚妻)8220

閻氏(唐從母)1557

閻氏(王表妻)3039

閻氏(王元順妻)8782

閻氏(要敬客妻)5502

閻氏(張充妻)8299

閻氏(趙自慎妻)1314

閻壽之 8945

閻叔汶(恭)7492

閻叔夏 5296、5526

閻思爽 8695

閻思太 6599

閻思哲 6649

閻蘇 7596

閻遂 1962、2237、
　2238、2239、4881

閻泰(玄道)1737

閻天養 8315

閻恬 6613

閻庭 4957

閻萬端 6649

閻偉 5527

閻汶 6599

閻希遜 8945

閻希贊 8945

閻顯 0214

閻獻 1496

閻湘 8889

閻雄 5527

閻休 7492

閻休(彦)0214

閻煦 9183

閻玄 0487

閻玄博 2459

閻言 0473

閻偓 5527

閻彦 6649

閻晏 8210

閻乂 0214

閻意娘 8210

閻懿(彦雄)0333

閻英 7596

閻應兒 6599

閻應郎 8210

閻永吉 1314

閻用之 4881

閻瑀 6934

閻裕 7706

閻譽 0737

閻元澄 6613

閻元楷 2771

閻約 8302

閻説 5527

閻宰 4881

閻再 5527

閻澤 1802

閻哲 0333

閻珍 1070

閻貞一 1737

閻振 8670

閻之素 2328

閻知微 2237、2238、
　2239

閻直 0487

閻智(識微)1692、
　2237、2238、2239＊

閻智及 4596

閻寘 4881

閻質 7567

閻忠(猛)3459

嚴洎 7242

嚴紀明 5768

嚴謇(匡躬)5617、
　5744、7073＊、7277、
　7554

嚴簡方 7314

嚴建 6045

嚴建(嚴昂父)1089

嚴教教 8225

嚴戒(延玠)7222、7887

嚴進 7919

嚴敬宗 5394

嚴迥 4148

嚴居貞 9096

嚴君(平源令)1689

嚴君(濮王長史)7994

嚴君(衛尉少卿)6530

嚴君(咸陽令)1418

嚴君(銀綬判官)5768

嚴君(重謹父)7189

嚴君(左衛將軍)6060

嚴君協 1510、1713、
　4463、4876、5617、
　5835、7073

嚴君佐 6060

嚴亢 4763

嚴可久 3233

嚴恪(恭臣)9253

嚴逵 6750

嚴李八 8225

嚴立德 3913

嚴礪 7160

嚴亮 4818、4819

嚴六娘(劉緬妻)1510

嚴茂卿 7252

嚴沔 9253

嚴暮 5485、5617、
　5744、7073

嚴毗□7222

嚴求己 7222

嚴然明 5768

嚴仁楷 4763

嚴僧(智寬)0944

嚴善政 0547

嚴尚遊 3233

嚴紳 4908

嚴審綱 6698

嚴審微 7160

嚴昇期 1713

嚴晟 7189

嚴識玄 2078、4763

嚴士良(季儒)5617＊、
　5744、7073、7277

嚴士則 6642

嚴氏 0020

嚴氏(陳琛妻)8367

嚴氏(程屺妻)6941

嚴氏(杜奇妻)1418

嚴氏(段璲妻)7994

嚴氏(宮思敬妻)5886

嚴氏(李敢言妻)6027

嚴氏(李紓妻)9111

嚴氏(李佑妻)7242

嚴氏(劉隱妻)9178

嚴氏(祁文隆妻)1347

嚴氏(王宗本妻)7790

嚴氏(韋胤微母)8324

嚴氏(吳師雅妻)7919

嚴氏(楊基妻)1689

嚴氏(俞景初妻)9123

嚴氏(張客妻)1594

嚴氏(張謙祐妻)0149

嚴世(文)1712

嚴式 5768

嚴收 6642

嚴綏 4908、4996、
　5617、5871、6256、
　6277、6494、7434

嚴淑 7994

嚴舒 1712

嚴蜀客 7222

嚴述 7554

嚴嗣宗 6698、7226

嚴箏 7888

嚴肅 7160

嚴損之 5617、5768、
　7073、7277

嚴濤 8855

嚴庭金 5394

嚴挺之 2889、3032、
　4463、4581、5068、
　5097、5617、5835、
　6651、7073、7222、
　8225

嚴挺之(明暹妻)
　4463＊、4581

嚴通 7073、7554

嚴惟慶 6642

嚴惟真 6642

嚴溫 6642

嚴文 1510、1713

嚴武 5097、5617、
　5835、7073、7222、
　8225、8703

嚴希莊 4818、4819＊

嚴向 6941

嚴協(見嚴君協)

嚴修辭 6691

嚴脩睦 7252、7884

嚴秀巖 4525

嚴許九 8225

嚴勖 9253

嚴玄 3913

嚴詢 7226

嚴延玠(見嚴戒)

嚴延之 7222

嚴嵒 7919

嚴藥藥 8225

嚴挹之 1713

嚴誼 7994

嚴郢 4933、5092、6258

嚴穎 5703

嚴忬 6941

嚴愈(中勝)6848、
　7160＊

嚴元 1712

嚴元貞 7189

嚴圓净 0944

嚴願 1712

嚴約(昇玄)1713＊、
　7073

嚴贊 6060

嚴湛 6211

嚴章(敬彝)7277＊、
　7554

嚴真 7189

嚴震 5604、6327、
　6698、7160

嚴政 9123

嚴鄭卿 8225、8703

嚴知本 6698

嚴知順 7160

嚴智智 8225

嚴贇 9253

嚴忠 9123

嚴重謹 7189

嚴霍 6698、7226

嚴莊 4818、4819

嚴自省 3913

嚴最憐 8225

嚴□財 5394

嚴□銖(信玉)8855

晏

晏承健 7823

晏公雅 8577

晏光憲 7705

晏弘立 7823

晏懷智 7705

晏惟岳 7823

晏曜(德明)7705

晏義宣 7823

晏元璟 7705

晏元禮 7705

晏元素 7705

晏元緒 7705

晏仲穎(君超)7823

晏子昂 7823

楊波斯 7853
楊伯倫 7578
楊博瞻(綜言)1290
楊才(文和)1219
楊才(楊舍子)1368
楊宷 3218、4322
楊參 5415
楊藏器 8305
楊操(待選)2115
楊操(楊節父)2257
楊操(楊文父)4157
楊岑 4387
楊鋋 8078
楊潭 6391
楊昌 6407
楊昌遠 4063
楊長 0826
楊超古 8447
楊朝(楊誠父)8243
楊朝(楊佺子)8074
楊朝晟 6004、6149、
　6325
楊朝輔 4168
楊朝蕭 3664
楊朝獻 3664
楊徹(通)0773
楊澈 3996
楊琛(文昱子)3625
楊琛(楊俊子)1219
楊琛(楊汪父)4467
楊俏(仲舉)5254＊、
　6771
楊成(楊緘子)1112
楊成(楊緒子)2927
楊成奴 8652
楊承賓 1422
楊承寵 4387
楊承鼎 8556
楊承恩 3801
楊承績 4558
楊承緘 4070、4940
楊承獎 5047

楊承緒 3729
楊承義 3931、4579
楊誠 7685
楊誠(楊朝子)8243
楊誠(楊秀父)3801
楊誠(元素父)6810
楊澂 3218、4322、4364
楊澄(紹先父)6250
楊澄(楊其子)2706
楊澄清 5080
楊充 1290
楊冲 4657
楊冲寂 4540
楊冲子 3784
楊珫 8271
楊重 4387
楊重殷 8627
楊崇本 0069
楊崇敬 3218、4112、
　4322、4364、6831
楊崇禮 3355、4260
楊崇娘 7987
楊崇倩 5748
楊儔 8520
楊籌 7556
楊籌(本勝)8051＊、
　8616
楊醜 7578
楊初 0032、0980、2837
楊初本 4063
楊初陽 4216、4606
楊處濟(□客)2381
楊處巑 1699、3116
楊楚權 8429
楊楚銳 2534
楊楚玉 3440
楊倕 5468
楊慈力 4399
楊次復 7759
楊從簡 6863
楊從魯 9174
楊從溥 8927、8935、

　8984、8995
楊從寔 6863
楊從彥 5833
楊從政 4774
楊從直 6863
楊從周 5565
楊琮 0246
楊璀(晧澄子)6334
楊璀(庭芳子)4729
楊淬 6309
楊存實 8652
楊存憲 7336
楊姐娘 7987
楊達(楊建子)2075
楊達(楊穆父)0957
楊大辯(楊秀子)1004
楊大辯(楊質子)0989
楊大娘 3812
楊待封 2339
楊戴 8285、8431
楊儋 7698
楊誕 0989
楊澹 8143
楊憺 5396
楊當 0359
楊導 2885
楊道本 1290
楊道道 8078
楊道泉 7685
楊道顗 4149
楊德(丕烈)1630
楊德方 6325
楊德榦 1645
楊德綸 9061
楊德深(思遠)1368
楊德盛 1460
楊德玄 6334
楊德真 5254
楊頓 4063
楊點(仲甫)3218
楊殿乘 7987
楊鵰兒 9303

楊定(楊福父)5260
楊定(楊紹父)0326、
　0851
楊定之 5793
楊東魯(榮)4940
楊侗(越王)0082、
　0156、0192、0215、
　0326、0951
楊度(楊初子)0980
楊度(楊貴子)1414
楊度(楊威父)4455
楊端娘 8128
楊多 7578
楊俄(七仁)2069
楊娥(叔妠)4657
楊鄂 7461
楊鍔 8305
楊鶯兒 9303
楊發 6878、7958、
　8006、8137、8305、
　8347、8481、8725
楊法行 4774
楊輴 3219
楊範 0667
楊範(漢公子)8051、
　8616
楊芳 5833
楊昉 2579、2977、
　3529、3901
楊胐 4149
楊芬 3652
楊紛 7515
楊豐 5684
楊奉(建)0343
楊奉榮 3901
楊鳳子 1989
楊奰(見楊敷)
楊敷 0069、0352、
　0420、0491、0557
楊伏感 4246
楊符 8616
楊福 5260

楊柔 4482
楊汝士 6283、7264、7523、8016、8017
楊叡 0773
楊閏 7853
楊若(文和)5651
楊若先 4558
楊若志(愛子)2706
楊三和 8967
楊三娘 3341
楊三圓 7578
楊山海 4558
楊山驢 8967
楊山隱 1937
楊善 3129
楊善(積)2196
楊善會 0032、2837
楊善慶 2601
楊善仁 3367
楊善容 7578
楊善周 7578
楊上慈(李義方妻)0851
楊尚 0989
楊尚客 3367
楊尚希 1422、2348、3219、3822、4447、6391
楊少謐 3412
楊少微 7542
楊少愃 8204
楊少詹 6149
楊紹 0326、0637、0826、0851、1670、2534
楊紹先 6250
楊舍 1368
楊舍娘 0826
楊涉 8752、8761
楊審規 7831
楊昚(昚言)5260
楊昚(楊儉子)0281
楊昚名 4308
楊昚微 2833
楊昚知 2860
楊慎矜 4308、5254、6771
楊慎言 6420
楊慎知 5254、6771
楊生 2695
楊晟(濟時子)6230
楊晟(茂卿)7336
楊晟(希玉子)5395
楊晟(楊俊子)6712
楊乘(文輿)7431、7958＊
楊盛 0312
楊勝 9121
楊師(楊寬子)2125
楊師(楊榮子)2544
楊師道 1670
楊師復 6634
楊師厚 8830
楊師簡 6507
楊師睦 7578
楊師丘 4657
楊師逡 8754
楊師讓 7210
楊師仁 2211
楊師師 8078
楊師素 6507、6634、6739、6759
楊師穎 1382
楊師哲 5967
楊師真 1247
楊師周 6507
楊十兒(大乘,斛律湛妻)1888
楊十二娘 3367
楊十二娘 8546
楊十三娘 7685
楊十三娘 8546
楊十四娘 8546
楊十一娘 8546
楊石 7028
楊湜(楊宙子)7760
楊湜(執柔子)3527
楊實 6886
楊士才 0750
楊士端 5967
楊士儼 5395
楊士真 8356
楊氏 0084
楊氏 0900
楊氏 1026
楊氏 1432
楊氏 3047
楊氏 4145
楊氏 4408
楊氏 7255
楊氏 7566
楊氏 8823
楊氏 8988
楊氏(白景受妻)7954
楊氏(蔡勛妻)8219
楊氏(柴朗妻)2211
楊氏(長壽公主,竇衍妻)1743
楊氏(長樂公主)2132
楊氏(常无名妻)5065
楊氏(陳鷙妻)1383
楊氏(成安長公主,竇榮定妻)0010、1743
楊氏(程處政妻)1886
楊氏(程旻妻)7327
楊氏(程師藏妻)4817
楊氏(崔立方妻)7692
楊氏(崔民令妻)1859
楊氏(崔昇妻)5422
楊氏(崔隱妻)8914
楊氏(崔暈妻)8504
楊氏(鄧弘業妻)0155
楊氏(東化公主,慕容融妻)2222
楊氏(董昇妻)8979
楊氏(豆盧靈昭妻)2626
楊氏(杜顥妻)0359
楊氏(杜令莊妻)5974
楊氏(樊策妻)1678
楊氏(樊湊妻)5462
楊氏(馮表妻)3730
楊氏(馮環妻)5137
楊氏(馮文妻)2870
楊氏(宮自勸妻)5886
楊氏(郭修妻)7458
楊氏(郭鉟妻)6230
楊氏(郭瓊妻)7556
楊氏(郭喊妻)8435
楊氏(郭元弼妻)8911
楊氏(韓達妻)0798
楊氏(韓公武妻)6886
楊氏(韓審妻)7792
楊氏(韓思慶母)2927
楊氏(韓文慶妻)7555
楊氏(浩義妻)1412
楊氏(何遂隆妻)8934
楊氏(賀蘭元琰母)1670
楊氏(侯連妻)7736
楊氏(侯巽妻)6004
楊氏(侯元弘妻)8589
楊氏(侯子妻)1773
楊氏(胡義本妻)2756
楊氏(霍行儒妻)8588
楊氏(賈師妻)1700
楊氏(江國太妃)0491
楊氏(蔣達妻)8184
楊氏(康昭妻)6221
楊氏(康忠信妻)6927
楊氏(李安妻)0353
楊氏(李楚妻)8983
楊氏(李聰妻)0532
楊氏(李粹妻)4893
楊氏(李多祚妃)3835
楊氏(李光義妻)8984
楊氏(李珪妻)5937
楊氏(李歸僧母)3877

楊軾（殿乘子）7987
楊收（成之）7958、
　8006、8305＊、8306
楊守澹（嗣宗）0322、
　0640＊
楊守珪 4526
楊守俊 4526
楊守亮 9050、9096
楊守慎 4387
楊守慎 4968
楊守仙 5833
楊守憲 4526
楊守挹 3460
楊守義 4526
楊守義 5878
楊守愚 2691
楊守貞 4526
楊守真 2348
楊守質 4148
楊守忠 3162
楊守拙 4063
楊授 8037
楊壽 2886
楊壽郎 7987
楊綏 7504
楊叔才 3341
楊叔建 7515
楊叔齊 7515
楊叔遷 7515
楊姝 0312
楊署 7987
楊曙 7244
楊爽（衛王）0351
楊爽（楊毅子）4903
楊順（楊琰子）2285
楊順（政）4063
楊思 3353
楊思（禮）2285
楊思澄 8652
楊思福 3817
楊思恭（同則子）8616
楊思恭（楊義子）2083

楊思厚 8616
楊思及 2885
楊思儉 4579
楊思簡 4540
楊思敬（昌先）2162
楊思敬（楊會子）3566
楊思敬（楊靖子）3341
楊思佲 4425
楊思禮（楊絑子）4070、
　4558、4940
楊思禮（楊爽子）4903
楊思訥（慎言）0637
楊思齊 2339＊、6507
楊思謙 5668
楊思勖 3733、5047
楊思言（去疑）3664
楊思益 7336
楊思愿 8616
楊思貞 2451
楊思止 2461、2665、
　3527
楊嗣復 6253、6506、
　6663、6718、6884、
　7034、7380、8182
楊嵩 5937
楊嵩（文昱子）3625
楊嵩（楊良父）1426
楊素（思澄父）8652
楊素（越國公）0050、
　0051、0069、0128、
　0232、0351、0420、
　0491、0557、1859、
　2435、8051、8305
楊素（貞白）2059
楊素舉 1423
楊随 6420
楊遂 4123
楊璲 4064、4246
楊台（崇本）0557
楊太玄 6273
楊泰（仁表子）3813
楊泰（楊洪父）8879

楊泰（楊真子）1888
楊泰（楊準子）6770
楊談 5570
楊譚 3655
楊坦 3341
楊燾運 1422、3219、
　3822、4447、6391
楊韜 1112
楊惕 5396
楊廷顏 8943
楊庭（務恭子）5415
楊庭（楊絨子）1112
楊庭芳 4729
楊庭溫 6770
楊庭訓 2162
楊庭玉（茂林子）4157
楊庭玉（知機子）4345
楊庭芝 5326
楊玎 4447
楊挺 1715
楊挺（文昱子）3625
楊珽 2125
楊通 0239
楊通玄 6980
楊同愙 5789、6391＊
楊同志 6329
楊彤 6771
楊湺 6212
楊綰（公權）4902、
　4905、4928、5083、
　5108＊、5474、6006
楊萬鈞 3033
楊萬榮（歸義郡王）
　5396
楊汪（政本父）1886、
　4467、5614
楊汪（執一子）2665
楊威（尅嗣）0298
楊威（楊度子）4455
楊威（楊興子）1236
楊惟悌 3116
楊惟則 6787、6847

楊維方 6462
楊偉 6847
楊偉（見楊文偉）
楊緯 7415
楊位 9174
楊魏成（瓊芝）2703、
　3125＊
楊溫業 2948
楊溫玉 5108
楊文（迥）4455
楊文（楊操子）4157
楊文恭 8161
楊文瓘 7387
楊文紀 0084、0085、
　0114、1229、1961、
　4905
楊文舉（思敬）1694
楊文禮 2886
楊文謙 3374
楊文嗣 3367
楊文挺（秀）1410
楊文偉 0640、0716、
　3125
楊文休 3116
楊文逸 0667
楊文昱（季秀）3625
楊渥 9060
楊無朋 6741、6742
楊五德 8546
楊五兒 8051
楊仵 1989
楊悟 5396
楊悟虛 8305
楊務本（光讚）2348
楊務恭 4968、5415
楊希 2382
楊希（楊穎父）2626
楊希儉 8842
楊希娘 8734
楊希玉 5395
楊希遠 4148
楊晞 3440

楊義昌 3664
楊義俊 3813
楊黙 4322、4364
楊誼 8407
楊毅 4903
楊翼 3652
楊翼(獻庭子)4903
楊翼(楊昌父)6407
楊殷 6863
楊諲 8616
楊崟 6614
楊隱(孝通)3740
楊胤 2885
楊胤宗 0667
楊英(楊美子)3664
楊英(楊乾子)0601
楊英(楊璋子)3740
楊英(楊植父)0457
楊英福 5576
楊瑛 4246
楊穎(楊絳子)3527
楊穎(楊希子)2626
楊穎(楊晏子)7987
楊應郎 7987
楊泳 5575
楊有鄰 2887
楊有哲(託東王)5396
楊又奴 4558
楊幼(款)1236
楊幼烈 8305
楊幼稚 7578
楊侑(隋恭帝)3319
楊祐 1290
楊于(卯)4064 *、4246
楊於陵 6158、6253、
　6299、6535、6959、
　9250
楊雩 5035
楊虞卿 6142、6458、
　6698、8017
楊璵 2125
楊玉 6712

楊寓 6831
楊裕 9174
楊裕本 2691
楊譽 4644
楊譽(崇敬父)4112
楊元 1499
楊元朝 6847
楊元珪 1422、3219
楊元亨(復)2125
楊元會 8572
楊元亮 6948
楊元諒 8204
楊元屺 7021
楊元卿(正臣)6831 *、
　9303
楊元慶 6616
楊元慶(少悃子)8204
楊元慎 2059
楊元思 7692
楊元嗣 0352、0420、
　0555
楊元素 6810
楊元孫 8333
楊元信 8356
楊元琰 1422、3212、
　3822、4447、5038、
　6391
楊元佑 8204
楊元貞 4425
楊元真 5606
楊元正 0312
楊圓娘 7578
楊轅 3822
楊遠 2115
楊媛 0700
楊瑗 6029
楊約 7045
楊約(昭儉)8967
楊岳 6937
楊岳(浮丘)0352、
　0420 *
楊頵 6507

楊雲(楊開父)1382
楊雲(楊元子)1499
楊筠 8616
楊運(楊寬子)2886
楊運(楊釗父)6770
楊運(楊震子)5395
楊載 7760
楊贊 8838、9037
楊贊(楊初父)0980
楊贊圖 9175
楊贊禹 8884
楊澤 2534
楊增 3219、4447
楊章 4455
楊璋 8796
楊璋(楊隱子)3740
楊昭(元德太子)0014、
　0524
楊昭(楊緘子)1112
楊昭成 3652
楊昭行 2626
楊昭祚 3652
楊釗 6770
楊哲 2059
楊轍 3822
楊者之 8204
楊珍 1689
楊珍昇 2381
楊貞(彥師)9254
楊貞(元亨)3033
楊貞佐 6223
楊真(漢公女)8616
楊真(楊惠子)1888
楊真一(淑妃)4322
楊禎 3996
楊診 7087
楊顥 4322、4364 *
楊震(漢公女)8616
楊震(楊運父)5395
楊震兒 9132
楊鎮子 7853
楊拯 3996、5588、6029

楊正驚 5651
楊正道 4260
楊正睦 5651
楊正言 3996、5572
楊正壹 5651
楊正儀 5651
楊正友 5876
楊政(楊海子)1004
楊政(楊舍父)1368
楊政本(楊基)1886
楊政義 5396
楊之敏 7578
楊知感 4246
楊知機 4345
楊知溫 8016
楊知溫(敬立子)4149
楊知一 2196
楊知遠 8017
楊知章 8616
楊知正 3801
楊知至 8016、8017、
　8763
楊直方 6325
楊埴 8054
楊執瓊 5080
楊執柔 3527
楊執象 4692
楊執一 2461、2665、
　3254、3423、4197、
　4391
楊植 0457
楊植(客生)2695
楊芷(孟芳)1229
楊至禮 2589
楊志 4540
楊志誠 3218、4112、
　4322、4364、6831
楊志静 4113
楊志禮 4467、4481
楊志廉 5793
楊志謙 5614
楊志詮 6863

姚璟(姚開父)1768

姚袞 6793、7682、8105

姚皓 8483

姚鎬 9068

姚合(大凝)7175＊、
　7454、7993

姚弘慶 7625

姚宏 2307

姚閎 6243

姚旿 6634

姚懷驚 7062

姚寰(承琩子)4811

姚寰(履道子)6054

姚暉 2752

姚慧兒 7751

姚及 1204

姚吉甫 6681

姚汲 3199

姚集 8463

姚惎 8110

姚繼 6054

姚繼峰 6300

姚繼文 9075

姚驥 9068

姚見 7682

姚較 8024

姚捷 7056

姚縉(飾之)8247

姚荊 8385

姚景徹 6400

姚景之(元昭)2598

姚璟 7166

姚敬琮 8463

姚敬宗 8463

姚敬□8135

姚静通 0830

姚玨 7166

姚君 9255

姚君(昌沛子)7737

姚君(登封尉)5804

姚君(公位父)7803

姚君(文綬父)8610

姚君(姚集父)8463

姚君(姚洽父)3199

姚君(姚璹子)2066

姚開 1768

姚閶 2679、4323

姚康 6793

姚閿 4323

姚可大 6674

姚可久 6674

姚寬 1768

姚匡裕 9069、9075

姚曠達 2008

姚揆 7056

姚夔 8024

姚閭 4323、7056

姚亮 6793

姚令將 1599

姚令言 7590

姚留買 1204

姚劉 7682

姚履道 6054

姚慮 9083

姚美玉(李元膺妻)
　8105

姚孟德 3045

姚孟宗(子友)2599

姚密 8610

姚明 1949

姚摸 7056

姚穆 6123

姚南仲 4757、5385、
　6953、7682、8105

姚廿六娘 8463

姚廿五娘 8463

姚閩 7175、7993

姚丕 5634

姚伾(天贊)4566、
　4823＊

姚闢 3734、4323、
　4566、4808＊、4823、
　6523、7558、8247

姚普濟 6400

姚栖簡 6243

姚栖雲 6243

姚齊梧 5168

姚洽 3199

姚乾光 9050

姚潛(居明)7454、
　7751、7993＊

姚清 7462

姚慶本 7056

姚慶初 7056

姚慶餘 7056

姚瓊(姚鄙女)7682

姚瓊(應之子)8272

姚丘 8024

姚求 7740

姚璩 6681

姚璩 8044

姚仁囧 3370

姚仁爽 0830

姚馼 9068

姚如際 4545

姚如璟 7062

姚如昇 4545

姚汝能 7553、7989

姚三端 8463

姚三瓊 8272

姚僧垣 2566

姚僧真 2008

姚善感 0830

姚善意(見姚懿)

姚善懿(見姚懿)

姚涉 5634

姚昚知 2901

姚晟 5634

姚賊 3370＊、3412

姚勝哥 9075

姚師益 6945

姚師約 6945

姚十八娘 8463

姚十九娘 8463

姚十娘 9256

姚實 7558

姚氏 2913

姚氏 7551

姚氏(白公濟妻)7651

姚氏(郭太初母)3701

姚氏(賀若瑾妻)2963

姚氏(景公直妻)8259

姚氏(景進妻)8483

姚氏(李風妻)3522

姚氏(劉才妻)0890

姚氏(呂感妻)1022

姚氏(錢昌妻)6433

姚氏(喬言妻)1501

姚氏(沈伯儀妻)2008

姚氏(宋長妻)1093

姚氏(陶禹妻)4043

姚氏(王輅母)4563

姚氏(吳邵妻)8385

姚氏(夏金妻)8558

姚氏(辛崇禮妻)4234

姚氏(徐倫母)6532

姚氏(徐鈀妻)6706

姚氏(徐揖妻)6258

姚氏(徐惲妻)5133

姚氏(楊公甫妻)7578

姚氏(張誠妻)5428

姚氏(張夔妻)9052

姚氏(張師感母)1672

姚氏(鄭貞妻)8216

姚守祥 1768

姚壽 7682

姚璹 2035、2066、
　2566、2599、2600、
　6054、7737

姚順哥 9075

姚思聰 1872

姚思節 6984

姚思廉 2066、2566

姚思玄 1768

姚思貞 8024

姚嗣駢(霸臣)9068

姚崧 1599

姚算 7175、7993

移地健(英義建功毗
　伽可汗、牟羽可汗)
　4979、5005
移建啜(崇義王)4979
移建勿(會寧郡王)
　5005

儀

儀寶 1586
儀氏 5312
儀氏(郭明妻)1586

乙史波羅可汗 0157、
　0853

乙弗

乙弗康 0169
乙弗寔 0169
乙弗氏(乙弗寔女)
　0169
乙弗鍾馗 0169

乙速孤

乙速孤安 2289
乙速孤黯 2668
乙速孤令從 2289、
　2668
乙速孤神慶 2289、
　2668
乙速孤晟 2289、2668
乙速孤顯 2289
乙速孤行均 2668
乙速孤行儼 2289
乙速孤直(若朏)2668

易

易節(志遐)8383
易景雲 8383
易戎 8383
易霜 8383
易庭芝 8383

易玄式 8383
易札 8383
易之武 6064

義

義迪 1201
義和 1201
義冀 1201
義提(攜道)1201
義行淹 1201
義志晉 1201

藝失

藝失梁(玄方)1916

殷

殷賁 1831
殷彪(文穆)6556＊、
　7332
殷不害 0205
殷不占 0659
殷承嗣 2109
殷承業 2109
殷崇本 6556、7332
殷崇德 5442
殷從 6794
殷從長 6651
殷存直(元房)6088
殷導 6556
殷度 9153
殷朏 4622
殷膚敏 5606
殷復紀 4622
殷復元 6556
殷敢敢 7358
殷肱 4622
殷廣惠 6088
殷賀 1831
殷洪 3295
殷懷瑾 2413
殷懷素 4583
殷徽 1811

殷惠鄰 7358
殷季友 5606
殷兼之 2109
殷珹 6308
殷簡 5606
殷簡簡 5442
殷踐猷 5442
殷諫誠 5260
殷君(河內長史)4583
殷君(濛陽令)4996
殷開山 0205、4583
殷克明 2413
殷恪 7083、7301
殷利用 6556、7332
殷麗 1831
殷亮(元明)4622、
　4942、5442＊
殷令德 1831
殷令名 1319、2109
殷令言 4622、5442
殷猛 1945
殷穆之 2109、6088
殷南仲 7835
殷鵬 8893
殷平(道衡)1945＊、
　3295、4316
殷平(日用子)4996
殷秦州 0205＊、2413、
　3108
殷秋 0307
殷詮 9153
殷日德 3108
殷日用 4996
殷孺元 6556
殷阮奴 5442
殷僧首 0205、2413
殷山(見殷開山)
殷善徵(諝)3295＊、
　4316
殷紹宗 7228
殷師元 6556
殷氏(陳生妻)1709

殷氏(費全慶妻)8278
殷氏(封載妻)7332
殷氏(李帝臣妻)1819
殷氏(李審妻)8423
殷氏(李武四妻)9020
殷氏(錢君義妻)9153
殷氏(吳安首妻)7835
殷氏(袁清妻)3015
殷氏(張懷璨妻)4684
殷氏(周延寶妻)9057
殷軾奴 5442
殷恕恕 5442
殷素 5442、5606
殷損之 2109
殷泰初(元質)1319
殷朓 4622
殷通(通路)1945、
　3295、4316
殷通(中台子)4583
殷通路(見殷通)
殷同 8423
殷聞禮 1319、1831、
　2109、4622、5442
殷希甫 8942
殷希一 2906
殷咸宜(伯祿)3295、
　4316＊
殷閑娘(竇易直妻)
　5442
殷小閑 5442
殷休元 6556
殷秀誠 7358
殷勖之 2109
殷玄之 2109
殷雅 9153
殷演 3295
殷堯藩 6764、8051
殷曄 1831
殷懿姬(顏勤禮妻)
　0659
殷寅 5442
殷英童 0659、1831、

2109、4622

殷永 5442

殷侑 7207

殷祐之 2109

殷元慶 2413、3108

殷元嗣 0205

殷遠 1945

殷振振 5442

殷知樂 0659

殷止 5442

殷中台(南昌)4583

殷仲容(元凱)1291、
　1319、2109*、6088

殷仲宣 7059

殷仲宣 7354

殷子敬 5442、5606

殷子慎(仲烈)1831

殷子玄 4622

陰

陰保安 8890

陰保受 8890

陰才 3064

陰稠 3482

陰德 3064

陰冬曦 4943、5269、
　5317

陰觀 2512

陰果 3482

陰顥 0124

陰弘道(彥卿)0124

陰季豐 8878、8890

陰節 2928

陰鏗 2512

陰榮 0124

陰善雄(良勇)8890

陰神護 3064

陰昇賢 8890

陰氏(李憕妻)8347

陰氏(韋志潔妻)2512

陰叔玉(兒兒)3482

陰澍 3482

陰潭 3482

陰彥(英芝)1588

陰莊 3064

陰子春 0124

陰子昇 8878

尹

尹八仁 2473

尹斌 4355

尹博綜 5901

尹才 0880

尹察 6229

尹昶 8237

尹暢(孝宣)0374

尹朝(日進子)5992

尹朝(尹宣子)6713

尹承恩 6229

尹承愍 6229

尹承哲 6313

尹琮 8732

尹待舉 9057

尹宣 6713

尹道 0880

尹德 2473

尹爹心娘 6229

尹端(尹咬子)0600

尹端(尹俊子)2673

尹佛女 8732

尹復本 6564

尹復初 6564

尹復元 6564

尹廣 8237

尹軌 3296

尹國均 4380、4607

尹皓 9020

尹和賓 0374

尹弘輔 9102

尹弘慶 1896

尹宏(尹華子)8732

尹宏(尹忠子)7302

尹胡兒 0466

尹華(思儀子)4301

尹華(尹宏父)8732

尹華(中庸子)4561、
　4607

尹懷璨 5424

尹鍠 6229

尹惠 4607

尹季誠 5569

尹季和 5569

尹季南 5569

尹繼 6313

尹嘉賓(賓)4355

尹咬 0600

尹嶠 7879

尹景 6564

尹景和 0466

尹敬崇 2673

尹冏 0600

尹君 1185

尹君(常侍)5762

尹君(季和父)5569

尹君(九門令)1185

尹君(彭水令)0375

尹君(歙州長史)3870

尹君(淄青防秋兵馬
　使)6313

尹俊 2673

尹龕 4536

尹克鶴 8999

尹恪(才)1896

尹僚 7970

尹秘 7699

尹薈 1896

尹奴子 0466

尹品 4355

尹平兒 8732

尹栖梧 6713

尹倩 2673

尹欽惠 5424

尹讓 2473

尹仁德 3296

尹仁慕 0600

尹日進 5992

尹僧護 0880

尹紳 6313

尹審則(可之)7302

尹師 4607

尹師舉 0466

尹史鋒 6313

尹士 0880

尹士貴 0686

尹士相 4536

尹氏 7858

尹氏(崔景祥妻)4477

尹氏(崔奭妻)7699

尹氏(竇希珤妻)4453

尹氏(馮嘉佑妻)5921

尹氏(賈蓁妻)3337

尹氏(李文貞母)9259

尹氏(劉智妻)0841

尹氏(陸長真妻)6113

尹氏(裴悌妻)2711

尹氏(秦思貞妻)9014

尹氏(王叔妻)0662

尹氏(韋弘表妻)1177

尹氏(元璋妻)8795

尹氏(袁貴妻)7647

尹氏(張大詢妻)4938

尹氏(鄭惟弘妻)8569

尹氏(朱榮妻)7984

尹勢殷 3296

尹樞 5599

尹庶鄰 6006

尹思儀 4301

尹思貞(嘉賓子)4355

尹思貞(尹惠子)4477、
　4607

尹太 4697

尹濤 6229

尹庭玭 4697

尹庭玉 4697

尹旺(明遠)8237

尹文矩 0374

尹伾 5992

尹咸 4301

591

尹祥(玄□)0600

尹行本 7302

尹行己 7302

尹行章 7302

尹秀誠 5992

尹玄備 6313

尹訓 6313

尹顔 0374

尹養 2473

尹殷 4355

尹愔 3838

尹應明 6713

尹應時 7302

尹遇 5901

尹寅 6229

尹元結 4536

尹元綽(亘)3296 *、
　3297

尹造(敬崇子)5901

尹造(尹俊父)2673

尹翟老 8732

尹張生 4536

尹釗 6313

尹真 8732

尹真明 0374

尹正見 0880

尹正用 6229

尹政善 4301

尹智 1896

尹實 6564

尹中和 4607

尹中言 4607

尹中庸 4561、4607 *

尹忠 7302

尹仲脩 7821、7822、
　7960、8504

尹仲儒 7129

尹倬 6713

尹子産 3296、3297

尹子義 4301

尹子羽 3296、3297

英義建功毗伽可汗
　(見移地健)

應

應迪(處約)6586

應調 7603

應皋 7603

應廉(公崇)7603

應淥 7603

應孺 7603

應氏(余獻妻)6789

應萬 6586

應錫 7603

應新老 7603

應壹 6586

應元老 7603

應仲興 6586

穎

穎氏(張節妻)3372

穎忠謹 9258

穎

穎至 8920

穎贊 9011

雍

雍晉 2771

雍伯良 6389

雍鼎 6153

雍端 7054

雍二娘 2771

雍福(元楷)1082

雍感 2771

雍海 5337

雍歡 1082

雍惠 8644

雍季英 7054

雍璟(芃)5596

雍君(伯良父)6389

雍君(鸑祥父)5331

雍利用 5737

雍鸑祥 5331

雍邈 8644

雍寧 7054

雍喬 5596

雍山岳 8644

雍慎 6389

雍氏(常公遂妻)7642、
　8002

雍氏(程清妻)7635

雍氏(郭信妻)2002

雍氏(韓護妻)1411

雍氏(何承裕妻)9108

雍氏(劉從兆妻)8521

雍氏(王庭妻)6350

雍氏(魏綸妻)7054 *、
　7097

雍氏(趙仁妻)1653

雍悌 6389

雍文 3091

雍文楚 8644

雍咸 7054

雍晏 8644

雍邕 6350

雍友誠 8644

雍玉 5596

雍元 4227

雍元福 2771

雍元節 2771

雍支信 8644

雍志 5596

雍自整 5737

雍自正 5737

雍宗義 8644

雍寂 2771

游

游弁 8378

游德(處貞)1312

游巨源 5799

游琨 0115

游美莘 1324

游讓 8437

游氏(姜世遠妻)0115

游氏(李公殷妻)8551

游氏(李讓妻)8948

游氏(李孝恭妻)8191、
　8378 *

游通(藏)1540

游銑 8378

游行 1324

游圓 1324

游昭倩 8378

游柱(寶楨)1324

游子鶱 3882、4814

右

右朝 8290

右君(元順父)8290

右興 8290

右行立 8290

右元順 8290

于

于阿重 7043

于藹 8285

于安貞 4135

于敖 8285

于保寧 3264

于抱誠 7342、8473

于賁 1536

于辯機(見于知微)

于滄靈 4287

于承家 2558

于承慶 4073

于冲仁 0626

于初郎 8425

于琮 7946、8163、
　8240、8285、8484、
　8762

于德充 7043、7342

于德奮 7380

于德基 1589

于德舊 7342

于德嵩 7342

于誠 7220
于珣 3494
于象賢 0955、1589、3605
于小眼 3264
于孝武 0826
于孝儼 0122
于興宗 6173、6856
于行能 9145
于休烈 3227、4360、4525、8285
于秀 0122
于宣道 0924、2838、3264
于瑄 8137
于玄策 2658
于玄英 7342
于薰 7786
于彥威 8789
于謡 8369
于鄴 8285
于依仁 0924
于頤 5031
于顗 0284
于乂 2658
于易 4287
于益 4938
于義 0924、2838
于翼 4839
于翼(于謹子)0842、0962、2842、2843
于隱(希榮)1589＊、2999
于永寧 0924＊、2838
于遊藝 2713
于玉環 7043
于元福 8425
于元實 8425
于元受 8425
于元祚 0924
于元□8789
于瑗 0962
于願 0626
于篘 2952
于哲(通照)0284
于貞(見于安貞)
于畛 5429、5705
于震 1536
于知機 2314
于知微 1286、3057
于志静 0962
于志寧 0095、1076、1286、2035、2455、2713、2838、4135、8163、8285
于鷺 7975
于子同 4370
于子童 4073
于梓(弘懿)0626
于自勸 5259

余

余安 9157
余椿 6533
余從黨 8453
余從端 8453
余從合 8453
余從建 8453
余從諫 8453
余從景 8453
余從居 8453
余從宣 8453
余從章 8453
余從直 8453
余達 8453
余方 7730
余玞 6533
余琚 9275
余玟 6533
余玘 6533
余頃 6533
余昇 6533
余氏(羅儔妻)9118
余氏(羅貞妻)7026
余氏(翁齊殷母)7802
余氏(翁齊臻妻)7802
余氏(俞從緘妻)9168
余氏(祝君亮妻)7328
余廷隱 9177
余瑋 6533
余渥 8911
余獻 6789
余興(諤)6533
余行周 8453
余巽 8453
余元爽 8453
余鎮 8453

俞

俞安娘 9124
俞伴郎 9124
俞承禮 9168
俞次 7107
俞從安 9117
俞從德 9168
俞從皓 9168
俞從厚 9117
俞從誨 9117
俞從緘 9168
俞從慶 9168
俞從質 9117
俞達 9124
俞得言 9123
俞德郾 9123
俞德全 9123
俞德元 9123
俞德璋 9123
俞方 9124
俞復(涣)4096
俞狗兒 9124
俞故 9124
俞漢超 9117
俞漢璙 9117
俞漢球 9117
俞漢瑫 9117
俞漢璋 9117
俞胡僧 9117
俞季梁 4096
俞籛 8969
俞景初 9123
俞君 9168
俞亮 9161
俞馬姑 9168
俞能 9123
俞潘 8346
俞巧娘 9124
俞卿 9168
俞讓 9161
俞仁安 9161
俞仁福 9161
俞仁昇 9161
俞仁玩(崇簡)4096
俞仁祚 9161
俞儒 9168
俞師弁 8412
俞師綽 8412
俞師裕 8412
俞師政 8412
俞氏(且元芳妻)8056
俞氏(沈莊妻)5925
俞肅 8412
俞廷獻 8346
俞庭堅 4096
俞團郎 9117
俞文敬 9124
俞文實 9124
俞文雅 9124
俞文郅 9124
俞喜娘 9124
俞新郎 9117
俞巽 8346
俞巖 8036
俞彥方 8346
俞彥回 9161
俞彥卿 8346
俞彥璋 9161
俞彥珠 9161
俞真 9123

宇文君彦 9299
宇文畯 2038
宇文離 6345
宇文立（於禮）7028
宇文立本 4494
宇文鍊 7028
宇文臨 7018
宇文靈岳 2660
宇文洛 1512、2276
宇文奇 2317
宇文玘 7028
宇文遷 9299
宇文倩（湛然）4494
宇文去惑 2276
宇文荃 5972
宇文仁嗣（力士）0297
宇文融 2653、3828、
　　3883、4446、4535、
　　4580、5018、5065、
　　6851
宇文儒童 2639
宇文潤（貞淑，高獻妻）
　　1845
宇文善餘 7018
宇文深 5972
宇文神慶 2134、4970
宇文晟 2134
宇文盛（宇文孤子）
　　0026、0095
宇文盛（越王）0009
宇文士及 0026、4623
宇文士偕 6345
宇文士元 6345
宇文士則 6345
宇文氏 2391
宇文氏（班贇妻）6264、
　　6798、8087
宇文氏（崔先儉妻）
　　1859
宇文氏（獨孤楨妻）
　　5226
宇文氏（皇甫瓔妻）

1625
宇文氏（李寶妻）2038
宇文氏（李處鑒妻）
　　2649、2650
宇文氏（李無謐妻）
　　4535
宇文氏（李行簡妻）
　　5718
宇文氏（李瑜妻）1915
宇文氏（李子和妻）
　　2317
宇文氏（清都公主，閻
　　毗妻）1841
宇文氏（王堅妻）5972
宇文氏（徐王太妃）
　　0095
宇文氏（宜都公主，梁
　　睿妻）0570
宇文氏（義陽公主，于
　　象賢妻）0955
宇文氏（宇文鼎女）
　　4788
宇文氏（張濛妻）8756
宇文氏（趙慈劫妻）
　　2639
宇文氏（周叔妻）2606
宇文守直 2134
宇文述（伯通）0026＊、
　　0095
宇文順 4623
宇文思純 1859
宇文思約（維泰）0981
宇文泰（周太祖）0002、
　　0570、1811、1847、
　　2134
宇文庭瓛 2276
宇文庭芝 2276
宇文同 4494
宇文偉 9260
宇文遑 1512、2276
宇文憲（齊王）0480
宇文孝伯 0981

宇文歆 0297
宇文行俊 5718
宇文行廉 4970
宇文行深 2134
宇文行源 2134
宇文脩齡 2639
宇文淑 5718
宇文琁 1012
宇文琔 3778
宇文雅 2134、4970
宇文晏 6345
宇文曜（鴻漸）3778
宇文曇 7018
宇文倚 6851
宇文倚（郭晧妻）6851
宇文忞 7018＊、7612
宇文誼 1012
宇文嶧 1845
宇文胤 1512
宇文胤宗 2639
宇文英 3778
宇文邕（周武帝）0016、
　　0026、0105、0489、
　　3875
宇文裕 1512、2276
宇文淵 0981
宇文元瑜 0981
宇文瑗 5972
宇文瑗（子玉）2134
宇文贇 0016
宇文贊（漢王）0120
宇文知微 4623
宇文知新 5718
宇文仲遆（長儒）6345
宇文仲□ 4899
宇文宙 6851
宇文子貢（貢）4970

禹

禹才 0931
禹康 0931
禹玄撫 0931

禹猷 0931

庾

庾陳七 7525、7788
庾承恭 5563、6046
庾承歡（會晉）6343＊、
　　7675、7788
庾承宣 5605、6573、
　　6574、6718、6944、
　　7597、7795
庾崇 7788、8231
庾俶 6909
庾道符 6879
庾道譽 8473
庾道蔚 6879
庾道陟 7668
庾道滋 7675
庾東戶 6879
庾方建 7781
庾狗 7788
庾光烈 6879、7668
庾光先 6343、7788
庾何 5003、5069、
　　6879、7668
庾鴻 6920
庾晦（見庾游方）
庾簡休 6879
庾建侯 7370
庾敬休（順之）5617、
　　5744、6099、6343、
　　6879＊、7675
庾鵬 6920
庾樸 8426
庾齊仁 6343、6879
庾慇 7668
庾慎思 8176
庾氏（蔣晁妻）6909
庾氏（蔣垣妻）6909
庾氏（苗紳妻）8355
庾氏（叔穎女）7668
庾氏（元君政母）8406
庾氏（鄭欽言妻）2734

元轓 4288

元方劭 8377

元昉(繼貞父)9141

元昉(元幹子)2089

元芬 8298

元份 3042、4341、
　4342、5934＊

元奉進 8298

元孚 5346

元福將 2708

元備 4342

元輔 4288

元幹 2089

元剛(見元綱)

元綱 2194、5073、5341

元公琡 8317

元公度 7809

元公瑾(如珪)5633＊、
　6347＊

元公玘 8317

元公素 8298

元肱 3424

元遴 5633

元谷(抱一)6099、
　6581、7208＊、7223

元琯 7311

元光謙 5754

元瓌 2675

元軌(行謨)0071

元貴 0988

元貴敬 6961

元劌 2326

元國昌 6961

元國城 6961

元國兒 8316

元海 0071

元漢 0988

元好古 2194、2949、
　3288、5073

元昊 0211

元合 7213

元和 0658

元河清 6961

元亨 3779

元亨(季海子)2622

元弘度 2622

元弘及 5725

元弘偘 2041

元弘紹 8795

元弘審 8795

元弘師 0993

元弘實 8795

元弘嗣 2194、2949、
　5341

元弘暹 2985

元弘則 5073

元法 5341

元絃 7213

元厚 7286

元虎 3575

元華 8672

元懷道 4288

元懷節 6878

元懷景 3380、5305、
　6036、6207、6924

元懷式 1991

元懷式 6406

元黃中 4021

元回 0993

元晦 7201、7342

元惠進 8795

元繪 7213

元基 0985、1497＊

元集 0884

元季方 5660、6593

元季海 2622

元季能 5269

元季汶 8672

元季協 8316

元季友 4019

元繼貞 9141

元繼祖 2041

元濟 3950

元暕 2579

元建 7770、7920、8108

元建(見元子建)

元諫(正詞)5179

元將茂 5725

元進 8600

元經 2194、5073、5341

元景(樂安王)0550

元景才 0071

元景昇 5269

元敬同 5269

元居靜 6961

元俱 1497

元君 2309

元君 2542

元君(亳州長史)1931

元君(昌黎王)2542

元君(丹川公)0208

元君(河南縣尉)7213

元君(君政父)8406

元君(李娡夫)3860

元君(陝縣尉)2494

元君(隋起部侍郎)
　0070

元君(渭南令)0988

元君(辛淑夫)2462

元君(鄴縣令)3653

元君(右戎衛將軍)
　0784

元君(於潛主簿)3057

元君楚 8317

元君會 8406

元君用 8406

元濬 4021

元愷 0550

元可義 2470

元寬 5598

元礦兒 7809

元逮 3994

元郎(思恭)2675

元菩萊 6309

元禮臣(恭誠)0550

元利見 1497

元利貞(文儼子)2899

元利貞(元基子)1497

元良 0884

元諒 3779

元寧 4021

元琳 7208

元齡景 3610

元留留 8795

元璐 7780

元鸞 5741

元鸞(元樂父)2470

元履謙(思儉)0797

元履清 5347

元履信 7176

元馮 2041

元茂仙 3615

元孟寬 4025

元邈 7246

元敏 5305

元敏古 2194

元敏行 0797

元名彥 2041

元明 4129、4265

元念 4298

元平叔 5096、7311

元蘋(佛力,韋應物妻)
　5096＊、5557、5976

元盷 6961

元菩提 1350

元起 7213

元謙 1350

元虔 4643

元虔蓋 0211

元乾曇 3742

元乾直 4021

元魁 5891

元慶(善慶)1488、
　2305、4288

元瑨 7208

元全柔 6378

元无竭 0797

元武幹 3424、3741、
　3742、3763

元武陵 7176

元武壽 0884

元希仙 6961、8317、
　8672

元錫 7311、8316

元禧(善禕)0985＊、
　1497

元系 5777

元遐觀(觀)3763

元仙(見元希仙)

元銛 5633、7246

元賢(子)4129

元祥 1488、2305

元小還 8316

元小興 8298

元曉玄 2708

元孝綽 4370

元孝方 3906

元孝幹 3615

元孝恭 1366

元孝矩 0797

元孝通 6961

元偕 5374

元燮(安定恭王)0211

元昕 6878

元興(乾曇子)3424、
　3741、3742、3763

元興(彦英子)7809

元行表 7176

元行冲 2482、4288、
　4476、5442

元行敏 1954

元行欽 8832

元行真 8600

元秀(君才)0993

元秀斌 8406

元秀旻 8406

元琇 5375、6878

元鑪 5278

元黃 5821

元玄 1366

元玄德 6961、8317

元玄簡 7176

元玄節 1931

元玄素 1931

元玄通 8672

元玄休 6347

元玄用(子衆)7809

元玄哲 1931

元玄質 1931

元璿 7809

元選 5777

元詢倩 5660、5806

元巽 5725

元巽宮 5341

元延暉 8795

元延勳 8795

元延祚 5096

元言 2041

元顔子 2675

元衍 0134

元琰(安順王)0211

元琰(允殖)4288

元蠍 7208

元彦冲 5305、6036、
　6207、6924

元彦英 7809、8377

元揚 2470

元揚名 5269

元揚庭 2305

元遥(李成公妻)5620

元瑤 3610

元業 3779

元曄(長廣王、東海王)
　0884

元揖(令恭)3610＊、
　5598

元禕(見元禧)

元彝憲 4025、5971

元挹 5096、5557、
　7311、8316

元翌(曾昌王)0208

元義方 5806、6445、
　6880、7020

元毅 3436

元懿(善積)2965

元寅 8377

元胤 8406

元英(姣女，王文楷妻)
　0303

元膺(善願)0134

元瑩 2370、2375、2690

元瑩(元泰父)3533

元穎 3950、5934

元應 6262

元遊道 8305

元友 6262

元友(元素父)8600

元有鄰 5971、6836

元佑 6258、6387、6878

元宥 4021

元祐然 8317

元祐之 6309

元愚公(復禮)7311

元豫 3741、3742、3905

元遠 0985、1497

元遠兒 8672

元岳 4129、4265

元悦 3912

元越 7213

元樂 2470

元雲 5891

元惲(禮臣子)0550

元惲(守道女)4643

元運 0071

元載(公輔)4935、
　4971、4974、4993、
　5269＊、5317、5344、
　5387、5416、5617、
　5724、7222、7301

元再誠 8600

元藏 2675

元造 5633

元曾 5633、7246

元湛 7208、7223

元璋 8795

元昭(仁明)1350＊、
　3950

元昭(元涉子)6378

元昭(子長子)5305

元貞(仁美)6961、
　8317＊

元積 5979、6873、
　7301、7345、8162、
　8169

元震 9062

元震(孝方子)3906

元整 2675

元正 3779

元正思(達夫)6378

元政諫 8672

元知讓 1609、1649

元止 5660、5806

元志 5287

元晊 2400

元智(賢哲)0988

元智方 2470

元質 7301

元忠 4265

元仲夫 7809

元仲光(啓之，柳喜妻)
　7223＊、7749

元仲經 5179

元仲武 5269

元諸 7208、7223

元諄諄 6347

元卓 4675

元卓(元藏子)2675

元子長(衍)5305＊、
　6036、6207、6924

元子建 6961＊、8317

元子美 8377

元子雲 7286

元子雲(履信子)7176

元自覺(明)3424

袁神鍾 0683
袁生（袁綽子）3020
袁生（袁福父）3055
袁勝（言）2718
袁師服 6417
袁師儉 6166、6167
袁石（志堅）0307
袁氏（蔡賞妻）7291
袁氏（程峻妻）0163
袁氏（狄安平妻）3736
袁氏（竇靖妻）6657
袁氏（竇叔向妻）4568
袁氏（郭善積妻）0713
袁氏（韓南盛妻）4102
袁氏（韓子儀妻）4120
袁氏（羅文舉妻）6966
袁氏（呂阿豹妻）3028
袁氏（明恪妻）1238
袁氏（祁振妻）8609
袁氏（王靖妻）3277
袁氏（王紹文妻）1930
袁氏（王師順妻）1870
袁氏（蕭汾妻）0202
袁氏（許少直母）8120
袁氏（殷彪妻）6556、
　7332
袁氏（殷利用妻）6556
袁守一 1999
袁守直 2509
袁綬 9154
袁淑 3443
袁恕己 3397、4568、
　4929、4954、5421、
　5662、5801、6166
袁碩 0348
袁思約 2783
袁四哥 9035
袁嵩 0307
袁隨 4423
袁泰賓 7647
袁俊 4983
袁朓（欽望）2783

袁侹 4717
袁禿兒 8308
袁惟承 6130＊、6437
袁文 1388
袁文士 2718、2783
袁喜 0203
袁俠 6625
袁咸 8308
袁憲 1870
袁小懿 6107
袁小□（昌無隱妻）
　3216
袁孝承 7063
袁孝恩 7063
袁孝和 7063
袁孝弘 7063
袁孝敬 0714
袁孝嚴 7063
袁孝諲 7063
袁昕之 1250
袁信 0683
袁雄（義豪）1250
袁玄則 0683
袁崖 3443
袁延祚 3105
袁彦進 9035
袁業 0447
袁鄴 8308
袁佋 8609
袁挹 6625
袁異度 0203
袁異弘 4568、4929
袁裔 1386
袁義 0307
袁義成 7063
袁義全 2509
袁翼（玄明）1388
袁懿 6107
袁殷 9035
袁愔（恂）3020
袁諲 8270
袁邕 7351

袁游 6625
袁禹 5662
袁裕（處弘）1165、
　1999、3105、3198
袁豫 4423
袁淵 1250
袁元（袁弘子）0310
袁元（袁靈父）3216
袁元昌 3736
袁元貞 3015
袁越 3736
袁惲 3055
袁擇交 4929、5421、
　6166、6167
袁貞（勝）0310
袁真 6625
袁直 4929
袁佺 4983
袁志合（彦和）0714
袁智藏 0839
袁仲則 6181
袁周 0203
袁住哥 9035
袁僎 4717
袁倬 6107
袁滋 6172、6240、
　6263、6479
袁子幹 1930
袁宗簡 8667
袁宗慶 9035
袁傳 4717
袁佐 7578
袁祚 6625

原

原拔 0742
原德 0742
原寬（弘度）0742
原相 0742
原□林 0742

源

源庀 6560
源泌 5102、6062、6560
源弼 4018
源伯儀（賀婁子幹妻）
　0166
源度 6923
源端（韋韞妻）4018
源方回 6738
源復 4370、5527
源光乘 6644
源光大 3498
源光俗 3511
源光胤 5116、5117
源賀 0166、5117
源懷 0166
源渙 3228
源建（季札）5102、
　6062＊、6213、6560
源晉賓 5102、6062、
　6560
源九娘（崔洵妻）0661
源君 4319
源鈞 6923
源匡友 5102、6062
源琨玉 3228
源洌 6644
源令則（靜德）2049
源邈（敬遠）5102＊、
　6560
源乾曜 2858、3214、
　4018、5102、6062、
　6560、6923
源清寰 7270
源慶 0166
源師 0661、3228
源氏（光俗女）3511
源氏（李慇妻）6644
源氏（齊錬妻）7270
源氏（王崇古妻）5173
源通（靈長）5116
源洧 4319

曾廷武 8431

曾惟積 7314

曾希遠 8431

曾秀昂 8013

曾秀弁 8013

曾秀誠 8013

曾秀展 8013

曾秀□ 8013

曾宣猷 8431

曾緜(德貽) 8431

曾元實 7393

曾忠順 8013

曾忠憲 8013

曾忠信 8013

曾忠義 8013

曾忠政 8013

曾仲興 8013

翟

翟表(令元) 1610

翟波 0093

翟伯(宏) 0227

翟徹 0872

翟崇 2524

翟楚 3203

翟俶 6640

翟達 1792

翟德(通理) 3203

翟感郎 8675

翟好學 3017

翟恒秀 3203

翟恒曜 3203

翟洪景 4780

翟呼末 3097

翟懷 2202

翟環 3097

翟暉 6640

翟會 0872

翟稷(社仁) 0845

翟晈(海通) 0729

翟進 6640

翟敬 2202

翟均 3629

翟君 3581

翟君(亳州刺史) 2524

翟君(宋州司法) 6204

翟楷 5046

翟亮 0227

翟亮(翟慶父) 4853

翟列 0729

翟玫 9011

翟奴子 2202

翟順 3441

翟綺 1792

翟慶 4780

翟慶(思隱父) 4853

翟慶(張行德母) 2524

翟瓊 3097

翟讓 1665

翟任 0729

翟儒 4154

翟薩 0093

翟沙 3097

翟舍集 3097

翟師 3581

翟氏(杜江妻) 5289、

　5494 *

翟氏(龔潤古妻) 6820

翟氏(靳寧妻) 2242

翟氏(梁光輔母) 5046

翟氏(米欽道妻) 3632

翟氏(裴夷直妻) 8478

翟氏(史惟清妻) 6075、

　6143 *

翟守懿 4154

翟壽仁 4780

翟思隱 4853

翟四奴 4154

翟嵩 0845

翟孫 0845

翟泰 1792

翟壇 6640

翟天德(抱義) 0093

翟庭光 4853

翟通 1610

翟文殊 3097

翟伓 3203

翟獻之 4154

翟璟 0845

翟行表 1610

翟玄敬 3262

翟璇 2524

翟勳 8675

翟雅(恒安) 0872

翟巖(嚴) 6640

翟演 0093

翟逸 0845

翟幼聞 5172

翟元節 3097

翟元開 3097

翟元禮 3097

翟元璲 3097

翟元哲 3097

翟元準 7368

翟願 4154

翟贇 3203

翟知(元祚) 4154

翟智寶 0227

翟子晉 5494

翟遵 1610

詹

詹明 9171

詹幼文 6586

章

章琛 9073

章令信 4678

章令信(宋元俊母)

　4678

章六娘(范仁珣妻)

　9073

章鳴鳳 7028

章十二娘 9073

章氏(朱元寶妻) 9141

章思度 7942

章仇

章仇兼瓊 4262

章仇氏(郭璠妻) 8340

張

張阿穆落盆 5055

張阿師子 8045

張安(張測子) 8693

張安(張鏳父) 8974

張安(張恭子) 8845

張安(張宗子) 1661、

　1662

張安(知運父) 2178

張安期 3397

張安任 1594

張安嗣 8608

張安隨 8608

張安汶 8608

張岸(張鼎子) 6726

張岸(張順父) 7406

張黯 8138

張翱(獨步子) 4067

張翱(張達子) 8246

張奧 8205、8536

張八兒 7406

張八五 3849

張百花 4375

張伴伴 8702

張伴娘 8170

張襃 3401

張襃(張儔子) 4469、

　4470

張襃(張茂子) 2661

張保承 7380

張保全 8836

張保壽 5135

張保望 7380

張保訓 7380

張保乂 8703

張保胤 7380

張寶(操守子) 3196

張寶(師慶子) 7469

張崇(張植子)2872
張崇洫 5752
張崇光 3746
張崇瓌 2900
張崇基 0288
張崇吉 8766
張崇倩 6058
張崇丘 7945
張崇嗣 1603
張崇憲 4542
張崇業 2621
張崇遠 8925
張寵 7970
張寵則(唐高祖妃)
　0187
張怵 7863
張儔 8101
張醜羅 9182
張處冲 3851
張處厚 8842
張處節 4247
張處俊 6621
張處信 3978
張處一 1863
張處藝 3231
張處約 7863
張處珍 6588
張楚 3521
張楚(張幹子)8932
張楚封 6209
張楚珪 3228
張楚金 2813、2816
張楚瑎 7976
張楚潤(磋)6915
張楚賢(東箭)0592＊、
　0684、1242
張楚昭 4903、5005
張塨(正平)3380、
　4636＊、5381、6430、
　7893
張塨 5101、5955
張春(繼洪父)8840

張春(張崇子)7607
張春(張彥子)1883
張春遇 8845
張綽 5461
張辭 7976
張慈 3372
張慈(張伽女)0746
張慈愛(韋誠美妻)
　3429
張泚(仲華)5200
張玭芝 5543
張次宗 7529
張剌 2358
張匆 4399
張從 8693
張從鉍 8503
張從賓 9045
張從長 5521
張從楚 7755
張從恩 8977、9016
張從飛 7328
張從鏻 8503
張從鐵 7755
張從禮 7755
張從玫 8842
張從師 4072
張從實 7061
張從韙 7061
張從一 6239
張從釴 7755
張從義 8810
張從約 7061
張從鉞 7755
張從質 6045
張悰 5684、6089
張琮(見張文琮)
張琮(張幹子)8668
張琮(張英父)7048
張賓 6279
張漼 4525
張璀(朗然子)6181、
　6588＊

張瓘(張祐子)6063
張存 7821
張存方 9182
張存福 8475
張存繼 8475
張存紹 8183
張存泰 8475
張存裕 8475
張達 0856
張達 2371
張達(通遠)8608
張達(張弼父)3167
張達(張蘭子)1297
張達(張洛子)0556
張達(張虔子)1755
張達(張師父)2539
張達(張爽子)2893
張達(張雄父)0751
張達(張儼子)8246
張大安 3828、5890
張大賓 5248
張大賓 6279
張大乇婆 8090
張大家 1996
張大禮(弘丘)2352＊、
　3217
張大妙 7990
張大娘 3551
張大娘(南陽,李思藝
　妻)4621＊、4711
張大實 3145
張大素 3440
張大象 0621、3471
張大詢 4938
張大懿(藝)2270
張大苑 8198
張大振 4413
張待璧 4236
張待臣 2721
張待封 1280
張待詮 4236
張待問 8788

張丹 6572
張儋 7781
張亶 2498
張澹(景輝)7161、
　7613＊
張當千 5088
張讜 6639
張道 0705
張道(道仁)1317
張道(德信子)1826
張道(張屯父)1060
張道(張嗣子)2100
張道(張藏父)5236
張道從 7863
張道道 7104
張道符 7626
張道華(韋毅妻)
　9105＊、9107
張道郎 7466
張道隆 4586
張道茂 4114
張道仁 1475
張道遠 8477
張翮 4247
張得興(見張德興)
張德(幹)0751
張德(婆羅)0045
張德(歲)1883
張德(元道)1861
張德(張仁子)0641
張德(張陁子)1603
張德(張雄子)0751
張德兒 8810
張德哥 7902
張德衡 1457
張德濟 4181
張德師 8128
張德素 0186
張德信 1826
張德言 2270
張德言 3413
張德興 7859、8464

張光遠 9136
張光振 9030
張廣 8797
張廣濟 3967
張珪(義寧子)2867
張珪(張彬子)5762
張珪(張恭子)8845
張珪(張晟子)2926
張珪(張仙子)5332
張珪(□珪)2926
張規 6517
張瑰 7559
張歸香 4114
張歸貞 1744、4414
張瓘 0677
張瓘(仁德子)5200
張瓘(知實女)7380
張瓘(張瓘父)8888
張瓘(張莒父)6915
張貴 7135
張貴 8845
張貴(張寅子)0774
張貴(張簡子)7086
張貴誠 7779
張貴哥 9096
張貴貴 7777
張貴郎 8668
張貴真 8684
張袞 8299
張郭 2616
張郭(張義子)4005
張郭僧 8889
張國(張叔子)1222
張國(張暹子)2086
張國朝 6317
張國清 8251
張國興 8198
張國義 8678
張海 7386
張海清 7279
張海仙 5203
張亥寬 1990

張韓五 8845
張漢 6621
張漢榮 9185
張翰 6763
張翰 9305
張翰(張緦子)4717、4805 *
張沆 8898
張晧 5597
張暠 6015
張鎬 4896、5439
張合 4236
張合郎 8246
張和 0005
張和 8722
張和(張業父)8157
張和進 9073
張郃郎 8576
張荷(克之)8752
張鶴婆 6841
張黑女 8845
張恒 4269
張恒(張郁子)8005
張衡 2363
張弘 8994
張弘(悲,藺二洛妻)0462
張弘楚 8845
張弘度 6138
張弘規(可模)6138、6854 *、7146
張弘簡 6138
張弘節 2141
張弘靖 6018、6154、6361、6718、7212、7301、7533
張弘矩 6138
張弘舉 6871、7534
張弘亮(茂宣子)6138
張弘亮(張德子)1861
張弘慶 9262
張弘壽 7534

張弘綬 6871
張弘坦 9137
張弘言 7800
張弘毅 2141
張弘愈 4374
張弘貞 7800
張弘積 8842
張弘縝 8503
張弘志 7902
張弘宗(子中)7893
張弘佐 5762
張洪(法)4542
張洪(芝)3986
張洪德 7859
張洪遵 1702
張翊 4247、4909
張厚 8754
張厚賓 8957
張厚初 7632
張厚儒(大受)7979
張厚愨 6915
張厚殷 8957
張厚應 6915
張後 9262
張後興 1222
張後胤 3067、4387、4821、6841
張胡 1862
張胡(張休子)2900
張胡(張真父)7744
張胡女 8576
張胡子 9052
張鵠 8246
張虎 0948
張虎(文仲父)1651
張旷 7970
張怙 5684
張鄂 7813
張護(洛客子)1081
張護(張榮子)3348
張華(張朝子)7469、7914

張華(張則父)4115
張華相 8659
張化 1574
張淮 5829
張淮 7222
張淮澄(佛奴)8135
張淮深 8135、9005
張懷(張詵父)8299
張懷(張寅子)5578
張懷安 6239
張懷寶 3855
張懷道 5940、6397
張懷德 6239
張懷恩 6239
張懷瓛(恪)3331、4684 *
張懷簡 3855
張懷讓(德謙)7607
張懷榮 4880
張懷順 3855
張懷響 3126
張懷琰 1836
張懷義 6239
張懷英 6239
張懷玉 6316
張懷振 3855
張歡 3164、4205
張歡歡 7777
張歡□ 1010
張桓 0288
張還(伏顚)2849
張寰 2941
張寰 3951
張環 4470
張環(張瓘子)8888
張浣(寡尤)7488 *、7813
張渙 4996
張焕郎 7979
張皇 6690
張瑝 3563
張鍠 6410

張景祥(忤朗子)3167	張九章 4374	張君 8612	張君(孝義令)2977
張景祥(張舉子)2103	張救子 0275	張君 8964	張君(信都公)3441
張景休 4764	張就(孝成)1936	張君(安州都督)5058	張君(行存父)8655
張景陽 5309	張居鄖 8608	張君(比部主事)2101	張君(行周父)8101
張景佚 5074	張居翰(德卿)8842	張君(曹州刺史)8487	張君(須陁父)2437
張景毓 1537、1538	張居衡 7859、8464	張君(陳郡太守)1081	張君(兗州長史)0186
張景璋 5452	張居遜 8946	張君(重興父)8214	張君(洋源令)1355
張璟(張亮子)6974	張居詠 9082	張君(殿中侍御史) 3473	張君(陽翟尉)3832
張璟(佐元子)8018	張琚 5543	張君(殿中侍御史) 4614	張君(英敏父)8100
張净德 6463	張莒 5145	張君(坊州司馬)1881	張君(穎川司功)4530
張脛(德純)1081	張莒 6915	張君(公素父)5968	張君(幽州録事)1101
張婧(德清,楊鋌妻) 8078	張矩 0656	張君(宮尹丞)1440	張君(友誼父)7744
張敬 0806	張舉(長舉)0709	張君(華原丞)3813	張君(右補闕)5461
張敬本 7337	張舉(張生父)1598	張君(江陵參軍)4686	張君(元可父)7103
張敬賓 8810	張舉(張相子)2103	張君(江州刺史)6338	張君(張恩父)4085
張敬玫 8702	張舉(張羽子)4542	張君(校書郎)6756	張君(張貴父)8845
張敬千 8957	張具 4370	張君(藍田尉)3744	張君(張恒父)4269
張敬詮 7859	張具瞻 4247＊、4909、 6294	張君(立政父)6891	張君(張沔父)6531
張敬儒 8860、8872		張君(臨津主簿)7104	張君(張素子)0968
張敬伸 8702	張俱 0857	張君(隴州刺史)2730	張君(張信子)0609
張敬思 7744	張冣 9127	張君(寧州刺史)5461	張君(張行子)4005
張敬嗣 8810	張據 0008	張君(蒲縣令)1587	張君(張行子)4335
張敬習 8788	張涓(載之)6397＊、 7494	張君(錢塘鎮遏)9162	張君(趙州法曹)1483
張敬興 4047		張君(全恩子)8824	張君(忠王傅)3571
張敬長 1702	張催(巨卿)8974	張君(山陽令)2524	張君才 1271
張敬忠 4476	張覺(德行)4236	張君(郜州法曹)0800	張君楚 7267
張敬周 8589	張覺(令忠父)7061	張君(商州長史)7256	張君楚(重誼子)8010
張敬祖 9263	張均 3380、3571、 4183、4522、4636、 4666、4727、4818、 4964、5357、5493、 5965、8018	張君(師感父)1672	張君楚(國興子)8198
張靖 6706		張君(士貴子)0595	張君君 6397
張靖弘 6075		張君(太府少卿)0593	張君寬 0186
張静 1483		張君(太子通事舍人) 4686	張君借 1370
張静(善鵲子)6380			張君素 7267
張静藏 0040	張均之 7194	張君(天龍軍鎮國都 指揮使)9162	張君蕭 0045
張囧 8020	張君 0264		張君武 8010
張囧(世明)7649	張君 0537	張君(廷裕父)9037	張君遇 8170
張迥 7161、7613	張君 2271	張君(萬安郡守)0189	張君正 0392
張九皋 4974	張君 2616	張君(渭州司馬)1101	張君政 6065
張九江 4822	張君 3248	張君(武陵太守)1355	張俊 6517
張九齡 3380、4374、 6006	張君 3909	張君(獻直父)2643	張俊(澶潤父)6871
	張君 7376	張君(孝先子)1811	張俊(張璧子)5256
張九娘(范韜妻)9073	張君 7468		張俊(張師子)2539
	張君 7634		張俊丘 4114

張履遜 3780

張履貞 3956

張履直 3521

張律師 3067、4387、
　4821、6841

張買 1370

張買(五仁父)3182

張買(張感父)4181

張買(張雅父)2371

張買奴 4205

張邁(張榮父)9103

張邁(張勖父)0866

張滿藏 1231

張滿兒 8810

張茂 3369

張茂(張褒父)2661

張茂(張進子)2721

張茂(張詡父)1280

張茂和 8608

張茂弘 7890

張茂寂 1796

張茂仙 4405

張茂宣(懿明)6138 * 、
　6854

張茂宰 6656

張茂昭 6028、7141、
　7176、7177

張茂珍 4405

張茂直 2739

張茂宗 7203

張玫 2969

張浣 5829

張妹兒 8840

張妹子 0602

張濛(張均子)4964、
　5965、8018

張濛(子潤)8756

張孟 7613、7721、
　7893、8018

張孟宣 7048

張密(張均子)4964

張密(張晟父)7902

張蜜 5895

張謐 6138、6854

張汋(張叡子)6015

張汋(志潛父)6531

張冕 4469、4470

張惆 5684

張敏 3576

張明 8109

張明(張晧子)5597

張明(張信父)4822

張明達 0534

張明俊 6239

張明苔 6063

張明義 6279

張明哲 6917

張模 7355、7393、
　7453、7590

張摩子(李吉妻)0173

張薈 6863

張默 1864

張沐 4047、4194

張牧童 7979

張穆(張如父)1317

張穆(張業子)0973

張南莫干 5055

張南仲 7559

張南翥 5032

張難 0186

張難(師)0641

張鬧兒 8668

張鬧哥 8840

張訥之 5101

張泥豬 8845

張倪 4600

張廿二娘(鄭佶妻)
　3417

張寧(張崇子)8118

張寧(張唐父)8862

張弄璋 4375

張奴□0806

張女哥 8845

張頯 5461

張滂 4939、5492、
　5708、6211

張佩 7645

張佩(明昭)6180

張朋 0320

張彭四 4116

張伾 6617

張岯 5357

張圯之 7194

張平(張昇子)6050

張平(張琛子)1594

張平(張筠子)1228

張平叔 7116

張婆兒 8251

張普行(施寶妻)4739

張七娘 3012

張七七 6414

張其 3408

張琪 7494

張琦 5037

張碕 7893

張齊度 7559

張齊方 7559

張齊古 7559

張齊明 5086

張齊丘 4359、4387、
　4543、4935、5571、
　6841

張齊讓 7559

張齊賢 5020

張齊莊 6725

張騏 8391

張屺(偃)5381、6430 *

張起 8137

張遷(張才父)3824

張遷(張儼父)1861

張遷(張玉父)6974

張遷(張緄子)9094

張遷(張哲父)0789

張遷郎 8198

張遷喦 6279

張謙 1483

張謙(張信子)3408

張謙(張英子)2037

張謙(子光)7847

張謙逸 8135、9005

張謙祐 0149、0260 *

張虔 1642

張虔(張成子)1755

張虔達 1651

張虔福(承慶)1242

張虔貴 1651

張虔暉 8845

張虔禮 0592

張虔明 1651

張虔威 2671、3164

張虔雄 3164、3979、
　4820

張虔釗(化機)9103 * 、
　9106

張乾(元顥)0764

張乾護 3282

張乾雄(見張虔雄)

張乾曜 6080

張乾哲 6065

張倩 7212

張譙 7847

張翹 4067

張峭 8741

張伽 0746

張欽 5171、6050

張欽泰 5920

張勤 6601

張憔 6089

張卿 8214

張卿 8655

張卿(張成子)3986

張清 8417

張清 8862

張清(抱麟子)5332

張清源 5996

張慶 7532

張慶(昌業子)0078

張慶(張進子)5944

張申贊 6459

張佽 5120

張深 8685

張深(守節父)2449

張紳(緩)7514、7777＊

張詵(從質子)6045

張詵(張懷子)8299

張什仵 4586

張神智 3855

張沈 6447

張詥(道詢)6018

張審璠 8492

張審言 8492

張慎 0663

張生 1598

張昇 4600

張昇(師恪父)3441

張昇(玉成)1662

張昇(張采子)3851

張繩孫 5965

張晟 2926

張晟(張義子)7902

張盛 4374

張師(張斌子)1574

張師(張達子)2539

張師(張行父)4085

張師道 9137

張師道 9162

張師道(張隴子)2661

張師德 8318

張師兒 0267

張師昉 2749

張師復 7914

張師感 1672

張師古 8871

張師恪 3441

張師朗 8754

張師慶 7469

張師仁 6625

張師仁(範)0806

張師師 8417

張師序 7914

張師訓 9044

張師翊 8318

張師庚 7914

張師昱 7375

張師遇 8991

張師周(播功)6029、
　6903＊

張師最 6588

張十兒 8875

張十二娘(希進女)
　6517

張十二娘(張春女)
　8840

張十二娘(張鄴女)
　8991

張十二娘(張玉女)
　6326

張十六 8788

張十六娘 4822

張十七 8836

張十七娘 4822

張十三娘(張鄴女)
　8991

張十三娘(張玉女)
　6326

張十四娘 6326

張十一娘 6326

張十一娘 7376

張十一娘(朝清女)
　5987

張十一娘(張春女)
　8840

張十一娘(張恭女)
　8492

張十一娘(張鄴女)
　8991

張石奴 7990

張實 8938

張實 9046

張實(張愿子)9052

張實(張卓子)6279

張始均 3164

張士德 2001

張士貴 0595、0687

張士寰 6576

張士陵 6294、7473

張士儒 3471、3828

張士深 4938

張士彥 0866

張士則 0578

張士政 8120

張氏 0646

張氏 1432

張氏 1440

張氏 2449

張氏 4700

張氏 5027

張氏 6227

張氏 6725

張氏 7082

張氏 7256

張氏 7397

張氏 7458

張氏 8082

張氏 8121

張氏 8230

張氏 8781

張氏 8800

張氏(安建妻)3978

張氏(安嵩妻)5704

張氏(安萬金妻)8906

張氏(安元福妻)8903

張氏(白敬立妻)8689

張氏(包季妻)8020

張氏(蔡濟妻)7402

張氏(蔡立忠妻)3437

張氏(蔡明濟母)8933

張氏(蔡虛舟妻)8933

張氏(蔡振妻)8933

張氏(曹綱妻)1464

張氏(曹洛妻)2090

張氏(曹萬頣妻)6410

張氏(常遠妻)0996

張氏(陳楚妻)7141

張氏(陳皋妻)8910

張氏(陳國昇母)5867

張氏(陳皓妻)9164

張氏(陳庭妻)6017

張氏(陳綰妻)9164

張氏(陳玄潔妻)1935

張氏(陳悅妻)6778

張氏(陳再豐妻)8518

張氏(陳子妻)3041

張氏(陳宗武妻)6778

張氏(成孝宗妻)7465

張氏(成元亮妻)7049

張氏(程買妻)1017

張氏(程士南妻)6589

張氏(淳于簡妻)4229

張氏(崔岑妻)6565、
　7240

張氏(崔德政妻)1887

張氏(崔粵妻)5977

張氏(崔感妻)1107

張氏(崔漢衡妻)5521

張氏(崔花金母)7356

張氏(崔俠妻)6046

張氏(崔樟妻)7830

張氏(第五琦妻)5227

張氏(第五再寰妻)
　7680

張氏(丁彥妻)2139

張氏(董徹妻)1092

張氏(董開相妻)9194

張氏(董叔經妻)6189

張氏(董彥妻)1840

張氏(竇懷妻)3546

張氏(段貴妻)0075

張氏(段宗妻)8351

張氏(氾愔妻)5597

張氏(范禮□妻)7235

張氏(范秀妻)5949

張氏(范筠興妻)7235

張氏(范忠弁妻)7925

張氏(房叔汶母)8255

張氏(封術妻)8677

張氏(封乂妻)8677
張氏(馮本妻)3299
張氏(馮宏之妻)3657
張氏(馮基妻)1300
張氏(苟澈妻)7254
張氏(輔果妻)3602
張氏(傅良弼妻)7941
張氏(高暉妻)9100
張氏(高瑾妻)5328
張氏(高諒妻)6734
張氏(高奇妻)5593
張氏(高英妻)7434
張氏(高元妻)1698
張氏(高瑗妻)6314
張氏(顧師閔妻)6084
張氏(關彬妻)8998
張氏(關迪妻)3281
張氏(關勳妻)8998
張氏(歸貞女)1744
張氏(郭從義妻)7565
張氏(郭湊妻)6950
張氏(郭蕩妻)1601
張氏(郭功妻)2513
張氏(郭洪本妻)4985
張氏(郭良妻)7113
張氏(郭鸞妻)6475
張氏(郭瓊妻)7556
張氏(郭權妻)8911
張氏(郭山松妻)4168
張氏(郭善思妻)7113
張氏(郭師直妻)8911
張氏(郭太妻)7565
張氏(郭萬妻)9292
張氏(郭信妻)2002
張氏(郭璿母)7771
張氏(郭智妻)3000
張氏(韓復妻)6294＊、
7473
張氏(韓恭妻)8848
張氏(韓洪貴妻)1235
張氏(韓暉妻)6791
張氏(韓暕妻)1703

張氏(韓武妻)8940
張氏(韓擇木妻)5240
張氏(韓宗穗妻)8506
張氏(郝季山妻)7330
張氏(郝璡妻)1050
張氏(郝進華妻)7689
張氏(郝章妻)8778
張氏(浩玄妻)0767
張氏(何德璘妻)8934
張氏(和滿妻)1686
張氏(賀拔亮妻)0294
張氏(侯存慶妻)7982
張氏(侯仁愷妻)0229
張氏(侯莫陳遥妻)
6620
張氏(胡恪妻)3106
張氏(懷榮女)4880
張氏(皇甫瓌妻)1625
張氏(皇甫簡妻)7288
張氏(賈進和妻)7700
張氏(賈興妻)5582
張氏(姜子榮妻)6317
張氏(焦海智妻)1321
張氏(矯勳妻)1257
張氏(金日晟妻)5033
張氏(晉弘祚妻)9096
張氏(晉明女)5452
張氏(晉岳妻)5710
張氏(靳審妻)7905
張氏(靳庭詮妻)7007
張氏(井慶妻)3799
張氏(鞠正言母)0534
張氏(李寶妻)5816
張氏(李寶妻)6774
張氏(李弼妻)5364
張氏(李誠妻)6983
張氏(李澄妻)9020
張氏(李德妻)3373
張氏(李伏妻)3679
張氏(李浮丘妻)4879
張氏(李海清妻)5450
張氏(李和妻)8265

張氏(李弘妻)6225
張氏(李懷妻)3250
張氏(李渾金妻)2419
張氏(李季節妻)7467
張氏(李堅妻)6510
張氏(李今妻)8427
張氏(李涇妻)8287
張氏(李敬彝妻)2325
張氏(李敬宗妻)8575
張氏(李舉妻)6145、
6639＊
張氏(李君雅妻)8678
張氏(李俊妻)8954
張氏(李諒妻)0548
張氏(李明妻)1343
張氏(李齊運妻)5474
張氏(李山妻)1581
張氏(李仲妻)6513
張氏(李神德妻)3682
張氏(李師感妻)2001
張氏(李詩妻)5055
張氏(李世妻)1710
張氏(李思文妻)2570
張氏(李思元妻)4160
張氏(李庭進妻)6307
張氏(李萬妻)4810
張氏(李魏相妻)2570、
3067＊
張氏(李文寂妻)2316
張氏(李文簡母)1285
張氏(李文獻妻)1065
張氏(李誡妻)4597
張氏(李譚妻)8827
張氏(李行邑妻)6816
張氏(李玄亀妻)6058
張氏(李延祚妻)8983
張氏(李楹妻)5491
張氏(李顒妻)8443
張氏(李愚妻)8884
張氏(李元温母)3348
張氏(李元祐妻)8780
張氏(李瞻妻)8884

張氏(李沼妻)8993
張氏(李陟妻)8871
張氏(李仲妻)6999
張氏(李仲璋妻)3953
張氏(李滋妻)7876
張氏(李自仙妻)6581
張氏(栗息伯妻)1167
張氏(梁漢顒妻)8938
張氏(梁胤妻)2964
張氏(林仁璋妻)4352
張氏(劉阿四妻)4981
張氏(劉安平妻)6429
張氏(劉賓妻)1527
張氏(劉昌妻)5121
張氏(劉超妻)6053
張氏(劉楚妻)8527
張氏(劉琮妻)8645
張氏(劉貴妻)0538
張氏(劉漸妻)6739
張氏(劉靜妻)0488
張氏(劉君買妻)3100
張氏(劉理妻)7766
張氏(劉榮妻)9131
張氏(劉如元妻)6159
張氏(劉晟妻)8640
張氏(劉嗣元妻)0871
張氏(劉文暉妻)4591
張氏(劉騆妻)6531＊、
6646
張氏(劉興妻)7027
張氏(劉秀妻)1342
張氏(劉玄寂妻)8228
張氏(劉璿妻)8092
張氏(劉義妻)6108
張氏(劉義□妻)1528
張氏(劉子暉妻)6222
張氏(柳公濟妻)8036
張氏(柳清妻)7656
張氏(柳棠妻)8036
張氏(柳僙母)4500
張氏(盧崇恪妻)2950
張氏(盧綬妻)5985、

7001＊

張氏（盧英哲妻）4279
張氏（魯善都妻）1293
張氏（魯順妻）7309
張氏（陸炭妻）6842
張氏（陸捷妻）4424
張氏（陸思罕妻）6582
張氏（羅鐸妻）8969
張氏（羅餘慶妻）1584
張氏（駱璨妻）6592
張氏（閭表妻）3018
張氏（呂信天妻）3028
張氏（呂知什妻）4434
張氏（呂忠孝母）7245
張氏（呂□興妻）3028
張氏（馬崇妻）8660
張氏（馬公慶妻）8587
張氏（馬善妻）1341
張氏（馬守禎妻）9002
張氏（馬育母）2616
張氏（馬湛妻）1356
張氏（毛汶妻）8927
張氏（孟買妻）0183
張氏（米興妻）8432
張氏（苗蕃妻）7627
張氏（苗嗣宗妻）4252
張氏（慕容華妻）7135
張氏（穆君弘妻）8741
張氏（倪叔平妻）8601
張氏（念子妻）2409
張氏（牛洪妻）3512
張氏（牛洪實妻）8992
張氏（牛華妻）6223
張氏（牛儒妻）2508
張氏（歐陽瑫妻）7593
張氏（潘德行妻）0656
張氏（潘子興妻）6490
張氏（龐重興妻）8485
張氏（龐昊妻）4475
張氏（裴好古妻）5458
張氏（裴友讓妻）5011
張氏（戚愈妻）8720

張氏（錢華妻）6492
張氏（秦徹妻）1296
張氏（秦仁乂妻）9014
張氏（秦神祐妻）8669
張氏（丘昇妻）4789
張氏（丘晟妻）7164
張氏（丘秀妻）5845
張氏（仇欽泰妻）2525
張氏（權通妻）2378
張氏（任操妻）1992
張氏（任公素妻）8136
張氏（任季榮妻）6746
張氏（任神保妻）8839
張氏（任秀琛妻）8064
張氏（任雅相妻）0605
張氏（任言妻）4277
張氏（商在吉妻）8882
張氏（尚慶妻）8975
張氏（申屠玄妻）2989
張氏（申文炳妻）8898
張氏（沈朝妻）6526
張氏（石公慶妻）8401
張氏（史訶耽妻）0899
張氏（司馬弘度妻）
　　1587
張氏（宋重晏母）6024
張氏（宋崇義妻）9045
張氏（宋度妻）2644
張氏（宋胐妻）7379
張氏（宋仏住妻）0263
張氏（宋劉師妻）0857
張氏（宋僧妻）6169
張氏（宋世則妻）0893
張氏（宋彥筠妻）9045
張氏（宋元質妻）7232
張氏（宋章妻）9045
張氏（宋子妻）3600
張氏（蘇德宏妻）4325
張氏（蘇暉妻）6891
張氏（蘇節妻）3562
張氏（蘇庭仙妻）7856
張氏（眭弘妻）8150

張氏（隋龕妻）1100
張氏（孫玢妻）3082
張氏（孫璠妻）8909
張氏（孫感妻）2277
張氏（孫尅紹妻）8221
張氏（索富進母）9005
張氏（索義忠妻）5615
張氏（譚亘妻）6182
張氏（田師巽母）7854
張氏（田誡妻）3670
張氏（田用妻）8552
張氏（萬朝妻）5447
張氏（王阿奴妻）3374
張氏（王褒妻）0397
張氏（王弁母）5706
張氏（王朝妻）6832
張氏（王春妻）8470
張氏（王琮妻）8787
張氏（王道妻）1105
張氏（王端妻）6096
張氏（王鄂妻）6767
張氏（王福妻）9175
張氏（王公頎妻）8599
張氏（王弘禮妻）7799
張氏（王弘實妻）9038
張氏（王後熾母）1407
張氏（王懷良妻）3515
張氏（王懷勖妻）3889
張氏（王回妻）8545
張氏（王寂妻）4856
張氏（王寂妻）8513
張氏（王繼恩妻）9038
張氏（王濟妻）6922
張氏（王簡妻）7021
張氏（王簡妻）8530
張氏（王江妻）6957
張氏（王節妻）3286
張氏（王金妻）7317
張氏（王景興妻）0772
張氏（王舉妻）0458
張氏（王龍妻）2795
張氏（王叟妻）8782

張氏（王茂玄妻）8000
張氏（王倩妻）6604
張氏（王翹妻）4804
張氏（王清妻）8863
張氏（王仁鎬妻）9167
張氏（王叔平妻）5930
張氏（王舜妻）8985
張氏（王坦妻）9000
張氏（王廷胤妻）8943
張氏（王通妻）2341
張氏（王通妻）6431
張氏（王渭妻）7340
張氏（王文則妻）7368
張氏（王悟妻）6883
張氏（王現妻）8816
張氏（王行信妻）8735
張氏（王熊妻）8319
張氏（王玄珪妻）3468
張氏（王延稟妻）9176、
　　9177
張氏（王言妻）8844
張氏（王永福妻）1114
張氏（王用妻）6957
張氏（王玗妻）8994
張氏（王禹妻）8874
張氏（王庚妻）8874
張氏（王遇妻）1413
張氏（王元固妻）4084
張氏（王元真妻）8863
張氏（王允義妻）8901
張氏（王昭妻）3328
張氏（王昭妻）4856
張氏（王宗侃妻）
　　9094＊、9095
張氏（韋長詮妻）0120
張氏（韋昶妾）7939
張氏（韋臯妻）6705
張氏（韋魯妻）8332
張氏（韋銑妻）2850
張氏（韋鉉妻）2813
張氏（衛國華妻）6689
張氏（衛榮妻）7292

張舜臣 3471
張碩 7893
張思(思言)1796
張思(張慶子)2437
張思(張遊父)0709
張思霸 8845
張思存 8845
張思福 2358
張思恭(□元)9082
張思及 2637
張思晛 4181
張思儉 0561
張思九 4182
張思禮 1826
張思廉 4576、4749
張思明 2436
張思訥 0592
張思齊 9177
張思齊(張端子)6326
張思齊(張濁子)8078
張思謙 1267
張思虔 8845
張思茜 1101
張思瓊 8845
張思讓 8410
張思讓(方立子)3851
張思睿 4769
張思庭 5752
張思旬 8845
張思義(嘉貞父)6018
張思義(敬詮子)7859
張思忠 6316
張斯干 8875
張四哥 8860
張四哥 8965
張四胡(良客)4672
張四娘 1936
張嗣(懷馨父)3126
張嗣(務道父)1936
張嗣(張道父)2100
張嵩 1651
張嵩(太原尹)4093、
5517、7677
張嵩(張翟子)1075
張悚 0320
張素(元實子)2352、
3217
張素(張公子)0968
張素(張威子)0007、
0212＊
張素(張校子)8655
張素(張願子)2709
張肅 4545
張肅(張潔子)0187
張遂 5357
張歲(見張萬歲)
張歲哥 8908
張台 4661
張臺郎 7469
張太淑 7559
張太素 3746
張太陽 6732
張泰(金剛父)4631
張泰(張達子)2893
張泰娘 7979
張倓 4850
張潭 6767
張曇俊 8251
張檀娘 7275
張譚 7488、7813
張唐(温玉)8862
張唐□1756
張滔(張奉子)5503
張滔(張珪子)5332
張瑫 6732
張特 7475
張特 6756
張縢 7800
張倜(趙什)5578
張惕 5684
張天 1661
張天奴 7779
張天奴 8005
張鐵哥 8824
張汀 5063
張廷 1267
張廷鎬 9182
張廷堅 8183
張廷礪 8889
張廷胤 8926
張廷裕 9037
張庭紱 6503
張庭光(奉先子)6015
張庭光(佑明父)7177
張庭珪(温玉)2356、
4468＊
張庭暉(倚)4749
張庭烈 7777
張庭美 9010
張庭琇 9264
張庭詢 4359
張庭誼 9010
張庭芝 3280
張珽(美宗)8888
張珽(元珽)3498＊、
4099＊
張頲(元鋭)7559
張通(達)0561
張通(君寬父)0186
張通(張成子)2621
張通(張欒父)0856
張通進 7279
張通明(曙)6809
張通微 3413
張同簡 8005
張彤 8011
張衕 8135
張彖(仲宣)3318
張推運 0578
張屯 1060
張陁(希琰)2100
張陁(張德父)1603
張外 1574、2595
張玩 5101
張琬 3764
張綰 8157
張萬 5831
張萬(張信父)3065
張萬侯 2977
張萬卿 4885
張萬卿 2977
張萬頃(混)4837
張萬頃(偉度子)4047
張萬石 2977
張萬歲 3920、4576、
4749
張萬□2693
張王九 8492
張望 4116
張望(張秀父)6538
張望哥 8840
張望功 7902
張威(威法)4586
張威(張琛子)0007、
0212、0213、0288、
0772
張威(張彦子)1996
張威(張應父)6527
張微 4621
張惟豊(德廉)5063、
5130、5135＊
張惟鋒 7279
張惟亘 5063
張惟恭(守敬)3979、
4691、4820＊
張惟恭(張琚子)5543
張惟釬 7279
張惟儉 5208、5546
張惟敬 5543
張惟静 5521
張惟丕 5063
張惟謙 7744
張惟清 6724、6764、
7770
張惟讓 5543
張惟慎 3979
張惟晟 7899
張惟素 6211、6304、

張懿(長)1603
張懿(張儞父)4469
張懿(張詡子)1280
張懿(張瑤父)8756
張懿川 8369
張殷 7258
張殷 8845
張惜(建封子)5571、
　5684、6505
張崟 5549
張寅 0774
張尹哥 8702
張胤 8974
張胤(寬)0973
張胤(張業子)8157
張英 8176
張英(彥昭)1525
張英(張才子)3743
張英(張琮子)7048
張英(張謙父)2037
張英敏 8100
張英秀 5987
張迎兒 9185
張穎(德星)9044
張穎悟 7132
張應 6527
張邕 3571
張邕(嘉賓子)7613、
　7649、8385
張雍 7770
張顒 8078
張永 4691、4820
張永德(抱一)9044
張永貴 0534
張泳(抱麟子)5332
張泳(張忌子)6447
張遊 0709
張遊賓 4182
張猷晧 5752
張猷泓 5752
張猷珣 5752
張猷昭 5752

張友(文友)3576
張友成 8684
張友德 8684
張友珪 9096
張友誼 7744
張有才 6255
張有道 3501
張有德 2894＊、4575、
　4686
張有信 5688
張又新 6692、7436、
　8659
張幼誠 7386
張幼悰 7111
張幼端 7111
張佑明 7177
張祐 6063
張祐賢 8861
張愉 5684
張瑜(惟鋒子)7279
張瑜(張璀子)6063
張羽 4542
張寓 5578
張玉 7029
張玉(伯雅)6045
張玉(希玉)6326
張玉(張璀子)5688
張玉(張遷子)6974
張郁 8005
張彧 4867
張淯 6447
張遇 4524
張遇 7813
張裕 7816
張裕(濬哲父)4724
張裕(張測子)8693
張裕(張浣子)7813
張譽 6726
張淵(張章父)0425
張淵(張球子)0592、
　1242
張元(匡本)8417

張友楚 6690
張元度(審則)9266
張元度(張林子)6029、
　6903
張元方 2932
張元豐 8965
張元夫 5991、7264
張元福 3012
張元恭 6841
張元珪 1603
張元鏻 8045
張元吉 8887
張元簡 0774
張元謹 8668
張元景 6018
張元可 7103
張元禮 2709
張元亮 5656
張元亮 6029
張元琦 7871
張元慶 6029
張元晟 8477
張元實(張騭子)2352
張元實(張幹子)8668
張元順 8668
張元信 8668
張元緒 7398、7750、
　8011
張元逸 7921
張元祐 6621
張元照 7990
張元貞 3408
張元質 7871
張元冑 1744
張元縱 7279
張圓 7649
張圓契 5955
張遠(法靜)2086
張遠(張暢子)3498
張遠(張祐父)6063
張遠(張章父)9105

張遠助(守謙)1863
張媛 5293
張瑗 7387
張瑗(良玉)6621
張瑗(張亮子)6974
張瑗(張休子)1285
張愿 9052
張願 2709
張岳 3067
張悅 7800
張說 9185
張說(燕國公)2946、
　3301、3380＊、3757、
　3928、4091、4636、
　4762、4964、5357、
　5381、5493、5965、
　6430、6582、6681、
　7893、8018、8132
張頵 8756
張贇 6279
張耘 8693
張雲 1271
張筠 8928
張筠(張平父)1228
張筠貞(幼蘭,呂太汶
　妻)8555
張允初 7496、7511、
　7638
張允伸 8021、8090、
　8572
張惲 7862
張惲 8305、8306
張緼 9094
張宰 4115
張載 4302
張載(季良子)4575、
　4686
張載(張景子)7380
張載華 5875
張再豐 8251
張再立 8214
張再清 8022

張卓(遷昷子)6279
張卓(惟恭子)4820
張濁 8078
張濯 5938
張濯 8998
張鷟(文成)4468、
　6692、8659
張孜 6841
張滋 5829
張資 6617
張子楚 7607
張子琮 7607
張子華(華)7086
張子漸(渾)4470
張子晉 3471
張子康(公近)7061
張子明 4939
張子明(素和子明)
　0429
張子期 2229
張子奇 7386
張子爽 4468
張子英 3471
張子玉 3471
張子雲 9265
張子筠 7061
張自謹 6696
張自璘 8836
張自謙 6065
張自勤 6145、6639
張自然 6065
張自通 6065
張宗 2905
張宗(文襲父)8797
張宗(張安父)1662
張宗(張榮父)8952
張宗(張雅父)1525
張宗本 6348、7288
張宗楚 7514、7777
張宗範 6015
張宗歌 8214
張宗厚 7848

張宗簡 8198
張宗諫(仁讜)8788
張宗敬 8198
張宗禮 6015
張宗慶 7976
張宗谿 7091
張宗弈 7256
張宗益 8198
張總 5831
張族 0948
張纘 0320
張纘休 7979
張最 5684
張遵(敬儒)6601
張遵誨 8842、8928
張摶(執中)4212、
　4414 *
張佐元 5965 *、
　8018 *
張□澄 5578
張□嚴 5987

長孫

長孫安世 0096、1031
長孫弁 4206
長孫斌 1910
長孫冰 9267
長孫波若智 4243
長孫操 9267
長孫察 5051
長孫敞 0927、4553
長孫憕 7879
長孫熾 0096、1031
長孫冲 2862、3386、
　5454
長孫崇訓 4935
長孫楚璧(玥)3618
長孫揣 4902
長孫泚 7879
長孫從重 6859
長孫璀(郭晞妻)
　5454 *、5512

長孫大敏 4259
長孫大明 0125
長孫鼎 4206
長孫汛 5969
長孫方言 5404、6658
長孫孚 5404
長孫亘 5157
長孫光 1031
長孫弘安 4902
長孫宏 4206
長孫洪 0126
長孫浣 5004
長孫晃 4553
長孫暉 5404
長孫或 1879
長孫吉祥 0707
長孫吉藏 0707
長孫家慶(餘恩)0096
長孫儉 0291、2422
長孫曒 2422
長孫嶠 3486
長孫玠 7879
長孫坙 0324
長孫君(奉節令)4002
長孫君(河州司倉)
　4206
長孫君(吉藏父)0707
長孫君(樂壽縣公)
　0125
長孫鈞 2862
長孫峻 9267
長孫儁 1910
長孫匡言 6658
長孫既 7892
長孫覽 0063、0126、
　2337
長孫禮 5404
長孫立言 5404、6658
長孫良(和上)0291
長孫隆 1338
長孫邈 5029
長孫默 5004

長孫念兒(女王,李軌
　妻)0126
長孫平 0291
長孫璆 7879
長孫全節 2862
長孫全緒 4902
長孫全義(幼成)2862
長孫詮 0621
長孫善慶 3626
長孫晟 3618
長孫氏 6087
長孫氏(崔壽餘妻)
　4935
長孫氏(崔思行妻)
　4282
長孫氏(郭慎辭母)
　6859
長孫氏(李客師妻)
　3287
長孫氏(李通妻)2388
長孫氏(柳冲妻)1338
長孫氏(柳從俗妻)
　4259
長孫氏(龐同本妻)
　1856
長孫氏(唐從心妻)
　2337
長孫氏(韋紀妻)2422
長孫氏(文德皇后)
　1366、1427、2453、
　3010、3287、3386、
　5454、6859
長孫氏(楊遺直妻)
　8305
長孫氏(袁倕妻)5029
長孫氏(張立德妻)
　0288
長孫氏(長孫嶠女)
　3486
長孫氏(長孫覽女)
　0063
長孫守素 3626

長孫守真 4902
長孫順德 3626
長孫思一 4259
長孫四娘（郭嗣本妻）0324
長孫兕 0927、1031
長孫泰 5051
長孫侹 5051
長孫琬 1944
長孫縚 3626
長孫文贊 2422
長孫無傲（義莊）0102、0927 *、4553
長孫無忌 0082、0192、1427、2862、3386、3618、4935、5454、5715、6859
長孫無虜 1856
長孫悟 7879
長孫先知 4243
長孫暹 5004
長孫晛（重器）5404 *、6658 *
長孫憲 3009
長孫祥 1031
長孫行本 2337、4002
長孫儇（智周）7879
長孫玄言 5404、6658
長孫玄一 0555
長孫璇 4002
長孫絢 5454
長孫延 2862、3386
長孫繢（茂弘）4902 *、4928
長孫瑒 4553
長孫曜 3486
長孫㳽 5051
長孫顗（由是）4553
長孫异 4206
長孫逸少 6087
長孫誼 9267
長孫繹 1338

長孫懿 4164
長孫永 1879
長孫裕 0927
長孫緘 0291
長孫元璀 0291
長孫元適 5454、6859
長孫元翼 2862、3386 *
長孫瑗 3626
長孫則 1910
長孫澤 3618
長孫釗 7879
長孫哲 1338
長孫禎 4243
長孫芝宰 4741
長孫徵 1910
長孫稚 0063、0126、0324、5404
長孫仲卿 5404
長孫仲武 4243
長孫仲延 1910
長孫子俊 3618
長孫子良 3618
長孫子儀 3618
長孫摠 0324、4259

掌

掌君 0867
掌思明 0867

趙

趙阿師 1110
趙藹 8356
趙安 1305
趙安貞 3687
趙昂 2727
趙昂（趙遷子）6139
趙昂（趙偓子）9180
趙翱 7561
趙霸孫 9022
趙寶 8364
趙寶符 4625

趙寶山 6819
趙寶義 0939
趙備遷 1605、3833、4220
趙賁 5390
趙貫 7498
趙本道 1925 *、2646、2748
趙俾乂 3183
趙泌 6195
趙弼 1081
趙璧 7320
趙晉 2234
趙辯 5625
趙彪 0747
趙斌（趙實子）0894
趙斌（趙太子）3717
趙賓 1657
趙并古（知遠）8291
趙伯 8153
趙伯倫 5790
趙博寧 6066
趙博齊 6067
趙不器 4625
趙不疑 2957
趙偲 4420
趙才 1015
趙才（趙德父）3159
趙才（趙弘子）2153
趙才（趙壽子）2291
趙才林 4637
趙彩（庭彩）4694
趙傪 5786
趙粲 4562
趙操 1657、2433
趙岑 6948
趙姹子 6656
趙闡 9268
趙昌 5988、6335
趙昌（懷訥子）1117
趙長 1327
趙長壽 8815

趙超（趙度父）2284
趙超（趙古父）8866
趙超（趙賢父）1573
趙超宗 3214
趙朝 8699
趙朝陽 4789
趙徹 3688
趙琛（庭玉父）4762
趙琛（趙章父）7425
趙臣 6139
趙臣禮 1605、3833、4156、4220 *
趙臣瓊 1605
趙臣泰 1605
趙陳八 9059
趙偶 4420
趙成 6669
趙成象 4371
趙承（紹先）6311、6666
趙承昂 5109
趙承規 8718
趙承袞 9169
趙承禮 9169
趙承列 5109
趙承明（南金）4208
趙承慶 9169
趙承先 4503
趙承巖 5109
趙誠（趙煊子）6000
趙誠（趙餘子）8112
趙澄 7371
趙持滿 4371
趙充 4371
趙重德 9186
趙重敢 9186
趙重光 6669
趙重興 9186
趙崇 1314
趙崇道 3009
趙崇基 1854 *、4057
趙崇節 1909
趙崇嗣 2589

趙崇之 3717
趙崇祚 9102
趙處仁 2639
趙處殷 8457
趙楚賓 4534
趙楚俊 5827
趙楚客 4637
趙純(輼)3283
趙淳 5567
趙綽(道裕)0098
趙綽(趙慶父)1656
趙綽(趙榮子)3155
趙綽(趙素子)6028
趙詞 3329
趙慈晊 4371
趙慈劼(冬日)2639
趙慈景 4918
趙泚 7924
趙從簡 9271
趙從禮 9271
趙從審 6791
趙從一 8152
趙從釱 9271
趙從遇 8389
趙從之 3717
趙琮(冬日)2646
趙漼 9268
趙達(趙秀父)9271
趙達(趙義子)0441
趙大辨 0828
趙大娘 3551
趙大柔 8112
趙大行 1656
趙大宗 9186
趙待賓 4503
趙戴十一 7538
趙蕩 0939
趙道(趙乾父)0636
趙道(趙文子)1023
趙道始 7538
趙道興 2291
趙得 4190

趙德(趙才子)3159
趙德(趙秘子)2919
趙德(趙行父)2910
趙德楷 1314
趙德倫 9180
趙德明(德琳)1000
趙迪 8364
趙迪(尉遲迪)1621
趙定 0360
趙冬旰 3229
趙冬曦 4275
趙冬瑕 8457
趙度(趙超子)2284
趙度(趙祐子)8112
趙鍔 6311、6666
趙恩(頤貞子)4625
趙恩(趙銓父)7688
趙二娘 2433
趙二十五 9022
趙法才 4643
趙法女 4643
趙法主 3730
趙璠 8815
趙方海 1925、2646、
　2748
趙方仁 4324
趙邡 6003
趙芳 5522
趙昉(趙靜父)2482
趙昉(趙蒙父)9268
趙匪鑒 3844
趙芬(士茂)0339、
　0344、1854
趙峰 7707
趙豐 7320
趙鄷 6311、6666
趙逢 9024
趙奉 0032
趙奉忠 5522
趙鳳 8884
趙鳳(國祥)9022
趙鳳之 3717

趙伏盖(寶安)1037
趙涪(一源)7201
趙倈 8206、8207、8213
趙備 4420
趙輔(令弼)1657＊、
　2433
趙盖仁 0360
趙感 3283
趙幹 8291
趙綱 5301
趙高(仁哲)0428
趙高昌 0877
趙高五 8815
趙羔兒 9059
趙格 7597
趙賡 7481
趙公楚 6676
趙公慶(士儀子)6676
趙公慶(趙宗子)7163
趙公素 4562
趙公素(仕良子)7503
趙公素(希玩子)7374、
　8699＊
趙公雅 7561
趙公誼 7374
趙公政 7688
趙公佐 7374
趙公□7657
趙恭 4208
趙恭(定思)8364
趙恭禮 2284
趙遘 6003
趙古 8866
趙琯 6989
趙貫 7789
趙光(元琰父)4580
趙光(趙或子)2234
趙光湊 6068
趙光逢 8884
趙光謙 5466
趙光胤 3059
趙廣榮 6622

趙廣興 6622
趙珪 8112
趙瓛(趙恭子)8364
趙瓛(趙或子)2234
趙貴(趙龍子)0428
趙貴(趙悉子)1037
趙貴(趙則子)1396
趙貴娘子 8718
趙袞 5074
趙袞 6943、7185
趙國珍 5433、5500
趙罕 8811
趙漢郎 7354
趙漢娘 8364
趙航 7201
趙好子 6656
趙顥 1230
趙何一(渙)4503
趙和 2225
趙和璧 5612
趙和光 6195
趙和瑤 5204
趙黑 3402
趙恒(趙景父)0889
趙恒(趙嵩子)9169
趙恒忠 7579
趙弘 1873
趙弘(趙才父)2153
趙弘(趙綽子)3155
趙弘表 7503
趙弘道 6346
趙弘諤 8691
趙弘濟 0441
趙弘濟 6311
趙弘謇 1621
趙弘朗 8691
趙弘慶(泰喜子)4162
趙弘慶(趙適子)6529
趙弘眘(承令)3402
趙弘嗣 6976
趙弘坦 6628
趙弘武(玄略)7538

趙朗(行弼)9269
趙勒义(玄静)1396
趙樂兒 7623
趙雷山 2910
趙李九 8866
趙禮(安之)8718
趙禮(趙度子)8112
趙禮仁(知禮)4704
趙禮忠 2910
趙連 6000
趙連成 7163
趙連城 4484
趙廉 0937
趙漣 6041、8268
趙璉 2705
趙良弼 5074、7597
趙良輔 4313
趙良器 5274
趙良琬 4034
趙良玉 3828
趙亮 0775
趙亮(表仁)6666
趙亮(趙承父)6311
趙亮(進暉父)6819
趙亮(趙暐父)6935、
　7091
趙諒 8815
趙琳 1925
趙潾 6195
趙璘 9022
趙麟 9180
趙靈誕 4694
趙令弼(見趙輔)
趙令紛 7755
趙令望 4834
趙令問(沖用)4057
趙隆(趙達子)0441
趙隆(趙儀子)0398
趙龍(玄基子)5109
趙龍(趙讓子)0428
趙盧生 1578
趙魯 7498

趙櫓 6971、7502
趙鸞 1000
趙論 6000
趙羅姐 9022
趙洛(子澄)0558
趙略 0937
趙買 8815
趙邁 8364
趙枚 4504
趙美 8866
趙門(德王)1756
趙蒙 8875
趙蒙(趙昉子)9268
趙蒙(趙邁子)8364
趙秘 2919
趙勔 2589
趙敏(博)1621
趙敏(知十)0344
趙明(非)4190
趙明(趙徹子)3688
趙明(趙如子)2230
趙明(趙雲父)7657
趙明郎 8815
趙明哲 1909
趙默 5625、7623
趙牧 5009、5010
趙穆 1195
趙洒 8364
趙南華 5634、5722、
　5874
趙訥 8286
趙訥(慈晧父)4371
趙寧 6000
趙杷樓 3402
趙彭年 6041
趙玭 8609
趙嬪子 6656
趙婆奴 9186
趙浦 7527
趙普 8906
趙溥 9007
趙愭 2080

趙棲岑 2392
趙岐 2831
趙齊昌 4244
趙齊杲 4244
趙齊晃(遊禮子)4244
趙齊晃(珠什子)5672、
　5727
趙齊昃 4244
趙齊詮 5672、5727
趙齊晟 4244
趙齊一 2230
趙齊用 7561
趙玘 8112
趙啓 7360
趙奸奴 6656
趙遷 5098
趙遷(奉忠子)5522
趙遷(見趙備遷)
趙遷(趙用子)6139 *、
　7374
趙謙 1573
趙謙 2945
趙謙(趙顥子)1230
趙謙(趙暕子)4562
趙虔果(受果)0695
趙乾 0636
趙倩 5625
趙倩(趙雲子)7657
趙喬卿 3155
趙欽(趙舉子)1756
趙欽(趙楷子)0937、
　2385
趙欽(趙順子)1873
趙青兒 8815
趙卿林 6743
趙勍 6359、6608
趙慶(奉忠子)5522
趙慶(趙綽子)1656
趙慶富 9270
趙慶逸 1854
趙慶之 1854、1855、
　4057

趙瓊(趙暕子)4562
趙瓊(趙隆子)0398、
　0399 *
趙瓊璩 6819
趙蘧 8339
趙全璧(璧)3833
趙全璧(昇)3926 *、
　4756
趙全恕 2639
趙全直 1756
趙銓 7688
趙勸(克己)5757
趙確(義整)1189
趙然 6003
趙讓(懷訥父)1117
趙讓(趙龍父)0428
趙讓(趙諗父)9186
趙仁(斌鸞)1653
趙仁(靈誕子)4694
趙仁(趙寬子)9269
趙仁愛 1327
趙仁本 1117
趙仁洪 5522
趙仁美 9186
趙仁裕 2831
趙日進 4324
趙日進 4643
趙日休 3399
趙熔子 6656
趙榮 6807
趙榮 8819
趙榮(趙綽父)3155
趙榮(趙途子)8153
趙榮兒 4794
趙榮幹 8132
趙榮姐 9022
趙如 2230
趙如璧 1037
趙如珪 1037
趙孺 9007
趙睿宗 8815
趙叡沖 5274

趙氏(蘇濬卿妻)8824	趙氏(席綸妻)0357	趙叔卿 4918	趙庭璧 7201
趙氏(眭頠妻)7999	趙氏(解寶俊妻)0894	趙叔隱 9180	趙庭㚄 4762
趙氏(眭懷妻)2516	趙氏(邢播妻)8813	趙叔子 2646	趙庭玉 4762
趙氏(孫廣妻)0692	趙氏(徐璞母)7498	趙淑 4796	趙庭玉 7561
趙氏(孫思暢妻)8916	趙氏(薛寶積妻)1120	趙爽 0339	趙珽 8522
趙氏(唐玄宗才人)4382	趙氏(閭迹妻)8210、8315 *	趙順(孝祖)0441	趙珽(思謙子)6028、6753、7036
趙氏(田述妻)6149	趙氏(楊衡妻)0667	趙順(趙欽父)1873	趙通(杷樓子)3402
趙氏(王阿奴妻)3374	趙氏(楊思福妻)3817	趙思(慶)3159	趙通(趙道子)1023
趙氏(王賓妻)5679	趙氏(姚公位母)7803	趙思本 1621	趙通(趙恪子)1668
趙氏(王幹妻)6576	趙氏(于元□妻)8789	趙思敏 7201	趙通(趙宣子)5612
趙氏(王國寧妻)6832	趙氏(宇文融妻)4580	趙思謙(本道子)1925、2646、6028、6753	趙通(趙義子)3283
趙氏(王華妻)8307	趙氏(翟知義妻)4154	趙思謙(趙洪子)8811	趙通達(識玄)1578
趙氏(王環妻)8307	趙氏(張伯妻)9261	趙思謙(趙確子)1189	趙頭 1148
趙氏(王㚎妻)6669	趙氏(張從鑕母)7755	趙思虔 9059	趙途 8153、8268 *
趙氏(王簡妻)8437	趙氏(張從義妻)8810	趙思順 2225	趙圖 8622
趙氏(王君才妻)1199	趙氏(張德妻)0751	趙思務 3964	趙暾之 4208
趙氏(王克清妻)6609	趙氏(張公幹妻)6380	趙思獻 2225	趙外(僧)3688
趙氏(王禮妻)4529	趙氏(張脛妻)1081	趙思瑝 8695	趙婠婠 6656
趙氏(王隆妻)0511	趙氏(張覺妻)4236	趙嗣 1657	趙玩(趙遷子)6139
趙氏(王倫妻)7790	趙氏(張諒妻)8005	趙嗣宗 4794	趙玩(趙則父)8132
趙氏(王卿妻)9070	趙氏(張文妻)2709	趙嵩(趙恒父)9169	趙畹 7498
趙氏(王尚品妻)5648	趙氏(張勳妻)6871、7534 *	趙嵩(自慎子)1314	趙万誠 6622
趙氏(王實妻)8696	趙氏(張顥妻)8875	趙素(惠伯子)6028	趙万春 8132
趙氏(王小漢妻)3802	趙氏(張宗諫妻)8788	趙素(趙貞子)9022	趙万奴 6656
趙氏(王興妻)5285、5466 *	趙氏(趙惠女)2385	趙素王(見趙簡)	趙萬 0360
趙氏(王行妻)3154	趙氏(趙浦女)7527	趙素真 8480	趙萬郎 8815
趙氏(王玄策妻)3802	趙氏(鄭元昭妻)2482	趙肅 5790	趙萬友 8815
趙氏(王瑀妻)9061	趙氏(周克諧妻)3582	趙隨 7597、8276	趙威(趙恭父)4208
趙氏(王質妻)8696	趙氏(□元實妻)8679	趙太 3717	趙威(趙紳子)4637
趙氏(王宗本妻)7790	趙世康 3229	趙泰喜 4162	趙威(趙頭子)1148
趙氏(王宗簡妻)7723	趙仕良(文明)7503	趙潭 4245	趙威(趙霄子)0939
趙氏(韋昶妻)7939	趙適 6529	趙潭 7354	趙薇 6041
趙氏(韋令均妻)9105	趙收 2639	趙譚 7579	趙惟芳 3926、4756
趙氏(魏季衡妻)7569	趙守澄 9186	趙探玄 4762	趙惟蘭 3926
趙氏(魏慶妻)4191	趙守平 8457	趙湯 7481、7556	趙維 6622
趙氏(溫綽妻)0889	趙守瓊 8880	趙藤(麻之)6041 *、8268	趙維節 1000
趙氏(吳德郴妻)8099	趙守殷 8880	趙騰 5346	趙暐 6935、7091
趙氏(吳莫妻)1446	趙壽(趙才父)2291	趙天成 3229	趙暐(頴休)6666
趙氏(吳慎微妻)1780	趙壽(趙均子)1081	趙天護 8712	趙位 5757
趙氏(吳元勉妻)7266	趙壽(趙岐子)2831	趙廷隱 9103	趙慰仁 1189
			趙温 7561

趙英 6622

趙迎新 9022

趙盈 6628

趙盈周 0430

趙瑩(光圖)9007

趙贏奴 6656

趙郢 6551

趙郢(奉忠子)5522

趙郢(趙晉子)6311、6666

趙穎 1668

趙穎郎 8364

趙應(士元)4625

趙應(趙遜子)1195

趙邕 5274

趙用 6139

趙用(趙遷父)7374

趙用之 4918

趙遊 3530

趙遊禮(連成)4244

趙游 3155

趙友 6622

趙有孚(全誠)4371

趙祐 8112

趙玕 5010、5747

趙於 6003

趙陳 0278

趙瑜 5879

趙瑜(趙則子)8695

趙餘(承業)8112

趙璵 8291

趙瑀 1220

趙玉子 4671

趙聿 7688

趙昱 9180

趙裕 8246

趙裕(趙武子)8880

趙元愷 4159

趙元霸 8699

趙元德 7688

趙元符 7623

趙元福 7688

趙元及 1873

趙元濟 1605

趙元儉 1396

趙元謹 8699

趙元楷(崇嗣父)1854、2589、4057

趙元楷(連成父)7163

趙元恪 0339

趙元亮 7201

趙元略 6237

趙元慶 1873

趙元邵 8699

趙元晟 7688

趙元順 8699

趙元素 7354

趙元信 1873

趙元興 8315

趙元琰 4580

趙元陽 5850

趙元郁 7688

趙元藏 1873

趙元哲 1396

趙元直 0344

趙元祚(琰)2433

趙元□6986

趙遠 6000

趙遠(石岸)2364

趙願 3283

趙約 8169

趙約(趙乾子)0636

趙約(趙遐子)2234

趙約(趙啓子)7360

趙約(趙計子)7623

趙岳 7879

趙鉞 5736

趙贇(俠)1653

趙贇(趙勛子)2589

趙妶奴 6656

趙雲(奉忠子)5522

趙雲(趙明子)7657

趙筠 3530

趙允 7789

趙允熙 9183

趙運(敬實父)6311

趙運(趙晉子)6935

趙再芳 3964

趙再良 3964

趙再榮 3964

趙再思 3964

趙再翔 3964

趙再興 5279

趙在禮 8949、9008

趙贊 5254、5338、5888、6651、8169

趙瓚(德璉)0455

趙則(令聞)1148

趙則(趙敬子)1396

趙則(趙玩子)8132

趙則(趙瑜父)8695

趙章 7425

趙璋(元濟父)1605

趙璋(趙佶子)6003

趙璋(趙瑓子)4562

趙昭(仁憲)1220

趙昭文(文昌)9169

趙貞(吉藏)0877

趙貞(元琰子)4580

趙貞(趙素父)9022

趙貞固 5416、6707

趙貞栖 1195

趙真静 0562

趙真齡(元賓)6496、6807、6989、8279

趙真源(韋憲母)7828

趙拯 2748

趙正臣 1314、3214

趙政(則)1230

趙政收 4162

趙之 3177

趙之武 0775

趙芝 8457

趙知本 1037

趙知平 9025

趙知意 1037

趙知止 3155

趙佺 4420

趙執規 8522

趙志和 8315

趙仲懿 1314

趙周 0430

趙洙 7481

趙珠什(玉懷)5672*、5727

趙剚 7360

趙顓 8268

趙庄 4313

趙準 8112

趙滋 6743

趙子昂 3229

趙子卿 3042、3584

趙子賢 1189

趙子餘 3229

趙子雲 1267

趙自交 4918

趙自慎(惟恭)1314

趙宗(季安)7163

趙宗慶(趙深子)9180

趙宗慶(趙聿子)7688

趙宗儒(秉)6496、6807*、6989、7939、8279

趙宗爽 8457

趙宗正 8700

趙縱 5009、5083

趙纂 6753

趙尊師 4544

趙遵 3283

趙□保 9180

趙□從 6726

趙□昇(士先)6195

貞惠公主 5185

真珠可汗 0550

甄

甄寶意 0994
甄道粲 2557
甄道一 6365
甄逢 6420
甄貴娘 6365
甄弘素 6365
甄儉 6365
甄漸 6365
甄晉 5756
甄君(都督)5123
甄君(馬軍統軍)9162
甄靈燁 0994
甄龍子 6365
甄日華 5756
甄氏(康瓘妻)7262
甄氏(田文通妻)5123
甄氏(王弘實妻)9038
甄叔泌 5756
甄叔良 5756
甄庭言(乳兒)0994
甄文規 5865
甄彥 6365
甄晏 5865
甄義厚 0994
甄遠 6579
甄在娘 6365
甄宙 6362、6365 *
甄左之 5865

鄭

鄭愛容 6351
鄭安道 5335
鄭安兒 7480
鄭黯 8449
鄭昂(日新)3506
鄭翶 6858
鄭翶 8394
鄭翶(超誠子)5234
鄭八娘 3541
鄭褒 8563
鄭保玄(通微)8052

鄭寶 4874、5562、
　6214、6321、7417
鄭寶貴 8569、8661 *
鄭寶念 1515
鄭寶胤 5935
鄭抱素 7543 *、7624
鄭賁 7547
鄭本立 6852
鄭本柔(楊漢公妻)
　6423 *、8616
鄭泌(季洋)4522、
　4666、5277 *
鄭泌(羽客子)8760
鄭敝 2226、3398
鄭儦 4015
鄭邠卿 9218
鄭彬(全文,盧煆妻)
　7348
鄭播 8736
鄭伯茂 8961
鄭伯獻 2228
鄭伯餘 4797
鄭博古 4318
鄭博雅 3327
鄭布 7948
鄭偲 4134
鄭材兒 8374
鄭參 4293
鄭傪 6556
鄭操 6694
鄭操(鄭寬子)1515
鄭測 7307
鄭岑 4388
鄭岑 4827
鄭岑(鄭昊子)8328
鄭督 5099
鄭繟 6277
鄭闡(好問)3872
鄭昌 4865
鄭昌士 9178
鄭昌圖 9101
鄭長(季冰)3796

鄭長誨(子遵、長晦)
　7721 *、8162
鄭長言 8162
鄭長義 3232
鄭長邕 6268
鄭長裕 3570、3654、
　5416、5812、5966、
　6061、6487、6996、
　7396、8441
鄭常(鄭頂子)0151
鄭常(鄭潔子)7947
鄭超 5858
鄭超誠 5234
鄭朝 8342
鄭朝(朝尚父)5909
鄭朝(少微子)5887
鄭朝尚 5909
鄭忱 2531
鄭諶 6796
鄭諶(道玉子)1095
鄭諶(雲陽令)5622
鄭諶(鄭敝子)2226
鄭偁 7203
鄭偁(譽之)8216
鄭偁(鄭成子)5649
鄭稱 6483
鄭成(鄭戚父)6710
鄭成(鄭杏子)3654、
　5649、5906
鄭承慶 6498
鄭承慶(鄭慈子)5966
鄭承懿 6971
鄭承元 4865
鄭承遠 9070
鄭澄 5555
鄭冲(盧藏用妻)4410
鄭重貴 8420
鄭崇道(惠連)2562 *、
　2563
鄭崇古 3671、4134
鄭崇龜 8746

鄭崇鑒 5990、7547
鄭崇敬 5713
鄭崇式 4689、4727
鄭崇嗣 3988、4634
鄭崇素 6671
鄭崇文 2228
鄭崇質 3506、5242、
　6664
鄭處 6906
鄭處冲 7276
鄭處亮 3613、4753
鄭處訥 6873
鄭處溫 1609、3904
鄭處興 2681
鄭處中 6768
鄭楚客 4980、6742
鄭俶 7373、8116
鄭傳古(知遠)9274
鄭倕(鄭成子)5649
鄭倕(鄭績子)7202
鄭春 8216
鄭慈 5966、8052、
　8143、8760
鄭慈明 4944、5986
鄭慈柔(李全禮妻)
　4391、4634 *
鄭泚 5919、5924、
　7543、8137、8138
鄭從讜 8394、8703
鄭從謹 8661
鄭從用 9275
鄭從約 8661
鄭琮 6811
鄭瓘(元爭子)3160
鄭瓘(鄭華父)7459
鄭存實 7089
鄭達 5887
鄭達(鄭闡子)3872
鄭達(鄭詮子)0492
鄭達(鄭僧子)1040
鄭大力 3172、3774
鄭大士 0123、3069

鄭大仕（見鄭大士）
鄭大宜 8342
鄭大志 1616、2384
鄭丹 5941
鄭儋 5871、6277、6579
鄭璫 8156
鄭道（崇德）0911
鄭道欽 1787
鄭道邕 0016、0492、2563、2734、7112
鄭道玉 1095
鄭道援 2319、2322、4255、4932
鄭道瑗（見鄭道援）
鄭德 0863
鄭德（陸娘，張伏果妻）1836
鄭德昌 3327
鄭德慎 2588、3541、3839、4388
鄭德術 2213
鄭德通 1553
鄭德淹 4517
鄭德夷 6158
鄭德政 3172
鄭迪 7450、8363
鄭滌 7955、8304
鄭抵璧 3327、3454
鄭締 7969
鄭頂 0151
鄭鼎 3371
鄭鼎（萬鈞）4255
鄭竇 6454
鄭竇七 8052
鄭敦質 7529
鄭葶 4062
鄭嶼 3620
鄭粵 4517
鄭粵 6442
鄭諤 2226
鄭繁 6591
鄭繁 7380

鄭方（鄭汲子）7499
鄭方（鄭賈子）7713
鄭方崇 4791
鄭方閎（德本）6259
鄭方喬 2796
鄭鈁 7418
鄭魴（嘉魚）6873＊、6875、7721、8162＊、8347
鄭昉（弘勘子）4472
鄭昉（鄭珝子）6631
鄭放 3570、5610、6603、6133、6444
鄭悱 4472
鄭峰 8571
鄭豐兒 7306
鄭鋒（公穎）5848＊、6952、7965
鄭鋒（鄭洵子）4956、5125
鄭逢（昌言）9276
鄭逢（鄭審子）6423
鄭奉先 5158
鄭奉一 6929
鄭浮丘 3263
鄭福 8337
鄭福 8755
鄭福本 3449
鄭福果 1879、3244
鄭福慶 8409
鄭福善 2071
鄭福祥 2796
鄭福祚 4465
鄭甫 5986、6587
鄭備 2614
鄭備（彥輔）3671
鄭復 7319、7884、7907、8404
鄭馥 3316、3944
鄭幹 5577
鄭幹 6694
鄭釭 4956、5125

鄭釭 7052、7140
鄭綱（鄭衡子）1375
鄭綱（鄭侑子）6338、6545
鄭高（履中）5717、6454＊
鄭杲 3570、5497、5610、6133、6444
鄭哥子 5132
鄭更郎 6233
鄭公式 5935
鄭公直 7761
鄭公佐 6852
鄭邴 6106
鄭鞏 7948
鄭苟 8216
鄭鈷（玄）6768
鄭固忠 3232
鄭冠 8374
鄭觀音 8155
鄭觀音（隱太子妃）1095
鄭琯 8736
鄭光 7378
鄭光（鄭哲父）1344
鄭光輝 3445
鄭光誨 6351
鄭光謙 6106
鄭光廷 8875
鄭光襲 5605
鄭光訓 6351
鄭光誼 4816
鄭光誼（令同子）6351
鄭光遠 6351
鄭廣 7353
鄭珪 8162
鄭珪（鄭璠女）7677
鄭歸（崔鍼妻）7421＊、7884
鄭歸娘 7480
鄭貴娘 8420
鄭緄 5509

鄭緄 6971
鄭緄 7597
鄭緄 8179、8215
鄭緄（盧從度妻）8179、8215＊
鄭國尼 7167
鄭涵（見鄭瀚）
鄭罕 8736
鄭峷 4815
鄭漢璋 8095
鄭翰（子鸞）3069
鄭瀚 5234
鄭昊 8328
鄭鎬 4727
鄭顥 1879
鄭顥（祗德子）7750、8267
鄭何（弘度）5923、6516＊、7472
鄭荷 8682
鄭闔 5132
鄭賀 7573、7624
鄭恒（同婉，崔異妻）5497、5610＊
鄭衡 1375
鄭弘道 2482
鄭弘幹 4604
鄭弘規 6742
鄭弘積 5435
鄭弘勘 3263、4976、6007
鄭弘績（見鄭弘勘）
鄭弘簡 6742
鄭弘劼（固）2562、2563＊、5713
鄭弘節 4357
鄭弘矩 6742
鄭弘勵（見鄭勘）
鄭弘諒 6351
鄭弘勘 4472
鄭弘叡 3232
鄭弘信 6742

鄭君(臨濮尉)6259
鄭君(率更令)4580
鄭君(南鄉郡守)0121
鄭君(陝州刺史)7966
鄭君(石城令)6728
鄭君(壽州刺史)8357、
　8404
鄭君(隋益州刺史)
　1836
鄭君(太原丞)3845
鄭君(太子典膳丞)
　5562
鄭君(檀州司馬)8680
鄭君(天官尚書)1836
鄭君(惟弘父)6236
鄭君(顯親公)0121
鄭君(襄邑丞)6498
鄭君(秀品父)5316
鄭君(潁王典籤)4235
鄭君(著作郎)6737
鄭君(左司員外郎)
　8024
鄭君房 6511
鄭君則 2921
鄭君佐 8420
鄭俊 8736
鄭峻 6811
鄭峻之 5234、5919、
　5924、7543
鄭晙 4965、5400
鄭楷 6806
鄭鍇(公武)6742
鄭戡 8404
鄭偘 2953、3988、4634
鄭克濟 5890
鄭克俊 5553、6516
鄭恪 7316
鄭恪郎 7721
鄭客兒 5924
鄭寬(陽翟令)6661、
　7440
鄭寬(鄭岑子)8328

鄭寬(鄭暉子)1515
鄭匡 7660
鄭媚 6133
鄭鯤 6873、8162
鄭來章 6913
鄭瀾 8508
鄭覽 4865
鄭朗 6487
鄭老聃 3263
鄭老萊 3263、4366、
　7112、7348、7392
鄭老彭(殷賢)3263、
　4976 *、5270、5711、
　6007、7010
鄭李十 6366
鄭立 9274
鄭立經 2921
鄭利用 8571
鄭栗 6214
鄭儷昇(王韶妻)3570
鄭連(魏壽郎母)8638
鄭連慶 6351
鄭璉 3160
鄭鍊 5277
鄭鍊(鄭洵子)4956、
　5125
鄭良 9121
鄭良金 4134
鄭良相 3671
鄭良佐 3671
鄭亮(鄭德父)0863
鄭亮(鄭建父)8420
鄭諒 6487
鄭烈(惟忠)2921
鄭鄰 4356
鄭嶙 7948
鄭潾 5125
鄭璘 6394
鄭臨 8374
鄭轔(崔振妻)5451、
　5555 *、5601
鄭倰 8216

鄭令賓 5349
鄭令恭 3177
鄭令璀 4944、5986、
　6587
鄭令同 6351
鄭柳兒 7624
鄭六兒 8569
鄭龍 2054
鄭樓哥 8961
鄭魯 6321、7417、8449
鄭禄兒 8420
鄭路 8156、8708
鄭鸞 8436
鄭鸞(居中子)7965
鄭鸞(鄭嚴女)8409
鄭嵂 5158
鄭羅漢 4865
鄭馬兒 2547
鄭勘 2681、4177
鄭邁 7337、7676
鄭茅十 7624
鄭茂 6587
鄭茂弘 7860
鄭玫 9230
鄭梅 8409
鄭浼(從儀,裴涇妻)
　5711、7010 *
鄭密 6032、6257
鄭勉 7948
鄭冕 6920
鄭冕中 7459
鄭旻 5393
鄭敏才 5789
鄭名卿 5391
鄭明 0911
鄭訥言 2547
鄭鯢 6873
鄭寧一 8272
鄭努努 7573
鄭盤陁 4522
鄭沛 5553 *、5923、
　6442、6516、7472

鄭鵬 8850
鄭鵬(崇鑒子)5990、
　7547
鄭丕 7860
鄭伾 8216
鄭蠙 8042
鄭楄 6694
鄭憑 5398
鄭婆心 8961
鄭浦 8216
鄭普思 2946
鄭七兒 7947
鄭戚 6710
鄭其榮 6523、7558
鄭琪 3405
鄭琪(鄭泌女)8760
鄭琦 6106
鄭頎(若芳子)2790
鄭頎(鄭憲子)8155
鄭綮 8961
鄭齊 8426
鄭齊古 7167
鄭齊丘(千里)2693、
　3011 *、6631
鄭齊望 4395 *、4864
鄭齊休 8205
鄭齊嬰 3135、3516、
　4980、5012、5292、
　6631
鄭錡 3069
鄭啓 6214
鄭棨 8763
鄭契玄(李玄禮妻)
　8205
鄭契之 4357
鄭千金 4235
鄭千尋 7450、8363
鄭遷(令容,李胄妻)
　5242 *、5546 *
鄭騫 8700
鄭虔(趙庭)3073、
　4683、4932 *、5547

鄭氏(崔和母)4517
鄭氏(崔涣妻)4954、5416
鄭氏(崔垍妻)6179、7203
鄭氏(崔絳妻)4188
鄭氏(崔傑妻)4346
鄭氏(崔儆妻)5538
鄭氏(崔敬嗣妻)8604、9101
鄭氏(崔静妻)2228
鄭氏(崔玨妻)7300
鄭氏(崔可憑妻)6186、6686*
鄭氏(崔勵妻)6511
鄭氏(崔敏妻)6208
鄭氏(崔迺妻)7955*、8304
鄭氏(崔芃妻)7157
鄭氏(崔岐妻)6949
鄭氏(崔詮妻)8131
鄭氏(崔權妻)8143*、9192
鄭氏(崔潤母)4791
鄭氏(崔頲妻)6032*、6257、8061
鄭氏(崔萬石妻)1685
鄭氏(崔珷妻)8493
鄭氏(崔羡妻)3449
鄭氏(崔珣妻)5349
鄭氏(崔彦崇妻)6442*、6780
鄭氏(崔彦融妻)8850
鄭氏(崔謜妻)5368
鄭氏(崔滎妻)6661
鄭氏(崔鄘妻)7396
鄭氏(崔元方妻)7738
鄭氏(崔鎮妻)7761*、8394
鄭氏(崔鄑妻)5986
鄭氏(獨孤朏妻)3371
鄭氏(杜傳慶妻)8040
鄭氏(杜讓能妻)8656、8897
鄭氏(杜嗣先妻)2522
鄭氏(杜行方妻)6483
鄭氏(段嗣基妻)3344
鄭氏(樊仲文妻)8159
鄭氏(福善女)2071
鄭氏(歸仁晦妻)8426
鄭氏(郭承妻)1644
鄭氏(郭品妻)2503
鄭氏(郭瑜妻)5042
鄭氏(韓璉妻)8848
鄭氏(何承裕妻)9108
鄭氏(黑元武妻)8650
鄭氏(皇甫無言妻)3485
鄭氏(賈郃妻)8755
鄭氏(蹇襄母)4144
鄭氏(孔謙妻)8830
鄭氏(李超妻)3584
鄭氏(李朝弼妻)4781、5144*
鄭氏(李成務妻)3904*、3906
鄭氏(李成質妻)5155、7100
鄭氏(李澄妻)5622、6078
鄭氏(李從偃妻)4666
鄭氏(李德休妻)8869
鄭氏(李登妻)5857
鄭氏(李方乂妻)6154
鄭氏(李沆母)8328
鄭氏(李宏妻)8347、8508
鄭氏(李璡妻)2013
鄭氏(李勁母)2796
鄭氏(李景讓妻)8347、8508
鄭氏(李景莊妻)8347
鄭氏(李敬叔妻)8169
鄭氏(李廉妻)6603
鄭氏(李寧妻)4754
鄭氏(李彭妻)8347、8508
鄭氏(李潛妻)7626
鄭氏(李全藝妻)8169
鄭氏(李容妻)2670
鄭氏(李昪妻)5990
鄭氏(李師誨母)7202
鄭氏(李收妻)5124
鄭氏(李叔徵妻)4950
鄭氏(李淑妻)8557
鄭氏(李璹妻)5649、5906
鄭氏(李挺妻)4965、5400*
鄭氏(李賢妻)6602
鄭氏(李休伯妻)3988
鄭氏(李循母)7621
鄭氏(李遜妻)8140
鄭氏(李延暉妻)6329
鄭氏(李彦璋妻)9050
鄭氏(李夷道妻)6203
鄭氏(李夷吾妻)4318
鄭氏(李詠妻)8347
鄭氏(李玗妻)8556
鄭氏(李遹妻)8271
鄭氏(李元璥妻)3839
鄭氏(李允妻)2588
鄭氏(李釗妻)5858
鄭氏(李知古妻)2580
鄭氏(李晊妻)4832
鄭氏(李仲昌妻)6078、6996
鄭氏(李周南妻)5794
鄭氏(李涿妻)8149
鄭氏(李自勖妻)2054
鄭氏(李縱妻)6579
鄭氏(劉伯康妻)7669
鄭氏(劉李八妻)8960
鄭氏(劉全晏妻)8814
鄭氏(劉士清妻)8935
鄭氏(劉涚妻)5938
鄭氏(劉珣妻)9183
鄭氏(盧沆妻)8826、8850
鄭氏(盧弘方妻)8102
鄭氏(盧弘宣妻)7713
鄭氏(盧季方妻)7373、8116
鄭氏(盧謇妻)8249
鄭氏(盧將明妻)6852
鄭氏(盧進妻)4491
鄭氏(盧沐妻)5225、6444*、6456
鄭氏(盧溥妻)7529
鄭氏(盧士鞏妻)6387、6664
鄭氏(盧士珩妻)6413
鄭氏(盧士牟母)5814
鄭氏(盧士牟妻)5812
鄭氏(盧士瓊妻)6061
鄭氏(盧叔英母)4177
鄭氏(盧仙壽妻)1469
鄭氏(盧湘妻)5887
鄭氏(盧行質妻)7597
鄭氏(盧延嗣妻)8621
鄭氏(盧彦方妻)8276
鄭氏(盧洋妻)7448
鄭氏(盧軺妻)7750*、8267
鄭氏(盧殷妻)7448*、7449
鄭氏(盧逾妻)7860
鄭氏(盧宇妻)6989
鄭氏(盧悅妻)3607
鄭氏(盧載妻)5966*、7357
鄭氏(盧真啓妻)8746
鄭氏(盧正道妻)3405
鄭氏(盧仲方母)4944
鄭氏(盧躅妻)8747
鄭氏(盧濯妻)6268
鄭氏(盧子雅妻)5081
鄭氏(盧佐妻)7041

鄭太穆 7562

鄭太素 8441

鄭覃 6946、6952、
　7222、7621

鄭壇郎 7480

鄭滔 5391

鄭畋 8355、8479、
　8502、8567、8820、
　8869

鄭鍇 4956、5125

鄭璌 3160

鄭瑱 4205

鄭岩 3352

鄭廷範 8736

鄭廷規 8736

鄭廷傑 8736

鄭廷憲 8736

鄭廷休 8736

鄭庭琚 6203

鄭葶 3220

鄭通誠 5234、5919

鄭童壽(李重妻)1538

鄭圖 6664、7067

鄭推金 7307

鄭灣 8143

鄭婉(韓皋妻)5426 *、
　6506 *

鄭琬 5649

鄭萬 3333

鄭萬九 7928

鄭萬鈞 2319

鄭萬十 7928

鄭威 8357

鄭惟弘 6236

鄭惟弘 8569 *、8661

鄭惟金 8137、8138

鄭惟尚 6625

鄭惟肅 3433

鄭惟一 3398

鄭惟忠 4370

鄭維 6338

鄭偉 3177

鄭偉(穀城令)5601

鄭偉(襄城肅公)0123、
　1616、3069、4956、
　5125、5234、5924

鄭隗郎 7417

鄭暐(見鄭偉)

鄭煒 5555

鄭鮪 6873、8162

鄭位 5443、7539

鄭魏老 4932

鄭温琦 4754

鄭温之 4357

鄭文會 8409

鄭文稅 6826

鄭文通 7373、8116

鄭文湛 1469

鄭翁慶 6351

鄭烏娘子 7928

鄭無倦(知進)8374

鄭旡冶 8169

鄭無遺 4410

鄭五憐 8199

鄭五娘 3541

鄭武當 8199

鄭廉 6603

鄭惧 5138

鄭務覽 1893

鄭希潮 4865

鄭希寂 3013

鄭希儁 6587

鄭希默 2790

鄭希聲 6851、7407

鄭希奭 4965、5400、
　5912

鄭晞 2681 *、4177

鄭習 8215

鄭鰭 8162

鄭系 6007

鄭霞士(韋端符妻)
　8363

鄭仙客 6394

鄭仙莊 5938

鄭先護 5426、5924

鄭銛 4815

鄭銛 5368

鄭咸 4051

鄭咸悦 6487

鄭賢歌 7480

鄭賢雙 7947

鄭誠 1104

鄭羨 4815

鄭羨 7750

鄭憲 8155

鄭庠 8571

鄭祥 3872

鄭翔 5234

鄭相 3220、3541

鄭象 8409

鄭逍(修己)7378

鄭小神 8342

鄭小史 6741

鄭小陽 6454

鄭小姚 8137

鄭孝昂(子顒)0151

鄭孝本 1616、4956、
　5125、5391、5426

鄭孝綽 6387、6664

鄭孝道 2213

鄭孝立 3872

鄭孝式 5150、6394

鄭孝通 3011、3909、
　4121、4395

鄭卨 5986、6587

鄭訢 2226

鄭訢 6929

鄭歆 3069

鄭鐔 4956

鄭信 5426、5924

鄭興兒 8569

鄭行 8961

鄭行諶 4517、5277

鄭行感 3344

鄭行均 2670

鄭行莊 3160

鄭休 6203

鄭休遠 6671

鄭脩 8391

鄭脩(之秀子)7449

鄭脩松 3541、3839、
　4388

鄭秀誠 6697

鄭秀喦 5316

鄭岫 7785

鄭琇(適、帝釋)3220、
　3541 *、4388 *、
　6329

鄭琇(元彬子)3734

鄭虛心 3828、4791

鄭頊 3232

鄭頊(祇德子)7750

鄭稻 5435

鄭諝 2226、3398

鄭珝 3011、4395、
　4980、6631、6742

鄭煦 8961

鄭緒 8604

鄭續 9110

鄭宣 5813

鄭宣遠 6366

鄭宣遠 8179、8215

鄭暄 3333

鄭玄(仁裔)3177

鄭玄臣 1685

鄭玄度 3405

鄭玄範 4293、4689、
　4727

鄭玄珪 3172

鄭玄楷(崇鑒父)5990

鄭玄楷(則政)1553

鄭玄勖 1104、3506、
　3671、4634、5242

鄭玄之 7304

鄭璿 3734

鄭選之 1787

鄭絢(李茂成妻)6228

鄭絢(彦文)7112

鄭元簡 5649

鄭元結 6545

鄭元經 6338、6545

鄭元久 4781、5144

鄭元均 5919

鄭元老 4932

鄭元良 7761

鄭元納 6338、6545

鄭元玘 3570

鄭元器 2588

鄭元叡 2562、2563、
　2681、3263、4177、
　4976

鄭元綬 6338、6545

鄭元璹 0016、0637、
　2562、4357

鄭元信 7459

鄭元珣 0016

鄭元益 8342

鄭元應 8420

鄭元用 8342

鄭元毓 0133

鄭元昭（昭遠）2482

鄭元争 3160

鄭元質 8342

鄭元祚 3433

鄭垣 7392

鄭援 5261

鄭遠娘 7306

鄭遠思 3058、4255

鄭愿 4885、5586、6454

鄭約 6154

鄭嶽 8091

鄭暈（鄭傑子）5242

鄭暈（鄭球子）8464

鄭芸 6186、6686

鄭雲逵 5512、5538、
　5693

鄭筠 2547

鄭允恭 3607

鄭允貞 3796

鄭允中 6768

鄭蘊 2228

鄭韞辭 8199

鄭宰 7921

鄭贊 4865

鄭早 6873、6875、
　7721、8162

鄭造（季良子）8469

鄭造（經□）6394

鄭擇言（希聲）3232＊、
　7677

鄭曾（景參）5416、5812

鄭翟八 8961

鄭瞻 7306

鄭展 3172

鄭章 2562、2563

鄭張八 8436

鄭張九 6366

鄭璋 9275

鄭招喜 3454

鄭昭範 9276

鄭昭慶 3613、4753

鄭昭彦 7167

鄭沼 4170

鄭趙八 3011

鄭哲 1344

鄭珍 4211

鄭珍（思静子）4604

鄭貞 8216

鄭貞（崇一）1104

鄭蓁 6214

鄭臻 1799

鄭振 7782

鄭鎮 5225、6133、
　6444、6603、6949

鄭鎮圭 7573

鄭整仁 4933、5158

鄭正義 1469

鄭之秀 7449

鄭知本 7660

鄭祇德 7750、8267

鄭植（鄭琇子）3220、
　3541、4388

鄭植（子仁子）2670

鄭至從 5882

鄭至言 6556

鄭志 6631

鄭志（見鄭大志）

鄭智（能愚）1787

鄭智輻 1956

鄭鳶 6949

鄭質 7449

鄭贄 8308

鄭贊 9073

鄭中權 9276

鄭中裕 9276

鄭中蘊 9276

鄭忠（寶胤父）5935

鄭忠（惟忠）4865

鄭忠（鄭早子）6873、
　8162

鄭忠佐（元老）5547

鄭仲達 2734、3013、
　4410

鄭猪猪 6366

鄭矚 7745

鄭助 6687、7431、
　8234、8826、8850

鄭注 6796

鄭注 7585

鄭撰 8843

鄭滋 7378

鄭子春 6483、7448

鄭子房 5328

鄭子羔 5553、6516

鄭子晉 3263

鄭子禮 7660

鄭子詮（見鄭詮）

鄭子仁 2670、3160

鄭子裕 6351

鄭子志 1469

鄭綜 5910

鄭祖崇 4121、5724

鄭祖玄 3011、3909、
　4395、4980、6742

鄭遵誠 5924、7543

鄭遵道 5553

鄭遵悌 5171

鄭佐娘 7721

鄭□哥 8736

鄭□吉 8961

鄭□家 5798

鄭□郎 7392

鄭□願 8961

支

支成 8539

支道 3034

支杜九 8539

支光兒 8540

支紅 1364

支謨（子玄）8539＊、
　8540

支平 8539

支氏（李琳妻）5311

支氏（廖游卿妻）6777

支氏（王尚恭妻）1875

支氏（樂王端妻）1585

支樹仁 1364

支樹生 1364

支爽 1364

支竦 8539、8540

支萬徹（昇）3034

支威 3034

支詳 8539

支小十 8539

支楊十 8539

支英（君英）1364

支元亨 2261、8539

支藻 8539

支自冰 3034

執失

執失奉節（履貞）0467

執失懷素 0467

執失思力 0467

執失武 0467

周建 8437

周漸 4784

周鑒 0844

周講才 0284

周絳孫 7228

周金城 9277

周僅 6515

周敬復 6989、7380

周敬之 7304

周炅 2978

周君巢 6342

周君亮 8791

周君思 6271

周克諧(價)3582

周匡物 7684

周夔 7228

周來之 8489

周蘭 8456

周牢 7455

周利貞 2639

周琳 7455

周鄰 8504

周令武(允和)8926

周令璿 7271、7432

周盧兒 9057

周魯賓 6213、6560、
　　6923

周魯晦 8456

周羅睺 3572

周履直 3183

周滿 7184

周茂先 2606

周孟瑤(蘊玉)8456

周邈 8489

周擬 6098

周寧 7455

周丕 2552

周期 7184

周器 2415

周虔 7025

周倩 5844

周佺 8926

周詮 3767

周仁 1283

周仁表 8522

周仁表(泰伯子)2606

周日辛 6098

周容 7455

周容哥 8504

周俗 6271、6515

周榮 2435

周融 9057

周儒 2674、3609

周三(才)2609

周僧達 6062、6589、
　　7012

周僧海 5105

周僧敏 5105

周少誠(惠忠)7271＊、
　　7432＊

周紹弼 8808

周紹業 2978

周舍利 3952

周詵 7455

周神旺 8791

周審名 2606

周慎辭 8616

周師 1611

周師(安)1611

周師範 7105

周十三娘 9057

周十四娘 9057

周實 7455

周士彦 2606

周士瞻 5901

周氏(蔡明濟母)8933

周氏(常睿妻)0995

周氏(陳審琦妻)8910

周氏(陳惟江妻)7451

周氏(陳元通妻)7684

周氏(陳允衆妻)6402

周氏(仇克義妻)2957

周氏(封載妻)7570

周氏(顧文成妻)7184

周氏(和善妻)3291

周氏(華霖妻)8339

周氏(江延穗妻)9065

周氏(焦弘祐妻)8447

周氏(李奉仙妻)6611

周氏(李文妻)3477

周氏(李欣妻)3010

周氏(李炎林妻)3338

周氏(李彦求妻)9150

周氏(李英妻)0147

周氏(劉實妻)2147

周氏(劉庭芝妻)3911

周氏(羅公受妻)9136

周氏(呂咬母)5844

周氏(孟呈妻)9032

周氏(牛士榮妻)8224

周氏(牛太寧妻)8673

周氏(龐令圖妻)8962

周氏(且元政妻)8056

周氏(任客僧妻)3539

周氏(任榮妻)7730

周氏(蘇永安妻)0024

周氏(孫遇妻)5838

周氏(萬幹妻)6626

周氏(王重立妻)9000

周氏(王達妻)2435

周氏(王繼璘妻)9038

周氏(王利賓妻)4109

周氏(王廷胤妻)8943

周氏(王文亮妻)3223

周氏(韋據母)8489

周氏(邢汴妻)8784

周氏(許義均妻)2232

周氏(羊蔚妻)9160

周氏(楊處濟妻)2381

周氏(楊信妻)1382

周氏(易節妻)8383

周氏(張庭珪妻)4468

周氏(張直妻)0556

周氏(趙行本妻)1909

周氏(趙珠什妻)5727

周氏(周興女)8614

周氏(周珣女)7105

周氏(朱行先妻)9141

周世昌 3952

周叔(懷義)2606

周叔回 7816

周叔倫 6098

周叔通 9149

周叔源 6098

周淑(大家)3262

周爽 0404

周思本 9277、9278＊

周思輯 7972

周思茂 1347、1427

周思孝 0404

周思忠 3434

周四郎 9057

周穗 8835

周太素 6106

周泰(思本子)9277

周泰(周陽子)8697

周泰伯 2606

周泰欽 9086

周潭嶸 8791

周滔 7228

周燾 8340

周陶堅 9057

周騰 0556

周庭(劉從謙母)5760

周玩 3797

周俛 6271

周綰 7455

周惟牾 3609

周渥 8847、8848

周五郎 3952

周五郎 9057

周希冲 3863

周賢 7271

周賢奴 6098

周憲 2822

周相威 1742

周孝祖(孟堅)3572

周新 8697

朱邁夫 6984

朱玫 8700

朱孟孫 8038

朱模（玄範）0181

朱迺 8038

朱憑 9141

朱朴 8762

朱玘 7093

朱起 8590

朱全真 6334

朱權 1607

朱榮 7984

朱潤 6425、6635

朱贍 8117

朱少恒 5503

朱石 7857

朱士幹 7571

朱士倫 7571

朱氏 3363

朱氏 7650

朱氏（暢文誕妻）2892

朱氏（戴思遠妻）8885

朱氏（戴政妻）8885

朱氏（杜孝友妻）1851

朱氏（馮承素妻）0942

朱氏（李承嗣妻）9060

朱氏（李從曬妻）9041

朱氏（李鍔妻）6448

朱氏（李叔誼妻）8293

朱氏（李無或妻）1441

朱氏（李彥滔妻）9150

朱氏（李元順妻）8551

朱氏（李知朗妻）9020

朱氏（梁德浚妻）8912

朱氏（劉進妻）5169

朱氏（羅坦妻）9170

朱氏（羅元賞妻）9118

朱氏（孟璋妻）2151

朱氏（慕容寶妻）8548

朱氏（普安公主，羅周敬妻）8893

朱氏（屈突仲翔妻）

1634

朱氏（邵峰妻）7857

朱氏（史融妻）1119

朱氏（宋道感妻）0891

朱氏（田韜母）8592

朱氏（王超妻）2132

朱氏（王舜妻）8985

朱氏（徐沛母）7060

朱氏（姚嶼妻）8463

朱氏（姚鍔妻）9069

朱氏（尹廣妻）8237

朱氏（余興妻）6533

朱氏（俞仁玩妻）4096

朱氏（張璉妻）8819、8908

朱氏（張延祥妻）3441

朱氏（趙昭文妻）9169

朱氏（鄭播妻）8736

朱氏（智實妻）9085

朱氏（朱儉女）8126

朱仕卿 6346

朱適 5243

朱守殷 8881、8967

朱壽（隆祚）1750

朱淑（慧風，陸光庭妻）3456

朱霜 7571

朱思明 5243

朱思仁（昭恕）1607

朱思庶 1595

朱思義 9162

朱四娘（胡珍妻）7428

朱素 6939、6948

朱臺 0037

朱滔 5239、5467、5961、6077

朱濤 8343

朱遏 5243

朱迢 8038

朱脁 2626

朱庭珪 8038、8126

朱庭琳 4615

朱庭玘 1774

朱侹 4525

朱通（朱澄子）6948

朱通（朱胥子）2221

朱通徹 6346

朱惟禎 6064

朱偉 4525

朱胃甫 3869

朱温（梁太祖）8739、8750、8769、8774、8776、8808、8817、8843、9041

朱武 1750

朱希 6064

朱庠 8191

朱小喜 8038

朱晶 3363

朱孝（君卿）0452

朱孝誠 1634

朱興 6064

朱行表 2336

朱行存 9141

朱行恭 1634

朱行勤 9141

朱行先（蘊之）9141

朱行忠 9141

朱胥 2221

朱玄泰 3456、4200

朱遜 0181

朱延度（開士）0480＊、1619、1774

朱延載 0785

朱延著 9088

朱晏 1607

朱瑤 7200

朱要娘 7144

朱沂 8038、8126

朱异 0480、0785、4615

朱益（德饒）0037

朱逸 5243

朱義則 0281

朱義□ 0808

朱廣 4525

朱泳（廣川）6064

朱逌 8038

朱友珪 9041

朱友謙（冀王）8745、8933、9041

朱友璋 8898

朱友貞（梁末帝）8884、8893

朱元 8663

朱元寶 9141

朱元杲 9141

朱元昊 4525

朱元軨（王令珣妻）3869

朱元眘 3958

朱元昇 9141

朱元晟 9141

朱元勝 9141

朱元賨 9141

朱遠（朱儉子）8038

朱遠（朱素父）6939、6948

朱媛 7200

朱愿 5243

朱約和 6346

朱約會 6346

朱約元 6346

朱約貞 6346

朱岳 8540

朱雲（朱表子）1595

朱雲（朱遜子）0181

朱筠 8117

朱再鍔 7571

朱再鈞 7571

朱再鉢 7571

朱再鑭 7571

朱再鈇 7571

朱藏師 4525

朱昭達（景詳）0785

朱照 8117

朱哲（朱多父）0452

鄒廷俊 9159、9166
鄒廷輦 9159、9166
鄒孝隱 1465
鄒新娘 9159
鄒一娘 9166
鄒意懷 1708
鄒英(樹德)2630
鄒遊楚 2630
鄒知建(繼昌)9159、
　9166 *
鄒知造 9159、9166
鄒知□9159

祖
祖崇儒 0073、2638、
　3165
祖福謙 2638
祖好謙 3165
祖敬謙 2638
祖術 3165
祖孝基 3165
祖孝壽 2638
祖孝孫(德懋)0073
祖義臣 2638 * 、3165
祖元遵(見祖遵)
祖瑗 0073
祖遵(元遵)0073、2638

左
左操 0285
左昶 0027
左澄 8817
左盖 3914
左公演 7616
左光收 4301
左光裔 4301
左廣(玄徵)0027
左橫 5567
左弘慶 7616
左弘直 7616
左華 9048
左懷古 3914

左環(表仁)8817
左積 3914
左繼真 8817
左璡 0027
左君(蒲州司馬)4124
左俊之 3725
左寬 5567
左廉 0285
左鸞 3914
左倫 5567
左倫(左賢子)7616
左滿 3725
左倩之 3725
左僑之 3725
左佺之 3725
左莘 9039
左師唐 8817
左氏(崔環妻)8920
左氏(范楷妻)4124
左氏(李庭秀妻)6548
左氏(馬密妻)1716
左氏(權誼妻)8920
左氏(王尚恭妻)1875
左氏(張明俊妻)6239
左適(文適)3725
左受 7616
左淑姬(宋傑妻)0285
左庭訓 8817
左威 3725
左文仲 8817
左喜團 7616
左先 7616
左賢 7616
左玄運 6849
左琰 5567
左晏 7616
左嶷 3725
左惲 1716
左昭迪 8817
左昭遠 8817
左政 7616
左至孝 7616

左智爽 3914
左□(饒州長史)5567

佐
佐氏(楊保孫妻)9035

關姓
□阿裘(嚴聳妻)7888
□岸 5537
□昂 6008
□伴哥 8230
□寶(道珍)1205
□寶璋 0871
□賁 5515
□弼(匡政)0739
□碧珠 5813
□晉 1833
□斌 1843
□秉彝 6211
□播 8580
□伯 0406
□不憐 9018
□不秋 9018
□參 0615
□參玄 3838
□昌 4795
□葰 0739
□暢 9126
□朝 9283
□朝洟 7486
□成倫 6227
□成益 6227
□承宗 3131
□乘 7160
□澄(鄧相妻)0225
□重霸 8637
□重莒 8637
□重晟 8637
□重喜 8334
□崇禮 2913
□初 8651
□處藉 8651

□處信 0900
□處言 0308
□處□3307
□傅文 7432
□慈淌 8989
□泚得 6227
□次禄 7082
□從慶 7486
□存 8989
□達 0442
□大(建)0543
□大慈 1748
□大鼎 3439
□大高 2913
□大姐 8989
□大奴 8989
□待脩 7331
□道茂(思蔚)0900
□德 0438
□德 1056
□德 1906
□德 9281
□德敏 9282
□德娘 7531
□德瑋(元寶)0838
□登 5652
□迪 4430
□端 3999
□鄂 9116
□二郎 3415
□夫 6968
□伏禮(賢)1390
□福榮 7778
□復 7531
□幹 7180
□幹(先原)1304
□剛 0741
□高(乾海)1432
□公安 8580
□公都 8239
□公慶 7666
□公雅 7180

648